500만 독자 여러분께
감사드립니다!

세상이 아무리 바쁘게 돌아가더라도
책까지 아무렇게나 빨리 만들 수는 없습니다.

길벗은 독자 여러분이
가장 쉽게, 가장 빨리 배울 수 있는 책을
한 권 한 권 정성을 다해 만들겠습니다.

독자의 1초를 아껴주는
정성을 만나보세요.

미리 책을 읽고 따라해 본 2만 베타테스터 여러분과
무따기 체험단, 길벗스쿨 엄마 2% 기획단,
시나공 평가단, 토익 배틀, 대학생 기자단까지!
믿을 수 있는 책을 함께 만들어주신 독자 여러분께 감사드립니다.

(주)도서출판 길벗 www.gilbut.co.kr
길벗 이지톡 www.eztok.co.kr
길벗 스쿨 www.gilbutschool.co.kr

윈도우10 에셀+파워포인트 워드2019+한글 무작정 따라하기

윈도우편

고경희, 박미정, 박은진 지음

길벗

윈도우 10+엑셀&파워포인트&워드 2019+한글 무작정 따라하기 모든 버전 사용 가능

The Cakewalk Series - Windows 10+Excel&PowerPoint&Word 2019+Hangeul

초판 발행 · 2019년 3월 29일
초판 10쇄 발행 · 2022년 12월 20일

지은이 · 고경희, 박미정, 박은진
발행인 · 이종원
발행처 · (주)도서출판 길벗
출판사 등록일 · 1990년 12월 24일
주소 · 서울시 마포구 월드컵로 10길 56(서교동)
대표 전화 · 02)332-0931 | **팩스** · 02)322-0586
홈페이지 · www.gilbut.co.kr | **이메일** · gilbut@gilbut.co.kr

기획 및 책임 편집 · 박슬기(sul3560@gilbut.co.kr) | **표지 디자인** · 박상희 | **본문 디자인** · 이도경
제작 · 이준호, 손일순, 이진혁 | **영업마케팅** · 임태호, 전선하, 차명환 | **영업관리** · 김명자 | **독자지원** · 윤정아, 최희창
교정 교열 · 안혜희북스 | **전산편집** · 예다움 | **CTP 출력** · 교보피앤피 | **제본** · 경문제책

ISBN 979-11-6050-753-9 03000
(길벗 도서코드 007052)

가격 20,000원

이 책은 Microsoft Office 365 ProPlus 버전 1903(빌드 11425.20096)에 최적화되어 있습니다. 다른 버전을 사용 중이라면 프로그램 메뉴와 화면 구성이 조금 다를 수 있지만, 실습을 따라하는데 큰 문제가 없습니다.

독자의 1초를 아껴주는 정성 길벗출판사

(주)도서출판 길벗 | IT교육서, IT단행본, 경제경영서, 어학&실용서, 인문교양서, 자녀교육서
www.gilbut.co.kr

길벗스쿨 | 국어학습, 수학학습, 어린이교양, 주니어 어학학습, 학습단행본
www.gilbutschool.co.kr

페이스북 | www.facebook.com/gilbutzigy
네이버 포스트 | post.naver.com/gilbutzigy

편리함과 최신 기능을 모두 담은 윈도우 10!

윈도우 10이 발표된 후 달라진 윈도우 모습에 낯설기도 하고 다른 프로그램과 제대로 호환될지 걱정하는 분들도 계실 것입니다. 하지만 이제 윈도우 XP에 대한 공식 지원은 끝났기 때문에 보안이 취약한 상태입니다. 또한 마이크로소프트에서는 윈도우 10이 최종 버전이 될 것이라고 공식 발표했기 때문에 윈도우 10으로 업그레이드하는 것은 이제 필수가 될 것입니다.

윈도우 7 이상을 사용했던 사용자라면 윈도우 10을 큰 문제없이 사용할 수 있으며, 자동 업데이트를 통해 새로운 기능이나 변경된 기능이 스스로 추가되어 항상 최신 윈도우를 사용할 수 있습니다. 이 책에서 알려주는 윈도우 10의 핵심 기능만 익혀도 획기적으로 달라진 운영체제를 경험해 볼 수 있을 것입니다.

마지막으로, 이 책이 나오도록 물심양면으로 애써주신 박슬기 차장님께 감사드립니다.

저자 **고경희** 드림

더욱 강력해진 분석의 결정체 오피스 2019!

오피스 2016에 이어 더욱 강력해진 기능으로 무장한 '오피스 2019'로 새롭게 출시되었습니다. 특히 엑셀 2019는 다양한 현장의 요구를 반영한 듯 특정 조건에 맞는 함수를 새롭게 제공하고 있으며, 통계 및 분석에 맞는 시각화 도구를 계속해서 업그레이드하고 있습니다. 따라서 협업과 공유 및 강력한 분석 도구로서의 면모를 갖추었습니다. 이번 책은 오피스 2019에 제한되지 않고 이전 버전 이용자들과 오피스 365 사용자도 문제없이 사용할 수 있도록 범용 기능에 맞춰 집필했습니다. 이제 독자 여러분도 완벽한 비즈니스 툴로서의 오피스를 경험해 보세요.

마지막으로 집필 기간 동안 여러 고민을 함께 해 주셨던 박슬기 차장님, 안혜희 실장님을 비롯한 길벗 가족과 집필에 도움을 주셨던 여러 지인들, 그리고 항상 용기를 주었던 나의 가족에게 감사드립니다.

저자 **박미정** 드림

클라우드 세상으로 한 발짝 다가서 보세요!

오피스 2019는 하루가 다르게 변화하고 있는 업무 환경에 맞춰 온라인 저장 공간인 클라우드 서비스를 한층 더 강화하였습니다.

새롭게 업그레이드된 오피스를 클라우드 환경에서 협업으로 업무의 효율성과 생산성을 높이는 방법을 익힘으로써 스마트 모바일 오피스 세상에 한 발짝 다가서 보세요. 또한 실무에서 사용된 다양한 예제와 디자인을 활용해 학습하고 실습하여 독자 여러분들의 시간을 보다 효율적으로 사용할 수 있게 되기를 희망합니다.

이 책이 나오기까지 애써주신 박슬기 차장님을 비롯한 길벗 가족과 김민경 디자인 팀장, 그리고 항상 응원해 주고 지원을 아끼지 않은 제 가족에게도 감사드립니다.

저자 **박은진** 드림

활용제안 1 일단, 『무작정』 따라해 보세요!

실제 업무에서 사용하는 핵심 기능만 쏙 뽑아 실무 예제로 찾기 쉬운 구성으로 중요도별로 배치했기 때문에 **'무작정 따라하기'**만 해도 윈도우 사용 능력이 크게 향상됩니다. **'Tip'**과 **'잠깐만요'**는 예제를 따라하는 동안 주의 해야 할 점과 추가 정보를 친절하게 알려줍니다.

반드시 알고 넘어가야 할 주요 내용 소개!

• 학습안 제시
• 결과 미리 보기
• 섹션별 주요 기능 소개

필수 기능만 쏙 뽑아 실무에 딱 맞게!

• 핵심 기능/실무 예제
• 무작정 따라하기
• Tip/잠깐만요

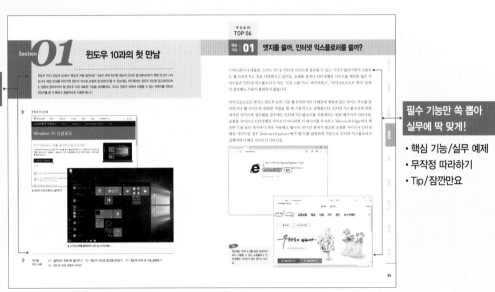

핵심 키워드로 업무 능력 업그레이드!

• 우선순위 TOP 10

검색보다 빠르다!

• 탭

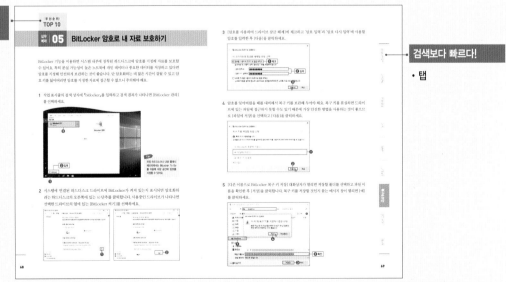

2 『우선순위 TOP 10』과 『실무 난이도』를 적극 활용하세요!

윈도우 사용자들이 네이버 지식iN, 오피스 실무 카페 및 블로그, 웹 문서, 뉴스 등에서 **가장 많이 검색하고 찾아본 키워드**를 토대로 우선순위 TOP 10을 선정했어요. 이 정도만 알고 있어도 윈도우는 문제 없이 다룰 수 있고 언제, 어디서든지 원하는 기능을 **금방 찾아 바로 적용**할 수 있어요!

순위 ▲	키워드	간단하게 살펴보기	빠른 페이지 찾기	
1 ▲	업그레이드	윈도우 10으로 업그레이드	14	필수 기능
2 ▲	[시작] 메뉴	[시작] 메뉴의 명칭과 기능	21	기본 익히기
3 ▲	앱 추가 / 제거	앱 타일 추가 및 삭제	25	
4 ▲	작업 표시줄	작업 표시줄 구성 편리하게 설정	29	편리한 기능
5 ▲	잠금 화면	잠금 화면 바꾸기	31	
6 ▲	엣지 / 인터넷 익스플로러	다양한 웹 브라우저 알아보기	35	
7 ▲	인터넷 익스플로러 고정	시작 화면에 인터넷 익스플로러 고정	42	인터넷 실행
8 ▲	윈도우 스토어	앱 다운로드 및 설치	48	
9 ▲	컴퓨터 사양	컴퓨터 시스템 정보 확인	55	윈도우 즐기기
10	BitLocker	하드디스크에 암호 지정	68	

 3 길벗출판사 홈페이지에 무엇이든 물어보세요!

책을 읽다 막히는 부분이 있으면 '길벗 홈페이지(www.gilbut.co.kr)' 회원으로 가입하고 '고객센터' → '1 : 1 문의' 게시판에 질문을 올리세요. 지은이와 길벗 독자지원센터에서 신속하고 친절하게 답해 드립니다.

문의 방법

길벗 홈페이지(www.gilbut.co.kr)
회원 가입 후 로그인하기 ➡ 고객센터 ➡ 1:1 문의

목차

| 우선순위 | **TOP 10** | 실무 중요도에 따라 TOP01~TOP10까지 표시

C H A P T E R

1 윈도우 10 시작하기

새기능&단축키

| Section **01** | 윈도우 10과의 첫 만남

	01 설치하기 전에 꼭! 알아두기	13
우선순위 **TOP 01**	**02** 윈도우 10으로 업그레이드하기	14
	03 윈도우 10의 새 기능 살펴보기	16
	04 윈도우 10의 단축키 익히기	18

[시작]메뉴

| Section **02** | 편리하고 다양한 [시작] 메뉴 살펴보기

우선순위 **TOP 02**	**01** 윈도우의 시작은 [시작] 메뉴에서!	21
	02 윈도우 10 안전하게 켜고 끄기	22
	03 [시작] 메뉴에서 앱 실행하기	23
우선순위 **TOP 03**	**04** 시작 화면에 앱 추가하고 제거하기	25

윈도우환경

| Section **03** | 내게 맞는 윈도우 환경으로 바꾸기

	01 가상 데스크톱으로 듀얼 모니터 효과 연출하기	27
우선순위 **TOP 04**	**02** 작업하기 편하게 작업 표시줄 설정하기	29
우선순위 **TOP 05**	**03** 내 취향대로 잠금 화면 사진 바꾸기	31

C H A P T E R

2 웹 브라우저와 기본 앱 사용하기

인터넷

| Section **01** | 용도에 맞게 웹 브라우저 사용하기

우선순위 **TOP 06**	**01** 엣지를 쓸까, 인터넷 익스플로러를 쓸까?	35
	02 엣지 브라우저의 화면 구성 살펴보기	36
	03 엣지 브라우저에 즐겨찾기 추가하기	37
	04 읽기용 보기 이용해 필요한 내용만 한눈에 보기	39

| 우선순위 | TOP 07 | 05 웹 사이트에 메모하고 저장하기 | 40 |

06 시작 화면에 인터넷 익스플로러 고정하기 — 42

07 기본 브라우저 변경하기 — 43

앱활용　　**Section 02**　**윈도우 10의 기본 앱 활용하기**

01 '메일' 앱에서 메일 계정 관리하기 — 45

02 '날씨' 앱으로 일기예보 확인하기 — 47

| 우선순위 | TOP 08 |　03 윈도우 스토어에서 게임 앱 구입하기 — 48

C H A P T E R

3　**윈도우 10 고수로 가는 길**

고급설정　　**Section 01**　**윈도우 10의 고급 사용법 익히기**

01 윈도우 기본 앱을 원하는 앱으로 바꾸기 — 53

02 윈도우에서 직접 설치 파일(ISO 파일) 실행하기 — 54

| 우선순위 | TOP 09 |　03 정확하게 내 컴퓨터의 사양 확인하기 — 55

04 알뜰하게 노트북 배터리 사용하기 — 56

05 저장소에서 필요 없는 파일 정리하기 — 59

복구&보안　　**Section 02**　**윈도우 10을 안전하게 사용하는 비법 익히기**

01 필요 없는 시작 프로그램 중지하기 — 61

02 시스템 복원 지점 만들기 — 62

03 복원 지점 찾아 시스템 복구하기 — 64

04 윈도우 업데이트하기 — 66

| 우선순위 | TOP 10 |　05 BitLocker 암호로 내 자료 보호하기 — 68

06 윈도우 디펜더로 스파이웨어 검사하기 — 71

목차

|우선순위| **TOP 10**　실무 중요도에 따라 TOP01~TOP10까지 표시

CHAPTER

4 오피스와 윈도우 10은 찰떡궁합!

원드라이브

Section **01**　**나만의 온라인 저장 공간, 원드라이브 활용하기**

01 원드라이브로 언제 어디서나 자료 이용하기　　　　　75

02 원드라이브 사이트에서 폴더/파일 관리하기　　　　　77

03 원드라이브에 오피스 파일 저장하기　　　　　80

04 온라인에서 오피스 파일 사용하기　　　　　82

원노트

Section **02**　**모든 메모와 기록은 원노트에서!**

01 원노트로 정보 수집하고 메모하기　　　　　85

02 원노트에 내용 입력하기　　　　　87

03 웹에서 원노트 확인하고 수정하기　　　　　89

찾아보기　　　　　90

길벗출판사 홈페이지 소개 & 실습자료 다운로드 방법

길벗출판사에서 운영하는 홈페이지(www.gilbut.co.kr)에서는 출간한 도서에 대한 정보뿐 아니라 실습 파일 및 동영상 등 학습에 필요한 자료도 제공하고 있습니다. 또한 책을 읽다 모르는 내용이 있다면 언제든지 홈페이지의 도서 게시판에 문의해 주세요. 독자 A/S 전담팀과 저자가 신속하고 정확하게 질문을 해결해 드립니다.

• 길벗출판사 홈페이지에 접속한 후 검색 창에 『윈도우 10+엑셀&파워포인트&워드 2019+한글 무작정 따라하기』를 입력해 해당 도서 페이지로 이동하세요. 홈페이지 화면의 오른쪽에 보이는 퀵 메뉴를 이용하면 도서 및 동영상 강좌 문의를 빠르게 할 수 있어요.

❶ **빠른조회** : 길벗에서 보낸 메시지, 최근 이용 자료, 문의/답변 등 내 계정과 관련된 알림을 빠르게 확인해 볼 수 있어요. 해당 메뉴는 홈페이지에 로그인한 상태에서만 이용할 수 있어요.

❷ **도서문의** : 책을 보다 모르는 내용이 나오거나 오류를 발견한 경우 해당 메뉴를 클릭해 문의 내용을 입력해 주세요. 꼭 로그인한 상태로 문의해 주세요.

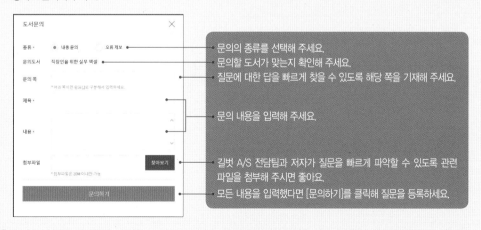

❸ **구매 도서 인증, 독자의견** : 구입한 도서의 ISBN 부가 기호를 입력하여 구입을 인증하면 독자 의견을 등록할 수 있어요.

❹ **최근 본 도서** : 홈페이지에서 찾아본 도서를 최근 순서대로 보여줍니다.

❺ **모바일로 열기** : 휴대폰으로 QR 코드를 찍으면 모바일에서도 해당 페이지를 바로 열 수 있어요.

❻ **자료실** : 이 책에서 실습하는데 필요한 예제 및 완성 파일을 제공합니다. 길벗출판사 홈페이지에 로그인하지 않아도 자료를 다운로드 받을 수 있어요.

CHAPTER 1 윈도우 10 시작하기

윈도우 10은 마이크로소프트의 마지막 윈도우로, 정식 제품 발표 초기에 무료로 사용할 수 있었기 때문에 많은 관심을 받았지만, 지금은 무료로 구매할 수 없습니다. 또한 윈도우 10은 데스크톱뿐만 아니라 태블릿과 IoT 기기에 이르기까지 모든 기기에서 사용할 수 있게 개발된 운영체제로, 사용자에게 딱 맞는 맞춤형 작업이 가능하게 도와주죠. 윈도우 7과 같은 데스크톱 운영체제에 익숙했던 사용자들에게는 다소 생소할 수 있지만, 몇 번만 사용해 보면 다양한 기능이 많이 숨어있고 사용도 편리해졌다는 것을 느낄 수 있을 것입니다. 익숙해 보이면서도 생소해 보이는 윈도우 10, 지금부터 하나씩 마스터해 볼까요?

Windows 10
+Excel
& PowerPoint
& Word 2019
+Hangeul

SECTION **01**   **윈도우 10과의 첫 만남**

SECTION **02**   **편리하고 다양한 [시작] 메뉴 살펴보기**

SECTION **03**   **내게 맞는 윈도우 환경으로 바꾸기**

Section 01

윈도우 10과의 첫 만남

윈도우 7이나 윈도우 8.1에서 '윈도우 자동 업데이트' 기능이 켜져 있다면 윈도우 10으로 업그레이드하기 위한 안내가 나타납니다. 해당 안내를 따라가면 윈도우 10으로 손쉽게 업그레이드할 수 있는데요, 여기에서는 윈도우 10으로 업그레이드하는 방법과 알아두어야 할 윈도우 10의 새로운 기능을 살펴볼게요. 그리고 윈도우 10에서 사용할 수 있는 단축키를 익혀서 윈도우를 좀 더 빠르고 효율적으로 사용해 봅니다.

> **PREVIEW**

▲ 윈도우 10 업그레이드 설치하기

▲ [시작] 단추를 클릭하면 나타나는 [시작] 메뉴

> 섹션별
> 주요 내용
>
> 01 | 설치하기 전에 꼭! 알아두기   02 | 윈도우 10으로 업그레이드하기   03 | 윈도우 10의 새 기능 살펴보기
> 04 | 윈도우 10의 단축키 익히기

설치하기 전에 꼭! 알아두기

윈도우 10은 2015년에 정식 출시되었습니다. 새로 구입한 컴퓨터라면 윈도우 10이 기본으로 설치되어 있지만, 기존에 윈도우 7이나 윈도우 8을 사용했다면 윈도우 10으로 직접 업그레이드하거나 윈도우 10을 새로 설치해야 해요.

1 | 윈도우 10의 최소 사양

윈도우 10을 설치할 수 있는 최소 사양은 다음과 같습니다. 하지만 이것은 최소 사양이므로 사양이 더 높을수록 윈도우 10을 더욱 편리하고 빠르게 사용할 수 있어요.

품목	최소 사양
프로세서	1GHz 이상
메모리 용량	1GB RAM(32비트), 2GB RAM(64비트)
하드디스크 공간	최대 20GB
비디오카드	800×600 이상의 화면 해상도

2 | 새로 설치할지, 업그레이드할지 선택하기

윈도우 10을 설치할 때 새로 설치하는 클린 설치 방법과 업그레이드하는 방법을 이용할 수 있어요.

❶ 새로 설치(clean install)

'새로 설치'는 기존의 윈도우를 완전히 제거한 후 깨끗한 상태에서 윈도우 10을 설치하는 방법으로, '클린 설치'라고도 해요. 클린 설치를 하면 기존 윈도우 환경에 설치되어 있던 프로그램까지 모두 삭제되기 때문에 윈도우 10을 설치한 후 필요한 프로그램을 다시 설치해야 해서 그만큼 시간이 더 걸리고 번거롭죠. 하지만 시스템이 불안정했거나 오류가 자주 발생했다면 윈도우를 새로 설치하는 것이 좋습니다.

❷ 업그레이드 설치(upgrade install)

윈도우 7이나 윈도우 8.1에서 윈도우 10으로 업그레이드할 경우 이제까지 저장한 자료와 프로그램이 거의 그대로 유지되면서 윈도우 환경만 바뀝니다. 업그레이드 설치는 클린 설치보다 간단하고, 기존 프로그램을 그대로 사용할 수 있어서 이 방법을 많이 사용해요.

| 실무 예제 | 02 | **윈도우 10으로 업그레이드하기**

윈도우 7이나 윈도우 8에서 윈도우 10으로 업그레이드하는 것은, 기존 프로그램과 파일을 그대로 유지하면서 설치하는 것이기 때문에 비교적 간단합니다. 단 업그레이드 설치하려면 윈도우 7이나 윈도우 8이 최신 상태로 업데이트되어 있어야 해요.

1 웹 브라우저를 실행하고 'https://www.microsoft.com/ko-kr/software-download/windows10' 페이지로 접속한 후 [지금 도구 다운로드]를 클릭합니다.

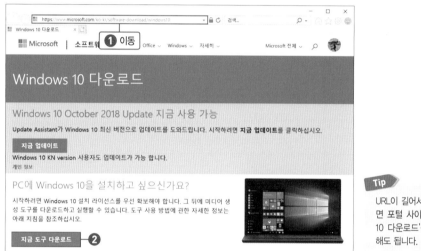

> **Tip**
> URL이 길어서 입력하기 불편하면 포털 사이트에서 'Windows 10 다운로드'를 검색해서 접속해도 됩니다.

2 파일 다운로드가 끝나면 다운로드한 파일을 찾아서 실행해야 합니다. 소프트웨어 사용자 계약서에 동의하고 [지금 이 PC 업그레이드]를 선택한 후 [다음]을 클릭하세요.

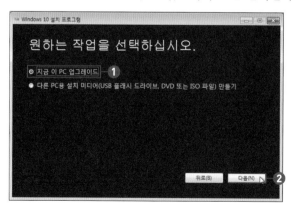

3 윈도우 10 업그레이드에 필요한 파일을 다운로드하기 시작하면 잠시 기다리다가 [설치]를 클릭하세요.

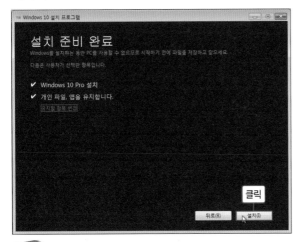

> **Tip**
> [유지할 항목 변경]을 클릭하면 개인 파일과 앱을 유지할지, 개인 파일만 유지할지, 아무것도 유지하지 않을지 선택할 수 있어요.

4 업그레이드할 때 기본적으로 개인 파일과 앱(프로그램)들은 유지됩니다. 업그레이드 파일이 설치되기 시작하다가 컴퓨터가 자동으로 몇 번 재시동된 후 업그레이드가 완료되는지 확인해 보세요.

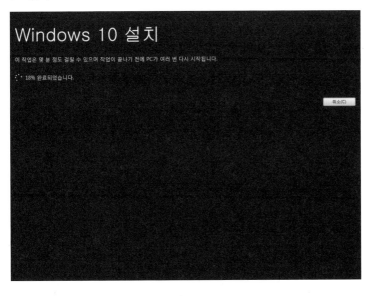

윈도우 10의 새 기능 살펴보기

윈도우 10은 PC와 서피스, 태블릿, 서버 컴퓨터, IoT 기기 등 여러 기기에서 똑같은 방법으로 자유롭게 사용할 수 있는 최초의 운영체제입니다. 이번에는 윈도우 10 한글 버전에서 만날 수 있는 윈도우 10의 새로운 기능을 알아보겠습니다.

1 | 새롭고 더욱 강력해진 [시작] 메뉴

윈도우 10의 새로운 기능 중 가장 먼저 손꼽히는 기능은 [시작] 메뉴입니다. 윈도우 10에 다시 되돌아온 [시작] 메뉴는 윈도우 7의 [시작] 메뉴와 윈도우 8.1의 [시작] 화면이 잘 어우러져서 모든 환경에서 윈도우를 쉽게 사용할 수 있게 적극 지원해요.

▲ [시작] 단추를 클릭하면 나타나는 [시작] 메뉴

2 | 마이크로소프트 엣지(Microsoft Edge)

윈도우 10에 포함된 마이크로소프트 엣지 브라우저는 속도가 빠르고, 웹 표준을 지원하며, 웹 문서에 메모할 수 있고, 현재 상태로 공유할 수 있는 등 여러 가지 강력한 기능을 가지고 있습니다. 국내의 인터넷뱅킹이나 쇼핑몰 사이트에서는 윈도우 10에 포함되어 있는 인터넷 익스플로러 11을 사용하면 됩니다.

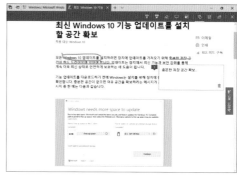
▲ 기능이 더욱 강력해진 마이크로소프트 엣지

3 | 알림 센터

필요할 때만 화면의 오른쪽에 표시할 수 있는 알림 센터는 메일이나 일정, 시스템 설정의 변경뿐만 아니라 경고 메시지 등 사용자가 알아야 할 내용을 빠르게 전달해 주는 공간입니다. 시스템 설정 기능을 이용하면 와이파이(Wi-Fi)나 블루투스(Bluetooth)를 설정하고 밝기 조절이나 배터리 절약 모드 등을 클릭만 해서 간단하게 조절할 수 있어요.

▲ 정보를 빠르게 전달해 주는 알림 센터

4 │ 작업 보기

'작업 보기'에는 '가상 데스크톱' 기능이 있어서 현재 바탕 화면 외에 원하는 만큼 새로운 가상 데스크톱을 만든 후 전환하면서 사용할 수 있습니다. 또한 '타임라인' 기능도 제공하고 있어서 한 가지 작업을 오랫동안 계속 진행 중일 경우에는 이전에 작업했던 문서나 방문했던 사이트를 쉽게 찾아낼 수 있어요.

▲ 원하는 만큼 새로운 가상 데스크톱을 만든 후 전환하면서 사용하기

5 │ 새로워진 '설정' 앱

윈도우는 시스템 설정을 확인하거나 수정하기 위해 오랫동안 '제어판'을 사용해 왔습니다. 그런데 윈도우 8.1의 경우 일부 설정은 'PC 설정 변경'에서 지정해야 하고 또 다른 설정은 '제어판'에서 사용해야 했기 때문에 많이 불편했어요. 윈도우 10에서는 제어판에서 자주 사용하는 기능을 '설정' 앱으로 만들었기 때문에 기존의 제어판보다 이해하기도 쉽고 사용하기도 편리해졌어요.

▲ 제어판 기능을 제공하는 '설정' 앱

6 │ 컨티뉴엄(Continuum)

최근 사용하는 태블릿 중에는 키보드를 연결하면 PC로 사용할 수 있고 키보드를 분리하면 태블릿이 되는, 일명 '투인원(2-in-1)' 기기가 있어요. 윈도우 10의 '컨티뉴엄' 기능은 기기에서 키보드를 분리하면 태블릿 모드로 동작하고 키보드를 연결하면 데스크톱 모드로 전환하는 기능입니다. 이 기능을 이용하면 사용자가 따로 환경을 설정하지 않아도 PC와 태블릿을 편리하게 교대로 사용할 수 있어서 매우 편리해요.

▲ 태블릿에서 키보드를 분리했을 때의 화면

데스크톱에서는 주로 마우스와 키보드를 함께 사용하는데, 키보드는 텍스트를 입력하는 용도로, 마우스는 클릭하거나 드래그하는 용도로 사용해요. 키보드를 사용하다가 마우스로 옮기거나, 마우스에서 키보드로 옮기는 경우 팔을 움직이는 시간이 필요합니다. 이때 키보드에서 마우스의 역할까지 할 수 있다면 작업 시간이 훨씬 단축될 뿐만 아니라 그만큼 윈도우 10을 사용하기도 편리해지겠죠. 이렇게 마우스로 해야 할 동작을 키보드로 할 수 있게 한 것을 '단축키(hot key)'라고 해요.

윈도우 10의 단축키를 알고 있으면 키보드 옆의 마우스로 손을 옮기고 다시 마우스로 원하는 위치까지 이동한 후 클릭하는 몇 단계의 작업을 줄일 수 있어요. 윈도우 10에서 자주 사용하는 작업의 단축키는 다음과 같습니다.

단축키	설명
기본 단축키	
Ctrl + A	모두 선택하기
Ctrl + C	선택한 항목 복사하기
Ctrl + V	복사하거나 잘라낸 항목 붙여넣기
Ctrl + X	선택한 항목 잘라내기
Ctrl + Z	이전 작업 취소
Alt + Tab	실행 중인 앱들 간 전환하기
Alt + F4	현재 창 종료하기
윈도우 로고 사용	
⊞	[시작] 메뉴 열기
⊞ + A	알림 센터 표시하기
⊞ + I	설정 창 열기
⊞ + D	모든 앱 최소화(바탕 화면 보기)
⊞ + L	컴퓨터 잠그기
⊞ + S	검색 창 열기
⊞ + Home	현재 창을 제외한 모든 앱 최소화
⊞ + ,	키보드를 누르는 동안 일시적으로 바탕 화면 보기

파일 탐색기	
⊞ + E	파일 탐색기 열기
Alt + PgUp	부모 폴더로 이동하기
Alt + ←	방문한 이전 폴더로 이동하기
Alt + →	방문한 다음 폴더로 이동하기
작업 보기	
⊞ + Tab	작업 보기. 모든 가상 데스크톱과 실행 중인 앱 보기
⊞ + Ctrl + D	새 가상 데스크톱 만들기
⊞ + Ctrl + ←	왼쪽 가상 데스크톱으로 이동하기
⊞ + Ctrl + →	오른쪽 가상 데스크톱으로 이동하기
⊞ + Ctrl + F4	현재 가상 데스크톱 닫기
윈도우 스냅	
⊞ + Ctrl + ←	현재 창을 왼쪽으로 스냅
⊞ + Ctrl + →	현재 창을 오른쪽으로 스냅
⊞ + Ctrl + ↑	현재 창을 위쪽으로 스냅
⊞ + Ctrl + ↓	현재 창을 아래쪽으로 스냅
인터넷 익스플로러	
Ctrl + D	즐겨찾기에 추가하기
Ctrl + P	인쇄하기
Ctrl + J	다운로드 보기
Ctrl + T	새 탭 열기
Ctrl + Tab	탭 간에 전환하기
Ctrl + H	열어본 페이지 보기
Ctrl + Shift + Delete	열어본 페이지 삭제하기
Ctrl + W	탭 닫기
Ctrl + Shift + P	인프라이빗 브라우징
Alt + Home	홈페이지로 이동
F5	새로 고침

Tip

좀 더 다양하고 자세한 단축키가 알고 싶다면 http://windows.microsoft.com/en-us/windows-10/keyboard-shortcuts를 참고하세요.

새기능&단축키

[시작]메뉴

윈도우환경

인터넷

앱활용

고급설정

복구&보안

윈드라이브

원노트

02

편리하고 다양한 [시작] 메뉴 살펴보기

윈도우 10의 이전 버전인 윈도우 8과 윈도우 8.1에서는 지금까지 사용자들에게 친숙했던 [시작] 메뉴가 사라지면서 익숙하게 사용할 때까지 많은 시간이 소요되어 [시작] 메뉴를 돌려달라는 사용자들의 요구가 빗발쳤다고 해요. 윈도우 10에서 다시 부활한 [시작] 메뉴는 이전 윈도우 버전과는 다른 모습을 하고 있습니다. 이번 섹션에서는 윈도우 10의 새로워진 [시작] 메뉴에 담긴 기능에 대해 알아볼게요.

> **PREVIEW**

▲ 윈도우 10의 [시작] 메뉴

▲ 시작 화면에 앱 추가 및 삭제하기

> **섹션별 주요 내용**

01 | 윈도우의 시작은 [시작] 메뉴에서!   02 | 윈도우 10 안전하게 켜고 끄기   03 | [시작] 메뉴에서 앱 실행하기
04 | 시작 화면에 앱 추가하고 제거하기

윈도우의 시작은 [시작] 메뉴에서!

윈도우 10의 [시작] 메뉴는 단순히 앱 목록을 나열하는 곳이 아니라 윈도우의 모든 기능에 접근하기 위한 출발점입니다. 보기에는 하나의 화면처럼 보이지만, 여러 영역으로 나뉘어 있으며 각 부분마다 의미와 역할이 다릅니다. [시작] 메뉴만 완벽하게 익혀도 윈도우 10을 훨씬 쉽게 사용할 수 있어요.

❶ **[확장] 단추(☰)** : 클릭하면 옵션이 확장되어 이름이 표시됩니다.

❷ **최근에 추가한 앱/추천** : 최근에 추가한 앱이나 윈도우에서 추천하는 앱 목록이 표시됩니다.

❸ **앱 목록** : 시스템에 설치된 모든 앱이 목록으로 표시됩니다.

❹ **사용자 계정** : 현재 로그인 중인 사용자의 사진이 표시됩니다.

❺ **문서(🗎)** : 윈도우 탐색기 창이 열리면서 '문서' 폴더로 자동 이동해요.

❻ **사진(🖼)** : 윈도우 탐색기 창이 열리면서 '사진' 폴더로 자동 이동해요.

❼ **설정(⚙)** : 클릭하면 윈도우와 관련된 다양한 설정 환경을 관리할 수 있는 '설정' 앱 화면이 실행됩니다.

❽ **전원(⏻)** : 시스템을 종료하거나 다시 시작할 수 있어요.

❾ **시작 화면** : 윈도우 10에서 제공하는 기본 앱 목록이 타일 형식으로 표시되는데, 원하는 앱을 시작 화면에 추가해서 사용할 수 있어요. 태블릿일 경우 시작 화면이 전체 화면으로 표시됩니다.

윈도우 10 안전하게 켜고 끄기

윈도우 7과 윈도우 8에서는 전원 단추의 위치가 달라 혼란스러웠기 때문에 윈도우 10에서는 다시 전원 단추의 위치가 바뀌었어요. 윈도우 10의 전원 단추는 가장 접근하기 쉬운 [시작] 메뉴에 있어요. [시작] 단추(⊞)를 클릭하여 [시작] 메뉴를 열고 [전원](⏻)을 클릭하면 세 가지 하위 메뉴가 나타납니다.

① **절전** : 윈도우는 종료되지만, 컴퓨터를 완전히 끄지 않고 사용 전력을 최소로 하면서 현재의 상태를 유지합니다. 절전 상태일 때 마우스를 움직이거나 키보드의 아무 키나 누르면 곧바로 윈도우를 켤 수 있어요.

② **시스템 종료** : 윈도우를 종료하고 시스템 전원을 차단시켜요.

③ **다시 시작** : 시스템을 종료한 후 자동으로 시스템을 다시 켜서 윈도우를 부팅해요.

[시작] 메뉴에서 앱 실행하기

새기능&단축키

[시작]메뉴

윈도우환경

인터넷

응용앱

고급설정

유지관리

원드라이브

원노트

윈도우 10에서는 기존의 '프로그램(program)'이라는 용어를 모두 '앱(app)'으로 바꿔 부릅니다. 윈도우 10에 있는 앱뿐만 아니라 윈도우 스토어를 통해 앱을 다운로드해서 설치할 수 있습니다.

방법 1 **시작 화면에서 실행하기**

[시작] 단추를 클릭한 후 [시작] 메뉴에 있는 앱 타일을 클릭하세요.

◀ 시작 화면에서 '날씨' 앱 실행하기

방법 2 **앱 목록에서 실행하기**

[시작] 메뉴의 앱 목록에서 원하는 앱을 선택하세요.

◀ 앱 목록에서 '사진' 앱 실행하기

방법 3 **검색해서 실행하기**

컴퓨터에 설치된 앱이 많아서 앱 목록을 찾아보는 것도 번거롭다면 검색 창에서 앱을 검색해 실행하는 것이 편리해요.

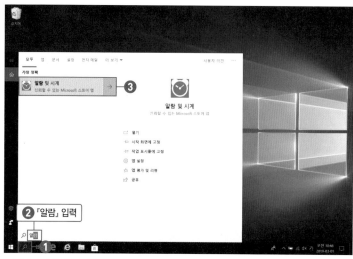

▲ '알람 및 시계' 앱을 검색해서 실행하기

방법 4 **알파벳으로 검색해 실행하기**

'모든 앱 보기' 화면에서 숫자나 알파벳, 표제어(ㄱ, ㄴ, ㄷ 등) 중 아무 것이나 클릭하면 알파벳과 표제어 목록이 나타납니다. 이 중에서 실행하려는 앱에 해당하는 표제어를 선택하여 실행하세요.

▲ [ㄱ] 부분을 클릭하여 '계산기' 앱 실행하기

Tip

'모든 앱 보기' 화면은 [시작] 단추(⊞)를 클릭하고 앱 목록이 표시되면 대표 영문자(A, B, C, ……)나 한글 자음(ㄱ, ㄴ, ㄷ, ……)을 클릭하면 나타납니다.

시작 화면에 앱 추가하고 제거하기

세기능&단축키

[시작]메뉴

윈도우환경

인터넷

앨범앱

고급설정

목가&보안

원드라이브

원노트

[시작] 메뉴의 오른쪽에 있는 시작 화면에는 앱 타일들이 나열되어 있어서 간편하게 앱을 실행할 수 있어요. 이번에는 자주 사용하는 앱 타일을 추가하는 방법과 불필요한 앱 타일을 제거하는 방법을 알아보겠습니다.

1 | 시작 화면에 앱 고정하기

[시작] 단추(⊞)를 클릭하고 시작 화면에 추가할 앱 항목에서 마우스 오른쪽 단추를 클릭한 후 [시작 화면에 고정]을 선택하세요.

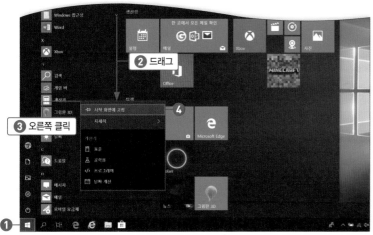

◀ 시작 화면에 '계산기' 앱 고정하기

2 | 시작 화면에서 앱 제거하기

시작 화면에 있는 앱 타일이 더 이상 필요 없다면 제거할 앱 타일에서 마우스 오른쪽 단추를 클릭한 후 [시작 화면에서 제거]를 선택하세요.

◀ 시작 화면에서 '계산기' 앱 제거하기

25

Section **03** 내게 맞는 윈도우 환경으로 바꾸기

윈도우 10의 가상 데스크톱 기능은 하나의 모니터에서 다양한 작업을 동시에 실행할 수 있는 뛰어난 기능입니다. 그리고 바탕 화면의 작업 표시줄은 현재 진행중인 작업 상태와 시스템의 여러 정보를 알려주는 곳입니다. 작업 표시줄에 앱을 추가하면 윈도우 10을 더욱 편리하게 사용할 수도 있고, 잠금 화면의 사진을 좋아하는 사진으로 바꿔 좀 더 친숙한 시스템으로 만들 수도 있어요.

> **PREVIEW**

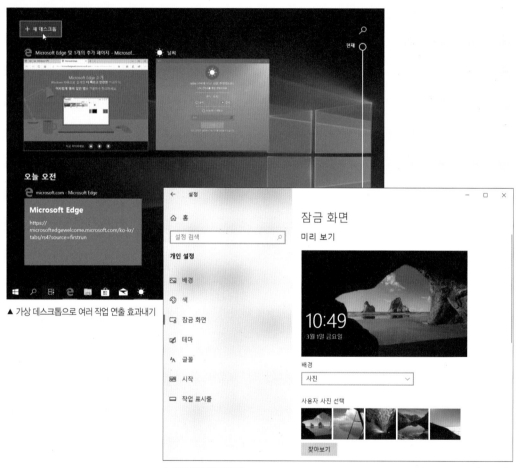

▲ 가상 데스크톱으로 여러 작업 연출 효과내기

▲ 잠금 화면 사진 바꾸기

> 섹션별
> 주요 내용

01 | 가상 데스크톱으로 듀얼 모니터 효과 연출하기   02 | 작업하기 편하게 작업 표시줄 설정하기
03 | 내 취향대로 잠금 화면 사진 바꾸기

새기능&단축키

[시작] 메뉴

업무환경

인터넷

멀티미디어

고급설정

복구&보안

윈도우라이브

앱노트

01 가상 데스크톱으로 듀얼 모니터 효과 연출하기

윈도우 10에는 용도에 따라 여러 개의 데스크톱을 만들어 사용할 수 있는데, 이것을 '가상 데스크톱'이라고 불러요. 프로젝트별로 서로 다른 가상 데스크톱을 만들어 사용할 수도 있고, 모니터가 한 대여도 마치 여러 대의 모니터에서 작업하는 것과 같은 효과를 만들 수도 있어요.

1 여러 개의 앱을 실행하고 작업 표시줄에서 [작업 보기] 아이콘(⊟)을 클릭합니다. 현재 실행 중인 앱들이 작은 그림으로 표시되면 화면의 왼쪽 위에 있는 [새 데스크톱]을 클릭하세요.

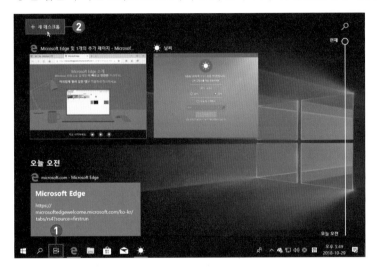

2 작업 보기 화면의 왼쪽 위에 [데스크톱 1]과 [데스크톱 2]가 나타나면 [데스크톱 2]를 클릭하세요.

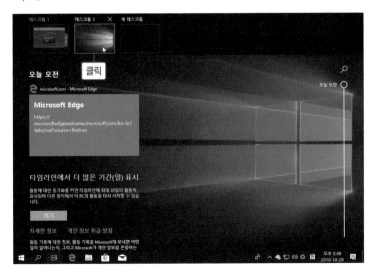

3 아무것도 실행되지 않은 새 데스크톱 화면이 나타나면 [데스크톱 1]에서와 다른 앱을 실행할 수 있어요. 몇 가지 앱을 실행한 후 작업 표시줄에서 [작업 보기] 아이콘(■)을 클릭하면 작업 보기 화면의 위쪽에 2개의 데스크톱이 표시되고 각 데스크톱을 클릭할 때마다 다른 앱이 실행됩니다.

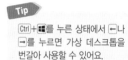

> **Tip**
> Ctrl+■를 누른 상태에서 ←나 →를 누르면 가상 데스크톱을 번갈아 사용할 수 있어요.

4 가상 데스크톱 이름의 오른쪽 위에 있는 [닫기] 단추(✕)를 클릭하면 실행중인 가상 데스크톱을 종료할 수 있어요. 이때 실행중인 앱이 있으면 기존의 가상 데스크톱으로 합쳐집니다.

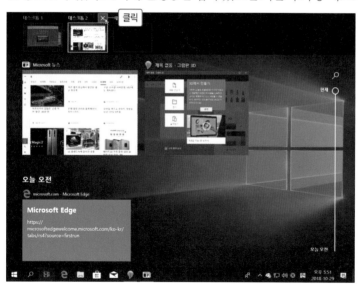

핵심
기능 | **02** | # 작업하기 편하게 작업 표시줄 설정하기

1 | 작업 표시줄의 구성

윈도우 바탕 화면의 아랫부분에 있는 작업 표시줄은 윈도우에서 매우 유용하고 다양하게 사용하는 부분입니다.

❶ **[시작] 단추(⊞)** : 클릭하면 [시작] 메뉴를 열 수 있어요. [시작] 메뉴에 대해서는 21쪽을 참고하세요.

❷ **검색 아이콘(🔍)** : 시스템에 있는 파일이나 앱을 비롯해 웹 정보를 검색할 수 있어요. 검색 창에 대해서는 24쪽을 참고하세요.

❸ **[작업 보기] 아이콘(🔲)** : 현재 실행중인 모든 앱을 한눈에 볼 수 있고 새로운 데스크톱을 추가할 수 있어요.

❹ **앱 아이콘** : 작업 표시줄에 추가된 앱 아이콘이나 현재 실행중인 앱 아이콘이 표시됩니다. 작업 표시줄에 있는 앱 아이콘은 한 번만 클릭하면 즉시 앱을 실행할 수 있기 때문에 자주 쓰는 앱을 고정해 두면 편리하게 사용할 수 있어요. 현재 실행중인 앱은 앱의 아래쪽에 파란색 선이 표시됩니다. 태블릿 모드에서는 기본적으로 앱 아이콘에 파란색 선이 나타나지 않습니다.

❺ **시스템 아이콘** : 윈도우에서 기본으로 표시되는 시스템 아이콘으로, 태블릿 모드에서는 주요 아이콘만 표시됩니다. 여기에 표시할 시스템 아이콘은 사용자가 직접 켜거나 끌 수 있어요.

❻ **[바탕 화면 보기] 단추** : 눈에 쉽게 띄지는 않지만 작업 표시줄의 가장 오른쪽에 있는 [바탕 화면 보기] 단추를 클릭하면 열려있던 모든 앱이 한꺼번에 최소화되면서 즉시 바탕 화면을 볼 수 있어요.

2 | 작업 표시줄에 앱 아이콘 추가하기

시작 화면에 있는 앱이라면 앱 타일에서 마우스 오른쪽 단추를 눌러 [자세히]-[작업 표시줄에 고정]을 선택합니다.

바탕 화면에 있는 프로그램 아이콘이라면 프로그램 아이콘을 클릭한 상태에서 작업 표시줄로 드래그하다가 '작업 표시줄에 고정'이라는 풍선 도움말이 나타나면 마우스 단추에서 손을 뗍니다.

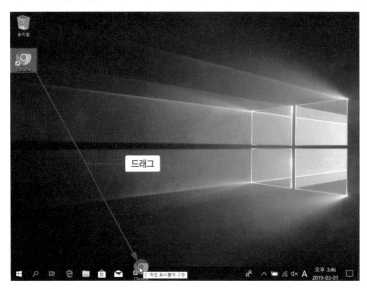

3 │ 작업 표시줄의 시스템 아이콘 켜고 끄기

윈도우 10에서는 네트워크의 상태나 오디오 볼륨의 상태 등을 아이콘으로 알려줍니다. 작업 표시줄에서는 아이콘을 확인하고 작업에 필요한 아이콘을 켜거나 끌 수 있어요. 작업 표시줄에 있는 [알림 센터] 아이콘(📟)을 클릭하고 [모든 설정]을 선택합니다. [Windows 설정] 창이 열리면 [개인 설정]-[작업 표시줄]을 차례대로 선택하고 [시스템 아이콘 켜기 또는 끄기]를 클릭합니다. 작업 표시줄에 표시할 아이콘은 '켜짐'으로, 작업 표시줄에서 감출 아이콘은 '꺼짐'으로 변경합니다.

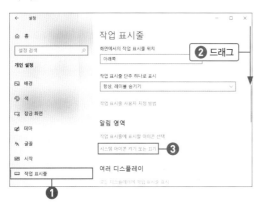

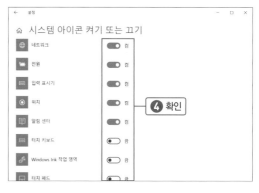

실무
예제 | **03**   내 취향대로 잠금 화면 사진 바꾸기

윈도우 10의 잠금 화면은 마이크로소프트에서 제공하는 사진으로 자동 설정되어 있지만, 원하는 다른 사진으로 바꿀 수 있어요.

1 작업 표시줄의 [알림 센터] 아이콘(🗨)을 클릭하고 [모든 설정]을 선택한 후 [개인 설정]-[잠금 화면]을 선택합니다. '배경'에서 [사진]을 선택하고 윈도우 10에서 제공하는 기본 사진을 선택하거나 [찾아보기]를 클릭한 후 원하는 사진을 선택하세요.

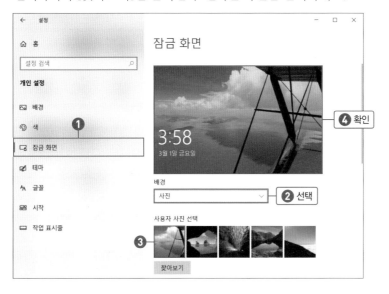

2 ⊞+Ⓛ을 누르면 즉시 잠금 화면이 나타나서 바뀐 배경을 확인할 수 있어요. Enter를 누르면 원래 화면으로 되돌아옵니다.

CHAPTER 2 웹 브라우저와 기본 앱 사용하기

윈도우 10에는 최신 웹 경향을 반영한 '마이크로소프트 엣지(Microsoft Edge)' 브라우저가 기본 브라우저로 포함되어 있습니다. 하지만 아쉽게도 국내의 인터넷 환경 때문에 일부 사이트는 인터넷 익스플로러를 계속 사용해야 해요. 이번 챕터에서는 윈도우 10에서 두 가지 브라우저를 효율적으로 활용해 인터넷을 사용하는 방법과 윈도우 10의 주요 기본 앱을 사용하는 방법을 알아보겠습니다.

Windows 10
+Excel
& PowerPoint
&Word 2019
+Hangeul

SECTION **01**   용도에 맞게 웹 브라우저 사용하기

SECTION **02**   윈도우 10의 기본 앱 활용하기

Section 01

용도에 맞게 웹 브라우저 사용하기

마이크로소프트 엣지(Microsoft Edge)는 윈도우 10과 함께 발표된 새로운 웹 브라우저로, 최신 웹 표준 기술을 지원하고 있어서 스마트폰이나 PC, 웨어러블 컴퓨터 등 앞으로 등장하게 될 모든 스마트기기에서 사용할 수 있어요. 하지만 아쉽게도 웹 표준 기술이 완전히 정착되기 전까지는 인터넷 익스플로러와 함께 사용해야 하지만, 웹 표준에 맞는 사이트들이 점차 많아지면 엣지 브라우저가 대중화될 것입니다.

> **PREVIEW**

▲ 엣지 브라우저 살펴보기

▲ 즐겨찾기 추가하기

섹션별 주요 내용

01 | 엣지를 쓸까, 인터넷 익스플로러를 쓸까? 02 | 엣지 브라우저의 화면 구성 살펴보기
03 | 엣지 브라우저에 즐겨찾기 추가하기 04 | 읽기용 보기 이용해 필요한 내용만 한눈에 보기
05 | 웹 사이트에 메모하고 저장하기 06 | 시작 화면에 인터넷 익스플로러 고정하기
07 | 기본 브라우저 변경하기

엣지를 쓸까, 인터넷 익스플로러를 쓸까?

스마트폰이나 태블릿, 스마트 TV 등 인터넷 사이트에 접속할 수 있는 기기가 많아지면서 사용하는 웹 브라우저도 점점 다양해지고 있어요. 쇼핑몰 결제나 인터넷뱅킹 사이트를 제외한 많은 사이트들은 인터넷 익스플로러가 아닌 '구글 크롬'이나 '파이어폭스', '마이크로소프트 엣지' 등에서 접속해도 사용이 불편하지 않습니다.

마이크로소프트 엣지는 윈도우 10의 기본 웹 브라우저이기 때문에 메일에 있는 사이트 주소를 클릭하거나 웹사이트와 관련된 작업을 할 때 기본적으로 실행됩니다.

엣지 브라우저의 화면 구성 살펴보기

윈도우 10의 바탕 화면에 있는 작업 표시줄을 보면 기본적으로 고정되어 있는 앱 아이콘들이 있는데, 이 중에서 [작업 보기] 아이콘(⊞)을 제외하면 앱 중에서 **e** 아이콘이 엣지 브라우저 아이콘입니다. 이 아이콘을 클릭하면 엣지 브라우저를 실행할 수 있어요.

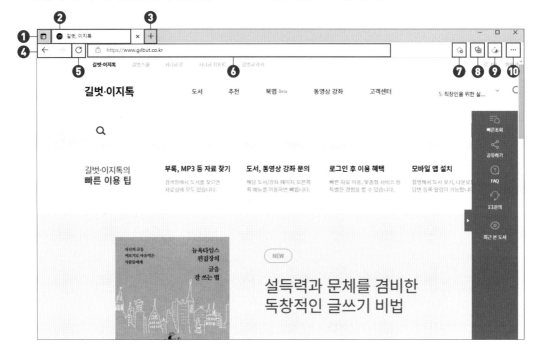

❶ **[탭 작업 메뉴] 단추(▣)** : 열려있는 탭들을 세로로 나열하거나 콜렉션에 추가시켜요.

❷ **제목 표시줄** : 현재 탭에 표시된 사이트의 제목이 표시됩니다.

❸ **[새 탭] 단추(+)** : 현재 창에 새로운 탭을 추가해 다른 사이트를 살펴볼 수 있어요.

❹ **[뒤로], [앞으로] 단추(← →)** : 이전 페이지 또는 다음 페이지로 이동해요.

❺ **[새로 고침] 단추(↻)** : 현재 사이트를 다시 불러옵니다.

❻ **주소 표시줄** : 현재 탭에 표시된 사이트의 주소가 표시됩니다.

❼ **[이 페이지를 즐겨찾기에 추가] 단추(☆)** : 현재 사이트를 즐겨찾기에 추가합니다.

❽ **[컬렉션] 단추(⊞)** : 현재 열려 있는 사이트를 컬렉션에 추가하고 메모를 남길 수 있습니다.

❾ **[개인] 단추(⊙)** : 윈도우에 로그인한 계정의 프로필 사진이 나타나고, 클릭하면 프로필을 편집할 수 있습니다.

❿ **[설정 및 기타] 단추(···)** : 엣지 브라우저 사용을 위한 여러 기능을 설정합니다.

엣지 브라우저에 즐겨찾기 추가하기

자주 가는 사이트는 매번 사이트 주소를 입력하지 않고 한 번의 클릭만으로 이동해야 훨씬 편리
합니다. 이 경우 즐겨찾기에 자주 가는 사이트를 등록해 놓으면 매우 간단하게 원하는 사이트로
한 번에 이동할 수 있어요.

1 주소 표시줄에 'www.gilbut.co.kr'를 입력하고 Enter 를 눌러 길벗 사이트로 이동합니다. [이
페이지를 즐겨찾기에 추가] 단추(☆)를 클릭하고, 즐겨찾기에 등록할 이름을 확인한 후 [완
료]를 클릭합니다.

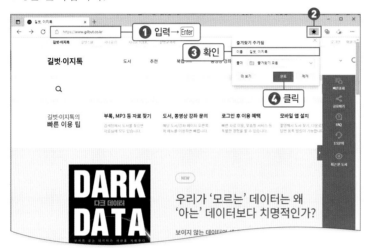

2 즐겨찾기를 확인하려면 [설정 및 기타] 단추(···)를 클릭한 후 [즐겨찾기]를 선택합니다. 방금
추가한 사이트가 즐겨찾기에 추가되어 있을 것입니다.

새기능&단축키

[시작]메뉴

원도우환경

인터넷

앱활용법

고급설정

복구&보안!

원드라이브

원노트

다른 웹 브라우저에서 즐겨찾기 목록 가져오기

기존에 사용하던 브라우저가 있다면 해당 브라우저의 즐겨찾기를 엣지 브라우저로 가져와서 사용할 수 있어요.

❶ [설정 및 기타] 단추(⋯)를 클릭한 후 [즐겨찾기]를 선택합니다.

❷ 즐겨찾기 창이 나타나면 창의 오른쪽 위에 있는 [기타 옵션] 단추(⋯)를 클릭하고, [즐겨찾기 가져오기]를 선택합니다.

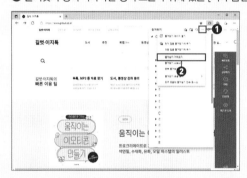

❸ 현재 컴퓨터에 설치된 다른 웹 브라우저 중에서 즐겨찾기를 가져올 브라우저를 선택합니다. 즐겨찾기 외에도 다양한 항목을 가져올 수 있습니다.

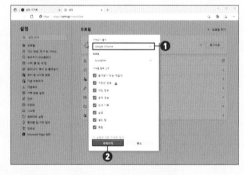

새기능&단축키

[사진메뉴]

앱도우관리

인터넷

예약중

고급설정

북마크&로그인

엣지브라우저

원노트

실무 예제	04	웹사이트 즉석에서 캡처하기

엣지를 통해 웹사이트를 둘러보다가 캡처해서 보관하고 싶은 내용이 있다면 엣지의 '웹 캡처' 기능을 사용해 보세요. 메뉴를 사용하기보다 Ctrl + Shift + S 를 누르면 편리합니다.

1 캡처할 내용이 있는 사이트에서 [설정 및 기타] 단추(⋯)를 클릭한 후 [웹 캡처]를 선택하면 엣지 화면에 캡처 준비 화면이 나타납니다. 캡처 영역을 지정할지, 전체 화면을 캡처할지 선택할 수 있습니다. 기본적으로 [캡처 영역]이 선택되어 있습니다.

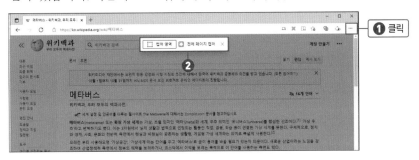

2 캡처할 영역을 드래그해서 선택한 후, [복사]할 것인지 [마크업 캡처]할 것인지 결정합니다. [복사]를 선택하면 이미지 형태로 복사되어 다른 프로그램이나 그림판 등에 그대로 붙여넣을 수 있습니다. [마크업 캡처]를 선택하면 캡처한 부분에 마크업을 추가한 후 저장할 수 있습니다.

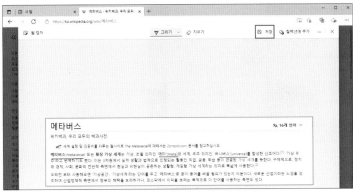

컬렉션 기능 사용하기

최신 엣지 버전에는 '컬렉션' 기능이 추가되었습니다. '컬렉션'은 주제별로 웹사이트를 모아서 볼 수 있는 기능입니다. 컬렉션에 모아 둔 사이트는 언제든지 삭제할 수도 있죠. 컬렉션은 오피스 제품군으로 내보내거나 Pintereset로 내보낼 수도 있습니다.

1 컬렉션에 추가할 사이트가 열린 상태에서 주소 표시줄 오른쪽에 있는 [컬렉션] 단추(📖)를 클릭합니다. 컬렉션을 처음 사용하면 맨 위에 날짜가 표시되어 있는데, 그 부분을 클릭한 후 컬렉션 주제나 어떤 식으로 분류할지 이름을 붙입니다. 이어서 [현재 페이지 추가]를 클릭합니다.

2 컬렉션 창에서 [새 컬렉션 시작]을 클릭하면 새로운 주제를 추가할 수 있고, 주제에 따라 여러 사이트를 모아둘 수 있습니다. 컬렉션에서는 사이트나 주제를 카드처럼 배치하기 때문에 보기 편리하고, 카드를 클릭한 후 위아래로 순서를 바꿀 수도 있습니다.

Tip
컬렉션 창에 [새 컬렉션 시작]이 보이지 않는다면 주제 왼쪽에 있는 '<'를 클릭하세요.

3 컬렉션에는 사이트 뿐만 아니라 메모를 추가해 둘 수 있습니다. [컬렉션] 단추(⊞)를 클릭해서 컬렉션 창이 열리면 창 위에 있는 [메모 추가] 단추(⧉)를 클릭합니다. 필요한 내용을 메모하면 메모 내용도 함께 컬렉션에 추가됩니다.

4 컬렉션에 있는 사이트나 주제를 삭제하고 싶다면 카드 위로 마우스 커서를 올리고 작은 사각형이 나타나면 선택한 후 그 위에 보이는 🗑 아이콘을 클릭합니다.

세기능&단축키

[시작]메뉴

윈도우환경

인터넷

앱활용

고급설정

복구&보안

원드라이브

윈노트

핵심 기능 | **06** 시작 화면에 인터넷 익스플로러 고정하기

윈도우 10에서는 기본 브라우저가 '마이크로소프트 엣지'이기 때문에 인터넷 익스플로러는 시작 화면이나 바탕 화면뿐만 아니라 작업 표시줄의 어디에서도 실행 아이콘을 볼 수 없어요. 인터넷 익스플로러를 실행하려면 어떻게 해야 할까요?

1 | 시작 화면에 고정하기

[시작] 단추(⊞)를 클릭하고 앱 목록이 나타나면 [Windows 보조프로그램]-[Internet Explorer]에서 마우스 오른쪽 단추를 눌러 [시작 화면에 고정]을 선택하세요.

2 | 작업 표시줄에 고정하기

[시작] 단추(⊞)를 클릭하고 앱 목록이 나타나면 [Windows 보조프로그램]-[Internet Explorer]에서 마우스 오른쪽 단추를 눌러 [자세히]-[작업 표시줄에 고정]을 선택하세요.

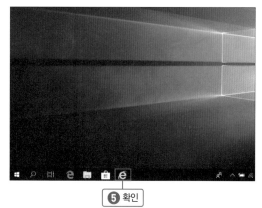

새기능&단축키

[시작]메뉴

윈도우&환경

인터넷

응용&앱

고급설정

복구&보안

원드라이브

엣지노트

07 # 기본 브라우저 변경하기

윈도우 10에는 마이크로소프트 엣지와 인터넷 익스플로러가 설치되어 있지만, 이 외에도 다양한
브라우저들이 있어요. 이들 브라우저 중에서 자주 사용하는 브라우저를 윈도우 10의 기본 브라우
저로 바꿀 수 있어요.

1 작업 표시줄에서 [알림 센터] 아이콘(▣)을 클릭하고 [모든 설정]-[앱]을 선택하세요.

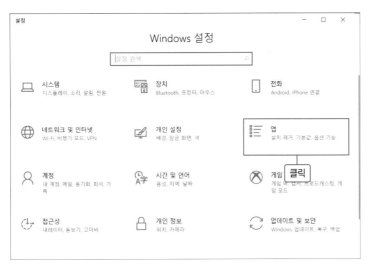

2 [앱 및 기능] 창이 나타나면 왼쪽 목록에서 [기본 앱]을 선택하고 오른쪽 목록에서 아래쪽으
로 이동합니다. '웹 브라우저'에 [Microsoft Edge]가 지정되어 있는데, 이 부분을 클릭하고
원하는 브라우저를 선택하세요.

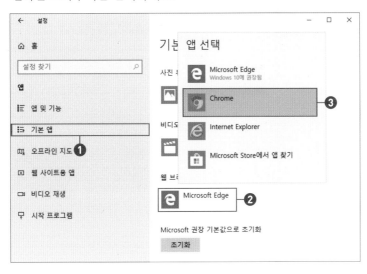

윈도우 10의 기본 앱 활용하기

윈도우 10에는 내장되어 있는 기본 앱들이 많기 때문에 따로 설치하지 않아도 곧바로 사용할 수 있어요. 그리고 마이크로소프트 계정을 사용하면 PC에서 사용하던 앱을 그대로 이어서 노트북이나 태블릿에서 사용할 수 있기 때문에 매우 편리합니다. 이번에는 윈도우 10의 여러 가지 앱들 중에서 자주 사용하는 주요 앱에 대해 살펴보고 직접 사용해 보면서 윈도우 10을 더욱 즐겨보겠습니다.

> **PREVIEW**

▲ 메일 계정 추가하기

▲ 윈도우 스토어에서 앱 구입하기

> **섹션별 주요 내용**
> 01 | '메일' 앱에서 메일 계정 관리하기   02 | '날씨' 앱으로 일기예보 확인하기
> 03 | 윈도우 스토어에서 게임 앱 구입하기

새기능 & 달라진기

[시작]메뉴

윈도우관리

인터넷

앱&활용

고급설정

복구&보안

원도우앱사전

정보

<table>
<tr><td>핵심
기능</td><td>01</td><td>'메일' 앱에서 메일 계정 관리하기</td></tr>
</table>

윈도우 10에는 기본적으로 '메일' 앱이 설치되어 있어요. 따라서 자주 사용하는 메일 주소를 등록해 놓으면 '메일' 앱에서 한 번에 모든 메일을 확인하고 관리할 수 있어서 편리해요.

1 │ 계정 추가하기

'메일' 앱을 처음 실행하면 [계정 추가]를 클릭해 메일 계정을 추가할 수 있어요. 그리고 메일 앱을 사용하다가 새로운 메일 계정을 추가하려면 앱의 왼쪽 창에서 [확장] 아이콘(≡)을 클릭한 후 [계정]을 클릭하세요. [계정 관리] 창이 열리면 [계정 관리]를 클릭하세요.

▲ 앱을 처음 실행할 때 계정 추가하기   ▲ 앱 사용 중에 계정 추가하기

추가할 계정에 맞는 항목을 선택하는데, 다음 메일이나 네이버 메일 같은 웹 메일 주소를 추가하려면 [다른 계정]을 선택하세요. 메일 주소와 암호를 입력하는 단계와 이름을 입력해서 계정을 추가하고 [로그인]을 클릭한 후 [완료]를 클릭하면 계정 추가가 끝납니다.

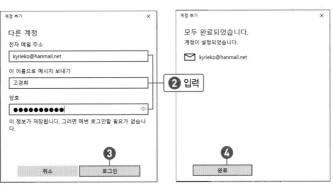

2 | 메일 계정 전환하기

'메일' 앱에 등록된 계정은 앱 화면의 '계정' 목록에 표시되어 한눈에 살펴볼 수 있습니다. 현재 보고 있는 계정 외에 다른 계정의 메일을 보고 싶다면 계정 목록 중에서 보고 싶은 계정을 클릭하세요.

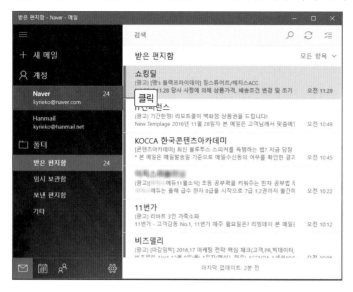

3 | 메일 계정 편집하기

사용 중인 메일 계정의 암호를 수정하거나 계정을 삭제하려면 앱의 왼쪽 창에서 [계정]을 클릭하고 [계정 관리] 창에서 수정할 계정을 선택합니다. [계정 설정] 창에서 암호를 수정할 수도 있고 '장치에서 이 계정을 제거하세요' 링크를 클릭해 계정을 삭제할 수도 있어요.

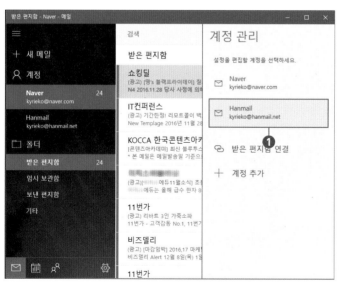

'날씨' 앱으로 일기예보 확인하기

새기능&단축키

[시작]메뉴

원도우환경

인터넷

앱활용

고급설정

복구&보안

원드라이브

원노트

윈도우 10의 '날씨' 앱을 이용하면 오늘부터 열흘 정도의 일기예보와 함께 시간대별 일기예보를 알 수 있습니다. 또한 작년 한 해 동안의 평균 기온과 강수량 등도 살펴볼 수 있어요.

1 '날씨' 앱을 처음 실행하면 가장 먼저 온도 표시 단위와 기본 위치를 설정하는 화면이 나타납니다. GPS 기능이 있는 기기이면 [내 위치 검색하기]를 클릭하고, 일반 PC이면 검색 상자에 현재 살고 있는 지역을 입력해서 선택합니다. 위치를 지정했으면 [시작]을 클릭하세요.

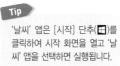

> **Tip**
> '날씨' 앱은 [시작] 단추(⊞)를 클릭하여 시작 화면을 열고 '날씨' 앱을 선택하면 실행됩니다.

2 지정한 지역의 일기예보 화면이 나타나면서 오늘을 기준으로 열흘 동안의 일기예보가 표시됩니다. 시간대별 일기와 하루의 일기 정보까지 자세하게 표시되는지 확인해 보세요.

윈도우 10을 설치하면 기본 앱이 함께 설치되지만, 윈도우 스토어에서 필요한 앱을 다운로드해서
설치할 수 있어요.

1 작업 표시줄에서 [Microsoft Store] 단추(▣)를 클릭하여 윈도우 스토어에 접속합니다. 간단
한 무료 '게임' 앱을 설치하기 위해 [게임]을 클릭하세요.

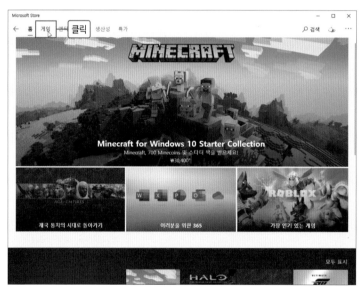

2 스토어에 있는 게임 중에서 원하는 게임을 클릭합니다. 여기에서는 '무료 인기 게임'으로 이동
하여 지뢰찾기 게임인 [Microsoft Minesweeper]를 선택하세요.

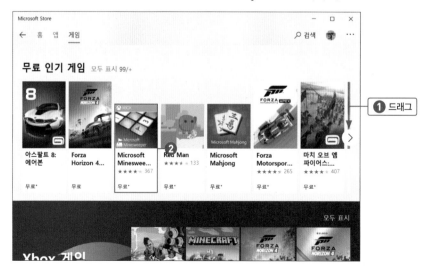

3 선택한 앱을 이용할 수 있는 연령과 스크린샷, 그리고 사용자 리뷰 등이 나타나면 게임을 설치하기 위해 [무료]를 클릭합니다. 자동으로 게임이 다운로드되어 컴퓨터에 설치되기 시작하면 잠시 기다리세요.

Tip
로그인 창이 나타나면 [로그인]을 클릭한 후 MS 계정으로 로그인하거나 [관심없음]을 선택하세요.

4 설치가 끝나면 [스토어] 앱 화면에서 [플레이]를 클릭하세요..

Tip
[시작] 메뉴의 앱 목록에서 선택해서 앱을 실행할 수도 있어요.

5 선택한 게임이 실행되면 게임을 즐겁게 즐겨보세요.

Tip
MS 계정으로 로그인하면 같은 계정을 사용하는 모든 기기에서 경기를 계속 이어서 진행할 수 있어요.

CHAPTER 3 윈도우 10 고수로 가는 길

윈도우 10은 설치할 때 기본적으로 일반 사용자에게 알맞은 환경이 제공되지만, 사용자가 가지고 있는 하드웨어를 연결하거나 자신의 취향에 맞게 다양하게 설정을 바꾸고 싶을 때가 있습니다. 이번 챕터에서는 윈도우 10의 '설정' 기능을 통해 자신에 맞게 윈도우를 설정하고 관리하는 방법을 배워보고 시스템 복구나 암호 지정 등 운영체제를 안심하고 사용할 수 있는 다양한 기능을 익혀보겠습니다.

Windows 10
+Excel
& PowerPoint
&Word 2019
+Hangeul

SECTION **01**   윈도우 10의 고급 사용법 익히기

SECTION **02**   윈도우 10을 안전하게 사용하는 비법
익히기

Section 01

윈도우 10의 고급 사용법 익히기

윈도우 10은 설치할 때 기본적으로 설치된 환경에서도 사용하는 데 불편이 없지만, 사용자의 시스템 환경이나 상황에 따라 여러 가지 설정을 확인하고 수정할 수 있어요. 특히 윈도우 10에는 브라우저나 사진, 음악 등과 관련된 앱들이 여러 개 포함되어 있기 때문에 기본 앱 대신 자신에게 편리한 앱으로 변경해서 사용할 수 있습니다. 이외에도 윈도우 10을 편리하면서 효율적으로 사용할 수 있는 여러 가지 유용한 방법에 대해 살펴봅니다.

> **PREVIEW**

▲ 컴퓨터 사양 확인하기

▲ 필요 없는 파일 정리하기

> **섹션별 주요 내용**
>
> 01 | 윈도우 기본 앱을 원하는 앱으로 바꾸기 02 | 윈도우에서 직접 설치 파일(ISO 파일) 실행하기
> 03 | 정확하게 컴퓨터의 사양 확인하기 04 | 알뜰하게 노트북 배터리 사용하기
> 05 | 저장소에서 필요 없는 파일 정리하기

윈도우 기본 앱을 원하는 앱으로 바꾸기

윈도우 10에는 음악이나 동영상을 재생하는 앱이나 사진을 살펴볼 수 있는 앱이 기본으로 포함되어 있어서 해당 파일을 선택하면 자동으로 실행됩니다. 하지만 이런 윈도우 기본 앱 외에 자신이 자주 사용하고 좋아하는 앱을 기본 앱으로 변경하여 편리하게 이용할 수 있어요. 여기에서는 윈도우 10에서 기본 제공하는 'Groove 음악' 앱을 'Windows Media Player'로 변경해 볼게요.

1 작업 표시줄에서 [알림 센터] 아이콘(▢)을 클릭하고 [모든 설정]을 선택하세요.

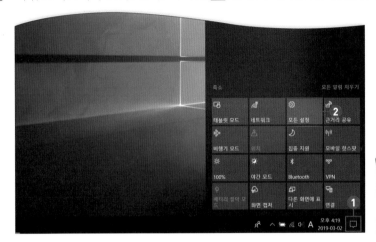

> **Tip**
> [알림 센터] 아이콘(▢)을 클릭
> 하여 알림 목록이 나타나면 [확
> 장]을 클릭하여 알림 목록을 확
> 장할 수 있어요.

2 [Windows 설정] 창에서 [앱]-[기본 앱]을 차례대로 선택하면 윈도우 10의 기본 앱들이 표시됩니다. 음악 플레이어를 바꾸려면 'Groove 음악'이라는 기본 앱을 클릭한 후 원하는 다른 플레이어를 선택하세요.

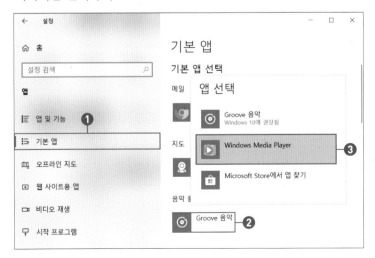

윈도우에서 직접 설치 파일(ISO 파일) 실행하기

ISO 형식은 CD용이나 DVD용 파일이기 때문에 CD나 DVD 디스크로 변환하거나 가상 디스크를 이용해서 설치해야 합니다. 하지만 윈도우 10의 파일 탐색기에는 ISO 파일에서 필요한 파일만 추출하는 기능이 있어서 CD나 DVD로 변환하지 않아도 곧바로 설치 이미지를 실행할 수 있어요.

1 윈도우 탐색기에서 사용할 ISO 파일을 더블클릭해서 실행하세요.

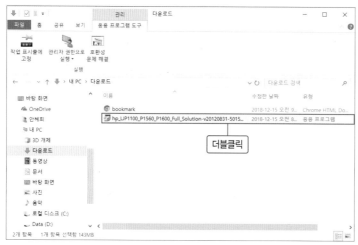

Tip

ISO 파일을 선택하면 리본 메뉴에 **[응용 프로그램 도구]** 탭이 생깁니다. 따라서 관리자 권한으로 실행해야 하는 파일은 [관리]의 **[응용 프로그램 도구]** 탭-[실행] 그룹에서 **[관리자 권한으로 실행]**을 클릭하세요.

2 시스템에 프로그램을 설치하는 것이므로 [사용자 계정 컨트롤] 창이 열리면 [예]를 클릭하세요. 그러면 별도의 다른 프로그램 없이도 ISO 파일에서 설치가 시작됩니다.

정확하게 컴퓨터의 사양 확인하기

내 윈도우는 몇 비트짜리인지, 하드디스크와 램은 몇 기가인지, 그리고 사용중인 그래픽카드는 어떤 것인지 등은 컴퓨터 사용자라면 기본적으로 알고 있어야하는 시스템 정보입니다.

1 작업 표시줄에서 [알림 센터] 아이콘(🔲)을 클릭하고 [모든 설정]을 선택합니다. [Windows 설정] 창이 열리면 [시스템]을 선택하세요.

2 [시스템] 창이 나타나면 왼쪽 목록에서 [정보]를 선택하세요. 현재 시스템의 프로세서와 RAM 등 시스템 사양이 간단하게 나타나는지 확인해 보세요.

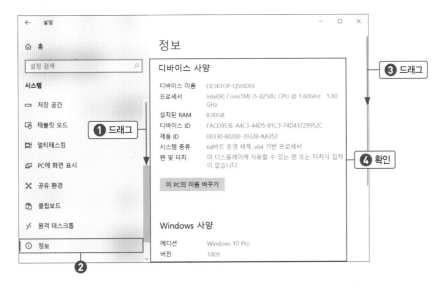

노트북 사용자나 태블릿 사용자에게 배터리는 매우 중요합니다. 급히 외부 전원을 연결할 수 없을
경우에는 남은 배터리의 양이 얼마인지 알아두어야 합니다. 그리고 노트북 배터리의 전력 사용을
최대한 줄일 수 있다면 매우 편리할 것입니다.

1 │ 배터리의 잔량 확인하기

작업 표시줄의 오른쪽에 있는 [배터리] 아이콘(🔋)을 클릭하면 현재 남은 배터리의 양을 확인할
수 있어요.

2 │ 전원 모드 조절하기

전원에 연결하지 않고 배터리를 사용할 경우 전원 모드 슬라이드 막대를 왼쪽으로 옮길수록 성
능보다 배터리를 아껴서 사용할 수 있어요. 슬라이드 막대를 오른쪽으로 옮기면 성능이 높아지는
대신 배터리가 빨리 소모됩니다.

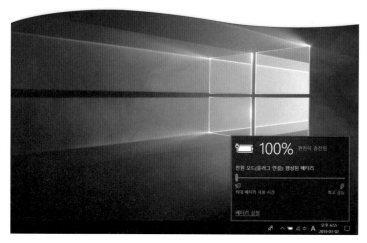

3 │ 배터리 절약 모드로 전환하기

배터리의 양이 얼마 남지 않은 상태에서 조금이라도 배터리를 아껴서 사용하려면 '배터리 절약 모드'로 전환해야 해요. 배터리 절약 모드에서는 화면이 좀 더 어두워지고, 백그라운드에서 실행중이던 앱의 실행이 중지되며, 푸시 알림도 받지 않습니다. 배터리가 20% 미만이면 자동으로 배터리 절약 모드로 바뀌지만 그 전에 직접 전환할 수 있어요. 그리고 배터리 충전 중일 때는 절약 모드가 꺼집니다.

Tip

백그라운드에서 실행하는 앱이란, '바이러스 체크' 앱처럼 화면에는 보이지 않으면서 계속 실행중인 앱을 말합니다. 그리고 푸시 알림은 증권 정보나 뉴스 속보처럼 일정 시간마다 웹에서 사용자에게 정보를 보내는 서비스를 말해요.

방법 1 작업 표시줄에서 [알림 센터] 아이콘(🗩)을 클릭하고 [배터리 절약 모드]를 선택하세요.

방법 2 작업 표시줄에서 [배터리] 아이콘(🔋)을 클릭하고 [배터리 설정]을 선택하세요.

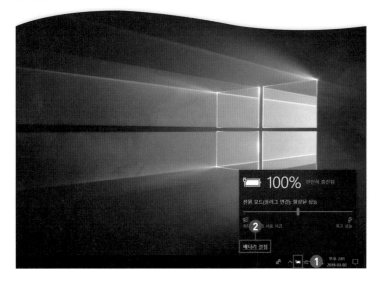

새기능&단축키

[시작]메뉴

일도우환경

인터넷

앱활용

고급설정

복구&보안!

원드라이브

엣지노트

[배터리] 설정 창이 열리면 '다음 충전까지 배터리 절약 모드'를 [켬]으로 변경하세요.

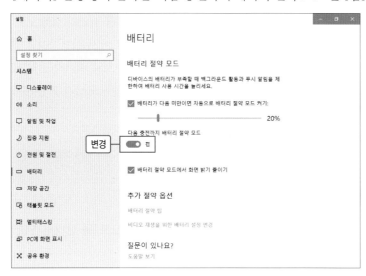

잠깐만요 **배터리의 추가 전원 설정하기**

[시스템] 창에서 [전원 및 절전]을 선택하고 오른쪽 목록에서 [추가 전원 설정]을 선택하세요. [전원 옵션] 창에서는 높은 성능을 우선시하는 [균형 조정]과 성능보다 배터리를 오래 사용하게 하는 [절전]이라는 두 가지 전원 옵션을 제공해요. 기본적으로 [균형 조정]이 선택되어 있지만 배터리를 오래 사용하는 게 더 중요하면 [절전]을 선택합니다. 각 옵션의 세부 설정은 옵션의 오른쪽에 있는 [설정 변경]을 선택해서 바꿀 수 있어요.

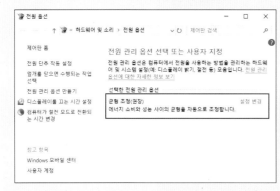

저장소에서 필요 없는 파일 정리하기

저장소의 공간이 너무 부족하면 앱을 실행하기 어렵기 때문에 적절하게 여분의 공간이 있어야 해요. 이번에는 저장소에서 불필요한 파일을 정리해서 공간을 확보하는 방법을 알아보겠습니다.

1 [시스템] 창에서 [저장 공간]을 선택하고 오른쪽 목록에서 윈도우가 설치된 [내 PC (C:)]를 선택합니다. 윈도우에서 공간을 확보할 때 가장 먼저 임시 파일을 삭제할 수 있으므로 [임시 파일]을 선택하세요.

2 임시 파일 중에 삭제할 항목을 선택한 후 [파일 제거]를 클릭하면 파일이 삭제되면서 그 만큼의 공간을 확보할 수 있어요.

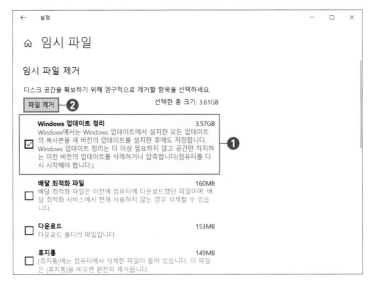

02 윈도우 10을 안전하게 사용하는 비법 익히기

인터넷을 사용하면서도 악성 소프트웨어로부터 시스템을 안전하게 지키는 방법과 암호를 이용해 하드 디스크의 자료를 보호하는 방법을 차근차근 살펴봅니다. 또한 시스템에 문제가 생겼을 때 복구하는 방법과 윈도우를 안전하게 사용할 수 있는 다양한 방법에 대해 알아보면서 윈도우 업데이트 기능을 끌 수는 없지만 일시 중지하거나 잠시 늦추는 방법도 함께 알아보겠습니다.

PREVIEW

▲ 윈도우 업데이트 확인하기

▲ 시스템 보호 기능 켜기

섹션별 주요 내용

01 | 필요 없는 시작 프로그램 중지하기   02 | 시스템 복원 지점 만들기

03 | 복원 지점 찾아 시스템 복구하기   04 | 윈도우 업데이트하기   05 | BitLocker 암호로 내 자료 보호하기

06 | 윈도우 디펜더로 스파이웨어 검사하기

새기능&단축키

[시작]메뉴

컴퓨터환경

인터넷

멀티미디어

고급설정

복구&보안

윈도우라이브

정보노트

01 필요 없는 시작 프로그램 중지하기

윈도우를 부팅하고 사용자 계정으로 로그인하는 동안 자동으로 실행되는 프로그램을 '시작 프로 그램'이라고 해요. 다양한 앱을 설치하다 보면 시작 프로그램이 계속 추가되어 부팅하는 시간이 오래 걸리므로 시작 프로그램 중에서 불필요한 프로그램의 실행을 멈춰보겠습니다.

1 [시작] 단추(⊞)에서 마우스 오른쪽 단추를 눌러 [작업 관리자]를 선택합니다. [장치 관리자] 창에서 [시작프로그램] 탭을 클릭하면 윈도우가 부팅될 때 사용되는 다양한 앱이 나열되어 있 는데, 필요 없는 앱을 선택하고 [사용 안 함]을 클릭하세요.

> **Tip**
> 시작 앱의 사용을 멈추기 전에 '시작 시 영향' 항목을 먼저 확인하고 윈도우 시 작에 큰 영향을 미치는 앱은 멈추지 말 아야 해요.

2 선택한 시작 앱의 '상태' 항목을 살펴보면 '사용 안 함'으로 표시되지만 필요할 경우에는 언제 든지 사용할 수 있어요.

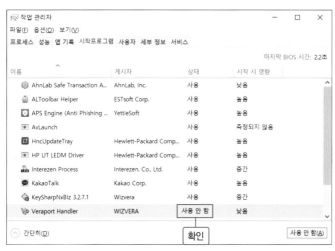

61

시스템 복원 지점 만들기

윈도우에 문제가 생겼을 때 이리저리 시도해 보았지만, 문제 해결이 안 될 경우 시스템이 정상적
으로 동작되던 때로 시스템 상태를 되돌려놓을 수 있어요. 이때 복원 지점을 만들어 사용하면 편
리합니다. 시스템에 변화를 줄 만한 작업을 했을 때 복원 지점을 만들어 놓으면 나중에 쉽게 찾아
그 당시의 상태로 되돌릴 수 있어요.

1 [시스템] 창에서 [정보]를 선택하고 오른쪽에 있는 [시스템 정보]를 클릭하면 제어판의 [시스
템] 창이 표시됩니다. [시스템] 창의 왼쪽에서 [시스템 보호]를 선택하세요.

2 [시스템 속성] 대화상자의 [시스템 보호] 탭이 열리면 '보호 설정'에서 현재 연결된 하드디스
크 중 '시스템 보호' 기능을 사용할 디스크를 선택한 후 [구성]을 클릭하세요.

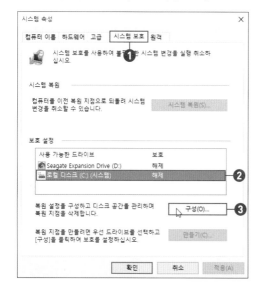

3 [시스템 보호 대상 로컬 디스크] 대화상자가 열리면 '복원 설정'에서 [시스템 보호 사용]을 선택하고 [확인]을 클릭합니다. [시스템 속성] 대화상자의 [시스템 보호] 탭으로 되돌아오면 '보호 설정'에서 선택했던 디스크의 오른쪽에 [설정]이라고 표시되었는지 확인하고 시스템 복원 지점을 만들기 위해 [만들기]를 클릭하세요.

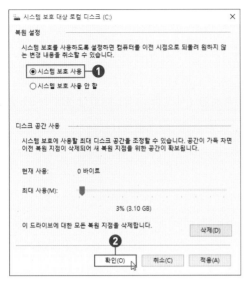
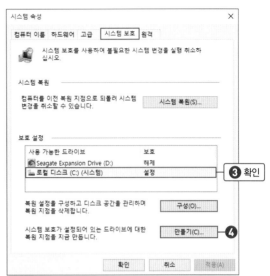

4 [시스템 보호] 대화상자가 열리면 알아보기 쉬운 이름을 입력하고 [만들기]를 클릭하세요. 복원 지점을 만든 현재 날짜와 시간은 자동으로 기록됩니다.

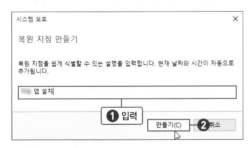

> **Tip**
>
> 복원 지점 이름은 'xxx 프로그램 설치'나 'xxx 설정 변경'처럼 시스템에 어떤 변경이 있었는지 알아볼 수 있는 이름으로 지정하세요.

새기능&단축키

[시작]메뉴

인터넷환경

인터넷

앱활용

고급설정

복구&보안

원드라이브

원노트

복원 지점 찾아 시스템 복구하기

복원 지점을 만들어두었다면 시스템에 문제가 생겼을 때 문제가 생기기 전의 상황으로 쉽게 되돌려놓을 수 있어요. 이번에는 복원 지점을 사용해 시스템을 복원하는 방법을 알아보겠습니다.

1 '시스템 보호' 기능을 이용해서 시스템을 복원하려면 [시스템 속성] 대화상자의 [시스템 보호] 탭에서 [시스템 복원]을 클릭하세요.

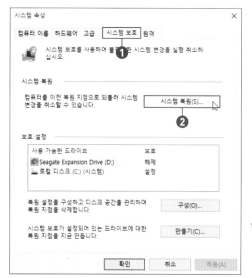

[시스템 속성] 대화상자의 [시스템 보호] 탭을 여는 방법은 62쪽을 참고하세요.

2 [시스템 복원] 창이 열리면서 시스템 복원에 대한 안내글이 표시되면 꼼꼼하게 읽어본 후 [다음]을 클릭하세요.

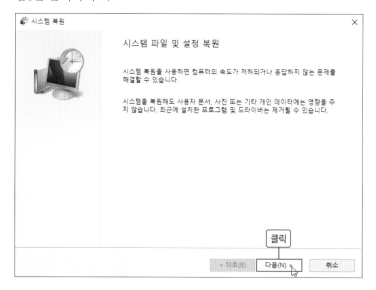

3 [시스템 복원] 창에 가장 최근의 복원 지점이 표시되는지 확인해 보세요. 복원 지점마다 어떤 상황이 있었는지 적어두었기 때문에 언제쯤으로 복원해야 할지 알 수 있으므로 복원 날짜를 선택하고 [다음]을 클릭하세요.

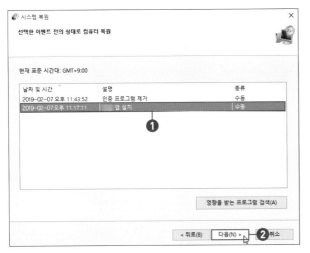

4 열려있는 프로그램 창이 있으면 안전하게 저장하고 종료한 후 [시스템 복원] 대화상자에서 [마침]을 클릭하세요. 윈도우가 자동으로 작업을 진행하고 윈도우를 재시작하는 과정이 지나면 복원이 완료되었다는 메시지가 나타납니다.

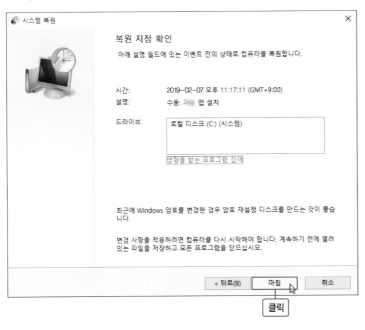

윈도우 업데이트하기

윈도우 10은 새로운 기능이 추가될 때마다 자동으로 다운로드해서 설치합니다. 이 경우 어떤 업데이트가 설치되었는지 확인할 수도 있고, 필요하다면 업데이트 기능을 잠시 지연할 수도 있어요.

1 | 업데이트 상태 확인하기

현재 어떤 업데이트가 설치되었는지 알고 싶다면 [설정] 창에서 '업데이트 및 보안'의 [Windows 업데이트]를 선택합니다. 지금까지의 업데이트 목록을 확인하려면 [업데이트 기록 보기]를 클릭하세요.

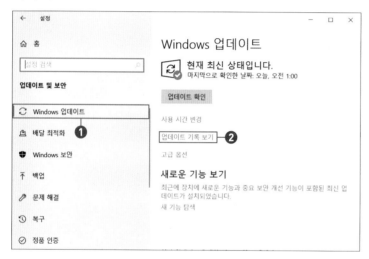

가장 최근에 설치된 업데이트 파일부터 시작하여 다양한 업데이트 파일이 표시되는지 확인하세요.

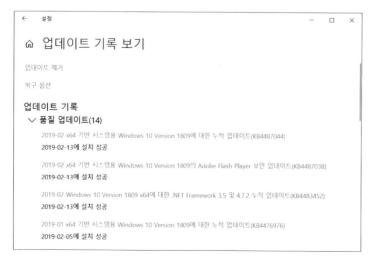

2 | 윈도우 업데이트 일시 중지하기

[설정] 창에서 '업데이트 및 보안'의 [Windows 업데이트]를 선택하고 [고급 옵션]을 클릭하세요.

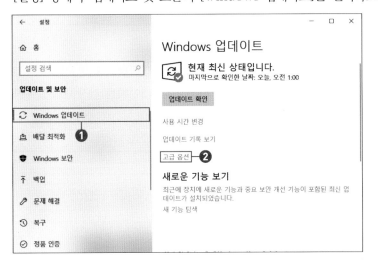

[고급 옵션] 창에서 선택할 수 있는 중요한 옵션은 다음과 같습니다.

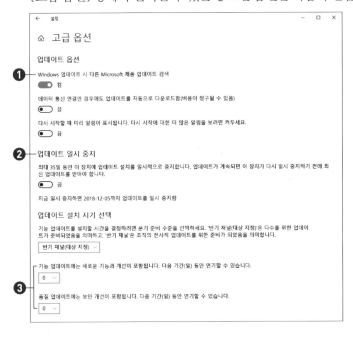

❶ **Windows 업데이트 시 다른 Microsoft 제품 업데이트 검색** : 윈도우 업데이트를 확인할 때 시스템에 설치되어 있는 MS 오피스 같은 마이크로소프트 제품이 있으면 해당 제품의 업데이트 상황도 함께 검색해요.

❷ **업데이트 일시 중지** : [끔]을 [켬]으로 바꾸면 윈도우 업데이트를 연기할 수 있습니다. 단 최대 35일까지만 미룰 수 있고 그 후에는 업데이트해야 해요.

❸ **기능 업데이트와 품질 업데이트 연기** : 윈도우의 기능 업데이트나 품질 업데이트를 일시적으로 연기할 수 있어요.

새기능&단축키

[시작]메뉴

윈도우환경

인터넷

앱활용

고급설정

복구&보안

원드라이브

정보톡

05 # BitLocker 암호로 내 자료 보호하기

BitLocker 기능을 이용하면 시스템 내부에 장착된 하드디스크에 암호를 지정해 자료를 보호할 수 있어요. 특히 분실 가능성이 높은 노트북에 개인 데이터나 중요한 데이터를 저장하고 있다면 암호를 지정해 안전하게 보관하는 것이 좋습니다. 단 암호화하는 데 많은 시간이 걸릴 수 있고 암호 키를 잃어버리면 암호를 지정한 자료에 접근할 수 없으니 주의해야 해요.

1 작업 표시줄의 검색 상자에 『bitlocker』를 입력하고 검색 결과가 나타나면 [BitLocker 관리] 를 선택하세요.

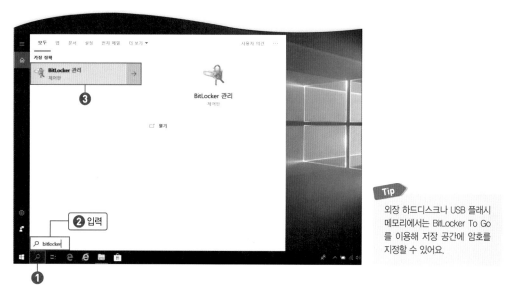

> **Tip**
> 외장 하드디스크나 USB 플래시 메모리에서는 BitLocker To Go 를 이용해 저장 공간에 암호를 지정할 수 있어요.

2 시스템에 연결된 하드디스크 드라이브에 BitLocker가 켜져 있는지 표시되면 암호화하려는 하드디스크의 오른쪽에 있는 ⊙ 단추를 클릭합니다. 사용중인 드라이브가 나타나면 선택한 드라이브의 옆에 있는 [BitLocker 켜기]를 선택하세요.

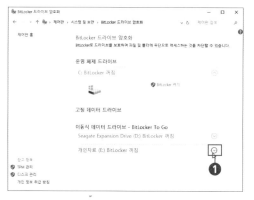

3 [암호를 사용하여 드라이브 잠금 해제]에 체크하고 '암호 입력'과 '암호 다시 입력'에 사용할 암호를 입력한 후 [다음]을 클릭하세요.

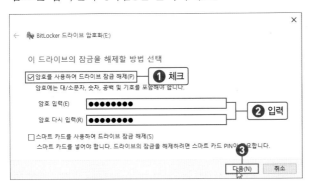

4 암호를 잊어버렸을 때를 대비해서 복구 키를 보관해 두어야 해요. 복구 키를 분실하면 드라이브에 있는 파일에 접근하지 못할 수도 있기 때문에 가장 안전한 방법을 사용하는 것이 좋으므로 [파일에 저장]을 선택하고 [다음]을 클릭하세요.

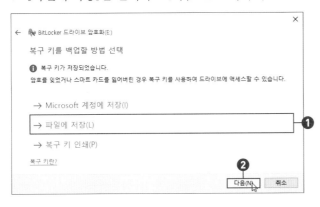

5 [다른 이름으로 BitLocker 복구 키 저장] 대화상자가 열리면 저장할 폴더를 선택하고 파일 이름을 확인한 후 [저장]을 클릭합니다. 복구 키를 저장할 것인지 묻는 메시지 창이 열리면 [예]를 클릭하세요.

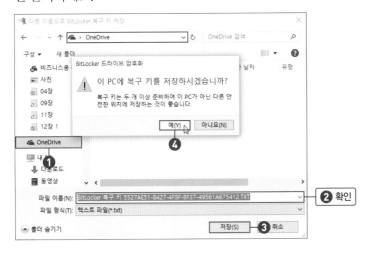

새기능&단축키

[시작]메뉴

원도우환경

인터넷

앱활용

고급설정

복구&보안

원드라이브

원노트

6 드라이브 전체를 암호화할 것인지, 사용하고 있는 공간만 암호화할 것인지 선택하세요. 새 드라이브이면 [사용 중인 디스크 공간만 암호화]를, 이미 사용중인 하드 드라이브이면 [전체 드라이브 암호화]를 선택하고 [다음]을 클릭하세요.

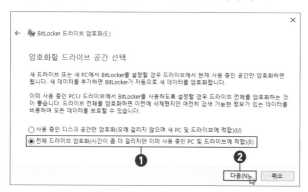

7 드라이브를 암호화할 준비가 끝났으면 [암호화 시작]을 클릭합니다. 암호화하는 데 시간이 오래 걸리기 때문에 암호화 작업 창이 작업 표시줄로 최소화되면서 암호화 과정 도중에 다른 작업을 할 수 있도록 윈도우의 백그라운드에서 암호화가 실행됩니다. 암호화가 끝나면서 암호화가 완료되었다는 메시지 창이 열리면 [닫기]를 클릭하세요.

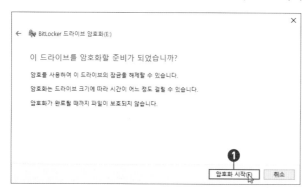

8 BitLocker가 켜진 저장 장치에 자물쇠 모양의 아이콘이 추가되었는지 확인해 보세요.

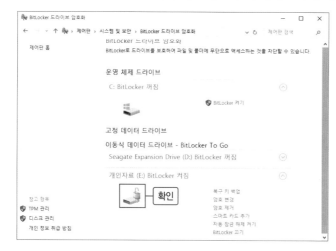

윈도우 10에는 '윈도우 디펜더(Windows Defender)'가 포함되어 있습니다. 기본적으로 실시간 보호 기능이 켜져 있기 때문에 항상 사용자의 시스템을 검사해서 바이러스나 스파이웨어 같은 악성 소프트웨어로부터 시스템을 보호합니다.

[Windows 설정] 창에서 [시스템]의 [정보]를 선택하여 [정보] 설정 창을 열면 따로 설정하지 않아도 윈도우 디펜더를 사용해 시스템을 검사한 결과가 맨 위에 표시됩니다.

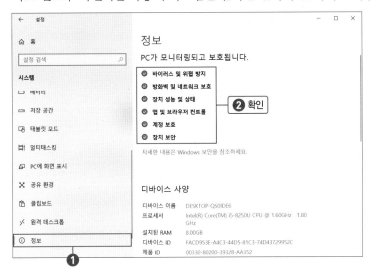

윈도우 디펜더는 바이러스나 방화벽, 보안 등 여러 항목에 걸쳐 검사하는데, 각 항목별로 결과를 확인할 수 있어요. [Windows 설정] 창에서 [업데이트 및 보안]의 [Windows 보안]을 선택하고 '보호 영역'에서 원하는 분야를 클릭하면 윈도우 디펜더가 실행되면서 검사 결과가 표시됩니다.

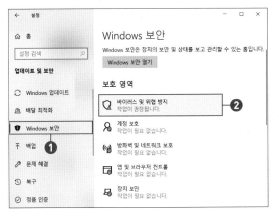
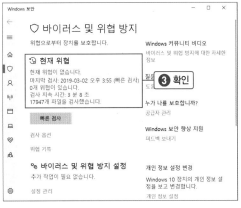

CHAPTER 4

오피스와 윈도우 10은 찰떡궁합!

휴대하기 쉬운 노트북과 집이나 사무실에 있는 데스크톱 컴퓨터, 무선 네트워크로 연결되는 태블릿 PC와 스마트폰에 이르기까지 각종 정보를 살펴보고 문서를 작성할 수 있는 기기들이 더욱 많아지고 있습니다. 이번 챕터에서는 '원드라이브(OneDrive)'라고 하는 마이크로소프트 클라우드 서비스를 이용해 노트북과 데스크톱 PC, 그리고 태블릿 PC와 스마트폰에서 오피스 문서를 공유하는 방법에 대해 알아보겠습니다.

Windows 10
+ Excel
& PowerPoint
& Word 2019
+ Hangeul

SECTION 01   나만의 온라인 저장 공간, 원드라이브 활용하기

SECTION 02   모든 메모와 기록은 원노트에서!

나만의 온라인 저장 공간, 원드라이브 활용하기

업무용으로 들고 다니는 노트북과 집에 있는 데스크톱 컴퓨터까지 2대 이상의 컴퓨터를 사용하는 경우가 많아지고 있어요. 여기에 무선 네트워크로 연결되는 태블릿 PC까지 연결한다면 한 집의 네트워크도 작은 규모가 아닙니다. '원드라이브 (OneDrive)'라고 하는 마이크로소프트 클라우드 서비스를 이용해 윈도우 10을 사용하는 여러 시스템에서 파일과 폴더를 공유하는 방법에 대해 알아봅니다.

> **PREVIEW**

▲ 원드라이브 사이트에 접속하기

▲ 온라인에서 엑셀 문서 작성하기

> **섹션별 주요 내용**

01 | 원드라이브로 언제 어디서나 자료 이용하기   **02** | 원드라이브 사이트에서 폴더/파일 관리하기
03 | 원드라이브에 오피스 파일 저장하기   **04** | 온라인에서 오피스 파일 사용하기

세7능&단축키

(시작)메뉴

윈도우환경

인터넷

생활용

고급설정

복구&보안

원드라이브

원노트

실무 예제 01 원드라이브로 언제 어디서나 자료 이용하기

원드라이브(OneDrive)는 마이크로소프트에서 제공하는 클라우드 서비스로, 마이크로소프트 계정을 사용하는 사용자에게 모두 5GB의 무료 저장 공간을 제공합니다. 이 공간에는 사진이나 문서 등 원하는 자료를 저장할 수 있어요.

1 [시작] 단추(⊞)를 클릭하고 앱 목록에서 [OneDrive]를 선택하세요.

2 현재 마이크로소프트 계정으로 로그인되어 있다면 윈도우 탐색기 창이 열리면서 해당 계정의 'OneDrive' 폴더가 열립니다. 'OneDrive' 폴더에는 온라인의 원드라이브(OneDrive) 사이트에 저장한 파일들이 표시되는데, 아이콘의 모양을 보고 파일의 상태를 알 수 있어요.

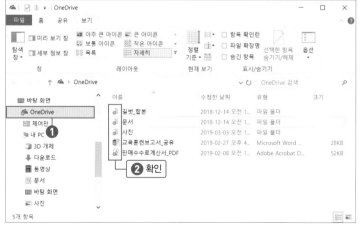

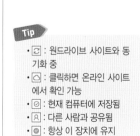

Tip
- 🔄 : 원드라이브 사이트와 동기화 중
- ☁ : 클릭하면 온라인 사이트에서 확인 가능
- ◎ : 현재 컴퓨터에 저장됨
- 🅡 : 다른 사람과 공유됨
- ◉ : 항상 이 장치에 유지

3 원드라이브 사이트에 있는 파일을 필요에 따라 컴퓨터로 가져올 수도 있고, 온라인에 두고 필요할 때만 사이트에 접속해서 확인할 수도 있습니다. 작업하려는 파일에서 마우스 오른쪽 단추를 클릭하면 원드라이브에서 할 수 있는 작업을 선택할 수 있어요.

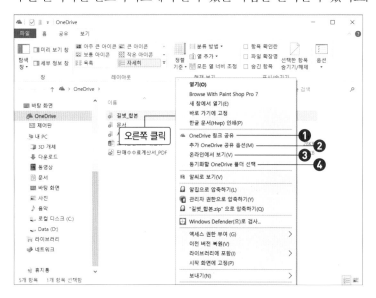

❶ **OneDrive 링크 공유** : 현재 선택한 파일의 공유 주소가 자동으로 클립보드에 저장됩니다. 이 주소를 이용해 다른 사람과 파일을 공유할 수 있어요.

❷ **추가 OneDrive 공유 옵션** : 원드라이브 사이트에 파일이 열리면서 공유와 관련된 다양한 옵션을 설정할 수 있어요.

❸ **온라인에서 보기** : 원드라이브 사이트에서 선택한 파일을 열어서 표시해요.

❹ **동기화할 OneDrive 폴더 선택** : 동기화할 원드라이브 폴더를 선택하면 동기화 합니다. 이때 동기화하는 파일은 현재 사용중인 컴퓨터의 공간을 사용해요.

'OneDrive' 앱을 이용하면 쉽게 원드라이브에 접속할 수 있지만, 'OneDrive' 앱이 없는 상태에서 원드라이브에 접속해야 할 경우에는 엣지나 기타 웹 브라우저로 원드라이브에 접속할 수 있어요.

1 | 원드라이브 사이트에 접속하기

웹 브라우저의 주소 표시줄에 『www.onedrive.com』을 입력해서 원드라이브 사이트에 접속하세요. 마이크로소프트 계정과 암호를 입력하고 로그인하면 원드라이브에 저장된 폴더와 파일이 표시됩니다. 폴더는 폴더 모양으로, 폴더에 포함되지 않은 파일들은 그 아래에 표시됩니다. 폴더 명의 오른쪽에 있는 숫자는 폴더 안의 파일 개수로, 폴더를 클릭하면 폴더의 파일을 볼 수 있어요.

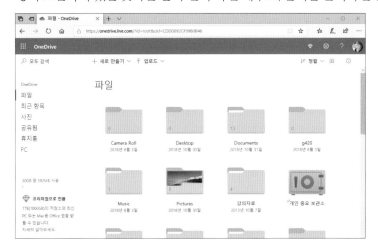

2 | 파일 내용 보기

원드라이브 사이트에는 MS 오피스 프로그램 앱이 포함되어 있습니다. 그래서 컴퓨터에 오피스 프로그램이 없어도 파워포인트나 엑셀, 원노트 등으로 온라인에서 파일을 확인할 수 있어요.

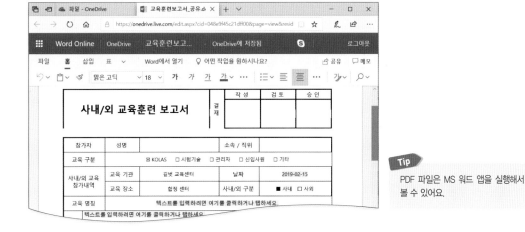

Tip

PDF 파일은 MS 워드 앱을 실행해서 볼 수 있어요.

원드라이브에 있는 파일이 웹 앱에서 열 수 없는 파일이라면 파일을 클릭했을 때 파일을 열거나 저장할지 묻는 메시지 표시줄이 나타납니다. [저장]을 클릭하면 사용자 컴퓨터에 있는 연결 프로그램이 실행되어 해당 내용이 표시됩니다.

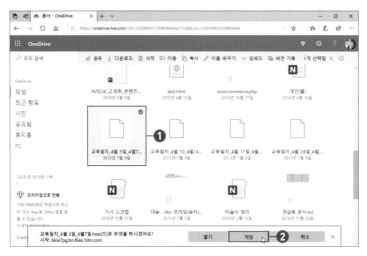

3 │ 파일 업로드하기

사용자 컴퓨터의 파일 탐색기에서 원드라이브 폴더에 파일을 추가하면 원드라이브 사이트와 동기화됩니다. 하지만 원드라이브 사이트에서 직접 파일을 업로드해서 연결된 컴퓨터와 동기화시킬 수 있어요.

방법 1 드래그해서 업로드하기

파일 탐색기에서 원드라이브 폴더로 업로드할 파일을 선택하고 웹 브라우저 창으로 드래그 앤 드롭하여 추가하세요.

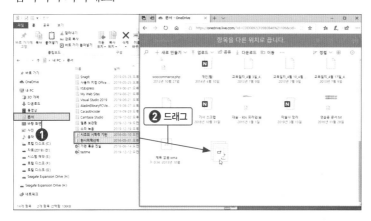

새기능&단축키

[서식]메뉴

문서작성환경

인터넷

유튜브

고급설정

복구&보안

원드라이브

원노트

방법 2 업로드 명령으로 업로드하기

원드라이브에서 파일을 업로드할 폴더를 열고 화면의 위쪽에 있는 [업로드]를 클릭한 후 [파일]이나 [폴더]를 선택해 직접 업로드할 수 있어요. [열기] 대화상자가 열리면 업로드할 파일을 선택하고 [열기]를 클릭하여 원드라이브 사이트로 파일을 업로드하세요.

4 | 파일 선택하기

원드라이브 사이트에서 파일을 삭제하거나 다운로드하려면 원하는 파일을 선택해야 해요. 파일명 위에 마우스 포인터를 올려놓으면 파일 항목의 오른쪽 위에 작은 원이 표시되는데, 이 부분을 클릭해서 체크합니다. 이와 같은 방법으로 한꺼번에 두 개 이상의 파일을 선택하여 체크할 수도 있어요. 파일을 선택했으면 삭제나 복사 등의 명령을 사용할 수 있어요.

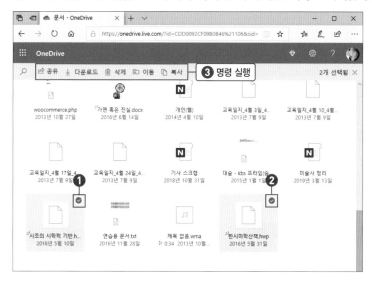

원드라이브에 오피스 파일 저장하기

원드라이브에 있는 파일은 데스크톱이나 태블릿, 스마트폰 등 모든 기기를 통해서 접속할 수도 있고, 내용을 보거나 수정할 수도 있습니다. 특히 MS 오피스 프로그램의 경우 파일 저장 옵션을 통해 손쉽게 원드라이브로 저장할 수 있어요.

1 오피스 파일을 작성했으면 곧바로 원드라이브에 저장할 수 있어요. **[파일] 탭-[다른 이름으로 저장]**을 선택하고 [OneDrive]-[로그인]을 클릭하세요.

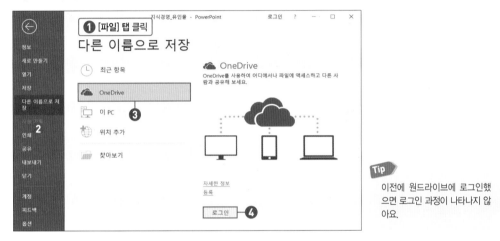

Tip
이전에 원드라이브에 로그인했으면 로그인 과정이 나타나지 않아요.

2 로그인 창이 열리면 마이크로소프트 계정과 암호를 차례대로 입력하고 [로그인]을 클릭하세요.

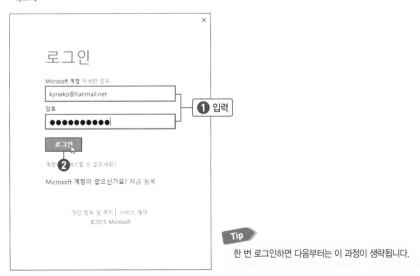

Tip
한 번 로그인하면 다음부터는 이 과정이 생략됩니다.

3 원드라이브에 연결되었으면 저장할 폴더를 선택하기 위해 [찾아보기]를 클릭합니다. [다른 이름으로 저장] 대화상자가 열리면 원드라이브에서 저장할 폴더를 선택하고 기존 파일의 이름을 그대로 사용하거나 파일 이름을 수정한 후 [저장]을 클릭하세요.

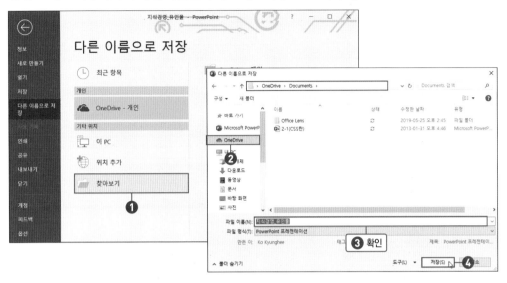

4 'OneDrive' 앱을 실행해서 원드라이브에 접속해 보면 지정한 폴더 안에 방금 저장한 파일이 업로드된 것을 확인할 수 있어요.

새기능&단축키

[시작]메뉴

원드작업환경

인터넷

일정관리

고급설정

복구&보안

원드라이브

연락처

온라인에서 오피스 파일 사용하기

원드라이브에서는 오피스 앱(Office App)을 무료로 제공합니다. 따라서 시스템에 오피스 프로그램이 없어도 온라인에서 오피스 파일을 만들고, 수정하고, 저장할 수 있어요.

1 웹 브라우저를 실행하고 'www.onedrive.com'에 접속한 후 파일이 저장된 폴더를 엽니다. 화면의 맨 위에 있는 [새로 만들기]를 클릭하고 오피스 문서 유형을 선택하세요.

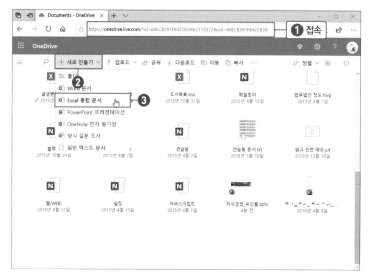

2 웹 브라우저에 새 탭이 표시되면서 선택한 문서 유형에 맞는 앱이 열리면 '문서#' 부분을 클릭하고 원하는 파일명으로 바꾸세요. 이때 # 기호는 사용자에 따라 달라지는 숫자를 나타낸 부분입니다.

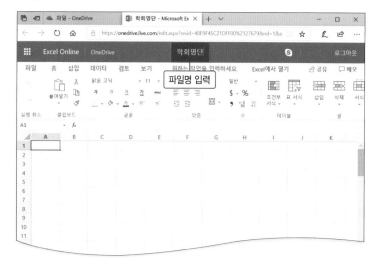

3 이 화면에서 내용을 입력하고 수정한 후 [닫기] 단추(X)를 클릭해서 앱을 종료하세요. 앱에는 [저장] 메뉴가 없고 앱에서 작성하는 대로 원드라이브에 저장됩니다.

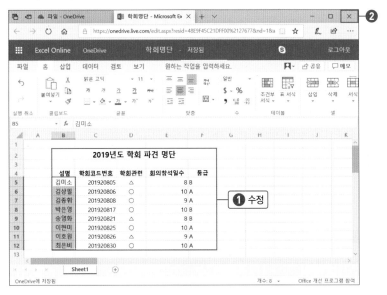

4 원드라이브 화면으로 되돌아오면 앱에서 작성한 문서가 저장되어 있는지 확인해 보세요.

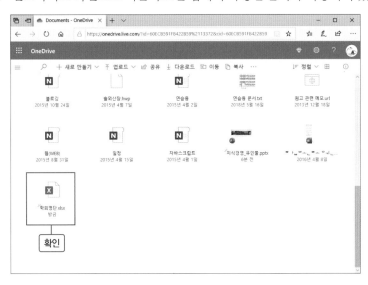

새기능&단축키

[시작]메뉴

원도우환경

인터넷

앱활용

고급설정

복구&보안

원드라이브

원노트

02 모든 메모와 기록은 원노트에서!

윈도우 10의 시작 화면에 있는 'OneNote' 앱은 메모나 자료를 모아두고 정리할 수 있는 앱입니다. 입력한 내용은 마이크로소프트의 클라우드 서비스인 원드라이브에 저장되기 때문에 PC나 태블릿, 스마트폰에 상관없이 원드라이브에 접속할 수 있다면 어디에서든, 어떤 기기에서든 원노트를 사용할 수 있어요. 이번에는 원노트에 내용을 직접 입력해 보고 웹에서 원노트를 직접 확인 및 수정해 보겠습니다.

> **PREVIEW**

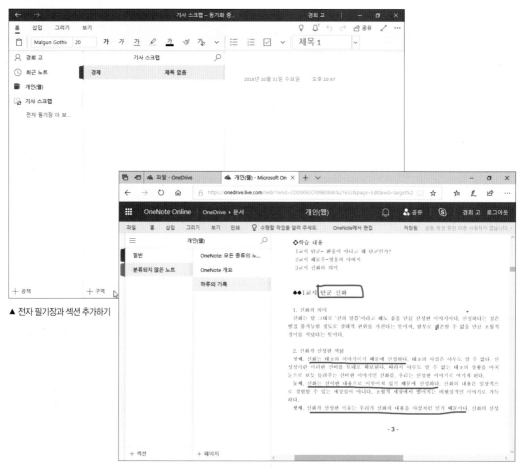

▲ 전자 필기장과 섹션 추가하기

▲ 사이트에서 OneNote 앱에서 작성한 내용 확인하기

> **섹션별 주요 내용**   01 | 원노트로 정보 수집하고 메모하기   02 | 원노트에 내용 입력하기   03 | 웹에서 원노트 확인하고 수정하기

새기능&단축키

[시작]메뉴

윈도우환경

인터넷

앨랠용

고급설정

복구&보안

윈도우라이브

원노트

핵심 기능 01 원노트로 정보 수집하고 메모하기

원노트(OneNote)는 이름에서 추측할 수 있는 것처럼 '디지털 노트'라고 생각하면 쉽습니다. 윈도우 10에 있는 'OneNote' 앱은 강의 노트로 사용할 수도 있고, 블로거들의 글감을 모아놓을 수도 있어요. 원노트에서는 영수증을 사진으로 찍어 영수증 보관함으로 사용하기도 해요.

1 | 'OneNote' 앱 실행하기

시작 화면에서 'OneNote' 앱 타일(📔)을 클릭하면 즉시 원노트가 실행됩니다. 원노트를 처음 실행했다면 간략하게 원노트를 설명하는 화면이 표시됩니다. 마이크로소프트 계정의 이름이 표시되면 [시작]을 클릭하세요.

2 | 전자 필기장(공책) 만들기

용도에 맞춰 여러 권의 공책을 사용하는 것처럼 원노트에서도 각 용도별로 전자 필기장을 만들어서 사용할 수 있어요. 새로운 전자 필기장을 추가하려면 화면의 왼쪽 아래에 있는 [+ 페이지]를 클릭하세요. [새 전자 필기장] 대화상자가 열리면 전자 필기장의 이름을 입력하고 [전자 필기장 만들기]를 클릭하세요.

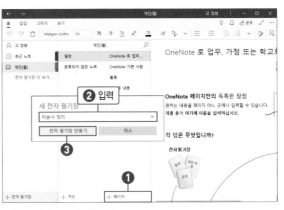

▲ '미술사 정리' 전자 필기장 만들기

 Tip

원노트 화면의 왼쪽에 '전자필기장' 목록이나 '섹션' 목록이 보이지 않으면 화면의 왼쪽 위에 있는 ◁를 클릭하세요.

3 │ 섹션 만들기

전자 필기장이라는 커다란 공책은 주제별로 여러 개의 섹션을 만들어서 구분할 수 있어요. 섹션은 마치 전자 필기장의 인덱스와 같아서 새로운 섹션을 만들려면 섹션을 추가할 전자 필기장을 선택하고 [+ 섹션]을 클릭합니다. 기본적으로 '새 섹션'이라는 이름과 숫자가 표시되면 원하는 이름으로 바꾸세요. 이때 섹션마다 다른 색으로 구분해서 표시되어 편리합니다.

▲ '서양미술사' 섹션 만들기

4 │ 페이지 만들기

전자 필기장의 섹션에서는 한 섹션 안에 여러 페이지를 만들 수 있습니다. 각 섹션에는 기본적으로 '제목 없음'이라는 페이지가 만들어져 있는데, 이 부분을 클릭하면 페이지 내용을 채울 수 있어요. 새로운 페이지를 추가하려면 화면 아래쪽의 [+ 페이지]를 클릭하세요. 페이지 제목은 오른쪽의 내용 화면에서 입력한 제목이 자동으로 표시됩니다.

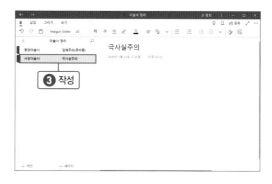

▲ 페이지 작성 후 새 페이지 추가하기

잠깐만요 **제 컴퓨터에는 'OneNote' 앱이 없어요!**

윈도우 10에는 'OneNote' 앱이 기본으로 내장되어 있지만, 간혹 최신 버전의 오피스 제품군을 설치한 후 'OneNote' 앱이 사라지는 경우가 있어요. 혹시 프로그램 목록에 'OneNote 2016'이 아니라 'OneNote'라고 된 기본 앱이 없다면 스토어에서 'OneNote'를 검색한 후 'OneNote' 앱을 다운로드해서 설치하세요.

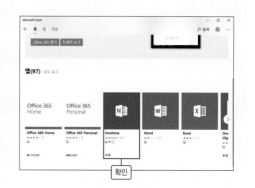

새기능&단축키

[사진]메뉴

원도우원킹

아탄넷

에플용

고급설정

문구&꾸밈인

원드라이브

원노트

핵심 기능 **02** 원노트에 내용 입력하기

원노트의 페이지 안에는 텍스트를 입력할 수도 있고, 그림이나 표를 삽입할 수도 있어요. 또한 만들어 놓은 페이지 내용에 펜이나 손가락을 이용해 그리기를 할 수도 있어요. 원노트에 입력하는 내용은 원드라이브에 저장됩니다.

1 | 텍스트 입력하기

원노트에서는 화면의 아무 곳에나 텍스트를 입력할 수 있어요. 원하는 위치에서 마우스를 클릭하여 커서를 올려놓고 텍스트를 입력하면 됩니다. 텍스트를 모두 입력했으면 텍스트 영역을 클릭한 후 원하는 위치로 옮길 수 있어요.

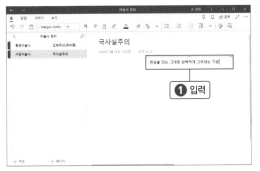 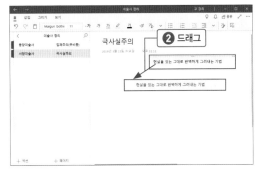

▲ 텍스트 입력 후 원하는 위치로 이동하기

2 | PDF 파일 첨부하기

원노트에 내용을 작성할 때 [삽입] 탭-[파일]을 선택하면 컴퓨터에 있는 파일을 첨부할 수 있어요. 그리고 [삽입] 탭-[PDF]를 선택하면 PDF 파일의 내용을 그림 파일 형태로 삽입할 수 있습니다.

▲ 원노트에 PDF 파일 삽입하기

3 | 그림 삽입하기

[삽입] 탭-[그림]을 클릭하면 컴퓨터에 저장되어 있는 그림 파일뿐만 아니라 컴퓨터에 설치된 카메라로 촬영한 사진도 삽입할 수 있어요. [삽입] 탭-[그림]-[온라인에서]를 선택하면 화면의 오른쪽에 검색 창이 표시되어 온라인에서 즉시 검색한 후 원하는 그림을 선택해서 삽입할 수 있습니다.

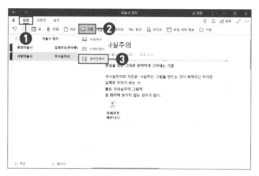 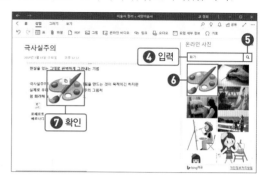

▲ 온라인에서 검색해 그림 삽입하기

4 | 펜이나 터치로 그리기

터치가 가능한 태블릿이나 스마트폰에서는 펜이나 터치를 이용해 그림을 그릴 수 있어요. 원노트의 [그리기] 탭을 클릭한 후 펜 도구를 한 번 더 클릭하면 잉크 색을 바꿀 수 있습니다.

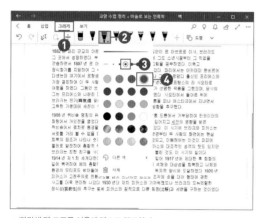 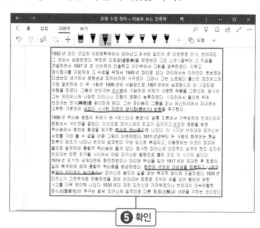

▲ 빨간색 펜 도구를 이용해 텍스트 강조하기

새기능&단축키

[시작메뉴]

윈도우기본설정

인터넷

메일앱

고급설정

목구&앱앱일

윈도우라이브

원노트

핵심 기능 03 웹에서 원노트 확인하고 수정하기

윈도우 10의 'OneNote' 앱에서 작성한 내용은 원드라이브에 저장됩니다. 따라서 인터넷에 접속할 수 있는 기기이면 원드라이브를 통해 원노트를 확인하고 수정할 수 있어요.

스마트폰이나 태블릿, 노트북 등에서는 'OneNote' 앱으로 접속해서 볼 수 있습니다. 하지만 OneNote 앱이 없다면 'http://www.onedrive.com'으로 접속한 후 마이크로소프트 계정으로 접속하여 언제든지 원노트를 확인할 수 있어요. 원드라이브 사이트에서 메뉴 단추(⊞)를 클릭한 후 [OneNote]를 클릭하세요.

전자 필기장 목록에서 원하는 전자 필기장을 선택한 후 원하는 섹션이나 페이지를 선택하면 'OneNote' 앱에서 작성한 내용을 볼 수 있어요.

찾아보기

단축키

⊞+D	18
⊞+L	31
Ctrl+⊞	28
Ctrl+D	19
Ctrl+P	19
Ctrl+T	19

영문

app	23
BitLocker	68
Bluetooth	16
CD	54
DVD	54
Internet Explorer	42
ISO 파일	54
Microsoft Edge	16, 43
Microsoft Minesweeper	48
OneDrive	82
OneNote	40, 85
PDF	77
Wi-Fi	16
Windows 보조프로그램	42
Windows 업데이트	66
Windows Defender	71
XBOX	48

한글

ㄱ~ㄷ

가상 데스크톱	17, 27
검색 아이콘	29
기본 브라우저	43
기본 앱	53
'날씨' 앱	47
노트북 배터리	56
다시 시작	22
단축키	18
듀얼 모니터	27

ㅁ~ㅅ

마이크로소프트 엣지	16
[메모 추가] 단추	40
메일 계정 전환	46
메일 계정 추가	45
메일 계정 편집	46
'메일' 앱	45
배터리 잔량	56
배터리 절약 모드	57
복원 지점	64
사용자 계정	21
새 기능	16
새로 설치	13
'설정' 앱	17
설치 이미지 실행	54
스파이웨어	71
시스템 복원 지점	62
시스템 복구	64
시스템 아이콘	29~30
시스템 종료	22
[시작] 단추	22
[시작] 메뉴	16, 20~23
시작 화면	21, 23, 25

ㅇ

알림 센터	16, 31
암호 지정	68
앱	23
앱 고정	25
앱 목록	23
앱 아이콘	29
앱 제거	25
업그레이드	14
업그레이드 설치	13
업데이트	66
엣지 브라우저	36~37
오피스 파일	80
온라인 오피스	82
원노트	41, 85~89
원드라이브	75
웹 메모	40
웹 브라우저	34
웹 사이트 메모	40
윈도우 디펜더	71
윈도우 스토어	48
윈도우 업데이트	14, 66
인터넷 익스플로러	35, 42
읽기용 보기	39

ㅈ~ㅎ

[작업 보기] 아이콘	29
작업 표시줄	29
잠금 화면	31
전원 모드	56
절전	22
즐겨찾기	37
컨티뉴엄	17
컴퓨터 사양	55
타임라인	17
투인원	17
파일 정리	59
폴더/파일 관리	77
[홈] 단추	36

윈도우10
엑셀+
파워포인트
워드2019+
한글 엑셀편
무작정 따라하기

고경희, 박미정, 박은진 지음

길벗

활용 제안 **1** 일단, 『무작정』 따라해 보세요!

실제 업무에서 사용하는 핵심 기능만 쏙 뽑아 실무 예제로 찾기 쉬운 구성으로 중요도별로 배치했기 때문에 **'무작정 따라하기'**만 해도 엑셀 사용 능력이 크게 향상됩니다. **'Tip'**과 **'잠깐만요'**는 예제를 따라하는 동안 주의해 야 할 점과 추가 정보를 친절하게 알려줍니다. 또한 **'리뷰! 실무 예제'**로 자신의 실력을 점검해 보고 **'핵심! 실무 노트'**로 활용 능력을 업그레이드해 보세요.

핵심 키워드로 업무 능력 업그레이드!
• 우선순위 TOP 20

반드시 알고 넘어가야 할 주요 내용 소개!
• 학습안 제시
• 결과 미리 보기
• 섹션별 주요 기능 소개

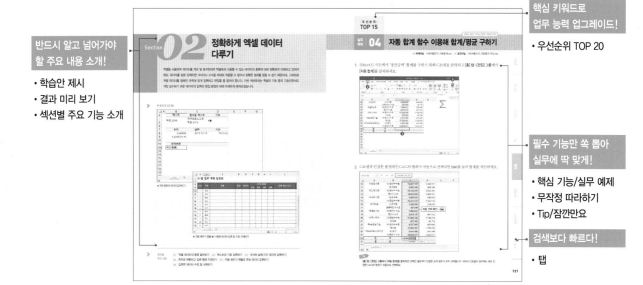

필수 기능만 쏙 뽑아 실무에 딱 맞게!
• 핵심 기능/실무 예제
• 무작정 따라하기
• Tip/잠깐만요

검색보다 빠르다!
• 탭

UP무 능력 향상을 위한 활용 실습!
• 리뷰! 실무 예제

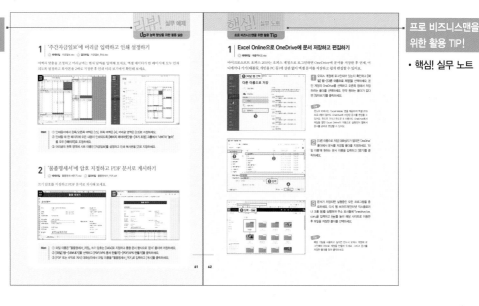

프로 비즈니스맨을 위한 활용 TIP!
• 핵심! 실무 노트

 **2** 자신의 『레벨에 맞는 학습법』을 찾아보세요!

엑셀을 최대한 쉽고 친절하게 알려주기 때문에 **초보 사용자**도 단기간에 **중급 사용자**로 **도약**할 수 있어요.
중·고급 사용자라도 실무에서 다루는 현장감 넘치는 예제를 업무에 바로 적용할 수 있어서 **업무 활용 능력**을 높일 수 있어요! 자신의 단계에 맞는 **체계적인 학습법**을 찾아보세요.

'엑셀' 사용 수준에 따른 학습 단계는?

기초 완성	실무 핵심	프로 비즈니스
Chapter 1과 Chapter 2의 예제를 꼼꼼하게 실습하고 혼자해 보기를 통해 기본 문서와 서식으로 통합 문서 작성 방법을 익힙니다.	Chapter 3에서 수식과 함수에 대한 이해와 계산의 기본을 탄탄히 하고 실무 함수로 복잡하고 다양한 예제를 통해 현장에서의 실무 감각을 익힙니다.	Chapter 4에서 피벗 테이블 및 강력한 시각적 분석 기능, 컨트롤과 매크로를 이용하는 방법을 익혀 문서 자동화를 실현해 봅니다.

단기간에 끝내는 맞춤 학습 계획

하루에 한 장씩 일주일에 총 세 장을 공부하고 '리뷰! 실무 예제'와 '핵심! 실무 노트'로 복습하면 한 달 안에 이 책을 끝낼 수 있습니다. 만약 엑셀 기능을 급하게 익혀야 한다면 해당하는 기능을 찾아 익히세요. 만약 더 빠른 학습을 원한다면 우선순위 TOP 20만 살펴보세요.

혼자가 아닌 여러 사람들과 스터디를 하거나 학생 대상 강의를 계획한다면 강의 계획표 중에서 '예습' 부분을 미리 공부한 후 함께 모여서(강의 시간에) 본문 예제를 따라해 봅니다. 수업 또는 스터디 이후에는 과제를 풀어보면서 배운 내용을 복습해 보세요.

주	해당 장	주제	예습	과제
1주	Chapter 1	엑셀 시작과 데이터 다루기	Section 1~2	리뷰! 실무 예제
2주		워크시트 및 셀 편집과 인쇄 설정하기	Section 3~4	리뷰! 실무 예제, 핵심! 실무 노트
3주	Chapter 2	셀 서식과 조건부 서식 다루기	Section 1~2	리뷰! 실무 예제
4주		차트와 스파크라인으로 데이터 표현하기	Section 3	리뷰! 실무 예제, 핵심! 실무 노트
5주	Chapter 3	수식과 자동 함수 익히기	Section 1	리뷰! 실무 예제
6주		기본 함수 익히기	Section 2	리뷰! 실무 예제
7주		고급 실무 함수 익히기	Section 3	리뷰! 실무 예제, 핵심! 실무 노트
8주	Chapter 4	데이터베이스 작성, 데이터 검색과 추출하기	Section 1~2	리뷰! 실무 예제
9주		전문 분석 기능과 컨트롤, 매크로 다루기	Section 3~4	리뷰! 실무 예제, 핵심! 실무 노트

활용 제안 3 『우선순위 TOP 20』과 『실무 난이도』를 적극 활용하세요!

엑셀 사용자들이 네이버 지식iN, 오피스 실무 카페 및 블로그, 웹 문서, 뉴스 등에서 **가장 많이 검색하고 찾아본 키워드를 토대로 우선순위 TOP 20**을 선정했어요. 이 정도만 알고 있어도 엑셀은 문제 없이 다룰 수 있고 언제, 어디서든지 원하는 기능을 **금방 찾아 바로 적용**할 수 있어요!

순위 ▲	키워드	간단하게 살펴보기	빠른 페이지 찾기
1 ▲	IF 함수	조건에 따라 달라지는 값을 구하는 논리 함수	129, 138
2 ▲	VLOOKUP 함수	기준 값으로 다른 열의 값을 구하는 함수	149, 160
3 ▲	참조 유형	셀 참조 유형에 따라 달라지는 계산 이해	115
4 ▲	셀 복사/이동	다양한 옵션 붙여넣기	41
5 ▲	데이터 정렬	크기, 색상 등 조건에 따라 정렬	178~181, 197
6 ▲	자동 필터	데이터를 추출하는 가장 쉬운 방법	189, 197
7 ▲	데이터 입력	데이터 종류에 따른 입력 방법 이해	27~33
8 ▲	피벗 테이블	함수 없이도 빠른 데이터 요약 가능	201
9 ▲	페이지 인쇄	인쇄 전 용지 크기, 방향, 여백, 매수 등 설정	53~57
10	표시 형식	다양한 방법으로 숫자 데이터 표시	74
11	사용자 지정 표시 형식	코드 값으로 숫자, 날짜, 시간 표시 형식 사용자 지정	77~78
12	셀 범위 지정	셀 복사, 이동을 위한 빠른 셀 범위 선택 방법	43~44
13	시트 편집	워크시트의 복사, 이동, 삭제, 삽입 등	47
14	차트 삽입	요약 데이터를 시각적으로 표현, 분석 보고서 필수 삽입	96~97, 105~108
15	자동 합계	셀 범위의 합계, 평균, 개수 등 자동 계산	121
16	RANK.EQ 함수	순위를 매기는 함수로, 매출, 점수, 비용 계산 가능	131
17	서식 파일	서식 파일로 빠르게 시작	22
18	ROUND 함수	계산 및 숫자값을 특정 위치까지 반올림하는 함수	135
19	SUMIFS 함수	조건에 맞는 값을 모두 더하는 함수	150
20	INDEX 함수	특정 값을 가져오는 함수. MATCH 함수 사용	149, 164

가장 많이 사용
현업 중요도 ↑
기본 기능
강력한 분석 도구
보고서 필수
필수 기능
분석 보고서 필수
요약 함수 기본
현업 활용도 ↑

4 ## 길벗출판사 홈페이지에 무엇이든 물어보세요!

책을 읽다 막히는 부분이 있으면 '**길벗 홈페이지(www.gilbut.co.kr)**' **회원**으로 가입하고 '**고객센터**' → '**1 : 1 문의**' 게시판에 질문을 올리세요. 지은이와 길벗 독자지원센터에서 신속하고 친절하게 답해 드립니다.

해당 도서의 페이지에서도 질문을 등록할 수 있어요. 홈페이지의 검색 창에 『윈도우 10+엑셀&파워포인트&워드 2019+한글 무작정 따라하기』를 입력해 해당 도서의 페이지로 이동하세요. 그런 다음, 질문이 있거나 오류를 발견한 경우 퀵 메뉴의 [도서문의]를 클릭해 문의 내용을 입력해 주세요. 꼭 로그인한 상태로 문의해 주세요.

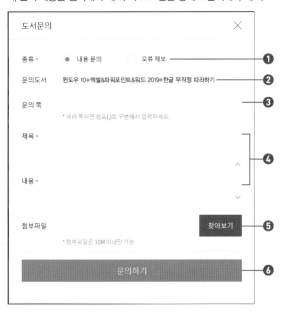

실습예제 다운로드 방법
홈페이지 검색 창에 도서명을 입력하고 [검색]을 클릭하면 해당 도서 페이지의 [자료실]에서 실습 파일을 다운로드 받을 수 있어요.

❶ 문의의 종류를 선택해 주세요.

❷ 문의할 도서가 맞는지 확인해 주세요.

❸ 질문에 대한 답을 빠르게 찾을 수 있도록 해당 쪽을 기재해 주세요.

❹ 문의 내용을 입력해 주세요.

❺ 길벗 A/S 전담팀과 저자가 질문을 빠르게 파악할 수 있도록 관련 파일을 첨부해 주시면 좋아요.

❻ 모든 내용을 입력했다면 [문의하기]를 클릭해 질문을 등록하세요.

목차

|우선순위| **TOP 20**   실무 중요도에 따라 TOP01~TOP20까지 표시

CHAPTER

1

엑셀 기본 문서 작성하기

문서시작

Section 01   엑셀 2019 시작하기

	01 엑셀 2019 실행하기	13
	02 화면 구성 살펴보기	15
	03 새로운 기능 살펴보기	17
	04 빠른 실행 도구 모음에 자주 사용하는 명령 추가하기	21
|우선순위| **TOP 17**	**05** 서식 파일 이용해 빠르게 문서 작성하기	22
	06 나에게 딱 맞는 사용 환경 설정하기	24
리뷰 **실무 예제** / 서식 파일 / 개인 환경 설정		25

문서편집

Section 02   정확하게 엑셀 데이터 다루기

|우선순위| **TOP 07**	**01** 엑셀 데이터의 종류 알아보기	27
	02 텍스트와 기호 입력하기	29
	03 숫자와 날짜/시간 데이터 입력하기	31
	04 한자로 변환하고 입력 형태 지정하기	32
	05 자동 채우기 핸들로 연속 데이터 입력하기	34
	06 입력한 데이터 수정하고 삭제하기	36
리뷰 **실무 예제** / 기본 데이터 입력 / 빠르게 데이터 채우기		39

Section 03   자유롭게 셀과 워크시트 다루기

|우선순위| **TOP 04**	**01** 셀 데이터 복사하고 이동하기	41
|우선순위| **TOP 12**	**02** 빠르게 셀 범위 선택하기	43
	03 항목 위치 이동하고 열 너비 조정하기	45
|우선순위| **TOP 13**	**04** 시트 이름과 시트 탭 위치 변경하기	47
리뷰 **실무 예제** / 데이터 복사 및 항목 편집 / 항목 이동 및 시트 탭 편집		49

Section 04   인쇄 환경 설정 및 통합 문서 저장하기

	01 용지 방향과 여백 지정하기	51
|우선순위| **TOP 09**	**02** 인쇄할 페이지와 인쇄 제목 지정하기	53
	03 인쇄용지의 머리글/바닥글 지정하기	55
	04 인쇄 매수와 용지 크기 지정하기	57
	05 암호를 지정해 문서 저장하기	58
	06 PDF 문서로 만들어 OneDrive에 저장하기	60
리뷰 **실무 예제** / 머리글 입력 및 인쇄 설정 / 암호 지정 및 PDF 문서 게시		61
핵심 **실무 노트** Excel Online으로 OneDrive에 문서 저장하고 편집하기		62

CHAPTER 2

시각적으로 데이터 표현하기

서식지정

Section 01 셀 서식 지정해 문서 꾸미기

01 제목과 텍스트에 서식 지정하기	67
02 맞춤과 서식 복사 지정해 보고서 꾸미기	69
03 보고서에 테두리 지정하기	72
우선순위 TOP 10 04 숫자와 날짜 데이터에 표시 형식 지정하기	74
우선순위 TOP 11 05 사용자 지정 표시 형식 살펴보기	77
06 송장에 사용자 지정 표시 형식 지정하기	79
리뷰! 실무 예제 / 셀 서식 지정 / 셀 스타일과 표시 형식 지정	81

Section 02 조건부 서식 지정해 데이터 강조하기

01 특정 조건에 맞는 데이터 강조하기	83
02 상위/하위 20개 판매 수량에 서식 지정하기	85
03 수식 이용해 조건부 서식과 새 규칙 지정하기	87
04 색조와 데이터 막대 지정해 매출 분석하기	90
리뷰! 실무 예제 / 조건부 서식 지정해 셀 강조 / 색조와 아이콘 집합 지정해 실적 비교 분석	93

차트

Section 03 차트와 스파크라인으로 데이터 표현하기

01 차트의 구성 요소 살펴보고 빠르게 차트 그리기	95
우선순위 TOP 14 02 추천 차트 이용해 빠르게 차트 삽입하기	96
03 차트의 종류와 차트 데이터 편집하기	98
04 차트에 세부 서식 지정하기	101
05 스파크라인 이용해 판매 추이 살펴보기	103
06 서로 다른 차트를 하나의 차트로 표현하기 — 콤보 차트	105
07 데이터의 계층 구조 표현하기 — 선버스트 차트	107
리뷰! 실무 예제 / 차트 삽입 및 꾸미기 / 스파크라인과 콤보 차트로 비용 처리 내용 분석	109
핵심! 실무 노트	
1 파레토 차트 이용해 데이터 분석하기	110
2 폭포 차트 이용해 손익계산서 분석하기	110

목차

우선순위 **TOP 20**　실무 중요도에 따라 TOP01~TOP20까지 표시

CHAPTER

3

함수

수식 계산과 실무 함수 다루기

Section 01　수식과 자동 함수 익히기

우선순위 **TOP 03**　01 수식 작성과 셀 참조 유형 살펴보기 ... 115

02 기본 연산자 이용해 정산 내역 계산하기 ... 116

03 이름 정의해 수식 한 번에 계산하기 ... 118

우선순위 **TOP 15**　04 자동 합계 함수 이용해 합계/평균 구하기 ... 121

05 함수 라이브러리로 업체 수와 최고 금액 구하기 ... 123

리뷰! **실무 예제** / 연산자와 이름 사용해 판매 계획 및 실적 비율 계산
　　　　　　　　 / 자동 합계와 함수 라이브러리로 보고서 완성 ... 125

Section 02　기본 함수 익히기

01 함수의 종류와 사용 방법 살펴보기 ... 127

우선순위 **TOP 16**　02 분류별 판매 소계 및 순위 구하기 — RANK.EQ, SUBTOTAL 함수 ... 131

우선순위 **TOP 18**　03 수수료와 매출 Top3 알아보기 — LARGE, ROUND 함수 ... 135

우선순위 **TOP 01**　04 중첩 함수로 사원의 과락 여부 평가하기 — COUNT, OR, IF, IFS 함수 ... 138

05 고객 민원 처리 현황표 작성하기 — DATE, LEFT, TEXT 함수 ... 142

리뷰! **실무 예제** / 판매 현황에 대한 요약 보고서 작성
　　　　　　　　 / 동호회 명단 관리 및 이벤트 초대 여부 표시 ... 145

Section 03　고급 실무 함수 익히기

01 실무에서 자주 사용하는 함수 살펴보기 ... 147

우선순위 **TOP 19**　02 월별 매출 요약 보고서 작성하기 — COUNTIFS, SUMIFS 함수 ... 150

03 매출 평균과 개인별 매출 계산하기
　　 — AVERAGEIFS, IFERROR, INDIRECT 함수 ... 155

우선순위 **TOP 02**　04 TF팀 명단과 주소 작성하기
　　 — COLUMN, CONCAT, VLOOKUP 함수 ... 160

우선순위 **TOP 20**　05 직급별 프로젝트 수당 계산하기 — INDEX, MATCH 함수 ... 164

리뷰! **실무 예제** / 판매수량, 총매출, 평균 매출 요약
　　　　　　　　 / 찾기/참조 함수로 명단 완성 ... 167

핵심! **실무 노트**
1 쉽게 중첩 함수 작성하기 ... 168
2 직급별 프로젝트 수당의 함수식 대치하기 ... 168

CHAPTER

4

데이터베이스 관리와 데이터 분석하기

정렬과필터

Section 01 데이터베이스 다루기

01	표 삽입하고 보기 좋게 꾸미기	173
02	표 편집하고 요약 행 지정하기	175
우선순위 TOP 05 03	필드의 조건 이용해 데이터 정렬하기	178
04	다중 조건 지정해 데이터 정렬하기	180
05	부분합 이용해 요약 보고서 작성하기	182
06	부분합 이용해 요약 보고서의 결과 복사하기	184
리뷰! 실무 예제 / 데이터베이스를 표로 삽입 및 요약		
/ 정렬과 부분합으로 요약 보고서 작성		187

Section 02 원하는 데이터만 검색하고 추출하기

우선순위 TOP 06 01	자동 필터 이용해 데이터 추출하기	189
02	고급 필터와 조건식 이해하기	192
03	고급 필터 이용해 데이터 추출하기	193
04	함수식 적용한 데이터만 추출하기	195
05	색상별로 데이터 정렬하고 추출하기	197
리뷰! 실무 예제 / 직원명부에서 파견 직원 추출		
/ 함수식과 고급 필터로 초대 명단 추출		199

피벗테이블

Section 03 전문 분석 기능 활용하기

우선순위 TOP 08 01	추천 피벗 테이블 지정하고 꾸미기	201
02	피벗 테이블 보고서에 요약 보고서 추가하기	203
03	피벗 테이블에 값 요약하고 표시 형식 변경하기	206
04	피벗 차트 이용해 보고서 작성하기	208
05	슬라이서와 시간 표시 막대 삽입해 필터링하기	210
리뷰! 실무 예제 / 고객 현황에 대한 요약 보고서 작성		
/ 피벗 차트와 슬라이서로 보고서 분석		213

매크로

Section 04 컨트롤과 매크로 이용해 문서 자동화하기

01	[개발 도구] 탭과 양식 컨트롤 추가하기	215
02	양식 컨트롤 이용해 요약 보고서 완성하기	218
03	스파크라인 매크로 작성하기	221
04	매크로 파일로 저장하고 실행하기	223
05	도형에 매크로 설정하고 실행하기	225
06	필요 없는 매크로 삭제하기	227
리뷰! 실무 예제 / 매출 요약 보고서 자동화		
/ 고급 필터와 삭제 매크로 작성		229
핵심! 실무 노트		
1 조건부 서식으로 피벗 테이블의 분석 기능 업그레이드하기		230
2 슬라이서와 시간 표시 막대로 대시보드 작성하기		230
찾아보기		232

CHAPTER 1

엑셀 기본 문서 작성하기

엑셀 2019를 실행하면 리본 메뉴와 수백 개의 빈 셀만 표시됩니다. 아무런 서식도 지정되지 않은 새 통합 문서에서 무엇부터 시작해야 할지 고민된다면 엑셀 2019에서 제공하는 다양한 서식 파일을 활용해 보세요. 일정 관리뿐만 아니라 수익 분석, 판매 보고 등 목적에 맞는 서식을 선택하여 빠르게 문서 작성을 시작할 수 있어요. 만약 원하는 서식을 찾지 못했다면 온라인 서식 파일 검색에서 키워드를 입력하여 자신에게 꼭 맞는 다양한 서식을 찾아보세요. 이번 챕터에서는 엑셀 문서를 작성할 때 꼭 알고 있어야 할 데이터 입력 방법과 셀 및 워크시트의 편집 방법, 그리고 인쇄 설정 방법에 대해 배워봅니다.

Windows 10
+Excel
& PowerPoint
& Word 2019
+ Hangeul

SECTION **01** 엑셀 2019 시작하기

SECTION **02** 정확하게 엑셀 데이터 다루기

SECTION **03** 자유롭게 셀과 워크시트 다루기

SECTION **04** 인쇄 환경 설정 및 통합 문서 저장하기

엑셀 2019 시작하기

엑셀은 가계부 정리부터 회계 분석, 고객 관리까지 누구나 쉽게 다룰 수 있는 프로그램이지만, 수식이나 함수에 대한 부담 때문에 엑셀 사용을 꺼리거나 어렵게 생각하는 사용자가 많아요. 엑셀 2019에서는 분석 기능을 이용해 단 몇 번의 클릭만으로도 원하는 결과를 쉽게 얻을 수 있고, 초보자라도 데이터를 쉽고 효과적으로 표현할 수 있는 분석 차트와 검색 기능 등 편리하게 문서를 작성할 수 있는 다양한 옵션과 환경을 제공해요. 그리고 온라인 공유를 통해 공동으로 문서를 함께 작성할 수 있습니다.

> **PREVIEW**

▲ 서식 파일 이용해 쉽게 새 문서 작성하기

▲ [Excel 옵션] 창 이용해 자신에게 맞는 엑셀 환경 설정하기

> **섹션별 주요 내용**

01 | 엑셀 2019 실행하기 02 | 화면 구성 살펴보기 03 | 새로운 기능 살펴보기

04 | 빠른 실행 도구 모음에 자주 사용하는 명령 추가하기 05 | 서식 파일 이용해 빠르게 문서 작성하기

06 | 나에게 딱 맞는 사용 환경 설정하기

01 # 엑셀 2019 실행하기

1 │ 윈도우에서 엑셀 2019 실행하기

윈도우 10이 설치된 데스크톱에서 엑셀 2019를 시작해 볼까요? 윈도우 바탕 화면에서 **[시작] 단추**(⊞)를 클릭하고 **[Excel]**을 선택하세요.

Tip

오피스 365를 사용한다면 [시작] 단추(⊞)를 클릭하고 [Excel]을 선택하세요.

2 │ 시작 화면에 엑셀 프로그램 고정시키기

엑셀을 빠르게 실행하기 위해 시작 화면에 고정시킬 수 있어요. 시작 메뉴의 **[Excel]** 명령에서 오른쪽 마우스를 클릭하고 **[시작 화면에 고정]**을 선택하세요. 그러면 **[시작] 단추**(⊞)를 클릭했을 때 시작 화면에 **[Excel]**이 나타납니다.

13

3 | 엑셀 2019의 시작 화면 살펴보기

엑셀 2019 프로그램의 시작 화면에서 빈 통합 문서로 시작하려면 [새 통합 문서] 서식을 클릭하세요. 이미 제공된 서식을 사용하려면 [새로 만들기] 범주에서 원하는 서식을 선택하여 문서를 빠르게 시작할 수 있어요. 기존에 작성된 문서는 '최근 항목'이나 **[열기]**를 선택하여 찾을 수 있습니다.

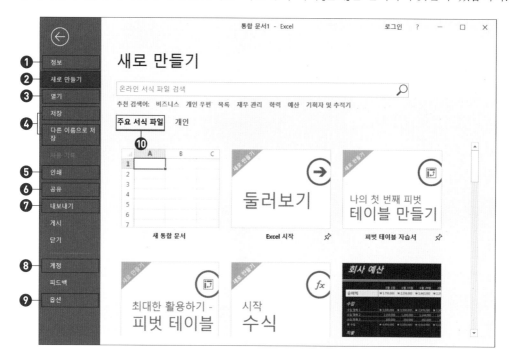

❶ **정보** : 통합 문서를 검사 및 관리하고 작성자와 마지막으로 수정 및 인쇄한 날짜 등에 대한 정보를 알 수 있어요.

❷ **새로 만들기** : 제공된 서식 파일을 이용하여 새 통합 문서를 시작합니다.

❸ **열기** : 최근에 사용한 통합 문서뿐만 아니라 다른 경로(내 컴퓨터, OneDrive 등)에 저장한 엑셀 문서를 열 수 있어요.

❹ **저장, 다른 이름으로 저장** : [다른 이름으로 저장] 대화상자가 열리면서 작업한 통합 문서를 저장할 수 있어요.

❺ **인쇄** : 작업한 통합 문서를 원하는 형태로 지정한 인쇄용지에 필요한 매수만큼 인쇄할 수 있어요.

❻ **공유** : 완성된 통합 문서를 이메일로 보내거나 OneDrive를 이용해 다른 사용자와 공유할 수 있어요.

❼ **내보내기** : PDF 문서나 XPS 문서로 만들 수 있고, 파일 형식을 변경할 수 있어요.

❽ **계정** : 사용하는 장치(PC, 태블릿 등)와 클라우드 서비스에서 마이크로소프트 계정을 설정해 사용할 수 있어요.

❾ **옵션** : 엑셀의 환경 설정을 변경할 수 있어요.

❿ **주요 서식 파일** : 홈 화면에서 선택할 수 있는 기본 서식으로, 새 문서를 시작하거나 서식 파일로 새로운 통합 문서를 시작합니다.

핵심 기능 **02** 화면 구성 살펴보기

엑셀 2019는 이전 버전과 비교하여 구성이 크게 달라지지는 않았지만, 기능이 업그레이드되고 명령 단추가 추가되어 헷갈릴 수도 있어요. 따라서 문서의 작업 속도를 향상시키고 일의 능률을 높이고 싶다면 여기서 알려주는 20가지의 구성 요소를 잘 익혀두세요.

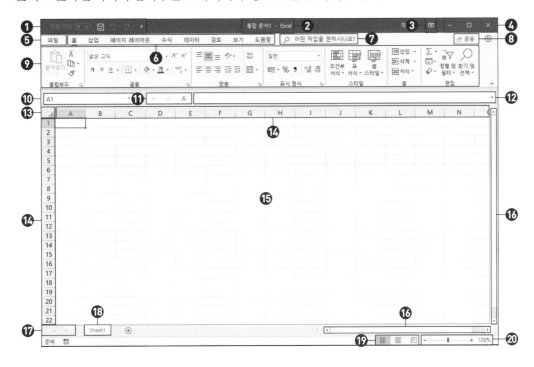

❶ **빠른 실행 도구 모음** : 자주 사용하는 도구를 모아놓은 곳으로, 사용자의 필요에 따라 도구를 추가 및 삭제할 수 있어요.

❷ **제목 표시줄** : 통합 문서의 이름이 표시됩니다.

❸ **[리본 메뉴 표시 옵션] 단추(▣)** : 리본 메뉴의 탭과 명령 단추들을 모두 표시하거나 숨길 수 있어요.

❹ **[최소화] 단추(▬), [최대화] 단추(▢)/[이전 크기로 복원] 단추(▣), [닫기] 단추(✕)** : 화면의 크기를 조정하는 단추로, 화면을 확대하거나 작업 표시줄에 아이콘으로 최소화할 수 있어요. 사용자가 창의 크기를 조정하면 최대화된 크기를 이전 크기로 복원시키고 [닫기] 단추(✕)를 클릭하면 프로그램이 종료됩니다.

❺ **[파일] 탭** : 파일을 열고 닫거나 저장 및 인쇄할 수 있으며 공유, 계정, 내보내기 등의 문서 관리도 가능합니다. 또한 다양한 엑셀 옵션도 지정할 수 있어요.

❻ **탭** : 클릭하면 기능에 맞는 도구 모음이 나타나요. 기본적으로 제공되는 탭 외에 그림, 도형, 차트 등을 선택하면 [그림 도구]나 [표 도구]와 같은 상황별 탭이 추가로 나타납니다.

❼ **설명 상자** : 엑셀 2019 기능에 대한 도움말을 실행할 수 있는데, 영문명은 'tell me(텔미)'입니다.

❽ **공유** : 해당 문서를 작업하고 있는 사용자를 확인하고 공유 옵션을 지정할 창을 열 수 있어요.

⑨ 리본 메뉴 : 선택한 탭과 관련된 명령 단추들이 비슷한 기능별로 묶인 몇 개의 그룹으로 구성되어 있어요.

⑩ 이름 상자 : 셀 또는 범위에 작성한 이름이 표시됩니다.

⑪ [취소] 단추(⊠), [입력] 단추(✓), [함수 삽입] 단추(ƒₓ) : 데이터를 입력하거나 취소할 수 있고 [함수 삽입] 단추(ƒₓ)를 클릭하면 함수 마법사를 실행할 수 있어요.

⑫ 수식 표시줄 : 셀에 입력한 데이터 또는 계산한 수식이 표시됩니다.

⑬ [시트 전체 선택] 단추(◢) : 워크시트의 전체 범위를 한 번에 빠르게 선택할 수 있어요.

⑭ 행 머리글, 열 머리글 : 행 머리글은 워크시트에서 각 행의 맨 왼쪽에 표시되고 클릭하면 행 전체가 선택됩니다. 열 머리글은 워크시트에서 각 열의 맨 위에 표시되고 클릭하면 열 전체가 선택됩니다.

⑮ 워크시트 : 열과 행으로 구성된 셀로 이루어져 있어요. 데이터를 작업하는 공간으로, 항상 통합 문서에 저장됩니다.

⑯ 스크롤바 : 마우스로 가로 또는 세로로 드래그하여 워크시트의 화면을 이동할 수 있어요.

⑰ 시트 이동 단추(◀, ▶) : 시트 이름을 스크롤할 때 사용해요. Ctrl을 누른 상태에서 마우스 왼쪽 단추를 누르면 처음 시트와 마지막 시트로 스크롤하고 마우스 오른쪽 단추를 누르면 [활성화] 대화상자가 열리면서 모든 시트 목록을 볼 수 있어요.

⑱ 시트 탭 : 기본적으로 워크시트의 이름이 [Sheet1], [Sheet2] 등으로 표시되지만, 사용자가 이름을 직접 지정할 수 있어요.

⑲ 화면 보기 단추 : 원하는 문서 보기 상태로 이동할 수 있는 단추입니다. [기본] 보기 단추(▦), [페이지 레이아웃] 보기 단추(▤), [페이지 나누기 미리 보기] 단추(凹) 등으로 화면 보기 상태를 선택할 수 있어요.

⑳ 확대/축소 슬라이드바 : 슬라이드바를 드래그하여 화면 보기 비율을 10~400%까지 확대 또는 축소할 수 있어요. 또한 비율 부분(100 %)을 클릭하여 [확대/축소] 대화상자를 열고 비율을 직접 지정할 수도 있어요.

새로운 기능 살펴보기

엑셀 2019에서는 다음과 같은 기능이 추가 및 향상되었으니 잘 알아두어야 합니다.

1 | 편집에서 사용하는 일반적인 기능 향상

❶ 정밀도 선택

데이터 범위를 선택하다 보면 셀을 잘못 선택할 때가 있는데, 이런 경우 셀의 선택을 다시 취소할 수 있습니다. Ctrl을 누른 상태에서 클릭하거나 드래그하여 선택 영역의 셀이나 범위를 선택 취소합니다. 만약 이러한 셀을 다시 선택해야 한다면 Ctrl을 누른 상태에서 해당 셀을 다시 선택하세요.

❷ 빠르게 위 첨자 및 아래 첨자 실행하기

리본 메뉴나 빠른 실행 도구 모음에 [위 첨자] 도구(x^2)와 [아래 첨자] 도구(x_2)를 추가하여 위 첨자와 아래 첨자 명령을 쉽게 실행할 수 있어요.

▲ 빠른 실행 도구 모음에 [위 첨자] 도구와 [아래 첨자] 도구 추가하기

2 | 새로운 함수

❶ CONCAT 함수

기존의 CONCATENATE 함수와 유사하지만 기능이 좀 더 향상되었습니다. CONCAT 함수는 단일 텍스트를 연결했던 CONCATENATE 함수와는 달리 셀 참조 외에 범위 참조도 지원해요.

❷ IFS 함수

이전 버전까지는 다중 조건에 대한 여러 반환값을 계산할 때 IF 함수를 중첩해서 사용하는 경우가 많았습니다. 하지만 엑셀 2019 버전부터는 IFS 함수 하나만 이용해서 다중 조건에 대한 결과를 계산할 수 있어요.

CONCAT				=IFS(H4>=90,"A",H4>=80,"B",H4>=70,"C",H4>=60,"D",TRUE,"F")					
	A	B	C	D	E	F	G	H	J	K

이름	사번	주민등록번호	1차	2차	3차	합계	평균	최종
임석민	KGS_0001	800105-1******	65.5	78	70	213.5	71.2	"F")
나정희	KGS_0002	820707-2******	83	67	90.5	240.5	80.2	B
정호연	KGS_0003	760726-1******	92	95	98	285	95.0	A
박온비	KGS_0004	780903-2******	72	불참	52	124	41.3	F
강진헌	KGS_0005	880226-1******	81	79.5	70	230.5	76.8	C
송정렬	KGS_0006	860411-1******	75	52	67	194	64.7	D
나경희	KGS_0007	790510-2******	90	90	불참	180	60.0	D
신은석	KGS_0008	770107-1******	75	82	73	230	76.7	C
주지철	KGS_0009	820223-1******	75	74	97	246	82.0	B
김정석	KGS_0010	850208-1******	90.5	89.5	92	272	90.7	A

▲ IFS 함수로 전략사업팀의 최종 평가 점수 계산하기

❸ MAXIFS 함수, MINIFS 함수

MAXIFS 함수와 MINIFS 함수는 주어진 조건에 맞는 셀 범위에서 최댓값과 최솟값을 반환합니다.

▲ MAXIFS 함수로 최고 매출 계산하기

❹ TEXTJOIN 함수

TEXTJOIN 함수는 여러 범위 및 또는 문자열의 텍스트를 지정되는 구분 기호를 포함하여 결합하는 함수입니다. TEXTJOIN 함수를 이용하면 구분 기호가 빈 텍스트 문자열인 경우 여러 단어들을 효율적으로 연결할 수 있어요.

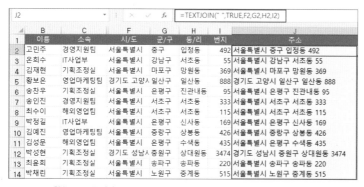

▲ TEXTJOIN 함수로 주소를 하나로 표현하기

❺ SWITCH 함수

SWITCH 함수는 값의 목록에 대한 하나의 값(식)을 계산하고 첫 번째 일치하는 값에 해당하는 결과를 반환합니다. 만약 일치하는 항목이 없는 경우 선택적 기본값이 반환될 수 있습니다. 다음은 제품코드의 앞자리 숫자가 1이면 '인천', 2이면 '수원', 3이면 '진천', 값이 없으면 '일치하는 값 없음'으로 계산한 경우입니다.

| C6 | fx | =SWITCH(LEFT(A6,1)*1,1,"인천",2,"수원",3,"진천","일치하는 값 없음") |

	A	B	C	D	E	F	G	H
1	제품별 판매가 산정표							
2								
3	제품코드	제품명	생산지	생산가	비용	마진율	합계	예상판매가	판
4	16	디지털 카메라	인천	123,650	2,300	35%	170,033	170,000
5	22	게이밍 노트북	수원	450,700	3,250	22%	553,819	553,800
6	54	스마트 워치	일치하는 값 없음	152,600	2,150	25%	193,438	193,400
7	36	블루투스 헤드셋	진천	48,780	900	32%	65,578	65,600
8	35	블루투스 스피커	진천	45,190	3,300	40%	67,886	67,900
9	45	태블릿 PC 거치대	일치하는 값 없음	14,300	800	32%	19,932	19,900
10	17	차량용 블랙박스	인천	153,120	1,000	30%	200,356	200,400
11	32	광시야각 모니터	진천	112,900	4,100	35%	157,950	158,000
12	19	스마트 IP카메라	인천	57,900	3,500	32%	81,048	81,000
13	20	유무선 공유기	수원	19,200	4,900	29%	31,089	31,100
14	32	나노 무선마우스	진천	12,800	1,900	45%	21,315	21,300

▲ SWITCH 함수로 생산지 표시하기

3 | 새로운 차트

❶ 지도 차트

데이터에 국가/지역, 시/도, 군 또는 우편번호와 같은 지리적 지역이 있는 경우 지도 차트로 값의 크기를 비교하여 시각적 효과를 높일 수 있습니다.

❷ 깔때기형 차트

깔때기형 차트는 한 프로세스에서 여러 단계의 값을 보여줍니다. 예를 들어 깔때기형 차트를 사용하여 영업 파이프라인의 각 단계에서 잠재 고객 수를 표시할 수 있어요. 일반적으로 값은 점차 줄어들고 막대가 깔때기와 비슷할 수 있습니다.

▲ 지도 차트로 지역별 매출 크기 비교하기

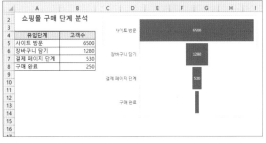

▲ 깔때기형 차트로 쇼핑몰의 잠재 고객 수 파악하기

4 | 향상된 피벗 테이블

❶ 기본 피벗 테이블 레이아웃을 개인 설정하기

피벗 테이블을 원하는 방식으로 설정할 수 있습니다. 우선 부분합과 총합계 및 보고서 레이아웃을 표시하는 방법을 선택한 후 이것을 기본값으로 저장하면 다음에 피벗 테이블을 만들 때 기본 레이아웃으로 시작됩니다. 기존에 작성된 피벗 테이블을 기본 레이아웃으로 사용하려면 [파일] 탭-[옵션]을 선택하여 [Excel 옵션] 창을 열고 [데이터] 범주의 [기본 레이아웃 편집]을 클릭한 후 작성된 피벗 테이블을 가져옵니다.

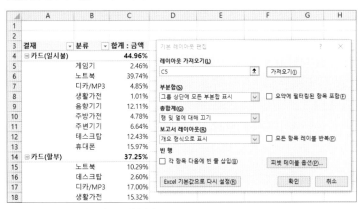

▲ 부분합 결과를 기본 레이아웃으로 저장하기

❷ 다중 선택 슬라이서

다중 선택 슬라이서를 이용해 슬라이서의 여러 항목을 한 번에 선택할 수 있어요. 이 기능을 사용하려면 슬라이서의 레이블에 있는 [다중 선택] 단추( )를 클릭하여 슬라이서 다중 선택 모드로 전환해야 합니다.

▲ [제품군] 슬라이서에서 여러 제품 항목을 한 번에 선택하기

❸ 피벗 테이블 검색, [전체 필드 확장/축소] 단추, 자동 시간 그룹화

피벗 테이블에서 필드를 검색하여 쉽게 필드를 추가하고, 시간과 관련된 필드(연도, 분기, 월)를 자동으로 감지하여 그룹화할 수 있습니다. 그리고 [전체 필드 확장/축소] 단추로 데이터에서 시간 및 기타 계층 구조의 그룹화를 확대 및 축소할 수 있어요.

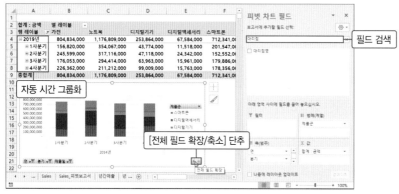

▲ 계층 구조에 대한 그룹과 [전체 필드 확장/축소] 단추 표시하기

5 │ 잉크 수식 기능

[삽입] 탭-[기호] 그룹에서 [수식]-[잉크 수식]을 선택하여 통합 문서에 복잡한 수학 수식을 훨씬 쉽게 작성할 수 있습니다. 손가락이나 터치 스타일러스 또는 마우스로 직접 수학 수식을 쓸 수도 있고, 이렇게 작성한 내용을 텍스트로 변환해서 문서를 편리하게 작성할 수도 있어요.

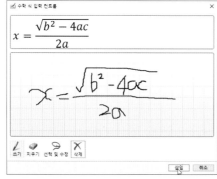

　　▲ 수학식 직접 입력해 작성하기

실무 예제 | 04 빠른 실행 도구 모음에 자주 사용하는 명령 추가하기

◎ **예제파일** : 새 통합 문서에서 시작하세요.

1 엑셀에서 사주 사용하는 기능을 매번 찾아 실행하기는 어려우므로 빠른 실행 도구 모음에 자
주 사용하는 명령을 추가하여 한 번의 클릭으로 실행하면 매우 편리해요. 여기에서는 빠른 실
행 도구 모음에 [필터] 도구(▼)를 추가하기 위해 **[데이터] 탭-[정렬 및 필터]** 그룹의 **[필터]**에서
마우스 오른쪽 단추를 눌러 [빠른 실행 도구 모음에 추가]를 선택하세요.

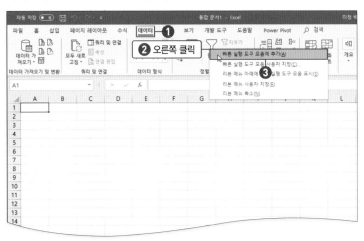

2 빠른 실행 도구 모음에 [필터] 도구(▼)가 추가되었으면 한 번만 클릭하여 빠르게 실행할 수
있어요.

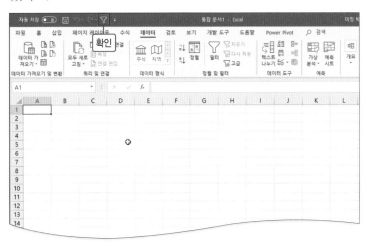

실무
예제 | **05** # 서식 파일 이용해 빠르게 문서 작성하기

◎ **예제파일** : 새 통합 문서에서 시작하세요.　◎ **결과파일** : 판매수수료계산서_완성.xlsx

1 아무 것도 입력되어 있지 않는 빈 통합 문서가 아니라 엑셀 2019에서 제공되는 서식 문서로 시작해 볼까요? 시작 화면이나 [**파일**] 탭에서 [**새로 만들기**]를 선택하고 검색 입력 상자에 『판매 수수료』를 입력한 후 [Enter]를 누르세요.

Tip

아직 엑셀로 문서를 만드는 데 자신이 없다면 다양한 스타일의 문서를 골라 사용할 수 있는 서식 파일을 적극 활용해 보세요. 그러면 초보 자도 쉽게 고품질 엑셀 문서를 만들 수 있어요. 그리고 검색 입력 상자에 검색어를 입력하고 [검색 시작] 단추(🔎)를 클릭해도 서식 파일 결 과를 볼 수 있어요.

2 검색된 서식 파일 중에서 필요한 문서를 찾아 선택하세요. 여기서는 [**판매 수수료 계산기**]를 선택했어요.

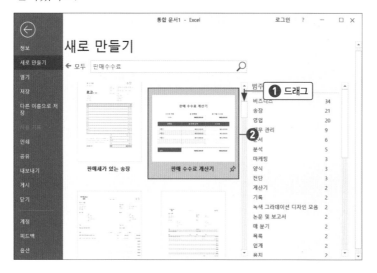

3 '판매 수수료 계산기' 양식이 나타나면 [만들기]를 클릭하세요.

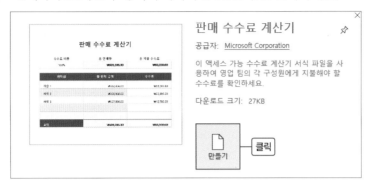

4 판매 수수료 계산기 서식 파일이 실행되면 셀에 이미 입력된 값이나 수식을 원하는 내용으로 변경하여 문서를 완성해 보세요.

문서시작

문서편집

서식지정

차트

함수

정렬과필터

피벗테이블

매크로

잠깐만요 **항상 빈 통합 문서로 엑셀 시작하기**

엑셀을 실행할 때마다 시작 화면을 표시하지 않고 곧바로 새로운 워크시트를 열 수 있어요. [파일] 탭-[옵션]을 선택하여 [Excel 옵션] 창을 열고 [일반] 범주의 '시작 옵션'에서 [이 응용 프로그램을 시작할 때 시작 화면 표시]의 체크를 해제하고 [확인]을 클릭하세요.

나에게 딱 맞는 사용 환경 설정하기

◎ **예제파일** : 새 통합 문서에서 시작하세요.

1 엑셀 2019에서는 사용자의 작업 환경에 맞게 시트 수, 글꼴, 저장 형식 등을 지정할 수 있어요.
[파일] 탭-[옵션]을 선택하세요.

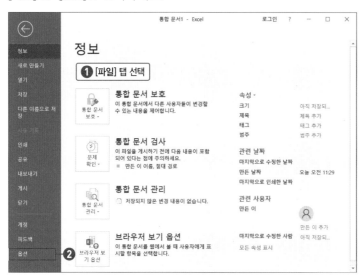

2 [Excel 옵션] 창이 열리면 [일반] 범주의 '새 통합 문서 만들기'에서 '글꼴 크기'는 [12], '포함
할 시트 수'는 [3]으로 지정하세요. 'Microsoft Office 개인 설정'의 'Office 테마'에서 [흰색]
을 선택하고 [확인]을 클릭하세요. 엑셀을 시작했다가 다시 시작해야 변경한 글꼴을 적용할
수 있다는 메시지 창이 열리면 [확인]을 클릭하세요.

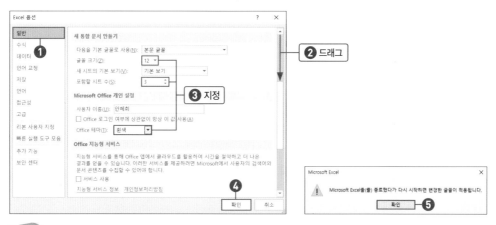

Tip

현재 통합 문서를 닫고 다시 엑셀 2019를 실행하면 '흰색' 테마가 나타나고 기본적인 글꼴 크기가 '12pt'이면서 시트 탭이 세 개인 통합 문서
가 열려요.

1 | '구간별 예산' 서식 파일로 문서 작성하기

🔵 **예제파일** : 새 통합 문서에서 시작하세요. 🔵 **결과파일** : 구간별예산_완성.xlsx

[새로 만들기] 창의 기본 서식 중에서 '구간별 예산' 서식 파일을 다운로드하여 새 문서를 작성해 보세요.

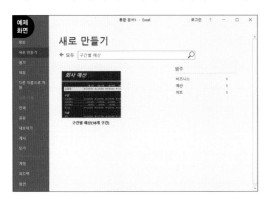
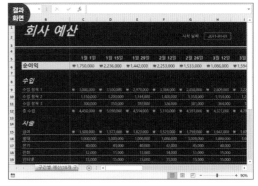

Hint ① [파일] 탭-[새로 만들기]를 선택하고 '구간별 예산'을 검색하세요.

② 엑셀에서 기본 제공하는 서식 파일 중에서 [구간별 예산]을 선택하세요.

③ '구간별 예산' 양식이 나타나면 [만들기]를 클릭하여 서식 파일을 실행하고 내용을 수정하세요.

2 | 엑셀 옵션에서 개인 환경 설정하기

🔵 **예제파일** : 새 통합 문서에서 시작하세요.

[Excel 옵션] 창의 [일반] 범주에서 '글꼴 크기'는 [10pt], 'Office 테마'는 [흰색]으로 변경해 보세요.

Hint ① [파일] 탭-[옵션]을 선택하여 [Excel 옵션] 창을 열고 [일반] 범주의 '새 통합 문서 만들기'에서 '글꼴 크기'를 [10pt]로 변경하세요.

② 'Microsoft Office 개인 설정'에서 'Office 테마'는 [흰색]으로 변경하세요.

정확하게 엑셀 데이터 다루기

엑셀을 사용하여 데이터를 계산 및 분석하려면 엑셀에서 사용할 수 있는 데이터의 종류에 대해 정확하게 이해하고 있어야 해요. 데이터를 잘못 입력하면 서식이나 수식을 제대로 적용할 수 없어서 정확한 결과를 얻을 수 없기 때문이죠. 그러므로 엑셀 데이터를 정해진 규칙에 맞게 입력하고 편집할 줄 알아야 합니다. 이번 섹션에서는 엑셀의 기초 중의 기초이면서도 자칫 실수하기 쉬운 데이터의 입력과 편집 방법에 대해 자세하게 배워보겠습니다.

> **PREVIEW**

▲ 여러 종류의 데이터 입력하기

▲ 자동 채우기 핸들(➕) 사용해 데이터 입력 및 수정, 삭제하기

> 섹션별
> 주요 내용

01 | 엑셀 데이터의 종류 알아보기   02 | 텍스트와 기호 입력하기   03 | 숫자와 날짜/시간 데이터 입력하기

04 | 한자로 변환하고 입력 형태 지정하기   05 | 자동 채우기 핸들로 연속 데이터 입력하기

06 | 입력한 데이터 수정하고 삭제하기

핵심
기능 | **01**

엑셀 데이터의 종류 알아보기

1 | 데이터 구분하기

엑셀에서 사용하는 데이터는 크게 '텍스트'와 '숫자'로 나눌 수 있어요. 데이터의 종류에 따라 입력 방식이 조금씩 다르지만, 날짜와 시간 등의 데이터 속성을 미리 알고 있으면 데이터를 가공할 때 걸리는 시간을 줄일 수 있어요. 자, 그러면 입력한 데이터의 종류에 따라 달라지는 결과를 미리 살펴볼까요?

구분		설명	입력 결과
텍스트	텍스트	• 텍스트형 데이터로 입력됩니다. • 기본적으로 왼쪽 맞춤으로 정렬됩니다. • 숫자 데이터의 앞에 어포스트로피(')를 입력하면 텍스트로 변경되어 입력됩니다.	길벗, Microsoft
	기호		₩, €, £, ‰, ⁄, @, ☎, ♨
	한자		計算, 분석(分析)
	숫자와 텍스트의 혼용		2019년
	숫자형 텍스트		'123
숫자	숫자	• 숫자형 데이터로 입력됩니다. • 기본적으로 오른쪽 맞춤으로 정렬됩니다. • 날짜와 시간 데이터는 표시 형식이 지정된 숫자 데이터입니다.	1234
	날짜		2019-12-31
	시간		12:50:20

2 | 데이터의 종류 살펴보기

엑셀에서는 데이터의 종류에 따라 입력 방법이 다릅니다. 이것은 아주 기초적인 내용이지만, 엑셀을 잘 다루는 사용자도 실수하기 쉬우므로 데이터의 속성에 맞는 입력 방식을 반드시 정확하게 알고 있어야 해요.

❶ 숫자 데이터

숫자 데이터는 엑셀에서 가장 기본이 되는 데이터로, 0~9 사이의 숫자를 부호 등과 함께 입력할 수 있어요. 입력한 데이터가 숫자로 인식되면 셀의 오른쪽에 자동으로 표시됩니다. 아주 큰 수나 세밀한 숫자는 지수 형식과 같은 과학용 표시 방식(1.23457E+13)으로 표시되기도 합니다.

숫자	설명	맞춤
36000	형식을 포함하지 않고 숫자만 입력	오른쪽 맞춤
1.23456E+11	열 너비보다 긴 숫자는 지수값으로 표시	
123,456	쉼표 스타일 표시 형식이 지정된 경우	
123,456,789,000	이 경우는 '######'으로 표시	
1/4	분수는 대분수 형식으로 입력 **예** 0 1/4로 입력	
-100	부호를 포함하여 입력하거나 『(100)』으로 입력	

셀 너비가 좁을 때도 숫자 데이터는 지수 형식으로 표시되지만, 표시 형식이 추가되어도 '######'으로 나타나요. 이 경우에는 행 머리글 사이의 경계선에 마우스 포인터를 올려놓고 **+** 모양으로 변경되었을 때 더블클릭하여 셀 너비를 늘려주세요.

❷ 텍스트 데이터

한글, 영문, 한자, 특수 문자 등의 데이터는 텍스트로 인식됩니다. 숫자와 텍스트를 혼합한 데이터나 어포스트로피(')와 같이 입력한 숫자도 모두 텍스트로 인식되어 왼쪽 맞춤으로 정렬됩니다.

문자	설명	맞춤
엑셀	입력한 그대로 결과 표시	
123	어포스트로피(')를 입력한 후 숫자를 입력한 경우	
2019년	숫자와 문자를 혼용한 데이터	왼쪽 맞춤
Microsoft Excel 2019	Alt + Enter 를 눌러 하나의 셀 안에서 줄 바꿈	

❸ 날짜, 시간 데이터

날짜 데이터는 숫자로 인식되지만, 하이픈(-)이나 슬래시(/)로 년, 월, 일을 구분하여 입력하면 셀에 날짜 서식이 자동으로 적용되어 표시됩니다. 날짜는 1900-1-1을 기준으로 입력한 날짜까지의 일련번호가 표시되고 표시 형식으로 서식을 변경할 수 있어요. 시간 데이터의 경우에는 콜론(:)을 사용하여 시간, 분, 초를 구분하여 입력하세요.

날짜와 시간	설명	맞춤
2019-08-02	년월일을 하이픈(-), 슬래시(/)로 구분하고 오른쪽 맞춤이 기본	
01월 04일	연도를 빼고 1/4(월/일)로 입력	
12:50:30	시분초를 콜론(:)으로 구분하여 입력하고 오른쪽 맞춤이 기본	숫자형 데이터로 오른쪽 맞춤
2019-01-10	Ctrl + : 을 눌러 현재 날짜 입력	
12:30	Ctrl + Shift + : 을 눌러 현재 시간 입력	

엑셀 초보자라면 날짜와 시간 데이터 입력이 조금 어려울 수 있으므로 31쪽의 예제를 따라 보세요.

❹ 기호, 한자 데이터

엑셀에서는 워드프로세서만큼 기호나 한자 데이터를 많이 입력하지는 않아요. 하지만 문서의 제목이나 특정 데이터를 강조하기 위해 기호를 사용하거나 한글 이름을 한자로 변환해서 표시하는 경우가 있으므로 입력 방법을 알아두면 좋아요.

기호와 한자	입력 및 설명	맞춤
▶, め, た	[삽입] 탭-[기호] 그룹에서 [기호] 클릭하여 입력	
ⓐ, ℃, ‰	한글의 자음 입력 → 한자 눌러 변환	
朴昭玟	한글 입력 → 한자 눌러 한 글자씩 변환	문자형 데이터로 왼쪽 맞춤
家族	한글 입력 → [검토] 탭-[언어] 그룹에서 [한글/한자 변환] 클릭	

텍스트와 기호 입력하기

실무 예제 02

◐ **예제파일** : 텍스트기호입력.xlsx　　◐ **결과파일** : 텍스트기호입력_완성.xlsx

1 엑셀의 가장 기본 데이터인 텍스트를 입력하기 위해 [Sheet1] 시트의 B5셀에 『엑셀2019』를 입력하고 [Enter]를 누르세요. 텍스트가 왼쪽 맞춤으로 입력되면 C5셀에 『마이크로소프트』를 입력하고 [Alt]+[Enter]를 눌러보세요. C5셀에 두 번째 줄이 삽입되면 『엑셀2019』를 입력하고 [Enter]를 눌러보세요. 이렇게 하면 한 셀에 두 줄의 텍스트를 입력할 수 있어요.

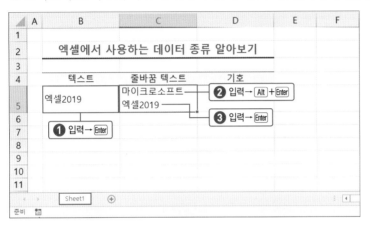

2 기호를 입력하기 위해 D5셀을 클릭하고 [삽입] 탭-[기호] 그룹에서 [기호]를 클릭하세요. [기호] 대화상자가 열리면 [기호] 탭의 '글꼴'에서는 [(현재 글꼴)], '하위 집합'에서는 [통화 기호]를 선택하고 원하는 기호를 선택한 후 [삽입]과 [닫기]를 차례대로 클릭하세요. 여기서는 통화 기호 [€]를 선택했어요.

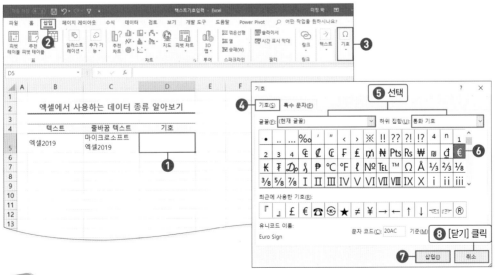

Tip

[Alt]+[N]+[U]를 누르면 [기호] 대화상자를 빠르게 열 수 있어요. 그리고 [기호] 대화상자에서 [삽입]을 클릭하면 [닫기]로 바뀝니다.

29

3 이번에는 [기호] 대화상자를 열지 않고 셀에 직접 기호를 입력해 볼게요. [€] 기호 뒤에 한글 자음인 『ㅁ』을 입력하고 `한자`를 눌러 기호를 선택할 수 있는 목록이 펼쳐지면 원하는 기호를 선택하세요. 원하는 기호가 없다면 [보기 변경] 단추(`»`)를 클릭하세요.

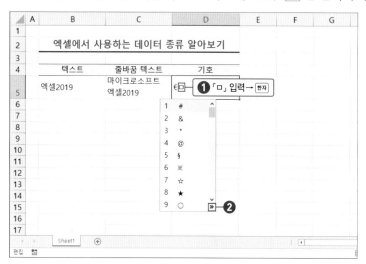

4 더 많은 기호가 나타나면 [■]를 선택하세요.

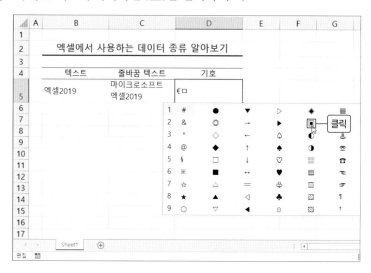

5 D5셀에 기호 ■가 삽입되었는지 확인해 보세요.

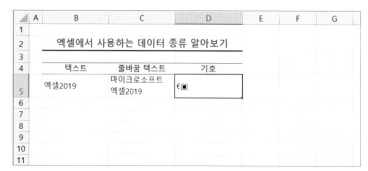

실무 예제 03 숫자와 날짜/시간 데이터 입력하기

◈ 예제파일 : 숫자형데이터.xlsx　◈ 결과파일 : 숫자형데이터_완성.xlsx

1 숫자 데이터를 입력하기 위해 [Sheet1] 시트에서 B8셀에는 『2345000』을 입력하고 Enter 를, B9셀에는 『1234567890123456』을 입력하고 Enter 를 누르세요.

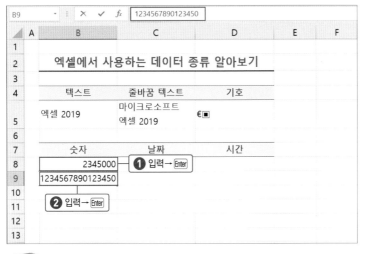

Tip

숫자는 열다섯 자리만 표시되므로 B9셀에 입력한 『1234567890123456』의 열여섯 번째 숫자 '6'은 수식 표시줄에 '0'으로 바뀌어 표시됩니다.

2 B8셀과 B9셀 데이터가 모두 오른쪽 맞춤으로 입력되지만, B9셀에 입력한 숫자는 열다섯 자리 이상의 숫자이므로 지수 형태로 표시됩니다. 이번에는 C8셀에 『2019/12/31』을 입력하고 Enter 를 누르면 날짜 데이터이기 때문에 '2019-12-31'로 표시되고 오른쪽 맞춤됩니다. D8셀에 시간 데이터인 『11:35:20』을 입력하고 Enter 를 누르면 오른쪽 맞춤됩니다.

Tip

날짜 데이터를 입력하려면 하이픈(-)이나 슬래시(/)로 년, 월, 일을 구분해야 합니다. 현재 시간을 빠르게 입력하고 싶다면 Ctrl + : 을, 컴퓨터 시스템 날짜를 입력하려면 Ctrl + ; 을 누르세요. : 은 Shift 와 ; 을 동시에 누르면 입력됩니다.

실무 예제 **04** 한자로 변환하고 입력 형태 지정하기

> 예제파일 : 한자변환.xlsx　　 결과파일 : 한자변환_완성.xlsx

1 [Sheet1] 시트에서 B12셀에 한자로 변환할 텍스트인 『예산』을 입력하고 [검토] 탭-[언어] 그룹에서 [한글/한자 변환]을 클릭하세요.

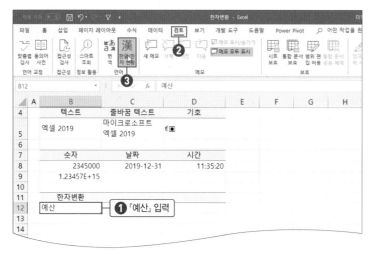

> **Tip**
>
> 『예산』 입력 후 [한자]를 눌러도 [한글/한자 변환] 대화상자를 열 수 있어요.

2 [한글/한자 변환] 대화상자가 열리면 한자와 입력 형태를 선택할 수 있어요. 여기서는 '한자 선택'에서는 [豫算]을, '입력 형태'에서는 [한글(漢字)]를 선택하고 [변환]을 클릭하세요.

> **Tip**
>
> 셀을 선택하고 한자 변환을 진행하면 한글 한자 변환을 계속 진행하겠는지 묻는 메시지 창이 열립니다. 이때 더 이상 변환할 문자가 없으면 [아니요]를 클릭하세요.

3 B12셀의 '예산'이 한자 '예산(豫算)'으로 변환되었는지 확인해 보세요.

	A	B	C	D	E	F
4		텍스트	줄바꿈 텍스트	기호		
5		엑셀 2019	마이크로소프트 엑셀 2019	€◼		
6						
7		숫자	날짜	시간		
8		2345000	2019-12-31	11:35:20		
9		1.23457E+15				
10						
11		한자변환				
12		예산(豫算)	확인			
13						
14						
15						
16						

잠깐만요 **'잉크 수식' 기능으로 복잡한 수식 직접 입력하기**

[삽입] 탭-[기호] 그룹에서 [수식]의 수식을 클릭하면 목록에서 제공된 수식을 그대로 선택하여 삽입할 수 있어요. 이렇게 하면 수식이 개체로 입력되어 이미지처럼 크기와 위치를 조절할 수 있어요. 직접 수식을 입력하고 싶다면 **[삽입] 탭-[기호] 그룹**에서 [수식]의 π를 클릭하고 명령을 선택한 후 수식 기호 및 구조 라이브러리를 사용하여 텍스트 상자에 입력해야 합니다.

'잉크 수식' 기능을 이용하면 더 쉽게 수식을 입력할 수 있어요. '잉크 수식'은 마우스나 펜으로 수식을 직접 입력한 후 엑셀 문서에 삽입하기 때문에 복잡한 수식도 쉽게 작성할 수 있어 매우 편리합니다.

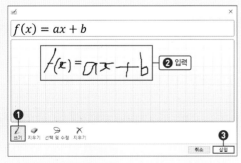

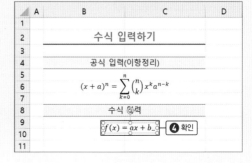

▲ 수식 직접 입력해 삽입하기

실무 예제 05 자동 채우기 핸들로 연속 데이터 입력하기

◈ **예제파일** : 데이터채우기.xlsx ◈ **결과파일** : 데이터채우기_완성.xlsx

1 엑셀에서는 연속된 데이터의 경우 규칙만 잘 활용해도 많은 양의 데이터를 순식간에 입력할 수 있어요. [업무일정표] 시트의 '12월 업무 계획 일정표'에 일련번호를 입력하기 위해 A5셀에 『1』을 입력한 후 A5셀의 자동 채우기 핸들(╋)을 A34셀까지 드래그하세요.

2 A5셀부터 A34셀까지 '1'이 복사되어 채워지면 1씩 증가하는 수로 변경해 볼까요? [자동 채우기 옵션] 단추(▦▾)를 클릭하고 [연속 데이터 채우기]를 선택하세요.

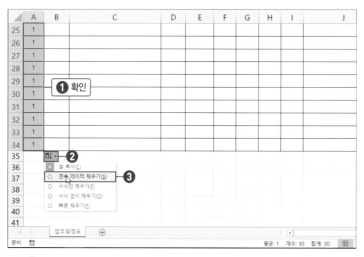

> **Tip**
>
> 숫자가 입력된 셀을 자동 채우기 핸들(╋)로 드래그하면 똑같은 숫자로 복사되어 채워지지만, 날짜나 요일, 분기와 같은 데이터는 자동으로 연속 데이터로 채워집니다.

3 이번에는 반복되는 데이터를 빠르게 입력하기 위해 B5셀부터 아래쪽 방향으로 『영업』, 『생산』, 『품질』, 『전산』, 『인사』를 순서대로 입력하세요. B5:B9 범위를 드래그하여 선택하고 B9셀의 자동 채우기 핸들(+)을 B34셀까지 드래그하세요.

4 '구분' 항목에 데이터가 반복되어 채워졌는지 확인해 보세요. 이제 숫자와 문자가 섞인 데이터를 연속으로 입력해 볼게요. F4셀에 『1주』를 입력하고 F4셀의 자동 채우기 핸들(+)을 I4셀까지 오른쪽 방향으로 드래그하세요.

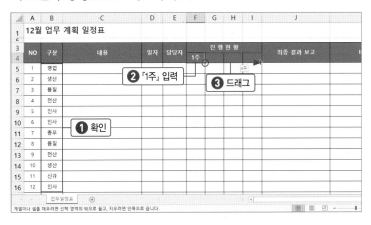

5 F4:I4 범위에 숫자가 하나씩 증가한 데이터가 자동으로 채워졌는지 확인해 보세요.

실무 예제 **06** 입력한 데이터 수정하고 삭제하기

◎ **예제파일** : 데이터수정.xlsx   ◎ **결과파일** : 데이터수정_완성.xlsx

1 [업무일정표] 시트에서 '12월 업무 계획 일정표'의 '12'를 '01'로 수정하기 위해 A1셀을 클릭하세요. 수식 입력줄에서 '12'를 드래그하여 선택하고 『01』을 입력한 후 Enter 를 누르면 제목이 수정됩니다.

2 여러 셀들의 내용을 한꺼번에 수정하기 위해 F4:I4 범위를 드래그하여 선택하세요. [홈] 탭-[편집] 그룹에서 [찾기 및 선택]-[바꾸기]를 선택하세요.

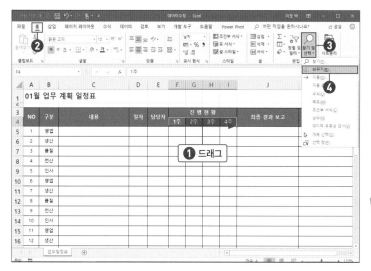

> **Tip**
> Ctrl + H 를 눌러도 [찾기 및 바꾸기] 대화상자의 [바꾸기] 탭을 열 수 있어요.

3 [찾기 및 바꾸기] 대화상자의 [바꾸기] 탭이 열리면 '찾을 내용'에는『주』를, '바꿀 내용'에는 『차』를 입력하고 [모두 바꾸기]를 클릭하세요. 4개의 항목이 바뀌었다는 메시지 창이 열리면 [확인]을 클릭하세요. [찾기 및 바꾸기] 대화상자로 되돌아오면 [닫기]를 클릭합니다.

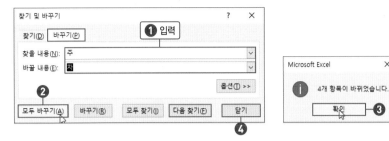

4 이번에는 '최종 결과 보고' 항목의 전체 데이터를 삭제하기 위해 J3:J34 범위를 드래그하여 선택하세요. 선택 영역에서 마우스 오른쪽 단추를 눌러 [삭제]를 선택하세요.

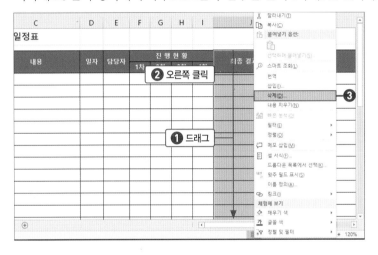

5 [삭제] 대화상자가 열리면 [셀을 왼쪽으로 밀기]를 선택하고 [확인]을 클릭하세요.

Tip

[셀을 왼쪽으로 밀기]를 선택하면 셀이 삭제되면서 오른쪽에 있는 데이터가 왼쪽으로 채워집니다.

6 '최종 결과 보고' 항목이 삭제되면서 '비고' 항목이 왼쪽으로 이동되었는지 확인해 보세요.

확인

잠깐만요 **셀에 입력된 데이터 깔끔하게 지우기**

셀 또는 범위에 입력된 데이터를 삭제하는 가장 간단한 방법은 Delete를 누르는 것입니다. 하지만 이렇게 삭제하면 내용만 지워질 뿐 서식은 그대로 남거나 셀 또는 범위가 삭제되면서 다른 셀이 왼쪽이나 오른쪽으로 밀려 셀의 위치가 변경되기도 합니다. 따라서 셀에 입력된 데이터와 서식을 모두 깔끔하게 지우려면 [홈] 탭-[편집] 그룹에서 [지우기]-[모두 지우기]를 선택하세요.

▲ '2019년' 항목 데이터와 서식까지 지우기

1 | '상담직 파견 명단' 문서에 기본 데이터 입력하기

◎ **예제파일** : 상담직파견명단.xlsx ◎ **결과파일** : 상담직파견명단_완성.xlsx

문서에 텍스트, 기호, 날짜, 숫자 데이터를 입력하여 상담직 파견 명단을 완성해 보세요.

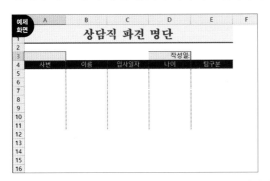

Hint
① 문서 제목의 앞에 기호 『◈』를 입력하세요.
② 제목의 '명단'을 한자 『名單』으로 변환하세요.
③ A3셀에 『파견관리업체』를 입력하고 Alt + Enter 를 눌러 다음 줄로 이동한 후 『No.』를 입력하세요.
④ A5:E5 범위에 『IMT100012』, 『홍길동』, 『2019-3-6』, 『29』, 『M1』을 차례대로 입력하세요.

2 | '실험실 환경 조건 점검표'에 빠르게 데이터 채우기

◎ **예제파일** : 실험실점검표.xlsx ◎ **결과파일** : 실험실점검표_완성.xlsx

자동 채우기 핸들(+)로 셀의 데이터를 복사하거나 연속 데이터를 입력하여 문서를 완성해 보세요.

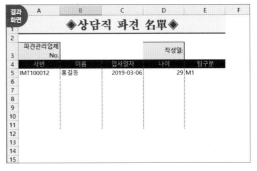

Hint
① 'No.' 항목에서 B5:B24 범위까지 일련번호를 입력하세요.
② '주' 항목에는 실험실이 반복되는 위치마다 새로운 주(week)가 입력되도록 연속 데이터를 입력하세요.
③ '실험실' 항목에는 [Lab1]부터 [Lab5]까지 반복되도록 D24셀까지 복사하세요.

03 자유롭게 셀과 워크시트 다루기

엑셀 학습을 시작하자마자 셀에 데이터를 입력하는 다양한 방법부터 배웠습니다. 왜냐하면 셀(cell)은 데이터를 입력하는 기본 단위이며, 작업 영역인 워크시트의 가장 중요한 구성 요소이기 때문이죠. 따라서 셀과 워크시트를 다루는 것은 엑셀 문서 편집 과정 중 가장 기초라고 할 수 있어요. 이번 섹션에서는 셀에 입력한 데이터를 자유자재로 다루기 위해 셀 범위의 선택부터 복사와 이동, 행과 열의 편집, 워크시트 기본 편집 기능까지 배워보겠습니다.

> **PREVIEW**

▲ 워크시트 이름 변경하고 시트 탭 다루기

▲ 마우스와 키보드로 다중 범위 선택하기

> **섹션별 주요 내용**
> 01 | 셀 데이터 복사하고 이동하기   02 | 빠르게 셀 범위 선택하기
> 03 | 항목 위치 이동하고 열 너비 조정하기   04 | 시트 이름과 시트 탭 위치 변경하기

2010 | 2013 | 2016 | 2019 | OFFICE 365

실무
예제 **01** **셀 데이터 복사하고 이동하기**

◈ **예제파일** : 매출액비교_셀복사이동.xlsx　◈ **결과파일** : 매출액비교_셀복사이동_완성.xlsx

1 [매출액 비교표(총액)] 시트에서 복사할 항목인 '구분' 항목부터 '검사비' 항목까지 A2:E14 범위를 드래그하여 선택하고 [홈] 탭–[클립보드] 그룹에서 [복사]를 클릭하세요.

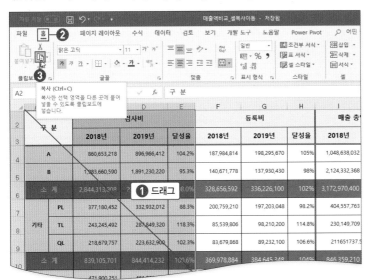

Tip

데이터 복사의 단축키는 Ctrl+ C이고 데이터 붙여넣기의 단축 키는 Ctrl+V입니다. 단축키를 사용하면 좀 더 빠르게 작업할 수 있어요.

2 [복사] 시트를 클릭하고 A2셀을 클릭한 후 [홈] 탭–[클립보드] 그룹에서 [붙여넣기]의 📋를 클릭 하세요. **1** 과정에서 복사한 데이터가 A2셀부터 삽입되면 [붙여넣기 옵션] 단추(📋(Ctrl)▾)를 클 릭하고 '붙여넣기'의 [원본 열 너비 유지](📋)를 클릭하세요.

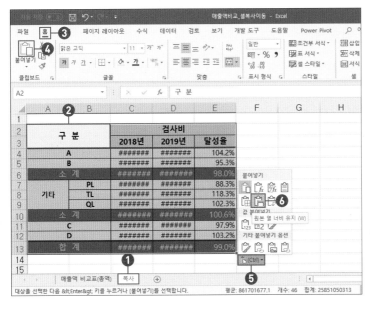

Tip

열 너비에 대한 옵션은 지정할 수 있지만, 행 높이는 복사되지 않으 므로 수동으로 조절해야 해요.

3 원본 데이터 범위의 열 너비까지 복사되었죠? 이번에는 복사한 데이터를 다른 셀로 이동하기 위해 범위가 선택된 상태에서 **[홈] 탭-[클립보드] 그룹**의 **[잘라내기]**를 클릭하세요.

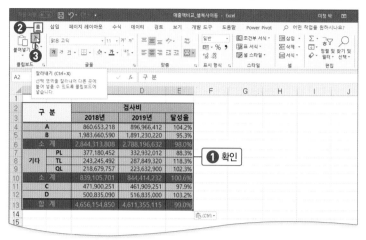

Tip
데이터 잘라내기의 단축키는
Ctrl+X입니다.

4 데이터를 이동하여 붙여넣을 위치인 G2셀을 클릭하고 **[홈] 탭-[클립보드] 그룹**에서 **[붙여넣기]**의 📋를 클릭하거나 Ctrl+V를 누르세요.

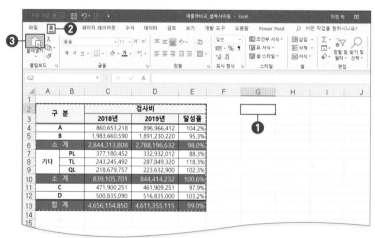

5 잘라낸 데이터 범위가 G2셀부터 K14셀까지 이동되었는지 확인해 보세요.

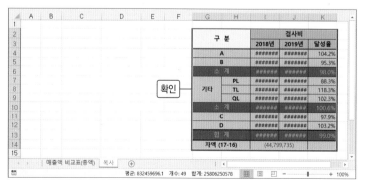

Tip
셀 너비가 좁아서 데이터가 '######'으로 표시되었다면 열 머리글의 경계선을 드래그하여 셀 너비를 넓게 조정할 수 있어요. 셀 너비 조절 방법에 대해서는 28쪽의 Tip을 참고하세요.

핵심
기능 | **02** | **빠르게 셀 범위 선택하기**

셀에 입력한 데이터에 서식을 지정하거나 복사/이동과 같은 편집을 해야 한다면 해당 셀이나 범위를 선택해야 해요. 보통 셀 범위를 선택할 때는 해당 범위를 드래그하여 선택하는데, 여러 범위를 동시에 선택하거나 화면에서 벗어날 만큼 많은 양의 데이터를 선택할 때는 마우스만 사용하여 영역을 지정하는 것이 쉽지 않아요. 따라서 여기서는 키보드와 마우스를 사용하여 빠르고 다양하게 셀 범위를 선택하는 방법에 대해 알아보겠습니다.

1 | 마우스와 Shift로 연속된 범위 지정하기

한 화면에 모두 보이지 않을 만큼 연속된 데이터의 범위를 선택해 볼까요? 선택해야 하는 전체 셀 범위에서 시작 셀을 클릭하고 화면 스크롤바를 아래쪽으로 드래그한 후 Shift를 누른 상태에서 마지막 셀을 클릭하세요.

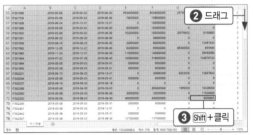

2 | 마우스와 Ctrl 사용해 떨어져 있는 범위 지정하기

서로 떨어져 있는 여러 범위를 동시에 선택하려면 먼저 첫 번째 범위를 드래그하여 선택하고 Ctrl을 누른 상태에서 다른 범위를 드래그하여 선택하세요.

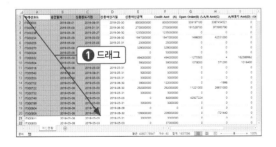
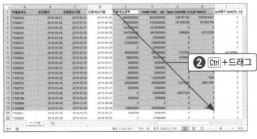

3 | 다중 열과 행 선택하기

열 머리글이나 행 머리글을 선택하면 열 전체 또는 행 전체를 선택할 수 있어요. 서로 떨어져 있는 다중 행을 범위로 지정하려면 먼저 선택할 행 머리글을 드래그하여 범위로 지정하고 Ctrl을 누른 상태에서 다른 행 머리글을 드래그하여 선택하세요. 이와 같은 방법으로 열 범위도 지정할 수 있어요. 워크시트의 전체 셀을 선택하려면 화면의 왼쪽 맨 위에서 A열과 1행 사이에 위치한 [시트 전체 선택] 단추(▰)를 클릭하세요.

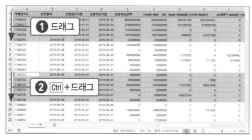

▲ 다중 행 선택하기

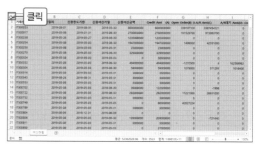

▲ 전체 셀 선택하기

4 | 키보드 사용해 범위 지정하기

한꺼번에 범위로 지정할 데이터가 많다면 마우스보다 키보드를 사용하는 것이 훨씬 더 편리합니다. 시작 범위를 드래그하여 선택하고 Ctrl+Shift를 누른 상태에서 방향키(←, ↑, →, ↓)를 눌러 데이터 범위의 끝까지 한 번에 선택해 보세요. 전체 범위를 빠르게 선택하려면 데이터 범위에 있는 하나의 셀을 클릭하고 Ctrl+A를 누르세요.

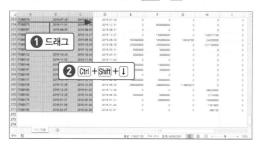

▲ 방향키로 데이터의 범위 선택하기

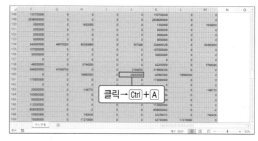

▲ 연속된 전체 범위 선택하기

Shift는 연속된 셀을 하나씩 선택하고 Ctrl은 데이터 범위의 끝으로 선택 셀을 이동시킵니다. 따라서 Ctrl과 Shift를 함께 누르면 해당 범위의 맨 끝까지 연속된 모든 범위를 한 번에 선택할 수 있어요.

항목 위치 이동하고 열 너비 조정하기

🔖 **예제파일** : 매출액비교_항목이동.xlsx 🔖 **결과파일** : 매출액비교_항목이동_완성.xlsx

1 [매출액 비교표(총액)] 시트에서 '매출 총액 (검사비+등록비)' 항목을 '검사비' 항목의 앞으로 이동해 볼게요. I2:M14 범위를 드래그하여 선택하고 [**홈**] 탭-[**클립보드**] 그룹에서 [**잘라내기**]를 클릭하세요.

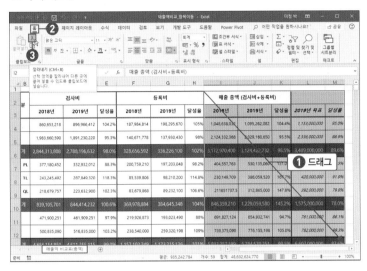

2 잘라낸 데이터를 삽입하기 위해 C2셀을 클릭하고 마우스 오른쪽 단추를 눌러 [잘라낸 셀 삽입]을 선택하세요.

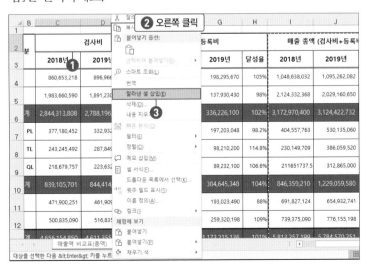

45

3 이번에는 달라진 열 너비를 조정하기 위해 G열 머리글부터 M열 머리글까지 드래그하여 선택하고 G열과 H열의 경계선에 마우스 포인터를 올려놓은 후 ✛ 모양으로 변경되면 더블클릭하세요.

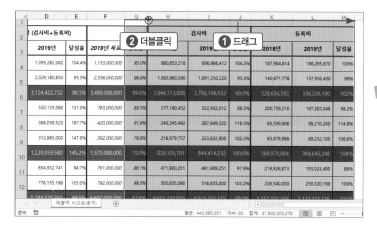

> **Tip**
>
> 데이터가 이동하면 열 너비는 해당 위치의 너비를 반영하기 때문에 셀에 데이터가 '#####' 과 같이 표시될 수 있어요. 이때 열 머리글을 선택하고 경계선을 더블클릭하면 셀의 크기에 맞게 선택된 모든 열의 너비가 자동으로 조정됩니다.

4 열 너비가 모두 조정되었으면 Ctrl 을 이용해서 '달성율'에 해당하는 E열, G열, J열, M열 머리글을 차례대로 클릭하여 모두 선택하세요. 머리글의 경계선에 마우스 포인터를 올려놓고 ✛ 모양으로 변경되면 드래그하여 열 너비를 [7]로 조정하세요.

> **Tip**
>
> 머리글의 경계선에 마우스 포인터를 올려놓고 드래그할 때 위쪽에 나타나는 풍선 도움말을 통해 열 너비값을 알 수 있어요.
>
>

잠깐만요 **시트 탭 색 지정하기**

시트 탭 위에서 마우스 오른쪽 단추를 눌러 [탭 색]을 선택하고 '표준 색'의 [빨강]을 선택하세요. 그러면 선택한 색으로 시트 탭 색을 지정할 수 있어요.

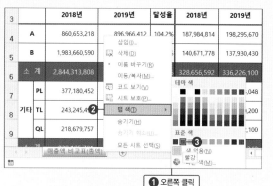

2010 | 2013 | 2016 | 2019 | OFFICE 365

실무
예제 | **04** | # 시트 이름과 시트 탭 위치 변경하기

◈ **예제파일** : 매출액비교_시트편집.xlsx　　◈ **결과파일** : 매출액비교_시트편집_완성.xlsx

1　시트를 편집하고 서식을 지정하려면 리본 메뉴에서 해당 명령을 찾는 것보다 시트 탭에서 바로 가기 메뉴를 사용하는 것이 훨씬 더 빠르고 편리해요. 시트 이름을 바꾸기 위해 변경할 시트 탭에서 마우스 오른쪽 단추를 눌러 [이름 바꾸기]를 선택하세요. 여기서는 [Sheet1] 시트 탭의 이름을 바꿔볼게요.

Tip

시트 탭을 더블클릭해도 이름을 바꿀 수 있어요. 또한 [홈] 탭-[셀] 그룹에서 [서식]을 클릭하고 '시트 구성'의 [시트 이름 바꾸기]를 선택해도 됩니다.

2　시트 탭에『전년대비실적』을 입력하고 [Enter]를 누르세요.

	A	B	C	D	E	F	G	H	I
1	경영지원부								
2									
3	구 분	1월	2월	3월	4월	5월	6월	7월	8월
4	2018년 Total	4,240	7,536	7,712	9,200	8,224	9,008	7,888	6,144
5	2019년 Total	7,984	6,464	8,992	9,856	9,088	6,368	8,368	7,031
6	2018년 주력상품	3,344	5,792	6,336	7,040	6,528	6,928	5,920	4,784
7	2019년 주력상품	6,096	5,120	7,264	7,376	6,464	4,944	6,912	4,309

입력→[Enter]

매출액 비교표(총액) | 1인당 매출비교표 | 전년대비실적

준비

3 이번에는 시트 탭의 위치를 이동해 볼까요? [전년대비실적] 시트 탭을 선택한 상태에서 왼쪽으로 드래그하여 [1인당 매출비교표] 시트 탭의 앞에 ▼ 표시가 위치하도록 합니다. [전년대비실적] 시트 탭의 위치가 원하는 곳으로 이동되었는지 확인해 보세요.

Tip

이동할 시트 탭에서 마우스 오른쪽 단추를 눌러 [이동/복사]를 선택하고 [이동/복사] 대화상자가 열리면 원하는 시트의 앞 또는 뒤로 이동할 수 있어요.

잠깐만요 **하나의 시트만 다른 통합 문서로 복사하기**

여러 개의 시트가 포함된 엑셀 문서에서 원하는 하나의 시트만 복사하여 새로운 통합 문서로 열 수 있어요. 복사한 시트는 통합 문서로 저장하고 [파일] 탭-[공유]를 선택하여 전자메일이나 OneDrive로 공유할 수 있어요.

❶ 복사할 시트 탭에서 마우스 오른쪽 단추를 눌러 [이동/복사]를 선택하세요.

❷ [이동/복사] 대화상자가 열리면 '대상 통합 문서'에서 [(새 통합 문서)]를 선택하고 [복사본 만들기]에 체크한 후 [확인]을 클릭하세요.

시트를 묶어 한 번에 숨기기

❶ 숨기려는 첫 번째 시트를 클릭하고 Shift를 누른 상태에서 다른 시트를 모두 선택하세요.

❷ [홈] 탭-[셀] 그룹에서 [서식]을 클릭하고 '표시 유형'의 [숨기기 및 숨기기 취소]-[시트 숨기기]를 선택하세요. 숨겨진 시트 중에서 다시 숨기기를 취소하려면 시트 탭에서 마우스 오른쪽 단추를 눌러 [숨기기 취소]를 선택해야 합니다.

❸ [숨기기 취소] 대화상자가 열리면 숨기고 싶은 시트를 선택하고 [확인]을 클릭하세요.

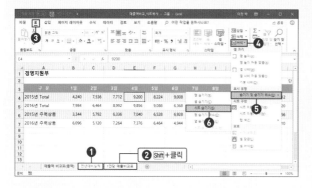

1 '정산내역' 문서에 데이터 복사하고 항목 편집하기

🔵 예제파일 : 정산내역.xlsx   🔵 결과파일 : 정산내역_완성.xlsx

'1월' 항목의 데이터를 복사하고 일부 항목을 이동 및 삭제하여 문서를 완성해 보세요.

Hint   ① [2019정산] 시트의 1월분 데이터를 [1월] 시트에 열 너비를 유지해 복사하세요.
② '영업팀' 항목은 삭제하고 '담당자' 항목은 '공급가액' 항목의 앞으로 이동하세요.
③ 열 너비를 모두 [16]으로 지정하세요.

2 '2개년도 사업계획 매출목표' 문서의 항목 이동하고 시트 탭 편집하기

🔵 예제파일 : 사업계획.xlsx   🔵 결과파일 : 사업계획_완성.xlsx

항목을 삭제하거나 이동하고 시트 탭의 이름을 변경하여 탭 색을 지정해 보세요. 또한 필요 없는 일부 시트는 숨겨서 문서를 완성해 보세요.

Hint   ① '2018년 실적'의 전체 항목을 삭제하고 '2019년 계획'의 '예상실적' 항목을 '수정계획' 항목의 뒤로 이동하세요.
② [Sheet2], [Sheet3] 시트 탭의 이름을 각각 [2020년계획], [2021년계획]으로 변경하세요.
③ [2020년계획] 시트 탭과 [2021년계획] 시트 탭의 색을 [진한 파랑]으로 변경하고 [2021년계획] 시트 탭을 숨겨 보세요.

인쇄 환경 설정 및 통합 문서 저장하기

워크시트에 입력한 데이터나 양식 문서는 화면에 보이는 대로 인쇄되지 않는 경우가 많아요. 따라서 용지의 크기와 여백 등을 고려하여 여러 페이지로 나눠 인쇄해야 하거나 비율을 축소 또는 확대하는 등의 인쇄 설정 작업이 필요하죠. 또한 작업한 파일을 여러 사람들과 공유하거나 다른 컴퓨터에서 오류 없이 열어보려면 문서의 저장 형식도 중요해요. 이번 섹션에서는 인쇄에 필요한 환경 설정과 다양한 형식의 문서 저장 방법에 대해 배워보겠습니다.

PREVIEW

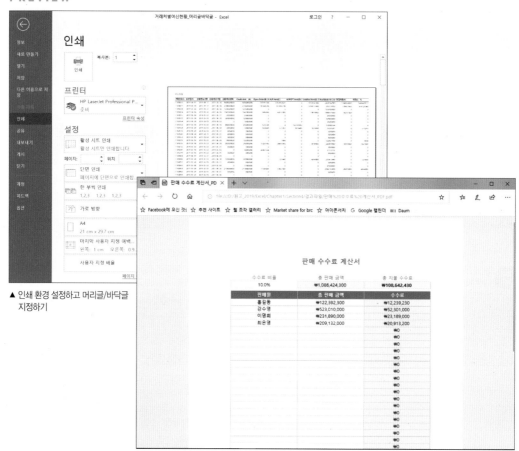

▲ 인쇄 환경 설정하고 머리글/바닥글 지정하기

▲ 통합 문서 저장하고 PDF 문서로 게시하기

섹션별 주요 내용

01 | 용지 방향과 여백 지정하기   02 | 인쇄할 페이지와 인쇄 제목 지정하기

03 | 인쇄용지의 머리글/바닥글 지정하기   04 | 인쇄 매수와 용지 크기 지정하기

05 | 암호 지정해 문서 저장하기   06 | PDF 문서로 만들어 OneDrive에 저장하기

실무
예제

01 용지 방향과 여백 지정하기

◈ 예제파일 : 거래처별여신현황_용지.xlsx　　◈ 결과파일 : 거래처별여신현황_용지_완성.xlsx

1 열에 입력한 항목이 많아 문서를 가로로 인쇄하려면 용지의 방향을 변경해야 해요. [여신현황] 시트에서 [페이지 레이아웃] 탭-[페이지 설정] 그룹의 [용지 방향]을 클릭하고 [가로]를 선택하세요.

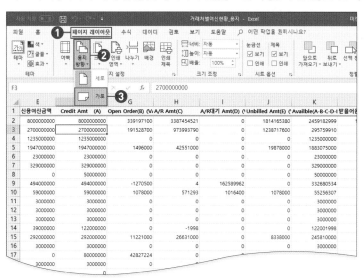

2 인쇄할 문서의 여백을 지정하기 위해 [페이지 레이아웃] 탭-[페이지 설정] 그룹에서 [여백]을 클릭하세요. 원하는 여백 스타일이 없다면 [사용자 지정 여백]을 선택하세요.

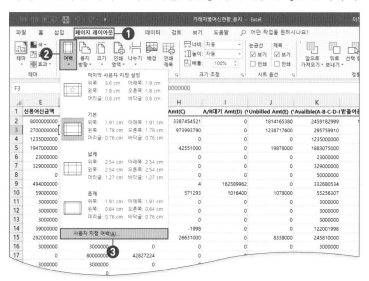

51

3 [페이지 설정] 대화상자의 [여백] 탭이 열리면 각 여백의 값을 변경해 보세요. 여기서는 '위쪽'과 '아래쪽'에는 『1.5』를, '왼쪽'과 '오른쪽'에는 『1.3』을 입력하고 [인쇄 미리 보기]를 클릭했어요.

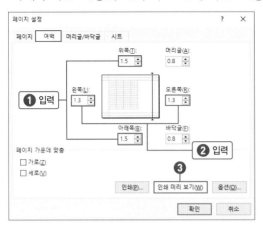

4 인쇄 미리 보기에서 [다음 페이지] 단추(▶)를 클릭하면 인쇄할 화면을 차례대로 확인해 볼 수 있어요.

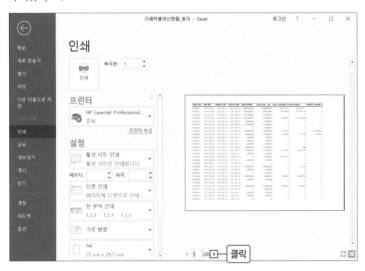

잠깐만요 **인쇄용지의 여백 직접 조정하기**

미리 보기 화면에서 용지 여백을 지정할 수 있어요. [파일] 탭-[인쇄]를 선택하고 인쇄 미리 보기 화면의 오른쪽 아래에 있는 [여백 표시] 단추(⊞)를 클릭하세요. 미리 보기 화면에 여백을 나타내는 선과 점이 표시되면 원하는 여백 크기를 드래그하여 직접 조절해 보세요.

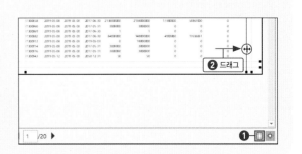

실무
예제 **02** 인쇄할 페이지와 인쇄 제목 지정하기

◉ 예제파일 : 거래처별여신현황_페이지.xlsx ◉ 결과파일 : 거래처별여신현황_페이지_완성.xlsx

1 [여신현황] 시트에서 인쇄할 페이지를 쉽게 지정하기 위해 **[보기] 탭-[통합 문서 보기] 그룹**에서 **[페이지 나누기 미리 보기]**를 클릭하세요. 페이지 나누기 미리 보기 화면으로 변경되면 페이지를 구분하는 점선과 실선을 볼 수 있어요. '1페이지'를 구분하는 수직 점선을 오른쪽으로 드래그하여 1페이지의 영역을 '채권(C – F)' 항목까지 늘려보세요.

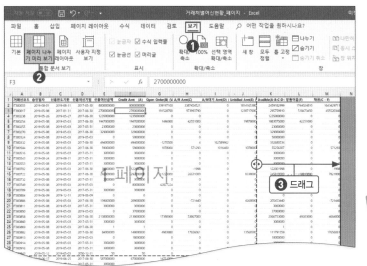

> **Tip**
> 점선을 드래그해서 강제로 페이지를 조정하면 실선으로 바뀌어요.

2 이번에는 1페이지의 내용 중 36행부터 다음 페이지로 인쇄하기 위해 A36셀을 클릭하세요. **[페이지 레이아웃] 탭-[페이지 설정] 그룹**에서 **[나누기]-[페이지 나누기 삽입]**을 선택하세요.

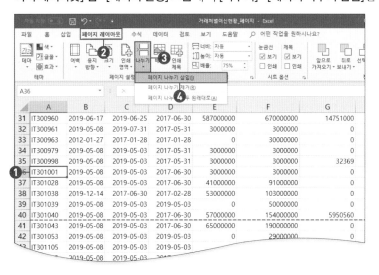

3 36행을 기준으로 36행부터 인쇄 페이지가 2페이지로 조정되었습니다. 첫 페이지를 제외한 다음 페이지부터는 각 항목의 이름이 인쇄되지 않으므로 페이지가 바뀌어도 항목이 계속 표시되도록 [페이지 레이아웃] 탭-[페이지 설정] 그룹에서 [인쇄 제목]을 클릭하세요.

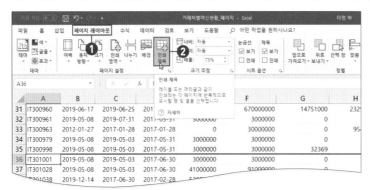

4 [페이지 설정] 대화상자가 열리면 [시트] 탭을 선택하고 '인쇄 제목'의 '반복할 행'에 커서를 올려놓은 후 제목 행인 1행 머리글을 클릭하세요. 제목 행에 『$1:$1』이 입력되면 [인쇄 미리보기]를 클릭하세요.

> **Tip**
>
> 제목 행의 머리글 선택이 어렵다면 '반복할 행'에 직접 『$1:$1』을 입력해도 됩니다.

5 [이전 페이지] 단추(◀)나 [다음 페이지] 단추(▶)를 클릭해 페이지를 이동해 보면서 각 페이지마다 제목 행이 추가되었는지 확인해 보세요.

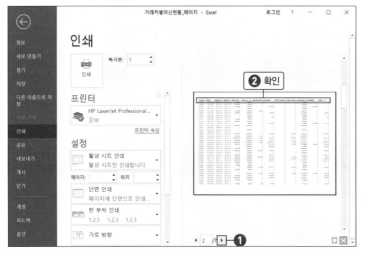

> **Tip**
>
> 스크롤바를 이용해 페이지를 이동해도 됩니다.

인쇄용지의 머리글/바닥글 지정하기

◈ **예제파일** : 거래처별여신현황_머리글바닥글.xlsx   ◈ **결과파일** : 거래처별여신현황_머리글바닥글_완성.xlsx

1 엑셀에서는 인쇄용지의 레이아웃을 미리 보면서 작업할 수 있어요. 머리글/바닥글의 위치를 직접 지정하기 위해 [여신현황] 시트에서 **[보기] 탭-[통합 문서 보기]** 그룹의 **[페이지 레이아웃]**을 클릭하세요.

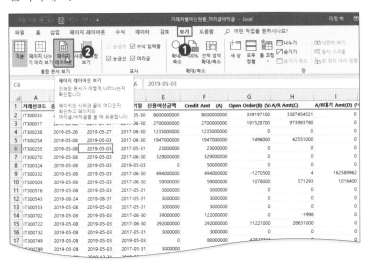

2 문서 보기가 변경되면서 A4용지 크기에 여백과 머리글/바닥글이 표시되면 머리글 영역의 왼쪽 부분을 클릭하고 『여신현황』을 입력하세요. 리본 메뉴에 [머리글/바닥글 도구]가 표시되면 **[디자인] 탭-[탐색]** 그룹에서 **[바닥글로 이동]**을 클릭하세요.

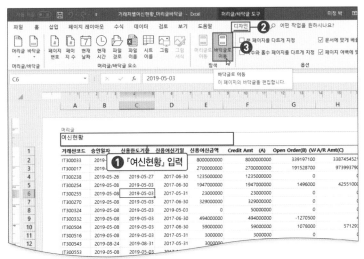

Tip

표나 차트, 머리글/바닥글과 같이 특정 개체를 선택하면 리본 메뉴에 [표 도구], [차트 도구], [머리글/바닥글 도구]와 같은 상황별 탭이 나타나면서 추가 탭이 표시됩니다.

3 바닥글 영역의 가운데 부분을 선택하고 [머리글/바닥글 도구]의 [디자인] 탭-[머리글/바닥글 요소] 그룹에서 [페이지 번호]를 클릭하세요. 바닥글 영역에 '&[페이지 번호]'가 나타나면 그 뒤에 『/』를 입력하고 [페이지 수]를 클릭하세요.

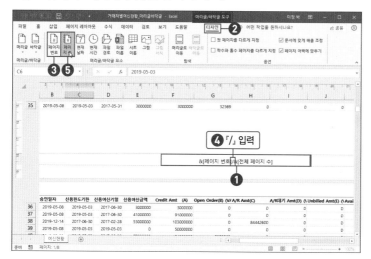

Tip
페이지 번호와 페이지 수가 '1/8'
과 같은 형태로 표시됩니다.

4 워크시트에 있는 임의의 셀을 더블클릭하여 머리글/바닥글 영역을 빠져나온 후 모든 페이지에 머리글과 바닥글이 제대로 삽입되었는지 확인해 보세요.

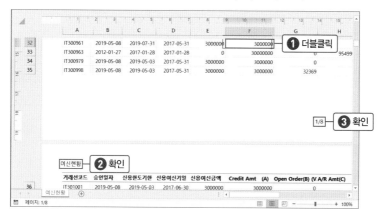

잠깐만요 **인쇄용지의 가운데에 데이터 출력하기**

문서의 데이터를 페이지의 가운데에 맞춰 인쇄하려면 [페이지 레이아웃] 탭-[페이지 설정] 그룹에서 [페이지 설정] 대화상자 표시 아이콘(⊡)을 클릭하세요. [페이지 설정] 대화상자가 열리면 [여백] 탭에서 '페이지 가운데 맞춤'의 [가로]에 체크하고 [확인]을 클릭하세요.

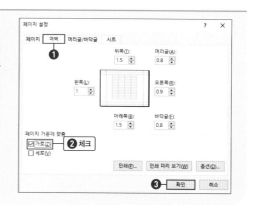

실무 예제 04 인쇄 매수와 용지 크기 지정하기

예제파일 : 판매수수료계산서_인쇄.xlsx ◉ 결과파일 : 판매수수료계산서_인쇄_완성.xlsx

1 [판매 수수료 계산] 시트에 있는 데이터를 한 장의 용지에 모두 인쇄하기 위해 [페이지 레이아웃] 탭-[크기 조정] 그룹에서 '너비'와 '높이'를 모두 [1페이지]로 선택하세요.

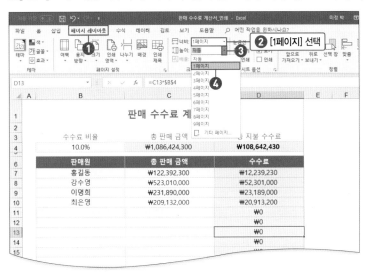

2 [파일] 탭-[인쇄]를 선택하고 인쇄 미리 보기 화면에서 문서가 한 장에 모두 인쇄되는지 확인해 보세요. '인쇄'의 '복사본'에 『3』을 입력하고 '용지 크기'를 [A5]로 지정한 후 [인쇄]를 클릭하세요.

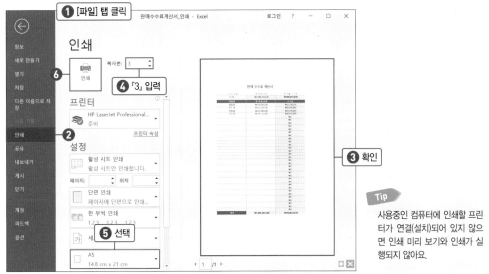

> **Tip**
>
> 사용중인 컴퓨터에 인쇄할 프린터가 연결(설치)되어 있지 않으면 인쇄 미리 보기와 인쇄가 실행되지 않아요.

암호 지정해 문서 저장하기

🔵 **예제파일** : 판매수수료계산서_저장.xlsx   🔵 **결과파일** : 판매수수료계산서_저장_완성.xlsx

1 보안이 필요한 문서에 암호를 설정해 볼게요. **[파일] 탭-[다른 이름으로 저장]**을 선택하고 최근 폴더에 저장 폴더가 없는 경우 [찾아보기]를 클릭하세요.

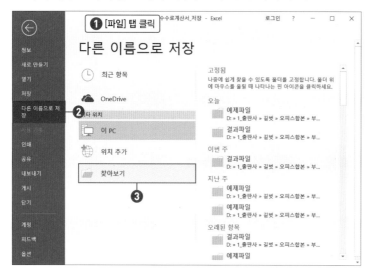

2 [다른 이름으로 저장] 대화상자가 열리면 저장하려는 폴더를 선택하고 파일 이름을 입력하세 요. 여기에서는 '문서' 폴더를 선택하고 '파일 이름'에 『판매수수료계산서』를 입력한 후 읽기 암호를 지정하기 위해 [도구]-[일반 옵션]을 선택했어요.

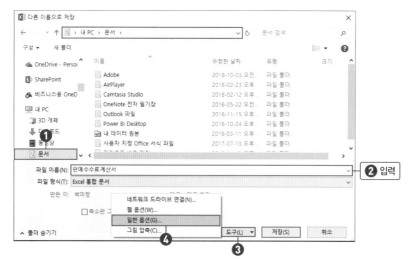

58

3 [일반 옵션] 대화상자가 열리면 '열기 암호'에『1234』를 입력하고 [확인]을 클릭하세요. [암호 확인] 대화상자가 열리면 다시 한 번 열기 암호『1234』를 입력하고 [확인]을 클릭해 암호 지정을 완료하세요.

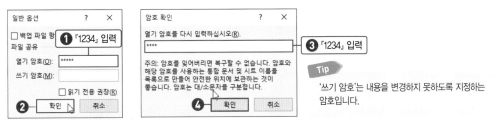

4 [다른 이름으로 저장] 대화상자로 되돌아오면 저장 폴더와 이름을 한 번 더 확인해 보고 [저장]을 클릭하세요.

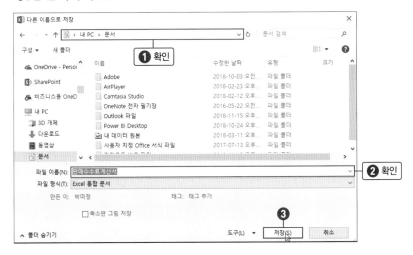

5 '문서' 폴더에서 '판매수수료계산서.xlsx'를 더블클릭하면 문서가 보호되어 있다는 [암호] 대화상자가 열립니다. '암호'에『1234』를 입력하고 [확인]을 클릭해야 문서를 열 수 있어요.

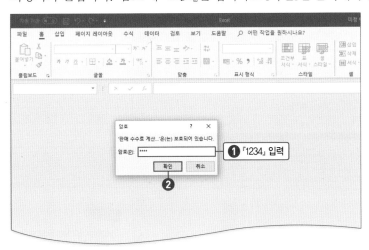

문서시작

문서편집

서식지정

차트

함수

정렬필터피벗

피벗테이블

매크로

실무 예제 06 | PDF 문서로 만들어 OneDrive에 저장하기

🔷 **예제파일** : 판매수수료계산서_PDF.xlsx   🔷 **결과파일** : 판매수수료계산서_PDF.pdf

1 엑셀 2019에서는 파일을 PDF 문서로 쉽게 저장할 수 있어요. **[파일] 탭-[내보내기]**를 선택하고 **[PDF/XPS 문서 만들기]-[PDF/XPS 만들기]**를 클릭하세요. [PDF 또는 XPS로 게시] 대화상 자가 열리면 'OneDrive' 폴더를 선택하고 '파일 이름'에 『판매수수료계산서_PDF』를 입력한 후 [게시 후 파일 열기]에 체크 표시되었는지 확인하고 [게시]를 클릭하세요.

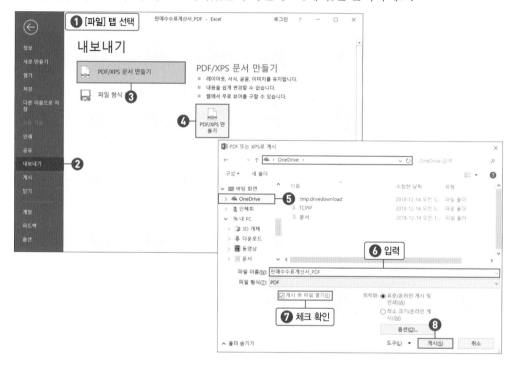

2 OneDrive에 PDF 파일로 저장되면서 문서가 실행되는지 확인해 보세요.

> **Tip**
> Adobe Acrobat Reader가 설치되어 있다면 해당 뷰어로 PDF 문서를 확인할 수 있어요.

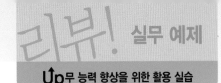

1 | '주간자금일보'에 머리글 입력하고 인쇄 설정하기

예제파일 : 자금일보.xlsx   **결과파일** : 자금일보_완성.xlsx

여백과 맞춤을 조정하고 머리글에는 현재 날짜를 입력해 보세요. 엑셀 데이터가 한 페이지에 모두 인쇄되도록 설정하고 복사본을 2매로 지정한 후 인쇄 미리 보기에서 확인해 보세요.

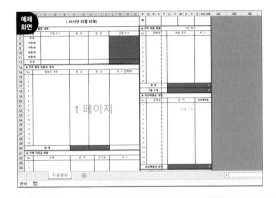

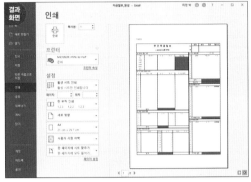

Hint
① 인쇄용지에서 왼쪽/오른쪽 여백은 [1.5], 위쪽 여백은 [4], 머리글 영역은 [2.8]로 지정하세요.
② 인쇄할 때 한 페이지에 모든 내용이 인쇄되도록 [페이지 레이아웃] 탭-[크기 조정] 그룹에서 '너비'와 '높이'를 모두 [1페이지]로 조정하세요.
③ 머리글의 왼쪽 영역에 시트 이름인 [자금일보]를 설정하고 인쇄 복사본을 [2]로 지정하세요.

2 | '물품명세서'에 암호 지정하고 PDF 문서로 게시하기

예제파일 : 물품명세서(문구).xlsx   **결과파일** : 물품명세서_PDF.pdf

쓰기 암호를 지정하고 PDF 문서로 게시해 보세요.

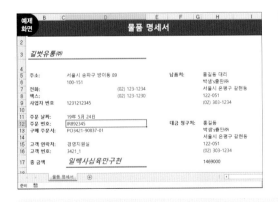

Hint
① 파일 이름은 『물품명세서_저장』, 쓰기 암호는 [3434]로 지정하고 통합 문서 형식으로 '문서' 폴더에 저장하세요.
② [파일] 탭-[내보내기]를 선택하고 [PDF/XPS 문서 만들기]-[PDF/XPS 만들기]를 클릭하세요.
③ [PDF 또는 XPS로 게시] 대화상자에서 파일 이름을 『물품명세서_PDF』로 입력하고 [게시]를 클릭하세요.

Excel Online으로 OneDrive에 문서 저장하고 편집하기

🔵 **예제파일** : 매출액비교.xlsx

마이크로소프트 오피스 2019는 오피스 계정으로 로그인하면 OneDrive에 문서를 저장한 후 언제, 어디에서나 기기(태블릿, 개인용 PC 등)에 상관 없이 엑셀 문서를 저장하고 쉽게 편집할 수 있어요.

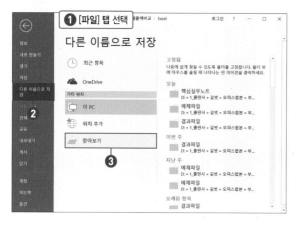

1 오피스 계정에 로그인되어 있는지 확인하고 [파일] 탭-[다른 이름으로 저장]을 선택하세요. 본인 계정의 OneDrive를 선택하고 오른쪽 창에서 저장하려는 폴더를 선택하세요. 만약 원하는 폴더가 없다면 [찾아보기]를 클릭하세요.

Tip

윈도우 10에서는 'Excel Mobile' 앱을 제공하여 엑셀 2019 프로그램이 없어도 OneDrive에 저장된 문서를 편집할 수 있어요. 윈도우 7이나 윈도우 8 사용자도 OneDrive에서 파일을 열면 Excel Online이 자동으로 실행되어 웹에서 문서를 곧바로 편집할 수 있어요.

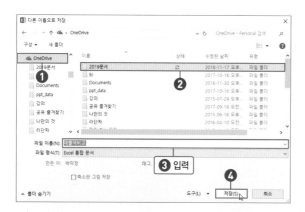

2 [다른 이름으로 저장] 대화상자가 열리면 'OneDrive' 폴더에서 문서를 저장할 폴더를 지정하세요. '파일 이름'에 원하는 문서 이름을 입력하고 [열기]를 클릭하세요.

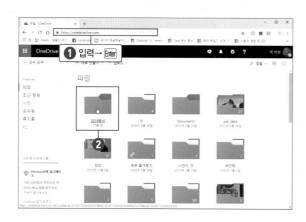

3 문서가 저장되면 실행중인 모든 프로그램을 종료하세요. 다시 웹 브라우저(인터넷 익스플로러나 크롬 등)를 실행하여 주소 표시줄에 『onedrive.live.com』을 입력하고 Enter를 눌러 해당 사이트로 이동한 후 파일을 저장한 폴더를 선택하세요.

Tip

해당 기능을 사용하고 싶다면 반드시 오피스 계정에 로그인해야 하므로 계정을 만들어 두세요. 그리고 문서를 저장한 폴더를 찾아 클릭하세요.

4 실행할 파일을 선택하여 체크하고 [열기]-[Excel Online에서 열기]를 선택하세요.

Tip

컴퓨터에 엑셀 프로그램이 설치되어 있지 않다면 Excel Online이 자동으로 실행됩니다.

5 Excel Online이 실행되면 [통합 문서 편집]-[브라우저에서에서 편집]을 선택하세요.

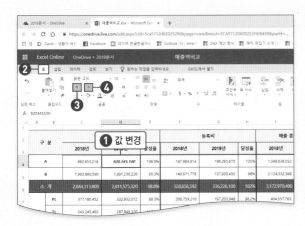

6 D4셀에 『910267500』을 입력하여 값을 변경하고 [홈] 탭-[글꼴] 그룹에서 [굵게], [기울임꼴]을 차례대로 클릭하여 데이터를 강조하세요.

Tip

편집하고 수정한 사항은 OneDrive에 자동으로 저장되므로 따로 저장 명령을 실행하지 않아도 됩니다. 만약 컴퓨터에 복사본을 만들고 싶다면 [파일] 탭-[다른 이름으로 저장]을 선택하세요.

CHAPTER 2 시각적으로 데이터 표현하기

엑셀 워크시트에 입력한 데이터가 사용자가 원하는 대로 표현되지 않을 때가 많아요. 따라서 문서를 완성할 때까지 표시 형식, 글꼴, 맞춤, 채우기, 테두리, 보호 등의 기능을 이용해 데이터를 꾸미고 서식을 지정해야 하죠. 한 걸음 더 나아가 데이터를 좀 더 돋보이게 만들고 싶다면 엑셀의 시각화 기능을 적용해 보는 것도 좋아요. 엑셀 2019에서는 다양한 조건부 서식과 차트를 제공하고 있어서 전문 분석가가 아니어도 시각적으로 표현하여 원하는 결과를 쉽게 완성할 수 있어요.

Windows 10
+Excel
& PowerPoint
& Word 2019
+Hangeul

SECTION **01**   셀 서식 지정해 문서 꾸미기

SECTION   조건부 서식 지정해 데이터 강조하기

SECTION **03**   차트와 스파크라인으로 데이터
표현하기

셀 서식 지정해 문서 꾸미기

워크시트에 입력할 수 있는 데이터는 숫자, 문자, 날짜/시간 데이터입니다. 엑셀에서는 '셀(cell)'이라는 제한된 위치에서만 데이터를 표현할 수 있기 때문에 일반적인 워드프로세서와 다르게 결과가 보여지기도 하죠. 따라서 문서의 양식을 제대로 갖추려면 스타일을 적용하거나 셀 서식의 다양한 옵션을 이용해 데이터를 꾸밀 수 있어야 해요. 이번 섹션에서는 문서의 기본 서식인 글꼴과 맞춤 지정부터 표시 형식을 이용해 좀 더 다양하게 데이터를 표시하는 방법까지 배워보겠습니다.

> ## PREVIEW

▲ 글꼴, 맞춤, 채우기, 테두리 지정하고 서식 복사로 문서 꾸미기

▲ 셀 스타일과 사용자 지정 표시 형식 지정해 송장 꾸미기

> **섹션별 주요 내용**
> 01 | 제목과 텍스트에 서식 지정하기   02 | 맞춤과 서식 복사 지정해 보고서 꾸미기   03 | 보고서에 테두리 지정하기
> 04 | 숫자와 날짜 데이터에 표시 형식 지정하기   05 | 사용자 지정 표시 형식 살펴보기
> 06 | 송장에 사용자 지정 표시 형식 지정하기

실무 예제 | 01 제목과 텍스트에 서식 지정하기

● 예제파일 : 선박운송_글꼴.xlsx　● 결과파일 : 선박운송_글꼴_완성.xlsx

1 [물류운송] 시트에서 제목이 입력된 A1셀을 클릭하세요. [홈] 탭-[글꼴] 그룹에서 [글꼴]을 [HY견명조]로 선택하세요. [글꼴 크기]의 내림 단추(▾)를 클릭하고 [20]을 선택하세요.

2 글꼴 스타일과 색을 지정하기 위해 A1셀을 클릭한 상태에서 [홈] 탭-[글꼴] 그룹의 [굵게]를 클릭하세요. [글꼴 색]의 내림 단추(▾)를 클릭하고 '표준 색'의 [진한 파랑]을 선택하세요.

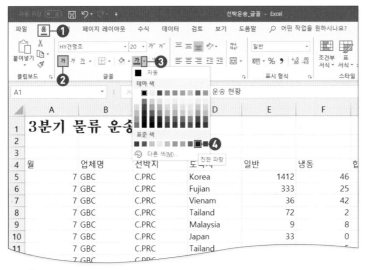

Tip

[글꼴 색]의 내림 단추(▾)가 아닌 [글꼴 색](가)을 클릭하면 현재 셀에 지정된 색이 표시됩니다.

3 제목에 해당하는 A1:H1 범위를 드래그하여 선택하세요. [홈] 탭–[글꼴] 그룹에서 [채우기 색]의 내림 단추(▾)를 클릭하고 '테마 색'의 [흰색, 배경 1, 5% 더 어둡게]를 선택하세요.

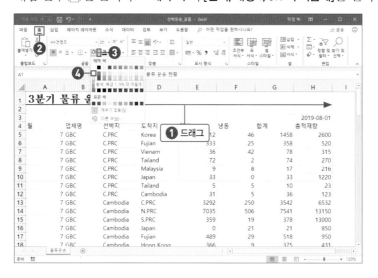

4 이번에는 데이터 범위의 제목 행인 A4:H4 범위를 드래그하여 선택하고 [홈] 탭–[글꼴] 그룹에서 [글꼴 크기 크게]를 한 번 클릭하여 1pt 더 큰 [12pt]로 지정하세요. 이어서 [채우기 색]의 내림 단추(▾)를 클릭하고 '테마 색'의 [녹색, 강조 6, 80% 더 밝게]를 선택하세요.

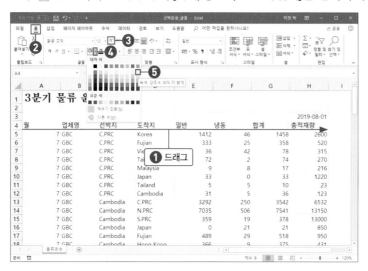

실무 예제 02

맞춤과 서식 복사 지정해 보고서 꾸미기

● **예제파일** : 선박운송_맞춤.xlsx   ● **결과파일** : 선박운송_맞춤_완성.xlsx

1 [물류운송] 시트에서 제목과 텍스트 데이터의 맞춤을 지정하기 위해 A1:H1 범위를 드래그하여 선택하고 [홈] 탭-[맞춤] 그룹에서 [병합하고 가운데 맞춤]을 클릭하세요.

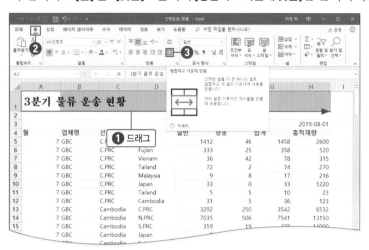

2 제목 행의 맞춤을 지정하기 위해 A4:H4 범위를 드래그하여 선택하고 [홈] 탭-[맞춤] 그룹에서 [맞춤 설정] 대화상자 표시 아이콘(⊡)을 클릭하세요. [셀 서식] 대화상자의 [맞춤] 탭이 열리면 '텍스트 맞춤'의 '가로'에서 [균등 분할 (들여쓰기)]을 선택하고 '들여쓰기' 값을 [1]로 지정한 후 [확인]을 클릭하세요.

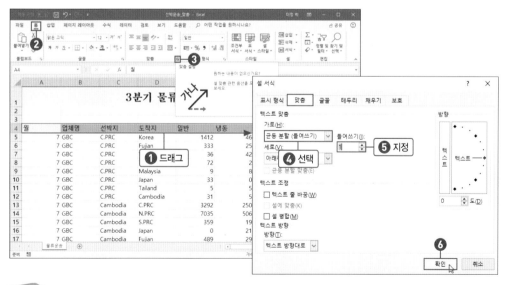

> **Tip**
>
> Ctrl+①을 눌러 [셀 서식] 대화상자를 열고 [맞춤] 탭을 클릭해도 됩니다. 들여쓰기를 지정하면 셀 안에 앞뒤로 여백이 생기면서 균등 분할 맞춤을 지정할 수 있습니다. 따라서 일부러 『업 체 명』이라고 띄어쓰기하여 입력할 필요가 없어요.

3 각 셀의 너비에 맞게 제목이 균등 분할되어 지정되었으면 A5:A36 범위를 드래그하여 선택하고 [홈] 탭-[맞춤] 그룹에서 [병합하고 가운데 맞춤]을 클릭하세요. 셀이 블록 병합되면서 왼쪽 위의 값만 남고 나머지 값은 없어진다는 메시지 창이 열리면 [확인]을 클릭하세요.

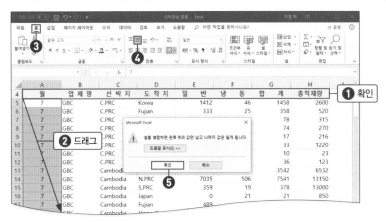

4 A5:A36 범위가 하나의 셀로 병합되면서 7월을 의미하는 숫자 7이 나타나면 A36셀의 자동 채우기 핸들(+)을 A100셀까지 드래그하세요. 그러면 8월과 9월 셀도 병합됩니다.

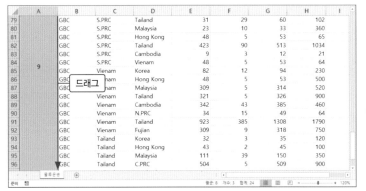

Tip
병합될 셀이 모두 같은 크기인 경우 자동 채우기 핸들(+)을 드래그하면 숫자가 증가하면서 셀이 병합됩니다.

5 '월' 항목의 전체 범위인 A5:A100 범위를 선택한 상태에서 [홈] 탭-[맞춤] 그룹의 [위쪽 맞춤]을 클릭하여 월을 셀의 위쪽 맞춤으로 지정하세요. 이와 같은 방법으로 '업체명' 항목에도 위쪽 맞춤을 복사하기 위해 [홈] 탭-[클립보드] 그룹에서 [서식 복사]를 클릭하고 B5셀을 클릭하세요.

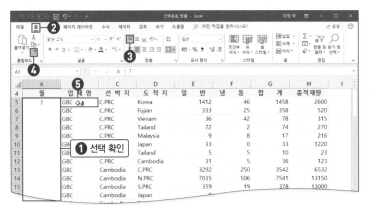

Tip
다른 셀에 같은 서식을 적용해야 할 경우 '서식 복사' 기능을 이용해서 빠르게 지정할 수 있어요. 서식을 여러 번 복사하려면 [홈] 탭-[클립보드] 그룹에서 [서식 복사]를 더블클릭하세요.

6 '업체명' 항목에도 하나의 셀에 위쪽 맞춤으로 서식이 복사되었어요. 이번에는 '선박지' 항목
에서 텍스트가 같은 C5:C12 범위를 드래그하여 선택하고 [홈] 탭-[맞춤] 그룹에서 [**병합하고 가
운데 맞춤**]을 클릭하세요. 셀이 블록 병합되면서 왼쪽 위의 값만 남고 나머지 값은 없어진다는
메시지 창이 열리면 [확인]을 클릭하세요.

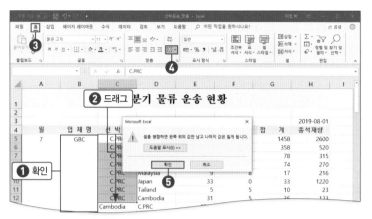

7 [홈] 탭-[맞춤] 그룹에서 [**위쪽 맞춤**]을 클릭하면 'C.PRC'가 셀에서 위쪽 맞춤으로 지정됩니다.
이와 같은 방법으로 다른 항목에도 위쪽 맞춤을 복사하기 위해 [홈] 탭-[클립보드] 그룹에서 [**서
식 복사**]를 더블클릭하세요.

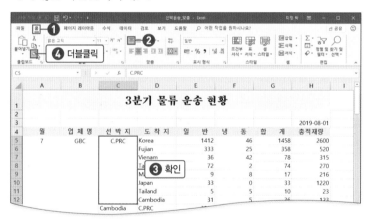

8 '선박지' 항목의 각 항목에서 첫 번째 셀(C13셀, C21셀, C29셀, C37셀, C45셀, C53셀, C61셀,
C69셀, C77셀, C85셀, C93셀)을 차례대로 클릭하여 서식을 복사하세요.

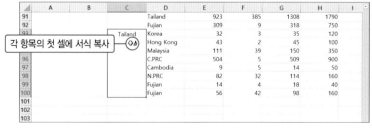

Tip

모두 같은 크기에 대한 셀 병합
과 맞춤이므로 [**서식 복사**]를 한
번 클릭하고 C13:C100 범위까
지 드래그하여 선택해서 서식을
한 번에 복사해도 됩니다.

실무 예제 03 보고서에 테두리 지정하기

● 예제파일 : 선박운송_테두리.xlsx ● 결과파일 : 선박운송_테두리_완성.xlsx

1 [물류운송] 시트에서 제목의 아래쪽에 테두리를 지정해 볼까요? A1셀을 클릭하고 [홈] 탭-[글꼴] 그룹에서 [테두리]의 내림 단추(▾)를 클릭한 후 '테두리'의 [아래쪽 이중 테두리]를 선택하세요.

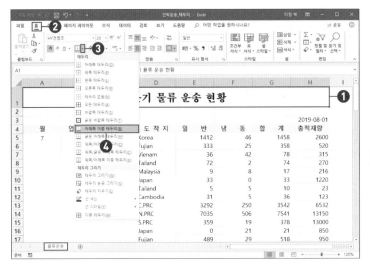

Tip

[테두리](▭)를 클릭하면 최근에 지정된 테두리가 곧바로 적용되어요. 따라서 적용하려는 테두리 스타일이 아니면 내림 단추(▾)를 클릭하여 다른 테두리를 선택해야 해요.

2 제목의 아래쪽에 이중 테두리가 지정되었어요. 이번에는 내용의 전체 범위인 A4:H100 범위를 드래그하여 선택하고 [홈] 탭-[글꼴] 그룹에서 [테두리]의 내림 단추(▾)를 클릭하세요. 원하는 테두리가 없다면 [다른 테두리]를 선택해 보세요.

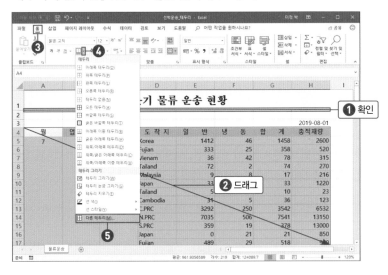

3 [셀 서식] 대화상자의 [테두리] 탭이 열리면 '선'의 '스타일'에서 [중간 실선]을 선택하고 '테두리'의 위쪽 테두리와 아래쪽 테두리를 직접 클릭하세요.

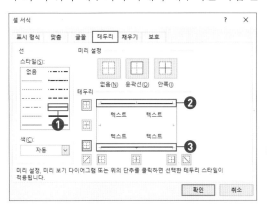

Tip

'테두리'에서 [위쪽 테두리] 단추(▭)와 [아래쪽 테두리 단추(▭)를 클릭해도 됩니다.

4 '선'의 '스타일'에서 [가는 실선]을 선택하고 '미리 설정'에서 [안쪽]을 클릭한 후 [확인]을 클릭하세요.

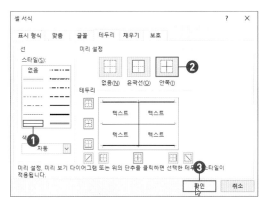

5 표에 테두리가 모두 지정되었는지 확인해 보세요.

	A	B	C	D	E	F	G	H
1				**3분기 물류 운송 현황**				
2								
3								2019-08-01
4		월	업 체 명	선 박 지	도 착 지	일 반	냉 동	합 계	총적재량
5		7	GBC	C.PRC	Korea	1412	46	1458	2600
6					Fujian	333	25	358	520
7					Vienam	36	42	78	315
8					Tailand	72	2	74	270
9					Malaysia	9	8	17	216
10					Japan	33	0	33	1220
11					Tailand	5	5	10	23
12					Cambodia	31	5	36	123
13				Cambodia	C.PRC	3292	250	3542	6532
14					N.PRC	7035	506	7541	13150
15					S.PRC	359	19	378	13000
16					Japan	0	21	21	850
17					Fujian	489	29	518	950
18					Hong Kong	366	9	375	431
19					Korea	225	3	228	680
20					Malaysia	19	5	24	600

확인

2010 | 2013 | 2016 | 2019 | OFFICE 365

실무
예제 **04** 숫자와 날짜 데이터에 표시 형식 지정하기

🌑 **예제파일** : 물품송장_표시형식.xlsx 🌑 **결과파일** : 물품송장_표시형식_완성.xlsx

1 엑셀에서 숫자 데이터를 입력하면 쉼표나 통화 기호, 백분율 등이 자동으로 입력되지 않으므로 표시 형식을 직접 지정해야 합니다. [Sheet1] 시트에서 G7:I30 범위를 드래그하여 선택하고 Ctrl을 누른 상태에서 I33:I34를 드래그하여 선택한 후 [홈] 탭-[표시 형식] 그룹에서 [쉼표 스타일]을 클릭하세요.

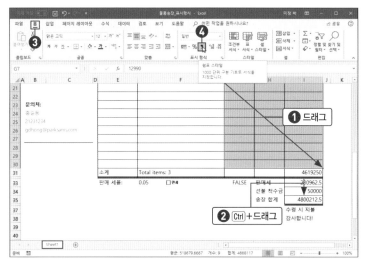

Tip
다양한 숫자 표시 형식을 선택하고 싶다면 Ctrl+1을 눌러 [셀 서식] 대화상자를 열고 [표시 형식] 탭의 [숫자], [통화], [회계] 범주에서 원하는 표시 형식을 선택하세요.

2 '송장 합계'에 통화 기호를 표시하기 위해 I31셀을 클릭하고 Ctrl을 누른 상태에서 I35셀을 클릭한 후 [홈] 탭-[표시 형식] 그룹에서 [회계 표시 형식]을 클릭하세요.

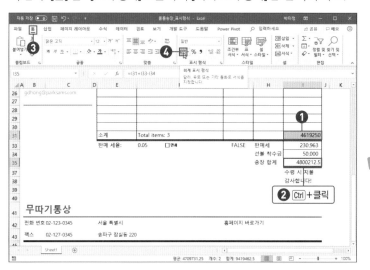

Tip
원화(₩)가 아닌 달러($)나 그 밖의 통화 기호로 표시하려면 [홈] 탭-[표시 형식] 그룹에서 [회계 표시 형식]의 내림 단추(⁃)를 클릭하고 다른 통화를 선택하면 됩니다.

3 F33셀을 클릭하고 [홈] 탭-[표시 형식] 그룹에서 [백분율 스타일]을 클릭하세요. F33셀 데이터가 백분율로 표시되면 소수점 이하 첫째 자리까지 표시하기 위해 [자릿수 늘림]을 클릭하세요.

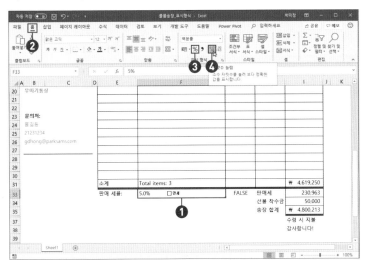

4 이번에는 날짜 데이터가 있는 B1셀을 클릭하고 [홈] 탭-[표시 형식] 그룹에서 [표시 형식]의 내림 단추(⌄)를 클릭한 후 원하는 날짜 스타일이 없으면 [기타 표시 형식]을 선택하세요. [셀 서식] 대화상자의 [표시 형식] 탭이 열리면 '범주'에서는 [날짜]를, '형식'에서는 [14-Mar-12]를 선택하고 [확인]을 클릭하세요.

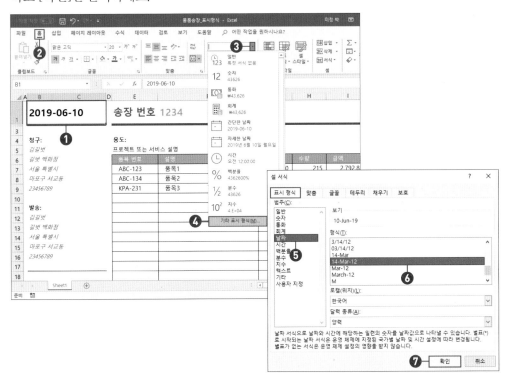

5 전화번호에 표시 형식을 지정하기 위해 B9셀을 선택하고 [Ctrl]을 누른 상태에서 B16셀과 B25 셀을 차례대로 클릭하여 모두 선택하세요. **[홈] 탭-[표시 형식] 그룹**에서 **[표시 형식] 대화상자 표시 아이콘(⌐)**을 클릭하세요. [셀 서식] 대화상자의 [표시 형식] 탭이 열리면 '범주'에서 [기타]를 선택하고 '형식'에서 [전화 번호 (국번 3자리)]를 선택한 후 [확인]을 클릭하세요.

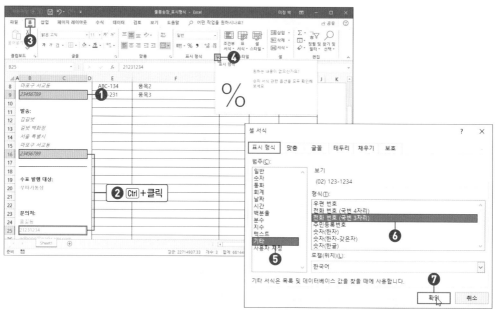

Tip

리본 메뉴에서 기본적으로 제공하는 표시 형식이 아니면 **[표시 형식] 대화상자 표시 아이콘(⌐)**을 클릭하거나 [Ctrl]+[1]을 눌러 [셀 서식] 대화상자를 열고 [표시 형식] 탭에서 지정하세요.

6 B9셀과 B16셀, B25셀에 전화번호가 제대로 표시되었는지 확인해 보세요.

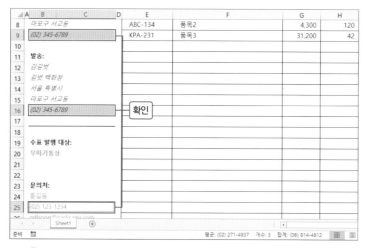

Tip

전화번호의 경우 '02'와 같은 숫자는 셀에 입력해도 맨 앞자리의 0은 표시되지 않으므로 표시 형식을 이용해서 지정해야 합니다. 또는 『02-123-1234』와 같이 텍스트를 직접 입력해야 해요.

핵심
기능 **05** # 사용자 지정 표시 형식 살펴보기

실무에서 사용하는 데이터 표시 형식은 엑셀에서 제공하는 서식만으로는 표현하기 힘든 형식이 많아요. 이때 사용자 지정 표시 형식을 사용하면 데이터를 좀 더 다양하게 표현할 수 있습니다. 다만 문자의 경우에는 표시 형식이 따로 없다는 것을 기억하세요.

1 | 숫자와 문자 데이터에 사용하는 코드

엑셀 2019에서 제공하는 모든 표시 형식은 사용자가 코드를 사용해서 표시할 수 있어요. 백분율 표시형식의 경우 사용자 지정 표시 형식을 이용하면 '0%'와 같이 표시되죠. 사용자 지정 표시 형식에 사용하는 대표적인 숫자 기호는 #과 0으로, 숫자의 위치와 대부분의 숫자 형식을 표현할 수 있습니다. 따라서 이들 기호로 사용하는 표시 형식만 잘 익혀두면 숫자를 다양한 형식으로 활용할 수 있어요.

기호	기능	결과값
#	숫자 표시 기호로, 유효하지 않은 0은 표시 안 함	12
0	숫자 표시 기호로, 유효하지 않은 0은 0으로 표시	012
?	소수점의 위나 아래에 있는 유효하지 않은 0 대신 공백을 추가해서 자릿수 맞춤	3/10
@	텍스트 표시 기호로, 입력한 텍스트 의미	길벗
.	소수점 표시	1.00
,	세 자리마다 자릿수를 구분하고 숫자 기호의 뒤에 표시하면 3의 배수로 자릿수 숨김	1,234
" "	큰따옴표(" ") 안에 문자를 그대로 표시	1,234"원"
G/표준	표시 형식을 지정하지 않은 입력 상태 그대로 숫자 표시	1234
₩, $	통화 기호 표시	$ 1,234

2 | 날짜 데이터에 사용하는 코드

날짜를 표시하는 기호는 Y, M, D입니다. 이들 기호를 사용하여 날짜와 요일에 대한 표시 형식을 지정할 수 있어요.

기호	표시 형식	기능	결과값
Y	yy	날짜에서 두 자리로 연도 표시	19
	yyyy	날짜에서 네 자리로 연도 표시	2019
M	m	날짜에서 한 자리로 월 표시	1
	mm	날짜에서 두 자리로 월 표시	01
	mmm	날짜에서 영문 세 글자로 월 표시	Jan
	mmmm	날짜에서 전체 글자로 월 표시	January
	mmmmm	날짜에서 대문자 한 글자로 월 표시	J

기호	표시 형식	기능	결과값
D	d	날짜에서 한 자리로 일자 표시	9
	dd	날짜에서 두 자리로 일자 표시	09
	ddd	날짜에서 영문 세 글자로 요일 표시	Sun
	dddd	날짜에서 전체 글자로 요일 표시	Sunday
A	aaa	날짜에서 한글 요일 한 글자로 요일 표시	목
	aaaa	날짜에서 한글 요일 세 글자로 요일 표시	목요일

3 │ 시간 데이터에 사용하는 코드

시간을 표시하는 기호는 H, M, S로, 시간에 대한 표시 형식을 지정할 수 있어요.

기호	표시 형식	설명	결과값
H	h	시간에서 표시	5:30
	hh	시간에서 두 자리로 시 표시	17:30
	[h], [hh]	총 경과 시간을 시로 표시하기	30:15
M	m	시간에서 한 자리로 분 표시	11:8
	mm	시간에서 두 자리로 분 표시	11:09
	[m], [mm]	총 경과 시간을 분으로 환산하여 표시	300
S	s	시간에서 한 자리로 초 표시	11:20:9
	ss	시간에서 두 자리로 초 표시	11:20:09
	[s], [ss]	총 경과 시간을 초로 환산하여 표시	1200
AM/PM	am/pm	오전, 오후를 영문 'am', 'pm'으로 표시	11:30 AM
	오전/오후	오전, 오후를 한글 '오전', '오후'로 표시	11:30 오후

잠깐만요 **실무에서 자주 사용하는 사용자 지정 표시 형식 알아보기**

숫자로 된 데이터를 워드처럼 원하는 형태로 바꾸려면 다음과 같은 표시 형식을 사용해 보세요.

❶ **너무 큰 숫자의 천 단위 숨기기(#,##0,,)** : 세 자리마다 콤마를 표시하고 오른쪽 여섯 자리를 생략하는 기호입니다. 맨 뒤에 있는 ','는 3의 배수로 숨기는 기호입니다.

❷ **전화번호 앞에 0 표시하기(000-0000-0000)** : 실제 입력된 숫자의 앞에 있는 0은 표시되지 않으므로 자릿수만큼 0으로 표시합니다.

❸ **빈 셀처럼 표시하기(;;;)** : 콜론(;)은 표시 형식의 조건을 구분하는 기호로, '양수;음수;0;문자'일 때 모두 빈 값으로 표시합니다.

사용 예	입력값	표시 형식	결과값
천 단위, 백만 단위 숨기기	32139000000	#, ##0,,	32,139
전화번호 앞에 0 표시하기	1012345678	000-0000-0000	010-1234-5678
빈 셀로 표시하기	모든 값	;;;	

실무 예제 06

송장에 사용자 지정 표시 형식 지정하기

● **예제파일** : 물품송장_사용자지정.xlsx ● **결과파일** : 물품송장_사용자지정_완성.xlsx

1 '수량' 항목에서 숫자의 뒤에 단위를 표시해 볼까요? [Sheet1] 시트에서 H7:H30 범위를 드래 그하여 선택하세요. **[홈] 탭-[표시 형식] 그룹**에서 **[표시 형식]**의 내림 단추(▾)를 클릭하고 **[기타 표시 형식]**을 선택하세요.

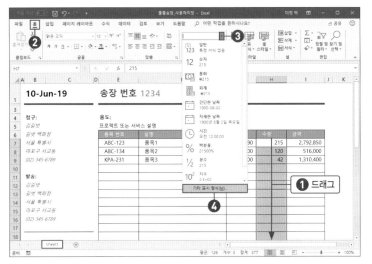

Tip

숫자 뒤에 단위를 직접 입력하면 텍스트 데이터가 되므로 숫자를 계산할 수 없어요. 하지만 숫자에 표시 형식으로 단위를 입력하면 숫자값은 변하지 않기 때문에 사용자 지정 표시 형식을 이용해서 숫자를 문자로 표시하는 것입니다.

2 [셀 서식] 대화상자의 [표시 형식] 탭이 열리면 기존 범주에는 없는 표시 형식이므로 '범주'에 서는 [사용자 지정]을, '형식'에서는 [G/표준]을 선택하고 'G/표준' 뒤에 『"ea"』를 추가 입력 한 후 [확인]을 클릭하세요.

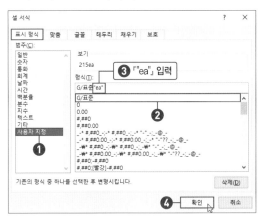

Tip

숫자값의 일반 표시 형식 코드는 'G/표준'입니다. 또한 사용자 지정 표시 형식으로 문자를 입력하려면 반드시 큰따옴표("")
안에 입력해야 해요.

79

3 '수량' 항목에서 숫자의 뒤에 'ea' 단위가 표시되었으면 날짜 데이터의 형식을 변경해 볼게요. B1셀을 클릭하고 [홈] 탭-[표시 형식] 그룹에서 [표시 형식] 대화상자 표시 아이콘(⬚)을 클릭하세요. [셀 서식] 대화상자의 [표시 형식] 탭이 열리면 '범주'에서 [사용자 지정]을 선택하고 '형식'에『dd-mmm-yy (aaa)』를 입력한 후 [확인]을 클릭하세요.

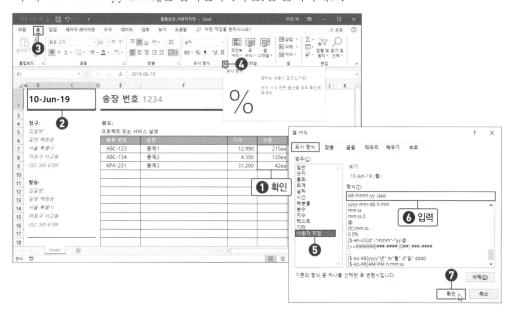

4 F1셀을 클릭하고 [홈] 탭-[스타일] 그룹에서 [표시 형식] 대화상자 표시 아이콘(⬚)을 클릭하세요. [셀 서식] 대화상자의 [표시 형식] 탭이 열리면 '범주'에서 [사용자 지정]을 선택하고 '형식'에『"P-"00000』을 입력한 후 [확인]을 클릭하여 F1셀의 송장 번호가 'P-01234'로 표시되었는지 확인해 보세요.

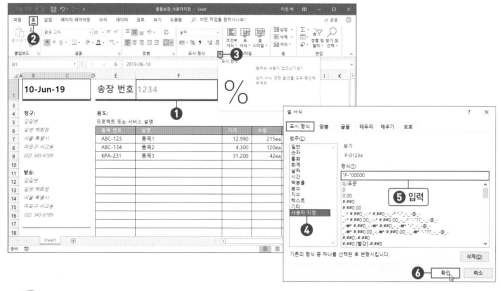

Tip

수식 입력줄을 확인해 보면 F1셀의 실제 값은 '1234'로 바뀌지 않았어요.

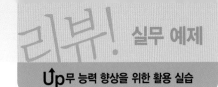
1 | '손익계산서'에 셀 서식 지정해 꾸미기

● 예제파일 : 손익계산서_셀서식.xlsx   ● 결과파일 : 손익계산서_셀서식_완성.xlsx

셀 스타일과 셀 서식(표시 형식, 맞춤, 글꼴, 테두리, 채우기)을 지정해 '손익계산서'를 작성해 보세요.

Hint
① B2셀의 글꼴 크기를 [22pt], [굵게] 지정하고 '2019년 분기별'의 글꼴 색을 [파랑]으로 지정하세요.
② '과목' 항목인 B4셀의 글꼴 크기는 [12pt], [굵게], [왼쪽 맞춤 (들여쓰기, 한 글자)]으로 지정하고 채우기 색은 '테마 색'의 [밝은 회색, 배경 2]로 지정한 후 B8셀, B30셀, B39셀, B44셀에 서식 복사하세요.
③ 데이터가 있는 모든 셀에 가로 방향 테두리는 [가는 실선], 세로 방향 테두리는 [점선]으로 지정하세요.
④ 눈금선은 표시하지 마세요.

2 | '매출 현황 보고서'에 셀 스타일과 표시 형식 지정하기

● 예제파일 : 지역별매출.xlsx   ● 결과파일 : 지역별매출_완성.xlsx

지역/제품별 '매출 현황 보고서'에 셀 스타일과 사용자 지정 표시 형식을 보기 좋게 지정해 보세요.

Hint
① 제목은 [제목 1] 스타일, 글꼴 크기는 [20pt]로 지정하세요.
② 제목 행인 A5:E5 범위에 [강조색6] 셀 스타일을 지정하세요.
③ '매출금액' 항목에는 [쉼표 스타일]을, '차지율' 항목에는 소수점 이하 첫째 자리까지 '백분율 스타일' 표시 형식을 지정하세요.
④ 날짜 데이터는 '04월 14일 (목)'이 되도록 '사용자 지정' 표시 형식을 지정하세요.
⑤ '수량' 항목은 세 자리마다 쉼표 스타일을 지정하고 뒤에 단위 'Box'가 표시되도록 '사용자 지정' 표시 형식을 지정하세요.
⑥ '총액' 항목에서 B4셀의 값은 천 단위를 생략하고 표시 형식의 뒤에 '천'을 붙여서 세 자리마다 쉼표가 표시되도록 '사용자 지정' 표시 형식을 지정하세요.

02

조건부 서식 지정해 데이터 강조하기

조건부 서식은 조건에 맞는 데이터만 서식을 이용해 시각적으로 강조하는 기능으로, 차트를 만들지 않아도 값의 크기를 한 눈에 비교할 수 있어서 기초 데이터를 분석할 때 매우 편리하죠. 따라서 조건부 서식은 실제 업무에서 가장 많이 쓰이는 기능 중 하나로, 숫자를 다양한 방법으로 표시할 수 있어서 정확한 분석과 문제 해결도 가능합니다. 이번 섹션에서는 방대한 양의 데이터 중에서 조건에 맞는 데이터만 골라 특정 서식을 적용하는 방법을 배워보겠습니다.

> ## PREVIEW

▲ 조건에 맞는 셀 강조하고 수식으로 서식 지정하기

▲ 데이터 막대, 색조, 데이터를 시각적으로 분석하기

> ### 섹션별 주요 내용

01 │ 특정 조건에 맞는 데이터 강조하기		02 │ 상위/하위 20개 판매 수량에 서식 지정하기
03 │ 수식 이용해 조건부 서식과 새 규칙 지정하기		04 │ 색조와 데이터 막대 지정해 매출 분석하기

특정 조건에 맞는 데이터 강조하기

● **예제파일** : 매출현황_셀강조.xlsx   ● **결과파일** : 매출현황_셀강조_완성.xlsx

1 문자 'D'가 포함된 제품 번호에 서식을 지정하기 위해 [2019년] 시트에서 '제품번호' 항목인
F5:F262 범위를 드래그하여 선택하세요. **[홈] 탭-[스타일] 그룹**에서 **[조건부 서식]**을 클릭한 후
[셀 강조 규칙]-[텍스트 포함]을 선택하세요.

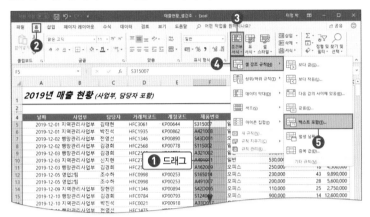

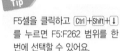

Tip

F5셀을 클릭하고 Ctrl+Shift+↓
를 누르면 F5:F262 범위를 한
번에 선택할 수 있어요.

2 [텍스트 포함] 대화상자가 열리면 '다음 텍스트를 포함하는 셀의 서식 지정'에 『D』를 입력하
고 '적용할 서식'에서 [빨강 텍스트]를 선택한 후 [확인]을 클릭하세요.

Tip

'적용할 서식'에서 제공하는 서식 외에
사용자가 원하는 서식을 직접 선택할 수
있어요.

3 제품번호에 'D'가 포함된 데이터에 '빨강 텍스트' 서식이 지정되었어요. 이번에는 '판매수량'
항목인 I5:I262 범위를 드래그하여 선택하고 **[홈] 탭-[스타일] 그룹**에서 **[조건부 서식]**을 클릭한
후 **[셀 강조 규칙]**에서 원하는 조건이 없으므로 **[기타 규칙]**을 선택하세요.

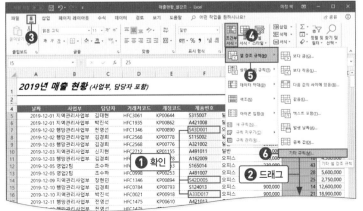

Tip

I5셀을 클릭하고 Ctrl+Shift+↓
를 누르면 I5:I262 범위를 한 번
에 선택할 수 있어요.

서식지정

83

4 [새 서식 규칙] 대화상자가 열리면 '규칙 유형 선택'에서 [다음을 포함하는 셀만 서식 지정]을 선택하세요. '규칙 설명 편집'에서 [셀 값], [>=]를 선택하고 값에는 『100』을 입력한 후 [서식]을 클릭하세요.

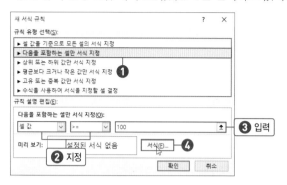

5 [셀 서식] 대화상자가 열리면 [글꼴] 탭에서 '글꼴 스타일'은 [굵은 기울임꼴]을, '색'은 '표준 색'의 [진한 빨강]을 선택하고 [확인]을 클릭하세요. [새 서식 규칙] 대화상자로 되돌아오면 [확인]을 클릭하여 규칙 편집을 끝내세요.

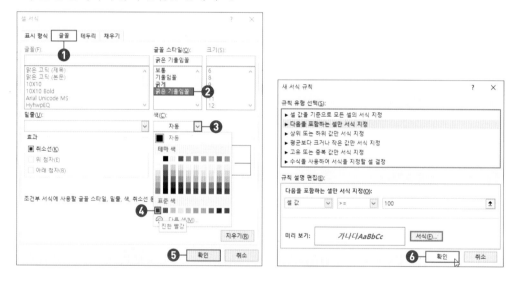

6 판매 수량이 100 이상인 데이터에 '굵은 기울임꼴', '진한 빨강' 서식이 적용되었는지 확인해 보세요.

실무 예제 02 상위/하위 20개 판매 수량에 서식 지정하기

◉ **예제파일** : 매출현황_상위하위.xlsx   ◉ **결과파일** : 매출현황_상위하위_완성.xlsx

1 [2019년] 시트에서 상위 20개 항목에 해당하는 판매 수량을 알아보기 위해 I5:I262 범위를 드래그하여 선택하세요. [홈] 탭-[스타일] 그룹에서 [조건부 서식]을 클릭하고 [상위/하위 규칙]-[상위 10개 항목]을 선택하세요.

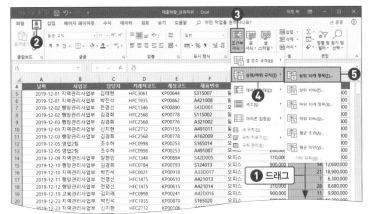

> **Tip**
> I5셀을 클릭하고 Ctrl+Shift+↓ 를 누르면 I5:I262 범위를 한 번에 선택할 수 있어요.

2 [상위 10개 항목] 대화상자가 열리면 '다음 상위 순위에 속하는 셀의 서식 지정' 값을 [20]으로 지정하세요. '적용할 서식'에서 [진한 노랑 텍스트가 있는 노랑 채우기]를 선택하고 [확인]을 클릭하세요.

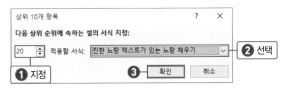

3 이번에는 하위 20개 항목에 대한 서식을 지정하기 위해 [홈] 탭-[스타일] 그룹에서 [조건부 서식]을 클릭하고 [상위/하위 규칙]-[하위 10개 항목]을 선택하세요.

4 [하위 10개 항목] 대화상자가 열리면 '다음 하위 순위에 속하는 셀의 서식 지정' 값을 [20]으로 변경합니다. '적용할 서식'에서 [진한 빨강 텍스트가 있는 연한 빨강 채우기]를 선택하고 [확인]을 클릭하세요.

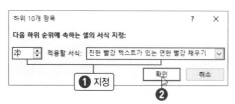

5 하위 20개 항목에 해당되는 셀에 지정한 서식이 적용되었는지 확인해 보세요.

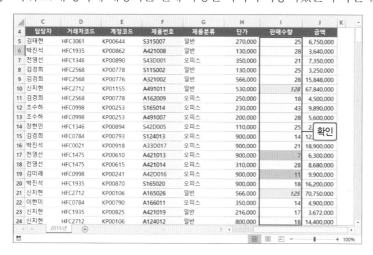

잠깐만요 **조건부 서식의 범례 작성하기**

보고서를 작성할 때는 어떤 조건으로 서식을 지정했는지, 무엇을 강조했는지 알려주는 범례를 같이 표시하는 것이 좋아요. 다음의 그림을 참고하여 보고서 분석을 위한 범례를 꼭 작성해 보세요.

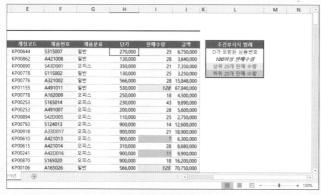

▲ 지정한 조건부 서식 조건을 범례로 표시하기

🔖 **예제파일** : 매출현황_수식.xlsx　　🔖 **결과파일** : 매출현황_수식_완성.xlsx

1 조건에 해당하는 범위가 아닌 다른 범위에 서식을 지정해야 할 경우에는 수식을 사용해야 해요. [2019년] 시트의 전체 레코드에 서식을 지정하기 위해 A5:J262 범위를 드래그하여 선택하고 **[홈]** 탭-**[스타일]** 그룹에서 **[조건부 서식]**-**[새 규칙]**을 선택하세요.

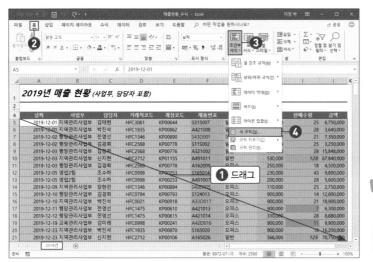

> **Tip**
>
> A5셀을 클릭하고 Ctrl+Shift+↓ 를 누른 후 다시 Ctrl+Shift+→ 를 누르면 A5:J262 범위를 한 번에 선택할 수 있어요.

2 [새 서식 규칙] 대화상자가 열리면 '규칙 유형 선택'에서 [수식을 사용하여 서식을 지정할 셀 결정]을 선택하세요. '규칙 설명 편집'의 '다음 수식이 참인 값의 서식 지정'에 『=$J5〉10000000』을 입력하고 [서식]을 클릭하세요.

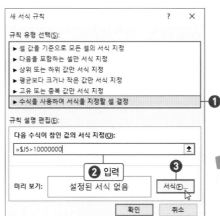

> **Tip**
>
> '=$J5〉10000000'은 금액이 10,000,000 이상인 경우 행 전체에 서식을 지정하는 수식입니다. 여기서 'J5'에 $ 기호가 붙는 것에 주의하세요. 이것에 대해서는 91쪽의 '잠깐만요'를 참고하세요.

3 [셀 서식] 대화상자가 열리면 [채우기] 탭을 클릭하고 '배경색'에서 두 번째 줄의 마지막 색을 선택한 후 [확인]을 클릭하세요. [셀 서식 규칙] 대화상자로 되돌아오면 '미리 보기'에서 선택한 색을 확인하고 [확인]을 클릭하세요.

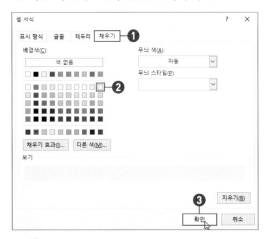
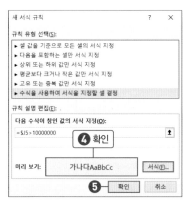

Tip

[셀 서식] 대화상자에서는 '표시 형식'부터 '채우기'까지 한 번에 모두 지정할 수 있어요. 채우기와 글꼴 색의 경우 색 이름이 표시되지 않으므로 색 위에 마우스 포인터를 올려놓고 위치를 확인하세요.

4 조건부 서식을 지정했지만, 같은 범위에 지정된 서식이 겹치는 경우에는 이전 서식을 확인할 수 없으므로 규칙을 편집해야 해요. A5:J262 범위가 선택된 상태에서 **[홈] 탭-[스타일] 그룹**의 **[조건부 서식]-[규칙 관리]**를 선택하세요.

5 [조건부 서식 규칙 관리자] 대화상자가 열리면 '서식 규칙 표시'에서 [현재 워크시트]를 선택하고 [셀 값 >= 100]을 선택한 후 [위로 이동] 단추(▲)를 세 번 클릭하여 맨 위로 이동시키세요. [수식 =$J5>=10000000]을 선택하고 [아래로 이동] 단추(▼)를 세 번 클릭하여 맨 아래쪽으로 이동시킨 후 [확인]을 클릭하세요.

6 규칙 순서가 변경되면서 조건에 해당하는 모든 규칙이 제대로 표시되었는지 확인해 보세요.

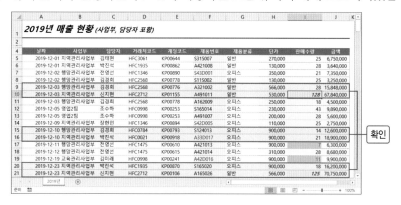

> **잠깐만요** **조건부 서식에서 수식을 작성할 때의 주의 사항 알아보기**
>
> 수식을 사용해 조건부 서식을 지정할 때 반드시 주의해야 할 규칙이 있으므로 꼭 기억하세요.
>
> **❶ 셀 범위 지정** : 서식을 지정할 범위를 선택하는 방향에 따라 수식에서 사용할 셀이 결정됩니다. 예를 들어 A5:A262 범위에서 A5셀부터 드래그하여 범위를 지정하면 수식에 적용될 셀은 첫 번째 셀인 A5셀이 되고 반대로 드래그할 경우에는 A262셀이 됩니다.
>
> **❷ 수식의 참조 방법** : 수식에 적용하는 참조는 범위에서 첫 번째 셀만 지정하여 작성하므로 참조가 중요해요. 만약 다중 항목인 A5:J262 범위의 경우 수식에서 사용할 참조는 '$J5'와 같이 열을 고정한 혼합 참조로 지정해야 행 단위로 서식이 지정됩니다. 다음의 서식 결과를 살펴보면 행(레코드) 단위로 지정된 것을 볼 수 있어요.
>
>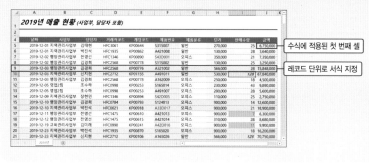

실무
예제 **04** **색조와 데이터 막대 지정해 매출 분석하기**

🔸 예제파일 : 매출보고서_색조.xlsx 🔸 결과파일 : 매출보고서_색조_완성.xlsx

1 [보고서] 시트에서 금년도 실적 합계에 대한 크기를 시각적으로 강조해서 표시하기 위해 G4:G36 범위를 드래그하여 선택하세요. [홈] 탭-[스타일] 그룹에서 [조건부 서식]을 클릭하고 '그라데이션 채우기'의 [색조]-[파랑 – 흰색 – 빨강 색조]를 클릭하세요.

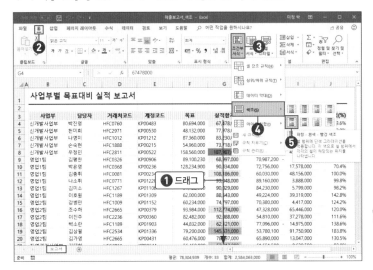

Tip
파란색에서 빨간색으로 갈수록 작은 값을 표현합니다.

2 '실적합계' 항목 값의 크기에 따라 색상이 지정되었으면 '금년-전년도' 항목의 차이 값과 값의 크기를 표시하기 위해 I4:I36 범위를 드래그하여 선택하세요. [홈] 탭-[스타일] 그룹에서 [조건부 서식]을 클릭하고 [데이터 막대]에서 '단색 채우기'의 [파랑 데이터 막대]를 클릭하세요.

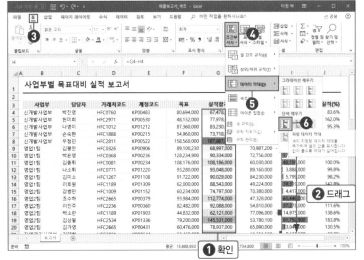

Tip
데이터 막대는 값의 크기에 따라 막대의 크기가 결정되고 음수인 경우에는 색상이 다르게 지정됩니다.

3 '금년-전년도' 항목의 값의 크기와 양수/음수에 따라 막대의 색상과 크기가 지정되었으면 작성된 규칙을 수정해 볼까요? '금년-전년도' 항목이 선택된 상태에서 **[홈] 탭-[스타일] 그룹**의 **[조건부 서식]-[규칙 관리]**를 선택하세요.

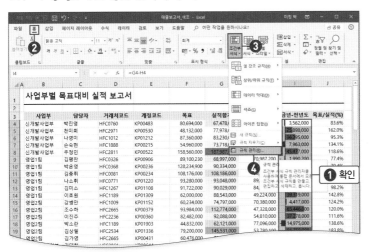

4 [조건부 서식 규칙 관리자] 대화상자가 열리면 [데이터 막대]를 선택하고 [규칙 편집]을 클릭하세요.

> **Tip**
>
> 워크시트에서 데이터 막대가 지정된 셀을 클릭하거나 선택한 후 규칙 편집을 실행해야 규칙을 곧바로 선택할 수 있어요.

5 [서식 규칙 편집] 대화상자가 열리면 [음수 값 및 축]을 클릭하세요. [음수 값 및 축 설정] 대화상자가 열리면 '축 설정'에서 [없음]을 선택하고 [확인]을 클릭하세요.

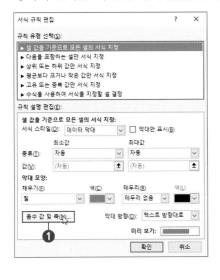

6 [서식 규칙 편집] 대화상자로 되돌아오면 '규칙 설명 편집'의 '서식 스타일'에서 [막대만 표시]에 체크하고 '막대 방향'에서 [왼쪽에서 오른쪽]을 선택한 후 [확인]을 클릭하세요. [조건부 서식 규칙 관리자] 대화상자로 되돌아오면 [확인]을 클릭하여 규칙 편집을 끝내세요.

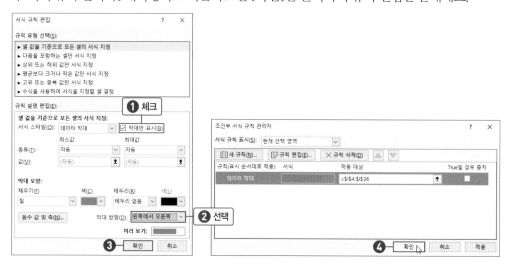

7 '금년-전년도' 항목의 데이터 막대의 규칙이 변경되었는지 확인해 보세요.

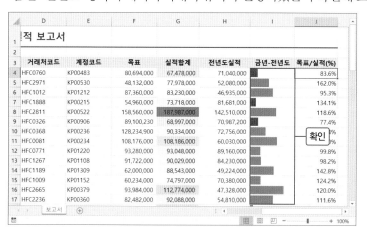

잠깐만요 **'조건부 서식 규칙 관리자'에서 규칙 삭제하기**

조건부 서식이 지정된 셀 범위를 선택하고 규칙을 삭제해도 되지만, 좀 더 편리하게 규칙을 삭제하려면 '조건부 서식 규칙 관리자'를 활용하는 것이 편리합니다. [조건부 서식 규칙 관리자] 대화상자에서 '현재 워크시트'에 있는 모든 규칙 중 원하는 규칙을 선택하고 [규칙 삭제]를 클릭하여 삭제할 수 있어요.

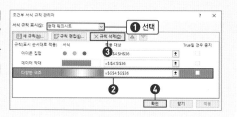

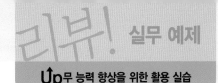

1 | '10월 판매 현황 보고서'에 조건부 서식 지정해 셀 강조하기

예제파일 : 10월매출.xlsx   **결과파일** : 10월매출_완성.xlsx

조건부 서식의 다양한 규칙과 수식으로 조건을 설정하여 '10월 판매 현황' 보고서를 시각적으로 강조해 보세요.

Hint
① '상품코드' 항목에서 'G4'가 포함된 셀에 [파랑], [굵게], [기울임꼴]을 지정하세요.
② 판매 금액이 하위 5% 이내인 경우 [진한 노랑 텍스트가 있는 노랑 채우기]를 지정하세요.
③ 수식을 사용해 전월 금액보다 금월 금액이 많으면 전체 행에 '테마 색'의 [파랑, 강조 3, 80% 더 밝게]로 채우세요.
④ 규칙의 순서에서 수식을 사용한 규칙을 맨 아래쪽으로 이동하세요.

2 | 색조와 아이콘 집합 지정해 전년 대비 실적 비교 분석하기

예제파일 : 전년대비실적비교.xlsx   **결과파일** : 전년대비실적비교_완성.xlsx

'전년대비실적비교' 문서에 색조, 아이콘 집합으로 매출을 분석하고 편집해 보세요.

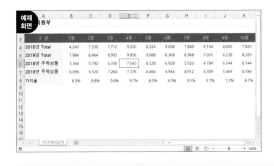

Hint
① '2018년 Total' 항목과 '2019년 Total' 항목에 3색조(녹색 – 노랑 – 빨강 색조)로 조건부 서식을 지정하고 최솟값은 [5000], 최댓값은 [10000]으로 변경하세요.
② '차지율' 항목에는 아이콘 집합(삼각형 세 개)을 지정하고 9.5% 이상의 값은 ▲으로, 7% 이상의 값은   으로, 7%미만 값은 ▼로 변경하세요. 이때 7% 이상의 값에는 아이콘이 표시되지 않도록 지정하세요.

Section

03

차트와 스파크라인으로 데이터 표현하기

데이터를 시각화하는 가장 쉬운 방법은 차트를 사용하는 것입니다. 엑셀 2016부터는 분석 기능인 차트가 특히 강화되어 입력된 데이터를 선택하기만 해도 다양하게 분석할 수 있는 도구를 이용할 수 있어요. 그리고 데이터에 적합한 추천 차트를 제공하고 있어서 쉽고 빠르게 분석 자료를 시각화하여 만들 수 있어요. 이번 섹션에서는 엑셀 2016부터 추가된 선버스트 차트나 히스토그램과 같은 분석 차트에 대해 알아보고 데이터를 시각화하는 효율적인 방법에 대해 배워보겠습니다.

> **PREVIEW**

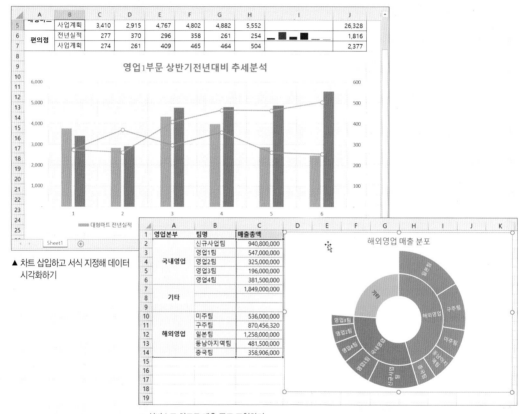

▲ 차트 삽입하고 서식 지정해 데이터
시각화하기

▲ 선버스트 차트로 계층 구조 표현하기

> 섹션별
> 주요 내용

01 | 차트의 구성 요소 살펴보고 빠르게 차트 그리기   **02** | 추천 차트 이용해 빠르게 차트 삽입하기
03 | 차트의 종류와 차트 데이터 편집하기   **04** | 차트에 세부 서식 지정하기   **05** | 스파크라인 이용해 판매 추이 살펴보기
06 | 서로 다른 차트를 하나의 차트로 표현하기 — 콤보 차트   **07** | 데이터의 계층 구조 표현하기 — 선버스트 차트

핵심
기능 | **01** | **차트의 구성 요소 살펴보고 빠르게 차트 그리기**

1 | 차트의 구성 요소 알아보기

요약된 데이터를 차트로 표현하면 여러 개의 값을 동시에 시각적으로 비교해 볼 수 있어요. 따라서 원하는 분석 관점에 적합한 차트로 선택한 후 구성 요소를 편집하면 데이터를 좀 더 효율적으로 표현할 수 있어요. 차트의 구성 요소에는 차트 영역, 그림 영역, 각 계열과 요소, 범례 등이 포함되어 있는데, 차트에 따라 구성 요소가 다르게 나타날 수 있습니다.

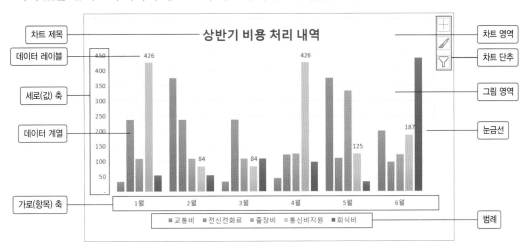

2 | 기본 차트 빠르게 그리기

워크시트에 차트를 삽입하려면 차트로 작성할 데이터 범위를 선택하고 [삽입] 탭-[차트] 그룹에서 원하는 차트를 선택해야 해요. 단축키를 사용하면 기본 차트를 좀 더 빠르게 삽입할 수 있어요.

같은 시트에 삽입한 차트

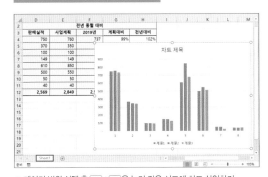

▲ 데이터 범위 선택 후 Alt + F1 을 눌러 같은 시트에 차트 삽입하기

새로운 시트에 삽입한 차트

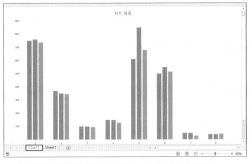

▲ 데이터 범위 선택 후 F11 을 눌러 새로운 시트에 차트 삽입하기

2010 | 2013 | 2016 | 2019 | OFFICE 365

실무
예제 **02** 추천 차트 이용해 빠르게 차트 삽입하기

◐ **예제파일** : 판매계획및실적_차트삽입.xlsx ◐ **결과파일** : 판매계획및실적_차트삽입_완성.xlsx

1 [Sheet1] 시트에서 차트로 표현하고 싶은 B4:E11 범위를 드래그하여 선택하고 [삽입] 탭-[차트] 그룹에서 [추천 차트]를 클릭하세요.

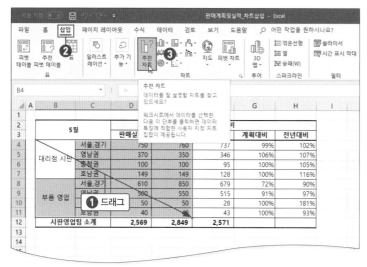

> **Tip**
> 계열 이름에 해당되는 '판매실적(D3셀)'과 '사업계획(E3셀)'은 병합된 셀 때문에 차트 표현 범위에 포함되지 않았습니다.

2 엑셀 2019에서는 데이터를 가장 잘 표현해 주는 다양한 스타일의 분석 차트를 제공하고 있어요. [차트 삽입] 대화상자가 열리면 [추천 차트] 탭에서 [묶은 세로 막대형]을 선택하고 [확인]을 클릭하세요.

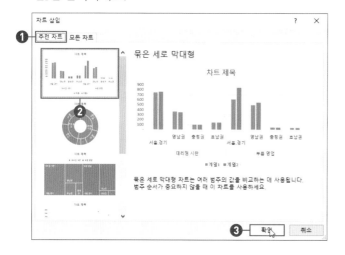

3 묶은 세로 막대형 차트가 삽입되면 B14셀의 위치로 드래그하여 이동하세요. 차트의 오른쪽 아래 모서리에 마우스 포인터를 올려놓고 ↖ 모양으로 변경되면 드래그하여 원하는 크기로 변경하세요.

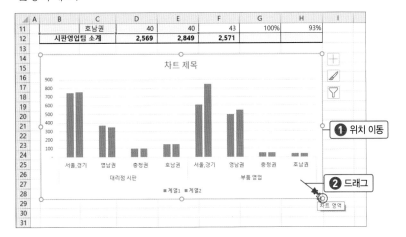

4 작성한 차트의 스타일을 빠르게 변경해 볼까요? 차트를 선택한 상태에서 차트의 오른쪽 위에 있는 [차트 스타일] 단추(⟋)를 클릭하고 [스타일]의 [스타일 6]을 선택하세요.

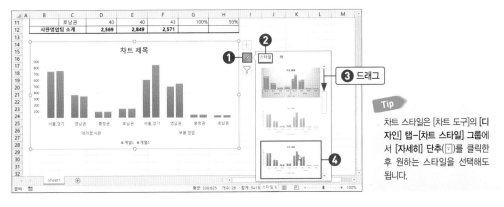

> **Tip**
>
> 차트 스타일은 [차트 도구]의 [디자인] 탭-[차트 스타일] 그룹에서 [자세히] 단추(▽)를 클릭한 후 원하는 스타일을 선택해도 됩니다.

5 차트의 구성 요소 중에서 차트의 오른쪽 위에 있는 [차트 요소] 단추(➕)를 클릭하고 [눈금선]의 [기본 주 세로]에 체크하여 세로 주 눈금선을 추가하세요.

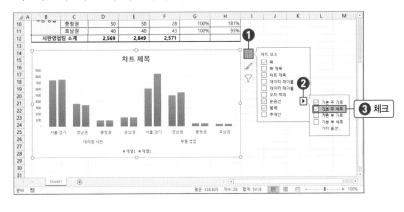

차트의 종류와 차트 데이터 편집하기

⬦ **예제파일** : 판매계획및실적_차트편집.xlsx　⬦ **결과파일** : 판매계획및실적_차트편집_완성.xlsx

1　이미 작성한 차트를 다른 차트로 변경해 볼게요. [Sheet1] 시트에서 차트를 선택하고 [차트
　도구]의 **[디자인] 탭-[종류]** 그룹에서 **[차트 종류 변경]**을 클릭하세요.

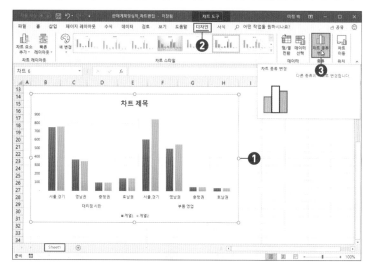

2　[차트 종류 변경] 대화상자가 열리면 [모든 차트] 탭에서 [가로 막대형]을 선택하고 오른쪽 창
　에서 [누적 가로 막대형]의 왼쪽 차트를 선택한 후 [확인]을 클릭하세요.

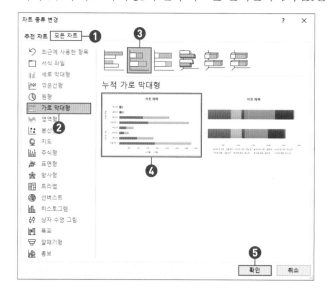

98

3 차트가 변경되었으면 '계열1', '계열2'로 표시된 계열 이름을 편집해 볼게요. 차트를 선택한 상태에서 [차트 도구]의 **[디자인] 탭-[데이터] 그룹**에서 **[데이터 선택]**을 클릭하세요.

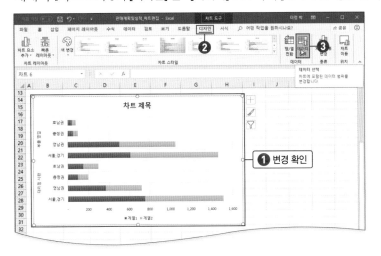

4 [데이터 원본 선택] 대화상자가 열리면 '범례 항목(계열)'의 [계열1]에 체크하고 [편집]을 클릭하세요. [계열 편집] 대화상자가 열리면 '계열 이름'에 『판매실적』을 입력하고 [확인]을 클릭하세요.

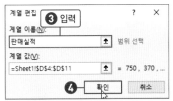

5 [데이터 원본 선택] 대화상자로 되돌아오면 **4** 과정과 같은 방법으로 [계열2]에 체크하고 [편집]을 클릭하세요. [계열 편집] 대화상자에서 '계열 이름'에 『사업계획』을 입력하고 [확인]을 클릭하세요.

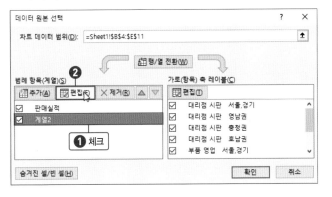
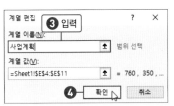

6 [데이터 원본 선택] 대화상자로 되돌아오면 '범례 항목(계열)'의 이름이 제대로 변경되었는지 살펴보고 [확인]을 클릭하세요.

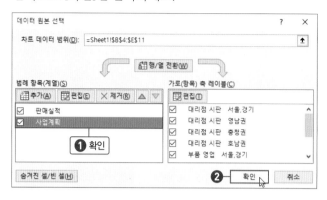

7 차트에서 계열 이름이 변경되었는지 확인하고 차트 제목에 『계획대비 판매실적』을 입력하여 차트 편집을 완성하세요.

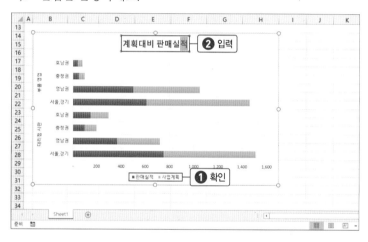

잠깐만요 **차트의 특정 요소만 빠르게 편집하기**

차트를 선택하면 차트의 오른쪽 위에 [차트 요소] 단추(⊞), [차트 스타일] 단추(🖌), [차트 필터] 단추(▽)가 표시되는데, 이 단추들을 이용하여 구성 요소를 추가하고, 서식을 지정하며, 쉽고 빠르게 데이터 편집을 할 수 있어요. 차트에서 빼야 할 항목이 있다면 [차트 필터] 단추(▽)를 클릭하고 해당 항목의 체크를 해제한 후 [적용]을 클릭하면 됩니다.

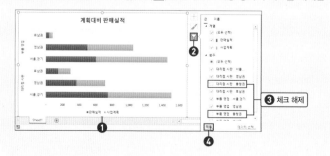

차트에 세부 서식 지정하기

🔶 **예제파일** : 판매계획및실적_차트서식.xlsx　　🔶 **결과파일** : 판매계획및실적_차트서식_완성.xlsx

1 차트 스타일을 적용하여 작성한 차트도 세부 서식까지 지정하면 좀 더 보기 좋은 차트로 만들 수 있어요. [Sheet1] 시트에서 차트의 [가로(값) 축]을 선택하고 [차트 도구]의 [**서식**] 탭-[**현재 선택 영역**] 그룹에서 [**선택 영역 서식**]을 클릭하세요.

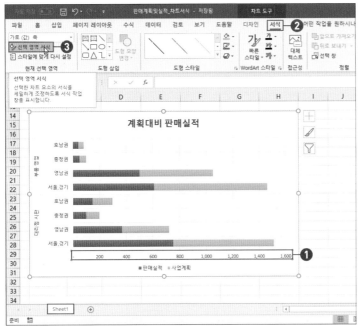

> **Tip**
>
> 차트에서 가로(값) 축을 직접 선택하지 않고 [차트 도구]의 [서식] 탭-[현재 선택 영역] 그룹에서 [차트 요소]-[가로 (값) 축]을 선택해도 됩니다.

2 화면의 오른쪽에 [축 서식] 창이 열리면 [축 옵션] 단추(📊)를 클릭하고 '경계'의 '최대값'은 [1800.00], '단위'의 '기본'은 [300.00]으로 변경하세요.

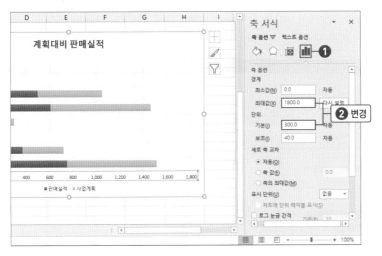

101

3 데이터 막대 중에서 하나의 계열인 '사업계획' 막대를 선택하고 [데이터 계열 서식] 창에서 [계열 옵션] 단추(▥)를 클릭한 후 '간격 너비'를 [60%]로 지정하세요. 이렇게 하면 각 항목 간의 간격이 좁아지면서 계열의 막대 너비가 넓어집니다.

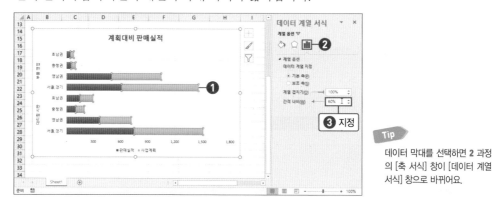

Tip
데이터 막대를 선택하면 2 과정 의 [축 서식] 창이 [데이터 계열 서식] 창으로 바뀌어요.

4 차트에서 그림 영역을 선택하고 [그림 영역 서식] 창에서 [채우기 및 선] 단추(◇)를 클릭한 후 '채우기'의 [단색 채우기]를 선택하세요. '색'은 '테마 색'의 [황갈색, 배경 2]를 선택하고 '투명도'를 [50%]로 지정한 후 [닫기] 단추(×)를 클릭하세요.

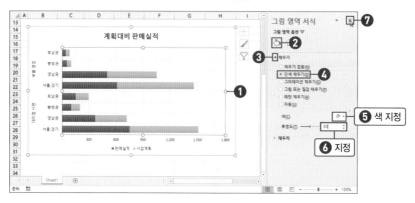

5 [페이지 레이아웃] 탭-[테마] 그룹에서 [색]을 클릭하고 [보라 II]를 선택하세요. 차트를 포함한 전체 워크시트의 색상이 선택한 테마 색으로 변경되었는지 확인해 보세요.

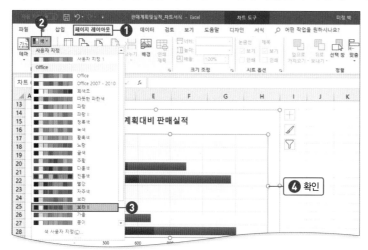

실무 예제 **05** 스파크라인 이용해 판매 추이 살펴보기

◆ **예제파일** : 영업1부문매출_스파크라인.xlsx ◆ **결과파일** : 영업1부문매출_스파크라인._완성.xlsx

1 스파크라인은 셀에 삽입되는 작은 차트로, 값의 추이를 하나의 셀에서 표현할 수 있어요. [Sheet1] 시트에서 스파크라인을 삽입할 I4:I7 범위를 드래그하여 선택하고 **[삽입] 탭-[스파크라인] 그룹**에서 **[꺾은선형]**을 클릭하세요. [스파크라인 만들기] 대화상자가 열리면 '원하는 데이터 선택'의 '데이터 범위'에 『C4:H7』을 입력하고 [확인]을 클릭하세요.

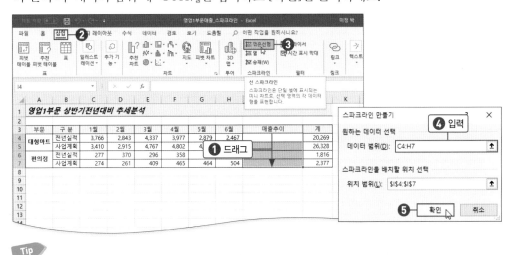

> **Tip**
> 스파크라인은 배경처럼 삽입되는 작은 차트이기 때문에 텍스트나 값이 입력된 셀에도 삽입할 수 있어요.

2 I4:I7 범위에 꺾은선형 스파크라인이 삽입되었으면 스파크라인의 디자인을 변경하기 위해 [스파크라인 도구]의 [디자인] 탭-[표시] 그룹에서 [높은 점]에 체크하세요. 다시 [디자인] 탭-[스타일] 그룹에서 [자세히] 단추(▼)를 클릭하고 [진한 회색, 스파크라인 스타일 어둡게 #3]를 선택하세요.

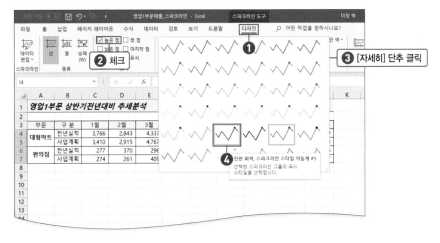

3 꺾은선형 스파크라인을 열 스파크라인으로 변경하기 위해 [스파크라인 도구]의 [디자인] 탭-[종류] 그룹에서 [열]을 클릭하세요.

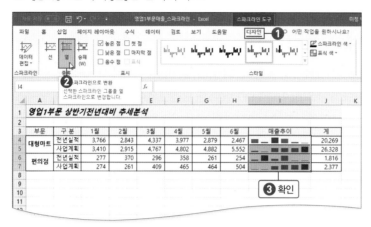

4 [스파크라인 도구]의 [디자인] 탭-[그룹] 그룹에서 [그룹 해제]를 클릭하세요. I5셀을 클릭하고 Ctrl을 누른 상태에서 I7셀을 클릭한 후[디자인] 탭-[그룹] 그룹에서 [지우기]를 클릭하세요.

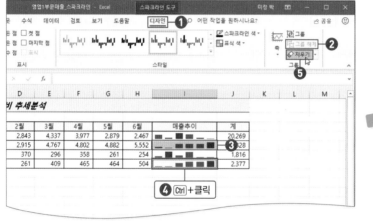

> **Tip**
>
> 셀에 삽입된 스파트라인은 전체가 하나의 그룹으로 지정되어 있기 때문에 하나의 셀에 삽입된 스파크라인을 편집하면 전체 셀에 똑같이 적용됩니다.

5 그룹이 해제되었기 때문에 '사업계획' 분야의 스파크라인만 삭제되었는지 확인해 보세요.

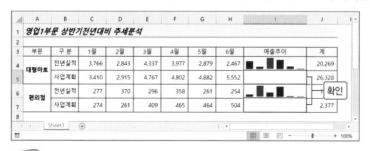

> **Tip**
>
> 스파크라인은 한 셀에 삽입하는 작은 차트로, 시간의 흐름에 따른 변화 추이 비교에 사용되는 '선 스파크라인'과 크기 데이터 비교를 위한 '열 스파크라인', 양수, 음수 표시도 이익 발생 여부 판단을 위한 '승패 스파크라인'이 있어요. 따라서 각 스파크라인의 기능에 따라 데이터의 특성에 맞게 지정하세요.

실무 예제 06 서로 다른 차트를 하나의 차트로 표현하기

◎ **예제파일** : 영업1부문매출_콤보차트.xlsx ◎ **결과파일** : 영업1부문매출_콤보차트_완성.xlsx

● **콤보 차트**

1 콤보 차트는 성격이 다른 데이터나 값 차이가 큰 데이터를 하나의 차트에 표현할 수 있어요. [Sheet1] 시트에서 차트에 포함할 A3:H7 범위를 드래그하여 선택하고 **[삽입] 탭-[차트] 그룹**에서 **[콤보 차트 삽입]-[사용자 지정 콤보 차트 만들기]**를 선택하세요.

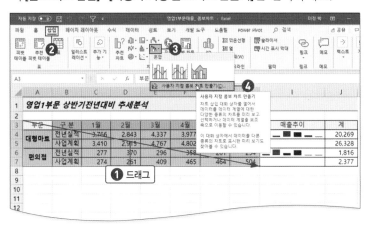

2 [차트 삽입] 대화상자가 열리면 [모든 차트] 탭에서 [혼합]을 선택하세요. 대화상자의 오른쪽 아래에 있는 '편의점 전년실적' 계열과 '편의점 사업계획' 계열의 차트 종류를 '꺾은선형'의 [표식이 있는 꺾은선형]으로 지정하고 [보조 축]에 체크한 후 [확인]을 클릭하세요.

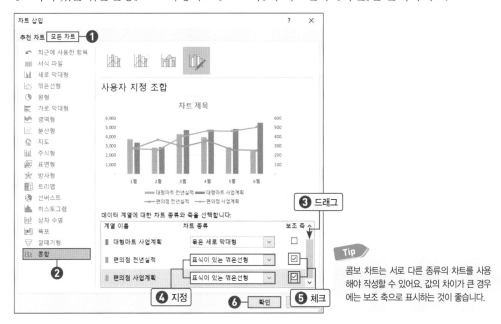

> **Tip**
> 콤보 차트는 서로 다른 종류의 차트를 사용해야 작성할 수 있어요. 값의 차이가 큰 경우에는 보조 축으로 표시하는 것이 좋습니다.

3 콤보 차트가 삽입되면 차트의 크기를 조정하고 표의 아래쪽으로 위치를 이동해 보세요.

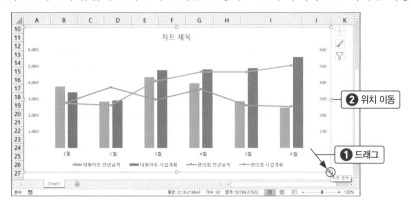

4 이번에는 제목을 변경하고 표의 데이터와 연동시켜 볼까요? 차트 제목을 선택하고 『=』을 입력한 후 『A1』을 클릭하고 Enter 를 누르세요.

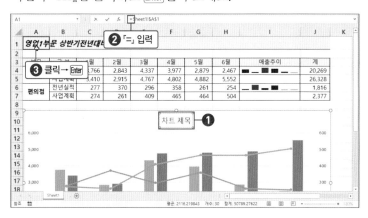

5 차트 제목이 변경되었는지 확인하고 [차트 도구]의 [디자인] 탭-[차트 스타일] 그룹에서 [스타일 5]를 선택하여 차트를 완성하세요.

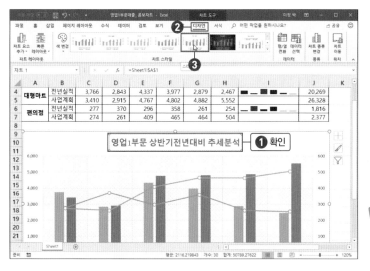

Tip
표식처럼 차트의 요소마다 서식을 따로 지정할 수 있어요.

데이터의 계층 구조 표현하기

◎ **예제파일** : 해외영업실적_선버스트.xlsx　◎ **결과파일** : 해외영업실적_선버스트_완성.xlsx

● **선버스트 차트**

1 계층 구조로 된 데이터를 표현할 경우 엑셀 2016부터 새롭게 추가된 트리맵과 선버스트 차트가
효과적입니다. [본부별실적] 시트에서 A1:C14 범위를 드래그하여 선택하고 [**삽입**] 탭–[**차트**]
그룹에서 [**계층 구조 차트 삽입**]을 클릭한 후 '**선버스트**'의 [**선버스트**]를 클릭하세요.

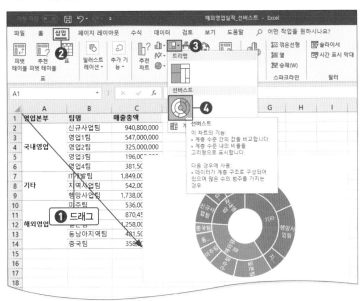

> **Tip**
>
> 선버스트 차트는 하나의 원이
> 계층 구조의 각 수준을 나타내
> 면서 가장 안쪽에 있는 원이 계
> 층 구조의 가장 높은 수준을 나
> 타내는 차트로, 계층 구조 데이
> 터를 표시하는 데 적합해요.

2 선버스트 차트가 삽입되면 차트의 크기와 위치를 조정하고 [**차트 도구**]의 [**디자인**] 탭–[**차트 스
타일**] **그룹**에서 [**스타일 5**]를 선택하세요.

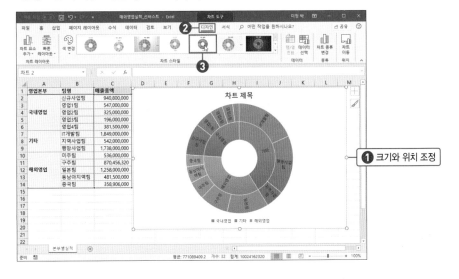

3 이번에는 차트의 색상 구조를 변경해 볼까요? [차트 도구]의 [디자인] 탭-[차트 스타일] 그룹에서 [색 변경]을 클릭하고 '색상형'의 [다양한 색상표 3]을 선택하세요.

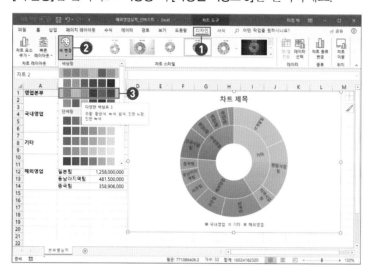

4 차트 제목에 『해외영업 매출 분포』를 입력하세요.

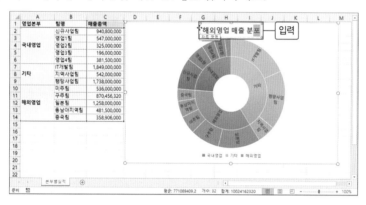

5 선버스트 차트는 계층구조를 잘 나타내는 차트로 기타에 하위구조가 없다고 가정하고 B7:B9 와 C8:C9의 범위를 Ctrl 를 눌러 드래그하여 선택하고 Delete 를 눌러 지워보세요.

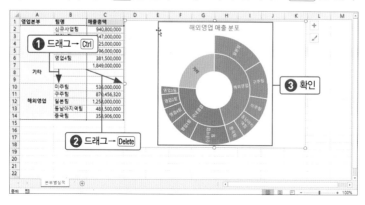

1 │ '2019년 매출 보고서'에 차트 삽입하고 꾸미기

● 예제파일 : 영업매출.xlsx　　● 결과파일 : 영업매출_완성.xlsx

묶은 세로 막대형 차트로 주어진 매출 데이터를 삽입하고 요소별 서식으로 차트를 꾸며보세요.

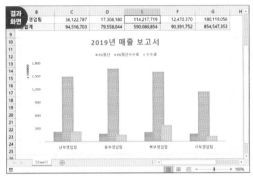

Hint ① 팀별 각 매출 데이터를 B9셀에 묶은 세로 막대형 차트로 삽입하고 크기를 조절하세요.

② 차트 스타일은 [스타일 3]으로 지정하고 제목은 B1셀의 제목과 연동하세요.

③ [데이터 계열 서식] 창에서 '계열 겹치기'는 [30%], '간격 너비'는 [150%]로 지정하세요.

④ 값 축의 '주 단위'는 [3.0E7], '표시 단위'는 [100000]으로 지정하세요.

2 │ 스파크라인과 콤보 차트 이용해 비용 처리 내역 분석하기

● 예제파일 : 비용_콤보차트.xlsx　　● 결과파일 : 비용_콤보차트_완성.xlsx

'비용차트' 문서에 열 스파크라인으로 사용 추이를 삽입하고 콤보 차트로 꾸며보세요.

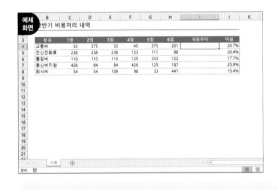

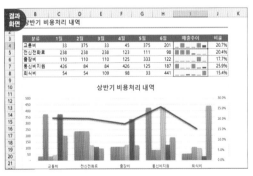

Hint ① '사용추이' 항목에 '1월'부터 '6월'까지의 추이를 열 스파크라인으로 삽입하고 높은 점은 [녹색, 강조 6] 표식을 지정하세요.

② '1월' 항목부터 '6월' 항목과 '비율' 항목의 데이터를 콤보 차트로 작성하세요.

③ '비율' 데이터만 꺾은선형 차트로 변경하고 보조 축을 사용하세요.

④ 차트 제목에 『상반기 비용처리 내역』을 입력하고 차트 스타일을 [스타일 8]로 변경하세요.

1 | 파레토 차트 이용해 데이터 분석하기

🔵 예제파일 : 분석차트.xlsx　🔵 결과파일 : 분석차트_완성.xlsx

'분석차트' 파일의 데이터에는 내림차순으로 정렬된 열과 총 누적 백분율을 나타내는 선이 모두 포함되어 있어요. 파레토 차트에서는 데이터 집합 중 가장 큰 요소가 강조 표시되어 몇 가지 중요한 항목만 집중해서 결과를 확인할 수 있어요. 이번에는 비용 지출이 가장 큰 항목이 무엇인지 파레토 차트로 알아보겠습니다.

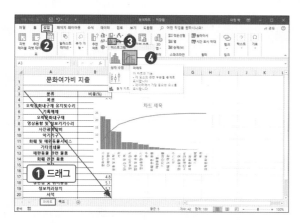

1 [파레토] 시트에서 A3:B23 범위를 드래그하여 선택하세요. [삽입] 탭-[차트] 그룹에서 [**통계 차트 삽입**]을 클릭하고 '히스토그램'의 [**파레토**]를 선택하세요.

Tip

이탈리아의 경제학자인 빌프레드 파레토(Vilfredo Federico Damaso Pareto)의 이름을 빌린 파레토 차트는 '현상이나 원인을 분류하여 크기 순서에 따라 데이터를 막대 그래프와 누적 꺾은선형 그래프 형태로 표시한 차트'입니다.

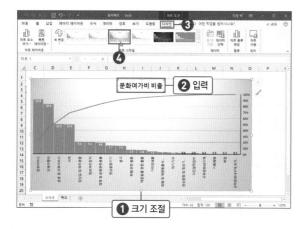

2 파레토 차트가 삽입되면 차트의 크기를 조절하고 차트 제목에 『문화여가비 지출』을 입력한 후 원하는 차트 스타일로 변경해 보세요. 차트를 작성해 보면 '문화여가비' 중에서 '문화서비스', '단체여행비', '운동 및 오락서비스', '서적' 항목에 지출이 많다는 것을 알 수 있어요.

2 | 폭포 차트 이용해 손익계산서 분석하기

🔵 예제파일 : 분석차트.xlsx　🔵 결과파일 : 분석차트_완성.xlsx

폭포 차트는 값을 더하거나 뺄 때의 누계를 나타내고 초기값(**예** 순수입)이 양의 값 및 음의 값에 의해 어떤 영향을 받았는지 이해하는 데 유용해요. 초기값 및 계산값 막대는 주로 가로 축에서 시작되지만, 다음 값은 중간부터 막대가 시작되므로 이러한 모양 때문에 폭포 차트를 '다리형 차트'라고도 부릅니다. 폭포 차트는 주로 재무 데이터와 같이 입·출입에 관련된 데이터를 표시하는 데 적합해요.

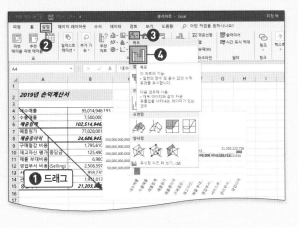

1 [폭포] 시트에서 손익계산서 범위인 A4:B15 범위를 드래그하여 선택하세요. [삽입] 탭-[차트] 그룹에서 [폭포, 깔대기형, 주식형, 표면형 또는 방사형 차트 삽입]을 클릭하고 [폭포]를 선택하세요.

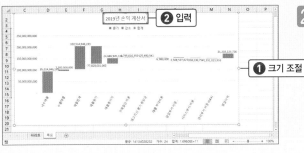

2 폭포 차트가 삽입되면 차트의 크기와 제목을 변경하세요.

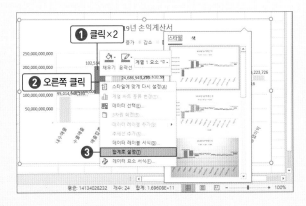

3 차트에 사용된 데이터에는 SUBTOTAL 함수로 계산된 '매출합계', '매출총이익'과 같은 '소계'가 포함되어 있습니다. '합계' 부분을 표시하기 위해 [매출합계] 막대만 선택하고 마우스 오른쪽 단추를 눌러 [합계로 설정]을 선택하세요.

Tip

[매출합계] 막대만 두 번 클릭하여 선택하세요. 한 번 클릭하면 모든 막대가 선택됩니다.

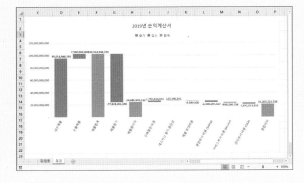

4 나머지 [매출 총이익] 막대와 [영업이익] 막대도 [합계로 설정]을 지정하여 차트를 완성하세요. 차트에서 이익과 비용에 대한 데이터가 분명하게 표시되었는지 확인해 보세요.

CHAPTER 3

수식 계산과 실무 함수 다루기

엑셀은 기본적으로 수식을 계산하고 데이터를 분석하는 프로그램으로, 연산자나 함수를 이용해 원하는 값을 구할 수 있어요. 또한 엑셀에서 제공하는 함수를 활용하면 숫자 데이터뿐만 아니라 텍스트 데이터에서도 원하는 값을 추출하거나 데이터끼리 연결하여 새로운 값을 얻을 수도 있고, 기간을 계산하거나 특정 위치의 값 또는 정보를 구할 수도 있어요. 이번 챕터에서는 수식에 필요한 연산자와 참조 등을 정확히 이해하면서 기본 함수 및 실무 함수를 통해 데이터를 원하는 형태로 완벽하게 구하는 방법에 대해 배워봅니다.

Windows 10
+ Excel
& PowerPoint
& Word 2019
+ Hangeul

SECTION **01**   수식과 자동 함수 익히기

SECTION **02**   기본 함수 익히기

SECTION **03**   고급 실무 함수 익히기

Section 01

수식과 자동 함수 익히기

워크시트에 입력할 수 있는 데이터에는 숫자 데이터, 문자 데이터, 날짜 데이터 또는 시간 데이터가 있어요. 하지만 엑셀은 일반적인 워드프로세서와는 다르게 데이터를 '셀(cell)'이라는 제한된 공간(위치)에만 입력할 수 있습니다. 그래서 엑셀에서 모든 계산의 기본은 '셀'이 되고, 셀을 참조하는 것이 곧 '수식'이 됩니다. 이번 섹션에서는 셀 참조 유형부터 수식의 사용법, 자동 합계 함수까지 수식을 작성할 때 필요한 기초적인 내용에 대해 알아보겠습니다.

> **PREVIEW**

	F	G	H	I
3			세율	0.1
4	공급가액	할인율	금액	부가세
5	12359100	0.05	=F5*(1-G5)	=H5*부가세
6	2400000	0.05	=F6*(1-G6)	=H6*부가세
7	143130	0.05	=F7*(1-G7)	=H7*부가세
8	6346650	0.05	=F8*(1-G8)	=H8*부가세
9	1387140	0.05	=F9*(1-G9)	=H9*부가세
10	2719260	0.05	=F10*(1-G10)	=H10*부가세
11	2914320	0.05	=F11*(1-G11)	=H11*부가세
12	2012070	0.05	=F12*(1-G12)	=H12*부가세
13	3248070	0.05	=F13*(1-G13)	=H13*부가세
14	514860	0.05	=F14*(1-G14)	=H14*부가세
15	6576060	0.05	=F15*(1-G15)	=H15*부가세
16	1590360	0.05	=F16*(1-G16)	=H16*부가세
17	3867630	0.05	=F17*(1-G17)	=H17*부가세

평균: 377,131.91 개수: 189 합계: 71,277,931.02

▲ 연산자와 다양한 참조 방법, 이름 사용해 수식 계산하기

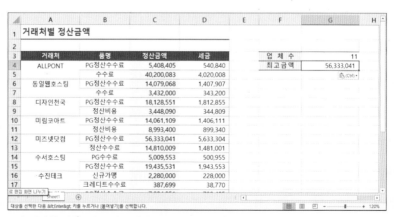

▲ 자동 합계 함수와 함수 라이브러리 사용하기

> **섹션별 주요 내용**

01 | 수식 작성과 셀 참조 유형 살펴보기 02 | 기본 연산자 이용해 정산 내역 계산하기

03 | 이름 정의해 수식 한 번에 계산하기 04 | 자동 합계 함수 이용해 합계/평균 구하기

05 | 함수 라이브러리로 업체 수와 최고 금액 구하기

핵심 기능 01 수식 작성과 셀 참조 유형 살펴보기

1 | 수식 작성의 기본

수식을 작성하려면 반드시 등호(=)나 부호(+, −)로 시작해야 해요. 이렇게 시작한 수식에는 셀 주소가 포함되는데, 이것을 '셀을 참조한다'라고 합니다. 따라서 참조한 셀의 내용이 변경되면 수식의 결과값도 자동으로 변경되고 등호와 참조 주소, 그리고 연산자로 이루어진 수식의 결과값이 셀에 나타나요. 반면 수식은 수식 입력줄에 표시됩니다.

2 | 연산자의 종류

엑셀에서 사용하는 연산자는 크게 '산술 연산자', '비교 연산자', '연결 연산자'가 있고 범위를 표시하거나 계산 순서를 표시하는 '참조 연산자'의 기호가 있어요.

연산자	기능	종류
산술 연산자	사칙연산자를 비롯하여 기본적인 엑셀의 수학 연산자가 포함	+, −, *, /, %, ^
비교 연산자	값을 서로 비교할 때 사용하는 연산자. 참(true)과 거짓(false)으로 표시	=, 〉, 〈, 〉=, 〈=, 〈〉, 〉〈
연결 연산자	문자와 문자, 문자와 숫자, 문자와 수식 결과 등을 연결하는 연산자로, 결과값은 반드시 텍스트로 표시	&
참조 연산자	주로 계산에 사용하는 셀이나 범위를 지정할 때 사용	콤마(,), 콜론(:), 소괄호(())

3 | 셀 참조 유형

셀을 수식에 참조하는 유형에는 '상대 참조'와 '절대 참조', 그리고 이들 두 방식을 혼합한 형태인 '혼합 참조'가 있습니다. F4 를 누르면서 참조 유형을 변경할 수 있어요.

참조 유형	기능	사용 예
상대 참조	선택한 셀을 기준으로 상대적인 위치 반영	A1, B1
절대 참조	행과 열에 $ 기호를 붙여서 표시. 참조 위치가 변하지 않음	$A$1, $B$1
혼합 참조	상대 참조와 절대 참조 혼합. 계산 수식 방향에 따라 셀 주소 다르게 적용	$A1, A$1

4 | 다양한 유형의 참조 위치

다른 워크시트나 통합 문서의 셀을 참조할 경우 참조 형식이 다르게 표시됩니다.

위치	수식에서의 참조 방법	사용 예
현재 워크시트	=셀 주소	=A1
다른 워크시트	=워크시트명!셀 주소	매출!A1
다른 통합 문서	=[전체 경로₩통합 문서명]워크시트명!셀 주소	='D:₩엑셀2019₩[매출액비교.xlsx]전년대비실적'!A1

기본 연산자 이용해 정산 내역 계산하기

실무
예제 **02**

● **예제파일** : 정산내역_수식.xlsx ● **결과파일** : 정산내역_수식_완성.xlsx

1 [Sheet1] 시트에서 할인된 금액으로 계산하기 위해 H5셀을 클릭하고 『=F5*(1-G5)』를 입력한 후 Enter 를 누르세요.

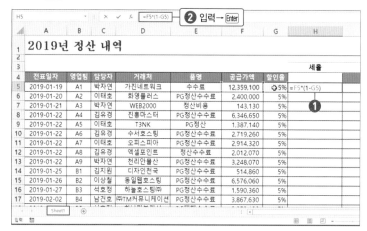

> **Tip**
>
> H5셀에 함수식을 작성할 때 참조할 주소를 직접 입력하지 않고 마우스로 F5셀과 G5셀을 클릭하면 함수식에 셀 주소가 자동으로 입력되어 편리해요.

2 H5셀에 금액이 계산되면 다시 H5셀을 클릭하고 H5셀의 자동 채우기 핸들(**+**)을 더블클릭하여 H193셀까지 수식을 복사하세요. 이때 셀에 지정된 서식에 영향을 주지 않기 위해 [자동 채우기 옵션] 단추(🖩·)를 클릭하고 [서식 없이 채우기]를 선택하세요.

> **Tip**
>
> 자동 채우기 핸들(**+**)로 나머지 수식을 채우면 수식뿐만 아니라 셀에 지정된 서식까지 복사되므로 무늬처럼 지정된 셀 색이 전체에 복사됩니다. 따라서 다른 서식을 제외한 수식만 복사하려면 [자동 채우기 옵션] 단추(🖩·)를 클릭하고 [서식 없이 채우기]를 선택해야 해요.

3 이번에는 부가세를 계산하기 위해 I5셀을 클릭하고 『=H5*』를 입력하세요. 이어서 I3셀을 클릭하고 F4 를 눌러 참조를 'I$3'으로 변경한 후 Enter 를 누르세요.

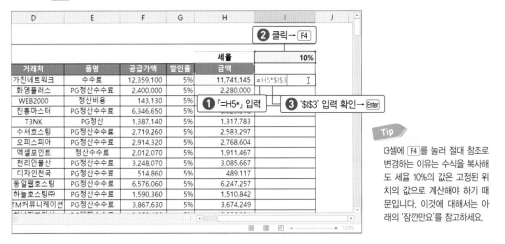

Tip

I3셀에 F4 를 눌러 절대 참조로 변경하는 이유는 수식을 복사해도 세율 10%의 값은 고정된 위치의 값으로 계산해야 하기 때문입니다. 이것에 대해서는 아래의 '잠깐만요'를 참고하세요.

4 I5셀에 부가세가 구해지면 I5셀의 자동 채우기 핸들(+)을 더블클릭하여 I193셀까지 수식을 복사하세요.

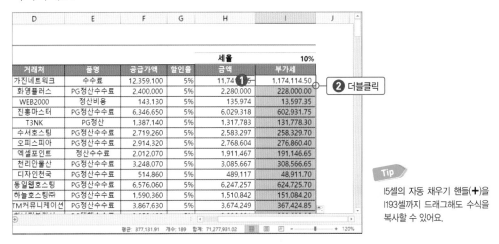

Tip

I5셀의 자동 채우기 핸들(+)을 I193셀까지 드래그해도 수식을 복사할 수 있어요.

잠깐만요 **상대 참조 수식과 절대 참조 수식을 사용해야 하는 이유 살펴보기**

[수식] 탭-[수식 분석] 그룹에서 [수식 표시]를 클릭하여 워크시트에 수식을 표시하면 금액과 부가세가 입력된 수식을 확인해 볼 수 있어요. '금액' 항목의 경우에는 상대 참조로 입력된 수식으로 셀마다 참조가 달라지지만, '부가세' 항목에서는 I3셀이 고정되어 같은 참조로 입력되어 있습니다. 왜냐하면 $ 기호는 I열과 3행 앞에 붙어있어서 행과 열을 모두 고정시키기 때문이에요.

실무 예제 | **03** | **이름 정의해 수식 한 번에 계산하기**

🔊 **예제파일** : 정산내역_이름.xlsx   🔊 **결과파일** : 정산내역_이름_완성.xlsx

1 수식에 고정 범위를 반복해서 사용할 때는 절대 참조 대신 이름을 지정하는 것이 훨씬 더 편리해요. [Sheet1] 시트에서 I3셀을 클릭하고 수식 입력줄의 왼쪽에 있는 이름 상자에 『세율』을 입력한 후 Enter를 누르세요.

2 1 과정에서 작성한 이름은 통합 문서에서 마음껏 사용할 수 있어요. 부가세를 계산하기 위해 I5셀을 클릭하고 『=H5*세율』을 입력한 후 Enter를 누르세요.

Tip

이름은 기본적으로 절대 참조로 작성됩니다. 따라서 '세율'은 절대 참조로 수식에 입력되는 것과 같아요.

3 I5셀에 부가세가 계산되면 I5셀의 자동 채우기 핸들(**+**)을 더블클릭하여 마지막 셀까지 수식을 복사하세요. 이름을 편집하기 위해 [수식] 탭-[정의된 이름] 그룹에서 [이름 관리자]를 클릭하세요.

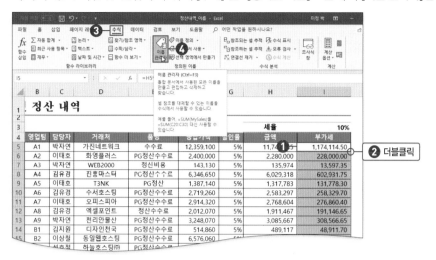

4 [이름 관리자] 대화상자가 열리면 [세율]을 선택하고 [편집]을 클릭하세요. [이름 편집] 대화 상자가 열리면 '이름'에『부가세』를 입력하고 [확인]을 클릭하세요.

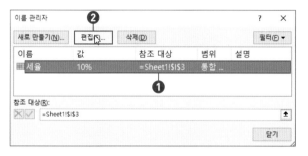

잠깐만요 **이름 상자 살펴보기**

이름 상자에는 다른 스타일의 이름도 포함되어 있어요. 이름 상자에서는 표를 관리할 수도 있고 워크시트에서만 사용되는 이름과 통합 문서 전체에 사용되는 이름으로 구별해서 사용할 수도 있어요.

이름은 셀이나 범위를 선택한 후 이름 상자에 직접 입력하거나 [수식] 탭-[정의된 이름] 그룹에서 [이름 정의]를 클릭하여 [이름 관리자] 대화상자를 열고 작성하면 됩니다. 하지만 이름을 삭제하려면 반드시 [이름 관리자] 대화상자에서 삭제하려는 이름을 선택하고 [삭제]를 클릭해야 해요. [이름 관리자] 대화

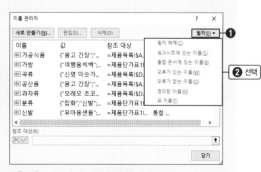

▲ [필터] 클릭해 다양한 스타일의 이름 편집하기

상자에서는 이름 정의, 편집, 삭제와 필터 기능을 사용할 수도 있고 셀 또는 범위 외에 수식을 이름으로 정의할 수도 있는데, [필터]를 클릭하면 다양한 스타일에 대한 이름을 선택하여 편집할 수 있어요. 이때 잘못된 이름은 필터로 추출하여 한번에 삭제하는 것이 편리해요.

5 [이름 관리자] 대화상자로 되돌아오면 변경한 이름을 확인하고 [닫기]를 클릭하세요.

6 이름을 변경해도 수식 결과는 바뀌지 않아요. 이름이 잘 변경되었는지 확인하기 위해 I5셀을 더블클릭해서 수식을 살펴보면 수식에 '세율'이 아닌 '부가세'가 입력되어 있어요.

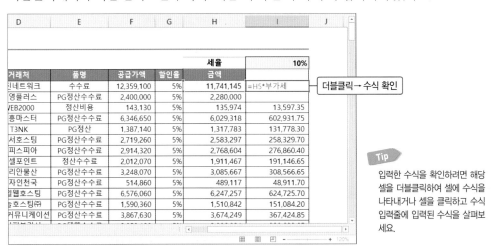

> **Tip**
> 입력한 수식을 확인하려면 해당 셀을 더블클릭하여 셀에 수식을 나타내거나 셀을 클릭하고 수식 입력줄에 입력된 수식을 살펴보세요.

잠깐만요 **이름 작성 규칙 살펴보기**

이름을 작성할 때는 다음과 같은 규칙을 지켜야 합니다.

대상	작성 규칙
유효한 문자	• 이름의 첫 번째 문자는 문자, 밑줄(_) 또는 백슬래시(\\)여야 해요. • 이름의 나머지 문자는 문자, 숫자, 마침표 및 밑줄이 될 수 있어요.
셀 참조 허용 안 함	이름이 'Z$100' 또는 'R1C1'과 같이 셀 참조와 같으면 안 됩니다.
공백 사용 못 함	공백은 사용할 수 없으므로 단어 구분 기호로 '거래처_수량'과 같이 밑줄(_)이나 마침표(.)를 사용해야 해요.
이름	• 이름은 최대 255개의 문자로 지정할 수 있어요. • 통합 문서에 유일한 이름이어야 하고 워크시트로 영역이 제한되면 시트마다 같은 이름을 부여할 수 있어요.
영문자의 대소문자 구분 여부	엑셀의 이름에서는 영문자의 대문자와 소문자가 구별되지 않으므로 영문자의 대문자와 소문자를 포함해서 지정할 수 있어요.

실무 예제 | 04 자동 합계 함수 이용해 합계/평균 구하기

⊘ **예제파일** : 거래처별요약_자동합계.xlsx　　⊘ **결과파일** : 거래처별요약_자동합계_완성.xlsx

1 [Sheet1] 시트에서 '정산금액' 합계를 구하기 위해 C26셀을 클릭하고 **[홈] 탭-[편집] 그룹**에서 **[자동 합계]**를 클릭하세요.

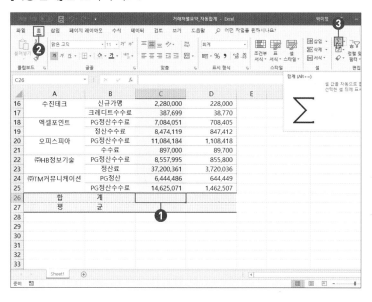

2 C26셀과 인접한 셀 범위인 C4:C25 범위가 자동으로 선택되면 Enter를 눌러 합계를 계산하세요.

Tip

[홈] 탭-[편집] 그룹에서 [자동 합계]를 클릭하면 선택한 셀로부터 인접한 숫자 범위가 모두 선택됩니다. 따라서 C26셀의 경우에는 바로 인접한 C4:C25 범위가 자동으로 선택돼요.

3 C26셀에 합계가 계산되면 평균을 구하기 위해 C27셀을 클릭하세요. **[홈] 탭-[편집] 그룹**에서 **[자동 합계]**의 내림 단추(⌄)를 클릭하고 **[평균]**을 선택하세요.

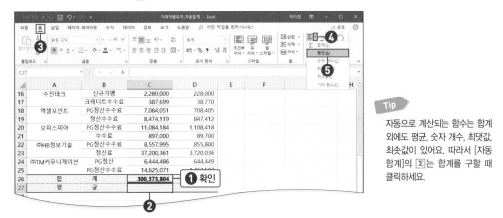

> **Tip**
>
> 자동으로 계산되는 함수는 합계 외에도 평균, 숫자 개수, 최댓값, 최솟값이 있어요. 따라서 [자동 합계]의 ∑는 합계를 구할 때 클릭하세요.

4 C27셀에 AVERAGE 함수가 입력되면서 인접한 숫자 범위가 자동으로 인식됩니다. 이때 '합계' 셀인 C26셀까지 선택되므로 C4:C25 범위를 다시 드래그하여 선택하고 Enter 를 누르세요.

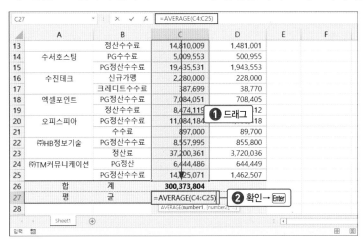

5 C27셀에 평균을 구했습니다. '세금' 항목도 수식이 같으므로 C26:C27 범위를 드래그하여 선택하고 C27셀의 자동 채우기 핸들(+)을 D27셀까지 드래그하여 함수식을 복사하세요.

함수 라이브러리로 업체 수와 최고 금액 구하기

◐ **예제파일** : 거래처별요약_함수.xlsx ◐ **결과파일** : 거래처별요약_함수_완성.xlsx

1 [Sheet1] 시트에서 G3셀을 클릭하고 [수식] 탭-[함수 라이브러리] 그룹에서 [함수 더 보기]를 클릭한 후 [통계]-[COUNTA]를 선택하세요.

> **Tip**
>
> COUNT 함수는 숫자 셀만 계산하기 때문에 문자를 대상으로 셀을 셀 때는 COUNTA 함수를 사용해야 해요.

2 COUNTA 함수의 [함수 인수] 대화상자가 열리면 'Value1'에 『A4:A25』를 입력하고 [확인]을 클릭하세요.

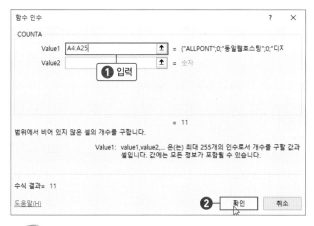

> **Tip**
>
> 함수 인수 상자가 열려있는 상태에서 A4:A25 범위를 직접 드래그하여 'Value1' 값에 『A4:A25』를 입력해도 됩니다.

3 G3셀에 업체 수가 계산되면 최고값을 계산하기 위해 G4셀을 클릭하고『=MA』를 입력하세요. 'MA'로 시작하는 모든 함수가 목록으로 나타나면 목록에서 [MAX]를 더블클릭하거나 [Tab]을 누르세요.

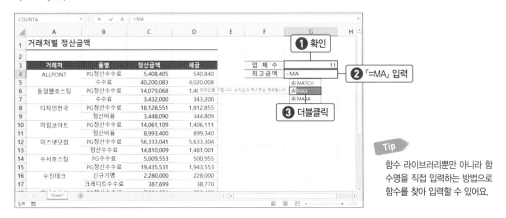

Tip

함수 라이브러리뿐만 아니라 함수명을 직접 입력하는 방법으로 함수를 찾아 입력할 수 있어요.

4 G4셀에『=MAX(』가 입력되면 이어서『C4:C25)』를 추가 입력하고 [Enter]를 누르세요.

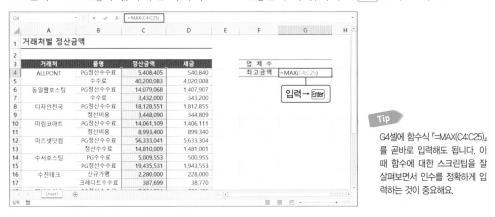

Tip

G4셀에 함수식『=MAX(C4:C25)』를 곧바로 입력해도 됩니다. 이때 함수에 대한 스크린팁을 잘 살펴보면서 인수를 정확하게 입력하는 것이 중요해요.

5 함수 라이브러리에서 제공하는 함수를 이용해서 G3셀에는 업체 수를, G4셀에는 최고 금액을 계산했습니다.

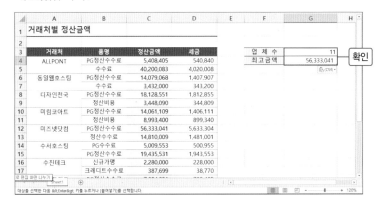

1 연산자와 이름 사용해 판매 계획 및 실적에 대한 비율 계산하기

● 예제파일 : 판매계획및실적.xlsx ● 결과파일 : 판매계획및실적_완성.xlsx

연산자와 이름을 사용해 각 실적 합계와 계획 대비 판매 비율, 전년 대비 판매 비율을 계산해 보세요.

Hint

① '시판영업팀 소계' 항목은 '자동 합계'로 각 실적의 합계를 계산하세요.

② '계획대비' 항목은 '=판매실적/사업계획'으로, '전년대비' 항목은 '=판매실적/2019년'으로 계산하세요.

③ D12셀의 이름을 [실적]으로 지정하세요.

④ 이름을 사용해 각 판매 실적이 전체 판매 실적에서 차지하는 비율을 계산하세요.

⑤ G4:I11 범위에 백분율 표시 형식을 지정하세요. 예 0.0%

2 자동 합계와 함수 라이브러리로 '교육 평가 보고서' 완성하기

● 예제파일 : 교육및평가.xlsx ● 결과파일 : 교육및평가._완성.xlsx

'자동 합계' 기능과 함수 라이브러리의 함수를 이용해 '교육 평가 보고서'를 완성해 보세요.

Hint

① '합계' 항목은 '자동 합계(합계, 평균)'로 계산하세요.

② '1차', '2차', '3차' 항목에 문자가 포함되어 있으므로 '평균' 항목은 함수 라이브러리의 AVERAGEA 함수로 계산하세요.

③ '인원수' 항목은 함수 라이브러리의 COUNTA 함수로 계산하세요.

④ '전체 평균' 항목은 '자동 합계'의 '평균'을 이용해 각 평균의 평균값을 계산하세요.

Section

기본 함수 익히기

연산자를 사용하는 것보다 엑셀에서 제공하는 함수를 사용하면 좀 더 쉽게 정확한 결과를 얻을 수 있어요. 함수는 미리 작성된 수식 프로그램으로, 함수에서 요구하는 인수만 정확히 입력하면 아무리 복잡한 연산이라도 원하는 결과를 빠르게 계산할 수 있습니다. 엑셀 2019에서는 데이터에 따라 적용할 수 있는 많은 함수를 제공합니다. 특히 수학/삼각 함수, 통계 함수, 텍스트 함수, 논리 함수, 정보 함수는 워크시트 계산에 꼭 필요한 기본 함수이기 때문에 정확하게 이해하고 사용하세요.

> **PREVIEW**

▲ 기본 통계 함수로 데이터 요약하고 평가하기

▲ 텍스트 함수와 날짜 함수로 고객 민원 처리 현황표 작성하기

> **섹션별 주요 내용**

01 | 함수의 종류와 사용 방법 살펴보기 02 | 분류별 판매 소계 및 순위 구하기 — RANK.EQ, SUBTOTAL 함수

03 | 수수료와 매출 Top3 알아보기 — LARGE, ROUND 함수

04 | 중첩 함수로 사원의 과락 여부 평가하기 — COUNT, OR, IF, IFS 함수

05 | 고객 민원 처리 현황표 작성하기 — DATE, LEFT, TEXT 함수

함수의 종류와 사용 방법 살펴보기

엑셀 2019에서 제공된 워크시트 함수는 해당 기능별로 분류됩니다. [수식] 탭-[함수 라이브러리] 그룹에서 찾으려는 함수의 범주를 클릭하거나 Shift + F3 을 눌러 [함수 마법사] 대화상자를 열고 함수의 처음 몇 글자나 찾으려는 함수를 설명하는 단어만 입력해도 원하는 함수를 쉽게 검색할 수 있어요.

1 | 함수의 구성 이해하기

함수는 일반 수식처럼 '등호(=)'로 시작하고 '함수 이름'과 '인수'로 구성되어 있어요.

❶ 등호(=) : 수식은 반드시 등호로 시작하고 등호가 있어야 수식으로 인식해요.

❷ 함수 이름 : 원하는 계산의 함수 이름을 입력하세요.

❸ 괄호( ) : 인수를 표시할 수 있는 영역입니다. 인수가 없어도 함수 이름의 뒤에 반드시 괄호를 넣어서 함수를 표현해야 해요.

❹ 인수 : 인수는 쉼표(,)로 구분되는 함수의 중요한 요소입니다. 함수에 따라 정해진 인수가 있고 숫자, 텍스트, 수식 및 셀 참조, 논리값 등을 인수로 사용할 수 있어요. 인수는 최대 255개까지 사용할 수 있고 함수에 따라 인수가 없는 함수도 있어요.

2 | 실무에서 자주 사용하는 기본 함수

엑셀 실무에서 자주 사용하는 함수를 우선 순위별로 정리해 봤어요. 여기서 설명하는 열세 개의 함수만 제대로 알면 웬만한 엑셀 문서는 모두 다룰 수 있어요.

❶ SUBTOTAL 함수

- **형식** : SUBTOTAL(Function_num,Ref1,Ref2,…)
- **기능** : 그룹별 소계를 구하는 부분합의 함수로, 열한 개의 함수 번호에 따라 소계의 함수가 달라져요.
- **인수 설명**

Function_num	부분합을 계산할 때의 함수 번호로, 1~11까지 지정 가능 **예** 평균(Average) : 1, 합계(Sum) : 9
Ref1,Ref2,…	부분합을 계산하려는 목록이나 셀 범위의 주소로, 최대 254개까지 지정 가능

❷ ROUND 계열 함수

- **형식** : ROUND/ROUNDUP/ROUNDDOWN/TRUNC(Number,Num_digits)
- **기능** : ROUND 계열 함수는 숫자값을 특정 위치까지 반올림/올림/내림으로 값을 계산하는 함수입니다. 이 중에서 ROUNDDOWN 함수는 TRUNC 함수와 함수 형식이 같아요.
- **인수 설명**

Number	반올림(올림, 버림)하려는 숫자
Num_digits	소수점 이하 자릿수

❸ SUMIF, AVERAGEIF 함수

- **형식** : SUMIF/AVERAGEIF(Range,Criteria,Sum_range/Average_range)
- **기능** : 조건식의 결과에 따라 참(TRUE)일 때와 거짓(FALSE)일 때의 값을 각각 반환합니다.
- **인수 설명**

Range	조건을 검사할 셀 범위
Criteria	숫자, 식, 텍스트 형태의 조건 **예** '100보다 크다'라는 조건을 식으로 작성하려면 『>100』 입력
Sum_range/Average_range	합계(평균)을 구할 셀 범위

❹ COUNT, COUNTA, COUNTBLANK 함수

- **형식** : COUNT/COUNTA/COUNTBLANK(Value1,Value2,…)
- **기능** : 숫자/비어있지 않은 셀/빈 셀의 개수를 셉니다.
- **인수 설명**

Value1,Value2,…	개수를 구할 값과 셀 범위로, 최대 255개의 인수 지정 가능

❺ COUNTIF 함수

- **형식** : COUNTIF(Range,Criteria)
- **기능** : 조건에 맞는 셀의 수를 셉니다.
- **인수 설명**

Range	조건을 검사할 셀 범위
Criteria	숫자, 식, 텍스트 형태의 조건 **예** '100보다 크다'라는 조건을 식으로 작성하려면 『>100』 입력

❻ LARGE, SMALL 함수

- **형식** : LARGE/SMALL(Array,k)
- **기능** : 데이터 집합에서 k번째로 큰 값/작은 값을 구해요.
- **인수 설명**

Array	k번째로 큰 값/작은 값을 결정할 집합 또는 배열
k	배열 또는 셀 범위에서 몇 번째로 큰 값/작은 값을 구할지 결정

❼ RANK.EQ, RANK.AVG 함수

- **형식** : RANK.EQ/RANK.AVG(Number,Ref,Order)
- **기능** : 숫자 목록에서 지정한 수의 크기 순위를 반환해요. RANK.AVG 함수는 둘 이상의 값이 순위가 같으면 평균 순위를 반환해요.
- **인수 설명**

Number	순위를 구하려는 수
Ref	수 목록 또는 배열 또는 셀 범위
Order	생략 가능하고 0이면 내림차순, 0이 아니면 오름차순으로 순위 지정

❽ IF 함수

- **형식** : IF(Logical_test,Value_if_true,Value_if_false)
- **기능** : 조건식의 결과에 따라 참(TRUE)일 때와 거짓(FALSE)일 때의 값을 각각 반환해요.
- **인수 설명**

Logical_test	조건식으로 참과 거짓의 논리값 계산
Value_if_true	조건식의 결과가 참일 때 되돌려줄 값이나 식
Value_if_false	조건식의 결과가 거짓일 때 되돌려줄 값이나 식

❾ IFS 함수

- **형식** : IFS(Logical_test1,Value_if_true1,Logical_test2,Value_if_true2,…)
- **기능** : 하나 이상의 조건이 충족되는지 확인하고 각 조건에 따른 결과값을 반환합니다.
- **인수 설명**

Logical_test1,Logical_test2,…	TRUE 또는 FALSE로 평가될 값 또는 식
Value_if_true1,Value_if_true2,…	Logical_test가 TRUE이면 반환되는 값

❿ OR 함수

- **형식** : OR(Logical1,Logical2,…)
- **기능** : 조건의 결과가 하나라도 참이면 TRUE를 반환해요.
- **인수 설명**

Logical1,Logical2,…	조건식으로 1~255까지 조건 입력 가능

⓫ LEFT, RIGHT 함수

- **형식** : LEFT/RIGHT(Text,Num_char)
- **기능** : 문자열의 왼쪽 또는 오른쪽에서 지정된 글자 수만큼 추출해요.
- **인수 설명**

Text	왼쪽이나 오른쪽에서부터 되돌려줄 문자가 포함된 문자열
Num_char	추출할 문자열 개수

문서시작

문서편집

서식지정

차트

함수

정렬과필터

피벗테이블

매크로

⑫ TEXT 함수

- **형식** : TEXT(Value,Format_text)
- **기능** : 숫자에 서식을 지정하고 텍스트로 변환해요. 숫자 표시 형식의 코드 기호를 이해하고 표시 형태 그대로 텍스트가 되는 함수입니다. 숫자를 날짜처럼 표시하여 텍스트로 변경하려면 'yy-mm-dd'처럼 'Format_text' 값을 표시해야 해요.
- **인수 설명**

Value	텍스트로 변환할 숫자값
Format_text	[셀 서식] 대화상자의 [표시 형식] 탭에 있는 범주의 표시 형식

⑬ DATE 함수

- **형식** : DATE(Year,Month,Day)
- **기능** : 년, 월, 일을 나타내는 값을 이용해 새로운 날짜를 만들어요.
- **인수 설명**

Year	1900부터 9999 사이의 값을 가진 숫자로, 연도를 나타내는 숫자
Month	1부터 12 사이의 숫자로, 월을 나타내는 숫자
Day	1부터 31 사이의 숫자로, 일을 나타내는 숫자

2010 | 2013 | 2016 | 2019 | OFFICE 365

실무
예제 | **02**

분류별 판매 소계 및 순위 구하기

🔵 **예제파일** : 판매요약_소계와순위.xlsx　🔵 **결과파일** : 판매요약_소계와순위_완성.xlsx

● RANK.EQ, SUBTOTAL 함수

1 합계를 구할 때 자주 사용하는 SUM 함수가 아닌 SUBTOTAL 함수로 제품별 판매 요약 보고서의 각 소계를 구해볼게요. [Sheet1] 시트에서 '오피스 소계'인 D10셀을 클릭하고 [**수식**] 탭-[**함수 라이브러리**] 그룹에서 [**수학/삼각**]-[**SUBTOTAL**]을 선택하세요.

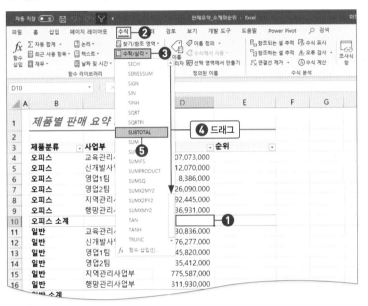

2 SUBTOTAL 함수의 [함수 인수] 대화상자가 열리면 'Function_num'에는 합계인 『9』를, 'Ref1'에는 '오피스' 금액의 전체 범위인 『D4:D9』를 입력하고 [확인]을 클릭하세요.

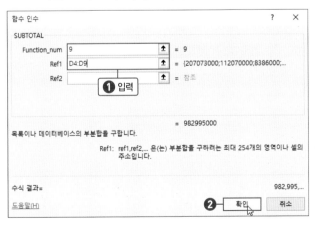

> **Tip**
>
> 'Function_num'에는 1부터 11까지 소계에 필요한 함수가 지정되어 있는데, 9는 SUM 함수에 해당합니다. 함수 번호에 대해서는 134쪽의 '잠깐만요'를 참고하세요.

3 D10셀에 '오피스' 금액의 소계가 계산되면 D10셀을 선택한 상태에서 [Ctrl]+[C]를 눌러 데이터를 복사한 후 D17셀에서 [Ctrl]+[V]를 눌러 붙여넣기하세요. D10셀의 함수식이 상대 참조로 계산되었으므로 D17셀의 소계는 D11:D16 범위까지 계산된 값으로 자동 변경됩니다.

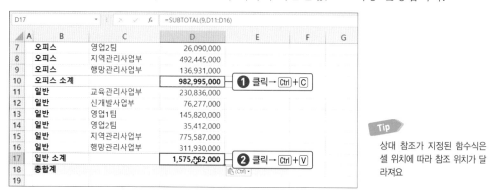

> **Tip**
>
> 상대 참조가 지정된 함수식은 셀 위치에 따라 참조 위치가 달라져요

4 이번에는 함수식을 직접 입력해서 '총합계'를 구해볼까요? D18셀을 클릭하고 『=SUBTOTAL(9, D4:D17)』을 입력한 후 [Enter]를 누르세요. 그러면 D18셀에 D10셀과 D17셀의 부분합이 빠진 SUBTOTAL 함수로 구한 총합계가 계산됩니다.

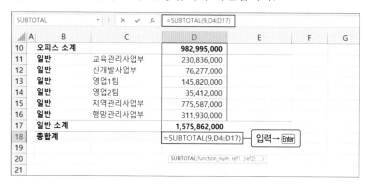

5 각 제품 분류별 사업부의 매출 순위를 구하기 위해 E4셀을 클릭하고 [수식] 탭-[함수 라이브러리] 그룹에서 [함수 더 보기]를 클릭한 후 [통계]-[RANK.EQ]를 선택하세요.

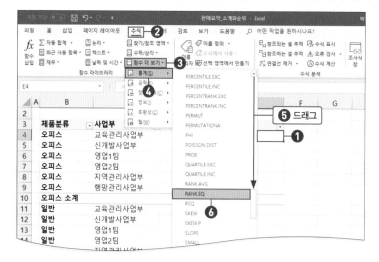

6 RANK.EQ 함수의 [함수 인수] 대화상자가 열리면 'Number'에는 순위를 구하려는 값인 『D4』를, 'Ref'에는 금액의 범위인 『D4:D9』를 입력하고 F4 를 눌러 절대 참조로 변경하세요. 'Order'에는 인수 지정을 생략하고 [확인]을 클릭하세요.

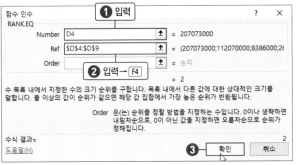

Tip

'Order'를 생략하면 기본값 0과 같으므로 값이 큰 것부터 작은 값으로 순위를 매기는 내림차순으로 순위가 정해져요.

7 E4셀에 '오피스' 제품의 순위가 계산되면 E4셀의 자동 채우기 핸들(➕)을 E9셀까지 드래그하여 나머지 셀에 함수식을 복사하세요.

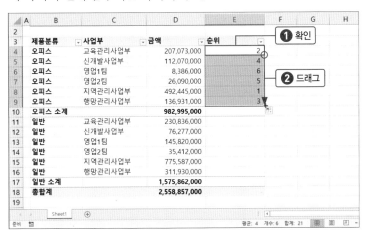

8 이번에는 함수식을 직접 입력해 볼까요? '일반' 제품의 순위를 계산하기 위해 E11셀을 클릭하고 『=RANK.EQ(D11,$D$11:$D$16)』을 입력한 후 Enter 를 누르세요.

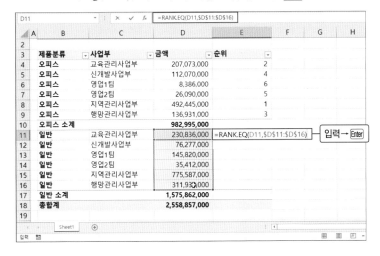

9 E11셀에 순위가 계산되면 E11셀의 자동 채우기 핸들(+)을 E16셀까지 드래그하여 함수식을 복사하세요.

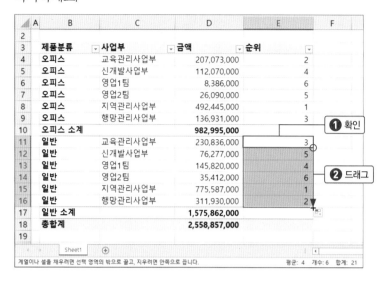

SUBTOTAL 함수에서 함수 번호의 의미 알아보기

SUBTOTAL 함수에서 함수 번호 1~11은 자동 필터를 이용해 추출된 데이터만 계산하지만, 강제로 숨긴 데이터는 예외입니다. 따라서 수동으로 숨긴 데이터를 무시하고 계산하려면 함수 번호는 101~111 사이의 값으로 사용해야 해요.

Function_num (숨겨진 값 포함)	Function_num (숨겨진 값 무시)	함수명	Function_num (숨겨진 값 포함)	Function_num (숨겨진 값 무시)	함수명
1	101	AVERAGE	7	107	STDEV
2	102	COUNT	8	108	STDEVP
3	103	COUNTA	9	109	SUM
4	104	MAX	10	110	VAR
5	105	MIN	11	111	VARP
6	106	PRODUCT			

▲ SUBTOTAL 함수 번호의 의미

필터의 결과에서 총합계를 살펴보면 값이 달라졌습니다.

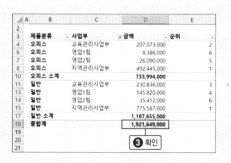

▲ 필터 조건에 따라 달라진 값

| 실무 예제 | **03** | **수수료와 매출 Top3 알아보기** |

🔵 **예제파일** : 매출_수수료와크기.xlsx 🔵 **결과파일** : 매출_수수료와크기_완성.xlsx

● LARGE, ROUND 함수

1 영업사원에게 지급할 매출 수수료(2%)를 계산해 볼까요? [보고서] 시트에서 H4셀을 클릭하고 [수식] 탭-[함수 라이브러리] 그룹에서 [수학/삼각]-[ROUND]를 선택하세요.

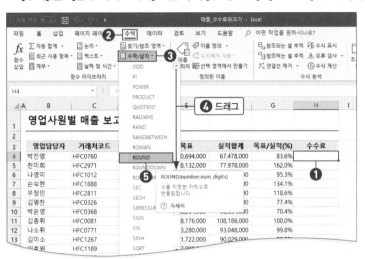

2 ROUND 함수의 [함수 인수] 대화상자가 열리면 'Number'에는 매출의 2%인 값인『F4*0.02』를, 'Num_digits'에는 100의 자리까지 표시하기 위해『-2』를 입력하고 [확인]을 클릭하세요.

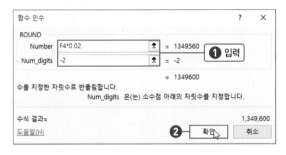

잠깐만요 **기타 반올림, 올림, 버림 함수와 Num_digits 이해하기**

Num_digits 인수에서 양수 값은 소수점 아래 위치를 의미하고 1의 자리는 0을 기준으로 왼쪽으로 1씩 감소하는 값으로 지정합니다.

Num_digits \ Number	1	0	–1	–2
123456.463	123456.5	123456	123460	123500

▲ Num_digits의 자릿수

135

3 H4셀에 수수료가 계산되면 H4셀의 자동 채우기 핸들(+)을 더블클릭하여 나머지 셀에 함수 식을 복사하세요.

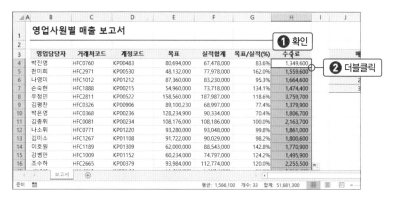

4 이번에는 매출 순위를 나타내는 셀에 표시 형식을 지정해 볼까요? J5:J7 범위를 드래그하여 선택하고 [홈] 탭-[표시 형식] 그룹에서 [표시 형식] 대화상자 표시 아이콘(⌐)을 클릭하세요.

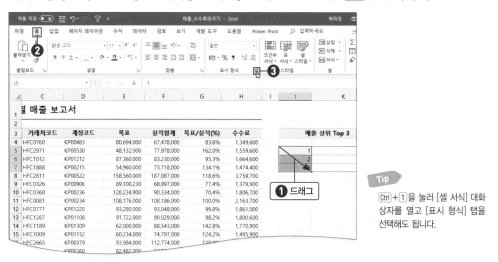

Tip

Ctrl+1을 눌러 [셀 서식] 대화 상자를 열고 [표시 형식] 탭을 선택해도 됩니다.

5 [셀 서식] 대화상자의 [표시 형식] 탭이 열리면 '범주'에서 [사용자 지정]을 선택하세요. '형식'에서 [G/표준]을 선택하고 'G/표준' 뒤에 『"위 매출"』을 입력한 후 [확인]을 클릭하세요.

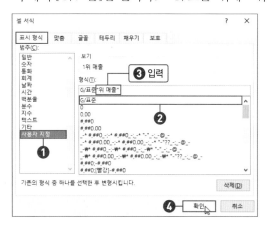

Tip

'1위 매출'을 문자로 직접 입력하면 LARGE 함수에서 'K' 값의 인수로 사용할 수 없기 때문에 숫자를 사용해서 '1위 매출'로 표시했어요.

6 J5:J7 범위에 순위별 매출 항목을 지정했으면 K5셀에 순위별 매출을 계산해 볼게요. K5셀을 클릭하고 [수식] 탭-[함수 라이브러리] 그룹에서 [함수 더 보기]를 클릭한 후 [통계]-[LARGE]를 선택하세요.

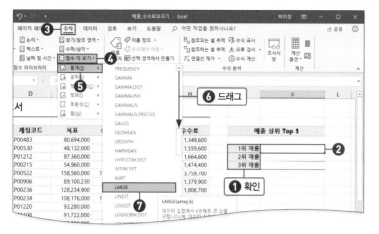

7 LARGE 함수의 [함수 인수] 대화상자가 열리면 'Array'에 커서를 올려놓고 '실적 합계' 항목인 F4:F36 범위를 드래그하여 선택한 후 F4 를 눌러 절대 참조를 변경하세요. 'K'에 커서를 올려놓고 순위인 J5셀을 클릭하거나 직접 『J5』를 입력한 후 [확인]을 클릭하세요.

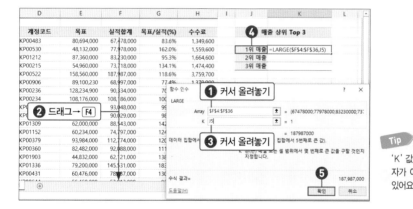

Tip

'K' 값에 해당하는 J5셀에는 문자가 아닌 숫자 '1'이 입력되어 있어요.

8 K5셀에 1위 매출이 계산되면 나머지 순위의 매출도 계산하기 위해 K5셀의 자동 채우기 핸들(➕)을 더블클릭하여 나머지 셀에 함수식을 복사하세요. 이 경우 테두리 서식이 달라지므로 [자동 채우기 옵션] 단추(圖▾)를 클릭하고 [서식 없이 채우기]를 선택하세요.

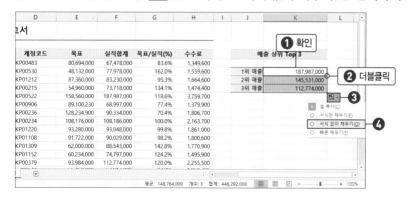

2010 | 2013 | 2016 | **2019** | OFFICE 365

실무
예제 | **04** | # 중첩 함수로 사원의 과락 여부 평가하기

💿 **예제파일** : 교육및평가_IF.xlsx   💿 **결과파일** : 교육및평가_IF_완성.xlsx

● COUNT, OR, IF, IFS 함수

1 [Sheet1] 시트에서 '과락여부'를 알아보기 위해 I4셀을 클릭하고 [수식] 탭-[함수 라이브러리] 그룹에서 [논리]-[OR]을 선택하세요.

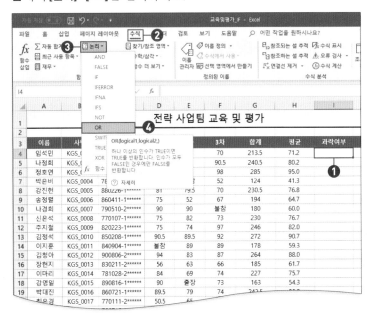

2 각 차수의 점수가 60 미만인 경우나 점수가 없는 경우(불참, 출장)에 과락을 지정해 볼까요? OR 함수의 [함수 인수] 대화상자가 열리면 'Logical1'에는 『D4⟨60』을, 'Logical2'에는 『E4⟨60』을, 'Logical3'에는 『F4⟨60』을 입력하세요.

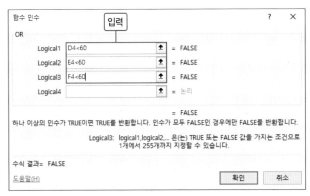

문서시작

문서편집

서식지정

차트

함수

정렬과필터

피벗테이블

매크로

3 이번에는 네 번째 조건으로 점수가 있는 셀이 3이 되지 않는 경우를 검사해 볼까요? COUNT 함수를 사용해 계산하기 위해 'Logical4'에 『COUNT(D4:F4)⟨3』을 입력하고 [확인]을 클릭하세요.

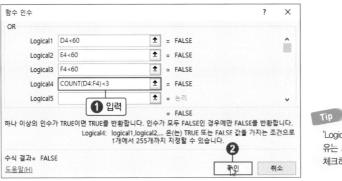

Tip

'Logical4'에 『COUNT(D4:F4)⟨3』을 입력하는 이유는 세 번의 시험 중에서 불참이 있는 경우를 체크하기 위한 것입니다.

4 I4셀에 과락 여부가 계산되면 I4셀의 자동 채우기 핸들(+)을 더블클릭하여 나머지 셀에 함수식을 복사하세요.

5 이번에는 최종 평가 결과를 계산하기 위해 J4셀을 클릭하고 [수식] 탭-[함수 라이브러리] 그룹에서 [논리]-[IF]를 선택합니다.

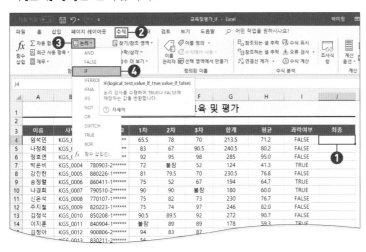

6 IF 함수의 [함수 인수] 대화상자가 열리면 'Logical_test'에는 과락 여부의 값인 'I4'를, 'Value_if_true'에는 '"과락"'을 입력합니다. 'Value_if_false'에는 다른 함수를 중첩하기 위해 커서를 올려놓은 상태에서 수식 입력줄의 왼쪽에 있는 함수 상자의 내림 단추([v])를 클릭하고 [IFS] 함수를 선택하세요.

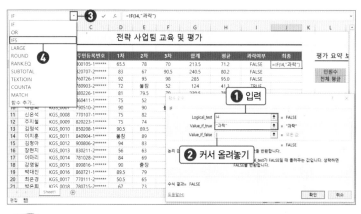

Tip

IFS 함수는 엑셀 2019의 새로운 함수로, IF 함수를 반복해서 사용하는 효과와 같습니다. 함수 상자의 내림 단추([v])를 클릭했을 때 함수 목록에 [IFS]가 없으면 [함수 추가]를 선택하여 [함수 마법사] 대화상자를 열고 [논리] 범주의 [IFS]를 선택하세요.

7 각 점수에 따른 평가 결과를 입력해 볼까요? IFS 함수의 함수 상자가 열리면 첫 번째 조건과 값을 입력하기 위해 'Logical_test1'에는 'H4>=90'을, 'Value_if_true1'에는 '"A"'를 입력하세요. 이와 같은 방법으로 'Logical_test2'에는 'H4>=80'을, 'Value_if_true2'에는 '"B"'를 입력하세요.

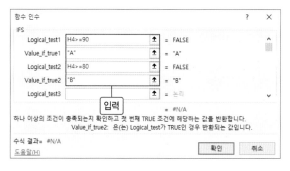

Tip

IFS 함수에서 조건을 입력할 때는 값의 순서에 유의하세요. 90, 80, 70, …과 같이 내림차순이나 오름차순으로 조건을 작성하세요.

8 계속해서 'Logical_test3'에는 'H4>=70'을, 'Value_if_true3'에는 '"C"'를 입력하세요. 'Logical_test4'에는 'H4>=60'을, 'Value_if_true4'에는 '"D"'를 입력하세요.

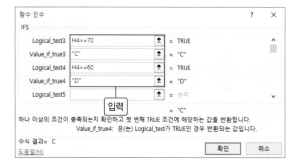

9 마지막으로 'Logical_test5'에는 'TRUE'를 'Value_if_true5'에는 '"F"'를 입력하세요. IF 함수로 돌아가기 위해 수식 입력줄에 있는 [IF]를 클릭하세요.

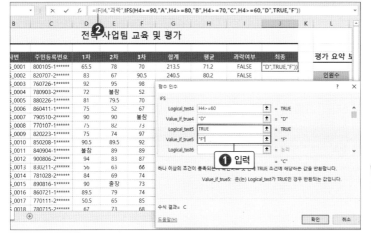

Tip

마지막 조건의 'TRUE'는 나머지 값을 의미합니다. 즉 60점 이하의 모든 값입니다.

10 IF 함수식이 완성되었는지 확인하고 [확인]을 클릭하세요.

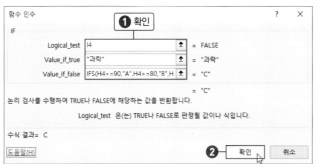

Tip

IF 함수에서 과락이 아닌 경우 각 점수별로 평가를 IFS 함수로 계산한 것입니다.

11 J4셀에 최종 결과가 계산되면 J4셀의 자동 채우기 핸들(**+**)을 더블클릭하여 나머지 셀에 함수식을 복사하세요.

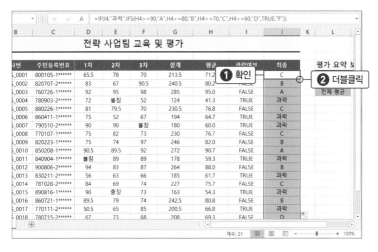

실무 예제 05 고객 민원 처리 현황표 작성하기

◉ **예제파일** : 고객민원_문자추출과날짜.xlsx ◉ **결과파일** : 고객민원_문자추출과날짜_완성.xlsx

● DATE, LEFT, TEXT 함수

1 [Sheet1] 시트에서 고객 민원 처리 내용을 완성하기 위해 '처리 유형' 항목의 B4셀을 클릭하세요. [수식] 탭-[함수 라이브러리] 그룹에서 [텍스트]-[LEFT]를 선택하세요.

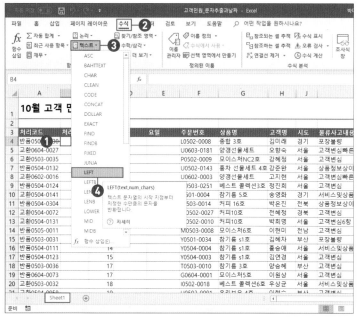

> **Tip**
>
> LEFT 함수는 문자열에서 왼쪽부터 지정한 개수만큼 문자를 추출하는 함수로, '처리코드' 항목에서 왼쪽에 있는 두 글자를 처리 유형으로 계산합니다.

2 LEFT 함수의 [함수 인수] 대화상자가 열리면 'Text'에는 처리 코드인『A4』를, 'Num_char'에는『2』를 입력하고 [확인]을 클릭하세요.

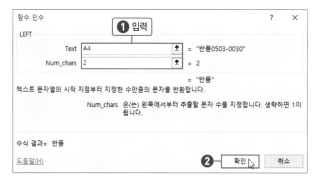

142

3 B4셀에 처리 유형이 표시되면 B4셀의 자동 채우기 핸들(➕)을 더블클릭하여 나머지 셀에 함수식을 복사하세요.

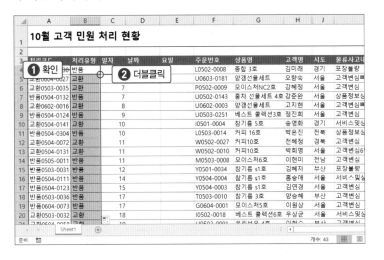

4 이번에는 처리일자를 작성하기 위해 D4셀을 클릭하고 [수식] 탭-[함수 라이브러리] 그룹에서 [날짜 및 시간]-[DATE]를 선택하세요.

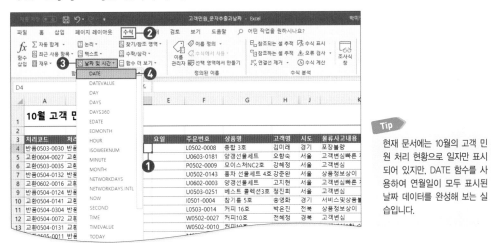

Tip

현재 문서에는 10월의 고객 민원 처리 현황으로 일자만 표시되어 있지만, DATE 함수를 사용하여 연월일이 모두 표시된 날짜 데이터를 완성해 보는 실습입니다.

5 DATE 함수의 [함수 인수] 대화상자가 열리면 'Year'에는 『2019』를, 'Month'에는 『10』을, 'Day'에는 일에 해당하는 『C4』를 입력하고 [확인]을 클릭하세요.

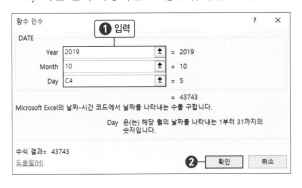

6 완성된 날짜의 요일을 계산하기 위해 E4셀을 클릭하고 [수식] 탭-[함수 라이브러리] 그룹에서 [텍스트]-[TEXT]를 선택하세요.

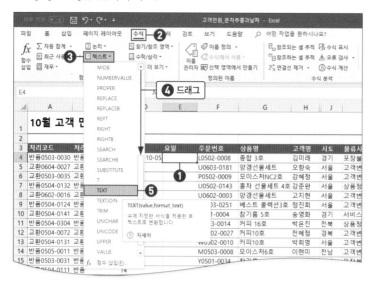

7 TEXT 함수의 [함수 인수] 대화상자가 열리면 'Value'에는 처리 날짜인 『D4』를, 'Format_text'에는 한글로 요일을 표시하는 서식 코드인 『"aaa"』를 입력하고 [확인]을 클릭하세요.

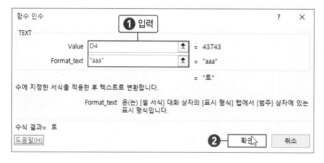

> **Tip**
>
> TEXT 함수는 숫자 데이터를 문자로 바꾸는 함수로, 날짜에서 요일의 형식의 숫자 데이터를 문자로 바꿔줍니다. 이와 반대로 문자를 숫자로 변경하는 함수는 VALUE 함수입니다. 한글로 요일을 표시하는 서식에 대해서는 77쪽을 참고하세요.

8 E4셀에 요일이 표시되면 D4:E4 범위를 드래그하여 선택하고 E4셀의 자동 채우기 핸들(+)을 더블클릭하여 나머지 셀에 함수식을 복사하세요.

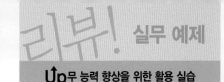

1 | 10월 판매 현황에 대한 요약 보고서 작성하기

💽 **예제파일** : 10월매출_요약통계.xlsx   💽 **결과파일** : 10월매출_요약통계_완성.xlsx

함수를 사용하여 10월 판매 매출에 대한 여러 가지 요약 값을 계산해 보세요.

Hint

① '매출순위' 항목에 전체 금액에 대한 각 금액의 순위를 구하세요(RANK.EQ 함수).

② '합계' 항목에는 SUM이 아닌 부분합으로 계산하세요(SUBTOTAL 함수).

③ '평균' 항목에는 부분합 계산 방법으로 F74셀에 계산하고 그 값을 이용해 백의 자리까지 버림하여 계산하세요 (ROUNDDOWN 함수, SUBTOTAL 함수).

④ 1위 매출과 2위 매출을 구하세요(LARGE 함수).

2 | 동호회 명단 관리하고 이벤트 초대 여부 표시하기

💽 **예제파일** : 동호회명단.xlsx   💽 **결과파일** : 동호회명단_완성.xlsx

함수를 사용해 동호회 회원의 생일과 이벤트 초대 여부를 표시해 보세요.

Hint

① '최종' 항목에는 1차부터 3차까지의 참석 횟수를 계산하세요(COUNTA 함수).

② '생일' 항목은 주민등록번호의 년/월/일을 함수로 추출하여 완성하세요(DATE 함수, LEFT 함수, MID 함수).

③ '10월 생일' 항목은 계산된 생일이 10월인지의 여부를 판단하세요(MONTH 함수).

④ '이벤트 초대' 항목에는 최종 참석이 3회이거나 회비를 10만 원 이상 또는 생일이 10월인 경우에 '참석통보'를 표시하고, 아닌 경우에는 표시하지 않도록 계산하세요(IF 함수, OR 함수).

145

고급 실무 함수 익히기

비즈니스 데이터를 깊이 있게 분석하여 결과 보고서를 작성하려면 요약에 필요한 함수나 찾기/참조 함수 등의 실무 함수를 적절하게 사용할 수 있어야 해요. 또한 하나의 함수가 아닌 여러 가지 함수를 중첩하여 사용하면 복잡하게 계산하지 않아도 다양한 형태의 분석을 단 하나의 셀에서 처리할 수 있습니다. 따라서 이번 섹션에서는 업무의 효율성을 높여주고 시간을 절약할 수 있는 다양한 실무 고급 함수에 대해 배워보겠습니다.

> ## PREVIEW

▲ 찾기/참조와 집계 함수로 요약 보고서 완성하기

▲ 날짜와 참조 함수로 작업 기간과 수당 구하기

> ## 섹션별 주요 내용

01 | 실무에서 자주 사용하는 함수 살펴보기 　02 | 월별 매출 요약 보고서 작성하기 — COUNTIFS, SUMIFS 함수

03 | 매출 평균과 개인별 매출 계산하기 — AVERAGEIFS, IFERROR, INDIRECT 함수

04 | TF팀 명단과 주소 작성하기 — COLUMN, CONCAT, VLOOKUP 함수

05 | 직급별 프로젝트 수당 계산하기 — INDEX, MATCH 함수

핵심기능 01 실무에서 자주 사용하는 함수 살펴보기

실제 업무에서는 데이터의 종류나 보고서의 목적에 따라 다양한 함수를 여러 가지 방법으로 사용해요. 이 중에서 찾기/참조 영역 함수와 기간을 구하는 함수, 그리고 요약할 수 있는 집계 함수를 꼭 익혀야 해요. 이들 함수를 중첩하여 사용하면 수식을 여러 셀에 나누어 계산하지 않아도 되므로 매우 깔끔하게 결과를 구할 수 있어요.

다음은 실무 사용 빈도 순으로 고급 함수를 정리해 놓았어요. 함수의 사용 목적을 잘 이해하고 제대로 익혀두어야 데이터를 손쉽게 정리하고 원하는 분석 결과를 정확하게 도출할 수 있어요.

❶ YEAR, MONTH, DAY 함수

- **형식** : YEAR/MONTH/DAY(Serial_number)
- **기능** : 날짜 데이터에서 년(1900~9999)/월(1~12)/일(1~31) 사이의 숫자를 구해요.
- **인수 설명**

Serial_number	년/월/일의 값을 계산할 날짜의 일련번호

❷ ROW, COLUMN 함수

- **형식** : ROW/COLUMN(Reference)
- **기능** : 참조의 행/열 번호를 구해요.
- **인수 설명**

Reference	행 번호를 구할 셀 또는 셀 범위로, 생략하면 현재 셀 참조

❸ COUNTIF 함수

- **형식** : COUNTIF(Range,Criteria)
- **설명** : 조건에 맞는 셀의 수를 셉니다.
- **인수 설명**

Range	조건을 검사할 셀 범위
Criteria	숫자, 식, 텍스트 형태의 조건 예 '100보다 크다'라는 조건을 식으로 작성하려면 ")100"으로 입력

❹ COUNTIFS 함수

- **형식** : COUNTIFS(Criteria_range1,Criteria1,…)
- **기능** : 여러 가지 조건에 맞는 셀들의 개수를 구해요.
- **인수 설명**

Criteria_range1,Criteria_range2,…	특정 조건에 따라 계산할 셀 범위로, 조건의 범위(범위1,범위2,…)
Criteria1,Criteria2,…	숫자, 식, 텍스트 형태의 조건(조건1,조건2,…)

❺ SUMIFS 함수

- **형식** : SUMIFS(Sum_range,Criteria_range1,Criteria1,…)
- **기능** : 여러 가지 조건에 맞는 셀들의 합을 구해요.
- **인수 설명**

Sum_range	합계를 구하는 데 사용할 실제 셀 범위
Criteria_range1,Criteria_range2,…	특정 조건에 따라 계산할 셀 범위로, 조건의 범위(범위1,범위2,…)
Criteria1,Criteria2,…	숫자, 식, 텍스트 형태의 조건(조건1, 조건2, …)

❻ AVERAGEIFS 함수

- **형식** : AVERAGEIFS(Average_range,Criteria_range1,Criteria1,…)
- **기능** : 여러 가지 조건에 맞는 셀의 평균을 구해요.
- **인수 설명**

Average_range	평균을 구하는 데 사용할 실제 셀 범위
Criteria_range1,Criteria_range2,…	특정 조건에 따라 계산할 셀 범위로, 조건의 범위(범위1,범위2,…)
Criteria1,Criteria2,…	숫자, 식, 텍스트 형태의 조건(조건1,조건2,…)

❼ IFERROR 함수

- **형식** : IFERROR(Value,Value_if_error)
- **기능** : 계산식의 결과에 오류가 발생하면 'Value_if_error'의 값을 반환하고 오류가 발생하지 않으면 계산식 결과가 그대로 반환됩니다.
- **인수 설명**

Value	값, 식 또는 참조식
Value_if_error	Value 값이 오류일 때 반환할 식이나 참조값

❽ VLOOKUP 함수

- **형식** : VLOOKUP(Lookup_value,Table_array,Col_index_num,Range_lookup)
- **기능** : 표의 첫 열에서 값을 찾아 지정한 열의 같은 행의 값을 되돌려줍니다.
- **인수 설명**

Lookup_value	표의 첫 열에서 찾는 값
Table_array	데이터를 검색하고 참조할 셀 범위
Col_index_num	Table_array의 열 번호로, 값을 추출할 열 지정
Range_lookup	값을 찾을 방법으로, 0이면 정확하게 일치하는 값 찾고 1이나 생략하면 비슷하게 일치하는 값 찾음

❾ CONCAT 함수(엑셀 2016 이하 버전에서는 CONCATENATE 함수)

- **형식** : CONCAT(Text1,Text2,…)
- **기능** : 여러 개의 텍스트를 결합하여 하나의 텍스트로 만듭니다. & 연산자를 대체하는 함수로, 수식의 결과로 인수를 사용하면 숫자도 텍스트로 인식됩니다. 여러 개의 셀에 나뉘어진 주소를 하나의 셀로 연결하거나 수식의 결과를 문자로 묶을 때 사용해요.
- **인수 설명**

Text1,Text2,…	1~254 사이의 텍스트 문자열 또는 단일 텍스트 문자열에 연결할 범위

❿ INDEX 함수

- **형식** : INDEX(Array,Row_num,Column_num)
- **기능** : 표의 범위 안에서 지정한 행과 열이 교차되는 위치값을 되돌려줍니다.
- **인수 설명**

Array	배열로 입력된 셀 범위
Row_num	값을 되돌려줄 배열 또는 셀 범위의 행 번호 지정
Column_num	값을 되돌려줄 배열 또는 셀 범위의 열 번호 지정

⓫ MATCH 함수

- **형식** : MATCH(Lookup_value,Lookup_array,Match_type)
- **기능** : 배열에서 지정된 값과 일치하는 항목의 상대적 위치값을 찾습니다.
- **인수 설명**

Lookup_value	배열이나 참조 범위에서 찾는 값
Lookup_array	배열 또는 연속된 셀 범위
Match_type	• 되돌릴 값을 표시하는 숫자로, −1, 0, 1이 있음 • 0이면 MATCH는 'Lookup_value'와 일치하는 값 중 첫 번째 값을 찾음

실무
예제 | **02** | # 월별 매출 요약 보고서 작성하기

⊙ **예제파일** : 매출현황_집계함수.xlsx　⊙ **결과파일** : 매출현황_집계함수_완성.xlsx

● COUNTIFS, SUMIFS 함수

1 [목록] 시트에서 A2:A7 범위를 드래그하여 선택하고 이름 상자에 『사업부』를 입력한 후 Enter 를 눌러 이름을 작성하세요.

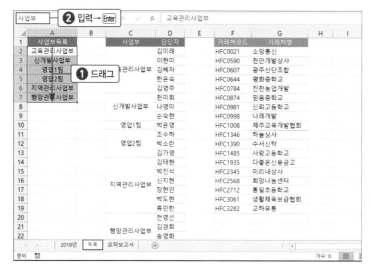

> **Tip**
> [수식] 탭-[정의된 이름] 그룹에서 [이름 정의]를 클릭하여 새 이름으로 작성해도 됩니다.

2 [요약보고서] 시트로 이동하여 C3셀을 클릭하고 [데이터] 탭-[데이터 도구] 그룹에서 [데이터 유효성 검사]를 클릭하세요.

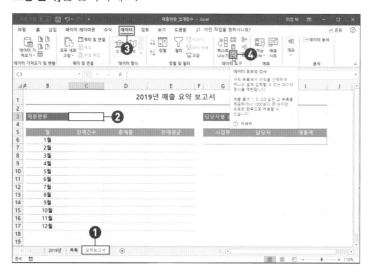

3 [데이터 유효성] 대화상자가 열리면 [설정] 탭의 '제한 대상'에서 [목록]을 선택하고 '원본'에
『=사업부』를 입력한 후 [확인]을 클릭하세요.

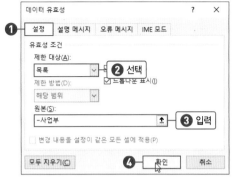

Tip

'원본'에 A2:A7 범위에 있는 사업부 목록을 직접 입력해도 됩니다.

4 C3셀의 오른쪽에 내림 단추(▼)가 나타나면 클릭하고 [지역관리사업부]를 선택하세요.

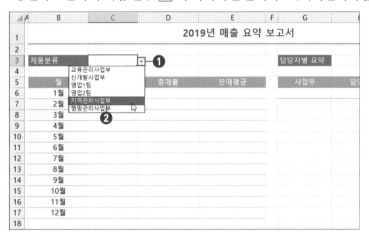

5 '지역관리사업부'의 1월 판매 건수를 알아볼까요? C6셀을 클릭하고 [**수식**] 탭–[**함수 라이브러
리**] 그룹에서 [**함수 더 보기**]를 클릭한 후 [**통계**]–[COUNTIFS]를 선택하세요.

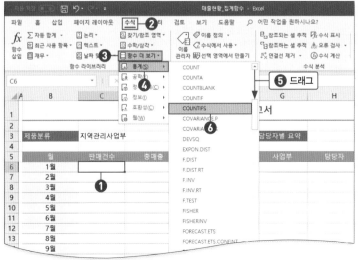

Tip

COUNTIF 함수는 조건이 하나
인 경우에, COUNTIFS 함수는 조
건이 두 개 이상인 경우에 사용
합니다. 만약 COUNTIFS 함수
에서 하나의 조건만 지정하면
COUNTIF 함수와 결과가 같아요.

6 COUNTIFS 함수의 [함수 인수] 대화상자가 열리면 다음과 같이 지정하세요.

- Criteria_range1 : 커서를 올려놓고 [2019년] 시트로 이동 → '월' 항목인 B5:B262 범위를 드래그하여 선택 → F4 눌러 절대 참조로 변경
- Criteria1 : 조건에 해당하는 『B6』 입력

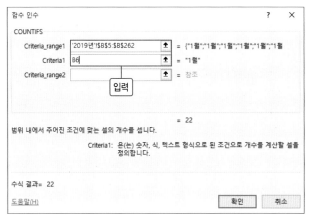

Tip

B5:B262 범위는 B5셀을 클릭하고 Ctrl+Shift+ ↓를 누르면 한 번에 선택할 수 있어요.

7 두 번째 조건에 대한 인수를 다음과 같이 지정하고 [확인]을 클릭하세요.

- Criteria_range2 : 커서를 올려놓고 [2019년] 시트로 이동 → '사업부' 항목인 C5:C262 범위를 드래그하여 선택 → F4 눌러 절대 참조로 변경
- Criteria2 : 『C3』 입력 → F4 눌러 절대 참조로 변경

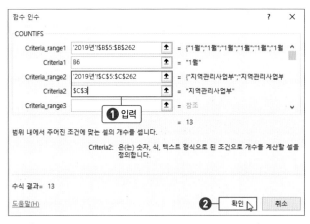

Tip

두 번째 조건인 C3셀의 '지역관리사업부'는 함수식을 복사할 때 위치를 고정시켜야 하므로 F4를 눌러 절대 참조($C$3)나 혼합 참조(C$3) 로 지정해야 해요.

8 C6셀에 1월의 판매 건수가 계산되면 총 매출을 계산해 볼까요? D6셀을 클릭하고 **[수식] 탭-[함수 라이브러리] 그룹**에서 **[수학/삼각]-[SUMIFS]**를 선택하세요.

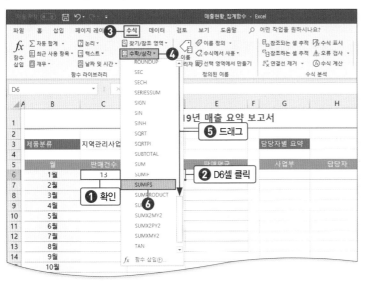

9 SUMIFS 함수의 [함수 인수] 대화상자가 열리면 다음과 같이 지정하세요.

- **Sum_range** : 커서를 올려놓고 [2019년] 시트로 이동 → '금액' 항목인 L5:L262 범위를 드래그하여 선택 → F4 눌러 절대 참조로 변경
- **Criteria_range1** : 커서를 올려놓고 [2019년] 시트로 이동 → '월' 항목인 B5:B262 범위를 드래그하여 선택 → F4 눌러 절대 참조로 변경
- **Criteria1** : 조건에 해당하는 『B6』 입력

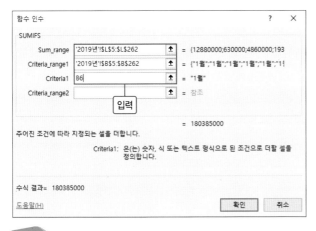

> **Tip**
>
> 'Sum_range'를 제외한 나머지 인수는 조건에 대한 인수이므로 6~7 과정의 COUNTIFS 함수의 인수와 같아요.

10 두 번째 조건에 대한 인수를 다음과 같이 지정하고 [확인]을 클릭하세요.

> • Criteria_range2 : 커서를 올려놓고 [2019년] 시트로 이동 → '사업부' 항목인 C5:C262 범위를 드래그하여
>   선택 → F4 눌러 절대 참조로 변경
> • Criteria2 : 『C3』 입력 → F4 눌러 절대 참조로 변경

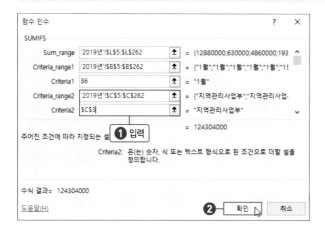

11 C6셀과 D6셀에 1월의 판매건수와 총매출이 계산되면 C6:D6 범위를 드래그하여 선택하세요. D6셀의 자동 채우기 핸들(**+**)을 더블클릭하여 나머지 셀에 함수식을 복사하세요.

실무
예제 **03** 매출 평균과 개인별 매출 계산하기

🔵 **예제파일** : 매출현황_개인.xlsx 🔵 **결과파일** : 매출현황_개인_완성.xlsx

● AVERAGEIFS, IFERROR, INDIRECT 함수

1 요약 보고서에서 판매 평균 조건에 대한 맞는 값이 없으면 '#DIV/0' 오류가 발생하므로 고려
하여 수식을 작성해야 해요. [요약보고서] 시트에서 1월의 판매 평균값을 계산하기 위해 E6셀
을 클릭하고 [수식] 탭-[함수 라이브러리] 그룹에서 [논리]-[IFERROR]를 선택하세요.

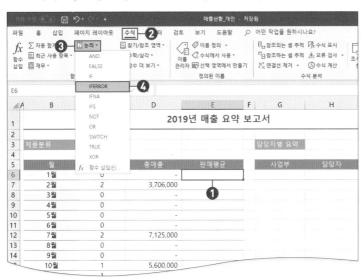

> **Tip**
>
> IFERROR 함수는 함수식의 결
> 과가 오류일 경우 되돌려줄 값
> 을 포함하는 함수입니다.

2 IFERROR 함수의 [함수 인수] 대화상자가 열리면 'Value'에 커서를 올려놓고 평균값을 계산
하기 위한 함수를 지정하기 위해 함수 상자의 내림 단추(⏷)를 클릭한 후 [AVERAGEIFS]를
선택하세요.

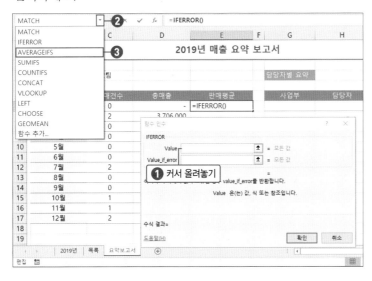

> **Tip**
>
> AVERAGEIFS 함수를 처음 사
> 용한다면 함수 목록에 이 함수
> 가 없을 수도 있어요. 이 경우에
> 는 [함수 추가]를 선택하여 [함
> 수 마법사] 대화상자를 열고 [통
> 계] 범주의 [AVERAGEIFS]를 찾
> 아 추가해야 해요.

155

3 AVERAGEIFS 함수의 [함수 인수] 대화상자가 열리면 다음과 같이 지정하세요.

- **Average_range** : 커서를 올려놓고 [2019년] 시트로 이동 → '금액' 항목인 L5:L262 범위를 드래그하여 선택 → F4 눌러 절대 참조로 변경
- **Criteria_range1** : 커서를 올려놓고 [2019년] 시트로 이동 → '월' 항목인 B5:B262 범위를 드래그하여 선택 → F4 눌러 절대 참조로 변경
- **Criteria1** : 조건에 해당하는 『B6』 입력

> **Tip**
> AVERAGEIFS 함수는 'Sum_range' 대신 'Average_range'로 인수 이름만 변경되었을 뿐 SUMIFS 함수와 인수가 같습니다.

4 두 번째 조건에 대한 인수를 다음과 같이 지정하세요. 다시 IFERROR 함수로 되돌아가기 위해 수식 입력줄에서 [IFERROR]를 클릭하세요.

- **Criteria_range2** : 커서를 올려놓고 [2019년] 시트로 이동 → '사업부' 항목인 C5:C262 범위를 드래그하여 선택 → F4 눌러 절대 참조로 변경
- **Criteria2** : 『C3』 입력 → F4 눌러 절대 참조로 변경

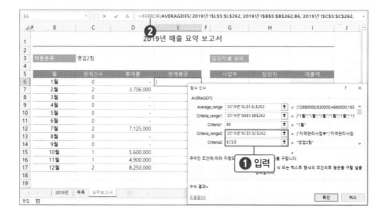

5 IFERROR 함수의 [함수 인수] 대화상자로 되돌아오면 'Value_if_error'에 오류일 때 값인 『0』을 입력하고 [확인]을 클릭하세요.

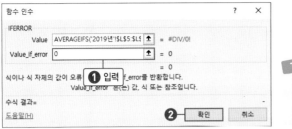

Tip

지금 계산중인 영업2팀의 1월 평균값에 '#DIV/0' 오류가 발생합니다. 이때 오류값 대신 '0'으로 처리되도록 계산하는 함수식이에요.

6 E6셀에 1월의 판매 평균값이 계산되면 E6셀의 자동 채우기 핸들(+)을 더블클릭히여 나머지 셀에 함수식을 복사하세요.

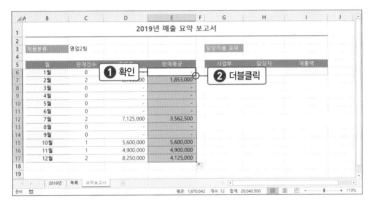

7 이번에는 담당자별 판매 매출을 계산하기 위해 사업부별 담당자 그룹에 이름을 지정해 볼게요. [목록] 시트에서 D2:D6 범위를 드래그하여 선택하고 이름 상자에 『교육관리사업부』를 입력한 후 Enter 를 누르세요. 이와 같은 방법으로 D7:D9 범위는 '신개발사업부', D10셀은 '영업1팀', D11:D13 범위는 '영업2팀', D14:D19 범위는 '지역관리사업부', D20:D23 범위는 '행망관리사업부', A2:A7 범위는 '사업부'로 이름 정의하세요.

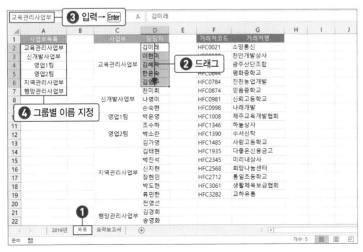

8   [요약보고서] 시트에서 G6셀을 클릭하고 [데이터] 탭-[데이터 도구] 그룹에서 [데이터 유효성 검
    사]를 클릭하세요.

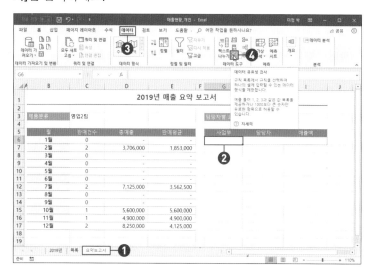

9   [데이터 유효성] 대화상자가 열리면 [설정] 탭의 '제한 대상'에서 [목록]을 선택하고 '원본'에
    『=사업부』를 입력한 후 [확인]을 클릭하세요.

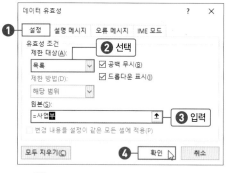

Tip

데이터 유효성 검사의 기능 중에서 목록으로 데이터를 입력할 수 있는 '목록' 기능을 사용하면 목록 외에 다른 데이터가 입력되지 않도록 제한
할 수 있어요. '원본'에 『=』를 빼고 『사업부』를 입력하면 일반 텍스트로 인식하지만, '=사업부'라고 입력하면 참조 범위를 그대로 목록 데이터로
가져옵니다.

10 담당자 항목은 사업부에 따라 담당자가 달라져야 하므로 G6 셀의 오른쪽에 나타난 내림 단추(▼)를 클릭하고 목록에서 [교육관리사업부]를 선택합니다. 담당자도 목록으로 지정하기 위해 H6셀을 클릭하고 [데이터] 탭-[데이터 도구] 그룹에서 [데이터 유효성 검사]를 클릭하세요.

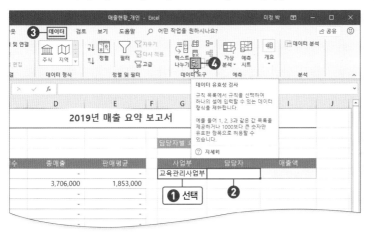

11 [데이터 유효성] 대화상자가 열리면 [설정] 탭의 '제한 대상'에서 [목록]을 선택하고 '원본'에 『=INDIRECT($G$6)』을 입력한 후 [확인]을 클릭하세요.

> **Tip**
> INDIRECT 함수로 지정된 G6셀에는 '사업부'가 입력되어 있는데, 이 사업부와 같은 이름의 목록이 담당자의 목록으로 표시됩니다. 예를 들어 '교육관리사업부'의 경우 이와 같은 이름의 셀 범위인 D14:D19 범위가 목록으로 나타납니다.

12 유효성 검사가 지정되면 H6셀의 오른쪽에 나타난 내림 단추(▼)를 클릭하여 사업부에 맞는 담당자가 목록으로 열리는지 확인합니다. 담당자 목록에서 원하는 이름을 선택하면 I6셀에 SUMIFS 함수로 계산된 담당자별 매출액 합계가 표시되는지 확인해 보세요.

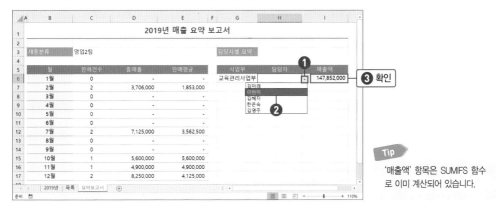

> **Tip**
> '매출액' 항목은 SUMIFS 함수로 이미 계산되어 있습니다.

2010 | 2013 | 2016 | 2019 | OFFICE 365

실무
예제 | **04** | **TF팀 명단과 주소 작성하기**

◎ **예제파일** : TF팀구성_명단.xlsx   ◎ **결과파일** : TF팀구성_명단_완성.xlsx

● COLUMN, CONCAT, VLOOKUP 함수

1 [TF팀] 시트의 직원명부에서 특정 인원을 뽑아 새로운 TF팀의 명단을 작성해 볼게요. B4셀을 클릭하고 [수식] 탭-[함수 라이브러리] 그룹에서 [찾기/참조 영역]-[VLOOKUP]을 선택하세요.

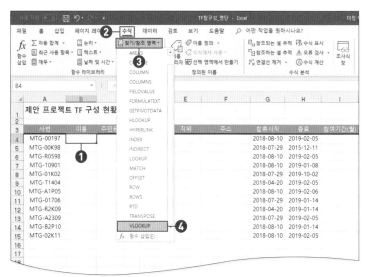

2 VLOOKUP 함수의 [함수 인수] 대화상자가 열리면 다음과 같이 지정하고 [확인]을 클릭하세요.

- Lookup_value : 『$A4』 입력
- Table_array : 커서를 올려놓고 [직원명부] 시트로 이동 → 전체 범위인 A1:I31 범위를 드래그하여 선택 →
  F4 눌러 절대 참조로 변경
- Col_index_num : [직원명부] 시트의 두 번째 열(이름)을 계산식으로 작성하기 위해 『COLUMN( )』 입력
- Range_lookup : 『0』 입력

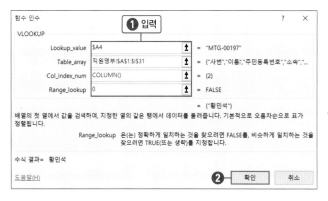

Tip

'Lookup_value'에 커서를 올려놓고 A4셀을 클릭한 후 F4를 연속으로 세 번 눌러 혼합 참조로 변경해도 됩니다. 혼합 참조로 지정하는 이유는 163쪽의 '잠깐만요'를 참고하세요.

3 B4셀에 사번에 해당하는 사원 이름이 표시되면 B4셀의 자동 채우기 핸들(✚)을 E4셀까지 드래그하세요. E4셀의 자동 채우기 핸들(✚)을 더블클릭하여 E15셀까지 함수식을 복사하세요.

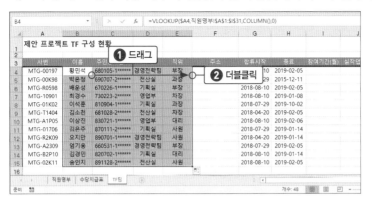

4 이번에는 주소를 구해볼까요? F4셀을 클릭하고 **[수식] 탭-[함수 라이브러리] 그룹**에서 **[텍스트]-[CONCAT]**를 선택하세요.

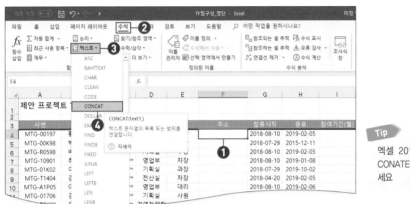

> **Tip**
> 엑셀 2016 이하 버전에서는 CONATENATE 함수를 선택하세요

5 CONCAT 함수의 [함수 인수] 대화상자가 열리면 'Text1'에 커서를 올려놓고 함수 상자의 내림 단추(·)를 클릭한 후 [VLOOKUP]을 선택하여 함수를 중첩하세요.

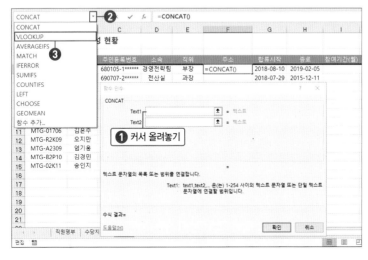

> **Tip**
> 함수에서 중첩한다는 것은 함수식 안에 다른 함수를 추가로 삽입하는 것을 말해요. 여기에서는 CONCAT 함수 안에 VLOOKUP 함수를 중첩하게 됩니다.

6 VLOOKUP 함수의 [함수 인수] 대화상자로 바뀌면 다음과 같이 지정하세요.

> • Lookup_value : 『A4』 입력
> • Table_array : 커서를 올려놓고 [직원명부] 시트로 이동 → 전체 범위인 A1:I31 범위를 드래그하여 선택 →
>   F4 눌러 절대 참조로 변경

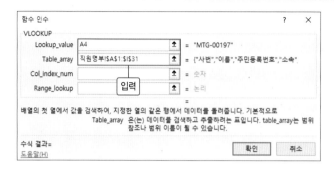

7 'Col_index_num'에는 『8』을, 'Range_lookup'에는 『0』을 입력하세요. 다시 이전 함수로 되돌아가기 위해 수식 입력줄에서 [CONCAT]를 클릭하세요.

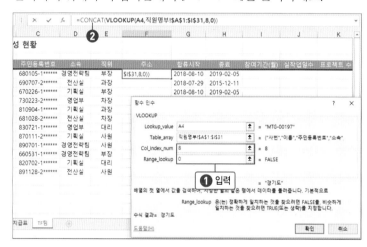

Tip
VLOOKUP 함수의 계산 결과로
'시/도' 항목의 주소를 가져옵니다.

8 CONCAT 함수의 [함수 인수] 대화상자로 되돌아오면 'Text2'에 공백 문자인 『" "』를 입력합니다. 'Text3'에 'Text1'의 함수식을 복사하여 붙여넣기하고 인수 '8'을 '9'로 변경한 후 [확인]을 클릭하세요.

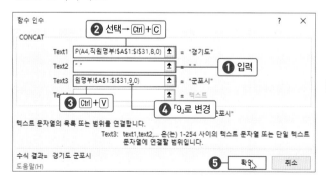

Tip
'Text1'과 'Text3'은 주소를 구하는 함수식으로, VLOOKUP 함수에서 세 번째 인수인 열 번호만 다릅니다. 'Text2'는 주소와 주소 사이에 공백을 지정하기 위한 것으로, 큰따옴표 사이에 반드시 공백 문자를 넣어야 해요.

9 F4셀에 주소가 표시되면 F4셀의 자동 채우기 핸들(+)을 더블클릭하여 나머지 셀에 함수식을 복사하세요.

잠깐만요 **혼합 참조와 COLUMN 함수의 유용성 살펴보기**

❶ 혼합 참조로 지정해야 하는 이유

수식에 참조 방식을 변경하는 이유는 딱 한 가지 경우입니다. 계산된 수식을 다른 셀에 복사할 때 셀이 이동하면서 위치가 바뀌기 때문에 F4를 눌러 절대 참조나 혼합 참조로 변경해야 해요. 이 경우에는 좌우로 수식을 복사하는데, 위의 실습에서 행 방향으로는 사번에 따라 변하므로 상대 참조로 지정해야 합니다. 하지만 열 방향으로 복사할 때는 사번이 이름(B열)으로 변경되지 않도록 해야 하므로 160쪽의 **2** 과정에서 'Lookup_value'에 열 고정/행 변환의 참조인 '$A4'를 지정해야 해요.

❷ COLUMN 함수로 열 번호 정하기

VLOOKUP 함수의 세 번째 인수는 참조할 열의 번호를 입력해야 합니다. '이름'이 아닌 '주민등록번호'를 구하는 수식이 되면 참조 범위의 세 번째 열로 값이 바뀌어야 하는데, 상수값 『2』를 입력하면 다음 수식을 오른쪽으로 복사해도 값도 변경되지 않아요. 따라서 이런 수식을 자연스럽게 해결할 수 있는 계산식이 바로 COLUMN 함수나 ROW 함수입니다. 행이나 열이 바뀔 때마다 숫자가 증가하는 값을 지정하려면 COLUMN 함수나 ROW 함수를 사용해 보세요. COLUMN 함수의 경우 '이름' 항목에서는 '2'로, '주민등록번호' 항목에서는 '3'이 됩니다.

2010 | 2013 | 2016 | 2019 | OFFICE 365

직급별 프로젝트 수당 계산하기

◈ 예제파일 : TF팀구성_수당.xlsx　◈ 결과파일 : TF팀구성_수당_완성.xlsx

● INDEX, MATCH 함수

1 수식에 참조할 범위를 미리 이름으로 정의하기 위해 [수당지급표] 시트에 있는 B3:F3 범위를 드래그하여 선택하고 이름 상자에『직급』을 입력한 후 Enter를 누르세요. 이와 같은 방법으로 B4:F6 범위를 드래그하여 선택하고 '수당'이라는 이름을 지정하세요.

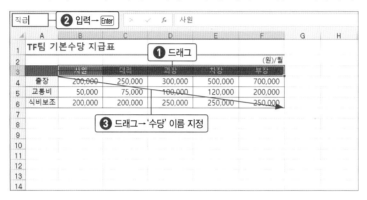

> **Tip**
> '직급' 이름은 MATCH 함수에서 같은 직급의 위치를 알아내기 위해, '수당' 이름은 직급에 따른 출장 수당을 계산하기 위해 INDEX 함수에서 사용됩니다.

2 [TF팀] 시트로 이동하여 K4셀에『=I4*』를 입력하고 [수식] 탭-[함수 라이브러리] 그룹에서 [찾기/참조 영역]-[INDEX]를 선택하세요.

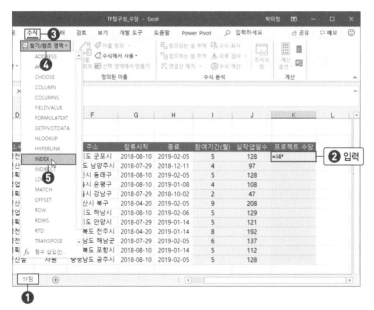

3 INDEX 함수의 [인수 선택] 대화상자가 열리면 [array,row_num,column_num]을 선택하고 [확인]을 클릭하세요.

4 INDEX 함수의 [함수 인수] 대화상자가 열리면 'Array'에는 『수당』을, 'Row_num'에는 『1』을 입력하세요. 'Column_num'에 커서를 올려놓고 함수 상자의 내림 단추(▾)를 클릭한 후 목록 에 MATCH 함수가 있으면 선택하고 없으면 [함수 추가]를 선택하세요.

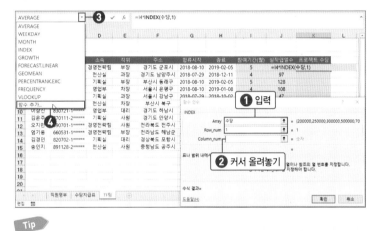

> **Tip**
>
> 'Row_num'에 『1』을 입력하는 것은 '수당' 범위(B4:F6)에서 1행인 '출장' 항목에 대한 수당만 가져오기 때문입니다.

5 [함수 마법사] 대화상자가 열리면 '범주 선택'에서는 [찾기/참조 영역]을, '함수 선택'에서는 [MATCH]를 선택하고 [확인]을 클릭하세요.

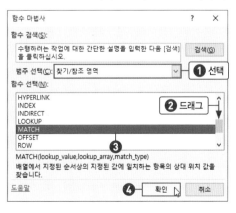

6 MATCH 함수의 [함수 인수] 대화상자가 열리면 'Lookup_value'에는 『E4』를, 'Lookup_array'에는 『직급』을, 'Match_type'에는 『0』을 입력하고 [확인]을 클릭하세요.

Tip

4 과정에서 INDEX 함수의 마지막 인수인 'Column_num'에 MATCH 함수를 지정했기 때문에 INDEX 함수로 되돌아가지 않아도 됩니다.

7 K4셀에 참여 개월 수와 출장 수당을 곱한 값이 계산되면 K4셀의 자동 채우기 핸들(+)을 더블클릭하여 나머지 셀에 함수식을 복사하세요.

1 '행사 매출 보고서'에서 라인별로 판매수량, 총매출, 평균 매출 요약하기

◎ **예제파일** : 행사매출_요약.xlsx   ◎ **결과파일** : 행사매출_요약_완성.xlsx

함수와 참조표를 사용하여 분류와 라인명에 따른 판매수량, 총매출, 평균 매출을 계산해 보세요.

Hint ① [목록] 시트의 A2:A4 범위를 '분류' 이름으로 정의하세요.
② [요약] 시트의 B3셀에 목록으로 유효성 검사를 지정하세요.
③ [요약] 시트에서 '판매수량' 항목과 '총매출' 항목에 분류와 라인명에 해당하는 판매수량과 총매출을 계산하세요(COUNTIFS 함수, SUMIFS 함수).
④ [요약] 시트의 '평균 매출' 항목에 분류와 라인명에 해당하는 평균 매출을 계산하고 오류가 발생할 경우 '0'으로 처리하세요(IFERROR 함수, AVERAGEIFS 함수).

2 찾기/참조 함수 이용해 학회파견 명단 완성하기

◎ **예제파일** : 학회명단.xlsx.   ◎ **결과파일** : 학회명단_완성.xlsx

이름과 VLOOKUP, INDEX, MATCH 함수를 사용하여 각 항목을 계산해 보세요.

Hint ① [과정현황] 시트에서 '등급' 항목은 구간별 등급표를 사용해서 계산하세요(VLOOKUP 함수).
② [과정현황] 시트에서 B5:B35 범위는 '성명'으로, C4:J4 범위는 '제목'으로 이름을 지정하세요.
③ [학회명단] 시트에서 이름에 대한 각 항목을 이름과 찾기/참조 함수를 사용하여 명단을 완성하세요(INDEX 함수, MATCH 함수).

1 | 쉽게 중첩 함수 작성하기

함수를 중첩해서 사용하면 수식을 여러 개의 셀에 나누어 계산하지 않고 하나의 셀에 깔끔하게 작성할 수 있어서 매우 유용해요. 그러나 함수식이 복잡해지면 어떤 함수로 시작하고 인수의 어느 부분에 다른 함수를 중첩해야 하는지 모를 수 있기 때문에 대부분 수식을 계산하고 해당 결과를 다른 셀에 참조하는 방법으로 계산해야 해요. 이 경우 다음에서 제시하는 방법으로 함수를 중첩하면 아무리 복잡한 중첩 함수도 정말 쉽게 이용할 수 있어요.

❶ 함수식은 일반 계산 순서의 반대 순대로 입력하세요!
만약 금액의 평균을 구하고 반올림할 경우 함수식에서는 ROUND 함수를 먼저 실행하고 그 안에 AVERAGE 함수를 중첩해야 합니다. 좀 더 많은 함수를 한 번에 입력하려면 순서가 무척 복잡하겠지만, 계산의 작업 순서를 반대로 생각하면 간단해질 수 있어요.

❷ 다른 함수식에 참조한 함수식을 대치하세요!
생각했던 계산 순서대로 다른 셀에 계산하고 처음 함수식을 복사한 후 해당 값을 참조하고 있는 또 다른 함수식에 복사한 함수식을 대치하세요. 예를 들어 B2셀에 '=AVERAGE(A2:A10)'으로 계산된 함수식이 있고 C3셀에 '=ROUND(B2)'로 계산된 함수식이 있다면 B2셀의 'AVERAGE(A2:A10)'을 복사하여 '=ROUND(B2)'의 'B2' 대신 '=ROUND(=AVERAGE(A2:A10))'으로 작성하세요.

2 | 직급별 프로젝트 수당의 함수식 대치하기

🔵 **예제파일** : TF팀구성_수당(실무노트).xlsx　　🔵 **결과파일** : TF팀구성_수당(실무노트)_완성.xlsx

이번에는 164쪽의 '05. 직급별 프로젝트 수당 계산하기 — INDEX, MATCH 함수'의 함수식에 다른 함수식을 대치하여 다시 계산해 보겠습니다.

1 직급의 열 위치를 알아내기 위해 [TF팀] 시트의 M4셀에 『=MATCH(E4,직급,0)』을 입력하고 Enter를 누르세요.

2 수당 지급표에서 직급에 따른 출근 수당을 계산하기 위해 N4셀에 『=INDEX(수당,1,M4)』를 입력하고 Enter를 누르세요.

3 이렇게 작성한 결과로 프로젝트 수당을 계산하기 위해 K4셀을 클릭하고 『=I4*N4』를 입력한 후 Enter를 누르세요.

4 작성한 수식을 '프로젝트 수당' 항목의 수식에 대치해 볼까요? 먼저 첫 번째 수식인 M4셀을 더블클릭하여 함수식을 나타내고 '='를 제외한 'MATCH(E4,직급,0)'을 드래그하여 복사한 후 Enter를 누르세요.

5 '수당' 셀인 N4셀을 더블클릭하여 함수식을 나타내고 'M4'를 삭제한 후 4에서 복사한 함수식을 붙여넣기하세요.

6 이와 같은 방법으로 INDEX 함수 전체인 'INDEX(수당,1,MATCH(E4,직급,0))'을 복사하고 Enter를 누르세요.

7 '프로젝트 수당' 항목의 함수식을 열고 'N4'를 삭제한 후 6에서 복사한 함수식을 붙여넣기하세요. 그러면 전체 함수식이 완성되면서 M4셀과 N4셀을 삭제해도 문제가 되지 않습니다.

문서시작

문서편집

서식지정

차트

함수

정렬과필터

피벗테이블

매크로

CHAPTER 4 데이터베이스 관리와 데이터 분석하기

엑셀을 사용하는 가장 큰 이유는 바로 '계산'과 '분석' 기능 때문이죠. '분석' 기능을 제대로 사용하려면 '데이터베이스(database)'라고 부르는 대량의 데이터 집합을 규칙에 맞게 저장하고 관리할 수 있어야 해요. 따라서 엑셀에서는 데이터베이스를 쉽고 빠르게 다룰 수 있는 '표' 기능을 제공합니다. 표를 활용하면 데이터의 검색 및 추가, 삭제 등을 한 번에 해결할 수도 있고 데이터베이스를 다양한 형태로 정렬하거나 필터, 부분합, 피벗 테이블 기능으로 분석할 수도 있어요. 이번 챕터에서는 표를 사용하여 데이터베이스를 정렬해 보고 '분석의 꽃'이라고 부르는 '피벗 테이블 분석' 기능까지 배워봅니다.

Windows 10
+Excel
& PowerPoint
& Word 2019
+Hangeul

SECTION **01** 데이터베이스 다루기

SECTION **02** 원하는 데이터만 검색하고 추출하기

SECTION **03** 전문 분석 기능 활용하기

SECTION **04** 컨트롤과 매크로 이용해 문서
자동화하기

데이터베이스 다루기

데이터베이스(database)란, 규칙에 맞게 데이터의 구성 요소를 작성 및 저장해 놓은 데이터 집합체를 말해요. 따라서 데이터만 잘 정리해 놓아도 다양한 보고서나 분석 자료에 매우 유용하게 활용할 수 있죠. 특히 엑셀 2019에서 제공하는 '표' 기능은 데이터베이스를 쉽게 다룰 수 있도록 도와줍니다. 이번 섹션에서는 데이터베이스를 작성하고, 정렬하며, 부분합으로 소계를 구하는 방법까지 알아보겠습니다. 데이터 분석을 위한 기초 단계이므로 예제를 꼭 따라해 보세요.

> ## PREVIEW

▲ 표 작성하고 요약 행과 구조적 참조로 계산하기

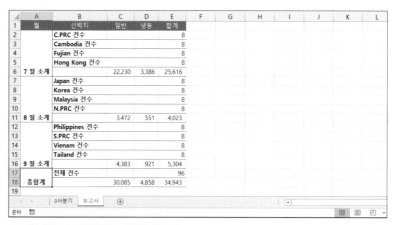

▲ 정렬된 데이터로 부분합 계산하고 결과만 복사하기

섹션별
주요 내용

01 | 표 삽입하고 보기 좋게 꾸미기   02 | 표 편집하고 요약 행 지정하기   03 | 필드의 조건 이용해 데이터 정렬하기
04 | 다중 조건 지정해 데이터 정렬하기   05 | 부분합 이용해 요약 보고서 작성하기
06 | 부분합 이용해 요약 보고서의 결과 복사하기

실무 예제 | 01 표 삽입하고 보기 좋게 꾸미기

◈ **예제파일** : 추천도서_표.xlsx   ◈ **결과파일** : 추천도서_표_완성.xlsx

1 [도서목록] 시트에 표를 삽입하기 위해 데이터 범위에 있는 하나의 셀을 클릭하고 [삽입] 탭 − [표] 그룹에서 [표]를 클릭하세요.

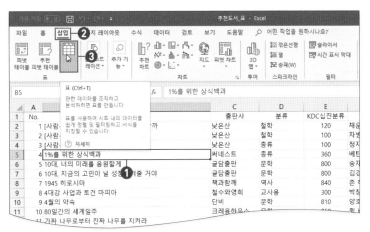

2 [표 만들기] 대화상자가 열리면 [머리글 포함]에 체크되어 있는지 확인하고 [확인]을 클릭하세요.

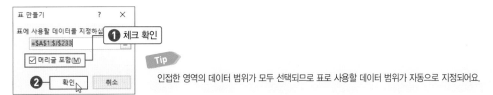

인접한 영역의 데이터 범위가 모두 선택되므로 표로 사용할 데이터 범위가 자동으로 지정되어요.

3 데이터베이스에 표 서식이 적용되면서 표가 삽입되었어요. 다른 스타일의 표 서식을 적용하기 위해 [표 도구]의 [디자인] 탭−[표 스타일] 그룹에서 [자세히] 단추(▽)를 클릭하세요.

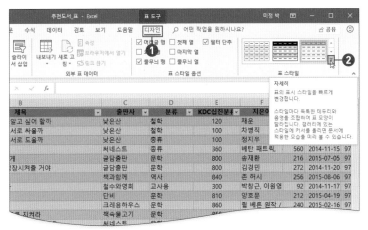

Tip

표를 선택하면 리본 메뉴에 [표 도구]가 표시됩니다.

173

4 표 스타일 갤러리 목록이 나타나면 '중간'의 [주황, 표 스타일 보통 3]을 선택하세요.

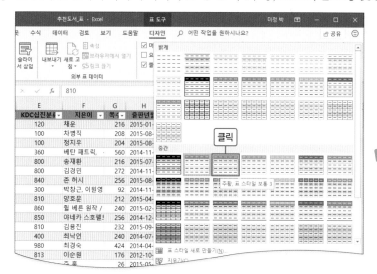

클릭

주황, 표 스타일 보통 3

5 표가 지정한 표 스타일로 변경되면 [표 도구]의 **[디자인] 탭**–**[표 스타일 옵션] 그룹**에서 **[마지막 열]**에 체크하여 표를 꾸미세요.

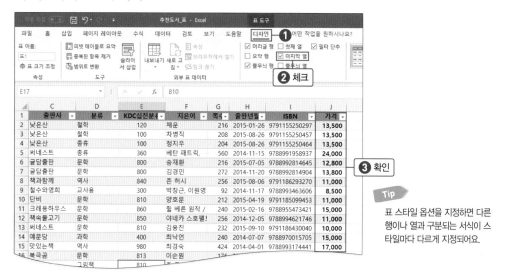

① 디자인

② 체크

③ 확인

	출판사	분류	KDC십진분류	지은이	쪽수	출판년월	ISBN	가격
2	낮은산	철학	120	채운	216	2015-01-26	9791155250297	13,500
3	낮은산	철학	100	차병직	208	2015-08-26	9791155250457	13,500
4	낮은산	총류	100	정지우	204	2015-08-26	9791155250464	13,500
5	써네스트	총류	360	베탄 패트릭,	560	2014-11-15	9788991958937	24,000
6	굴담출판	문학	800	송재환	216	2015-07-05	9788992814645	12,800
7	굴담출판	문학	800	김경민	272	2014-11-20	9788992814904	13,800
8	책과함께	역사	840	존 허시	256	2015-08-06	9791186293270	11,000
9	철수와영희	교사용	300	박창근, 이원영	92	2014-11-07	9788993463606	8,500
10	단비	문학	810	양호문	212	2015-04-19	9791185099453	11,000
11	크레용하우스	문학	860	질 베른 원작 /	240	2015-02-16	9788955473421	15,000
12	책속물고기	문학	850	야네카 스호펠!	256	2014-12-05	9788994621746	11,000
13	써네스트	문학	810	김용진	232	2015-09-10	9791186430040	10,000
14	예문당	과학	400	최낙언	240	2014-07-07	9788897015705	15,000
15	맛있는책	역사	980	최경숙	424	2014-04-01	9788993174441	17,000
16	북극곰	문학	813	이순원				
		그림책	810					

실무 예제 02 표 편집하고 요약 행 지정하기

● **예제파일** : 추천도서_표편집.xlsx   ● **결과파일** : 추천도서_표편집_완성.xlsx

1 표가 삽입되면 표에 '표1', '표2'와 같은 이름이 붙는데, 표 이름을 변경해 볼까요? [도서목록] 시트에서 표 안에 있는 하나의 셀을 클릭하고 [표 도구]의 [디자인] 탭-[속성] 그룹에서 '표 이름'에 『추천도서』를 입력한 후 Enter를 누르세요.

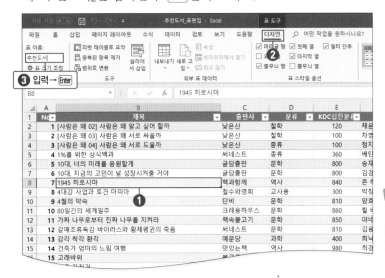

Tip

표 이름은 표가 작성된 순서에 따라 '표1', '표2'와 같은 순서로 표시됩니다.

2 새 필드를 추가하기 위해 K1셀에 『할인금액』을 입력하고 Enter를 누르세요. 그러면 표 서식이 유지된 상태로 표가 확장됩니다.

Tip

이와 같은 방법으로 표의 아래쪽 행(레코드)에 데이터를 입력해도 표 서식이 그대로 유지되면서 행이 추가됩니다.

3 추가한 필드(항목)의 할인 금액을 계산해 볼까요? K2셀에 『=』를 입력하고 J2셀을 클릭하여 『[@가격]』을 입력한 후 이어서 『*0.9』를 입력하고 Enter를 누르세요.

Tip

'[@가격]'은 현재 표의 '가격' 필드라는 구조에서 현재 행(@)의 요소라는 의미입니다. 표 계산은 하나의 셀에 대한 계산이 아니라 필드가 구조적으로 참조되기 때문이죠. 따라서 '[@가격]' 대신 '=[가격]'으로 직접 열 이름을 입력해도 됩니다.

4 수식이 구조적으로 참조되면서 결과가 한 번에 계산되었는지 확인해 보세요.

5 이번에는 표에 대한 요약을 계산하기 위해 표를 선택한 상태에서 [표 도구]의 **[디자인] 탭-[표 스타일 옵션]** 그룹에서 [요약 행]에 체크하세요. 표의 아래쪽에 '요약' 행이 추가되면 '제목' 항목의 B234셀을 클릭하고 '요약' 행의 내림 단추(▼)를 클릭한 후 [개수]를 선택하세요.

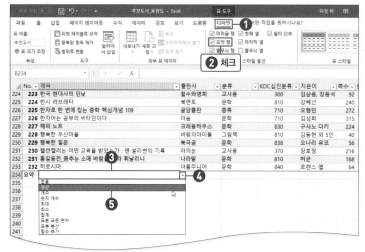

Tip

숫자가 아닌 셀을 세는 함수는 개수 함수인 COUNTA 함수입니다.

6 '가격' 항목의 J234셀에서 [합계]를 선택하면 가격과 할인 금액에 대한 소계가 표시되는지 확인해 보세요.

문서시작

문서편집

서식지정

차트

함수

정렬과필터

피벗테이블

매크로

잠깐만요 **계산된 열이 자동으로 채워지지 않을 때의 해결 방법 살펴보기**

표에서 구조적 참조 방법으로 계산된 열은 자동으로 계산된 열이 만들어져서 모든 셀에 수식이 채워져요. 그런데 해당 기능이 중지되어 실행되지 않는다면 계산된 셀의 끝에 나타난 [자동 고침 옵션] 단추(🔽)를 클릭하고 [이 수식이 있는 이 열의 모든 셀 덮어쓰기]를 선택하세요.

모든 셀의 수식이 채워지지 않은 것은 자동 고침 옵션에서 일부 옵션이 지정되지 않았거나 수식 작성 후 [자동으로 계산된 열 만들기 중지]를 선택했기 때문이에요. 그러므로 다시 해당 기능을 변경하려면 다음과 같이 진행하세요.

❶ [파일] 탭-[옵션]을 선택하여 [Excel 옵션] 창을 열고 [언어 교정] 범주를 선택한 후 [자동 고침 옵션]을 클릭하세요.

❷ [자동 고침] 대화상자가 열리면 [입력할 때 자동 서식] 탭에서 '작업할 때 자동으로 서식 설정'의 [표에 수식을 채워 계산된 열 만들기]에 체크하고 [확인]을 클릭하세요.

2010 | 2013 | 2016 | 2019 | OFFICE 365

실무
예제 **03** 필드의 조건 이용해 데이터 정렬하기

◈ 예제파일 : 추천도서_정렬.xlsx ◈ 결과파일 : 추천도서_정렬_완성.xlsx

1 엑셀에서 가장 단순한 정렬 방법은 해당 필드에서 직접 정렬하는 방법입니다. [도서목록] 시트에서 '출판사' 필드에 있는 하나의 셀을 클릭하고 마우스 오른쪽 단추를 눌러 [정렬]-[텍스트 오름차순 정렬]을 선택하세요.

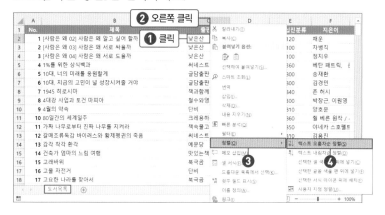

2 ㄱ, ㄴ, ㄷ, …의 순서대로 출판사 이름이 정렬되었는지 확인해 보세요.

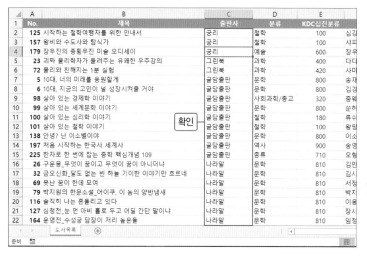

Tip

오름차순 정렬일 때 텍스트는 사전 순서(ㄱㄴㄷ, abc)대로 정렬됩니다.

3 이번에는 리본 메뉴를 사용해 데이터를 정렬해 볼까요? 출판일자별로 데이터를 정렬하기 위해 '출판년월' 항목에 있는 하나의 셀을 클릭하고 **[데이터] 탭-[정렬 및 필터] 그룹**에서 **[날짜/시간 내림차순 정렬]**을 클릭하세요.

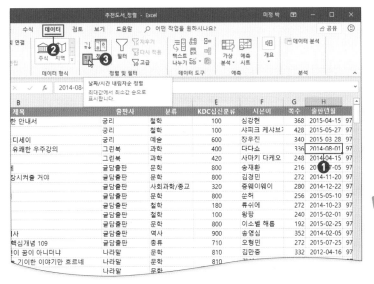

Tip
각 필드의 성격에 따라 텍스트, 숫자, 날짜/시간에 대한 정렬 목록이 표시됩니다.

4 '출판년월'이 가장 최근인 데이터부터 정렬되었는지 확인해 보세요.

	C	D	E	F	G	H	I	J
1	출판사	분류	KDC십진분류	지은이	쪽수	출판년월	ISBN	가격
2	책속물고기	문학	800	데이비드 첼처	184	2015-09-20	9791186670064	10,000
3	써네스트	문학	810	김용진	232	2015-09-10	9791186430040	10,000
4	낮은산	철학	100	차병직	208	2015-08-26	9791155250457	13,500
5	낮은산	총류	100	정지우	204	2015-08-26	9791155250464	13,500
6	논장	문학	860	크리스티앙 그르	192	2015-08-25	9788984142343	9,800
7	바다출판사	철학	100	박영욱	384	2015-08-25	9788955617788	19,800
8	북극곰	문학	810	이순원	240	2015-08-19	9788997728961	15,000
9	소동	예술	600	임종업	304	2015-08-15	9788994750170	16,500
10	써네스트	정치경제	330	송주성	312	2015-08-15	9□80026	20,000
11	철수와영희	사회과학/종교	300	박경서, 김창남,	352	2015-08-15	9↓63811	15,000
12	책과함께	역사	840	존 허시	256	2015-08-06	9791186293270	11,000
13	책속물고기	그림책	490	키아라 카르미니	40	2015-08-05	9791186670002	13,000
14	낮은산	문학	810	황시백	252	2015-07-30	9791155250440	12,000
15	동녘	문학	800	희망철학연구소	124	2015-07-30	9788972977384	11,000
16	도서출판 봄볕	그림책	840	루이제 파소	32	2015-07-28	9791195530328	13,000
17	글담출판	총류	710	오형민	272	2015-07-25	9791186650004	13,800
18	큰북소리	교사용	810	김태욱	112	2015-07-24	9791195568918	11,000

도서목록

다중 조건 지정해 데이터 정렬하기

실무 예제 04

◎ **예제파일** : 추천도서_다중정렬.xlsx　◎ **결과파일** : 추천도서_다중정렬_완성.xlsx

1 데이터에 여러 가지 조건을 적용하여 정렬해 봅시다. [도서목록] 시트에서 데이터 범위에 있는 하나의 셀을 클릭하고 [데이터] 탭-[정렬 및 필터] 그룹에서 [정렬]을 클릭하세요.

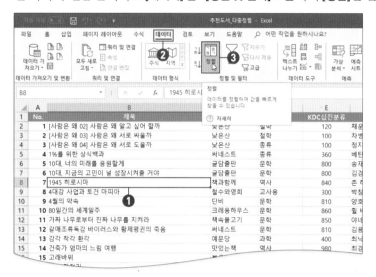

2 [정렬] 대화상자가 열리면 분류에 대한 정렬 방식을 지정하기 위해 '정렬 기준'에서는 [분류], [셀 값]을 지정하고 '정렬'에서는 [사용자 지정 목록]을 선택하세요.

 Tip

사용자가 원하는 정렬 순서로 지정하기 위해 [사용자 지정 목록]을 선택하세요.

3 [사용자 지정 목록] 대화상자가 열리면 '사용자 지정 목록'에서 [새 목록]을 선택하세요. '목록 항목'에 다음과 같은 순서대로 목록을 입력하고 [추가]와 [확인]을 차례대로 클릭하세요.

문학, 철학, 총류, 예술, 역사, 과학, 정치경제, 사회과학/종교, 그림책, 교사용

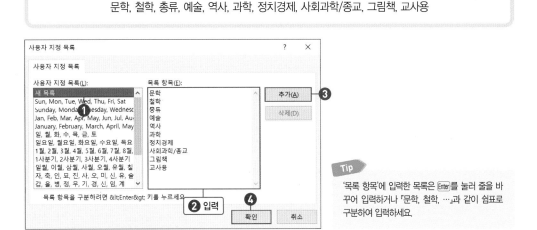

Tip
'목록 항목'에 입력한 목록은 Enter를 눌러 줄을 바꾸어 입력하거나 『문학, 철학, …』과 같이 쉼표로 구분하여 입력하세요.

4 [정렬] 대화상자로 되돌아오면 [기준 추가]를 클릭하고 '다음 기준'은 [출판사], '정렬 기준'은 [셀 값], '정렬'은 [오름차순]으로 지정하세요. 이와 같은 방법으로 [기준 추가]를 클릭하고 [제목], [셀 값], [오름차순]으로 지정한 후 [확인]을 클릭하세요.

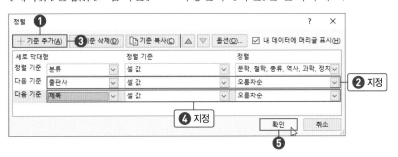

5 '분류', '출판사', '제목' 순으로 데이터가 정렬되었는지 확인해 보세요.

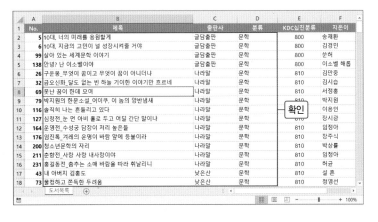

181

실무 예제 **05** 부분합 이용해 요약 보고서 작성하기

◉ **예제파일** : 선박운송_부분합.xlsx   ◉ **결과파일** : 선박운송_부분합_완성.xlsx

1 조건에 맞춰 그룹별 소계를 구해볼까요? [3사분기] 시트에서 데이터 범위에 있는 하나의 셀을 클릭하고 [데이터] 탭-[개요] 그룹에서 [부분합]을 클릭하세요.

2 [부분합] 대화상자가 열리면 '그룹화할 항목'에서는 [월]을, '사용할 함수'에서는 [합계]를 선택하고 '부분합 계산 항목'에서 [일반], [냉동], [합계]에만 체크한 후 [확인]을 클릭하세요.

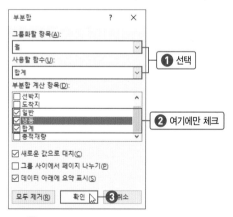

> **Tip**
>
> '부분합 계산 항목'은 소계를 계산할 필드여서 숫자로 된 항목이어야 하므로 텍스트 항목인 경우에는 적용할 함수에서 [개수]를 선택해야 해요. 여기서는 월별 '일반', '냉동', '합계' 항목의 부분합을 요약할 수 있어요.

3 부분합이 계산되면서 7월과 8월, 9월의 아래쪽에 '요약' 행이 추가되었습니다. 다른 항목에 대한 요약을 추가하려면 **[데이터] 탭-[개요] 그룹**에서 **[부분합]**을 클릭하세요.

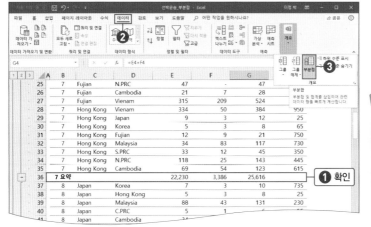

4 **[부분합]** 대화상자가 열리면 '그룹화할 항목'에서는 **[선박지]**를, '사용할 함수'에서는 **[개수]**를 선택하세요. '부분합 계산 항목'의 **[합계]**에만 체크하고 **[새로운 값으로 대치]**의 체크를 해제한 후 **[확인]**을 클릭하세요.

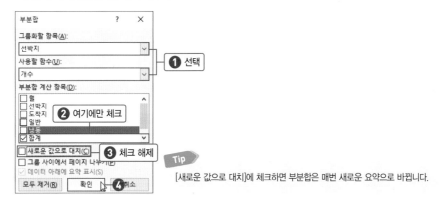

5 3번 윤곽 기호를 클릭하여 월별 요약과 함께 선박지별 개수가 잘 요약되었는지 확인해 보세요.

문서시작

문서편집

서식지정

차트

함수

정렬과필터

피벗테이블

매크로

실무 예제 06 부분합 이용해 요약 보고서의 결과 복사하기

📂 **예제파일** : 선박운송_부분합복사.xlsx   📄 **결과파일** : 선박운송_부분합복사_완성.xlsx

1 부분합 부분만 다른 시트에 복사해 볼까요? [3사분기] 시트에서 D열 머리글을 클릭하여 D열 전체를 선택하세요. Ctrl 을 누른 상태에서 H열 머리글을 클릭하여 H열 전체를 선택하고 마우스 오른쪽 단추를 눌러 [숨기기]를 선택하세요.

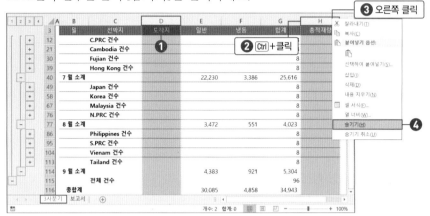

2 화면에 보이는 내용만 복사하기 위해 B3:G116 범위를 드래그하여 선택하고 [홈] 탭-[편집] 그룹에서 [찾기 및 선택]-[이동 옵션]을 선택하세요. [이동 옵션] 대화상자가 열리면 [화면에 보이는 셀만]을 선택하고 [확인]을 클릭하세요.

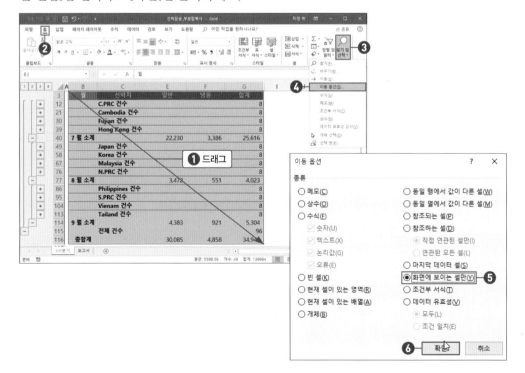

3 화면에 보이는 셀만 모두 선택되면 [홈] 탭-[클립보드] 그룹에서 [복사]([Ctrl]+[C])를 클릭하세요.

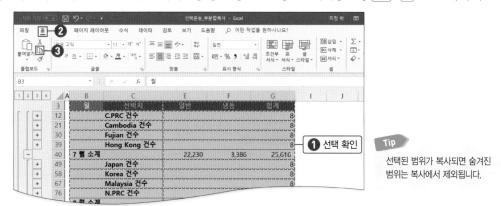

❶ 선택 확인

Tip

선택된 범위가 복사되면 숨겨진
범위는 복사에서 제외됩니다.

4 복사한 데이터를 붙여넣기 위해 [보고서] 시트로 이동하여 A1셀을 클릭하고 [홈] 탭-[클립보
드] 그룹에서 [붙여넣기]([Ctrl]+[V])의 █ 를 클릭하세요.

5 다음의 사항을 참고하여 복사한 보고서의 열 너비와 맞춤, 테두리 등의 서식을 꾸며보세요.

- **열 너비** : 데이터에 맞춰 지정
- **맞춤** : '7월 소계', '8월 소계', '9월 소계'는 병합하고 가운데 맞춤, 아래쪽 맞춤으로 지정
- **테두리** : 기존의 테두리와 같은 색상으로 모든 범위에 가로 선 지정, 건수 요약 셀의 왼쪽에 세로 선 지정

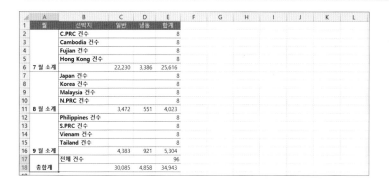

6 [3사분기] 시트로 되돌아와서 아무 셀이나 클릭하여 전체 셀들의 선택을 해제하고 **[데이터]**
탭-[개요] 그룹에서 **[부분합]**을 클릭합니다. [부분합] 대화상자가 열리면 **[모두 제거]**를 클릭하
세요.

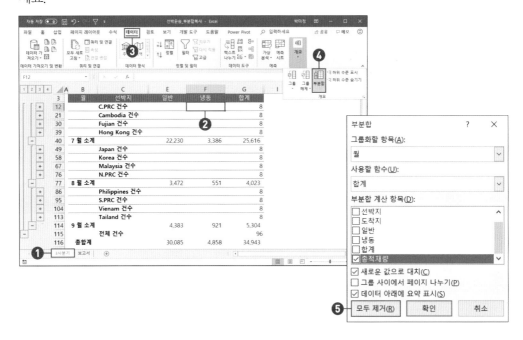

7 요약된 보고서에서 부분합이 취소되면서 원래의 데이터베이스로 되돌아오면 숨겨진 열의 머
리글이 포함된 C열 머리글부터 I열 머리글까지 드래그하여 선택하고 마우스 오른쪽 단추를
눌러 [숨기기 취소]를 선택하세요. 1 과정에서 숨겼던 D열과 H열이 표시되었는지 확인해 보
세요.

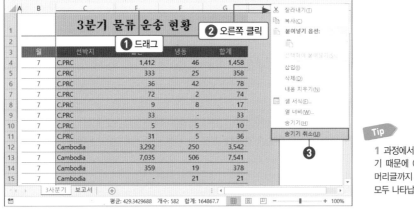

Tip

1 과정에서 D열과 H열을 숨겼
기 때문에 C열 머리글부터 I열
머리글까지 드래그해 선택해야
모두 나타납니다.

1 | 행사 매출 데이터베이스를 표로 삽입하고 요약하기

예제파일: 행사매출_표.xlsx   **결과파일**: 행사매출_표_완성.xlsx

표를 삽입하여 화장품 행사 매출에 대한 비율과 요약 값을 계산해 보세요.

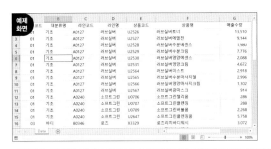

Hint
① 표 서식은 '중간'의 [밤색, 표 스타일 보통 4]로 지정하고 '행사'라는 표 이름으로 표를 작성하세요.
② '수량비율' 항목은 전체 수량에 대한 비율로 계산하고 '0.0%'의 표시 형식으로 표시하세요.
   예 =[@매출수량]/SUM([매출수량])
③ [표 도구]의 [디자인] 탭-[표 스타일 옵션] 그룹에서 [요약 행]과 [마지막 열]에 체크하세요.
④ A42셀의 '요약'은 '소계'로 수정하고 '상품명' 항목은 [개수]로, '매출수량' 항목과 '할인금액' 항목은 [합계]로 요약하세요.

2 | 정렬과 부분합 이용해 간단한 요약 보고서 작성하기

예제파일: 상반기판매.xlsx   **결과파일**: 상반기판매_완성.xlsx

정렬과 부분합을 이용해 분류별, 대리점별 상반기 판매에 대한 소계를 계산해 보세요.

Hint
① 분류별, 대리점별(서울, 부산, 인천, 대전, 광주, 대구, 제주 순)로 데이터를 정렬하세요.
② 분류별, 대리점별로 '1월'부터 '합계' 항목까지의 합계를 부분합을 이용해 소계로 구하세요.
③ 요약 부분만 복사하여 [보고서] 시트에 복사하고 '요약'이라는 텍스트를 모두 삭제하세요.
④ 복사된 보고서에서 열 너비를 조정하고 '분류' 항목은 [병합하고 가운데 맞춤] 정렬하세요.
⑤ '요약' 행의 글꼴은 [굵게], [전체 실선]으로 테두리를 지정하여 꾸미세요.

원하는 데이터만 검색하고 추출하기

방대한 양의 데이터베이스에서 원하는 데이터만 검색하고 추출해야 한다면 너무 막연할 것입니다. 하지만 엑셀에서 제공하는 '필터' 기능을 활용하면 쉽게 해결할 수 있어요. 수백 개나 수만 개의 데이터라도 각 필드에 저장된 자료에 조건이나 수식을 지정하면 사용자가 원하는 결과를 쉽게 얻을 수 있어요. 이번 섹션에서는 단순 조건을 지정하는 자동 필터부터 중첩 조건이나 수식을 대입해야 하는 고급 필터까지 지정해 보면서 다양한 데이터를 검색하고 추출하는 방법에 대해 배워봅니다.

> **PREVIEW**

	C	D	E	F	G	H	I	J	K
1	출판사	분류	KDC십진분류	지은이	쪽수	출판년월	ISBN	가격	
13	써네스트	문학	810	김용진	232	2015-09-10	9791186430040	10,000	
22	별숲	문학	890	제인 볼링	172	2015-03-16	9788997798315	9,500	
37	책숲물고기	문학	800	데보라 엘리스	160	2015-07-05	9788994621845	10,000	
66	단비	문학	810	장 미	160	2015-06-20	9791185099477	10,000	
70	나라말	문학	810	서정홍	176	2015-05-01	9788997981175	10,000	
92	챕터하우스	문학	840	존 플래너건	280	2015-07-20	9788969940070	9,500	
95	와이스쿨	과학	400	이명현 외	1116	2015-01-30	9791185306216	60,000	
111	철수와영희	교사용	300	밀사, 연희, 지승	120	2015-02-14	9788993463736	8,500	
117	나라말	문학	810	이용인	144	2015-07-10	9788997981182	10,000	
133	해냄	문학	800	조정래	230	2015-06-15	9788965745105	132,000	
147	책숲물고기	문학	800	데이비드 젤처	184	2015-09-20	9791186670064	10,000	
154	써네스트	문학	810	김용진	216	2015-02-05	9788991958982	10,000	
163	책숲물고기	문학	800	앨리슨 휴스	160	2015-01-30	9788994621814	10,000	
170	아롬주니어	역사	910	문재갑	220	2015-06-01	9788993179477	10,000	
174	샘터	문학	804	주철환	144	2015-02-26	9788946418936	10,000	
186	철수와영희	교사용	340	고성국, 지승호	108	2015-04-25	9788993463750	8,500	
193	책숲물고기	문학							
195	논장	문학							
217	작은숲	문학							
224	철수와영희	교사용							
233	아롬주니어	문학							

도서목록 ⊕

준비 232개 중 21개의 레코드가 있습니다.

▲ 자동 필터로 다양한 조건을 만족하는 데이터 추출하기

	A	B	C	D	E	F	G
1	조건						
2							
3	납기	색상	원단평균수량				
4	>=2019-9-1	BLACK	TRUE				
5							
6	품번	납기	색상	색상별수량	원단발주수량(yds)	발주중량(kgs)	
7	61762	27-Dec	BLACK	2,600	2,418	731	
8	61765K	10-Oct	BLACK	1,200	1,116	337	
9	41764	19-Dec	BLACK	1,600	1,984	643	
10	41768	10-Dec	BLACK	2,600	2,652	859	
11	41772	12-Oct	BLACK	2,600	3,380	876	
12	41779	24-Oct	BLACK	1,600	1,808	586	
13	41783A	28-Oct	BLACK	2,600	2,418	731	
14	41784	03-Nov	BLACK	1,200	1,140	345	
15	80460	27-Dec	BLACK	1,500	1,515	589	
16	80463	27-Dec	BLACK	2,000	2,400	622	
17	80464	27-Dec	BLACK	2,000	2,400	674	
18							

ORDER 특수주문

준비

▲ 고급 필터로 데이터 추출하고 원하는 항목만 복사하기

> **섹션별 주요 내용**
>
> **01** 자동 필터 이용해 데이터 추출하기　**02** 고급 필터와 조건식 이해하기　**03** 고급 필터 이용해 데이터 추출하기
> **04** 함수식 적용한 데이터만 추출하기　**05** 색상별로 데이터 정렬하고 추출하기

실무
예제 **01** **자동 필터 이용해 데이터 추출하기**

🔵 **예제파일** : 추천도서_자동필터.xlsx   🔵 **결과파일** : 추천도서_자동필터_완성.xlsx

1 엑셀에서 제공하는 매우 편리한 기능 중 하나인 자동 필터를 이용하여 데이터를 추출해 볼까요? [도서목록] 시트에서 특정 출판사의 도서만 필터링하기 위해 데이터 범위에 있는 하나의 셀을 클릭하고 **[홈] 탭-[편집] 그룹**에서 **[정렬 및 필터]-[필터]**를 선택하세요.

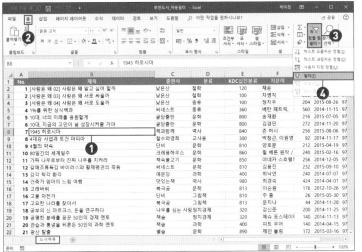

Tip

[데이터] 탭-[정렬 및 필터] 그룹에서 [필터]를 클릭해도 됩니다.

2 '분류' 항목의 필터 단추()를 클릭하고 [(모두 선택)]의 체크를 해제하세요. '분류' 항목 중에서 [과학], [교사용], [문학], [역사]에 체크하고 [확인]을 클릭하세요.

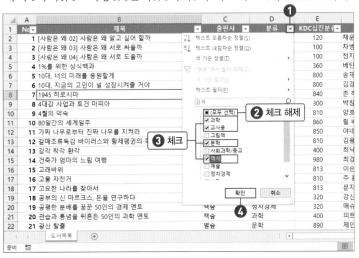

Tip

필요 없는 항목의 체크를 일일이 없애는 것보다 [(모두 선택)]의 체크를 해제하여 전체 항목의 체크를 한 번에 해제하고 원하는 항목에만 체크하는 것이 훨씬 더 편리해요.

3 선택한 분류 항목에 대한 데이터만 추출되었으면 '출판년월'이 2015년 이후인 데이터만 추출해 봅시다. '출판년월' 항목의 필터 단추(▼)를 클릭하고 [날짜 필터]-[이후]를 선택하세요.

Tip

각 항목의 데이터(숫자, 텍스트, 날짜)에 따라 제공되는 연산자가 달라집니다. '출판년월' 항목의 데이터는 날짜 데이터이므로 이와 관련된 연산자가 표시됩니다.

4 [사용자 지정 자동 필터] 대화상자가 열리면 '출판년월'에서 [이후]가 선택되었는지 확인하고 『2015-1-1』을 입력한 후 [확인]을 클릭하세요.

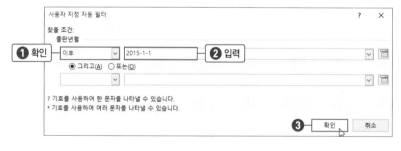

Tip

3 과정에서 [날짜 필터]-[이후]를 선택했기 때문에 '출판년월'에 [이후]가 자동으로 표시되어 있습니다.

5 첫 번째 '분류' 조건(과학, 교사용, 문학, 역사)과 2015년 이후인 '출판년월' 조건을 만족하는 데이터가 필터링되었어요. 이번에는 가격이 10,000 이하이거나 50,000 이상인 도서만 필터링하기 위해 '가격' 항목의 필터 단추(▼)를 클릭하고 [숫자 필터]-[사용자 지정 필터]를 선택하세요.

6 [사용자 지정 자동 필터] 대화상자가 열리면 '찾을 조건'의 '가격'에서 [<=] 연산자를 선택하고 값에는 『10000』을 입력한 후 [또는]을 선택하세요. 두 번째 조건에서는 [>=] 연산자를 선택하고 『50000』을 입력한 후 [확인]을 클릭하세요.

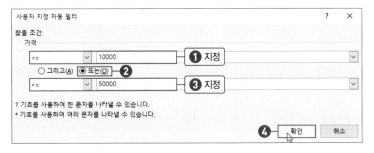

7 모든 조건에 만족하는 데이터가 필터링되었는지 확인해 보세요.

정렬과필터

잠깐만요 **필터 단추(▼, ⤋)의 모양 살펴보기**

필터가 적용된 필드는 필터 단추의 모양이 ▼에서 ⤋으로 바뀌어요. 해당 필터 단추(⤋)의 위에 마우스 포인터를 올려놓으면 조건에 대한 정보가 스크린팁으로 표시됩니다.

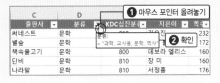

고급 필터와 조건식 이해하기

자동 필터와 달리 고급 필터를 사용할 경우 데이터를 검색하고 추출하기 위한 조건식을 입력해야 해요. 고급 필터는 조건 지정 방법만 제대로 알고 있으면 자동 필터만큼 쉽게 활용할 수 있어요.

1 | 고급 필터를 사용해야 하는 경우

❶ 필드(항목) 간에 OR 조건으로 데이터를 추출할 때
❷ 수식을 포함한 조건으로 데이터를 추출할 때

2 | AND 조건으로 지정하기

필드와 필드 간의 조건을 AND 조건으로 지정하려면 같은 행에 조건을 입력해야 해요. 먼저 조건을 지정할 필드명을 입력하고 해당 필드에 조건값을 차례대로 입력하세요.

분류	판매일자
과일류	>=2019-4-1

예 '과일류'이면서 '2019년 4월 1일' 이후에 판매된 데이터

3 | OR 조건으로 지정하기

필드와 필드 간의 조건을 OR 조건으로 지정하려면 서로 다른 행에 조건을 입력해야 해요.

분류	판매일자
과일류	
	>=2019-4-1

예 '과일류'이거나 '2019년 4월 1일' 이후 판매된 데이터

4 | AND와 OR 조건 혼합해 지정하기

필드 간에 AND 조건과 OR 조건이 혼합되어 있는 경우 조건 간의 관계를 정확히 이해해야 해요.

분류	판매량
과일류	>=500
공산품	>=500

예 '과일류'이면서 판매량이 '500' 이상이거나 '공산품'이면서 판매량이 '500' 이상인 데이터

5 | 수식으로 조건 지정하기

수식으로 조건을 지정할 때는 수식의 결과가 TRUE이거나 FALSE로 표시되어야 하고 필드명은 데이터베이스의 필드명과 다르게 입력하거나 생략해야 해요.

분류	평균 판매 이상
과일류	FALSE

예 '과일류'이면서 평균 판매량 이상인 데이터

실무 예제 03 고급 필터 이용해 데이터 추출하기

🔵 예제파일 : 2019주문_고급필터.xlsx   🔵 결과파일 : 2019주문_고급필터_완성.xlsx

1 고급 필터는 다른 위치에 조건식을 작성해야 해요. 다음의 표를 참고하여 [ORDER] 시트의 M5:O7 범위에 조건식을 작성하세요. 조건식은 품번이 'Q'로 끝나면서 납기일이 2019년 9월 1일 이후이거나 발주 중량이 800kgs 이상인 주문만 필터링하고 있어요.

품번	납기	발주중량(kgs)
*Q	>=2019-9-1	
		>=800

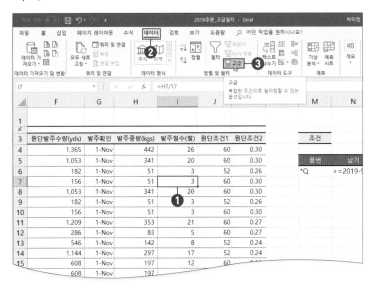

Tip

조건식이 모두 같은 행에 있다면 자동 필터만으로도 충분히 원하는 데이터를 추출할 수 있어요.

2 데이터 범위에 있는 하나의 셀을 클릭하고 [데이터] 탭-[정렬 및 필터] 그룹에서 [고급]을 클릭하세요.

3 [고급 필터] 대화상자가 열리면 '목록 범위'에 자동으로 전체 범위가 잘 지정되었는지 확인해 보세요. '조건 범위'에 커서를 올려놓고 M5:O7 범위를 드래그하여 선택한 후 [확인]을 클릭하세요.

4 고급 필터로 조건을 지정한 결과를 확인해 보세요. 품번이 'Q'로 끝나면서 2019년 9월 이후의 주문이거나 발주 중량이 800kgs 이상인 주문만 추출된 것을 알 수 있어요.

다양한 필터 옵션 살펴보기

필터 단추([▼])를 클릭하면 데이터의 종류에 따라 선택 가능한 여러 가지 필터 조건이 나타납니다. 텍스트, 날짜, 숫자에 따라 다르게 필터 조건을 선택할 수도 있고, 직접 필터 항목을 선택하거나 검색 창에 필터 조건을 입력해서 원하는 조건을 지정할 수도 있어요.

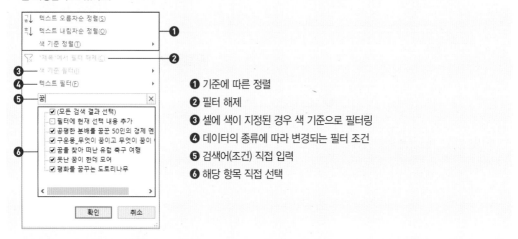

❶ 기준에 따른 정렬
❷ 필터 해제
❸ 셀에 색이 지정된 경우 색 기준으로 필터링
❹ 데이터의 종류에 따라 변경되는 필터 조건
❺ 검색어(조건) 직접 입력
❻ 해당 항목 직접 선택

실무 예제 04 함수식 적용한 데이터만 추출하기

● **예제파일** : 2019주문_수식.xlsx ● **결과파일** : 2019주문_수식_완성.xlsx

1 [특수주문] 시트에서 다음의 그림과 같이 A3:B4 범위에 납기와 색상에 대한 조건을 입력하세요. C3셀에는 『원단평균수량』을, C4셀에는 『=ORDER!F4〉=AVERAGE(ORDER!F$4:F$99)』를 입력하고 Enter를 누르세요.

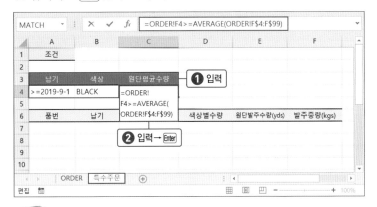

Tip

조건식은 '품번', '납기일'이 2019년 9월 1일 이후이면서 '색상'은 'BLACK', '원단발주수량'은 평균 이상인 주문건에 대해 지정하는 함수식입니다. C3셀의 이름은 [ORDER] 시트의 원본 데이터의 필드명과 다르게 지정해야 해요.

2 조건식에 함수식을 지정하면 '원단평균수량'이 [TRUE]나 [FALSE]로 표시됩니다. 이와 같은 조건으로 데이터를 필터링하기 위해 워크시트에 있는 빈 셀 하나를 클릭하고 [데이터] 탭-[정렬 및 필터] 그룹에서 [고급]을 클릭하세요.

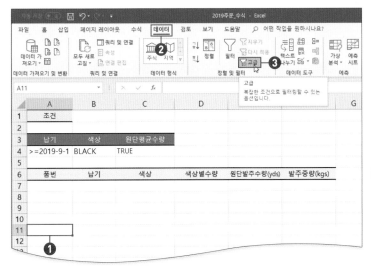

Tip

필터링된 결과를 다른 시트에 복사하려면 결과를 표시할 시트에서 '고급 필터' 명령을 실행해야 해요.

3 [고급 필터] 대화상자가 열리면 '목록 범위'에 커서를 올려놓고 [ORDER] 시트의 전체 범위인 A3:K99 범위를 드래그하여 선택하세요. 이와 같은 방법으로 '조건 범위'에 커서를 올려놓고 [특수주문] 시트의 A3:C4 범위를 드래그하여 선택하세요.

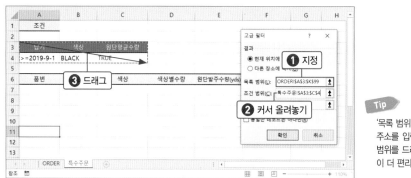

> **Tip**
> '목록 범위'나 '조건 범위'는 직접 주소를 입력하는 것보다 시트에 범위를 드래그하여 선택하는 것이 더 편리해요.

4 [고급 필터] 대화상자의 '결과'에서 [다른 장소에 복사]를 선택하세요. '복사 위치'에 커서를 올려놓고 [특수주문] 시트에 미리 입력해 놓은 머리글 행인 A6:F6 범위를 드래그하여 선택한 후 [확인]을 클릭하세요.

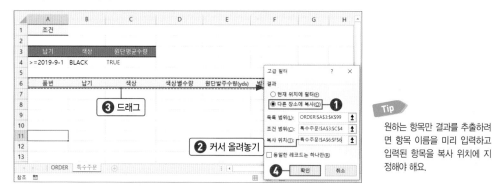

> **Tip**
> 원하는 항목만 결과를 추출하려면 항목 이름을 미리 입력하고 입력된 항목을 복사 위치에 지정해야 해요.

5 필드명에 해당하는 데이터만 지정한 조건에 맞게 추출되었는지 확인해 보세요.

색상별로 데이터 정렬하고 추출하기

⬥ **예제파일** : 매출_색정렬및필터.xlsx ⬥ **결과파일** : 매출_색정렬및필터_완성.xlsx

1 조건부 서식이 지정된 데이터를 색상별로 정렬해 볼까요? [A매출] 시트에서 데이터 범위에 있는 하나의 셀을 클릭하고 **[홈] 탭–[편집] 그룹**에서 **[정렬 및 필터]–[사용자 지정 정렬]**을 선택하세요.

2 [정렬] 대화상자가 열리면 첫 번째 '정렬 기준'은 [금액]과 [셀 색]을, '색'은 [연한 파랑]을 선택하세요. [기준 복사]를 클릭하여 두 번째 정렬 기준을 추가하고 '다음 기준'을 [금액], [셀 값], [내림차순]으로 선택하세요.

Tip
연한 파랑은 'RGB(220,237,248)'로 표시되어 있어요.

3 세 번째 기준을 추가하기 위해 [기준 복사]나 [기준 추가]를 클릭하세요. '다음 기준'이 나타나면 [금액], [셀 색]을 선택하고 '색'을 [노랑]으로 지정한 후 [확인]을 클릭하세요.

Tip
노랑은 'RGB(255,235,156)'으로 표시되어 있어요.

4 앞의 과정에서 지정한 기준대로 데이터가 정렬되었는지 확인해 보세요.

5 이번에는 상품 코드의 색상이 파랑인 경우만 추출해 볼까요? '상품코드' 항목의 필터 단추 (▼)를 클릭하고 [색 기준 필터]를 선택한 후 '글꼴 색 기준 필터'의 [파랑]을 클릭하세요.

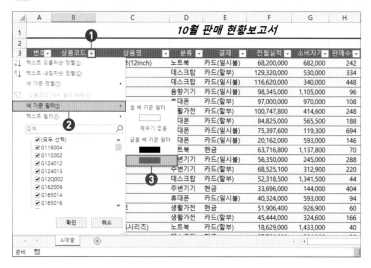

6 정렬된 데이터에서 상품 코드가 파란색인 데이터만 추출되었는지 확인해 보세요.

1 | 직원명부에서 외주업체 파견 직원 추출하기

🔵 **예제파일**: 외주업체파견.xlsx   🔵 **결과파일**: 외주업체파견_완성.xlsx

사번에 'K'나 'B'가 포함되고 '전산실' 소속의 직원만 추출하여 다른 시트에 복사해 보세요.

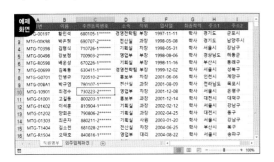

Hint

① 사번에 'K'나 'B'가 포함된 경우 글꼴 색을 [파랑]으로 지정하는 조건부 서식을 지정하세요.

② 자동 필터를 사용해서 '전산실'이면서 사번의 글꼴 색이 [파랑]인 데이터만 추출하세요.

③ 추출한 데이터를 [외주업체파견] 시트의 A1셀에 열 너비를 유지하여 복사하세요.

④ [직원명부] 시트에서 '지우기'로 데이터 필터링을 해제하세요.

2 | 함수식과 고급 필터 이용해 고객 초대 명단 추출하기

🔵 **예제파일**: 고객명단.xlsx   🔵 **결과파일**: 고객명단_완성.xlsx

고급 필터와 함수식을 사용해 10월생이거나 사용 금액이 천만 원 이상이면서 월 평균 방문 횟수가 10회 이상인 고객을 추출해 보세요.

Hint

① [초청고객] 시트에 조건을 입력하고 고객 명단을 작성하세요.

② 10월생이거나 사용 금액이 천만 원 이상이면서 월 방문 횟수가 10회 이상인 고객으로 조건을 지정하세요.

　예 10월생은 함수식 『=MONTH(명단!E2)=10』 입력

③ [초청고객] 시트에서 주어진 필드명에 맞게 고급 필터를 사용해 필터링하세요.

전문 분석 기능 활용하기

엑셀 2016부터 크게 향상된 기능 중 하나는 바로 '강력한 분석' 기능입니다. 또한 대량의 데이터를 사용자가 권하는 관점에 따라 요약하고 비교 및 탐색까지 할 수 있는 '피벗 테이블'뿐만 아니라 슬라이서와 시간 표시 막대로 데이터를 시각적으로 분석할 수 있는 '필터' 기능까지 제공합니다. 이 밖에도 3차원 맵에서 시간이 지남에 따라 가상으로 표현되는 지리적 데이터 연출도 가능합니다. 이번 섹션에서는 피벗 테이블과 다양한 필터로 요약하는 기능에 대해 배워봅니다.

> **PREVIEW**

▲ 피벗 테이블로 요약 변경하고 값 표시 형식으로 비율 표시하기

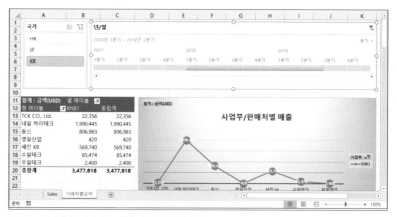

▲ 시간 도구 막대와 슬라이서를 포함한 피벗 테이블 작성하기

섹션별
주요 내용

01 | 추천 피벗 테이블 지정하고 꾸미기 02 | 피벗 테이블 보고서에 요약 보고서 추가하기

03 | 피벗 테이블에 값 요약하고 표시 형식 변경하기 04 | 피벗 차트 이용해 보고서 작성하기

05 | 슬라이서와 시간 표시 막대 삽입해 필터링하기

2010 | 2013 | 2016 | 2019 | OFFICE 365

실무
예제 **01** 추천 피벗 테이블 지정하고 꾸미기

🔵 **예제파일** : 판매_추천피벗.xlsx   🔵 **결과파일** : 판매_추천피벗_완성.xlsx

1 [Sales] 시트에서 판매 데이터를 요약하기 위해 데이터 범위에 있는 하나의 셀을 클릭하고 [삽입] 탭-[표] 그룹에서 [추천 피벗 테이블]을 클릭하세요.

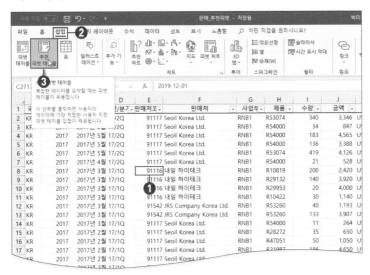

> **Tip**
> 피벗 테이블을 사용하면 대량의 데이터를 몇 번의 마우스 클릭만으로도 쉽게 요약할 수 있어요.

2 [권장 피벗 테이블] 대화상자가 열리면 [합계 : 금액(USD), 합계 : 금액, 합계 : 수량(년/분기(+) 기준)]을 선택하고 [확인]을 클릭하세요.

3 추천 피벗 테이블로 사업부와 년/분기별 금액(USD), 수량, 금액 합계가 요약되었어요. 화면의 오른쪽에 나타난 [피벗 테이블 필드] 창에서 [수량]과 [금액]의 체크를 해제하여 보고서에서 제외하고 [국가] 필드를 '열' 영역으로 드래그하여 추가하세요.

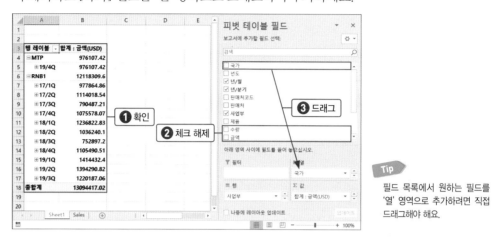

Tip

필드 목록에서 원하는 필드를 '열' 영역으로 추가하려면 직접 드래그해야 해요.

4 피벗 테이블 보고서를 꾸미기 위해 [피벗 테이블 도구]의 [디자인] 탭-[피벗 테이블 스타일] 그룹에서 [자세히] 단추(⊡)를 클릭하고 '밝게'의 [연한 파랑, 피벗 스타일 밝게 9]를 선택하세요.

❷ [자세히] 단추 클릭

Tip

리본 메뉴의 [피벗 테이블 도구]는 해당 피벗 테이블을 선택해야 나타납니다.

5 '합계 : 금액(USD)'의 숫자 데이터 범위(B5:E19)를 드래그하여 선택하고 [홈] 탭-[표시 형식] 그룹에서 [쉼표 스타일]을 클릭하여 보고서를 완성하세요.

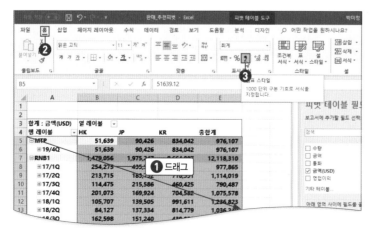

02 # 피벗 테이블 보고서에 요약 보고서 추가하기

🔵 **예제파일** : 판매_피벗보고서.xlsx 🔵 **결과파일** : 판매_피벗보고서_완성.xlsx

1 기존의 피벗 테이블 보고서에 새로운 요약 보고서를 추가해 볼까요? [Sales] 시트에서 데이터 범위에 있는 하나의 셀을 클릭하고 [삽입] 탭-[표] 그룹에서 [피벗 테이블]을 클릭하세요.

2 [피벗 테이블 만들기] 대화상자가 열리면 '표 또는 범위 선택'의 '표/범위'에 자동으로 전체 범위가 잘 지정되었는지 확인하고 피벗 테이블 보고서를 넣을 위치에서 [기존 워크시트]를 선택하세요. '위치'에 커서를 올려놓고 [피벗보고서] 시트의 A21셀을 클릭하여 지정한 후 [확인]을 클릭하세요.

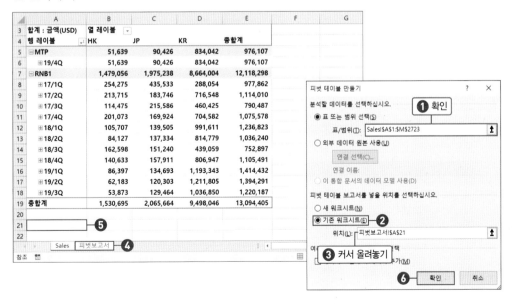

3 피벗 테이블 보고서의 아래쪽에 있는 A21셀부터 새로운 보고서가 삽입되었어요. 화면의 오른쪽에 있는 [피벗 테이블 필드] 창에서 [판매처], [금액(USD)], [영업이익]에 순서대로 체크하면 [판매처]는 '행' 영역으로, [금액(USD)]와 [영업이익]은 '값' 영역으로 추가됩니다.

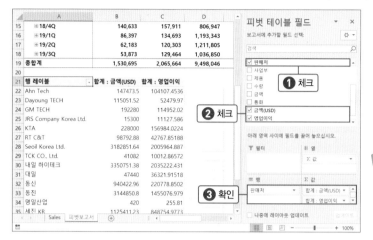

Tip

텍스트와 날짜로 된 필드는 자동으로 '행' 영역에, 숫자로 된 필드는 자동으로 '값' 영역에 추가됩니다.

4 [피벗 테이블 필드] 창의 필드 목록 중에서 [년도]를 '행' 영역으로 드래그하여 추가하세요. '행' 영역에서 [년도]를 선택하고 [처음으로 이동]을 선택하세요.

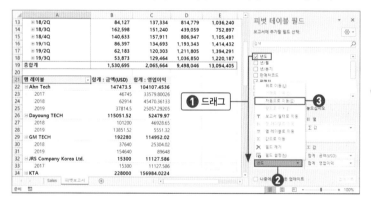

Tip

'년도' 항목은 숫자로 되어 있기 때문에 필드에 체크하면 '값' 영역에 자동으로 추가됩니다. 따라서 '년도' 항목을 '행' 영역으로 추가하려면 직접 드래그해야 해요.

5 [피벗 테이블 도구]의 [디자인] 탭-[피벗 테이블 스타일] 그룹에서 '밝게'의 [연한 옥색, 피벗 스타일 밝게 14]를 선택하세요. [디자인] 탭-[레이아웃] 그룹에서 [보고서 레이아웃]-[개요 형식으로 표시]를 선택하세요.

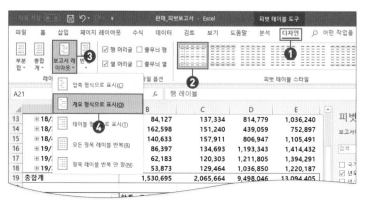

Tip

[디자인] 탭-[피벗 테이블] 그룹에서 [자세히] 단추(▽)를 클릭하면 다양한 피벗 스타일 목록이 나타납니다.

6 '합계 : 금액(USD)' 항목과 '합계 : 영업이익' 항목의 데이터 범위(C22:D62)를 드래그하여 모두 선택하고 [홈] 탭-[표시 형식] 그룹에서 [쉼표 스타일]을 클릭하여 보고서를 완성하세요.

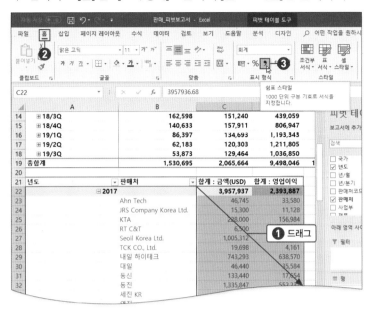

문서시작
문서편집
서식지정
차트
함수
정렬과필터
피벗테이블
매크로

잠깐만요 **피벗 테이블에서 데이터 그룹화하고 그룹 해제하기**

피벗 테이블의 데이터를 그룹화하면 분석할 데이터의 하위 집합을 표시하는 데 매우 유용해요. 예를 들어 날짜 및 시간, 숫자 필드는 분기 및 월 단위로 그룹화할 수 있어요. 특히 날짜 및 시간의 경우 '시간 그룹화'라는 기능에 의해 자동으로 그룹화됩니다. [피벗 테이블 필드] 창에서 [년/월]에 체크하면 '행'에 '연', '분기', '년/월'이라는 항목으로 그룹화됩니다.

합계 : 금액(USD)	열 레이블			
행 레이블	HK	JP	KR	총합계
⊟ 2018년	783,538	1,004,798	2,169,613	3,957,949
⊟ 1사분기	254,275	435,536	288,054	977,865
1월	110,503	119,450		229,953
2월	138,923	66,861	55,925	261,709
3월	4,848	249,225	232,129	486,202
⊟ 2사분기	213,715	183,752	716,551	1,114,019
4월	78,032	41,161	365,228	484,421
5월	101,143	98,393	351,323	550,859
6월	34,540	44,198		78,738
⊟ 3사분기	114,475	215,586	460,425	790,487
7월			131,638	131,638
8월	50,350	23,912		74,262
9월	64,125	191,674	328,788	584,587
⊟ 4사분기	201,073	169,924	704,582	1,075,578
10월	113,058	58,113	36,437	207,589
11월	5,557	27,398	132,834	165,788
12월	82,477	84,413	535,311	702,201
⊟ 2018년	493,065	585,989	3,052,396	4,131,451

이 밖의 그룹화는 [피벗 테이블 도구]의 [분석] 탭-[그룹] 그룹에서 [그룹 선택]을 클릭하여 [그룹화] 대화상자를 열고 '시작'과 '끝', 그리고 '단위'를 지정할 수 있어요.

실무 예제 03 피벗 테이블에 값 요약하고 표시 형식 변경하기

◑ 예제파일 : 판매_개수와비율.xlsx ◑ 결과파일 : 판매_개수와비율_완성.xlsx

1 [피벗보고서] 시트에서 [피벗 테이블 필드] 창의 '보고서에 추가할 필드 선택'에서 [영업이익]의 체크를 해제하세요. 요약 방법을 변경하기 위해 '합계 : 금액(USD)' 항목에 있는 하나의 셀을 클릭하고 마우스 오른쪽 단추를 눌러 [값 요약 기준]-[평균]을 선택하세요.

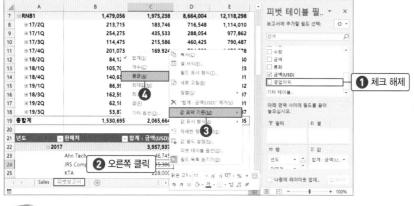

> **Tip**
>
> [피벗보고서] 시트의 2개의 피벗 테이블 중에서 두 번째 보고서가 선택되어 있어요.

2 '합계'가 '평균'으로 변경되었으면 [피벗 테이블 필드] 창의 '보고서에 추가할 필드 선택'에서 [제품]과 [금액(USD)]을 '값' 영역으로 드래그하여 추가하세요.

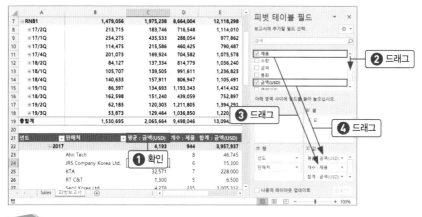

> **Tip**
>
> '금액(USD)' 필드는 이미 보고서에 추가된 상태이므로 다시 추가할 때는 필드 값을 '값' 영역으로 직접 드래그해야 해요.

3 추가한 '합계 : 금액(USD)' 항목을 편집하기 위해 E23셀을 클릭하고 [피벗 테이블 도구]의 **[분석] 탭-[활성 필드]** 그룹에서 **[필드 설정]**을 클릭하세요.

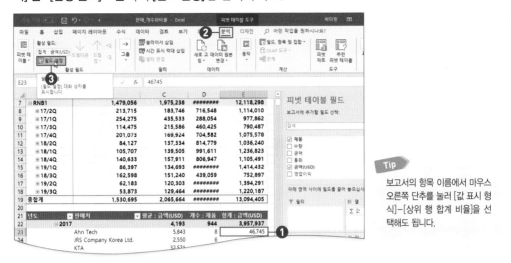

Tip

보고서의 항목 이름에서 마우스 오른쪽 단추를 눌러 [값 표시 형식]-[상위 행 합계 비율]을 선택해도 됩니다.

4 [값 필드 설정] 대화상자가 열리면 '사용자 지정 이름'을 [비율(금액)]으로 변경하세요. [값 표시 형식] 탭의 '값 표시 형식'에서 [상위 행 합계 비율]을 선택하고 [확인]을 클릭하세요.

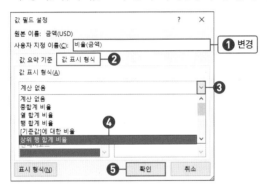

5 항목 이름이 '비율(금액)'으로 변경되고 부분합 비율이 100% 기준으로 계산됩니다. 이와 같이 평균, 개수, 합계로 요약한 보고서가 작성되면 열 너비를 조정하여 보고서를 완성하세요.

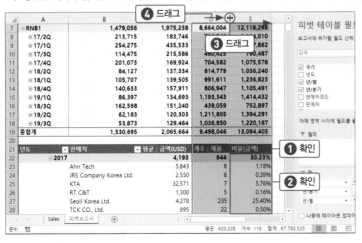

실무 예제 **04** 피벗 차트 이용해 보고서 작성하기

● **예제파일** : 판매_피벗차트.xlsx　● **결과파일** : 판매_피벗차트_완성.xlsx

1 작성한 보고서를 바탕으로 차트를 작성해 볼까요? [거래처별요약] 시트에서 피벗 테이블 보고서에 있는 하나의 셀을 클릭하고 [피벗 테이블 도구]의 **[분석] 탭-[도구] 그룹**에서 **[피벗 차트]**를 클릭하세요.

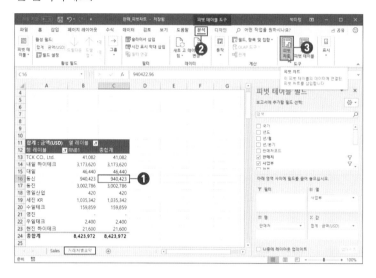

2 [차트 삽입] 대화상자가 열리면 [모든 차트] 탭에서 [꺾은선형]을 선택하고 [표식이 있는 꺾은선형]을 선택한 후 [확인]을 클릭하세요.

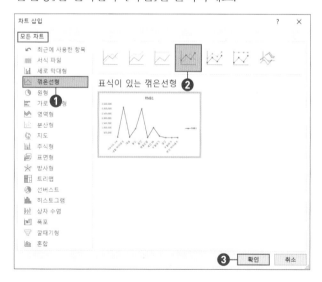

3 표식이 있는 꺾은선형 차트가 삽입되면 차트의 위치를 피벗 테이블 보고서의 오른쪽으로 이동하고 차트의 크기를 K24셀 위치까지 조정해 보세요.

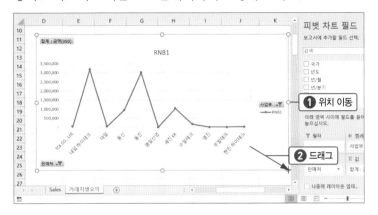

4 삽입한 차트를 꾸미기 위해 차트 제목에 『사업부/판매처별 매출』을 입력하세요. 차트를 선택한 상태에서 [피벗 차트 도구]의 [디자인] 탭-[차트 스타일] 그룹에서 [자세히] 단추(▽)를 클릭하고 [스타일 2]를 선택하세요.

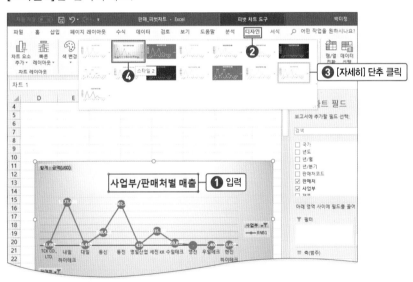

5 피벗 테이블 보고서와 연동되는 차트가 보기 좋게 완성되었는지 확인해 보세요.

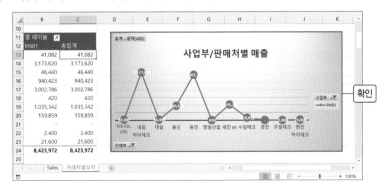

문서시작

문서편집

서식지정

차트

함수

정렬과필터

피벗테이블

매크로

슬라이서와 시간 표시 막대 삽입해 필터링하기

🔵 **예제파일** : 판매_필터도구.xlsx 🔵 **결과파일** : 판매_필터도구_완성.xlsx

1 [거래처별요약] 시트에 작성된 피벗 테이블과 차트에 필터 기능을 추가해 봅시다. 피벗 테이블 보고서에 있는 하나의 셀을 클릭하고 [피벗 테이블 도구]의 **[분석] 탭-[필터] 그룹**에서 **[슬라이서 삽입]**을 클릭하세요.

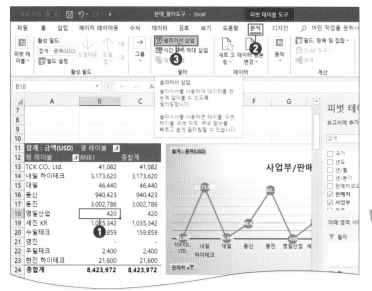

Tip
슬라이서는 [삽입] 탭-[필터] 그룹에서 [슬라이서]를 클릭해도 삽입할 수 있어요.

2 [슬라이서 삽입] 대화상자가 열리면 여러 가지 필드 항목 중에서 필터로 사용할 [국가]에 체크하고 [확인]을 클릭하세요.

Tip
여러 개의 슬라이서에 체크하여 사용해도 됩니다.

3 [국가] 슬라이서가 삽입되면 A1셀에 맞춰 위치를 이동하고 슬라이서의 크기를 조절하세요.

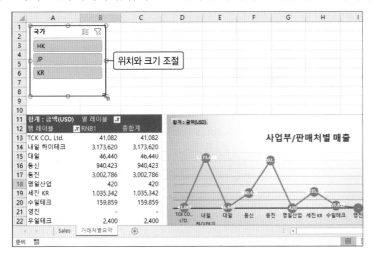

4 이번에는 또 다른 필터를 추가해 볼까요? 피벗 테이블 보고서에 있는 하나의 셀을 클릭하고 [피벗 테이블 도구]의 **[분석] 탭–[필터] 그룹**에서 **[시간 표시 막대 삽입]**을 클릭하세요.

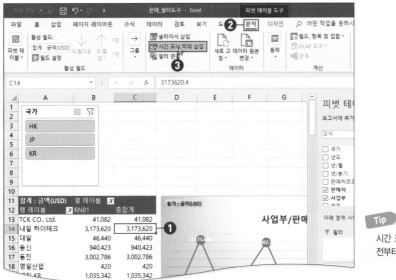

> **Tip**
> 시간 표시 막대는 엑셀 2016 버전부터 추가된 기능입니다.

5 [시간 표시 막대 삽입] 대화상자가 열리면 [년/월]에 체크하고 [확인]을 클릭하세요.

> **Tip**
> 시간 표시 막대는 날짜나 시간 데이터를 가진 필드에만 지정할 수 있어요.

6 시간 표시 막대의 위치와 크기를 슬라이서와 차트에 맞춰 조절하세요. 필터의 옵션을 '분기'로 변경하고 [시간 표시 막대 도구]의 [옵션] 탭-[시간 표시 막대 스타일] 그룹에서 [바다색, 시간 표시 막대 스타일 밝게 3]을 클릭하세요.

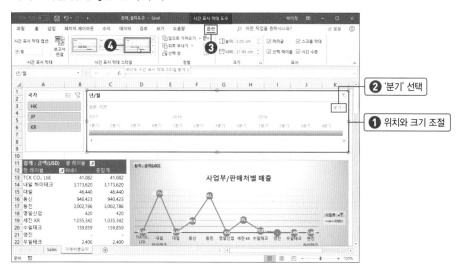

7 이제 보고서와 차트에 필터를 적용해 볼까요? [국가] 슬라이서에서는 [KR]을 선택하고 시간 표시 막대에서는 '2018년 1분기'부터 '2019년 2분기'까지 드래그하세요. 이렇게 하면 필터에 대한 값이 적용되면서 피벗 테이블 보고서의 값과 피벗 차트의 모양이 변경됩니다.

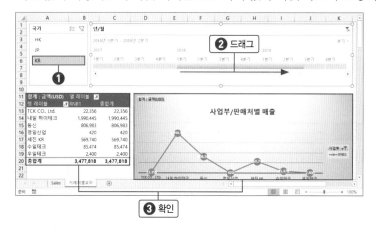

잠깐만요 **피벗 테이블 이동하기**

작성한 피벗 테이블을 다른 위치로 이동하려면 [피벗 테이블 도구]의 [분석] 탭-[동작] 그룹에서 [피벗 테이블 이동]을 클릭하여 이동 기능을 실행합니다. [피벗 테이블 이동] 대화상자가 열리면 원하는 위치를 입력하거나 셀을 직접 클릭하여 이동 위치를 지정하세요.

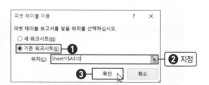

▲ [Sheet1] 시트의 A10셀로 피벗 테이블 이동하기

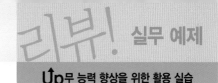

1 | 고객 현황에 대한 요약 보고서 작성하기

🔵 예제파일 : 고객현황.xlsx   🔵 결과파일 : 고객현황_완성.xlsx

고객 현황을 고객 등급과 담당 마케터별로 합계, 고객 수, 합계에 대한 순위를 이용해 요약해 보세요.

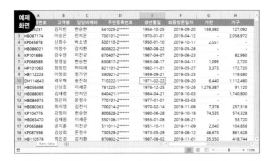 

Hint
① '고객등급' 항목과 '담당마케터' 항목은 '행' 영역이고 '고객명' 항목과 '합계' 항목은 '값' 영역인 피벗 테이블을 작성하세요.

② 보고서 레이아웃은 개요 형식으로 표시하고 피벗 스타일은 '중간'의 [흰색, 피벗 스타일 보통 8]로 지정하세요.

③ '합계' 필드를 한 번 더 추가하고 필드 설정에서 이름을 [순위]로 변경한 후 [내림차순 순위 지정]으로 값 표시 형식을 변경하세요.

2 | 피벗 차트와 슬라이서로 보고서 분석하기

🔵 예제파일 : 고객현황_차트와필터.xlsx   🔵 결과파일 : 고객현황_차트와필터_완성.xlsx

피벗 테이블을 이용해 피벗 차트를 추가하고 슬라이서를 이용해 지역별로 담당 마케터별 매출을 분석해 보세요.

Hint
① 필터 단추(▼)를 이용해 담당 마케터는 [김문용], [박종훈], [백기송], [이민권], [이호준], [정영기], [정영수]에만 체크하세요.

② 보고서에 대한 피벗 차트를 작성하고 차트의 위치와 크기를 조정한 후 차트 스타일은 [스타일 7]을 지정하세요.

③ 슬라이서를 [지역]으로 작성하고 슬라이서 열을 [5]로 지정한 후 [슬라이서 스타일 밝게 1]을 지정하세요.

④ 슬라이서에서 Ctrl을 이용해 [서울], [부산], [제주], [기타]를 선택하세요.

매크로(macro)는 매번 반복되는 작업을 자동으로 처리하거나 엑셀에서 제공하지 않는 기능을 만들어야 할 때 사용해요. 쉽게 말해서 매크로는 다양한 명령의 모음으로, 이들 명령을 작성하는 언어가 바로 VBA(Visual Basic for Application)입니다. 양식 컨트롤과 문서를 자동화하는 매크로를 연결하면 한층 업그레이드된 문서를 작성할 수 있어요. 이번 섹션에서는 양식 컨트롤을 삽입하여 문서를 자동화하고 매크로를 기록하여 VBA로 간단히 편집하는 과정에 대해 배워보겠습니다.

> **PREVIEW**

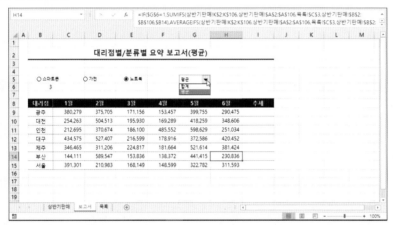

▲ 양식 컨트롤 사용해 문서 자동화하기

▲ 자동 매크로 작성해 도형과 연결하기

> 섹션별
> 주요 내용

01 │ [개발 도구] 탭과 양식 컨트롤 추가하기   **02** │ 양식 컨트롤 이용해 요약 보고서 완성하기

03 │ 스파크라인 매크로 작성하기   **04** │ 매크로 파일로 저장하고 실행하기

05 │ 도형에 매크로 설정하고 실행하기   **06** │ 필요 없는 매크로 삭제하기

[개발 도구] 탭과 양식 컨트롤 추가하기

◎ **예제파일** : 상반기판매_양식컨트롤.xlsx ◎ **결과파일** : 상반기판매_양식컨트롤_완성.xlsx

1 문서에 양식 컨트롤을 삽입하려면 리본 메뉴에 [개발 도구] 탭을 추가해야 해요. **[파일] 탭-[옵
선]**을 선택하여 [Excel 옵션] 창을 열고 [리본 사용자 지정] 범주를 선택하세요. '리본 메뉴 사
용자 지정'에서 [기본 탭]을 선택하고 [개발 도구]에 체크한 후 [확인]을 클릭하세요.

2 컨트롤을 삽입하면 한층 업그레이드된 보고서를 작성할 수 있어요. [보고서] 시트에서 전자제
품의 종류를 선택할 수 있는 양식 컨트롤을 삽입하기 위해 **[개발 도구] 탭-[컨트롤] 그룹**에서 **[삽
입]**을 클릭하고 **'양식 컨트롤'**의 **[옵션 단추]**(◎)를 클릭하세요.

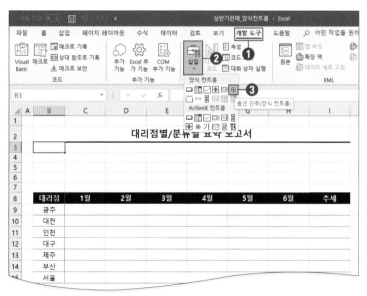

3 마우스 포인터가 + 모양으로 변경되면 제목의 아래쪽에서 다음의 그림과 같이 드래그하여 옵션 단추를 삽입하고 크기를 조절해 보세요. 삽입한 옵션 단추를 선택한 상태에서 [Ctrl]+[Shift]를 누른 채 오른쪽으로 드래그하여 복사하세요. 이와 같은 작업을 다시 한 번 더 반복하여 총 세 개의 옵션 단추를 만드세요.

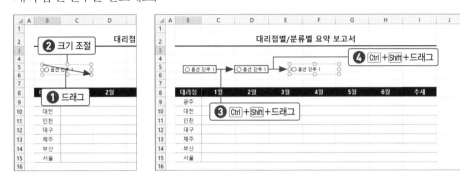

4 첫 번째 옵션 단추를 마우스 오른쪽 단추로 눌러 [텍스트 편집]을 선택하세요.

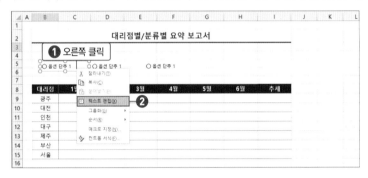

5 세 개의 옵션 단추에 각각 『스마트폰』, 『가전』, 『노트북』을 순서대로 입력하고 첫 번째 옵션 단추를 마우스 오른쪽 단추로 눌러 [컨트롤 서식]을 선택하세요. [컨트롤 서식] 대화상자의 [컨트롤] 탭이 열리면 '셀 연결'에 『$B$6』을 입력하고 [확인]을 클릭하세요.

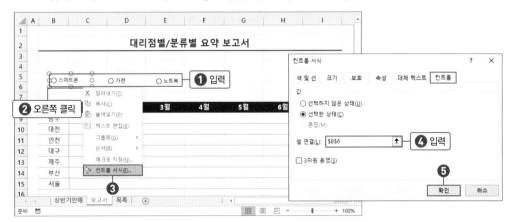

Tip

개체는 셀에 입력되지 않아요. 모든 계산이 셀 데이터로 이루어지는 엑셀에서는 반드시 셀에 값이 있어야 하므로 '셀 연결'에는 개체의 값이 입력되어야 해요.

6 이번에는 G5셀에 양식 컨트롤의 '콤보 상자'를 삽입하고 마우스 오른쪽 단추를 클릭하여 [컨트롤 서식]을 선택하세요. [컨트롤 서식] 대화상자의 [컨트롤] 탭이 열리면 '입력 범위'에는 [목록] 시트의 A7:A8 범위를, '셀 연결'에는 G6셀을 지정하고 [확인]을 클릭하세요.

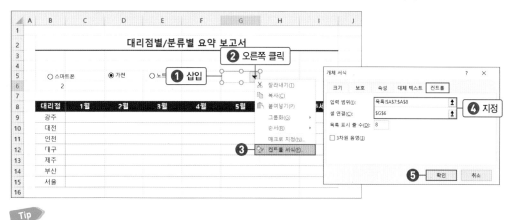

7 Esc를 눌러 콤보 상자의 선택을 해제하고 콤보 상자에서 [합계]를 선택하면 G6셀에 '1'이 입력됩니다. 이번에는 삽입된 콤보 상자 컨트롤의 값을 이용해 함수식으로 문서의 제목을 작성해 볼게요. B2셀의 제목을 Delete를 눌러 삭제하고 『="대리점별/분류별 요약 보고서"&IF(G6=1,"(합계)", "(평균)")』을 입력한 후 Enter를 누르세요.

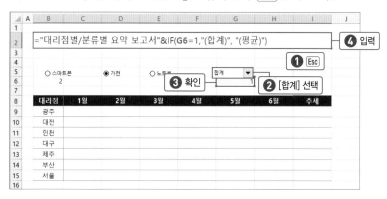

8 콤보 상자의 값이 바뀔 때마다 제목도 함께 변경되는지 확인해 보세요.

실무 예제 | **02** 양식 컨트롤 이용해 요약 보고서 완성하기

🔵 **예제파일** : 상반기판매_자동화.xlsx   🔵 **결과파일** : 상반기판매_자동화_완성.xlsx

1 [목록] 시트에서 C3셀에 『=INDEX(A3:A5,보고서!B6,1)』을 입력하고 [Enter]를 누르세요.

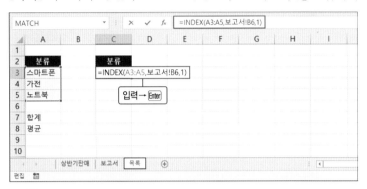

2 [보고서] 시트로 이동해서 조건을 사용해 1월 광주 지역의 '노트북' 판매 평균을 구해볼게요. C9셀을 클릭하고 [수식] 탭-[함수 라이브러리] 그룹에서 [논리]-[IF]를 선택하세요. IF 함수의 [함수 인수] 대화상자가 열리면 'Logical_test'에 『$G$6=1』을 입력하세요. 'Value_if_true'에 커서를 올려놓고 함수 상자의 내림 단추(⊡)를 클릭한 후 [SUMIFS]를 선택하세요.

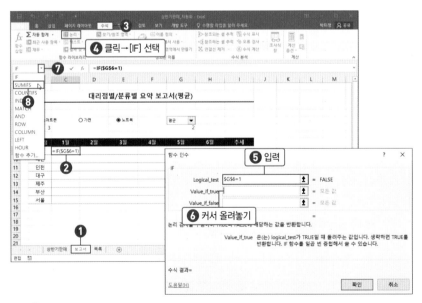

3 SUMIFS 함수의 [함수 인수] 대화상자가 열리면 다음과 같이 입력하고 다시 수식 입력줄의 [IF]를 클릭하세요.

> · Sum_range : 상반기판매!F$2:F$106 · Criteria_range1 : 상반기판매!$A$2:$A$106
> · Criteria1 : 목록!$C$3 · Criteria_range2 : 상반기판매!$B$2:$B$106
> · Criteria2 : $B9

4 IF 함수의 [함수 인수] 대화상자로 되돌아오면 'Value_if_false'에 커서를 올려놓고 함수 상자의 내림 단추(▾)를 클릭한 후 [AVERAGEIFS]를 선택하세요.

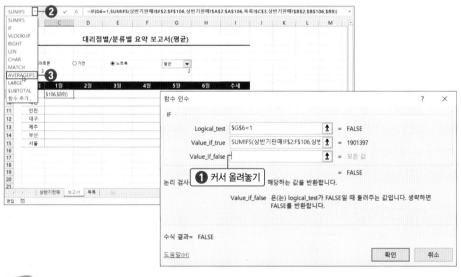

> **Tip**
>
> AVERAGEIFS 함수가 없으면 [함수 추가]를 선택하여 [함수 마법사] 대화상자를 열고 [통계] 범주의 [AVERAGEIF]를 선택하세요.

5 AVERAGEIFS 함수의 [함수 인수] 대화상자가 열리면 **3** 과정의 SUMIFS 함수와 동일하게 인수를 입력하고 다시 수식 입력줄의 [IF]를 클릭하세요.

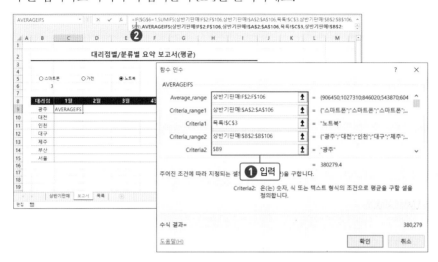

6 IF 함수의 전체 인수가 다음의 그림과 같이 입력되면 [확인]을 클릭하여 함수식을 완성하세요.

7 C9셀에 1월 광주 지역의 '노트북'에 대한 평균을 구했으면 C9셀의 자동 채우기 핸들(**+**)을 H9 셀까지 드래그하여 함수식을 복사하세요. 다시 H9셀의 자동 채우기 핸들(**+**)을 H15셀까지 드래그하여 전체 요약 보고서를 완성하세요.

실무
예제 **03** 스파크라인 매크로 작성하기

◎ 예제파일 : 상반기판매_자동매크로.xlsx

1 [보고서] 시트에서 [개발 도구] 탭-[코드] 그룹의 [매크로 기록]을 클릭하세요. [매크로 기록] 대화상
자가 열리면 '매크로 이름'에 『분류별요약』을 입력하고 '매크로 저장 위치'에서 [현재 통합 문서]를
선택한 후 [확인]을 클릭하세요.

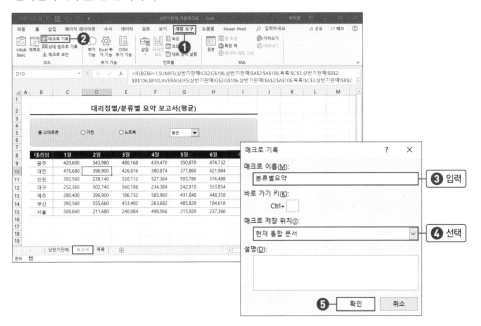

2 매크로 기록이 시작되면서 지금부터 작성하는 모든 작업이 매크로에 기록됩니다. 먼저 I9:I15
범위를 드래그하여 선택하고 [삽입] 탭-[스파크라인] 그룹에서 [꺾은선형]을 클릭하세요.

3 [스파크라인 만들기] 대화상자가 열리면 '데이터 범위'에 커서를 올려놓고 C9:H15 범위를 드래그하여 선택한 후 [확인]을 클릭하세요.

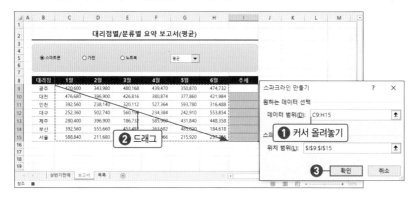

4 스파크라인이 삽입되면 [스파크라인 도구]의 [디자인] 탭-[표시] 그룹에서 [높은 점]에 체크하세요. [디자인] 탭-[스타일] 그룹에서 [자세히] 단추(▾)를 클릭하고 [진한 회색, 스파크라인 스타일 어둡게 #3]을 선택하세요.

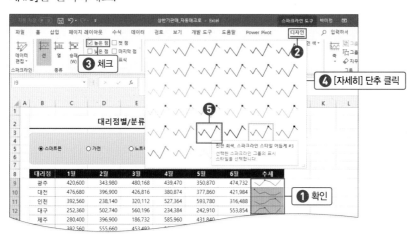

5 매크로에 기록할 작업을 마쳤으면 기록을 중지하기 위해 [개발 도구] 탭-[코드] 그룹에서 [기록 중지]를 클릭하세요.

Tip

상태 표시줄에 있는 [기록 중지] 단추(■)를 클릭해도 매크로 기록을 중지할 수 있어요.

매크로 파일로 저장하고 실행하기

🔵 **예제파일** : 앞의 예제(상반기판매_자동매크로.xlsx)를 이어서 실습하세요.

1 매크로 기록이 끝난 상태에서 매크로를 포함한 문서로 저장하기 위해 **[파일] 탭-[다른 이름으로 저장]**을 선택하고 **[이 PC]**를 선택하세요. 화면의 오른쪽 창에 원하는 폴더가 없으면 **[찾아보기]**를 클릭하세요.

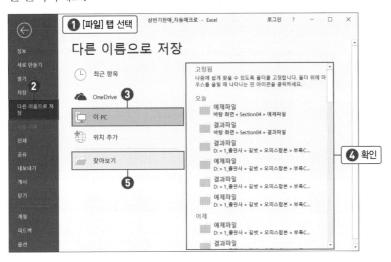

2 **[다른 이름으로 저장]** 대화상자가 열리면 '문서' 폴더를 선택하고 '파일 이름'에 『상반기판매_자동매크로』를 입력하세요. '파일 형식'에서 **[Excel 매크로 사용 통합 문서 (*.xlsm)]**를 선택하고 **[저장]**을 클릭하세요.

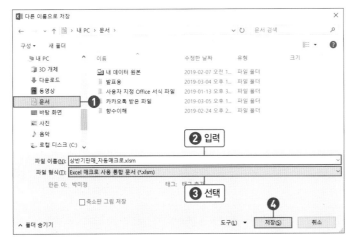

> **Tip**
>
> 저장된 통합 문서는 매크로가 포함되어 있기 때문에 파일의 확장자는 xlsm입니다.

3 작성한 매크로를 다시 실행하기 위해 삽입된 스파크라인을 지워봅시다. [보고서] 시트에서 스파크라인이 삽입된 하나의 셀을 클릭하고 [스파크라인 도구]의 [**디자인**] **탭-**[**그룹**] 그룹에서 [**지우기**]의 내림 단추(⏷)를 클릭한 후 [**선택한 스파크라인 그룹 지우기**]를 선택하세요.

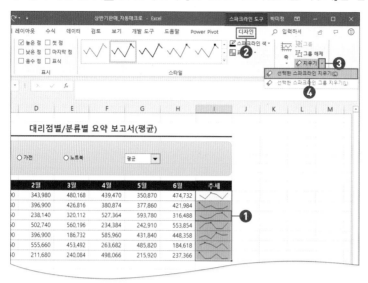

4 스파크라인이 지워지면 새로운 스파크라인을 매크로로 실행해 볼까요? [스마트폰] 옵션 단추를 선택하고 콤보 상자에서 [합계]를 선택한 후 [**개발 도구**] **탭-**[**코드**] 그룹에서 [**매크로**]를 클릭하세요. [매크로] 대화상자가 열리면 '매크로 이름'에서 [분류별 요약]을 선택하고 [실행]을 클릭하세요. I9:I15 범위에 월별 요약에 따른 스파크라인이 삽입되었는지 확인해 보세요.

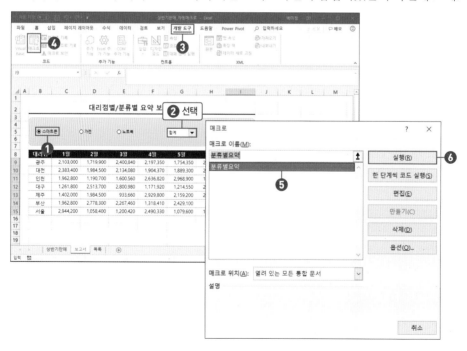

도형에 매크로 설정하고 실행하기

예제파일 : 상반기판매_도형연결.xlsxm   **결과파일** : 상반기판매_도형연결_완성.xlsxm

1 도형이 완성되면 각 도형에 매크로를 설정해 볼까요? [보고서] 시트의 '스파크라인' 도형에서 마우스 오른쪽 단추를 눌러 [매크로 지정]을 선택하세요.

> **Tip**
>
> 매크로가 지정된 파일은 XLSM 형식으로 지정됩니다. XLSM 형식의 매크로 파일을 열면 수식 입력줄의 바로 위에 노란색 '보안 경고' 표시 줄이 나타나는데, [콘텐츠 사용]을 클릭해야 문서를 편집할 수 있어요.

2 [매크로 지정] 대화상자가 열리면 '매크로 이름'에서 [분류별요약]을 선택하고 [확인]을 클릭 하세요.

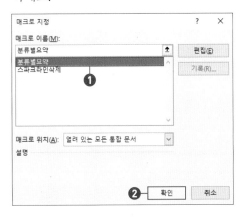

225

3 이와 같은 방법으로 '삭제' 도형에 '스파크라인삭제' 매크로를 지정해 보세요.

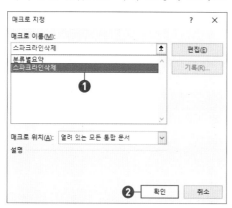

4 매크로가 제대로 실행되는지 도형을 클릭하여 확인해 보겠습니다. [스파크라인] 도형을 클릭하면 '분류별요약' 매크로가 실행되면서 '추세' 항목에 열 스파크라인이 삽입되는지 확인해 보세요.

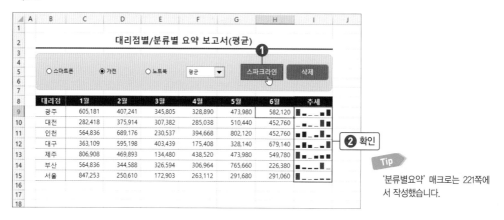

> **Tip**
> '분류별요약' 매크로는 221쪽에서 작성했습니다.

5 [삭제] 도형을 클릭하면 '스파크라인삭제' 매크로가 실행되면서 '추세' 항목의 스파크라인이 지워지는지 확인해 보세요.

실무
예제 **06** **필요 없는 매크로 삭제하기**

🔵 **예제파일** : 상반기판매_매크로삭제.xlsxm 🔵 **결과파일** : 상반기판매_매크로삭제_완성.xlsx

1 [보고서] 시트에 작성한 매크로를 삭제하기 위해 [**개발 도구**] 탭-[**코드**] 그룹에서 [**매크로**]를 클릭하세요. [매크로] 대화상자가 열리면 '매크로 이름'에서 [**분류별요약**]을 선택하고 [**삭제**]를 클릭하세요. 선택한 매크로를 삭제하겠느냐고 묻는 메시지 창이 열리면 [**예**]를 클릭하세요.

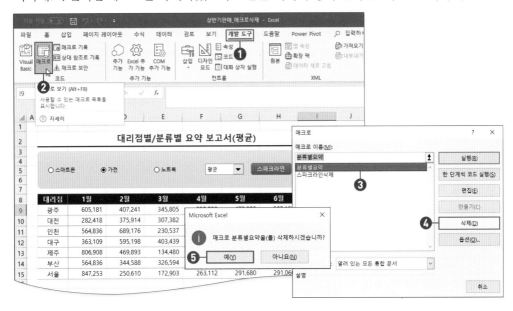

2 이번에는 VBA 편집 창에서 매크로를 삭제하기 위해 [**개발 도구**] 탭-[**코드**] 그룹에서 [Visual Basic]을 클릭하세요.

3 VBA 편집 창이 열리면 'Module1' 모듈을 클릭하고 오른쪽 코드 창에서 'Sub 스파크라인삭제()'부터 'End Sub' 프로시저까지 드래그하여 모두 선택하세요. 선택 영역에서 마우스 오른쪽 단추를 눌러 [잘라내기]를 선택하거나 Delete 를 누르세요.

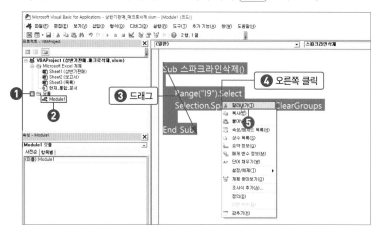

4 모듈(module)은 여러 개의 매크로가 저장되는 집합으로, 매크로를 삭제해도 모듈이 그대로 남아 있어요. 매크로가 없는 경우 보안 메시지 창이 열리지 않게 하려면 모듈을 삭제해야 합니다. 프로젝트 창의 'Module1'에서 마우스 오른쪽 단추를 눌러 [Module1 제거]를 선택하세요. '제거하기 전에 Module1을(를) 내보내시겠습니까?'라고 묻는 메시지 창이 열리면 [아니요]를 클릭하세요.

> **Tip**
>
> 모듈을 파일로 내보내기하여 다른 통합 문서에 삽입하면 현재 작성된 매크로를 그대로 사용할 수 있어요.

5 모듈까지 깨끗하게 삭제되었는지 확인해 보세요. 매크로가 없는 통합 문서는 통합 문서 (.xlsx)로 저장해야 합니다.

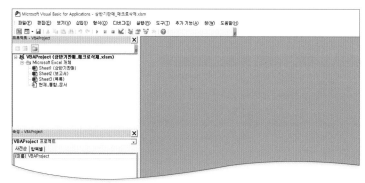

1 양식 컨트롤 삽입해 매출 요약 보고서 자동화하기

🔵 **예제파일** : 매출현황_양식컨트롤.xlsx   🔵 **결과파일** : 매출현황_양식컨트롤_완성.xlsx

옵션 단추로 요약의 조건을 지정하고 COUNTIFS 함수와 SUMIFS 함수로 매출을 요약해 보세요.

Hint
① [요약보고서] 시트에 [일반] 옵션 단추와 [오피스] 옵션 단추를 작성하고 셀 연결을 A3셀로 지정하세요.
② INDEX 함수로 연결된 셀이 어떤 제품인지 [목록] 시트의 A13셀에 계산하세요.
③ '판매건수' 항목에 월별, 제품분류별(A13) 판매건수를 계산하세요(COUNTIFS 함수).
④ '총매출' 항목에 월별, 제품분류별(A13) 총 매출을 계산하세요(SUMIFS 함수).

2 고급 필터와 삭제 매크로 작성하고 도형에 연결하기

🔵 **예제파일** : 매출현황_필터매크로.xlsx   🔵 **결과파일** : 매출현황_필터매크로_완성.xlsm

자동 매크로로 고급 필터와 필터 삭제 매크로를 작성하고 도형을 삽입하여 연결해 보세요.

Hint
① [목록] 시트에서 I4:J5 범위에 제품 분류와 사업부별 필터 조건을 작성하세요. 이때 조건은 양식 컨트롤(제품분류, 사업부)과 연결된 셀로 계산하세요(INDEX 함수).
② 작성한 조건에 맞게 '고급필터' 매크로를 작성하고 '고급필터' 필터를 삭제하는 '필터삭제' 매크로를 작성하세요.
③ '필터삭제' 매크로는 자동 매크로로 작성하세요. 매크로는 필터링된 작업의 삭제 과정을 기록하는 것으로, 먼저 데이터 부분인 B6:F17 범위만 선택한 후 Delete를 누르세요.
④ [검색]과 [제거] 도형을 작성하고 '고급필터' 매크로와 '필터삭제' 매크로를 연결한 후 매크로 문서로 저장하세요.

1 | 조건부 서식으로 피벗 테이블의 분석 기능 업그레이드하기

🔵 **예제파일** : 판매_보고서연결.xlsx 🔵 **결과파일** : 판매_보고서연결_완성.xlsx

피벗 테이블로 작성한 보고서에 조건부 서식과 같은 기능이나 필터 등을 사용하면 보고서를 더욱 효과적으로 분석 및 관리할 수 있어요. 일반적인 데이터 범위에 지정하는 조건부 서식과는 달리 부분합이나 총합계가 포함된 데이터에 데이터 막대나 색조 등을 지정하려면 값의 일부분에 서식을 적용한 후 같은 항목으로 서식을 다시 확장해야 해요.

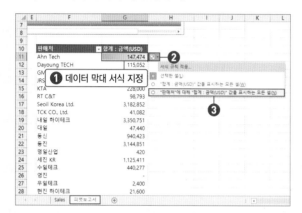

1 [피벗보고서] 시트에서 '합계 : 금액(USD)' 항목의 한 셀을 선택하고 [홈] 탭–[스타일] 그룹에서 [조건부 서식]–[데이터 막대 서식]을 선택한 후 '그라데이션 채우기'의 [주황 데이터 막대]를 선택하세요. 셀의 오른쪽에 나타난 [서식 옵션] 단추(📇)를 클릭하고 ["판매처"에 대해 "합계 : 금액(USD)" 값을 표시하는 모든 셀]을 선택하세요.

> **Tip**
>
> 데이터 막대 서식 외에 다른 조건부 서식을 지정해도 됩니다.

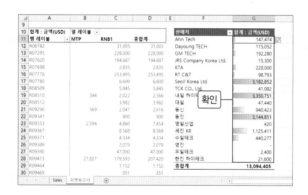

2 상품명 전체에 같은 조건부 서식이 적용되지만, 부분합이나 총합계에는 서식이 적용되지 않습니다. 왜냐하면 부분합이나 총합계와 일반 상품명에 대한 판매 가격은 동일하게 비교할 대상이 아니기 때문에 부분합이나 총합계를 제외한 나머지 값에만 서식이 적용됩니다.

2 | 슬라이서와 시간 표시 막대로 대시보드 작성하기

🔵 **예제파일** : 판매_보고서연결.xlsx 🔵 **결과파일** : 판매_보고서연결2_완성.xlsx

하나의 워크시트에 다양한 관점의 보고서를 작성하고 한눈에 파악할 수 있도록 정리한 상태를 '대시보드(dashboard)'라고 합니다. 전체 보고서의 슬라이서와 시간 표시 막대를 '보고서 연결' 기능을 이용해 다양한 피벗 테이블에 연결하면 하나의 필터로 여러 개의 보고서를 컨트롤할 수 있는 대시보드를 만들 수 있어요.

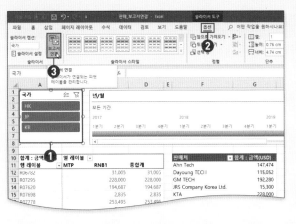

1 서로 다른 관점에서 작성된 두 개의 요약 보고서를 하나의 필터로 연결해 볼까요? [피벗보고서] 시트에서 [국가] 슬라이서를 선택하고 [슬라이서 도구]의 [옵션] 탭-[슬라이서] 그룹에서 [보고서 연결]을 클릭하세요.

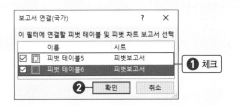

2 [보고서 연결(국가)] 대화상자가 열리면 연결할 피벗 테이블에 모두 체크하고 [확인]을 클릭하세요. 이때 같은 워크시트의 모든 피벗 테이블을 선택하면 됩니다.

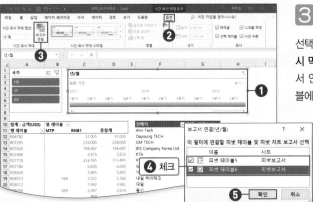

3 슬라이서가 두 개의 피벗 테이블에 모두 연결되었습니다. 이와 같은 방법으로 시간 표시 막대를 선택하고 [시간 표시 막대 도구]의 [옵션] 탭-[시간 표시 막대] 그룹에서 [보고서 연결]을 클릭하세요. [보고서 연결(년/월)] 대화상자가 열리면 연결할 피벗 테이블에 모두 체크하고 [확인]을 클릭하세요.

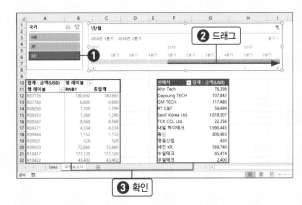

4 [국가] 슬라이서와 시간 표시 막대에서 원하는 국가와 기간을 선택하면 두 개의 보고서에서 모두 요약 내용이 변경되는지 확인해 보세요.

문서시작

문서편집

서식지정

차트

함수

정렬과필터

피벗테이블

매크로

찾아보기

단축키

Ctrl + ;	31
Ctrl + :	31
Ctrl + A	44
Ctrl + Shift + 방향키	44

영어

AVERAGEIFS 함수	148, 155
COLUMN 함수	160, 163
CONCAT 함수	17, 149, 160
CONCATENATE 함수	149
COUNT 함수	128, 138
COUNTA 함수	123, 128
COUNTBLANK 함수	128
COUNTIFS 함수	148, 150
DATE 함수	130, 142
Excel Online	62
[Excel 옵션] 창	23
IF 함수	129, 138
IFS 함수	17, 138
IFERROR 함수	148, 155
INDEX 함수	149, 163, 218
LARGE 함수	128, 135
LEFT 함수	130, 142
MATCH 함수	149, 164
MAX 함수	124
MAXIFS 함수	18
MINIFS 함수	18
OneDrive	60, 62~63
OR 함수	130, 138
PDF 문서	60
RANK.AVG 함수	129
RANK.EQ 함수	129, 131
RIGHT 함수	130
ROUND 함수	128, 135
SMALL 함수	128
SUBTOTAL 함수	127, 131, 134
SUMIFS 함수	148, 150, 219
SWITCH 함수	18
TEXT 함수	130, 142
TEXTJOIN 함수	18

Visual Basic	227
VLOOKUP 함수	149, 160

한글

ㄱ~ㅁ

[개발 도구] 탭	215
검색 입력 상자	22
고급 필터	192~194
[기호] 대화상자	29
깔때기형 차트	19
날짜 데이터	28
다중 선택 슬라이서	20
데이터 막대	90
[데이터 원본 선택] 대화상자	99
매크로	214
[매크로 기록] 대화상자	221
[매크로 지정] 대화상자	225
모듈	228

ㅂ~ㅅ

부분합	182~186
[붙여넣기 옵션] 단추	41
비교 연산자	115
빠른 실행 도구 모음	21
산술 연산자	115
상대 참조	115
[새 서식 규칙] 대화상자	84, 87
[서식 규칙 편집] 대화상자	91
서식 복사	69
선버스트 차트	107
셀 강조 규칙	83
[셀 서식] 대화상자	84, 88
숫자 데이터	27
스파크라인	103, 221
슬라이서	210, 230
시간 데이터	28
[시간 표시 막대 삽입] 대화상자	211
시트 숨기기	48
[시트 전체 선택] 단추	44

ㅇ~ㅈ

[암호] 대화상자	59
양식 컨트롤	215, 218
연결 연산자	115
요약 행	175
[이동/복사] 대화상자	48
[이동 옵션] 대화상자	184
[이름 관리자] 대화상자	119
이름 정의	118
잉크 수식	20, 33
[자동 채우기 옵션] 단추	116
자동 필터	189
절대 참조	115
[정렬] 대화상자	180
조건부 서식	83
[조건부 서식 규칙 관리자] 대화상자	88
중첩 함수	138
지도 차트	19

ㅊ~ㅎ

[차트 스타일] 단추	97
[차트 요소] 단추	97
[차트 종류 변경] 대화상자	98, 105
[차트 필터] 단추	100
참조 연산자	115
[찾기 및 바꾸기] 대화상자	37
추천 차트	96
추천 피벗 테이블	201
[컨트롤 서식] 대화상자	216
콤보 차트	105
테두리	72
텍스트 데이터	28
파레토 차트	110
페이지 나누기 미리 보기	53
[페이지 설정] 대화상자	52
폭포 차트	110
표시 형식	77
피벗 테이블	19, 203, 206
피벗 차트	208
[한글/한자 변환] 대화상자	32
한자 데이터	28
함수 라이브러리	123
혼합 참조	115, 163

윈도우10
에셀+
파워포인트
워드2019+
한글 파워포인트편
무작정 따라하기

고경희, 박미정, 박은진 지음

길벗

활용제안 1 일단, 『무작정』 따라해 보세요!

실제 업무에서 사용하는 핵심 기능만 쏙 뽑아 실무 예제로 찾기 쉬운 구성으로 중요도별로 배치했기 때문에
'무작정 따라하기'만 해도 파워포인트 사용 능력이 크게 향상됩니다. 'Tip'과 '잠깐만요'는 예제를 따라하는 동안
주의해야 할 점과 추가 정보를 친절하게 알려줍니다. 또한 '리뷰! 실무 예제'로 자신의 실력을 점검해 보고 '핵심!
실무 노트'로 활용 능력을 업그레이드해 보세요.

반드시 알고 넘어가야 할 주요 내용 소개!

- 학습안 제시
- 결과 미리 보기
- 섹션별 주요 기능 소개

핵심 키워드로 업무 능력 업그레이드!

- 우선순위 TOP 20

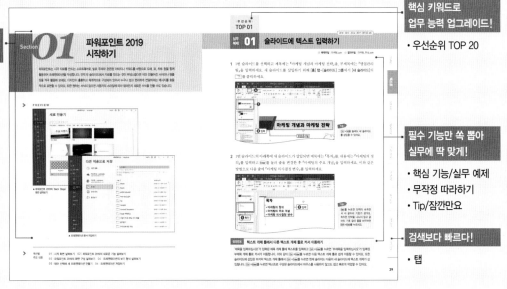

필수 기능만 쏙 뽑아 실무에 딱 맞게!

- 핵심 기능/실무 예제
- 무작정 따라하기
- Tip/잠깐만요

검색보다 빠르다!

- 탭

UP무 능력 향상을 위한 활용 실습

- 리뷰! 실무 예제

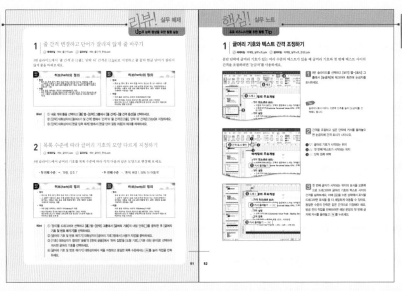

프로 비즈니스맨을 위한 활용 TIP!

- 핵심! 실무 노트

 **2** # 자신의 『레벨에 맞는 학습법』을 찾아보세요!

파워포인트를 최대한 쉽고 친절하게 알려주기 때문에 **초보 사용자**도 단기간에 **중급 사용자**로 **도약**할 수 있어요.
중·고급 사용자라도 실무에서 다루는 현장감 넘치는 예제를 업무에 바로 적용할 수 있어서 **업무 활용 능력**을 높
일 수 있어요! 자신의 단계에 맞는 **체계적인 학습법**을 찾아보세요.

'파워포인트' 사용 수준에 따른 학습 단계는?

기초 완성	실무 핵심	프로 비즈니스
Chapter 1과 Chapter 2에서 그래픽 개체를 이용한 비주얼 프레젠테이션 제작 방법을 익힙니다.	Chapter 3에서 멀티미디어 개체 활용 방법과 애니메이션 화면 전환 효과를 익힙니다.	Chapter 4에서 테마와 마스터를 활용한 효율적인 디자인 관리 방법과 문서 저장 및 인쇄 방법을 배웁니다.

단기간에 끝내는 맞춤 학습 계획

학습자 유형별로 계획을 세워 효율적으로 학습합니다. 목차 또는 인덱스를 통해 알고자 하는 기능을 찾아보고 'Tip'과 '잠깐만
요'에서 설명한 부가적인 꿀팁도 놓치지 마세요. '리뷰! 실무 예제'를 통해 자신의 실력을 점검하고 '핵심! 실무 노트'로 활용 능
력을 업그레이드하세요. 좀 더 빠른 학습을 원한다면 우선순위 TOP 20 위주로 예제를 따라해 보세요.

주	해당 장		주제	예습	과제
1주	워크숍				
2주	Chapter 1	Section 1~2	기본 문서 작성하기	Section 1~2	리뷰! 실무 예제
3주		Section 3	텍스트 슬라이드 만들기	Section 3	리뷰! 실무 예제, 핵심! 실무 노트
4주	Chapter 2	Section 1	도형 이용해 도해 슬라이드 만들기	Section 1~2	리뷰! 실무 예제
5주		Section 2	스마트아트 그래픽으로 도해 슬라이드 디자인하기	Section 2~3	리뷰! 실무 예제
6주		Section 3	이미지 이용해 고품질 프레젠테이션 작성하기	Section 3~4	리뷰! 실무 예제
7주		Section 4	표와 차트로 전달력 높은 슬라이드 만들기	Section 4	리뷰! 실무 예제, 핵심! 실무 노트
8주	중간고사				
9주	Chapter 3	Section 1	오디오와 비디오로 멀티미디어 슬라이드 만들기	Section 1~2	리뷰! 실무 예제
10주		Section 2	애니메이션으로 개체에 동적 효과 연출하기	Section 2~3	리뷰! 실무 예제
11주		Section 3	하이퍼링크 이용해 한 번에 슬라이드 이동하기	Section 3	리뷰! 실무 예제
12주		Section 4	슬라이드 쇼에 멋진 화면 전환 효과 지정하기	Section 4	리뷰! 실무 예제, 핵심! 실무 노트
13주	Chapter 4	Section 1	테마와 마스터로 프레젠테이션 디자인 관리하기	Section 1	리뷰! 실무 예제
14주		Section 2~3	다양한 형식으로 프레젠테이션 저장하고 인쇄하기	Section 2~3	리뷰! 실무 예제, 핵심! 실무 노트
15주	기말고사				

3 『우선순위 TOP 20』과 『실무 중요도』를 적극 활용하세요!

파워포인트 사용자들이 네이버 지식iN, 오피스 실무 카페 및 블로그, 웹 문서, 뉴스 등에서 **가장 많이 검색하고 찾아본 키워드를 토대로 우선순위 TOP 20**을 선정했어요. 이 정도만 알고 있어도 파워포인트는 문제 없이 다룰 수 있고 언제, 어디서든지 원하는 기능을 **금방 찾아 바로 적용**할 수 있어요!

순위 ▲	키워드	간단하게 살펴보기	빠른 페이지 찾기
1 ▲	텍스트 입력, 서식	메시지 전달의 기본, 주요 텍스트 강조 필요	39~42
2 ▲	그림 삽입	그림 삽입 후 [그림 도구]에서 다양하게 편집	74~82
3 ▲	도형 서식	크기 및 회전, 테두리, 채우기 색 등 도형 꾸미기	60~62
4 ▲	슬라이드 쇼	F5 눌러 슬라이드 쇼 진행. 발표자 표시 도구 활용	141
5 ▲	도형 배치	겹쳐진 도형의 순서 변경. 맨 앞, 맨 뒤 등 설정	58
6 ▲	스마트 가이드	개체의 간격과 줄을 빠르고 쉽게 정렬	59
7 ▲	스마트아트 그래픽	텍스트를 단숨에 비주얼 도해로 표현	65~70
8 ▲	표 삽입	반복되는 텍스트를 일목요연하게 정리	85
9 ▲	차트 삽입	수치 데이터를 한눈에 보이는 메시지로 시각화	93~96
10	배경 음악 삽입	슬라이드 쇼가 진행되는 동안 음악 재생	103~105
11	비디오 파일 삽입	동영상 삽입해 청중 이목 주목	106~108
12	비디오 재생	비디오 트리밍으로 동영상 중 일부 구간만 재생	109
13	슬라이드 번호	삽입할 번호 위치와 서식 지정	159
14	로고 삽입	슬라이드 마스터로 일정 위치에 반복 삽입	155
15	그림 배경 제거	그림 테두리 투명하게 설정하여 배경 제거	76~78
16	슬라이드 마스터	슬라이드 마스터로 디자인 및 업무 능력 향상	150
17	화면 전환 효과	커튼 효과, 줌 아웃 등 다양한 연출 가능	137~138
18	애니메이션 효과	개체 나타내기, 강조, 이동 등 다양한 효과 적용	113~125
19	PDF 파일 형식	장치에 상관 없이 파일 열기 가능	167
20	회색조 인쇄	테스트용 인쇄, 컬러 잉크 절약 방법	178

메시지 전달의 필수

필수 기능

기본 기능

개체 정렬 기본

디자인 활용

현업 활용도↑

디자인 통일성

업무 꿀팁

4 **길벗출판사 홈페이지에 무엇이든 물어보세요!**

책을 읽다 막히는 부분이 있으면 '**길벗 홈페이지(www.gilbut.co.kr)**' 회원으로 가입하고 '**고객센터**' → '**1 : 1 문의**' 게시판에 질문을 올리세요. 지은이와 길벗 독자지원센터에서 신속하고 친절하게 답해 드립니다.

해당 도서의 페이지에서도 질문을 등록할 수 있어요. 홈페이지의 검색 창에 『윈도우 10+엑셀&파워포인트&워드 2019+한글 무작정 따라하기』를 입력해 해당 도서의 페이지로 이동하세요. 그런 다음, 질문이 있거나 오류를 발견한 경우 퀵 메뉴의 [도서문의]를 클릭해 문의 내용을 입력해 주세요. 꼭 로그인한 상태로 문의해 주세요.

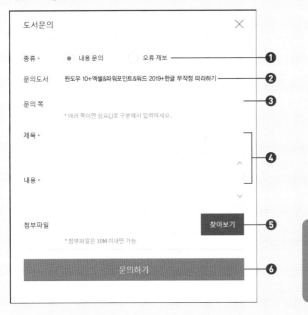

실습예제 다운로드 방법
홈페이지 검색 창에 도서명을 입력하고 [검색]을 클릭하면 해당 도서 페이지의 [자료실]에서 실습 파일을 다운로드 받을 수 있어요.

❶ 문의의 종류를 선택해 주세요.

❷ 문의할 도서가 맞는지 확인해 주세요.

❸ 질문에 대한 답을 빠르게 찾을 수 있도록 해당 쪽을 기재해 주세요.

❹ 문의 내용을 입력해 주세요.

❺ 길벗 A/S 전담팀과 저자가 질문을 빠르게 파악할 수 있도록 관련 파일을 첨부해 주시면 좋아요.

❻ 모든 내용을 입력했다면 [문의하기]를 클릭해 질문을 등록하세요.

목차

│ 우 선 순 위 │ **TOP 20**   실무 중요도에 따라 TOP01~TOP20까지 표시

CHAPTER

1 기본 프레젠테이션 문서 작성하기

문서작성

Section *01*   파워포인트 2019 시작하기

01 시작 화면 살펴보기	15
02 새로운 기능 살펴보기	16
03 화면 구성 살펴보기	19
04 프레젠테이션의 보기 형식 살펴보기	20
05 테마 선택해 새 프레젠테이션 만들기	22
06 프레젠테이션 저장하기	24
리뷰! **실무 예제** / 테마 파일 선택 / 테마와 색상 변경	27

Section *02*   슬라이드 자유자재로 다루기

01 새 슬라이드 삽입하기	29
02 슬라이드 선택하고 레이아웃 변경하기	30
03 슬라이드 복제하고 이동하기	31
04 슬라이드 삭제하고 서식 재지정하기	32
05 논리적 구역 설정해 슬라이드 관리하기	33
06 슬라이드 복사하기	35
리뷰! **실무 예제** / 슬라이드 레이아웃 변경 및 삭제 / 구역 나누기 및 축소	37

텍스트

Section *03*   텍스트 슬라이드 만들기

│ 우 선 순 위 │ **TOP 01**

01 텍스트 입력하기	39
02 한자와 특수 문자 입력하기	40
03 글꼴 서식 지정해 텍스트 꾸미기	43
04 단락의 목록 수준 조절하기	45
05 글머리 기호의 모양과 색상 변경하기	46
06 텍스트 사이의 줄 간격 조절하기	48
07 한글 단어가 잘리지 않게 줄 바꾸기	49
08 워드아트 빠른 스타일 이용해 제목 꾸미기	50
리뷰! **실무 예제** / 줄 간격 변경 / 글머리 기호 모양 지정	51
핵심! **실무 노트** /	
1 글머리 기호와 텍스트 간격 조정하기	52
2 한 번에 문서의 글꼴 변경하기	53

CHAPTER 2

도형과 그래픽 개체로
비주얼 프레젠테이션 만들기

도형/도해

Section 01 — 도형 이용해 도해 슬라이드 만들기

	01 Shift 이용해 도형 그리고 정렬하기	57
우선순위 TOP 05	**02** 균형 있게 도형 배치하고 그룹화하기	58
우선순위 TOP 06	**03** 스마트 가이드로 정확하게 도형 배치하기	59
우선순위 TOP 03	**04** 도형에 색 채우고 윤곽선 변경하기	60
	05 도형의 모양 변경하기	61
	06 그림자 효과로 입체감과 원근감 표현하기	62
	리뷰 **실무 예제** / 도형 그룹화 및 스마트 가이드 / 그림자 지정	63

Section 02 — 스마트아트 그래픽으로 도해 슬라이드 디자인하기

우선순위 TOP 07	**01** 스마트아트 그래픽 삽입하고 레이아웃 변경하기	65
	02 스마트아트 그래픽의 색과 스타일 변경하기	68
	03 텍스트를 스마트아트 그래픽으로 변경하기	69
	04 스마트아트 그래픽을 텍스트로 변경하기	70
	리뷰 **실무 예제** / 텍스트를 스마트아트 그래픽으로 변경 / 스마트아트 그래픽 레이아웃과 스타일 변경	71

그림/표/차트

Section 03 — 이미지 이용해 고품질 프레젠테이션 작성하기

	01 그림 삽입하고 간격과 줄 맞추기	73
우선순위 TOP 02	**02** 그림의 모양 변경하고 효과 지정하기	74
우선순위 TOP 15	**03** 투명하게 그림 배경 지정하기	76
	04 희미하고 어두운 그림 선명하게 보정하기	79
	05 그림에서 필요 없는 부분 자르고 꾸미기	80
	리뷰 **실무 예제** / 그림 삽입 및 3차원 회전 효과 지정 / 그림 복사 및 색 변경	83

목차

|우선순위| **TOP 20**　실무 중요도에 따라 TOP01~TOP20까지 표시

그림/표/차트

Section 04　**표와 차트로 전달력이 뛰어난 슬라이드 만들기**

|우선순위| **TOP 08**　**01** 표 삽입하고 텍스트 입력하기 85

02 표에 표 스타일 지정하기 87

03 표의 레이아웃 변경하기 88

04 표의 셀에 테두리와 그림자 효과 지정하기 90

|우선순위| **TOP 09**　**05** 차트 삽입하고 행/열 전환하기 93

06 차트 색 변경하고 빠른 레이아웃 지정하기 95

리뷰 **실무 예제** / 표에 그림자와 반사 효과 지정 / 차트의 레이아웃 변경 97

핵심 **실무 노트** / 도형 그라데이션 효과 지정해 이미지에 있는
텍스트 강조하기 98

CHAPTER

3

생동감 넘치는
멀티프레젠테이션 만들기

오디오/비디오

Section 01　**오디오와 비디오로 멀티미디어 슬라이드 만들기**

|우선순위| **TOP 10**　**01** 오디오 파일 삽입하고 배경 음악 지정하기 103

02 원하는 슬라이드에서 배경 음악 멈추기 104

|우선순위| **TOP 11**　**03** 동영상 삽입하고 자동으로 실행하기 106

04 동영상에 스타일과 비디오 효과 지정하기 108

|우선순위| **TOP 12**　**05** 비디오 클립 트리밍하기 109

리뷰 **실무 예제** / 배경 음악 삽입 및 반복 실행
/ 동영상 삽입 및 자동 실행 111

애니메이션

Section 02　**애니메이션으로 개체에 동적 효과 연출하기**

|우선순위| **TOP 18**　**01** '나타내기' 애니메이션 지정하고 방향 변경하기 113

02 '강조' 애니메이션 지정하고 순서 변경하기 115

03 '끝내기' 애니메이션 지정하고 재생 시간 변경하기 117

04 '이동 경로' 애니메이션 지정하고 경로 수정하기 120

05 텍스트에 추가 효과 애니메이션 지정하기 122

06 애니메이션에 트리거 효과 지정하기 124

리뷰 **실무 예제** / 애니메이션 적용 / 애니메이션 복사 및 실행 순서 변경 127

슬라이드쇼

Section 03 하이퍼링크 이용해 한 번에 슬라이드 이동하기

01 목차 텍스트에 하이퍼링크 설정하기 129

02 목차 페이지로 이동하는 하이퍼링크 설정하기 130

03 하이퍼링크 클릭해 다른 문서로 이동하기 133

리뷰! **실무 예제** / 하이퍼링크로 목차 완성
/ 그림에 하이퍼링크 제거 및 설정 135

Section 04 슬라이드 쇼에 멋진 화면 전환 효과 지정하기

UP **01** '페이지 말아 넘기기' 화면 전환 효과 지정하기 137

|우선순위| TOP 17 **02** 모든 슬라이드의 화면 전환 속도 변경하기 138

03 자동으로 실행하는 프레젠테이션 만들기 139

|우선순위| TOP 04 **04** 발표자 도구로 전문가처럼 프레젠테이션 발표하기 141

리뷰! **실무 예제** / 화면 전환 효과 설정 / 발표자 도구로 슬라이드 쇼 진행 143

핵심! **실무 노트** / 자동으로 실행되는 행사용 프레젠테이션 만들기 144

CHAPTER

4

프레젠테이션의 문서 관리 기술 익히기

테마디자인

Section 01 테마와 마스터로 프레젠테이션 디자인 관리하기

01 테마와 마스터 이해하기 149

|우선순위| TOP 16 **02** 슬라이드 마스터 디자인하기 150

03 모든 슬라이드에 같은 배경 그림 지정하기 153

|우선순위| TOP 14 **04** 모든 슬라이드에 로고 삽입하기 155

05 표지 슬라이드만 디자인하기 156

|우선순위| TOP 13 **06** 모든 슬라이드에 슬라이드 번호 삽입하기 159

07 다중 마스터 활용해 레이아웃 지정하기 162

08 프레젠테이션의 기본 글꼴 변경하기 164

리뷰! **실무 예제** / 슬라이드 마스터 디자인 / 슬라이드 번호 표시 165

목차

저장/인쇄

| Section **02** | **다양한 형식으로 프레젠테이션 저장하기** |

우선순위	TOP 19	**01** 프레젠테이션을 PDF 문서로 저장하기	167
UP	**02** 프레젠테이션을 비디오 파일로 저장하기	169
	03 프레젠테이션을 CD용 패키지로 저장하기	172
	04 프레젠테이션을 유인물로 저장하기	174
리뷰!	**실무 예제** / PDF 형식으로 저장 / 파워포인트 쇼 형식으로 저장	175

| Section **03** | **프레젠테이션의 인쇄 환경 설정하기** |

	01 인쇄용지와 슬라이드의 방향 설정하기	177
우선순위	TOP 20	**02** 필요한 슬라이드만 회색조로 인쇄하기	178
	03 3슬라이드 유인물로 인쇄하기	179
	04 특정 구역만 선택해 세 장씩 인쇄하기	180
리뷰!	**실무 예제** / 회색조 인쇄 / 2슬라이드 유인물로 인쇄	181

찾아보기 | 182 |

윈도우 10+엑셀&파워포인트&워드 2019+한글
부록 실습 파일, 이렇게 사용하세요!

길벗 홈페이지에서는 실습을 따라할 수 있는 예제파일과 결과파일을 각 챕터와 섹션별로 나누어 제공하고 있습니다.
부록 실습 파일의 예제파일 및 결과파일은 내 컴퓨터에 복사하여 사용할 것을 권장합니다.

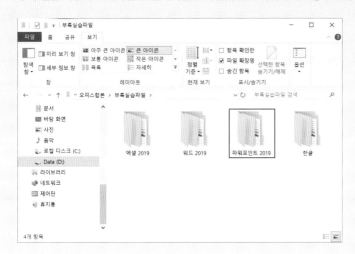

1 엑셀 2019

엑셀 2019에서 사용하는 예제파일과 결과파일이 각 챕터와 섹션별로 수록되어 있습니다. [핵심! 실무 노트]
에 해당하는 예제파일 및 결과파일은 각 챕터의 '핵심실무노트' 폴더에 따로 담겨 있습니다.

2 파워포인트 2019

파워포인트 2019에서 사용하는 예제파일과 결과파일이 각 챕터와 섹션별로 수록되어 있습니다. 실습에
필요한 사진과 음악도 섹션별로 나뉘어 담겨 있습니다. [핵심! 실무 노트]의 예제파일 및 결과파일은 각
챕터의 '핵심실무노트' 폴더에 담겨 있습니다.

3 워드 2019

워드 2019에서 사용하는 예제파일과 결과파일이 각 챕터와 섹션별로 수록되어 있습니다. [핵심! 실무 노
트]의 예제파일 및 결과파일은 각 챕터의 '핵심실무노트' 폴더에 담겨 있습니다.

4 한글

한글 2018에서 사용하는 예제파일과 결과파일이 각 챕터와 섹션별로 수록되어 있습니다. [핵심! 실무 노
트]의 예제파일과 결과파일은 각 챕터의 '핵심실무노트' 폴더에 따로 담겨 있습니다.

CHAPTER 1 기본 프레젠테이션 문서 작성하기

키노트, 프레지 등 발표를 도와주는 프로그램이 많지만, 파워포인트가 가장 대중화된 발표용 프로그램으로, 누구나 쉽게 쓸 수 있어요. 대학 과제, 직장인 실무 보고서 작성부터 사업 제안과 기획안 발표까지 파워포인트는 여러 사람들 앞에서 발표해야 할 때 가장 많이 널리 사용되고 있습니다. 하지만 파워포인트의 기능을 효율적으로 다루지 못한다면 오랜 시간을 투자하고도 전달력이 떨어지는 결과물이 나오는 경우가 많아요. 이번 챕터에서는 메시지를 효과적으로 전달하기 위해 가독성 높은 텍스트를 표현하는 방법과 슬라이드를 다루는 기본 기능에 대해 배워봅니다.

Windows 10
+Excel
& PowerPoint
& Word 2019
+Hangeul

SECTION **01** 파워포인트 2019 시작하기

SECTION **02** 슬라이드 자유자재로 다루기

SECTION **03** 텍스트 슬라이드 만들기

파워포인트 2019 시작하기

파워포인트는 시각 자료를 만드는 소프트웨어로, 발표 주제와 관련된 이미지나 키워드를 바탕으로 도해, 표, 차트 등을 함께 활용하여 프레젠테이션을 작성합니다. 만약 빈 슬라이드에서 자료를 만드는 것이 부담스럽다면 이미 만들어진 서식이나 템플릿을 적극 활용해 보세요. 디자인이 훌륭하고 체계적으로 구성되어 있어서 누구나 쉽고 편리하게 전달하려는 메시지를 효율적으로 표현할 수 있어요. 또한 원하는 서식이 없으면 사용자의 스타일에 따라 얼마든지 새로운 서식을 만들 수도 있습니다.

> **PREVIEW**

▲ 파워포인트 2019의 'Back Stage' 화면 살펴보기

▲ 프레젠테이션 문서 저장하기

섹션별
주요 내용

01 | 시작 화면 살펴보기   02 | 새로운 기능 살펴보기   03 | 화면 구성 살펴보기
04 | 프레젠테이션의 보기 형식 살펴보기   05 | 테마 선택해 새 프레젠테이션 만들기   06 | 프레젠테이션 저장하기

핵심 기능 01 시작 화면 살펴보기

파워포인트 2019를 실행하면 나타나는 시작 화면에서는 최근에 사용한 프레젠테이션 문서를 다시 실행할 수 있어요. 또한 이미 만들어져 있는 서식 파일이나 템플릿을 선택하여 프레젠테이션 문서를 작성할 수도 있습니다. 만약 디자인이나 슬라이드 구성에 자신이 없으면 서식 파일을 적극 활용해 보세요.

❶ **검색 입력 상자** : 찾으려고 하는 서식 파일의 검색어를 입력하여 온라인 서식 파일 및 테마를 다운로드할 수 있어요.

❷ **최근 항목** : 최근에 작업한 파일 목록으로, 여기서 원하는 문서를 선택하여 빠르게 실행할 수 있어요.

❸ **다른 프레젠테이션 열기** : 최근에 사용한 프레젠테이션 문서를 제외하고 다른 경로(내 컴퓨터, OneDrive 등)에 저장한 프레젠테이션 문서를 열 수 있어요.

❹ **새 프레젠테이션** : 제목과 부제목을 입력할 수 있는 새 슬라이드를 열 수 있어요.

❺ **서식 파일** : 파워포인트에서 기본적으로 제공하는 서식 파일로, 목적과 필요에 따라 다양한 서식 파일을 선택할 수 있어요.

핵심 기능 02 새로운 기능 살펴보기

1 | 텍스트 강조 색

눈에 띄는 밝은 형광색을 이용하여 텍스트를 더욱 강조할 수 있어요. 강조할 텍스트를 범위로 지정하고 [홈] 탭-[글꼴] 그룹의 [텍스트 강조 색]에서 강조할 색을 선택하면 됩니다. [색 없음]을 선택하면 설정된 강조 색을 지울 수 있어요.

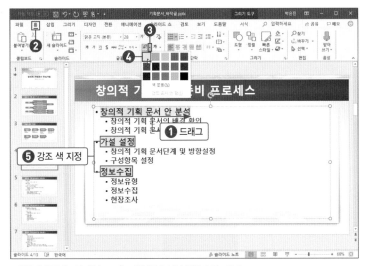

▲ [홈] 탭-[글꼴] 그룹의 [텍스트 강조 색]에서 '노랑' 선택하여 강조하기

2 | 디자인 아이디어

슬라이드에 일정 크기(200×200픽셀) 이상의 그림을 삽입하면 화면의 오른쪽에 [디자인 아이디어] 창이 자동으로 열립니다. [디자인 아이디어] 창에서는 슬라이드를 멋지게 만들 수 있는 아이디어를 다양하게 제시하고, 원하는 디자인을 선택하면 즉시 적용되어 레이아웃을 바꿀 수 있어요. 만약 디자인 아이디어 기능을 무시하고 다음 작업을 진행하면 [디자인 아이디어] 창은 사라집니다.

Tip
이 기능은 인터넷에 연결된 상태에서 오피스 365 사용자만 사용할 수 있어요.

16

▲ [디자인 아이디어] 창에서 원하는 디자인 선택하기

3 | SVG 이미지와 아이콘 삽입

확장 가능한 벡터 그래픽(SVG) 및 아이콘으로 스토리를 시각적으로 표시할 수 있어요. 즉 **[삽입]** **탭–[이미지] 그룹**에서 **[그림]**을 클릭하면 SVG(Scalable Vector Graphic) 이미지를 쉽게 삽입할 수 있어요. SVG 형식의 이미지는 이미지의 품질을 유지하면서 회전하거나, 색을 지정하거나, 크기를 조정할 수 있습니다. 그리고 **[삽입] 탭–[일러스트레이션] 그룹**에서 **[아이콘]**을 클릭하여 쉽고 빠르게 아이콘을 삽입할 수 있어요.

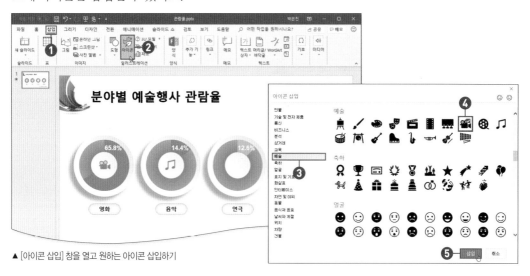

▲ [아이콘 삽입] 창을 열고 원하는 아이콘 삽입하기

4 | 모핑 전환

모핑은 두 개 이상의 슬라이드에 공통된 개체들 간의 원활한 애니메이션을 지정 및 전환하고, 개체 이동을 쉽게 만들 수 있는 새로운 화면 전환 기능입니다. 모핑 전환을 효과적으로 사용하려면 공통된 개체가 하나 이상 포함된 두 개의 슬라이드가 있는 상태에서 슬라이드를 복제하고, 두 번째 슬라이드의 개체를 다른 위치로 이동한 후 두 번째 슬라이드에 모핑 전환을 적용해야 해요. 모핑 전환을 통해 두 개의 슬라이드에 있는 개체가 어떻게 애니메이션이 지정되고 이동 및 강조되는지 확인할 수 있어요.

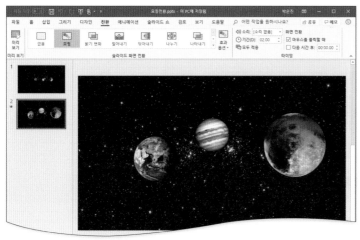

▲ 슬라이드를 복제하고 '모핑' 애니메이션 적용하기

문서작성

텍스트

도형/도해

그림/표/차트

오디오/비디오

애니메이션

슬라이드쇼

테마디자인

저장/인쇄

5 | 3D 모델 삽입과 애니메이션

[삽입] 탭-[일러스트레이션] 그룹에서 [3D 모델]-[온라인 원본에서]를 선택하면 Remix 3D에서 제공하는 다양한 3D 이미지를 삽입하여 이미지를 모든 각도에서 확인할 수 있어요. 그리고 [애니메이션] 탭에서 3D 애니메이션 효과를 선택하면 3D 그래픽에 애니메이션 효과를 추가할 수 있습니다.

▲ 3D 모델 삽입하고 3D 애니메이션 적용하기

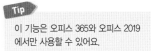

이 기능은 오피스 365와 오피스 2019에서만 사용할 수 있어요.

6 | 요약 확대/축소

[삽입] 탭-[링크] 그룹에서 [확대/축소]를 클릭하면 줌인, 줌아웃 등 화면 전환 효과를 지정해 매우 생동감 있는 프레젠테이션을 진행할 수 있어요. 전체 프레젠테이션을 한 슬라이드에서 요약하려면 **[요약 확대/축소]**를, 선택한 슬라이드만 표시하려면 **[슬라이드 확대/축소]**를, 그리고 단일 섹션만 표시하려면 **[구역 확대/축소]**를 선택합니다. 하이퍼링크를 이용한 방법보다 쉽고 빠르게 목차 슬라이드를 이동하고 기존 화면으로 되돌아오도록 설정할 수 있어요.

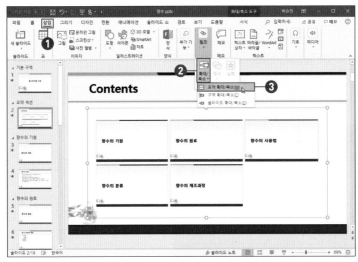

▲ [삽입] 탭-[링크] 그룹에서 [확대/축소]-[요약 확대/축소] 선택하기

핵심
기능 | **03**

화면 구성 살펴보기

◈ 예제파일 : 새 프레젠테이션 문서에서 시작하세요.

파워포인트 2019는 이전 버전과 구성이 크게 달라지지 않았습니다. 하지만 주요 메뉴의 위치를 제대로 알고 있어야 문서의 작업 속도를 크게 향상시킬 수 있어요.

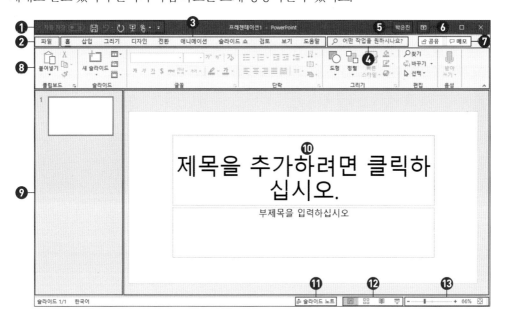

❶ **빠른 실행 도구 모음** : 자주 사용하는 도구를 모아놓은 곳으로, 사용자의 필요에 따라 도구를 추가 및 삭제할 수 있어요.

❷ **[파일] 탭** : 파일을 열고 닫거나 저장 및 인쇄할 수 있고, 공유 및 계정, 내보내기 등의 문서 관리도 가능해요. 또한 다양한 파워포인트 옵션도 지정할 수 있어요

❸ **탭** : 클릭하면 기능에 맞는 도구 모음이 나타납니다. 기본적으로 제공되는 탭 외에 그림, 도형, 차트 등을 선택하면 [그림 도구]나 [표 도구]와 같은 상황별 탭이 추가로 나타나요.

❹ **설명 상자** : 파워포인트 2019에 대한 도움말을 확인하거나 기능을 검색하여 빠르게 실행할 수 있어요.

❺ **사용자 계정** : 로그인한 사용자의 계정이 표시됩니다. 계정을 관리하거나 다른 사용자로 전환할 수 있어요.

❻ **[리본 메뉴 표시 옵션] 단추( )** : 리본 메뉴의 탭과 명령 단추들을 모두 표시하거나 숨길 수 있어요.

❼ **공유와 메모** : 공유 기능을 이용해서 해당 문서를 함께 작업하고 있는 다른 사용자를 확인하고 공유 옵션을 지정할 수 있어요. 메모를 이용하면 공동 작업자 간의 의견을 좀 더 쉽게 교환할 수 있어요.

❽ **리본 메뉴** : 선택한 탭과 관련된 명령 단추들이 비슷한 기능별로 묶인 몇 개의 그룹으로 구성되어 있어요.

❾ **슬라이드 축소판 그림 창** : 슬라이드 축소판 그림이 나타나는 공간으로, 문서의 순서를 정하거나 슬라이드와 관련된 작업을 할 때 주로 사용해요.

❿ **슬라이드 창** : 파워포인트를 작업하는 기본 창으로, 개체를 삽입하거나 텍스트를 입력 및 편집할 때 사용해요.

⓫ **슬라이드 노트** : 클릭하면 [슬라이드 노트] 창이 열리는데, 여기에 입력한 내용은 따로 인쇄하여 발표자용 서브 노트로 활용할 수 있어요.

⓬ **화면 보기 단추** : 원하는 문서 보기 상태로 변환할 수 있는 단추입니다. [기본] 단추( ), [여러 슬라이드] 단추( ), [읽기용 보기] 단추( ), [슬라이드 쇼] 단추( ) 등으로 화면 보기 상태를 선택할 수 있어요.

⓭ **확대/축소 슬라이드바** : 화면 보기 비율을 10~400%까지 축소 또는 확대할 수 있어요.

핵심
기능 **04** 프레젠테이션의 보기 형식 살펴보기

1 | 기본 보기(▣)

기본 보기는 파워포인트를 실행했을 때 볼 수 있는 가장 기본적인 화면으로, 슬라이드 내용을 편집할 때 사용해요. 다른 보기 상태에서 기본 보기로 전환하려면 [보기] 탭-[프레젠테이션 보기] 그룹에서 [기본]을 클릭하거나 화면의 오른쪽 아래에 있는 [기본] 단추(▣)를 클릭하세요.

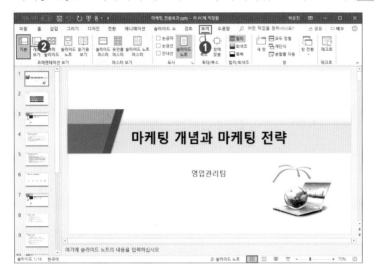

2 | 여러 슬라이드 보기(▦)

여러 슬라이드 보기는 한 화면에서 여러 슬라이드를 확인해 볼 수 있는 화면으로, 슬라이드의 전체 흐름을 파악하거나 슬라이드 간 이동 및 삭제 등의 작업이 필요할 때 사용해요. [보기] 탭-[프레젠테이션 보기] 그룹에서 [여러 슬라이드]를 클릭하거나 화면의 오른쪽 아래에 있는 [여러 슬라이드] 단추(▦)를 클릭하세요.

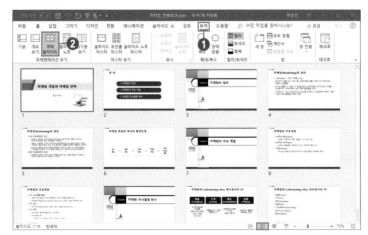

3 | 읽기용 보기(📖)

읽기용 보기는 파워포인트 문서에 적용한 애니메이션과 화면 전환 효과를 확인할 때 사용해요.
[보기] 탭-[프레젠테이션 보기] 그룹에서 [읽기용 보기]를 클릭하거나 화면의 오른쪽 아래에 있는 [읽기용 보기] 단추(📖)를 클릭하세요.

4 | 슬라이드 쇼(🖵)

슬라이드 쇼는 슬라이드 내용이 전체 화면에 가득 채워지면서 애니메이션, 화면 전환, 동영상, 소리 등의 효과가 모두 실행됩니다. [슬라이드 쇼] 탭-[슬라이드 쇼 시작] 그룹에서 [처음부터] 또는 [현재 슬라이드부터]를 클릭하거나 화면의 오른쪽 아래에 있는 [슬라이드 쇼] 단추(🖵)를 클릭하세요. 슬라이드 쇼를 종료하려면 [Esc]를 누르세요.

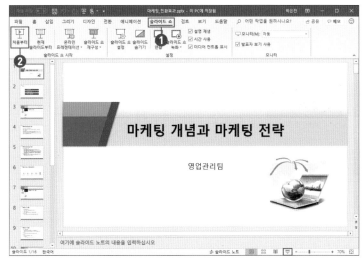

Tip

• [처음부터] 슬라이드 쇼 : [F5]
• [현재 슬라이드부터] 슬라이드 쇼 :
[Shift]+[F5]

실무 예제 **05** 테마 선택해 새 프레젠테이션 만들기

🔵 **예제파일** : 새 프레젠테이션 문서에서 시작하세요.

1 빈 프레젠테이션이 아닌 파워포인트 2019에서 제공하는 테마나 서식이 적용된 프레젠테이션으로 시작하려면 **[파일]** 탭을 클릭하세요.

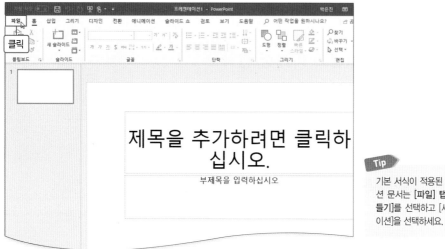

> **Tip**
> 기본 서식이 적용된 프레젠테이션 문서는 **[파일]** 탭-**[새로 만들기]**를 선택하고 **[새 프레젠테이션]**을 선택하세요.

2 'Back Stage' 화면이 열리면 [새로 만들기]를 선택하고 화면의 오른쪽 창에서 원하는 테마를 선택하세요. 여기서는 [전체]를 선택하세요.

> **Tip**
> 테마(theme)는 서로 어울리는 색과 글꼴, 특수 효과 등을 포함하는 슬라이드 디자인이고, 서식 파일은 테마에 내용까지 포함된 슬라이드 디자인입니다. 파워포인트 2019에서 기본적으로 제공하는 서식 파일이나 테마 외에도 검색 입력 상자에 키워드를 입력하면 온라인에서 서식 파일이나 테마를 다운로드하여 사용할 수 있어요.

3 선택한 테마를 변형할 수 있는 색상과 패턴이 표시되면 원하는 색상을 선택하고 [만들기]를 클릭하세요. 여기서는 스크롤바를 아래쪽으로 드래그하여 마지막 패턴을 선택하세요.

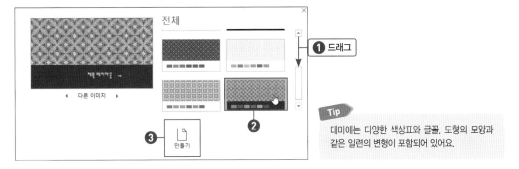

> **Tip**
> 테미에는 다양한 색상표와 글꼴, 도형의 모양과 같은 일련의 변형이 포함되어 있어요.

4 선택한 색상과 패턴이 적용된 새 프레젠테이션 문서가 만들어졌는지 확인해 보세요.

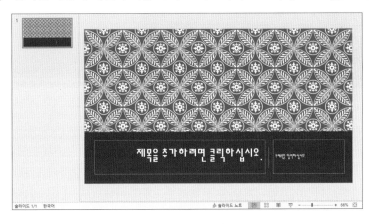

> **Tip**
> [디자인] 탭-[적용] 그룹에서도 테마의 색상과 글꼴, 효과 등을 변경할 수 있어요.

잠깐만요 **문서에 적용된 테마의 종류 변경하기**

[디자인] 탭-[테마] 그룹에서 [자세히] 단추(▽)를 클릭하고 변경할 테마를 선택하면 현재 문서에 적용된 테마를 바꿀 수 있어요. 직접 만들어 저장한 테마를 적용하려면 [테마 찾아보기]를 선택하여 테마를 선택해 보세요.

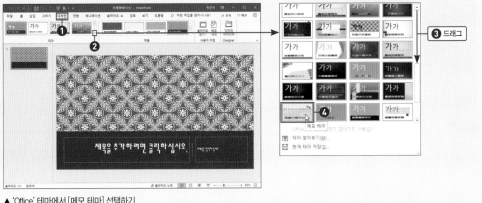

▲ 'Office' 테마에서 [메모 테마] 선택하기

텍스트

도형/도해

그림/표/차트

오디오/비디오

애니메이션

슬라이드쇼

테마디자인

저장/인쇄

프레젠테이션 저장하기

◉ **예제파일** : 앞의 실습에 이어서 실습하세요.

1 프레젠테이션 문서를 저장하기 위해 **[파일] 탭**을 클릭하세요.

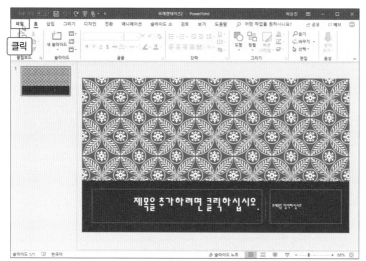

Tip

Ctrl+S를 누르거나 빠른 실행
도구 모음에서 [저장] 도구(🔲)
를 클릭해도 문서를 저장할 수
있어요.

2 'Back Stage' 화면에서 **[저장]**을 선택하고 저장 위치를 [이 PC]-[문서]로 지정하세요. 프레젠
테이션 문서를 처음 저장한다면 **[파일] 탭-[저장]**을 선택해도 [다른 이름으로 저장] 대화상자
가 열려요.

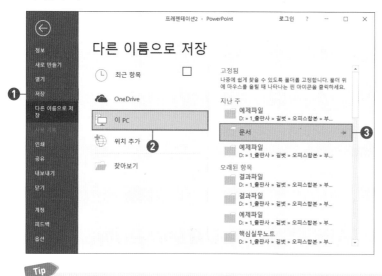

Tip

'문서' 폴더가 아닌 다른 경로에 저장하려면 [찾아보기]를 클릭하여 저장할 경로를 지정해 보세요.

3 [다른 이름으로 저장] 대화상자가 열리면 '파일 이름'에 『보고자료』를 입력하고 [저장]을 클릭하세요. 이때 '파일 형식'은 'PowerPoint 프레젠테이션 (*.pptx)으로, 확장자는 'pptx'로 저장됩니다.

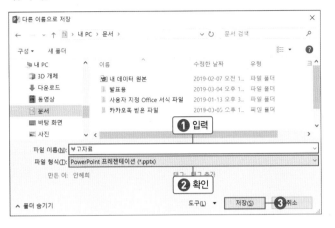

4 제목 표시줄에 **3** 과정에서 입력한 파일 이름이 표시되면 내 컴퓨터에 프레젠테이션 문서가 저장된 것입니다.

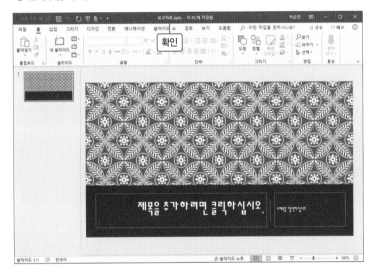

> **Tip**
> 내 컴퓨터에 저장한 문서를 실행하려면 [파일] 탭-[열기]를 선택하고 [열기] 대화상자에서 해당 파일을 클릭하세요.

잠깐만요 **파워포인트 2003 이전 버전 형식으로 저장하기**

파워포인트 2003 이전 버전까지의 파일 확장자는 ppt였지만, 파워포인트 2007 버전부터는 파일 확장자가 pptx로 바뀌었어요. 파워포인트 2003 이전 버전이 설치된 컴퓨터에서도 문서가 열리게 하려면 [다른 이름으로 저장] 대화상자의 '파일 형식'에서 [PowerPoint 97-2003 프레젠테이션 (*.ppt)]을 선택해서 저장해야 합니다.

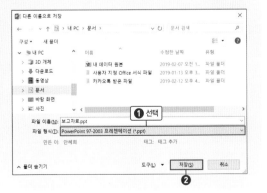

최근에 사용한 프레젠테이션 문서 빠르게 열기

'Back Stage' 화면에서 [열기]를 선택하고 [최근 항목]에서 최근에 실행한 파일을 찾아 선택하면 프레젠테이션 문서를 빠르게 열 수 있어요.

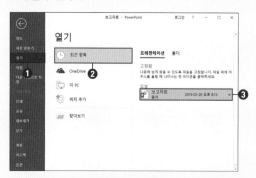

최근에 사용한 파일 목록에 나타나는 파일 수 변경하기

최근에 사용한 항목에 나타나는 파일 수를 변경하려면 [파일] 탭-[옵션]을 선택하세요. [PowerPoint 옵션] 창이 열리면 [고급] 범주를 선택하고 '표시'의 '표시할 최근 프레젠테이션 수'에 파일의 개수를 수정하세요. 만약 『0』을 입력하면 최근에 사용한 파일 목록에 파일이 표시되지 않습니다.

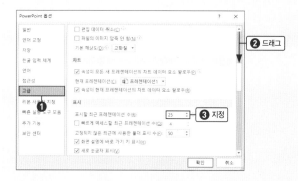

자주 사용하는 파일이나 폴더를 목록에 고정 또는 고정 해제하기

'Back Stage' 화면에서 [열기]를 선택하고 [최근 항목]을 선택한 후 화면의 오른쪽 창에 나타난 목록에서 파일의 옆에 표시된 [이 항목을 목록에 고정] 단추(📌)를 클릭하거나 마우스 오른쪽 단추를 눌러 [목록에 고정]을 선택하면 해당 파일을 목록에 고정시킬 수 있어요. 이렇게 목록에 파일을 고정시키면 최근에 실행한 파일의 수가 많아도 항상 맨 위에 표시됩니다. 고정을 해제하려면 [이 항목을 목록에서 고정 해제] 단추(📌)를 클릭하거나 마우스 오른쪽 단추를 눌러 [목록에서 고정 해제]를 선택하세요.

▲ 목록에 파일 고정하기

▲ 목록에서 파일 고정 해제하기

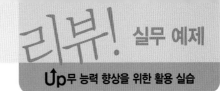
1 | '비누' 테마 파일로 프레젠테이션 문서 시작하기

예제파일 : 새 프레젠테이션 문서에서 시작하세요.　**결과파일** : 발표.pptx

'비누' 테마의 녹색 색상표를 사용하여 새 프레젠테이션 문서를 만들어 보세요.

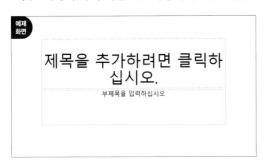

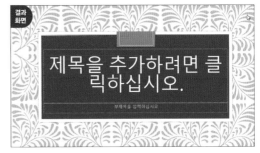

Hint　① [파일] 탭-[새로 만들기]를 선택하세요.
　　　　② 테마 목록이 나타나면 [비누] 테마를 선택하고 색상 종류를 선택한 후 [만들기]를 클릭하세요.

2 | 프레젠테이션 문서에 적용한 테마와 색상 변경하기

예제파일 : 상태보고.pptx　**결과파일** : 상태보고_완성.pptx

'상태보고.pptx' 프레젠테이션 문서의 테마를 [그물]의 네 번째 색상 종류로 변경하고 '문서' 폴더에 '상태보고_완성' 파일로 저장해 보세요.

Hint　① [디자인] 탭-[테마] 그룹에서 변경할 [그물] 테마를 선택하고 [디자인] 탭-[적용] 그룹에서 네 번째 색상을
　　　　　지정하세요.
　　　　② [파일] 탭-[다른 이름으로 저장]을 선택하고 [찾아보기]를 클릭하세요. 단축키는 F12
　　　　③ [다른 이름으로 저장] 대화상자가 열리면 저장 위치를 '문서' 폴더로 지정하고 '파일 이름'에 『상태보고_완성』
　　　　　을 입력한 후 [저장]을 클릭하세요.

02 슬라이드 자유자재로 다루기

파워포인트만큼 문서를 쉽게 작성하고 편집할 수 있는 친숙한 프로그램은 없어요. 이번 섹션에서는 프레젠테이션 문서를 만들기 위해 꼭 알아야 할 슬라이드 삽입 및 이동, 복사, 레이아웃 변경 등의 기본적인 슬라이드 편집 기능에 대해 배워보 겠습니다. 여기서 알려주는 과정을 확실하게 알고 있어야 Chapter 2 이후에 다루는 예제를 쉽게 따라할 수 있으니 잘 익혀 두세요.

PREVIEW

▲ 슬라이드 선택한 후 레이아웃 변경하기

▲ 슬라이드를 구역으로 나누기

섹션별 주요 내용

01 | 새 슬라이드 삽입하기   02 | 슬라이드 선택하고 레이아웃 변경하기   03 | 슬라이드 복제하고 이동하기

04 | 슬라이드 삭제하고 서식 재지정하기   05 | 논리적 구역 설정해 슬라이드 관리하기   06 | 슬라이드 복사하기

새 슬라이드 삽입하기

◑ **예제파일** : 운동.pptx ◑ **결과파일** : 운동_완성.pptx

1 2번 슬라이드의 아래쪽에 새 슬라이드를 삽입해 볼게요. 2번 슬라이드를 선택하고 [홈] 탭-[슬라이드] 그룹에서 [새 슬라이드]의 새슬라이드를 클릭한 후 [빈 화면]을 선택하세요.

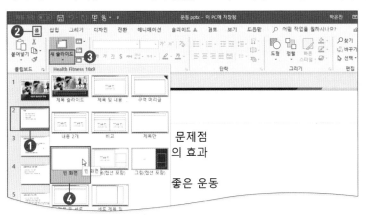

> **Tip**
>
> [새 슬라이드]의 ▭를 클릭하면 선택한 슬라이드와 같은 레이아웃의 슬라이드가 삽입됩니다. 단 '제목 슬라이드' 레이아웃의 다음에는 '제목 및 내용' 레이아웃 슬라이드가 삽입됩니다.

2 3번 슬라이드로 '빈 화면' 레이아웃이 추가되었는지 확인해 보세요.

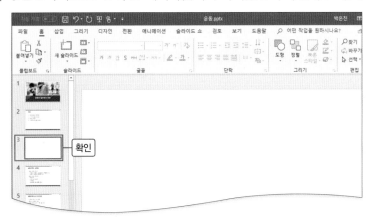

> **Tip**
>
> 새 슬라이드를 삽입할 수 있는 단축키는 Ctrl + M입니다.

잠깐만요 **항상 빈 프레젠테이션 문서로 파워포인트 시작하기**

파워포인트를 시작할 때마다 시작 화면을 표시하지 않고 곧바로 새로운 프레젠테이션 문서를 열 수 있어요. [파일] 탭-[옵션]을 선택하여 [PowerPoint 옵션] 창을 열고 [일반] 범주의 '시작 옵션'에서 [이 응용 프로그램을 시작할 때 시작 화면 표시]의 체크를 해제한 후 [확인]을 클릭하세요. 이렇게 하면 제목과 부제목을 입력할 수 있는 새 프레젠테이션 문서가 곧바로 나타납니다.

02 슬라이드 선택하고 레이아웃 변경하기

◉ **예제파일** : 운동_레이아웃.pptx   ◉ **결과파일** : 운동_레이아웃_완성.pptx

1 3번 슬라이드를 선택하고 [Ctrl]을 누른 상태에서 8번, 12번, 15번 슬라이드를 차례대로 모두 선택하세요. [홈] 탭-[슬라이드] 그룹에서 [레이아웃]-[구역 머리글]을 선택하세요.

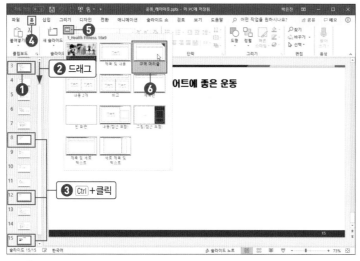

> **Tip**
>
> 슬라이드 창이나 슬라이드 축소판 그림 창에서 마우스 오른쪽 단추를 눌러 [레이아웃]을 선택해도 레이아웃을 선택할 수 있어요. 여러 개의 슬라이드는 다음과 같은 방법으로 선택할 수 있어요.
> - **선택한 슬라이드가 연속으로 배치된 경우** : 첫 번째 슬라이드를 선택하고 [Shift]를 누른 상태에서 마지막 슬라이드를 클릭해 한꺼번에 선택하세요.
> - **선택할 슬라이드가 떨어져 있는 경우** : 첫 번째 슬라이드를 선택하고 [Ctrl]을 누른 상태에서 선택할 슬라이드를 차례대로 클릭해 선택하세요.

2 선택한 슬라이드의 레이아웃이 모두 '구역 머리글' 레이아웃으로 변경되었는지 확인해 보세요.

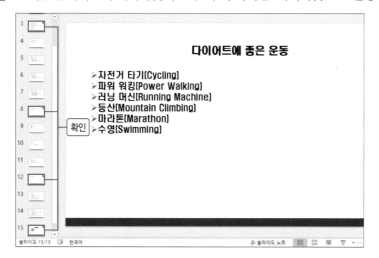

실무 예제 03 슬라이드 복제하고 이동하기

🔗 **예제파일** : 운동_복제.pptx 🔗 **결과파일** : 운동_복제_완성.pptx

1 슬라이드 축소판 그림 창의 1번 슬라이드에서 마우스 오른쪽 단추를 눌러 [슬라이드 복제]를 선택하세요.

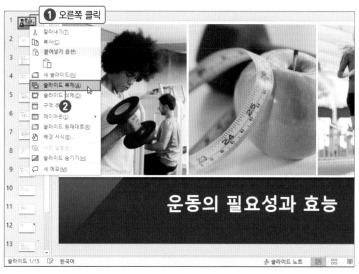

Tip

'복사'와 '복제'는 의미가 조금 다릅니다. 슬라이드 복제는 선택한 슬라이드의 바로 다음에 같은 슬라이드가 삽입되는 것으로, 원본 슬라이드와 인접한 위치에 슬라이드를 복사해야 할 때는 '복제' 기능을 사용하는 것이 편리해요. 흔히 사용하는 복제 단축키인 [Ctrl]+[D]를 눌러도 슬라이드를 복제할 수 있고, [Ctrl]을 누른 상태에서 드래그하면 슬라이드를 복사할 수 있어요.

2 복제한 2번 슬라이드를 마지막 위치로 이동하기 위해 2번 슬라이드를 선택한 상태에서 맨 마지막 위치로 드래그하세요.

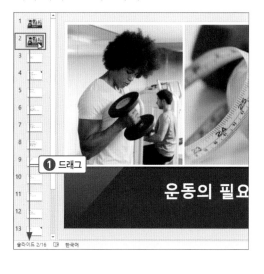

실무 예제 **04** 슬라이드 삭제하고 서식 재지정하기

◎ **예제파일** : 운동_삭제.pptx   ◎ **결과파일** : 운동_삭제_완성.pptx

1 슬라이드 축소판 그림 창의 16번 슬라이드에서 마우스 오른쪽 단추를 눌러 [슬라이드 삭제]를 선택하세요. 이 기능을 이용하면 불필요하게 작성된 슬라이드를 쉽게 삭제할 수 있어요.

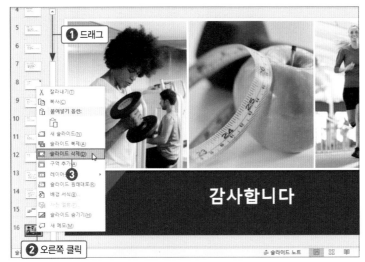

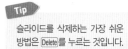

> **Tip**
> 슬라이드를 삭제하는 가장 쉬운 방법은 Delete를 누르는 것입니다.

2 3번, 8번, 12번, 15번 슬라이드에 모두 '구역 머리글' 레이아웃이 적용되어 있는데, 현재 15번 슬라이드만 글꼴과 줄 간격 등의 모양이 좀 다르게 보이죠? 해당 모양을 통일하기 위해 슬라이드 축소판 그림 창의 15번 슬라이드에서 마우스 오른쪽 단추를 눌러 [슬라이드 원래대로]를 선택하면 '구역 머리글' 레이아웃의 기본 모양으로 다시 설정되는지 확인해 보세요.

> **Tip**
> [슬라이드 원래대로] 또는 [다시 설정]은 슬라이드에 적용된 사용자 서식을 지우고 레이아웃에 설정된 기본 서식 상태로 되돌리는 기능입니다. [홈] 탭-[슬라이드] 그룹에서 [다시 설정]을 클릭해도 슬라이드의 레이아웃을 원래대로 되돌릴 수 있어요.

실무 예제 | 05 논리적 구역 설정해 슬라이드 관리하기

◎ **예제파일** : 운동_구역.pptx　◎ **결과파일** : 운동_구역_완성.pptx

1 슬라이드 축소판 그림 창의 3번 슬라이드에서 마우스 오른쪽 단추를 눌러 [구역 추가]를 선택 하세요.

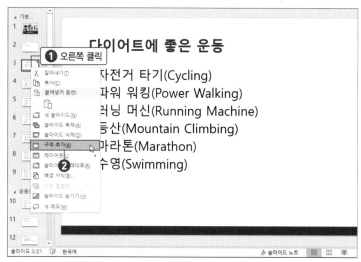

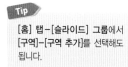

> **Tip**
>
> [홈] 탭-[슬라이드] 그룹에서 [구역]-[구역 추가]를 선택해도 됩니다.

2 3번 슬라이드에 구역을 추가하면 1번과 2번 슬라이드는 '기본 구역'이 되고, 3번 슬라이브부 터 9번 슬라이드는 '제목 없는 구역'으로 설정됩니다. [구역 이름 바꾸기] 대화상자가 열리면 설정할 '구역 이름'에 『다이어트 운동』을 입력하고 [이름 바꾸기]를 클릭하세요.

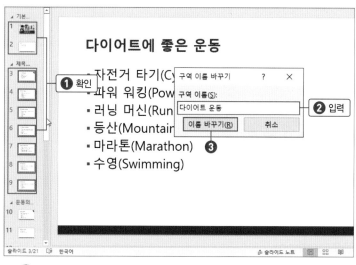

> **Tip**
>
> 구역 이름 앞의 [구역 축소] 단추(◢)를 클릭하면 특정 구역의 슬라이드를 모두 축소하여 감출 수 있어요. 반대로 [구역 확장] 단추(▷)를 클 릭하면 특정 구역의 슬라이드가 모두 표시되도록 확장할 수 있습니다.

텍스트

도형/도해

그림/표/차트

오디오/비디오

애니메이션

슬라이드쇼

테마디자인

저장/인쇄

3 지정한 구역의 이름에서 마우스 오른쪽 단추를 눌러 [모두 축소]를 선택하면 슬라이드가 축소되어 구역 이름만 표시됩니다.

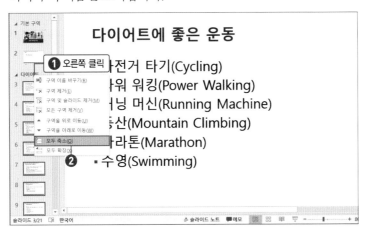

4 구역 이름 중 '다이어트 운동' 구역에서 마우스 오른쪽 단추를 눌러 [구역을 아래로 이동]을 선택하세요. 이렇게 하면 여러 슬라이드로 구성된 구역의 순서를 위쪽이나 아래쪽으로 이동할 수 있어요.

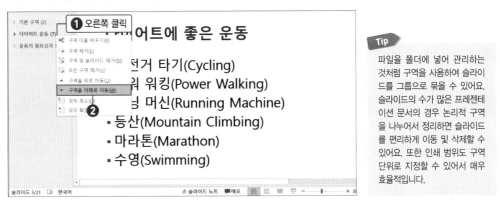

Tip

파일을 폴더에 넣어 관리하는 것처럼 구역을 사용하여 슬라이드를 그룹으로 묶을 수 있어요. 슬라이드의 수가 많은 프레젠테이션 문서의 경우 논리적 구역을 나누어서 정리하면 슬라이드를 편리하게 이동 및 삭제할 수 있어요. 또한 인쇄 범위도 구역 단위로 지정할 수 있어서 매우 효율적입니다.

5 '다이어트 운동' 구역 이름의 앞에 있는 [구역 확장] 단추(▶)를 클릭하여 해당 구역을 확대해서 확인해 보세요.

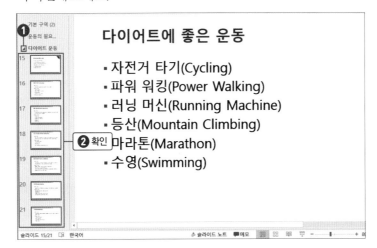

실무 예제 06 슬라이드 복사하기

◑ **예제파일** : 운동_복사.pptx ◑ **결과파일** : 운동_복사_완성.pptx

1 슬라이드 축소판 그림 창의 3번 슬라이드에서 마우스 오른쪽 단추를 눌러 [복사]를 선택하세요. 7번 슬라이드와 8번 슬라이드 사이에서 마우스 오른쪽 단추를 눌러 '붙여넣기 옵션'의 [대상 테마 사용](📋)을 클릭하여 복사한 슬라이드를 붙여넣으세요.

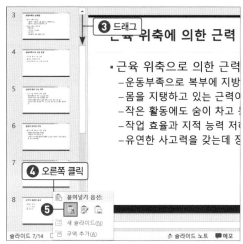

Tip

단축키 Ctrl + C를 눌러도 슬라이드를 복사할 수 있어요. 단축키 Ctrl + V를 누르거나 [홈] 탭-[클립보드] 그룹에서 [붙여넣기]의 📋를 클릭해도 됩니다. 만약 복사하여 붙여넣을 슬라이드의 위치가 가까우면 31쪽의 '복제' 기능을 사용해 보세요.

2 Ctrl + N을 눌러 새 프레젠테이션을 만들어 보세요. 1번 슬라이드의 다음에서 마우스 오른쪽 단추를 눌러 '붙여넣기 옵션'의 [대상 테마 사용](📋)을 클릭하여 **1** 과정에서 복사한 슬라이드를 붙여넣으세요.

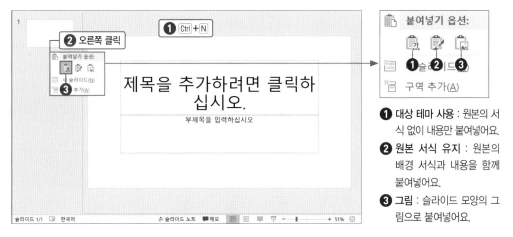

35

3 2번 슬라이드가 추가되면 내용만 복사되었는지 확인해 보세요. 2번 슬라이드의 다음에서 마우스 오른쪽 단추를 눌러 '붙여넣기 옵션'의 [원본 서식 유지]( )를 클릭하세요.

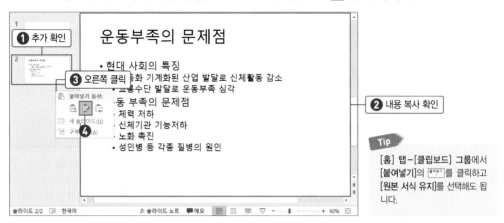

4 3번 슬라이드가 나타나면 원본의 배경과 서식이 그대로 유지되어 복사되었는지 확인해 보세요. 이와 같이 슬라이드를 복사할 때 내용만 복사할 것인지, 내용과 함께 서식까지 복사할 것인지 선택해서 붙여넣을 수 있어요.

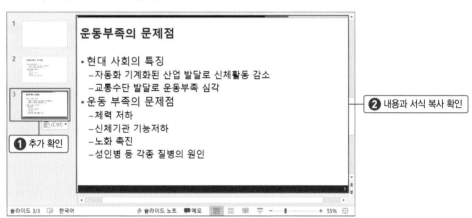

1 | 슬라이드 레이아웃 변경하고 빈 슬라이드 삭제하기

🔵 **예제파일** : 향수_레이아웃.pptx   🔵 **결과파일** : 향수_레이아웃_완성.pptx

3번 슬라이드를 '제목 및 내용' 레이아웃으로 변경하고 7번, 9번, 10번 슬라이드를 함께 선택하여 삭제해 보세요.

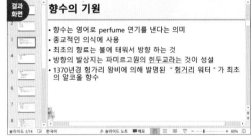

Hint

① 3번 슬라이드에서 마우스 오른쪽 단추를 눌러 [레이아웃]을 선택하고 'Office 테마'의 [제목 및 내용]을 선택하세요.

② 7번 슬라이드를 선택하고 Ctrl을 누른 상태에서 9번, 10번 슬라이드도 함께 선택하세요.

③ Delete를 눌러 선택한 슬라이드를 삭제하세요.

2 | 슬라이드를 구역으로 나누고 구역 축소하기

🔵 **예제파일** : 향수_구역.pptx   🔵 **결과파일** : 향수_구역_완성.pptx

10~14번 슬라이드를 '제조과정'구역으로 나누고 모든 구역을 축소하여 표시해 보세요.

Hint

① 10번 슬라이드에서 마우스 오른쪽 단추를 눌러 [구역 추가]를 선택하세요.

② [구역 이름 바꾸기] 대화상자에서 '구역 이름'에 『제조과정』을 입력하고 [이름 바꾸기]를 클릭하세요.

③ 설정한 구역 이름에서 마우스 오른쪽 단추를 눌러 [모두 축소]를 선택하세요.

텍스트 슬라이드 만들기

프레젠테이션 디자인의 기본이면서 메시지를 전달하는 데 가장 중요한 요소는 바로 '텍스트'입니다. 입력한 글자에 다양한 모양의 글꼴, 색상, 글머리 기호를 지정하거나 적당한 줄 간격과 워드아트 서식을 적용하면 읽기도 쉽고 보기도 좋은 텍스트 디자인을 할 수 있어요. 이번 섹션에서는 슬라이드에 입력한 글자를 다양한 모양 및 글꼴로 변경해 보고 정확한 내용을 전달하기 위한 글꼴 크기와 색상에 대해 알아봅니다.

> **PREVIEW**

마케팅의 주요개념

▸ 가치 창조(價值 創造)
- 기업의 가치 창조는 고객의 입장에서 느끼는 가치를 만들어내는 것
- 고객인식가치(Customer Perceived Value: CPV) :고객이 느끼는 주관적인 가치

▸ 가치 실현
- 고객 가치 3요소(Customer Value Triad) : Quality, Service, Price

▸ 고객 만족
- 고객 만족 = 평가된 제품 성과 - 기대수준
- 고객 성공 단계
  - 기업의 기피 → 불만족 → 만족 → 감동 → 고객 성공

▲ 글꼴과 단락 서식 지정하기

▲ 워드아트 서식으로 텍스트 꾸미기

섹션별
주요 내용

01 | 텍스트 입력하기 02 | 한자와 특수 문자 입력하기 03 | 글꼴 서식 지정해 텍스트 꾸미기

04 | 단락의 목록 수준 조절하기 05 | 글머리 기호의 모양과 색상 변경하기 06 | 텍스트 사이의 줄 간격 조절하기

07 | 한글 단어가 잘리지 않게 줄 바꾸기 08 | 워드아트 빠른 스타일 이용해 제목 꾸미기

2010 | 2013 | 2016 | 2019 | OFFICE 365

실무
예제 | **01** | **텍스트 입력하기**

◐ 예제파일 : 마케팅.pptx   ◐ 결과파일 : 마케팅_완성.pptx

1 1번 슬라이드를 선택하고 제목에는 『마케팅 개념과 마케팅 전략』을, 부제목에는 『영업관리팀』을 입력하세요. 새 슬라이드를 삽입하기 위해 **[홈]** 탭-**[슬라이드]** 그룹에서 **[새 슬라이드]**의 ⬚를 클릭하세요.

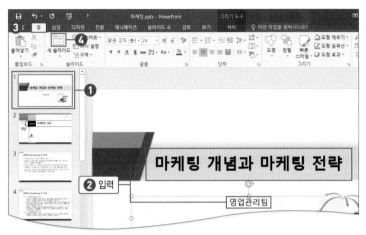

> **Tip**
> Ctrl + M을 눌러도 새 슬라이드를 삽입할 수 있어요.

2 1번 슬라이드의 아래쪽에 새 슬라이드가 삽입되면 제목에는 『목차』를, 내용에는 『마케팅의 정의』를 입력하고 Enter를 눌러 줄을 변경한 후 『마케팅의 주요 개념』을 입력하세요. 이와 같은 방법으로 다음 줄에 『마케팅 의사결정 변수』를 입력하세요.

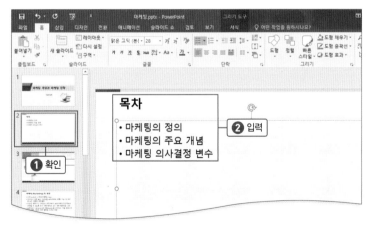

> **Tip**
> Enter를 누르면 단락이 바뀌면서 새 글머리 기호가 생겨요. 하지만 단락을 나누지 않고 글머리 기호 없이 줄을 바꾸려면 Shift + Enter를 누르세요.

잠깐만요 **텍스트 개체 틀에서 다른 텍스트 개체 틀로 커서 이동하기**

'제목을 입력하십시오'가 입력된 제목 개체 틀에 텍스트를 입력하고 Ctrl + Enter를 누르면 '부제목을 입력하십시오'가 입력된 부제목 개체 틀로 커서가 이동합니다. 이와 같이 Ctrl + Enter를 누르면 다음 텍스트 개체 틀로 쉽게 이동할 수 있어요. 또한 슬라이드에 삽입된 마지막 텍스트 개체 틀에서 Ctrl + Enter를 누르면 현재 슬라이드 다음의 새 슬라이드에 텍스트 개체가 삽입됩니다. Ctrl + Enter를 누르면 텍스트로 구성된 슬라이드에서 마우스를 사용하지 않고도 쉽고 빠르게 작업할 수 있어요.

문서작성

텍스트

도형/도해

그림/표/차트

오디오/비디오

애니메이션

슬라이드쇼

테마디자인

저장/인쇄

실무 예제 | 02 한자와 특수 문자 입력하기

◎ **예제파일 :** 마케팅_한자.pptx ◎ **결과파일 :** 마케팅_한자_완성.pptx

1 9번 슬라이드에서 괄호 안의 '가치'를 드래그하여 선택하고 [한자]를 누르세요. 한자사전에 등록된 단어가 목록으로 나타나면 해당 한자를 선택하여 한자로 변환하세요.

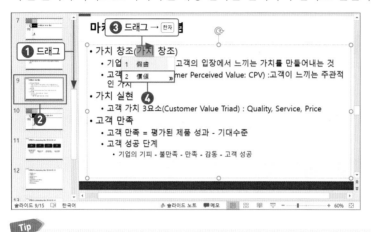

> **Tip**
>
> 한 글자씩 한자로 변환하려면 변환할 글자를 드래그하여 선택하거나 글자의 뒤를 클릭하여 커서를 올려놓은 상태에서 [한자]를 누르세요.

2 괄호 안에 입력된 '창조' 단어를 드래그하여 선택하고 [검토] 탭-[언어] 그룹에서 [한글/한자 변환]을 클릭하세요.

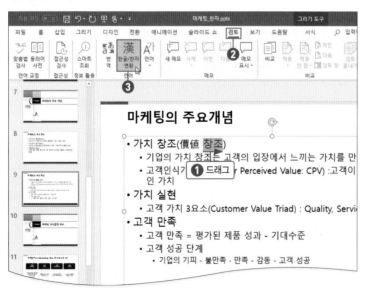

3 [한글/한자 변환] 대화상자가 열리면 '한자 선택'에서 변환할 한자를 선택하고 '입력 형태'에서 [漢字]를 선택한 후 [변환]을 클릭하세요.

4 마지막 줄의 '기업의 기피'와 '불만족' 사이에 있는 '-'를 드래그하여 선택하세요. 특수 문자인 '→'로 변경하기 위해 [삽입] 탭-[기호] 그룹에서 [기호]를 클릭하세요.

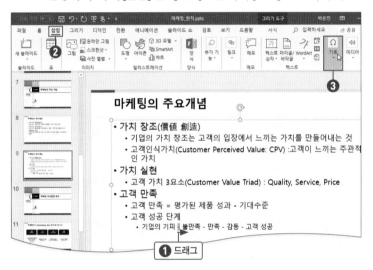

5 [기호] 대화상자가 열리면 '글꼴'에서는 [(현재 글꼴)]을, '하위 집합'에서는 [화살표]를 선택하세요. 기호 목록에서 [→]를 선택하고 [삽입]과 [닫기]를 차례대로 클릭하세요.

Tip

[기호] 대화상자의 [삽입]을 클릭하면 [취소]가 [닫기]로 변경되어요.

문서작성

텍스트

도형/도해

그림/표/차트

오디오/비디오

애니메이션

슬라이드쇼

테마디자인

저장/인쇄

6 이번에는 '불만족'과 '만족'사이의 '–'를 드래그하여 선택한 후 [F4]를 누르면 [기호] 대화상자를 거치지 않고 바로 '→'로 변경됩니다. 이와 같은 방법으로 마지막 문장의 '–'를 모두 '→'로 변경하세요.

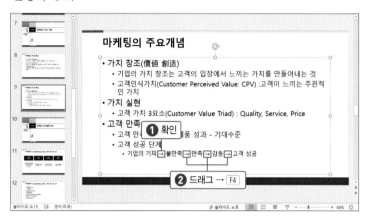

잠깐만요 **한글 자음 이용해 특수 문자 입력하기**

한글 자음을 입력한 상태에서 [한자]를 누르면 특수 문자를 삽입할 수 있어요. 다음의 표를 참고하여 자주 사용하는 특수 문자의 입력 방법을 확인해 보세요. 이와 같은 방법으로 메모장, 인터넷 익스플로러, 엑셀, 파워포인트 등에도 특수 문자를 입력할 수 있어요.

한글 자음 + [한자]	종류	특수 문자의 예
ㄱ + [한자]	기호 및 구두점	!, ', ·, /
ㄴ + [한자]	괄호 기호	「, 」, 『, 』
ㄷ + [한자]	수학 기호	÷, ∞, ≥
ㄹ + [한자]	단위 기호	mm^2, km^2, cm^3, µ
ㅁ + [한자]	도형 기호	○, ※, ♣, ☎, ♥
ㅅ + [한자]	원문자, 괄호 문자	㉠, ㉮, ⑺, ⒢
ㅇ + [한자]	원문자, 괄호 문자	ⓐ, ①, (a), (1)
ㅈ + [한자]	숫자 기호	1, 2, i, ii, I, II

글꼴 서식 지정해 텍스트 꾸미기

● **예제파일** : 마케팅_글꼴.pptx ● **결과파일** : 마케팅_글꼴_완성.pptx

1 11번 슬라이드에서 첫 번째 검은색 도형을 선택하고 Shift를 누른 상태에서 나머지 검은 도형을 차례대로 클릭하여 모두 선택하세요. [홈] 탭-[글꼴] 그룹에서 [글꼴 크기 크게]를 세 번 클릭하여 텍스트의 크기를 [28pt]로 지정하고 [굵게]를 클릭하세요.

> **Tip**
>
> [글꼴 크기 크게]로 텍스트 크기를 조정하지 않고 '텍스트 크기'에서 직접 『28pt』를 입력해도 되어요. [홈] 탭-[글꼴] 그룹에서 [굵게], [기울임꼴], [밑줄], [텍스트 그림자], [취소선] 등은 한 번 클릭하면 기능이 적용되고 한 번 더 클릭하면 기능이 해제됩니다.

2 첫 번째 검은색 도형의 'Product'에서 'P' 부분만 드래그하여 범위로 지정하고 [홈] 탭-[글꼴] 그룹에서 [글꼴 색]의 내림 단추(▾)를 클릭한 후 **'표준 색'**의 [주황]을 선택하세요. 이와 같은 방법으로 나머지 검은색 도형의 'P'에도 같은 글꼴 색을 지정하세요.

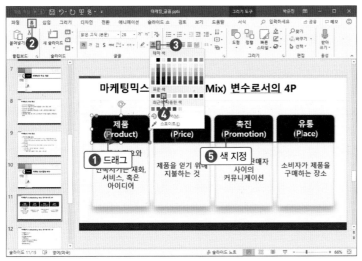

> **Tip**
>
> F4를 눌러 방금 전의 작업을 빠르게 다시 실행할 수 있어요.

3 글자 사이의 간격을 조정하기 위해 [Shift]를 누른 상태에서 네 개의 검은색 도형을 차례대로 클릭하여 모두 선택하세요. [홈] 탭-[글꼴] 그룹에서 [문자 간격]-[넓게]를 선택하세요.

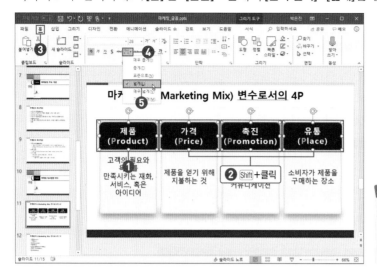

> **Tip**
> [Shift]+클릭하지 않고 4개의 도형이 모두 포함되도록 마우스를 드래그해도 여러 개의 도형을 함께 선택할 수 있습니다.

잠깐만요 **단축키 사용해 글꼴 서식 지정하기**

글꼴 서식 단축키를 익혀두면 리본 메뉴에서 해당 명령을 일일이 입력할 필요 없이 키보드 작업만으로도 빠르게 지정할 수 있어서 편리해요.

단축키	기능	단축키	기능
[Ctrl]+[Shift]+[<]	글꼴 크기 작게	[Ctrl]+[I]	기울임꼴
[Ctrl]+[Shift]+[>]	글꼴 크기 크게	[Ctrl]+[U]	밑줄
[Ctrl]+[B]	굵게	[Ctrl]+[Shift]+[F]	[글꼴] 대화상자

상세하게 문자 옵션 지정하기

[홈] 탭-[글꼴] 그룹에서 [글꼴] 대화상자 표시 아이콘(⌵)을 클릭하여 [글꼴] 대화상자의 [글꼴] 탭을 열고 고급 글꼴 및 문자 옵션을 좀 더 상세하게 설정할 수 있어요. 또한 한글과 영어 글꼴에 다른 서식을 지정하거나 첨자 및 밑줄, 문자 간격 설정도 가능해요.

단락의 목록 수준 조절하기

◎ **예제파일** : 마케팅_단락.pptx　　◎ **결과파일** : 마케팅_단락_완성.pptx

1 8번 슬라이드의 본문 텍스트 개체 틀에서 두 번째 줄을 드래그하여 범위로 지정하세요. Ctrl 을 누른 상태에서 네 번째 줄과 여섯 번째 줄을 드래그하여 모두 선택하고 [**홈**] **탭**–[**단락**] **그룹**에서 [**목록 수준 늘림**]을 클릭하세요.

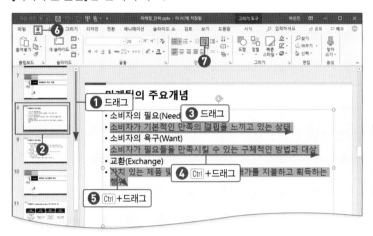

2 **1** 과정에서 범위로 지정한 텍스트 목록이 들여쓰기되었는지 확인해 보세요.

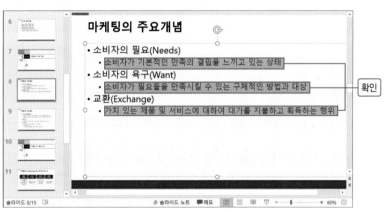

잠깐만요 **단락의 목록 수준을 조절하는 간단한 방법 알아보기**

목록 텍스트를 입력하기 전		목록 텍스트를 입력한 후	
문장의 맨 앞에 커서를 올려놓고 Tab 을 눌러 조절하는 것이 편리해요.		[**홈**] **탭**–[**단락**] **그룹**의 명령 단추를 이용하여 목록 수준을 조절하는 것이 편리해요.	
목록 수준 늘림	Tab	목록 수준 늘림	목록 아이콘
목록 수준 줄임	Shift + Tab	목록 수준 줄임	목록 아이콘

실무 예제 05 글머리 기호의 모양과 색상 변경하기

⊙ **예제파일** : 마케팅_글머리.pptx   ⊙ **결과파일** : 마케팅_글머리_완성.pptx

1 9번 슬라이드의 본문 텍스트 중에서 첫 번째 줄의 '가치' 앞을 클릭하여 커서를 올려놓으세요. [홈] 탭-[단락] 그룹에서 [글머리 기호]의 내림 단추(⊡)를 클릭하고 [글머리 기호 및 번호 매기기]를 선택하세요.

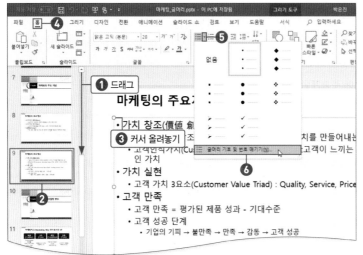

> **Tip**
>
> 글머리 기호를 없애려면 [홈] 탭-[단락] 그룹에서 [글머리 기호]의 내림 단추(⊡)를 클릭하고 [없음]을 선택하거나 [글머리 기호]의 앞부분인 ▤을 클릭하세요.

2 [글머리 기호 및 번호 매기기] 대화상자의 [글머리 기호] 탭이 열리면 [사용자 지정]을 클릭하세요. [기호] 대화상자가 열리면 '글꼴'에서는 [(현재 글꼴)]을, '하위 집합'에서는 [도형 기호]를 선택하고 기호 목록에서 [▶]을 선택한 후 [확인]을 클릭하세요.

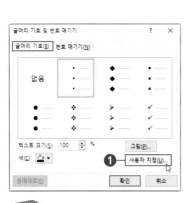

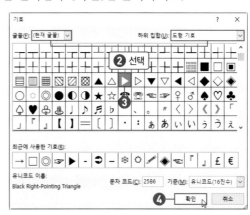

> **Tip**
>
> [사용자 지정] 대신 [그림]을 클릭하면 다양한 모양의 그림 글머리 기호를 선택할 수 있어요.

3 [글머리 기호 및 번호 매기기] 대화상자의 [글머리 기호] 탭으로 되돌아오면 '텍스트 크기'는 [70%]로, '색'은 '테마 색'의 [파랑, 강조 1]로 지정하고 [확인]을 클릭하세요.

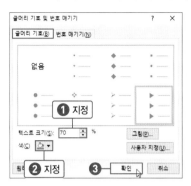

4 '가치 실현' 텍스트의 앞을 클릭하여 커서를 올려놓고 [F4]를 누르면 앞의 과정에서 적용한 글머리 기호와 같은 모양이 삽입됩니다. 이와 같은 방법으로 '고객 만족' 텍스트 앞의 글머리 기호도 바꿔주세요.

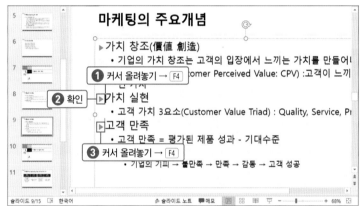

Tip

[F4]는 마지막 작업을 한 번 더 반복하는 기능으로, 글머리 기호처럼 같은 기능을 반복해서 작업할 때 사용하면 편리해요.

잠깐만요 **글머리 기호를 번호로 표시하기**

텍스트 상자를 선택하거나 텍스트를 모두 드래그하여 범위로 지정하고 [홈] 탭-[단락] 그룹에서 [번호 매기기]의 내림 단추(▾)를 클릭하면 다양한 스타일의 번호 종류를 선택할 수 있어요.

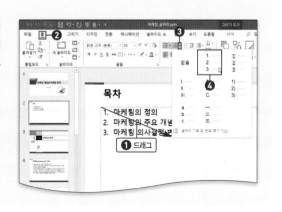

문서작성

텍스트

도형/도해

그림/표/차트

오디오/비디오

애니메이션

슬라이드쇼

템플릿디자인

저장/인쇄

06 텍스트 사이의 줄 간격 조절하기

실무
예제

◉ 예제파일 : 마케팅_줄간격.pptx   ◉ 결과파일 : 마케팅_줄간격_완성.pptx

1 5번 슬라이드에서 내용 개체 틀을 선택하고 **[홈] 탭-[단락] 그룹**에서 **[줄 간격]-[줄 간격 옵션]**을 선택하세요.

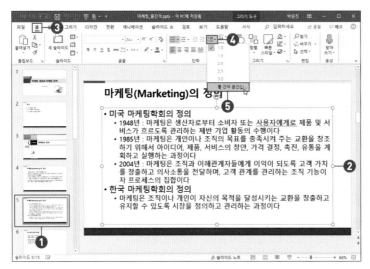

> **Tip**
> 모든 줄을 같은 줄 간격으로 설정하려면 **[줄 간격]**을 클릭하고 **[1.0]**, **[1.5]**, **[2.0]** 등의 값을 직접 선택하세요.

2 **[단락]** 대화상자의 **[들여쓰기 및 간격]** 탭이 열리면 '간격'의 '단락 앞'은 **[0pt]**, '단락 뒤'는 **[12pt]**, '줄 간격'은 **[배수]**, '값'은 **[0.9]**로 지정하고 **[확인]**을 클릭하세요. 그러면 줄 간격이 보기 좋게 조절되어 내용을 편하게 읽을 수 있어요.

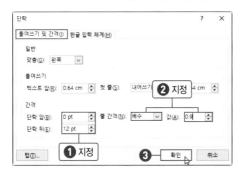

잠깐만요 **단락 지정할 때 줄 간격의 단위 살펴보기**

[단락] 대화상자의 **[들여쓰기 및 간격]** 탭에서 '간격'의 '줄 간격'을 이용하면 줄 간격의 단위를 적절하게 선택할 수 있어요.

❶ 줄 : 줄 간격의 기본 단위

❷ 고정 : 포인트(pt) 단위로 세밀하게 줄 간격을 지정할 수 있어요.

❸ 배수 : 1줄은 배수 1, 1.5줄은 배수 1.5와 같으며, 1.7, 2.5와 같이 소수점 단위로 지정할 수 있어요.

실무 예제 07 한글 단어가 잘리지 않게 줄 바꾸기

⊙ **예제파일** : 마케팅_줄바꿈.pptx ⊙ **결과파일** : 마케팅_줄바꿈_완성.pptx

1 5번 슬라이드에서 내용 개체 틀을 선택하고 [홈] 탭−[단락] 그룹에서 [단락] 대화상자 표시 아이콘 (▣)을 클릭하세요. [단락] 대화상자가 열리면 [한글 입력 체계] 탭을 선택하고 '일반'의 [한 글 단어 잘림 허용]의 체크를 해제한 후 [확인]을 클릭하세요.

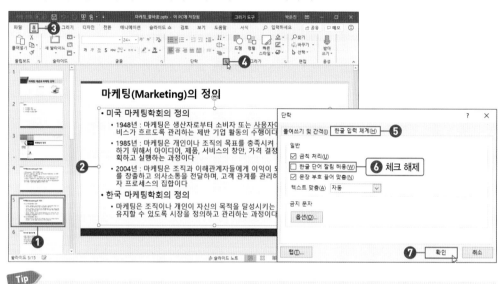

Tip

텍스트를 드래그하여 범위를 지정하는 것이 아니라 내용 개체 틀 전체를 선택하려면 Shift를 누른 상태에서 텍스트의 위를 클릭하세요.

2 줄의 마지막에 위치한 한글 단어가 잘리지 않도록 줄 바꿈되었는지 확인해 보세요.

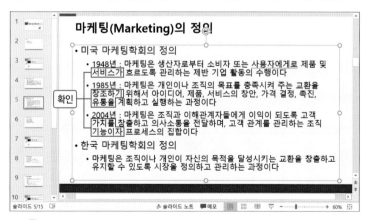

Tip

[홈] 탭−[단락] 그룹에서 [양쪽 맞춤]을 클릭하면 텍스트의 오른쪽 끝도 깔끔하게 줄을 맞출 수 있어요.

실무 예제 08 워드아트 빠른 스타일 이용해 제목 꾸미기

◉ **예제파일** : 마케팅_워드아트.pptx   ◉ **결과파일** : 마케팅_워드아트_완성.pptx

1 1번 슬라이드에서 제목 개체 틀을 선택하고 [그리기 도구]의 [서식] 탭-[WordArt 스타일] 그룹에서 [자세히] 단추(▽)를 클릭하세요. 다양한 스타일의 워드아트 목록이 나타나면 [채우기: 흰색, 윤곽선: 주황, 강조색 2, 진한 그림자: 주황, 강조색 2]를 선택하세요. 이때 마음에 드는 다른 워드아트 스타일을 선택해도 됩니다.

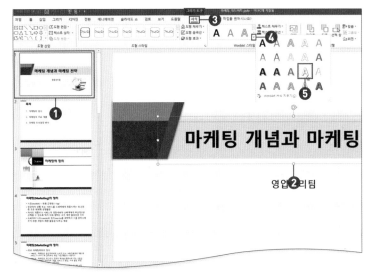

> **Tip**
>
> 파워포인트에서 제공하는 워드아트를 사용하면 텍스트의 색과 윤곽선, 그림자 등을 한 번에 바꿀 수 있어요.

2 제목 텍스트에 워드아트 빠른 스타일이 적용되었는지 확인해 보세요.

> **Tip**
>
> 텍스트에 적용한 워드아트 서식을 지우려면 [그리기 도구]의 [서식] 탭-[WordArt 스타일] 그룹에서 [자세히] 단추(▽)를 클릭하고 [WordArt 서식 지우기]를 선택하세요.

1 | 줄 간격 변경하고 단어가 잘리지 않게 줄 바꾸기

◉ 예제파일 : 허브_줄간격.pptx   ◉ 결과파일 : 허브_줄간격_완성.pptx

3번 슬라이드에서 '줄 간격'은 [1줄], '단락 뒤' 간격은 [12pt]로 지정하고 줄 끝의 한글 단어가 잘리지 않게 줄을 바꿔보세요.

예제 화면

허브(herb)의 정의

• 정의
 • 꽃과 잎, 종자, 줄기, 뿌리 등을 약이나 향신료 등으로 사용하는 식물
 • 그 성분이 식품이나 음료 속에 보존용 향신료 또는 건강증진제로서 첨가되는 식물과 식품, 음료 외에 제품에 향수, 화장, 세정의 효과를 기대하여 이용되는 식물
• 어원
 • 푸른 풀을 의미하는 라틴어 허바(Herba)가 어원
 • 향과 약초라는 뜻으로 써오다가 BC 4세기경 그리스 학자인 테오프라스토스가 식물을 교목·관목·초본 등으로 나누면서 처음으로 허브라는 말을 쓰게 됨

결과 화면

허브(herb)의 정의

• 정의
 • 꽃과 잎, 종자, 줄기, 뿌리 등을 약이나 향신료 등으로 사용하는 식물
 • 그 성분이 식품이나 음료 속에 보존용 향신료 또는 건강증진제로서 첨가되는 식물과 식품, 음료 외에 제품에 향수, 화장, 세정의 효과를 기대하여 이용되는 식물
• 어원
 • 푸른 풀을 의미하는 라틴어 허바(Herba)가 어원
 • 향과 약초라는 뜻으로 써오다가 BC 4세기경 그리스 학자인 테오프라스토스가 식물을 교목·관목·초본 등으로 나누면서 처음으로 허브라는 말을 쓰게 됨

Hint　① 내용 개체 틀을 선택하고 [홈] 탭-[단락] 그룹에서 [줄 간격]-[줄 간격 옵션]을 선택하세요.

② [단락] 대화상자의 [들여쓰기 및 간격] 탭에서 '간격'의 '줄 간격'은 [1줄], '단락 뒤' 간격은 [12pt]로 지정하세요.

③ [단락] 대화상자의 [한글 입력 체계] 탭에서 [한글 단어 잘림 허용]의 체크를 해제하세요.

2 | 목록 수준에 따라 글머리 기호의 모양 다르게 지정하기

◉ 예제파일 : 허브_글머리.pptx   ◉ 결과파일 : 허브_글머리_완성.pptx

3번 슬라이드에서 글머리 기호를 목록 수준에 따라 각각 다음과 같은 모양으로 변경해 보세요.

• **첫 번째 수준** : ☞, '파랑, 강조 1'　　• **두 번째 수준** : –, '흰색, 배경 1, 50% 더 어둡게'

예제 화면

허브(herb)의 정의

• 정의
 • 꽃과 잎, 종자, 줄기, 뿌리 등을 약이나 향신료 등으로 사용하는 식물
 • 그 성분이 식품이나 음료 속에 보존용 향신료 또는 건강증진제로서 첨가되는 식물과 식품, 음료 외에 제품에 향수, 화장, 세정의 효과를 기대하여 이용되는 식물
• 어원
 • 푸른 풀을 의미하는 라틴어 허바(Herba)가 어원
 • 향과 약초라는 뜻으로 써오다가 BC 4세기경 그리스 학자인 테오프라스토스가 식물을 교목·관목·초본 등으로 나누면서 처음으로 허브라는 말을 쓰게 됨

결과 화면

허브(herb)의 정의

☞정의
 – 꽃과 잎, 종자, 줄기, 뿌리 등을 약이나 향신료 등으로 사용하는 식물
 – 그 성분이 식품이나 음료 속에 보존용 향신료 또는 건강증진제로서 첨가되는 식물과 식품, 음료 외에 제품에 향수, 화장, 세정의 효과를 기대하여 이용되는 식물
☞어원
 – 푸른 풀을 의미하는 라틴어 허바(Herba)가 어원
 – 향과 약초라는 뜻으로 써오다가 BC 4세기경 그리스 학자인 테오프라스토스가 식물을 교목·관목·초본 등으로 나누면서 처음으로 허브라는 말을 쓰게 됨

Hint　① '정의'를 드래그하여 선택하고 [홈] 탭-[단락] 그룹에서 [글머리 기호]의 내림 단추(⋅)를 클릭한 후 [글머리 기호 및 번호 매기기]를 선택하세요.

② [글머리 기호 및 번호 매기기] 대화상자의 [글머리 기호] 탭에서 [사용자 지정]을 클릭하세요.

③ [기호] 대화상자가 열리면 '글꼴'의 [(현재 글꼴)]에서 '하위 집합'을 [도형 기호], [기본 라틴 문자]로 선택하여 제시한 글머리 기호를 선택하세요.

④ [글머리 기호 및 번호 매기기] 대화상자에서 색을 지정하고 동일한 목록 수준에서는 F4 를 눌러 작업을 반복하세요.

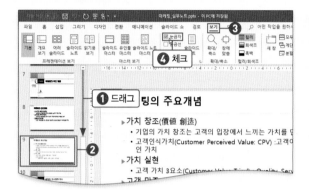

핵심! 실무 노트

1 | 글머리 기호와 텍스트 간격 조정하기

🔵 예제파일 : 마케팅_실무노트.pptx   🔵 결과파일 : 마케팅_실무노트_완성1.pptx

문단 단락에 글머리 기호가 있는 여러 수준의 텍스트가 있을 때 글머리 기호와 첫 번째 텍스트 사이의 간격을 조절하려면 '눈금자'를 사용하세요.

1 9번 슬라이드를 선택하고 [보기] 탭-[표시] 그룹에서 [눈금자]에 체크하여 화면에 눈금자를 표시하세요.

Tip

슬라이드에서 마우스 오른쪽 단추를 눌러 [눈금자]를 선택해도 됩니다.

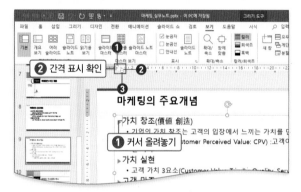

2 간격을 조절하고 싶은 단락에 커서를 올려놓으면 눈금자에 간격 표시가 나타나요.

1 ▽ : 글머리 기호가 시작되는 위치
2 △ : 첫 번째 텍스트가 시작되는 위치
3 □ : 단락 왼쪽 여백

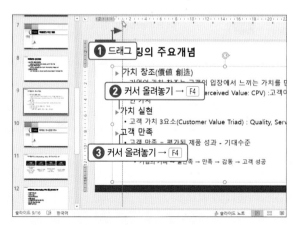

3 첫 번째 글자가 시작되는 위치의 표식을 오른쪽으로 드래그하여 글머리 기호와 텍스트 사이의 간격을 넓혀보세요. 이때 Ctrl을 누른 상태에서 표식을 드래그하면 표식을 좀 더 세밀하게 이동할 수 있어요. 동일한 수준의 단락은 같은 간격으로 지정해야 해요. 방금 전의 작업을 반복하려면 해당 문장의 첫 번째 글자에 커서를 올려놓고 F4를 누르세요.

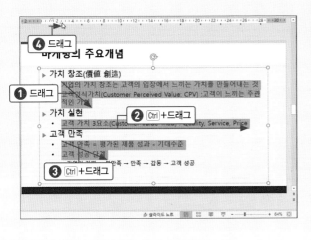

4 수준이 같은 단락의 간격을 동시에 조정하려면 [Ctrl]을 누른 상태에서 해당 단락을 드래그하여 모두 선택하고 눈금자의 표식을 이동해 보세요.

2 | 한 번에 문서의 글꼴 변경하기

◉ **예제파일** : 마케팅_실무노트.pptx ◉ **결과파일** : 마케팅_실무노트_완성2.pptx

'글꼴 바꾸기' 기능을 사용하면 문서에서 바꾸고 싶은 글꼴을 하나씩 선택하여 지정할 필요 없이 한 번에 변경할 수 있어요. 또한 파워포인트 문서에 사용한 글꼴이 설치되지 않은 컴퓨터에서 프레젠테이션을 실행할 경우 글꼴이 깨진다면 긴급한 상황에서도 글꼴을 한 번에 바꿀 수 있어요.

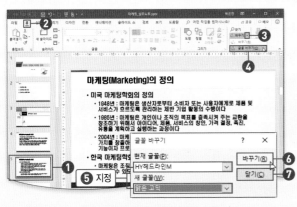

1 5번 슬라이드를 선택하고 [홈] 탭-[편집] 그룹에서 [바꾸기]의 내림 단추(▾)를 클릭한 후 [글꼴 바꾸기]를 선택하세요. [글꼴 바꾸기] 대화상자가 열리면 '현재 글꼴'에서는 해당 문서에서 사용된 모든 글꼴 목록 중에서 바꾸고 싶은 글꼴을, '새 글꼴'에서는 새로 변경할 글꼴을 선택하고 [바꾸기]와 [닫기]를 차례대로 클릭하세요.

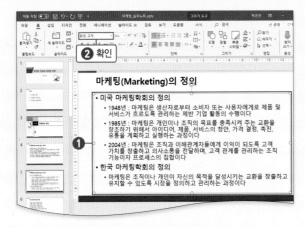

2 문서 전체의 'HY헤드라인' 글꼴이 '맑은고딕' 글꼴로 모두 변경되었는지 다른 슬라이드를 선택하여 확인하세요.

문서작성

텍스트

도형/도해

그림/표/차트

오디오/비디오

애니메이션

슬라이드쇼

테마디자인

저장/인쇄

CHAPTER 2 도형과 그래픽 개체로 비주얼 프레젠테이션 만들기

프레젠테이션의 슬라이드를 디자인할 때 텍스트보다 그림이나 도해를 사용하는 것이 메시지를 전달하는 데 훨씬 더 유리합니다. 청중에게 슬라이드의 텍스트를 읽게 하는 것보다 스마트아트 그래픽이나 그림, 표, 차트 등의 다양한 시각적 그래픽 개체를 활용하여 메시지의 근거를 뒷받침할 자료를 제시하는 것이 더욱 설득력 있기 때문이죠. 이번 챕터에서는 파워포인트 2019에서 제공하는 여러 가지 도형과 그래픽 개체를 이용해 초보자도 시각적 자료를 멋지게 만들 수 있는 디자인 노하우를 배워봅니다.

Windows 10
+Excel
& PowerPoint
&Word 2019
+Hangeul

SECTION **01**　　　도형 이용해 도해 슬라이드 만들기

SECTION **02**　　　스마트아트 그래픽으로 도해 슬라이드
　　　　　　　　디자인하기

SECTION **03**　　　이미지 이용해 고품질 프레젠테이션
　　　　　　　　작성하기

SECTION **04**　　　표와 차트로 전달력이 뛰어난
　　　　　　　　슬라이드 만들기

도형 이용해 도해 슬라이드 만들기

파워포인트에서는 도형에 핵심 키워드를 입력하여 표현하거나 도형으로 만든 도해를 이용해 전달하려는 내용을 쉽게 풀어서 설명하는 경우가 많아요. 그래서 파워포인트는 다른 프로그램보다 도형의 사용 빈도가 높은 편이죠. 이번 섹션에서는 내용에 적합한 도형을 그리고 다양한 서식을 적용하여 도해를 만들어본 후 균형있게 배치하고 정렬하여 보기도 좋고 읽기도 쉬운 도해 슬라이드를 만들어 보겠습니다.

> PREVIEW

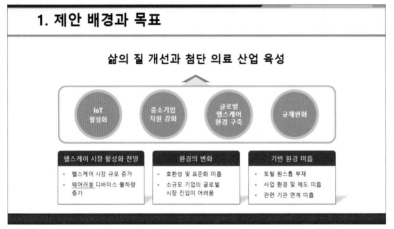

▲ 도형에 다양한 서식 설정하기

▲ 도형을 다양한 모양으로 변경하기

> 섹션별
> 주요 내용

01 | Shift 이용해 도형 그리고 정렬하기   02 | 균형 있게 도형 배치하고 그룹화하기
03 | 스마트 가이드로 정확하게 도형 배치하기   04 | 도형에 색 채우고 윤곽선 변경하기
05 | 도형의 모양 변경하기   06 | 그림자 효과로 입체감과 원근감 표현하기

실무
예제 | **01** **Shift** 이용해 도형 그리고 정렬하기

◈ **예제파일** : 헬스케어_도형.pptx ◈ **결과파일** : 헬스케어_도형_완성.pptx

1 [홈] 탭-[그리기] 그룹에서 [도형]을 클릭하고 '기본 도형'의 [타원](○)을 클릭하세요.

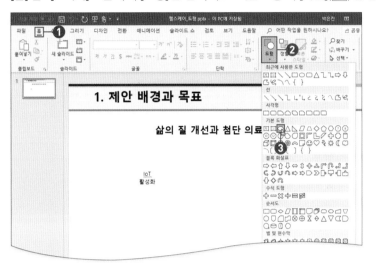

Tip

컴퓨터 해상도에 따라 리본 메뉴에 🖿 대신 🖿🖿🖿 와 같이 나타날 수 있어요. 이 경우에는 [자세히] 단추(▾)를 클릭하고 [타원](○)을 선택하세요.

2 마우스 포인터가 + 모양으로 바뀌면 **Shift**를 누른 채 'IoT 활성화' 위에서 대각선으로 드래그하여 정원을 그리세요. [홈] 탭-[그리기] 그룹에서 [정렬]-[맨 뒤로 보내기]를 선택하면 정원이 맨 뒤로 보내지면서 텍스트가 맨 앞으로 나옵니다.

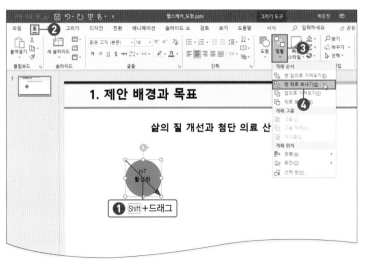

Tip

도형을 그릴 때 **Shift**를 누르면 정원, 정사각형, 정삼각형, 수평선, 수직선과 같이 정형 도형을 그릴 수 있어요.

2010 | 2013 | 2016 | 2019 | OFFICE 365

실무
예제 | **02** | **균형 있게 도형 배치하고 그룹화하기**

◎ **예제파일** : 헬스케어_맞춤.pptx ◎ **결과파일** : 헬스케어_맞춤_완성.pptx

1 원 안의 텍스트와 원이 모두 포함되도록 드래그하여 선택하고 [홈] 탭-[그리기] 그룹에서 [정렬]
을 클릭한 후 '개체 위치'의 [맞춤]-[가운데 맞춤]을 선택하세요. 원과 텍스트를 함께 선택한 상태
에서 [홈] 탭-[그리기] 그룹의 [정렬]을 클릭하고 [맞춤]-[중간 맞춤]을 선택하면 텍스트 상자와 도
형이 균형 있게 정렬됩니다.

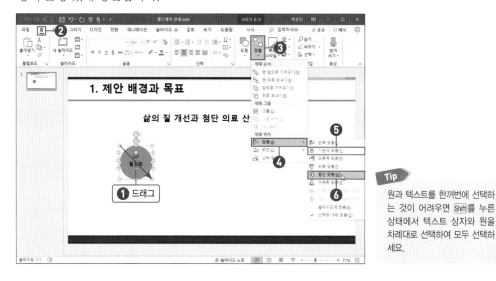

Tip

원과 텍스트를 한꺼번에 선택하
는 것이 어려우면 Shift를 누른
상태에서 텍스트 상자와 원을
차례대로 선택하여 모두 선택하
세요.

2 이번에는 원과 텍스트를 하나의 그룹으로 만들어 볼까요? 원과 텍스트를 함께 선택한 상태에
서 [홈] 탭-[그리기] 그룹의 [정렬]을 클릭하고 '개체 그룹'의 [그룹]을 선택하여 따로 떨어진 두 개
의 개체를 하나로 묶으세요.

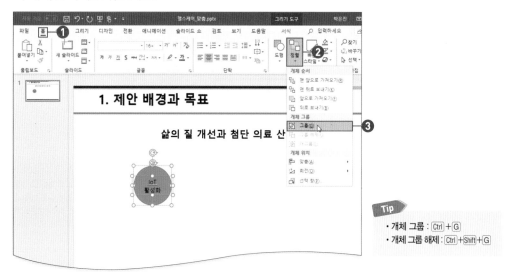

Tip

• 개체 그룹 : Ctrl + G
• 개체 그룹 해제 : Ctrl + Shift + G

2010 | 2013 | 2016 | 2019 | OFFICE 365

실무 예제 03 스마트 가이드로 정확하게 도형 배치하기

⟫ **예제파일** : 헬스케어_복사.pptx ⟫ **결과파일** : 헬스케어_복사_완성.pptx

1 원을 선택하고 Ctrl + Shift 를 누른 상태에서 오른쪽으로 드래그하여 수평 복사하세요. Ctrl + Shift 를 누른 상태에서 오른쪽으로 한 번 더 드래그하면 개체가 균등한 간격으로 배치되었다는 것을 알려주는 화살표 모양의 스마트 가이드(◀---▶)가 나타납니다. 이 상태에서 마우스 단추에서 손을 떼어 복사할 위치를 결정하세요.

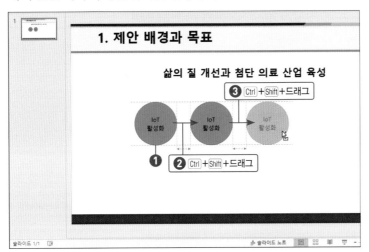

Tip
• 복사 : Ctrl + 드래그
• 수평/수직 이동 : Shift + 드래그
• 수평/수직 복사 : Ctrl + Shift + 드래그

2 이와 같은 방법으로 네 개의 원을 균등한 간격으로 복사하여 배치해 보세요.

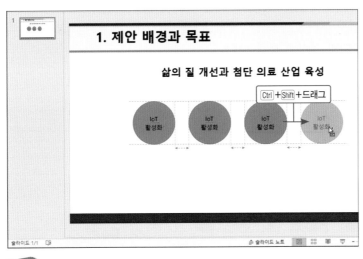

Tip
◀---▶는 스마트 가이드로, 한 개의 슬라이드에 두 개 이상의 개체가 있을 때 개체를 선택하여 움직이면 점선 또는 점선 화살표 모양으로 나타납니다. 만약 화면에 스마트 가이드가 나타나지 않으면 슬라이드에서 마우스 오른쪽 단추를 눌러 [눈금 및 안내선]-[스마트 가이드]를 선택하세요. 스마트 가이드는 파워포인트 2013 버전부터 제공되는 기능이고, 수평 복사 기능은 파워포인트 2010 버전에서도 사용할 수 있어요.

실무
예제 **04** 도형에 색 채우고 윤곽선 변경하기

◉ **예제파일** : 헬스케어_채우기.pptx ◉ **결과파일** : 헬스케어_채우기_완성.pptx

1 파워포인트에서 제공하는 도형의 빠른 스타일이 마음이 들지 않는다면 서식을 직접 적용할 수 있어요. 첫 번째 원을 선택하고 Shift 를 누른 상태에서 나머지 세 개의 원을 차례대로 클릭하여 모두 선택하세요. [홈] 탭-[그리기] 그룹에서 [도형 채우기]의 내림 단추(▾)를 클릭하고 '테마 색'의 [주황, 강조 2]를 선택하세요.

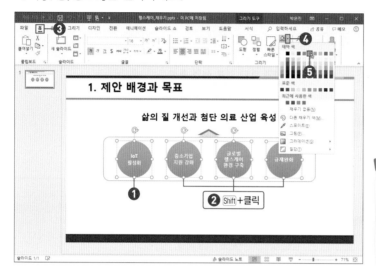

> **Tip**
> 도형은 '테마 색'과 '표준 색' 외에 [다른 채우기 색], [스포이트], [그림], [그라데이션], [질감] 등으로 채울 수 있어요. 도형 채우기를 없애려면 [채우기 없음]을 선택하세요.

2 [홈] 탭-[그리기] 그룹에서 [도형 윤곽선]의 내림 단추(▾)를 클릭하고 '테마 색'의 [황금색, 강조 4]를 선택하세요. 도형 윤곽선의 두께를 설정하기 위해 [홈] 탭-[그리기] 그룹에서 [도형 윤곽선]의 내림 단추(▾)를 클릭하고 [두께]-[6pt]를 선택하세요.

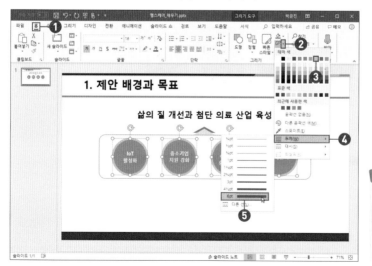

> **Tip**
> 도형의 윤곽선에 점선이나 화살표를 설정하려면 [도형 윤곽선]에서 [대시] 또는 [화살표]를 선택하세요. 윤곽선을 없애려면 [윤곽선 없음]을 선택하세요.

실무 예제 **05** 도형의 모양 변경하기

● **예제파일** : 헬스케어_모양.pptx　● **결과파일** : 헬스케어_모양_완성.pptx

1 Shift를 이용해서 화면의 아래쪽에 있는 세 개의 검은색 사각형을 차례대로 클릭하여 모두 선택하세요. 리본 메뉴에 [그리기 도구]가 나타나면 [서식] 탭-[도형 삽입] 그룹에서 [도형 편집]-[도형 모양 변경]을 선택한 후 '사각형'의 [사각형: 둥근 위쪽 모서리](□)를 선택하세요.

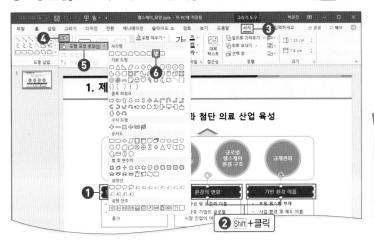

> **Tip**
>
> 슬라이드에 삽입된 도형을 선택하면 리본 메뉴에 새로운 [그리기 도구]가 나타납니다. 도형 개체의 서식은 [그리기 도구]의 [서식] 탭에서 설정하세요.

2 검은색 사각형이 양쪽 모서리가 둥근 사각형으로 변경되었는지 확인해 보세요.

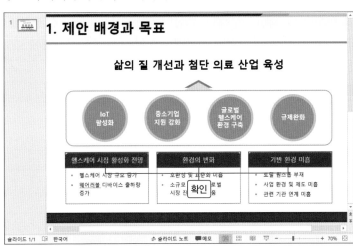

> **Tip**
>
> '도형 모양 변경'은 이미 입력한 텍스트를 그대로 유지하면서 도형의 모양만 변경하는 기능입니다. 이 기능은 슬라이드 내용의 틀을 흔들지 않으면서 빠르게 도형만 바꿀 수 있어서 매우 유용해요.

잠깐만요 **도형의 크기, 회전, 모양 조정 핸들 살펴보기**

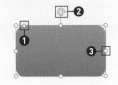

❶ **모양 조정 핸들**(◇) : 도형의 모양을 변경할 수 있어요. '모서리가 둥근 사각형'의 경우 모서리를 둥글게 만들 수 있어요.

❷ **회전 핸들**(↻) : 도형을 회전시킬 수 있는 핸들이에요.

❸ **크기 조정 핸들**(○) : 도형의 크기를 조절하는 핸들로, 도형마다 여덟 개씩 있어요.

실무 예제 06 그림자 효과로 입체감과 원근감 표현하기

◉ **예제파일** : 헬스케어_그림자.pptx　　◉ **결과파일** : 헬스케어_그림자_완성.pptx

1 그림자 효과를 적용할 흰색 모서리가 둥근 직사각형을 선택하세요. [홈] 탭-[그리기] 그룹에서 [도형 효과]-[그림자]를 선택한 후 '안쪽'의 [안쪽: 가운데]를 선택하세요.

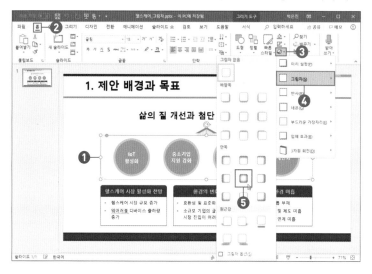

2 Shift를 이용해서 화면의 아래쪽에 있는 세 개의 흰색 사각형을 차례대로 클릭하여 모두 선택하세요. [홈] 탭-[그리기] 그룹에서 [도형 효과]-[그림자]를 선택하고 '원근감'의 [원근감: 대각선 오른쪽 위]를 선택한 후 모서리가 둥근 직사각형과 화면의 아래쪽에 있는 세 개의 사각형에 모두 입체감과 원근감이 표현된 그림자가 적용되었는지 확인해 보세요.

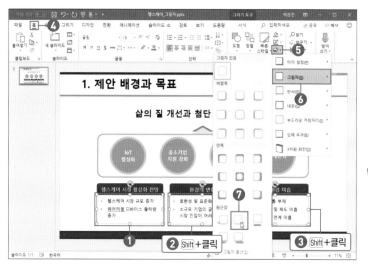

Tip

[홈] 탭-[그리기] 그룹에서 [도형 효과]를 클릭하고 [그림자]-[그림자 옵션]을 선택하면 사용자가 원하는 그림자를 직접 설정할 수 있어요.

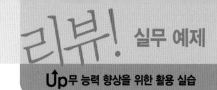

1 | 도형 그룹화하고 스마트 가이드로 균형 있게 배치하기

🔵 **예제파일** : 실행전략.pptx 🔵 **결과파일** : 실행전략_완성.pptx

화면의 왼쪽 아래에 있는 도형들을 하나의 그룹으로 묶어보세요. 스마트 가이드를 활용하여 일정한 간격
으로 수평 복사한 후 각 도형들의 내용을 수정해 보세요.

Hint ① 화면의 아래쪽에 있는 도형들을 모두 선택하고 [Ctrl]+[G]를 눌러 그룹화하세요.
② [Ctrl]+[Shift]를 누른 상태에서 오른쪽으로 드래그하여 도형을 수평으로 복사하세요.
③ 한 번 더 [Ctrl]+[Shift]를 누른 상태에서 오른쪽으로 드래그하여 도형을 수평으로 복사하고 스마트 가이드가 표
시되면 왼쪽 도형과 같은 간격으로 간격을 띄워 배치하세요.
④ 복사한 도형에 적절한 내용을 수정하여 입력하세요.

2 | 도형에 그림자 지정하고 도형의 모양 변경하기

🔵 **예제파일** : 추진전략.pptx 🔵 **결과파일** : 추진전략_완성.pptx

화면의 왼쪽에 있는 파란색 원에 '안쪽 대각선 왼쪽 위' 그림자를 적용하고 검은색 사각형은 '사각형: 둥
근 대각선 방향 모서리' 모양으로 변경해 보세요.

Hint ① 파란색 원들을 모두 선택하고 [홈] 탭-[그리기] 그룹에서 [도형 효과]-[그림자]를 선택하세요.
② 검은색 사각형들을 모두 선택하고 [그리기 도구]의 [서식] 탭-[도형 삽입] 그룹에서 [도형 편집]-[도형 모양
변경]을 선택하여 변경할 도형을 선택하세요.
③ 도형의 모양 조정 핸들(🔘)을 이용하여 도형의 모서리를 둥글게 변경하세요.

02 스마트아트 그래픽으로 도해 슬라이드 디자인하기

도형을 이용하여 도해를 만들면 텍스트보다 내용을 더욱 직관적으로 전달할 수 있어요. 하지만 파워포인트의 스마트아트 그래픽을 사용하면 도해보다 더 효율적으로 내용을 전달할 수 있습니다. 내용 전달 목적에 맞게 디자인된 스마트아트 그래픽을 사용자의 필요에 따라 선택하고 텍스트만 입력하면 전문가처럼 고품질 프레젠테이션을 만들 수 있어요. 이번 섹션에서는 자신의 메시지를 가장 잘 표현할 수 있는 스마트아트 그래픽을 완성하기 위해 다양한 형식의 레이아웃을 적용하는 방법에 대해 배워봅니다.

> **PREVIEW**

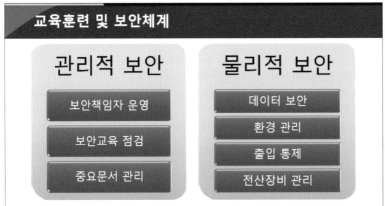

▲ 그룹화된 목록형 스마트아트 그래픽 삽입하기

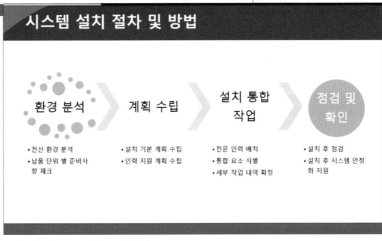

▲ 텍스트를 스마트아트 그래픽으로 변환하기

> **섹션별 주요 내용**

01 | 스마트아트 그래픽 삽입하고 레이아웃 변경하기   02 | 스마트아트 그래픽의 색과 스타일 변경하기
03 | 텍스트를 스마트아트 그래픽으로 변경하기   04 | 스마트아트 그래픽을 텍스트로 변경하기

2010 | 2013 | 2016 | 2019 | OFFICE 365

실무
예제 **01** 스마트아트 그래픽 삽입하고 레이아웃 변경하기

◎ **예제파일** : 보안.pptx ◎ **결과파일** : 보안_완성.pptx

1 스마트아트 그래픽을 삽입하기 위해 내용 개체 틀에서 [SmartArt 그래픽 삽입] 단추(📄)를 클릭하세요.

> **Tip**
>
> [삽입] 탭-[일러스트레이션] 그룹에서 [SmartArt]를 클릭해도 [SmartArt 그래픽 선택] 대화상자를 열 수 있어요.

2 [SmartArt 그래픽 선택] 대화상자가 열리면 [목록형]에서 [사각형 강조 목록형]을 선택하고 [확인]을 클릭하세요.

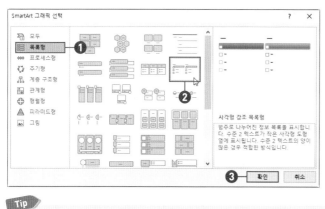

> **Tip**
>
> 슬라이드에 스마트아트 그래픽이 삽입되면 리본 메뉴에 [SmartArt 도구]의 [디자인] 탭과 [서식] 탭이 나타나요.

3 사각형 강조 목록형 모양의 스마트아트 그래픽이 삽입되었는지 확인해 보세요.

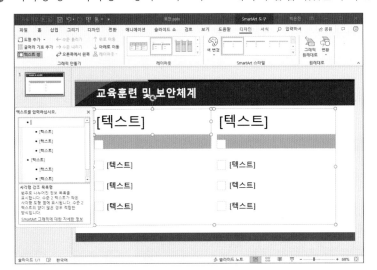

Tip

화면의 왼쪽에 텍스트 창이 열리지 않는다면 [SmartArt 도구]의 [디자인] 탭-[그래픽 만들기] 그룹에서 [텍스트 창]을 클릭하거나 스마트아트 그래픽의 왼쪽에 있는 ◁ 단추를 클릭하세요.

4 화면의 왼쪽에 있는 텍스트 창에 다음과 같이 입력하고 [닫기] 단추(×)를 클릭하세요.

관리적 보안, 보안책임자 운영, 보안교육 점검, 중요문서 관리
물리적 보안, 데이터 보안, 환경 관리, 출입 통제, 전산장비 관리

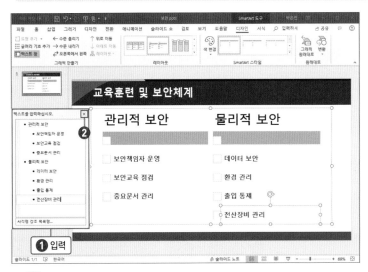

Tip

텍스트 창에 직접 텍스트를 입력하지 않고 스마트아트 그래픽을 하나씩 선택한 후 직접 입력할 수도 있어요. 텍스트 입력이 끝나면 텍스트 창을 닫아도 됩니다.

5 이번에는 삽입한 스마트아트 그래픽의 레이아웃을 다른 모양으로 변경해 볼게요. [SmartArt 도구]의 [디자인] 탭-[레이아웃] 그룹에서 [자세히] 단추(▽)를 클릭하고 [기타 레이아웃]을 선택하세요.

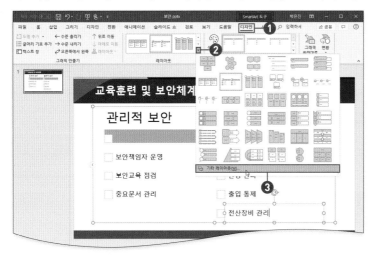

6 [SmartArt 그래픽 선택] 대화상자가 열리면 [관계형]에서 [그룹화된 목록형]을 선택하고 [확인]을 클릭하세요.

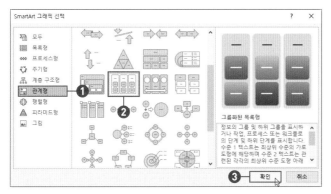

> **Tip**
> 스마트아트 그래픽을 삽입한 후에도 레이아웃의 모양을 변경할 수 있어요.

7 그룹화된 목록형 모양의 스마트아트 그래픽으로 변경되었는지 확인해 보세요.

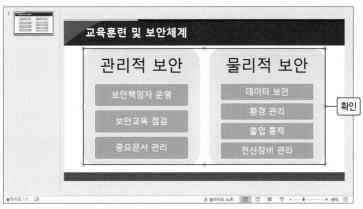

문서작성

텍스트

도형/도해

그림/표/차트

오디오/비디오

애니메이션

슬라이드쇼

템플릿디자인

저장/인쇄

실무 예제 | 02 스마트아트 그래픽의 색과 스타일 변경하기

◈ **예제파일** : 보안_스타일.pptx   ◈ **결과파일** : 보안_스타일_완성.pptx

1   색을 변경할 스마트아트 그래픽을 선택하세요. [SmartArt 도구]의 [디자인] 탭─[SmartArt 스타일] 그룹에서 [색 변경]을 클릭하고 '기본 테마 색'의 [어두운 색 2 채우기]를 선택하세요.

2   스마트아트 그래픽의 스타일을 변경하기 위해 [SmartArt 도구]의 [디자인] 탭─[SmartArt 스타일] 그룹에서 [자세히] 단추(▾)를 클릭하고 '3차원'의 [광택 처리]를 선택하세요.

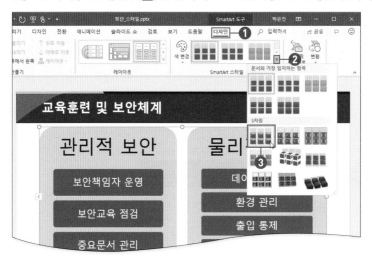

잠깐만요   **스마트아트 그래픽을 도형으로 변경하기**

스마트아트 그래픽을 이용하면 복잡하거나 만들기 어려운 도형도 쉽고 빠르게 만들 수 있어요. 스마트아트 그래픽을 선택하고 [SmartArt 도구]의 [디자인] 탭─[원래대로] 그룹에서 [변환]─[도형으로 변환]을 선택하면 스마트아트 그래픽이 곧바로 도형으로 변경됩니다. 도형으로 변경되면 다시 스마트아트 그래픽으로 되돌릴 수 없어요.

텍스트를 스마트아트 그래픽으로 변경하기

● **예제파일** : 보안_변환.pptx   ● **결과파일** : 보안_변환_완성.pptx

1 이미 입력한 텍스트도 스마트아트 그래픽으로 간단하게 변환할 수 있어요. 내용 개체 틀을 선택하고 [홈] 탭-[단락] 그룹에서 [SmartArt 그래픽으로 변환]-[기타 SmartArt 그래픽]을 선택하세요. [SmartArt 그래픽 선택] 대화상자가 열리면 [프로세스형]에서 [무작위 결과 프로세스형]을 선택하고 [확인]을 클릭하세요.

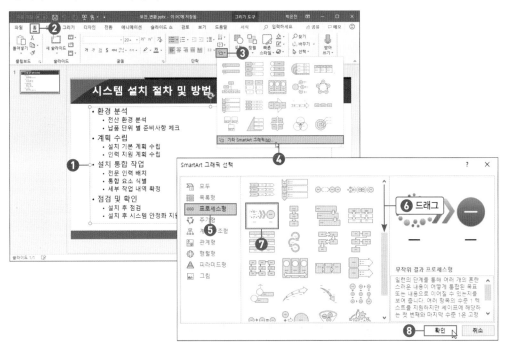

2 텍스트가 스마트아트 그래픽으로 변환되었는지 확인해 보세요.

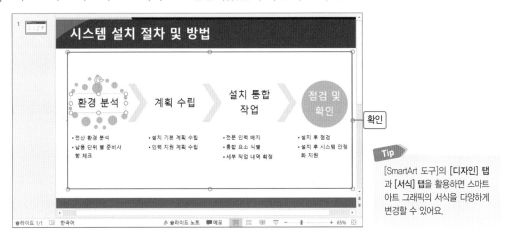

> **Tip**
> [SmartArt 도구]의 [디자인] 탭과 [서식] 탭을 활용하면 스마트아트 그래픽의 서식을 다양하게 변경할 수 있어요.

실무 예제 **04** 스마트아트 그래픽을 텍스트로 변경하기

◈ 예제파일 : 보안_텍스트로변환.pptx　◈ 결과파일 : 보안_텍스트로변환_완성.pptx

1 내용 개체 틀을 선택하고 [SmartArt 도구]의 [디자인] 탭-[원래대로] 그룹에서 [변환]-[텍스트로 변환]을 선택하세요.

> **Tip**
>
> [디자인] 탭-[원래대로] 그룹에서 [변환]-[도형으로 변환]을 선택하면 스마트 그래픽을 도형으로 변경할 수 있어요.

2 스마트아트 그래픽 개체가 텍스트로 변환되었는지 확인해 보세요.

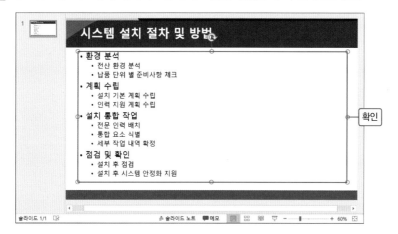

1 | 텍스트를 스마트아트 그래픽으로 변경하고 색 지정하기

🔵 **예제파일** : 회사소개_인재상.pptx 🔵 **결과파일** : 회사소개_인재상_완성.pptx

텍스트를 스마트아트 그래픽으로 변경하고 색을 지정하여 도해 슬라이드를 완성해 보세요.

> • **종류** : 행렬형 – 기본 행렬형　　　　• **색 변경** : 색상형 범위 – 강조색 5 또는 6

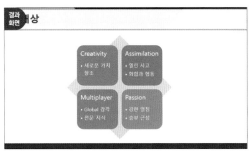

Hint ① 내용 개체 틀을 선택하고 [홈] 탭–[단락] 그룹에서 [SmartArt 그래픽으로 변환]–[기본 행렬형]을 선택하세요.

② [SmartArt 도구]의 [디자인] 탭–[SmartArt 스타일] 그룹에서 [색 변경]을 클릭하고 '색상형'의 [색상형 범위 – 강조색 5 또는 6]을 선택하세요.

2 | 스마트아트 그래픽의 레이아웃과 스타일 변경하기

🔵 **예제파일** : 회사소개_목차.pptx 🔵 **결과파일** : 회사소개_목차_완성.pptx

'회사 소개' 문서의 목차 레이아웃과 스마트아트 그래픽의 스타일을 변경해 보세요.

> • **레이아웃** : 세로 곡선 목록형　　　　• **스타일** : 강한 효과

Hint ① 스마트아트 그래픽을 선택하고 [SmartArt 그래픽] 도구의 [디자인] 탭–[레이아웃] 그룹에서 [자세히] 단추(▽)를 클릭한 후 [기타 레이아웃]을 선택하세요.

② [SmartArt 그래픽 선택] 대화상자에서 [목록형]의 [세로 곡선 목록형]을 선택하세요.

③ [SmartArt 그래픽] 도구의 [디자인] 탭–[SmartArt 스타일] 그룹에서 [강한 효과]를 선택하세요.

이미지 이용해 고품질 프레젠테이션 작성하기

프레젠테이션 주제와 연관된 이미지를 활용하면 내용을 표현할 때 매우 유용합니다. 특히 파워포인트 2019에서는 이미지에 적용할 수 있는 다양한 서식과 효과를 제공하기 때문에 별도의 그래픽 프로그램을 활용하지 않아도 이미지를 변환하고 수정할 수 있어요. 이번 섹션에서는 이미지를 삽입하고 효과를 적용하는 다양한 방법을 익힐 뿐만 아니라 그림에서 필요 없는 부분을 자르고 꾸미는 과정도 학습해 보겠습니다.

> PREVIEW

▲ 그림 모양 변경하고 배경 제거하기

▲ 그림 보정하고 효과 적용하기

> **섹션별 주요 내용**

01 | 그림 삽입하고 간격과 줄 맞추기   02 | 그림의 모양 변경하고 효과 지정하기   03 | 투명하게 그림 배경 지정하기
04 | 희미하고 어두운 그림 선명하게 보정하기   05 | 그림에서 필요 없는 부분 자르고 꾸미기

실무 예제 | 01 그림 삽입하고 간격과 줄 맞추기

◎ 예제파일 : 관광지_그림삽입.pptx   ◎ 결과파일 : 관광지_그림삽입_완성.pptx

1 [삽입] 탭-[이미지] 그룹에서 [그림]을 클릭하세요. [그림 삽입] 대화상자가 열리면 (Shift)를 이용해서 부록 실습 파일 중 '그림1.jpg', '그림2.jpg', '그림3.jpg', '그림4.jpg' 파일들을 차례대로 클릭하여 모두 선택하고 [삽입]을 클릭하세요.

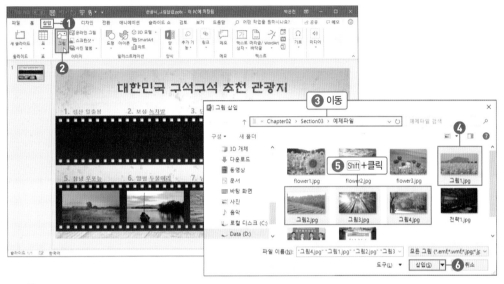

> **Tip**
>
> 삽입한 그림이 일정한 크기(200×200픽셀)보다 큰 경우에는 화면의 오른쪽에 [디자인 아이디어] 창이 열려요. [디자인 아이디어] 창에 원하는 모양이 있다면 선택하여 빠르게 적용해 보세요.

2 필름의 위에 4개의 그림이 삽입되면 간격과 줄을 맞춰서 배치해 보세요. 이때 59쪽에서 배운 '스마트 가이드' 기능을 활용하면 쉽게 그림의 간격과 줄을 맞출 수 있어요.

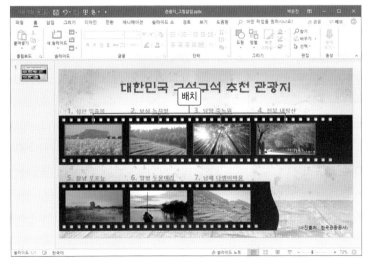

> **Tip**
>
> 삽입한 그림을 선택하면 리본 메뉴에 [그림 도구]가 나타나요. [삽입] 탭-[이미지] 그룹에서 [그림]은 내 컴퓨터나 로컬 네트워크에서 그림을 삽입할 때, [온라인 그림]은 온라인 소스에서 그림을 삽입할 때 사용해요.

2010 | 2013 | 2016 | 2019 | OFFICE 365

실무
예제 | **02**

그림의 모양 변경하고 효과 지정하기

⬗ **예제파일** : 관광지_모양.pptx　　⬗ **결과파일** : 관광지_모양_완성.pptx

1 Shift를 이용해서 일곱 개의 그림을 차례대로 클릭하여 모두 선택하세요. [그림 도구]의 [서식] 탭-[크기] 그룹에서 [자르기]의 자르기을 클릭하고 [도형에 맞춰 자르기]를 선택한 후 '사각형'의 [사각형: 둥근 모서리](▢)를 선택하세요.

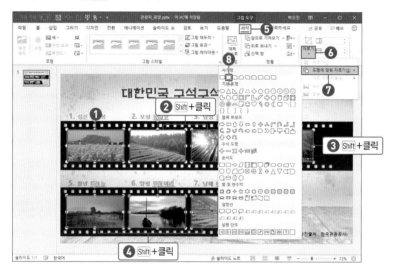

2 선택한 그림의 모서리가 둥근 직사각형 모양으로 변경되었는지 확인해 보세요. 모든 그림을 선택한 상태에서 [그림 도구]의 [서식] 탭-[그림 스타일] 그룹에서 [그림 효과]-[그림자]를 선택한 후 '안쪽'의 [안쪽: 가운데]를 선택하세요.

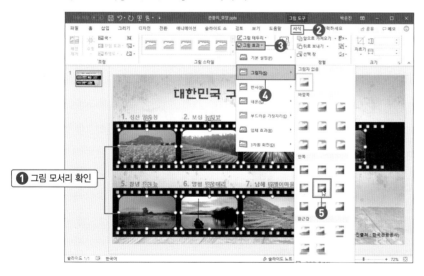

3 그림의 안쪽에 그림자가 적용되었는지 확인해 보세요.

확인

잠깐만요 **도형 안에 그림 넣고 모양 변경하기**

도형 안에 그림을 채우거나 그림의 모양을 변경할 때는 다음의 방법을 이용할 수 있습니다.

방법 1 도형 그리고 그림으로 채우기

도형을 그리고 [홈] 탭-[그리기] 그룹에서 [도형 채우기]를 클릭한 후 도형 채우기에 사용할 [그림]을 선택하세요. 이 그림을 선택하면 리본 메뉴에 [그리기 도구]와 [그림 도구]가 함께 나타납니다.

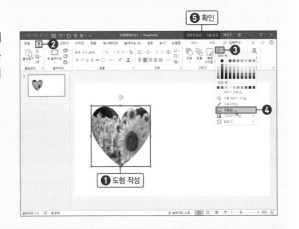

❺ 확인

❶ 도형 작성

방법 2 그림 삽입하고 도형 모양으로 자르기

그림을 삽입하고 [그림 도구]의 [서식] 탭-[크기] 그룹에서 [자르기]의 자르기를 클릭한 후 [도형에 맞춰 자르기]를 선택하세요. 이 그림을 선택하면 리본 메뉴에 [그림] 도구만 나타납니다.

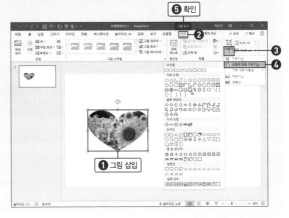

❺ 확인

❶ 그림 삽입

75

2010 | 2013 | 2016 | 2019 | OFFICE 365

실무
예제 **03** 투명하게 그림 배경 지정하기

◎ **예제파일** : 관광지_투명.pptx   ◎ **결과파일** : 관광지_투명_완성.pptx

1 화면의 오른쪽 위에 위치한 로고를 선택하고 [그림 도구]의 [서식] 탭-[조정] 그룹에서 [색]-[투명한 색 설정]을 선택하세요. 마우스 포인터가 🖉 모양으로 바뀌면 선택한 로고 그림에서 흰색 부분을 클릭하여 로고를 투명하게 만들어보세요.

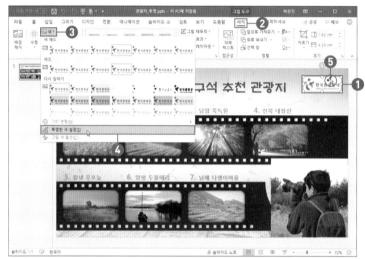

> **Tip**
>
> [**투명한 색 설정**]은 흰색 배경이 있는 로고의 배경을 투명하게 만들기 위해 많이 사용하는 기능이지만, 흰색이 아니어도 가능합니다.

2 배경색에 여러 가지 색이 섞여있는 경우에도 투명하게 만들 수 있어요. 화면의 오른쪽 아래에 있는 그림을 선택하고 [그림 도구]의 [서식] 탭-[조정] 그룹에서 [배경 제거]를 클릭하세요.

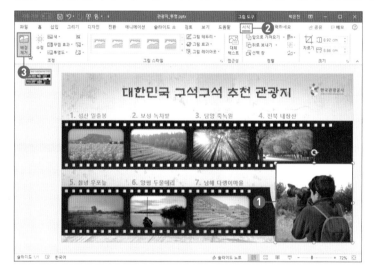

3 선택한 그림에서 진분홍색 부분은 투명하게 처리되는 부분인데, 그림이 나타나야 할 부분까지 자동으로 투명 처리되어 있으므로 이 부분을 표시해 볼게요. [그림 도구]의 **[배경 제거]탭-[미세 조정]** 그룹에서 **[보관할 영역 표시]**를 클릭하세요.

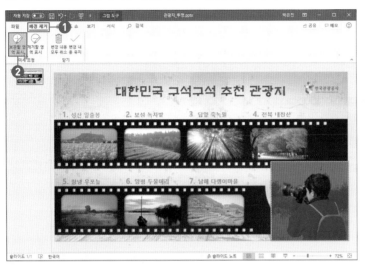

4 마우스 포인터가 ✏ 모양으로 바뀌면 원하는 그림이 될 때까지 투명 처리된 옷과 가방 영역을 여러 번 드래그하여 보관할 영역으로 설정하세요.

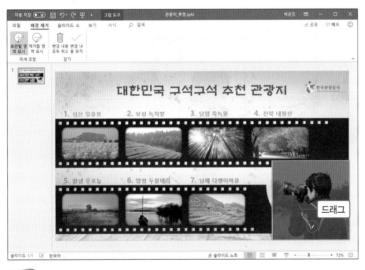

> **Tip**
>
> 보기 비율을 확대하면 좀 더 세밀하게 작업할 수 있어요. [배경 제거] 탭-[미세 조정] 그룹에서 투명 처리할 부분은 [제거할 영역 표시]를, 나타내야 할 부분은 [보관할 영역 표시]를 선택하세요.

5 투명하게 처리할 부분을 모두 설정했으면 그림의 바깥쪽 부분을 클릭하거나 [그림 도구]의 [배경 제거] 탭-[닫기] 그룹에서 [변경 내용 유지]를 클릭하세요.

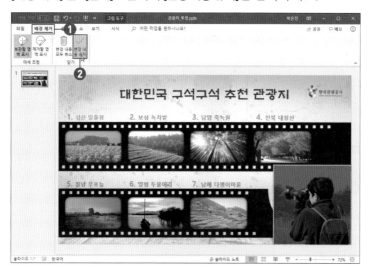

6 화면의 오른쪽 아래에 있는 그림의 배경이 투명하게 처리되었는지 확인해 보세요.

확인

잠깐만요 | **슬라이드의 그림을 별도의 그림 파일로 저장하기**

그림에 서식을 지정하거나 자른 후 별도의 그림 파일
로 저장할 수 있어요. 그림을 선택하고 마우스 오른
쪽 단추를 눌러 [그림으로 저장]을 선택하세요.

① 오른쪽 클릭

희미하고 어두운 그림 선명하게 보정하기

⊙ **예제파일** : 전략_보정.pptx ⊙ **결과파일** : 전략_보정_완성.pptx

1 희미하고 어두워 보이는 두 번째 그림을 선택하고 [그림 도구]의 [서식] 탭-[조정] 그룹에서 [수정]을 클릭한 후 '밝기/대비'의 [밝기: +40% 대비: 0% (표준)]을 선택하세요. 다시 [수정]을 클릭하고 '선명도 조절'의 [선명하게: 50%]를 선택하세요.

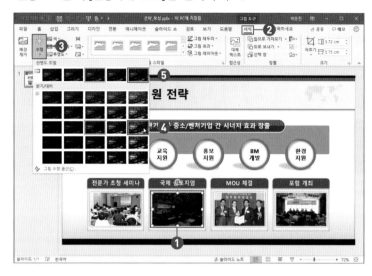

2 두 번째 그림을 선택한 상태에서 [그림 도구]의 [서식] 탭-[조정] 그룹에서 [색]을 클릭하고 '색 채도'의 [채도: 200%]를 선택하여 선명하고 밝게 보정하세요.

Tip

그림을 좀 더 세밀하게 보정하고 싶다면 [그림 도구]의 [서식] 탭-[조정] 그룹에서 [수정]-[그림 수정 옵션]을 선택하세요. 화면의 오른쪽에 [그림 서식] 창이 열리면 [그림](🖼)의 '그림 수정'에서 '선명도'와 '밝기', '대비' 등에 직접 수치 값을 입력하여 보정하세요.

실무예제 05 그림에서 필요 없는 부분 자르고 꾸미기

◎ **예제파일** : 전략_자르기.pptx ◎ **결과파일** : 전략_자르기_완성.pptx

1 화면의 아래쪽에 복사된 그림을 선택하고 세 번째 그림 위로 드래그하세요. 스마트 가이드가 표시되면 이것을 이용하여 정확하게 포개지도록 겹쳐보세요.

> **Tip**
>
> 스마트 가이드 대신 [홈] 탭–[그리기] 그룹에서 [정렬]을 클릭하고 '개체 위치'의 [맞춤]을 선택하여 그림이 포개지도록 맞출 수도 있어요.

2 세 번째 그림은 똑같은 그림이 두 장 겹쳐진 상태가 되었습니다. 위쪽 그림을 선택한 상태에서 그림의 일부분을 잘라내기 위해 [그림 도구]의 [서식] 탭–[크기] 그룹에서 [자르기]의 🗗를 클릭하세요.

3 잘라낼 그림의 테두리가 ㄱ 모양으로 변하면 대각선 아래로 드래그하여 악수하는 두 사람만 남도록 나머지 부분을 모두 잘라내고 Esc 를 눌러 자르기 상태를 해제하세요.

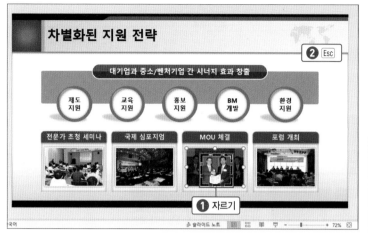

> **Tip**
>
> 그림을 자를 때 마우스 포인터의 모양이 ┣이면 한쪽 방향으로만 자를 수 있어요. 단 꼭짓점에서는 가로와 세로를 동시에 자를 수 있어요.

4 이번에는 자르지 않은 아래쪽 그림을 선택하고 [그림 도구]의 [서식] 탭-[조정] 그룹에서 [꾸밈 효과]-[흐리게]를 선택하세요.

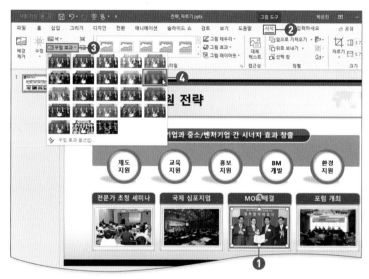

> **Tip**
>
> 두 개의 그림이 겹쳐져 있으므로 자른 후에도 잘 구분되지 않을 수 있어요. 이때 잘라낸 그림의 바깥쪽 부분을 클릭하면 아래쪽의 그림을 쉽게 선택할 수 있어요.

잠깐만요 **그림 압축하기**

프레젠테이션 문서를 저장할 때 그림에서 잘라낸 영역을 제외하고 저장하려면 [그림 도구]의 [서식] 탭-[조정] 그룹에서 [그림 압축]을 클릭하세요. [그림 압축] 대화상자가 열리면 '압축 옵션'의 [잘려진 그림 영역 삭제]에 체크하고 [확인]을 클릭하세요.

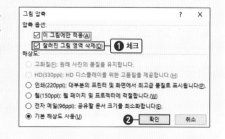

5 아래쪽 그림을 선택한 상태에서 [그림 도구]의 [서식] 탭-[조정] 그룹에서 [색]을 클릭하고 '다시 칠하기'의 [회색조]를 선택하세요.

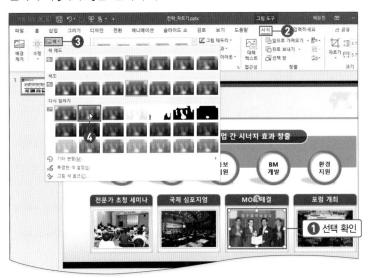

6 잘라낸 위쪽 그림에는 아무런 효과를 주지 않고 포개진 아래쪽 그림에만 '흐리게'와 '회색조' 효과를 적용했습니다. 악수하는 사람들이 훨씬 잘 보이게 그림이 꾸며졌는지 확인해 보세요.

잠깐만요 **그림 원래대로 되돌리기**

그림에 적용한 여러 가지 효과와 설정을 원래대로 되돌리고 싶다면 [그림 도구]의 [서식] 탭-[조정] 그룹에서 [그림 원래대로]를 클릭하세요.

❶ [그림 원래대로] : 그림에 대해 변경한 서식을 모두 취소해요.

❷ [그림 및 크기 다시 설정] : 그림의 서식과 크기를 모두 원래의 상태로 되돌려요.

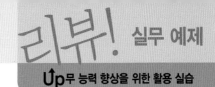

1 | 그림 삽입하고 그림자와 3차원 회전 효과 지정하기

📀 **예제파일** : 전시회.pptx 📀 **결과파일** : 전시회_완성.pptx

액자에 각각 꽃그림을 삽입하고 '안쪽 대각선 왼쪽 위' 그림자를 적용해 보세요. 1번 그림과 3번 그림에 각각 '원근감(오른쪽)', '원근감(왼쪽)' 3차원 회전 효과를 적용해 보세요.

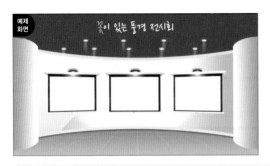 

Hint
① [삽입] 탭-[이미지] 그룹에서 [그림]을 클릭하고 부록 실습 파일 중 'flower1.jpg', 'flower2.jpg', 'flower3.jpg' 그림을 차례대로 삽입한 후 액자에 맞게 배치하세요.
② [그림 도구]의 [서식] 탭-[그림 스타일] 그룹에서 [그림 효과]를 클릭하고 [그림자]-[안쪽: 왼쪽 위]를 선택하세요.
③ 1번 그림과 3번 그림에 [그림 도구]의 [서식] 탭-[그림 스타일] 그룹에서 [그림 효과]를 클릭하고 [3차원 회전]에서 [원근감: 오른쪽], [원근감: 왼쪽]을 차례대로 적용하세요.

2 | 그림 복사하고 색 변경한 후 자르기

📀 **예제파일** : 웹툰.pptx 📀 **결과파일** : 웹툰_완성.pptx

마지막 그림들을 하나씩 복사하여 겹쳐놓은 상태에서 위쪽에 있는 그림의 크기는 자르고 아래쪽에 있는 그림에 [밝은 회색, 배경색 2, 밝게] 색상을 적용해 보세요.

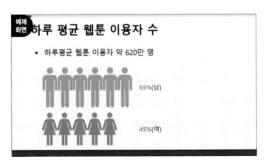 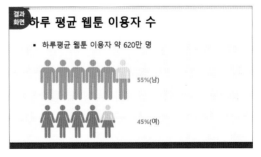

Hint
① 마지막 남자 그림을 선택하여 복사하고 두 개의 그림을 정확히 포개보세요.
② 포개진 두 개의 그림 중에서 위쪽 그림을 선택하고 [그림 도구]의 [서식] 탭-[크기] 그룹에서 [자르기]의 🔽를 클릭하여 아래쪽만 남도록 자르세요.
③ 자르지 않은 아래쪽 그림을 선택하고 [그림 도구]의 [서식] 탭-[조정] 그룹에서 [색]을 클릭한 후 [밝은 회색, 배경색 2, 밝게]로 변경하세요.
④ 남자 그림과 같은 방법으로 여자 그림을 복사하고 자른 후 색을 변경하세요.

Section

표와 차트로 전달력이 뛰어난 슬라이드 만들기

규칙적인 패턴으로 반복되는 데이터의 경우 표로 정리하면 데이터를 한눈에 쉽게 볼 수 있도록 깔끔하게 표현할 수 있어요. 또한 숫자로 표현해야 하는 데이터의 경우 표보다는 수치의 변화를 보여주는 차트를 사용해야 메시지를 훨씬 더 효과적으로 전달할 수 있습니다. 이번 섹션에서는 표와 차트를 이용하여 더욱 전달력 높은 슬라이드를 만들 수 있는 아주 쉽고 간단한 방법에 대해 배워봅니다.

> **PREVIEW**

지역별 자동차 수출 현황

구분	2018년	
	수출량	증감
미국	798	17.1%
동유럽	158	-23.5%
중동	558	3.8%
중남미	299	-13.2%

▲ 데이터 표로 정리하기

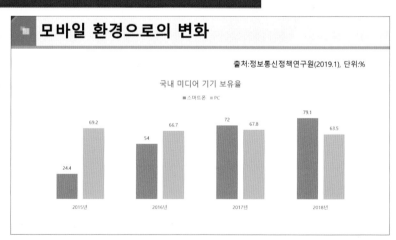

▲ 데이터를 비교해서 보여주는 차트 만들기

> 섹션별
> 주요 내용

01 표 삽입하고 텍스트 입력하기   **02** 표에 표 스타일 지정하기   **03** 표의 레이아웃 변경하기
04 표의 셀에 테두리와 그림자 효과 지정하기   **05** 차트 삽입하고 행/열 전환하기
06 차트 색 변경하고 빠른 레이아웃 지정하기

2010 | 2013 | 2016 | 2019 | OFFICE 365

실무
예제 | **01** **표 삽입하고 텍스트 입력하기**

◐ 예제파일 : 자동차.pptx　◐ 결과파일 : 자동차_완성.pptx

1 표를 삽입하기 위해 **[삽입] 탭-[표] 그룹**에서 **[표]**를 클릭하세요. 표의 행과 열을 의미하는 목록이 열리면 '3×6' 표 모양이 되도록 드래그하세요.

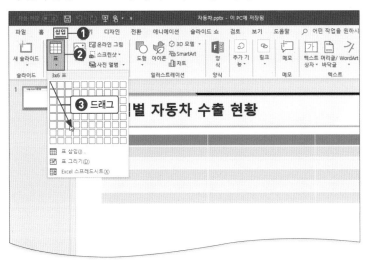

Tip

[삽입] 탭-[표] 그룹에서 **[표]-[표 삽입]**을 선택해 보세요. [표 삽입] 대화상자가 열리면 '열 개수'와 '행 개수'에 값을 입력해도 원하는 크기의 표를 만들 수 있어요.

2 3열 6행의 표가 삽입되면 첫 번째 셀에 『구분』을 입력하고 Tab 이나 → 를 눌러 다음 셀로 이동한 후 『2018년』을 입력하세요. 이와 같은 방법으로 다음의 그림과 같이 각 셀에 내용을 입력하세요.

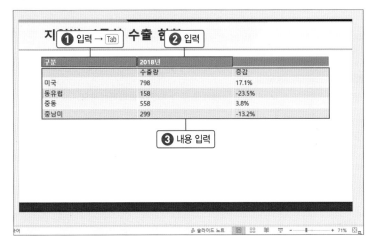

Tip

아래쪽 방향에 내용을 입력하려면 ↓ 를 눌러 이동하세요. 만약 표의 맨 마지막 셀에서 한 행을 추가하려면 Tab 을 누르세요.

문서작성

텍스트

도형/도해

그림/표/차트

오디오/비디오

애니메이션

슬라이드쇼

테마디자인

저장/인쇄

3 표 전체를 선택하고 [홈] 탭-[단락] 그룹에서 [가운데 맞춤]을 클릭하여 표 안의 내용을 모두 가운데 맞춤으로 정렬하세요.

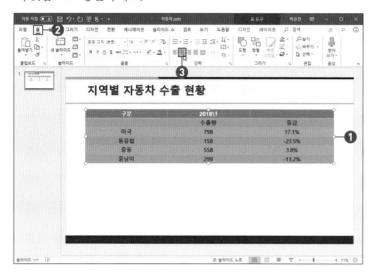

표를 작성하는 방법 살펴보기

많은 양의 데이터가 규칙적으로 반복되는 경우 표를 이용하면 내용을 깔끔하게 정리할 수 있어요. 표를 삽입하는 다음의 두 가지 방법 중 사용자 편의에 따라 선택해서 사용하세요.

방법1 [삽입] 탭-[표] 그룹에서 [표]를 클릭하고 행과 열 목록에서 원하는 행과 열의 수만큼 선택
방법2 '제목 및 내용' 슬라이드를 삽입하고 내용 개체 틀의 [표 삽입] 단추(▦) 클릭

▲ [삽입] 탭 - [표] 그룹에서 [표] 클릭해 표 작성하기   ▲ [표 삽입] 단추 클릭해 표 작성하기

실무 예제 | **02** | 표에 표 스타일 지정하기

🔹 **예제파일** : 자동차_스타일.pptx   🔹 **결과파일** : 자동차_스타일_완성.pptx

1 표를 선택하고 [표 도구]의 [디자인] 탭-[표 스타일 옵션] 그룹에서 [줄무늬 행]의 체크를 해제하세요. [디자인] 탭-[표 스타일] 그룹에서 [자세히] 단추(▾)를 클릭하고 '중간'의 [보통 스타일 2 - 강조 5]를 선택하세요.

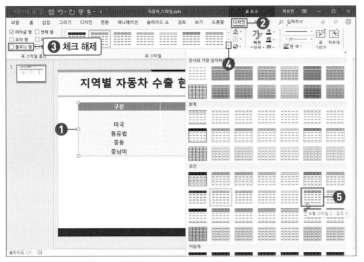

> **Tip**
>
> [표 도구]의 [디자인] 탭-[표 스타일 옵션] 그룹에서 체크하는 항목에 따라 [디자인] 탭-[표 스타일] 그룹에서 [자세히] 단추(▾)를 클릭했을 때 나타나는 미리 보기 서식이 달라집니다. 예를 들어 [줄무늬 행]의 체크를 해제하면 미리 보기 서식에서 줄무늬 모양의 서식이 모두 사라져요.

2 표에 '보통 스타일 2 - 강조 5' 스타일이 적용되었는지 확인해 보세요.

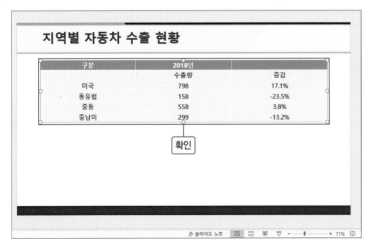

> **Tip**
>
> 표를 선택하면 리본 메뉴에 [표 도구]의 [디자인] 탭과 [레이아웃] 탭이 나타납니다.

실무 예제 **03** 표의 레이아웃 변경하기

◎ 예제파일 : 자동차_레이아웃.pptx   ◎ 결과파일 : 자동차_레이아웃_완성.pptx

1 표의 1행 1열과 2행 1열을 드래그하여 범위로 지정하고 [표 도구]의 **[레이아웃] 탭-[병합]** 그룹에서 **[셀 병합]**을 클릭하세요.

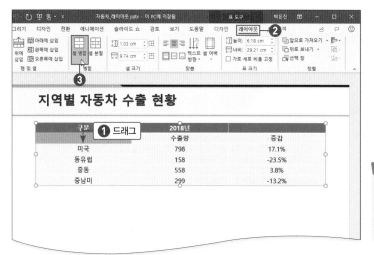

Tip
• **셀 병합** : 선택한 셀을 합쳐서 한 개의 셀로 병합
• **셀 분할** : 현재의 셀을 나눠서 여러 개의 셀로 분할

2 **1** 과정과 같은 방법으로 1행 2열과 1행 3열도 병합하세요. 표의 아래쪽에 있는 크기 조정 핸들 (○) 위에 마우스 포인터를 올려놓고 ↕ 모양으로 바뀌면 아래쪽으로 드래그하여 표의 높이를 높게 조정해 보세요.

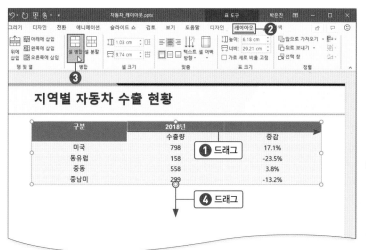

Tip
1행 2열과 1행 3열을 선택하고 F4 를 눌러 방금 전 실행한 **1** 과정의 작업을 반복할 수도 있어요.

3 표를 선택한 상태에서 [표 도구]의 [레이아웃] 탭-[맞춤] 그룹에서 [세로 가운데 맞춤]을 클릭하여 표 전체의 텍스트를 정렬하세요.

Tip

표 전체가 아닌 일부 셀의 속성만 조절할 때는 셀을 드래그하여 범위로 지정한 후에 조절하세요.

잠깐만요 **셀의 여백 설정하기**

셀에 입력된 내용의 양에 따라 셀 여백을 조정해야 할 필요가 있어요. [표 도구]의 [레이아웃] 탭-[맞춤] 그룹에서 [셀 여백]을 클릭하면 [보통], [없음], [좁게], [넓게] 등의 미리 설정된 여백을 간편하게 설정할 수 있어요. 이때 [사용자 여백 지정]을 선택하면 사용자가 여백 값을 직접 설정할 수 있어요.

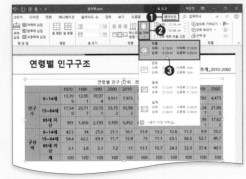

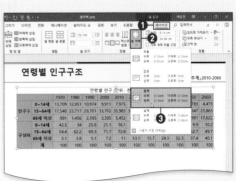

▲ 셀 여백을 [보통]으로 지정하기　　　　▲ 셀 여백을 [좁게] 지정하기

실무
예제 | **04** | **표의 셀에 테두리와 그림자 효과 지정하기**

◉ **예제파일** : 자동차_디자인.pptx ◉ **결과파일** : 자동차_디자인_완성.pptx

1 셀의 색을 변경하기 위해 3행 1열부터 마지막 행까지 드래그하여 범위로 지정하세요. [표 도구]의 [디자인] 탭-[표 스타일] 그룹에서 [음영]의 내림 단추(⌄)를 클릭하고 '테마 색'의 [파랑, 강조 5, 60% 더 밝게]를 선택하세요.

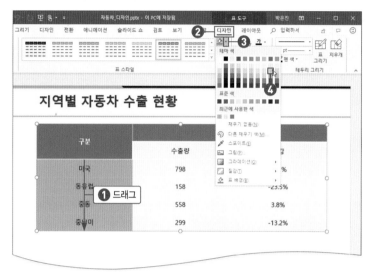

2 2행 2열과 2행 3열을 드래그하여 범위로 지정하고 [표 도구]의 [디자인] 탭-[표 스타일] 그룹에서 [음영]의 내림 단추(⌄)를 클릭한 후 '테마 색'의 [파랑, 강조 5, 80% 더 밝게]를 선택하세요. 이와 같은 방법으로 표에서 숫자가 입력된 부분을 모두 범위로 지정하고 [흰색, 배경 1]을 음영 색으로 지정하세요.

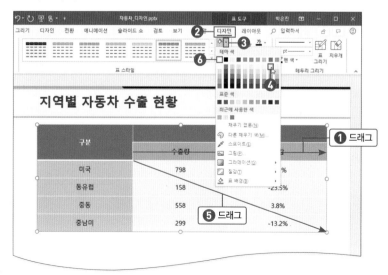

3 표의 셀 테두리를 변경하기 위해 표를 선택하고 [표 도구]의 [디자인] 탭-[테두리 그리기] 그룹에서 [펜 두께]를 [0.75pt]로 지정하세요.

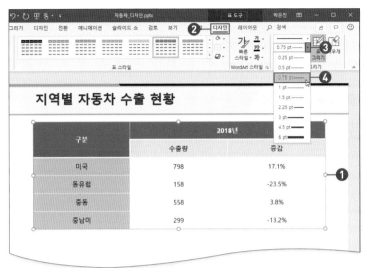

4 표를 선택한 상태에서 [표 도구]의 [디자인] 탭-[테두리 그리기] 그룹에서 [펜 색]을 클릭하고 '테마색'의 [파랑, 강조 5, 50% 더 어둡게]를 선택하세요.

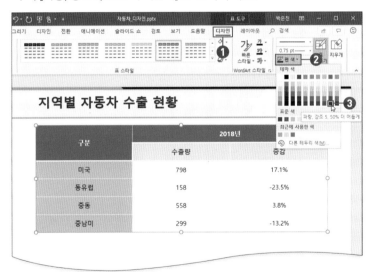

Tip

셀의 일부 테두리 속성만 변경할 때는 변경할 셀만 범위로 지정하고 작업하세요.

5 표를 선택한 상태에서 [표 도구]의 [디자인] 탭-[표 스타일] 그룹에서 [테두리]의 내림 단추(▼)를 클릭하고 [모든 테두리]를 선택하세요.

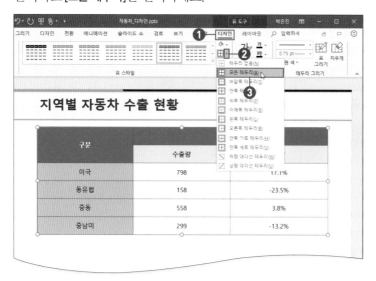

6 표를 선택한 상태에서 [표 도구]의 [디자인] 탭-[표 스타일] 그룹에서 [효과]-[그림자]를 선택한 후 '안쪽'의 [안쪽 대각선 오른쪽 아래]를 선택하세요.

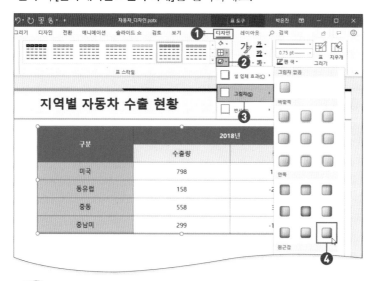

Tip

'셀 입체 효과'는 선택한 셀에만 속성을 설정할 수 있지만, '그림자'와 '반사' 효과는 표 전체에 속성이 설정됩니다.

2010 | 2013 | 2016 | 2019 | OFFICE 365

실무
예제 **05** **차트 삽입하고 행/열 전환하기**

🔵 **예제파일** : 스마트폰.pptx   🔵 **결과파일** : 스마트폰_완성.pptx

1 내용 개체 틀에서 [차트 삽입] 단추(📊)를 클릭하세요. [차트 삽입] 대화상자가 열리면 [모든
차트] 탭의 [세로 막대형]에서 [묶은 세로 막대형]을 선택하고 [확인]을 클릭하세요.

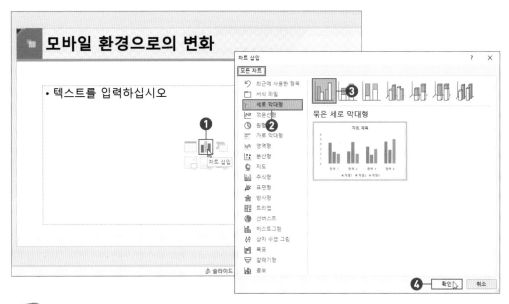

문서작성

텍스트

도형/도해

그림/표/차트

오디오/비디오

애니메이션

슬라이드쇼

테마디자인

저장/인쇄

> **Tip**
> [삽입] 탭-[일러스트레이션] 그룹에서 [차트]를 클릭해도 차트를 삽입할 수 있어요.

2 차트 데이터를 입력할 수 있는 창이 열리면 다음의 그림과 같이 내용을 입력하세요. 내용을 입
력하지 않은 A4:E5 범위를 삭제하기 위해 4행 머리글부터 5행 머리글까지 드래그하여 범위로
지정하고 마우스 오른쪽 단추를 눌러 [삭제]를 선택하세요. 차트 데이터 창에서 [닫기] 단추
(❎)를 클릭하여 종료하고 파워포인트로 되돌아오세요.

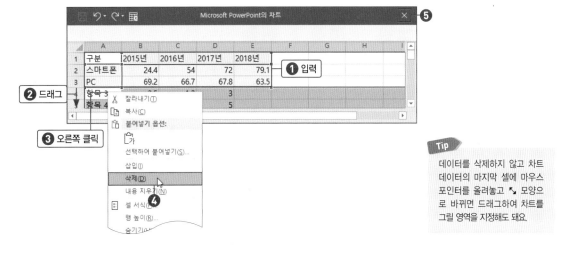

> **Tip**
> 데이터를 삭제하지 않고 차트
> 데이터의 마지막 셀에 마우스
> 포인터를 올려놓고 ↖ 모양으
> 로 바뀌면 드래그하여 차트를
> 그릴 영역을 지정해도 돼요.

3 품목별 묶은 세로 막대형 차트가 삽입되면 연도별 차트로 바꾸기 위해 차트를 선택하고 [차트 도구]의 [디자인] 탭-[데이터] 그룹에서 [데이터 선택]을 클릭하세요. [데이터 원본 선택] 창이 열리면 [행/열 전환]을 클릭하고 [확인]을 클릭하세요.

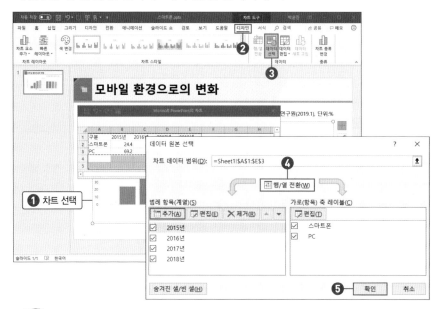

> **Tip**
>
> 차트를 선택하면 리본 메뉴에 [차트 도구]가 나타나요. 입력된 데이터를 수정하려면 [차트 도구]의 [디자인] 탭-[데이터] 그룹에서 [데이터 편집]을 클릭하세요.

4 연도별 기준으로 묶은 세로 막대형 차트가 삽입되었는지 확인해 보세요.

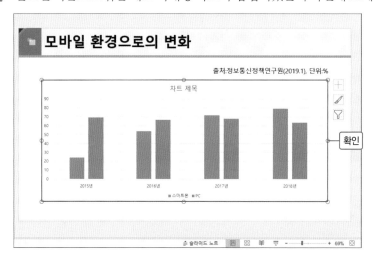

실무
예제 | **06** 차트 색 변경하고 빠른 레이아웃 지정하기

◎ **예제파일** : 스마트폰_디자인.pptx ◎ **결과파일** : 스마트폰_디자인_완성.pptx

1 차트를 선택하고 [차트 도구]의 [디자인] 탭−[차트 스타일] 그룹에서 [색 변경]을 클릭한 후 '**색상형**'
의 [**다양한 색상표 3**]을 선택하면 차트의 색을 변경할 수 있어요.

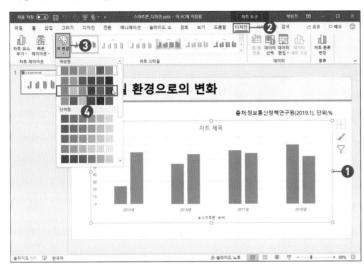

> **Tip**
>
> 차트의 오른쪽 위에 있는 [차트
> 스타일] 단추(✏)를 클릭하고
> [색]을 선택해도 쉽게 차트의 색
> 구성을 변경할 수 있어요.

2 [차트 도구]의 [디자인] 탭−[차트 레이아웃] 그룹에서 [빠른 레이아웃]−[레이아웃 2]를 선택하세요.
[**빠른 레이아웃**]을 이용하면 차트의 눈금선과 왼쪽 축을 없애고 막대의 위에 데이터 값을 쉽고
빠르게 표시할 수 있어요.

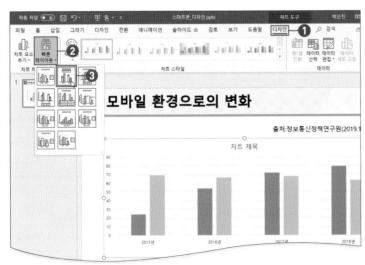

> **Tip**
>
> [빠른 레이아웃]에 원하는 모양이 없으면 [차트 도구]의 [디자인] 탭−[차트 레이아웃] 그룹에서 [**차트 요소 추가**]를 클릭하거나 차트의 오른
> 쪽 위에 있는 [차트 요소] 단추(➕)를 클릭해도 됩니다.

95

3 차트 제목을 클릭하고 『국내 미디어 기기 보유율』을 입력하여 차트를 완성해 보세요.

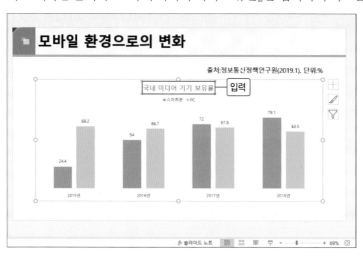

잠깐만요 **차트를 작성하는 방법 살펴보기**

차트는 많은 양의 숫자 데이터 및 데이터 계열 간의 관계를 좀 더 쉽게 이해할 수 있도록 그래픽 형식으로 표시하는 데 사용됩니다. 차트를 삽입하는 두 가지 방법 중 편리한 방법을 선택해서 사용하세요.

방법 1 [삽입] 탭-[일러스트레이션] 그룹에서 [차트] 클릭
방법 2 '제목 및 내용' 슬라이드의 내용 개체 틀에서 [차트 삽입] 단추(📊) 클릭

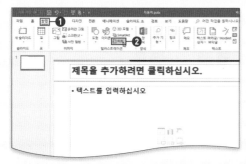

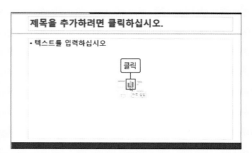

▲ [삽입] 탭-[일러스트레이션] 그룹에서 [차트] 클릭해 차트 작성하기   ▲ [차트 삽입] 단추 클릭해 차트 작성하기

1 | 셀 병합하고 표에 그림자와 반사 효과 지정하기

예제파일 : 사업비.pptx　**결과파일** : 사업비_완성.pptx

표의 1~3행을 결과 화면과 같이 병합하고 셀 색과 그림자 및 반사 효과를 지정해 보세요.

- 셀 색 : 줄무늬 행 해제
- 그림자 : 안쪽 가운데
- 4~6행 색 채우기 : 흰색, 배경 1, 5% 더 어둡게
- 반사 : 근접 반사, 터치

Hint
① 1열 1행부터 1열 3행까지 범위로 지정하고 [표 도구]의 [레이아웃] 탭-[병합] 그룹에서 [셀 병합]을 클릭하여 셀을 병합하세요. 나머지도 각각 범위로 지정하고 F4 를 눌러 반복해서 셀 병합하세요.
② 표를 선택하고 [표 도구]의 [디자인] 탭-[표 스타일 옵션] 그룹에서 [줄무늬 행]의 체크를 해제하고 1열을 제외한 4~6행에 [흰색, 배경 1, 5% 더 어둡게] 색으로 채우세요.
③ [표 도구]의 [디자인] 탭-[표 스타일] 그룹에서 [효과]를 클릭하고 그림자와 반사 효과를 지정하세요.

2 | 차트의 행/열 전환 후 차트의 종류와 레이아웃 변경하기

예제파일 : 정보화.pptx　**결과파일** : 정보화_완성.pptx

차트의 행/열을 전환하고 세로 막대형 차트를 표식이 있는 꺾은선형 차트로 변경한 후 빠른 레이아웃에서 [레이아웃 2]를 지정해 보세요.

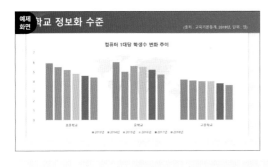

Hint
① [차트 도구]의 [디자인] 탭-[데이터] 그룹에서 [데이터 선택]-[행/열 전환]을 클릭하세요.
② [차트 도구]의 [디자인] 탭-[종류] 그룹에서 [차트 종류 변경]을 클릭하고 표식이 있는 꺾은선형 차트로 변경하세요.
③ [차트 도구]의 [디자인] 탭-[차트 레이아웃] 그룹에서 [빠른 레이아웃]-[레이아웃 2]를 선택하세요.

도형 그라데이션 효과 지정해 이미지에 있는 텍스트 강조하기

🔵 **예제파일** : 그라데이션.pptx   🔵 **결과파일** : 그라데이션_완성.pptx

슬라이드에 삽입한 이미지 위에 텍스트를 입력했는데 잘 보이지 않는다고요? 이때 도형에 그라데이션을 적용된 도형을 사용하면 이미지와 텍스트를 함께 효과적으로 표현할 수 있어요.

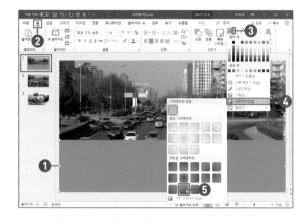

1 1번 슬라이드에서 왼쪽의 그림과 같이 이미지의 위에 사각형을 그리세요. 사각형이 선택된 상태에서 [홈] 탭-[그리기] 그룹의 [도형 채우기]-[그라데이션]을 선택하고 '어두운 그라데이션'의 [선형 위쪽]을 클릭하세요.

> **Tip**
>
> [삽입] 탭-[일러스트레이션] 그룹에서 [도형]을 클릭하여 사각형을 삽입할 수 있어요.

2 [홈] 탭-[그리기] 그룹에서 [도형 윤곽선]-[윤곽선 없음]을 선택하고 [도형 서식] 창 표시 아이콘(☐)을 클릭하세요. 화면의 오른쪽에 [도형 서식] 창이 열리면 [채우기 및 선](☐)의 [채우기]에서 [그라데이션 채우기]가 선택되어 있는지 확인합니다. '그라데이션 중지점'에서 첫 번째 중지점을 클릭하고 '색'에서 '테마 색'의 [검정, 텍스트 1]을 선택하세요.

3 두 번째 그라데이션 중지점을 클릭하고 '색'은 '테마 색'의 [검정, 텍스트 1], '위치'는 [70%], '투명도'는 [50%]로 지정하세요.

 [검정, 텍스트 1] 지정

 지정

4 세 번째 그라데이션 중지점을 클릭하고 '색'은 '테마 색'의 [검정, 텍스트 1], '위치'는 [100%], '투명도'는 [100%]로 지정하세요.

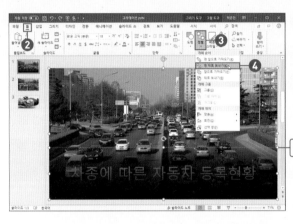

 Shift +클릭

5 그라데이션이 적용된 사각형을 선택한 상태에서 Shift를 누른 채 아래쪽에 있는 이미지를 클릭하여 함께 선택하세요. [홈] 탭-[그리기] 그룹에서 [정렬]을 클릭하고 '개체 순서'의 [맨 뒤로 보내기]를 선택하여 사각형 도형들이 텍스트의 뒤로 보내져서 텍스트가 좀 더 잘 보이게 하세요.

6 이미지의 아래쪽뿐만 아니라 위쪽, 왼쪽, 오른쪽에도 그라데이션 도형을 복사할 수 있고 그라데이션의 위치와 크기도 조금씩 다르게 변형할 수 있어요.

문서작성

텍스트

도형/도해

그림/표/차트

오디오/비디오

애니메이션

슬라이드쇼

테마디자인

저장/인쇄

파워포인트 2019는 프레젠테이션에 생동감을 불어넣을 수 있는 다양한 멀티미디어 개체와 애니메이션 효과를 제공합니다. 따라서 오디오 파일이나 비디오 파일 등의 시청각 자료를 활용하여 실감나는 현장의 소리와 영상을 청중에게 보여줄 수 있어요. 또한 다른 프로그램의 도움 없이 애니메이션과 하이퍼링크를 유기적으로 연결하여 자연스럽게 고품질 프레젠테이션을 연출할 수도 있습니다. 이번 챕터에서는 배경 음악과 비디오를 삽입하여 멀티미디어 슬라이드에 애니메이션 효과를 지정하고 슬라이드 쇼를 연출하는 방법에 대해 배워봅니다.

Windows 10
+ Excel
& PowerPoint
& Word 2019
+ Hangeul

SECTION **01**   오디오와 비디오로 멀티미디어
슬라이드 만들기

SECTION **02**   애니메이션으로 개체에 동적 효과
연출하기

SECTION **03**   하이퍼링크 이용해 한 번에 슬라이드
이동하기

SECTION **04**   슬라이드 쇼에 멋진 화면 전환 효과
연출하기

Section 01

오디오와 비디오로 멀티미디어 슬라이드 만들기

슬라이드에 동영상과 소리 파일, 플래시와 같은 멀티미디어를 삽입해서 볼거리가 풍부한 다이내믹한 프레젠테이션을 진행하면 청중의 관심을 유도하여 이목을 집중시킬 수 있어요. 특히 파워포인트 2019에서는 멀티미디어 개체를 슬라이드에 직접 삽입할 수 있기 때문에 경로 변경에 따른 실행 오류를 줄일 수 있어서 좀 더 안정적으로 프레젠테이션을 진행할 수 있어요. 이번 섹션에는 슬라이드에 배경 음악과 비디오를 삽입하고 편집하는 방법에 대해 배워봅니다.

> **PREVIEW**

▲ 배경 음악 삽입하기

▲ 동영상 삽입하기

> 섹션별
> 주요 내용

01 | 오디오 파일 삽입하고 배경 음악 지정하기   02 | 원하는 슬라이드에서 배경 음악 멈추기
03 | 동영상 삽입하고 자동으로 실행하기   04 | 동영상에 스타일과 비디오 효과 지정하기
05 | 비디오 클립 트리밍하기

실무 예제 | 01 오디오 파일 삽입하고 배경 음악 지정하기

🎬 **예제파일** : 오디오_삽입.pptx 🎬 **결과파일** : 오디오_삽입_완성.pptx

1 1번 슬라이드를 선택하고 [삽입] 탭-[미디어] 그룹에서 [오디오]-[내 PC의 오디오]를 선택하세요. [오디오 삽입] 대화상자가 열리면 부록 실습 파일 중 'Run Amok.mp3' 파일을 선택하고 [삽입]을 클릭하세요.

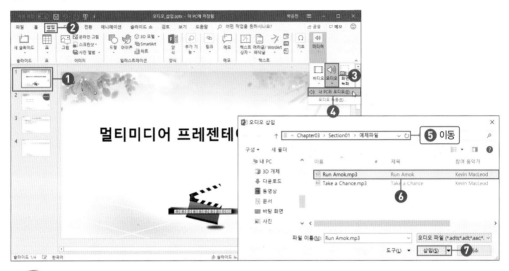

> **Tip**
>
> [오디오 삽입] 대화상자에서 [삽입]의 내림 단추(▾)를 클릭하면 프레젠테이션 파일의 용량과 경로에 따라 [삽입]과 [파일에 연결] 중에서 선택할 수 있어요.
> • **삽입** : PPT 문서에 오디오 파일이 포함되므로 문서 파일의 용량이 커져요.
> • **파일에 연결** : 연결된 오디오 파일의 경로가 달라지면 오디오가 제대로 실행되지 않을 수 있어요.

2 오디오 파일이 삽입되면 [오디오 도구]의 [재생] 탭-[오디오 스타일] 그룹에서 [백그라운드에서 재생]을 클릭하여 배경 음악으로 설정하세요. F5 를 눌러 슬라이드 쇼를 실행하고 모든 슬라이드에서 음악이 재생되는지 확인하세요.

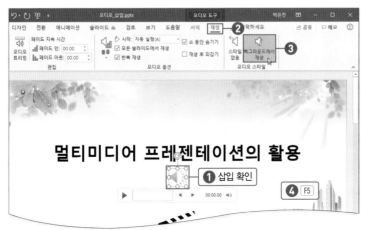

> **Tip**
>
> [백 그라운드에서 재생]을 클릭하면 [재생] 탭-[오디오 옵션] 그룹에서 '시작'의 [자동 실행]이 선택되고 [모든 슬라이드에서 실행], [반복 재생], [쇼 동안 숨기기]에 자동으로 체크됩니다.

원하는 슬라이드에서 배경 음악 멈추기

◉ **예제파일** : 오디오_멈추기.pptx　◉ **결과파일** : 오디오_멈추기_완성.pptx

1 1번 슬라이드에서 삽입된 오디오 클립을 선택하고 [애니메이션] 탭-[애니메이션] 그룹에서 [추가 효과 옵션 표시] 아이콘(⬚)을 클릭하세요.

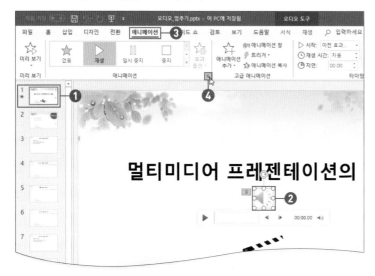

2 [오디오 재생] 대화상자가 열리면 [효과] 탭의 '재생 중지'에서 [지금부터]를 선택하고 『6』을 입력한 후 [확인]을 클릭하세요.

> **Tip**
>
> [오디오 도구]의 [재생] 탭-[오디오 옵션] 그룹에서 [모든 슬라이드에서 실행]에 체크하면 [재생 중지]의 값이 [999]로 자동 설정됩니다. 이 값을 중지하고 싶은 슬라이드의 위치로 수정하면 됩니다.

3 [F5]를 눌러 슬라이드 쇼를 처음부터 실행하고 **2** 과정에서 설정한 대로 6번 슬라이드 후인 7번 슬라이드에서 배경 음악이 멈추는지 확인해 보세요.

Tip

오디오와 비디오의 설정을 확인하려면 [F5]를 누르거나, 화면의 오른쪽 아래에 있는 [슬라이드 쇼] 단추(□)를 클릭하여 슬라이드 쇼를 실행하거나, [읽기용 보기] 단추(□)를 클릭하세요.

잠깐만요 **파워포인트 2019에서 지원하는 비디오/오디오 파일 형식 알아보기**

파워포인트 2019에서는 다양한 비디오 및 오디오 파일 형식을 삽입하고 재생할 수 있어요. 만약 호환되는 형식의 오디오 파일이나 비디오 파일을 사용해도 올바른 버전의 코덱이 설치되어 있지 않거나 사용중인 마이크로소프트 윈도우 버전에서 인식할 수 있는 형식으로 파일이 인코딩되어 있지 않으면 오디오나 비디오가 제대로 재생되지 않을 수 있으니 주의하세요.

● 비디오 및 오디오 권장 사항

	비디오 권장 사항	오디오 권장 사항
파워포인트 2010	wmv	.wav, .wma
파워포인트 2013 이상	H.264 비디오 및 AAC 오디오로 인코딩된.mp4 파일	AAC 오디오로 인코딩된.m4a 파일

● 비디오 파일 형식

파일 형식	확장자	파일 형식	확장자
윈도우 미디어 파일	asf	동영상 파일	mpg, mpeg
윈도우 비디오 파일	avi	Adobe Flash Media	swf
MP4 비디오 파일	mp4, m4v, mov	윈도우 미디어 비디오 파일	wmv

● 오디오 파일 형식

파일 형식	확장자	파일 형식	확장자
AIFF 오디오 파일	aiff	Advanced Audio Coding-MPEG-4 오디오 파일	m4a, mp4
AU 오디오 파일	au	윈도우 오디오 파일	wav
MIDI 파일	mid, midi	윈도우 미디어 오디오 파일	wma
MP3 오디오 파일	mp3		

문서작성

텍스트

도형/도해

그림/표/차트

오디오/비디오

애니메이션

슬라이드쇼

테마디자인

저장/인쇄

2010 | 2013 | 2016 | 2019 | OFFICE 365

실무
예제 **03** **동영상 삽입하고 자동으로 실행하기**

🔊 **예제파일** : 비디오_삽입.pptx 🔊 **결과파일** : 비디오_삽입_완성.pptx

1 4번 슬라이드를 선택하고 [삽입] 탭–[미디어] 그룹에서 [비디오]–[내 PC의 비디오]를 선택하세요.

2 [비디오 삽입] 대화상자가 열리면 부록 실습 파일 중 '수문장.wmv' 파일을 선택하고 [삽입]을 클릭하세요.

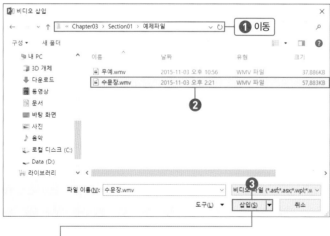

❶ **삽입** : PPT 문서에 동영상 파일이 포함되므로 문서 파일의 용량이 커져요.

❷ **파일에 연결** : 연결된 동영상 파일의 경로가 달라지면 동영상이 제대로 실행되지 않을 수 있어요.

3 동영상 파일이 삽입되면 [비디오 도구]의 [재생] 탭-[비디오 옵션] 그룹에서 [전체 화면 재생]에 체크하고 '시작'의 내림 단추(▽)를 클릭하여 [자동 실행]을 선택하세요.

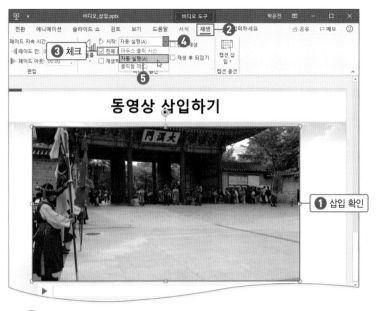

[비디오 도구]의 [재생] 탭-[비디오 옵션] 그룹의 '시작'에서는 다음과 같이 세 가지 동영상 시작 옵션을 제공합니다.

마우스 클릭 시(I) ━━**①**   **①** 마우스 클릭 시 : 마우스를 클릭하면 동영상 실행(Spacebar), PgDn, Enter, →, ↓도 가능)
자동 실행(A) ━━**②**   **②** 자동 실행 : 동영상이 삽입된 슬라이드에서 자동 실행
클릭할 때(C) ━━**③**   **③** 클릭할 때 : 비디오 프레임을 클릭하면 동영상 실행

4 F5 를 누르거나 [슬라이드 쇼] 단추(🖵)를 클릭하여 슬라이드 쇼를 실행하고 4번 슬라이드에서 비디오가 자동으로 '전체 화면' 재생되는지 확인합니다. 슬라이드 쇼를 멈추려면 Esc 를 누르세요.

실무
예제

04 동영상에 스타일과 비디오 효과 지정하기

● **예제파일** : 비디오_효과.pptx ● **결과파일** : 비디오_효과_완성.pptx

1 4번 슬라이드에서 비디오 클립을 선택하고 [비디오 도구]의 [서식] 탭-[비디오 스타일] 그룹에서 [자세히] 단추(▼)를 클릭한 후 '일반'의 [모서리가 둥근 입체 사각형]을 선택하세요.

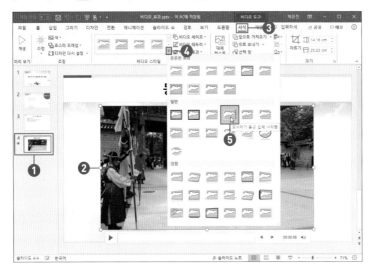

2 [비디오 도구]의 [서식] 탭-[비디오 스타일] 그룹에서 [비디오 효과]를 클릭하고 [반사]-'반사 변형' 의 [근접 반사: 터치]를 선택하세요. F5 를 누르거나 [읽기용 보기] 단추(▥)를 클릭하여 슬라이드 쇼를 실행하고 설정한 내용을 확인해 보세요.

Tip

비디오에 설정한 스타일, 셰이프, 테두리, 효과 등의 서식을 원래의 기본값으로 되돌리려면 [비디오 도구]의 [서식] 탭-[조정] 그룹에서 [디자인 다시 설정]을 클릭하세요.

2010 | 2013 | 2016 | 2019 | OFFICE 365

실무
예제 **05**

비디오 클립 트리밍하기

◐ **예제파일** : 비디오_자르기.pptx   ◐ **결과파일** : 비디오_자르기_완성.pptx

1 4번 슬라이드에서 비디오 클립을 선택하고 [비디오 도구]의 **[재생] 탭-[편집] 그룹**에서 **[비디오 트리밍]**을 클릭하세요.

2 [비디오 맞추기] 대화상자가 열리면 '시작 시간'은 [00.08](초), '종료 시간'은 [01:08](초)로 지정하고 [확인]을 클릭하세요.

Tip

시간 표시 막대에서 초록색 표식(┃)과 빨간색 표식(┃)을 드래그해도 시작 시간과 종료 시간을 설정할 수 있어요. '비디오 트리밍' 기능을 이용하면 동영상의 가운데 일정 부분만 실행되도록 설정하지만, 원래의 상태로 복원할 수 있고 파일 용량에는 변화가 없어요.

3 [비디오 도구]의 [재생] 탭-[편집] 그룹에서 '페이드 지속 시간'의 '페이드 아웃'을 [02.00](초)로 지정 하세요.

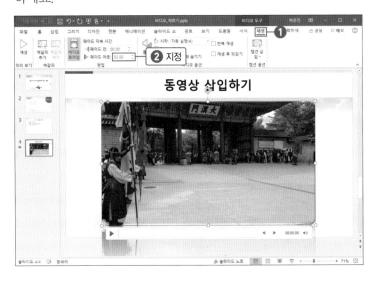

4 F5 를 누르거나 [읽기용 보기] 단추(▤)를 클릭하여 슬라이드 쇼를 실행하고 설정한 내용을 확인해 보세요.

1 | 배경 음악 삽입하고 반복 실행하기

🔵 **예제파일** : 사진앨범.pptx   🔵 **결과파일** : 사진앨범_완성.pptx

모든 슬라이드에서 음악이 반복 실행되도록 부록 실습 파일 중 'Take a Chance.mp3' 배경 음악 파일을 삽입해 보세요.

Hint ① [삽입] 탭-[미디어] 그룹에서 [오디오]-[내 PC의 오디오]를 선택한 후 'Take a Chance.mp3' 음악 파일을 삽입하세요.
② 삽입한 음악 파일을 선택하고 [오디오 도구]의 [재생] 탭-[오디오 스타일] 그룹에서 [백그라운드에서 재생]을 클릭하세요.
③ F5 를 눌러 슬라이드 쇼를 실행한 후 설정한 배경 음악을 확인하세요.

2 | 동영상 삽입하고 일부 화면만 자동 실행하기

🔵 **예제파일** : 덕수궁.pptx   🔵 **결과파일** : 덕수궁_완성.pptx

3번 슬라이드에 부록 실습 파일 중 '무예.wmv' 동영상 파일을 삽입하고 49초부터 1:56초 부분만 자동 실행되도록 설정해 보세요.

Hint ① [삽입] 탭-[미디어] 그룹에서 [비디오]-[내 PC의 비디오]를 선택한 후 '무예.wmv' 동영상 파일을 삽입하세요.
② 삽입한 동영상 파일을 선택하고 [비디오 도구]의 [재생] 탭-[비디오 옵션] 그룹에서 '시작'의 [자동 실행]을 선택하세요.
③ [재생] 탭-[편집] 그룹에서 [비디오 트리밍]을 클릭하여 재생할 부분의 시작 시간과 종료 시간을 설정하세요.

Section **02**

애니메이션으로 개체에 동적 효과 연출하기

개체에 애니메이션을 지정하면 화면에서 개체가 나타나거나 사라지는 등의 효과를 설정하여 특정 개체를 강조할 수 있어요. 이것은 청중의 눈길을 끄는 아주 좋은 효과입니다. 하지만 애니메이션을 너무 많이 사용하면 오히려 청중의 집중을 방해하여 프레젠테이션이 산만해질 수 있으니 주의하세요. 이번 섹션에서는 실무에서 자주 사용하는 애니메이션 효과뿐만 아니라 애니메이션을 필요한 곳에 적절하게 사용하여 프레젠테이션의 설득력을 높일 수 있는 방법에 대해 배워봅니다.

PREVIEW

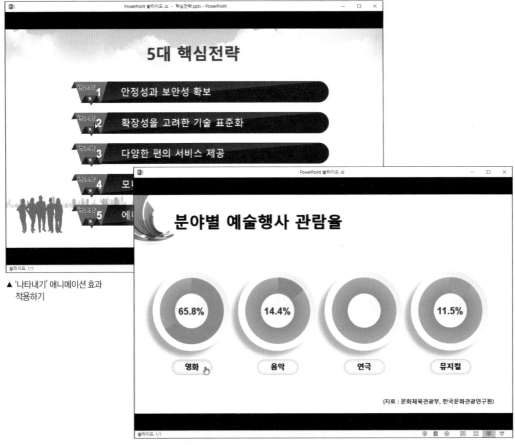

▲ '나타내기' 애니메이션 효과 적용하기

▲ 애니메이션 트리거 적용하기

섹션별 주요 내용

01 | '나타내기' 애니메이션 지정하고 방향 변경하기 02 | '강조' 애니메이션 지정하고 순서 변경하기
03 | '끝내기' 애니메이션 지정하고 재생 시간 변경하기 04 | '이동 경로' 애니메이션 지정하고 경로 수정하기
05 | 텍스트에 추가 효과 애니메이션 지정하기 06 | 애니메이션에 트리거 효과 지정하기

2010 | 2013 | 2016 | 2019 | OFFICE 365

실무 예제 **01** '나타내기' 애니메이션 지정하고 방향 변경하기

◈ **예제파일** : 핵심전략.pptx ◈ **결과파일** : 핵심전략_완성.pptx

1 Shift를 이용해서 5대 핵심 전략에 해당하는 도형을 차례대로 클릭하여 모두 선택하세요. [**애니 메이션**] 탭-[**애니메이션**] 그룹에서 [**자세히**] 단추(▽)를 클릭하고 [**추가 나타내기 효과**]를 선택하세요.

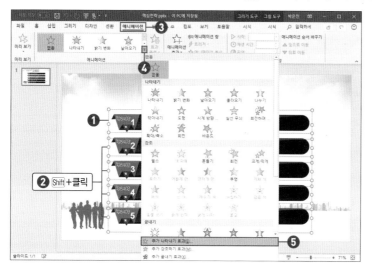

2 [나타내기 효과 변경] 대화상자가 열리면 '기본 효과'의 [**닦아내기**]를 선택하고 [**확인**]을 클릭하세요.

> **Tip**
>
> '나타내기' 애니메이션은 초록색 별 모양으로 표현되는데, 이것에 대해서는 119쪽의 '잠깐만요'를 참고하세요. [**자세히**] 단추(▽)를 클릭했을 때 목록에 [**닦아내기**]가 있으면 곧바로 선택해도 되어요.

3 [애니메이션] 탭-[애니메이션] 그룹에서 [효과 옵션]-[왼쪽에서]를 선택하세요. [애니메이션] 탭-[고급 애니메이션] 그룹에서 [애니메이션 창]을 클릭하세요.

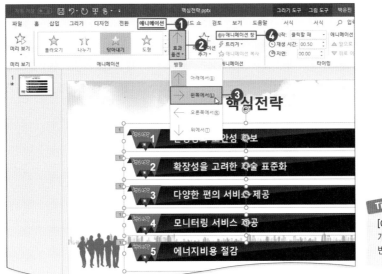

Tip

[애니메이션] 탭을 클릭할 때만 개체의 왼쪽에 애니메이션 실행 번호가 나타납니다.

4 화면의 오른쪽에 [애니메이션 창]이 열리면 모든 애니메이션이 선택된 상태에서 [애니메이션] 탭-[타이밍] 그룹에서 '시작'의 내림 단추(▾)를 클릭하고 [클릭할 때]를 선택하세요. [슬라이드 쇼] 단추(🖵)나 [읽기용 보기] 단추(📖)를 클릭하여 슬라이드 쇼를 실행한 후 적용한 애니메이션을 확인해 보세요.

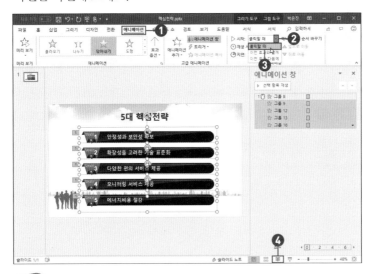

Tip

[애니메이션 창]에서 별 모양 앞에 있는 숫자(1🖰☆ 또는 1★)는 마우스 클릭 횟수를 나타냅니다. 애니메이션의 시작 방법에는 [클릭할 때], [이전 효과와 함께], [이전 효과 다음에]가 있습니다. [클릭할 때]는 마우스를 클릭할 때마다 애니메이션이 한 단계씩 실행되는데, 여기서는 도형이 다섯 개이므로 다섯 번 클릭해야 애니메이션이 모두 실행됩니다.

실무 예제 02 '강조' 애니메이션 지정하고 순서 변경하기

◆ **예제파일** : 산업단지.pptx　◆ **결과파일** : 산업단지_완성.pptx

1 [슬라이드 쇼] 단추(🖵)를 클릭하여 설정되어 있는 애니메이션을 확인하고 Esc를 누르세요. 다시 슬라이드로 되돌아오면 [애니메이션] 탭-[고급 애니메이션] 그룹에서 [애니메이션 창]을 클릭하여 화면의 오른쪽에 [애니메이션 창]을 열고 '성남'의 아래쪽에 있는 'picture1' 이미지를 선택하세요.

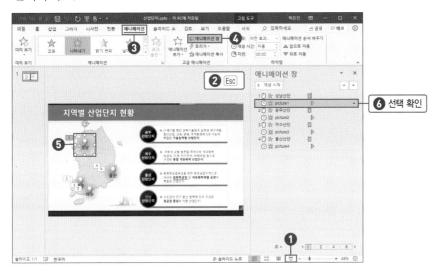

2 'picture1' 이미지에는 '나타내기' 애니메이션이 적용되어 있는데, 한 번 더 강조하는 애니메이션을 추가해 볼까요? [애니메이션] 탭-[고급 애니메이션] 그룹에서 [애니메이션 추가]를 클릭하고 '강조'의 [크게/작게]를 선택하세요.

Tip

[애니메이션 추가]를 클릭했을 때 목록에 [크게/작게]가 없으면 아래쪽의 [추가 강조하기 효과]를 선택해도 됩니다. 한 개체에 두 개 이상의 애니메이션을 적용할 때는 반드시 [애니메이션 추가]에서 애니메이션을 설정해야 해요.

3 [애니메이션 창]에 추가된 마지막 'picture1' 애니메이션의 내림 단추(▾)를 클릭하고 [타이밍]을 선택하세요.

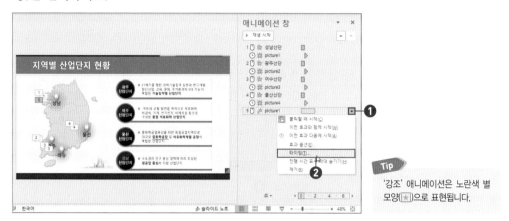

Tip

'강조' 애니메이션은 노란색 별 모양(★)으로 표현됩니다.

4 [크게/작게] 대화상자의 [타이밍] 탭이 열리면 '시작'에서는 [이전 효과 다음에]를, '반복'에서는 [2]를 선택하고 [확인]을 클릭하세요.

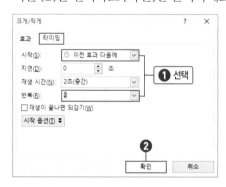

5 [애니메이션 창]에서 Shift를 이용해서 '성남산단'과 'picture1'의 나타내기 애니메이션을 함께 선택하고 끝에서 두 번째 위치로 드래그하여 애니메이션의 순서를 이동하세요. [슬라이드 쇼] 단추(🖵)를 클릭하여 슬라이드 쇼를 실행한 후 성남산업단지를 강조하는 애니메이션을 확인하세요.

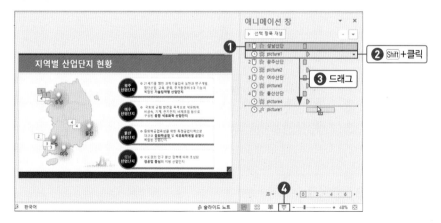

'끝내기' 애니메이션 지정하고 재생 시간 변경하기

◎ **예제파일** : 커튼.pptx   ◎ **결과파일** : 커튼_완성.pptx

1 아래쪽에 있는 좌우 커튼을 선택하기 위해 [홈] 탭-[편집] 그룹에서 [선택]-[선택 창]을 선택하세요.

> **Tip**
>
> 곡선 모양의 큰 커튼이 앞쪽에 배치되어 있어서 뒤쪽에 있는 좌우 커튼을 선택하기 쉽지 않아요. 큰 개체의 뒤쪽에 가려진 작은 개체를 선택하기 어려우면 [선택] 창을 이용하는 것이 편리해요.

2 화면의 오른쪽에 [선택] 창이 열리면 Ctrl을 누른 상태에서 [커튼_우]와 [커튼_좌]를 모두 선택하세요. [애니메이션] 탭-[애니메이션] 그룹에서 [자세히] 단추(▽)를 클릭하고 '끝내기'의 [날아가기]를 선택한 후 [선택] 창의 [닫기] 단추(×)를 클릭하세요.

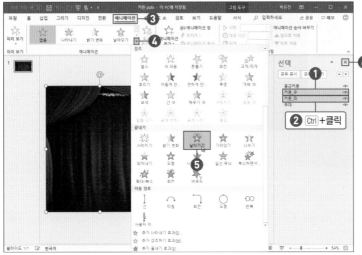

> **Tip**
>
> [자세히] 단추(▽)를 클릭했을 때 목록에 [날아가기]가 없으면 [추가 끝내기 효과]를 선택하세요.

3 [애니메이션] 탭-[고급 애니메이션] 그룹에서 [애니메이션 창]을 클릭하여 화면의 오른쪽에 [애니메이션 창]을 여세요. [애니메이션 창]에서 [커튼_우]를 선택하고 **[애니메이션] 탭-[애니메이션] 그룹**에서 **[효과 옵션]-[오른쪽으로]**를 선택하세요.

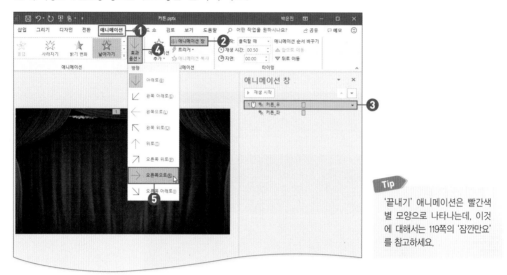

Tip

'끝내기' 애니메이션은 빨간색 별 모양으로 나타나는데, 이것에 대해서는 119쪽의 '잠깐만요'를 참고하세요.

4 [애니메이션 창]에서 [커튼_좌]를 선택하고 **[애니메이션] 탭-[애니메이션] 그룹**에서 **[효과 옵션]-[왼쪽으로]**를 선택하세요.

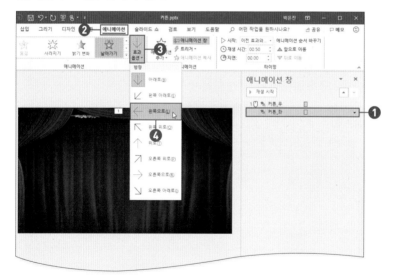

5 [애니메이션 창]에서 Ctrl 을 누른 상태에서 [커튼_우]를 선택하여 [커튼_좌]와 함께 선택하세요. [애니메이션] 탭-[타이밍] 그룹에서 '재생 시간'을 [01.50]으로 지정하고 [슬라이드 쇼] 단추 (🖵)를 클릭하세요.

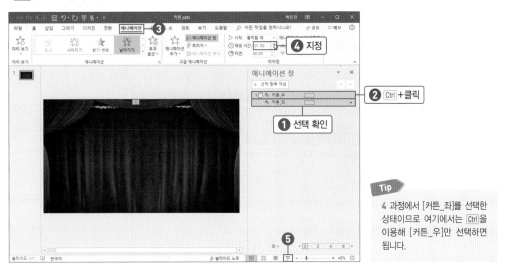

Tip

4 과정에서 [커튼_좌]를 선택한 상태이므로 여기에서는 Ctrl 을 이용해 [커튼_우]만 선택하면 됩니다.

6 슬라이드 쇼가 실행되면 적용한 애니메이션을 확인하세요.

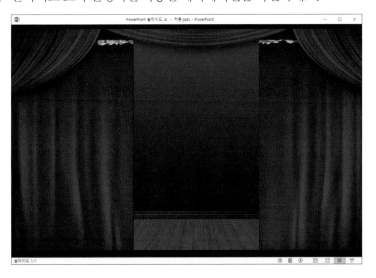

잠깐만요 **애니메이션의 종류와 효과 살펴보기**

애니메이션의 종류	표현 모양	효과
나타내기	★	화면에 없던 개체를 화면에 나타낼 때의 효과
강조	☆	개체를 강조하는 효과
끝내기	★	화면에서 사라질 때의 효과
이동 경로	☆	특정 경로나 패턴을 따라 개체가 이동하는 효과

04 '이동 경로' 애니메이션 지정하고 경로 수정하기

● **예제파일** : 비행기.pptx   ● **결과파일** : 비행기_완성.pptx

1 화면의 왼쪽에 있는 비행기 그림을 선택하고 [애니메이션] 탭-[애니메이션] 그룹에서 [자세히] 단추
( )를 클릭한 후 [추가 이동 경로]를 선택하세요.

Tip

파워포인트 2019에서는 다양한 추가 이동 경로가 제공되지만, **[점 편집]**을 통해 좀 더 다양한 모양으로 경로를 변경할 수 있어요. **[점 편집]**
은 이동 경로 애니메이션(직선 모양 이동 경로 제외)을 적용한 후 마우스 오른쪽 단추를 누르면 표시됩니다.

2 [이동 경로 변경] 대화상자가 열리면 '직선 및 곡선 경로'의 [오른쪽 위로]를 선택하고 [확인]
을 클릭하세요.

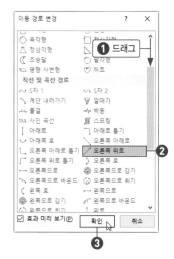

3 비행기의 위에 애니메이션의 이동 경로가 나타나는지 확인하고 종료 지점의 붉은색 원형 표식(◉)을 클릭한 후 화면의 오른쪽 위로 드래그하여 이동 경로를 수정하세요. **[애니메이션] 탭-[애니메이션] 그룹**에서 **[추가 효과 옵션 표시]** 아이콘(▣)을 클릭하세요.

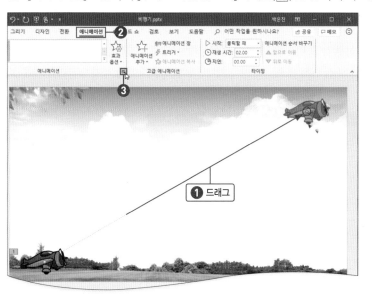

4 [오른쪽 위로] 대화상자의 [효과] 탭이 열리면 '부드럽게 시작'과 '부드럽게 종료'의 값을 [0초]로 지정하세요. [타이밍] 탭을 선택하고 '재생 시간'에서 [3초(느리게)]를 선택한 후 [확인]을 클릭하세요. [슬라이드 쇼] 단추(☴)를 클릭하여 슬라이드 쇼를 실행한 후 적용한 애니메이션을 확인해 보세요.

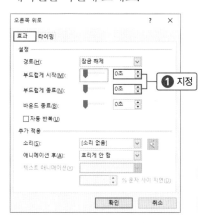
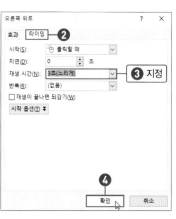

> **Tip**
>
> '부드럽게 시작'과 '부드럽게 종료' 시간을 설정하면 비행기가 비행을 시작하고 종료할 때 설정한 시간만큼 부드럽게 움직여요. 그리고 [애니메이션] 탭-[타이밍] 그룹에서도 재생 시간을 설정할 수 있어요.

잠깐만요 **이동 경로 애니메이션의 위치 지정 방법 살펴보기**

이동 경로 애니메이션을 적용하면 개체가 마지막 이동할 위치에 투명한 이미지(고스트 이미지)가 나타납니다. ▷은 시작 위치를, 점선은 애니메이션이 재생될 때 이동하는 경로를, ◁은 애니메이션이 끝나는 마지막 위치를 나타냅니다.

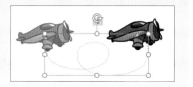

실무예제 05 텍스트에 추가 효과 애니메이션 지정하기

◎ **예제파일** : 향수.pptx ◎ **결과파일** : 향수_완성.pptx

1 본문 텍스트 개체 틀을 선택하고 [애니메이션] 탭-[애니메이션] 그룹에서 [자세히] 단추(▾)를 클릭한 후 [추가 나타내기 효과]를 선택하세요. [나타내기 효과 변경] 대화상자가 열리면 '기본 효과'의 [내밀기]를 선택하고 [확인]을 클릭하세요.

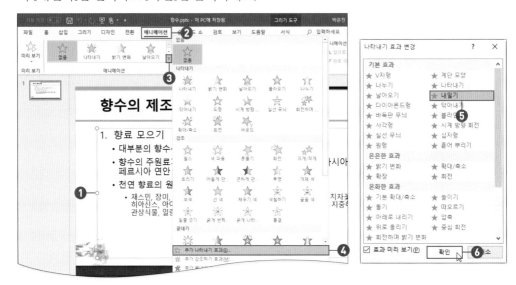

2 [애니메이션] 탭-[애니메이션] 그룹에서 [추가 효과 옵션 표시] 아이콘(◹)을 클릭하세요. [내밀기] 대화상자가 열리면 [텍스트 애니메이션] 탭에서 '텍스트 묶는 단위'의 내림 단추(▾)를 클릭하고 [둘째 수준까지]를 선택하세요.

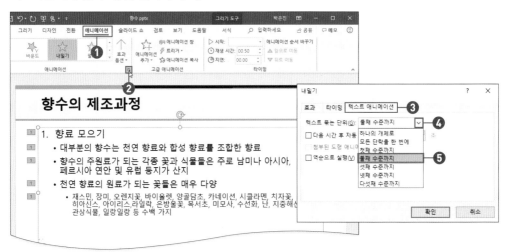

> **Tip**
>
> 여러 수준으로 구분된 단락에서 효과를 확인할 수 있어요. '텍스트 묶는 단위'를 [둘째 수준까지]로 설정하면 둘째 수준 이하 내용은 둘째 수준과 함께 애니메이션으로 재생됩니다.

3 [내밀기] 대화상자에서 [효과] 탭을 선택하세요. '추가 적용'의 '애니메이션 후'에서 내림 단추
(▽)를 클릭하고 [회색]을 선택한 후 [확인]을 클릭하세요.

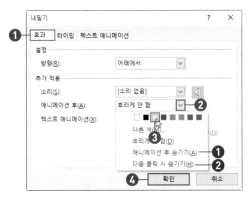

❶ **애니메이션 후 숨기기** : 애니메이션이 실행된 후에 자동으로 사라져요.

❷ **다음 클릭 시 숨기기** : 애니메이션이 실행된 후에 클릭하면 사라져요.

4 [슬라이드 쇼] 단추(🖵)를 실행하여 슬라이드 쇼를 실행하고 애니메이션이 재생된 후 본문
텍스트 개체 틀의 텍스트가 회색으로 변경되는지 확인해 보세요.

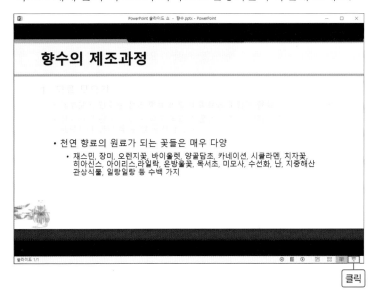

실무
예제 **06** **애니메이션에 트리거 효과 지정하기**

🔵 **예제파일** : 관람률.pptx   🔵 **결과파일** : 관람률_완성.pptx

1 F5 를 눌러 슬라이드 쇼를 실행하여 설정된 애니메이션을 먼저 확인해 보고 Esc 를 눌러 슬라이드로 되돌아오세요. Shift 를 이용해서 첫 번째 파란색 파이 도형과 숫자 텍스트를 함께 선택하고 [애니메이션] 탭-[고급 애니메이션] 그룹에서 [애니메이션 창]을 클릭하여 화면의 오른쪽에 [애니메이션 창]을 연 후 [트리거]를 클릭하고 [클릭할 때]-[영화]를 선택하세요.

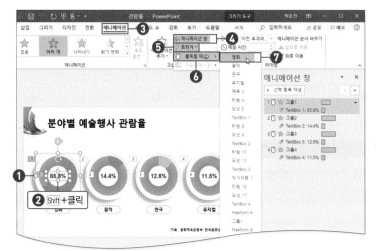

> **Tip**
> 트리거(trigger)는 '방아쇠', '도화선', '촉발하다'는 뜻으로, 개체를 클릭하거나 책갈피에서 애니메이션이 실행되도록 설정하는 기능이에요.

2 Shift 을 이용해서 두 번째 주황색 파이 도형과 숫자 텍스트를 함께 선택하고 [애니메이션] 탭-[고급 애니메이션] 그룹에서 [트리거]를 클릭한 후 [클릭할 때]-[음악]을 선택하세요.

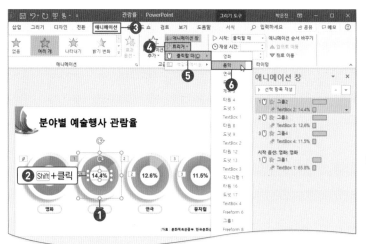

> **Tip**
> [홈] 탭-[편집] 그룹에서 [선택]을 클릭하고 [선택 창]을 선택하여 [선택] 창을 열면 해당 개체의 이름을 쉽게 변경할 수 있어요.

3 이와 같은 방법으로 세 번째 파이 도형과 숫자에는 '연극' 트리거를, 네 번째 파이 도형과 숫자에는 '뮤지컬' 트리거를 설정하세요.

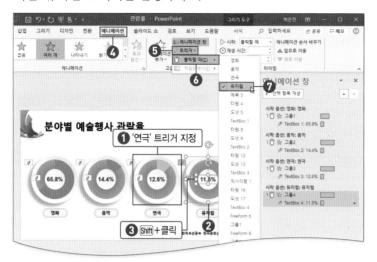

4 [슬라이드 쇼] 단추(🖵)를 클릭하여 슬라이드 쇼를 실행한 후 해당 분야의 단추를 차례대로 클릭하여 지정한 애니메이션이 실행되는지 확인해 보세요.

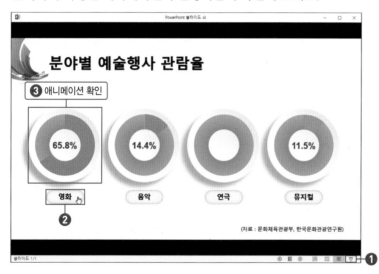

잠깐만요 **하나의 개체에 두 개 이상의 애니메이션 효과 지정하기**

이미 애니메이션이 적용된 개체에 애니메이션을 추가로 설정할 때는 [애니메이션] 탭-[고급 애니메이션] 그룹에서 [애니메이션 추가]를 선택하여 애니메이션을 지정해야 합니다.

❶ 첫 번째 애니메이션 : [애니메이션] 탭-[애니메이션] 그룹에서 [자세히] 단추(▽)를 클릭해서 지정
❷ 두 번째 이상 애니메이션 : [애니메이션] 탭-[고급 애니메이션] 그룹에서 [애니메이션 추가]를 클릭하여 지정

문서작성

텍스트

도형/도해

그림표/차트

오디오/비디오

애니메이션

슬라이드쇼

템플릿디자인

저장/인쇄

애니메이션 반복하여 복사하기

애니메이션이 적용된 개체를 선택하고 [애니메이션]
탭-[고급 애니메이션] 그룹에서 [애니메이션 복사]를
클릭하세요. 마우스 포인터가 ⤵♣ 모양으로 바뀌었을
때 다른 개체를 클릭하면 애니메이션을 똑같이 복사할
수 있어요. [애니메이션 복사]를 더블클릭하면 반복해서
계속 애니메이션을 복사할 수 있어요. 그리고 Esc를 누
르면 애니메이션 복사가 중지됩니다.

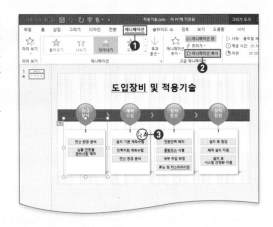

애니메이션 제거하기

[애니메이션] 탭-[고급 애니메이션] 그룹에서 [애니메이션 창]을 클릭하여 화면의 오른쪽에 [애니메이션 창]을 열고 제거
할 애니메이션을 선택한 후 다음의 방법 중 하나를 이용해 제거할 수 있습니다.

방법 1 Delete를 누르세요.

방법 2 [애니메이션] 탭-[애니메이션] 그룹에서 [자세히] 단추(▼)를 클릭하고 [없음]을 선택하세요.

방법 3 [애니메이션 창]에서 내림 단추(▼)를 클릭하고 [제거]를 선택하세요.

▲ [애니메이션] 그룹에서 애니메이션 제거하기　　　▲ [애니메이션] 창에서 애니메이션 제거하기

슬라이드 쇼에 자주 사용하는 단축키 알아보기

슬라이드 쇼를 실행하는 도중에 F1을 누르면 도움말을 확인할 수 있어요.

단축키	기능
마우스 왼쪽 단추 클릭, Spacebar, →, ↓, Enter 또는 PgDn	다음 슬라이드
Backspace, ←, ↑, PgUp	이전 슬라이드
숫자 입력 후 Enter	숫자에 해당하는 슬라이드로 이동
Esc	슬라이드 쇼 종료
Ctrl + S	[모든 슬라이드] 대화상자 표시
B	화면을 검은색으로 설정/취소
W	화면을 흰색으로 설정/취소
Ctrl + L 또는 Ctrl+마우스 왼쪽 단추 클릭	마우스 포인터를 레이저 포인터로 변경
Home	첫 번째 슬라이드로 이동
End	마지막 슬라이드로 이동

1 | 애니메이션 적용하고 효과 옵션과 시작 방법 변경하기

🔵 **예제파일** : 전시회.pptx　🔵 **결과파일** : 전시회_완성.pptx

세 개의 꽃 사진에 다음의 애니메이션을 적용해 보세요.

- **종류** : 닦아내기　　- **효과 옵션** : 위에서　　- **시작** : 클릭할 때　　- **재생 시간** : 00.25

Hint　① Shift를 이용해 세 개의 꽃 사진을 선택하고 [애니메이션] 탭-[애니메이션] 그룹에서 [닦아내기]를 선택한 후
[효과 옵션]-[위에서]를 선택하세요.
② [애니메이션] 탭 - [타이밍] 그룹에서 '시작'은 [클릭할 때], '재생 시간'은 [00.25]로 설정하세요.

2 | 애니메이션 복사하고 실행 순서 변경하기

🔵 **예제파일** : 기대효과.pptx　🔵 **결과파일** : 기대효과_완성.pptx

첫 번째 팔각형 도형의 애니메이션을 복사하여 나머지 팔각형 도형에 적용하고 '위쪽 텍스트' → '팔각형 도형' → '아래쪽 도형' 그룹 순으로 애니메이션이 실행되도록 애니메이션의 순서를 조정해 보세요.

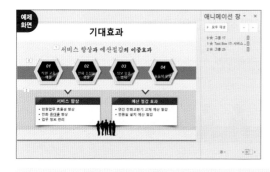

Hint　① 첫 번째 팔각형 도형을 선택하고 [애니메이션] 탭-[고급 애니메이션] 그룹에서 [애니메이션 복사]를 더블클릭하세요.
② 마우스 포인터가 ⬚♣ 모양으로 바뀌면 나머지 팔각형 도형들을 차례대로 클릭하여 애니메이션을 복사하세요.
③ [애니메이션 창]에서 맨 위쪽 텍스트는 맨 처음으로, 아래쪽 도형 그룹은 마지막에 실행되도록 애니메이션의 순서를 조정하세요.

Section

하이퍼링크 이용해
한 번에 슬라이드 이동하기

하이퍼링크를 이용하면 슬라이드 쇼에서 특정 텍스트나 객체를 클릭했을 때 다른 슬라이드나 파일로 한 번에 이동하거나 인터넷 사이트로 쉽게 연결할 수 있어요. 따라서 목차나 그림에 하이퍼링크를 설정해 놓으면 발표자가 프레젠테이션을 진행하면서 다른 프로그램이나 슬라이드로 쉽게 이동할 수 있어요. 이번 섹션에서는 하이퍼링크를 이용하여 화면을 이동하는 방법뿐만 아니라 슬라이드 쇼를 재생하는 도중에 다른 프로그램을 실행하는 방법에 대해 배워봅니다.

PREVIEW

▲ 텍스트에 하이퍼링크 연결하기

▲ 그림에 하이퍼링크 연결하기

섹션별
주요 내용

01 | 목차 텍스트에 하이퍼링크 설정하기   02 | 목차 페이지로 이동하는 하이퍼링크 설정하기

03 | 하이퍼링크 클릭해 다른 문서로 이동하기

01 # 목차 텍스트에 하이퍼링크 설정하기

◎ **예제파일** : 운동_하이퍼링크.pptx   ◎ **결과파일** : 운동_하이퍼링크_완성.pptx

1 2번 슬라이드에서 다섯 번째 목차 도형을 선택하고 **[삽입] 탭-[링크] 그룹**에서 **[링크]**를 클릭하세요. [하이퍼링크 삽입] 대화상자가 열리면 '연결 대상'에서 [현재 문서]를 선택하고 '이 문서에서 위치 선택'에서 [17. 다이어트에 좋은 운동]을 선택한 후 [확인]을 클릭하세요.

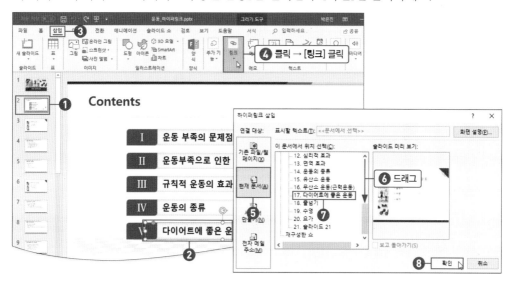

2 [슬라이드 쇼] 단추(🖵)나 [읽기용 보기] 단추(📖)를 클릭하여 슬라이드 쇼를 실행해 보세요. 2번 목차 슬라이드에서 'Ⅴ. 다이어트에 좋은 운동' 항목에 마우스 포인터를 올려놓고 손 모양(🖑)으로 변경되었을 때 클릭하면 17번 슬라이드로 이동하는지 확인해 보세요.

실무
예제 **02** **목차 페이지로 이동하는 하이퍼링크 설정하기**

⬥ **예제파일** : 운동_목차.pptx ⬥ **결과파일** : 운동_목차_완성.pptx

1 3번 슬라이드를 선택하고 [홈] 탭–[그리기] 그룹에서 [도형]을 클릭한 후 '실행 단추'의 [실행 단추: 홈으로 이동](🏠)을 클릭하세요. 화면의 오른쪽 위에서 드래그하여 실행 단추를 그리세요.

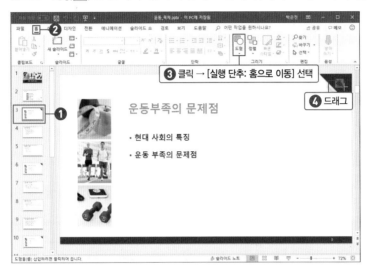

2 [실행 설정] 대화상자가 열리면 [마우스를 클릭할 때] 탭에서 [하이퍼링크]를 선택하고 내림 단추(☑)를 클릭해 [슬라이드]를 선택하세요. [슬라이드 하이퍼링크] 대화상자가 열리면 '슬라이드 제목'에서 [2. Contents]를 선택하고 [확인]을 클릭한 후 [실행 설정] 대화상자로 되돌아오면 [확인]을 클릭하세요.

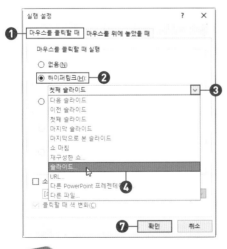

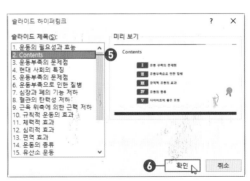

Tip

[실행 단추: 홈으로 이동](🏠)은 기본적으로 첫 번째 슬라이드로 이동하도록 설정되어 있지만, 여기서는 목차 슬라이드인 두 번째 슬라이드로 이동하도록 변경했어요.

3 3번 슬라이드에서 [실행 단추: 홈으로 이동] 이미지(🏠)를 복사(Ctrl+C)하고 같은 모양의 레이아웃인 6번, 10번, 14번, 17번 슬라이드에 각각 붙여넣기(Ctrl+V)하세요.

4 [슬라이드 쇼] 단추(🖵)나 [읽기용 보기] 단추(▦)를 클릭하여 슬라이드 쇼를 실행합니다. 3 번 슬라이드에서 오른쪽 위에 있는 [실행 단추: 홈으로 이동](🏠)을 클릭하세요.

5 '목차' 슬라이드로 이동하는지 확인하고 각 항목을 클릭하세요. 여기에서는 맨 마지막의 'V 다 이어트에 좋은 운동'을 클릭합니다.

6 17번 슬라이드로 이동하면 다시 슬라이드의 오른쪽 위에 있는 [실행 단추: 홈으로 이동](🏠) 을 클릭하여 '목차' 슬라이드로 이동하는지 확인해 보세요.

잠깐만요 하이퍼링크 제거하기

슬라이드에 지정한 하이퍼링크는 다음의 방법 중 하나를 이용해 제거할 수 있습니다.

방법 1 하이퍼링크가 설정된 개체를 선택하고 마우스 오른쪽 단 추를 눌러 [링크 제거]를 선택하세요.

방법 2 [하이퍼링크 편집] 대화상자에서 제거하려는 하이퍼링크 가 연결된 슬라이드를 선택하고 [링크 제거]를 클릭하세요.

▲ [하이퍼링크 편집] 대화상자에서 하이퍼링크 제거하기

실무 예제 03 하이퍼링크 클릭해 다른 문서로 이동하기

◎ **예제파일** : 운동_문서.pptx ◎ **결과파일** : 운동_문서_완성.pptx

1 21번 슬라이드에서 [보러가기] 도형을 선택하고 **[삽입] 탭-[링크] 그룹**에서 **[링크]**를 클릭하세요.

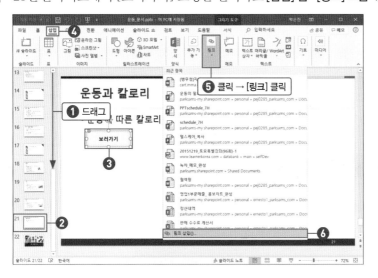

2 [하이퍼링크 삽입] 대화상자가 열리면 '연결 대상'에서 [기존 파일/웹 페이지]를 선택하고 부록 CD에서 '운동과 칼로리.xlsx' 파일을 선택한 후 [확인]을 클릭하세요.

> **Tip**
>
> 하이퍼링크를 이용하여 다른 프레젠테이션 문서나 파일로 연결할 때 현재 작업중인 문서와 동일한 폴더에 파일을 복사한 후 연결하는 것이 좋아요. 이렇게 해야 폴더를 복사하거나 이동해도 올바르게 연결이 유지됩니다.

3 [슬라이드 쇼] 단추(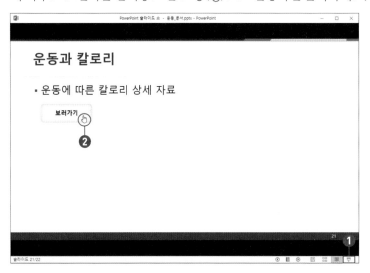)를 클릭하여 슬라이드 쇼를 실행하세요. 21번 슬라이드의 [보러가기]에 마우스 포인터를 올려놓고 손 모양(🖑)으로 변경되면 클릭하세요.

4 하이퍼링크로 연결된 엑셀 파일이 실행되는지 확인해 보세요.

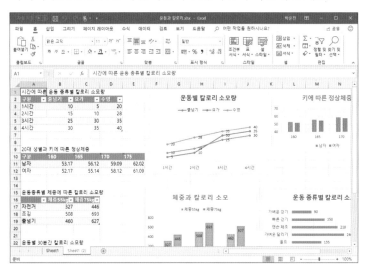

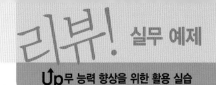
1 하이퍼링크로 텍스트 상자 연결해 목차 완성하기

🔵 예제파일 : 창의_목차.pptx   🔵 결과파일 : 창의_목차_완성.pptx

2번 슬라이드의 목차를 클릭하면 해당 슬라이드로 이동하도록 하이퍼링크를 설정해 보세요. 이때 텍스트의 아래쪽에 하이퍼링크 밑줄이 나타나지 않게 설정해 보세요.

Hint
① 첫 번째 목차를 선택하고 [삽입] 탭-[링크] 그룹에서 [링크]-[링크 삽입]을 선택하세요.
② [하이퍼링크 삽입] 대화상자가 열리면 [현재 문서]에서 목차의 해당 내용 슬라이드로 이동하도록 설정하세요.
③ 슬라이드 쇼를 실행한 후 목차를 클릭하면 해당 슬라이드로 이동하는지 확인하세요.

2 그림에 하이퍼링크 제거하고 설정하기

🔵 예제파일 : 창의_그림.pptx   🔵 결과파일 : 창의_그림_완성.pptx

3번 슬라이드의 그림에 삽입된 하이퍼링크를 제거해 보세요. 8번 슬라이드의 그림을 클릭하면 한국과학창의재단 홈페이지인 'https://www.kofac.re.kr'로 연결되도록 하이퍼링크를 설정해 보세요.

Hint
① 3번 슬라이드에서 그림을 선택하고 마우스 오른쪽 단추를 눌러 [링크 제거]를 선택하세요.
② 8번 슬라이드에서 그림을 선택하고 [삽입] 탭-[링크] 그룹에서 [링크]를 클릭하세요.
③ [하이퍼링크 삽입] 대화상자가 열리면 [기존 파일/웹 페이지]를 선택하고 '주소'에 연결할 URL을 입력한 후 슬라이드 쇼를 실행하여 확인하세요.

슬라이드 쇼에 멋진 화면 전환 효과 연출하기

슬라이드와 슬라이드의 사이에 화면 전환 효과를 지정하면 좀 더 역동감 있는 프레젠테이션을 완성할 수 있어요. 파워포인트 2019에서는 발표자 도구를 비롯해서 다양한 슬라이드 쇼 기능을 활용하여 발표자가 더욱 매끄러운 슬라이드 쇼를 완성하여 진행할 수 있도록 도와줍니다. 이번 섹션에서는 다양한 화면 전환 효과를 지정해 보고 발표자의 프레젠테이션 진행을 돕는 발표자 도구 사용에 대해 배워봅니다.

> **PREVIEW**

▲ 화면 전환 효과 설정하기

▲ 발표자 도구 보기

> **섹션별 주요 내용**

01 | '페이지 말아 넘기기' 화면 전환 효과 지정하기 **02** | 모든 슬라이드의 화면 전환 속도 변경하기
03 | 자동으로 실행하는 프레젠테이션 만들기 **04** | 발표자 도구로 전문가처럼 프레젠테이션 발표하기

실무
예제 **01** '페이지 말아 넘기기' 화면 전환 효과 지정하기

◈ **예제파일** : 마케팅_전환효과.pptx ◈ **결과파일** : 마케팅_전환효과_완성.pptx

1 1번 슬라이드를 선택하고 [전환] 탭−[슬라이드 화면 전환] 그룹에서 [자세히] 단추(▾)를 클릭한 후 '화려한 효과'의 [페이지 말아 넘기기]를 선택하세요.

2 [전환] 탭−[슬라이드 화면 전환] 그룹에서 [효과 옵션]−[이중 오른쪽]을 선택하세요. F5 를 눌러 슬라이드 쇼를 실행한 후 화면 전환 효과를 확인해 보세요.

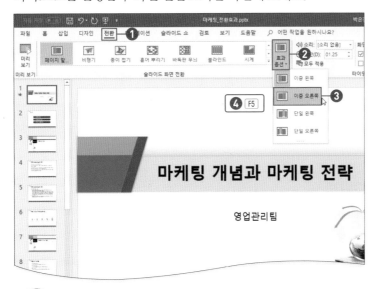

Tip

화면 전환 효과의 종류에 따라 [효과 옵션]에서 선택할 수 있는 목록이 다르게 나타나요.

137

2010 | 2013 | 2016 | 2019 | OFFICE 365

| 실무 예제 | **02** | **모든 슬라이드의 화면 전환 속도 변경하기** |

◐ **예제파일** : 마케팅_전환속도.pptx ◐ **결과파일** : 마케팅_전환속도_완성.pptx

1 1번 슬라이드를 선택하고 [전환] 탭-[타이밍] 그룹에서 '기간'을 [02.00](초)로 지정하세요. 모든 슬라이드의 화면 전환 속도를 똑같이 적용하기 위해 [전환] 탭-[타이밍] 그룹에서 [모두 적용]을 클릭하세요.

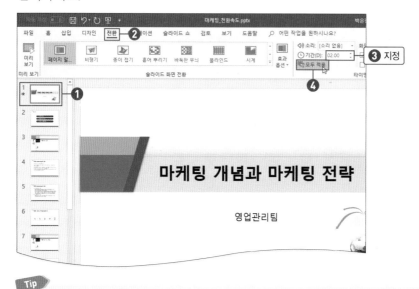

> **Tip**
>
> '기간'의 값이 작을수록 슬라이드의 전환 속도가 빨라져요. 그리고 슬라이드에 화면 전환 효과를 지정하면 화면의 왼쪽에 있는 슬라이드 축소판 그림 창에서 슬라이드 번호의 아래쪽에 ★ 모양이 나타납니다.

2 [슬라이드 쇼] 단추(🖵)나 [읽기용 보기] 단추(📖)를 클릭하여 슬라이드 쇼를 실행한 후 화면 전환 효과를 확인해 보세요.

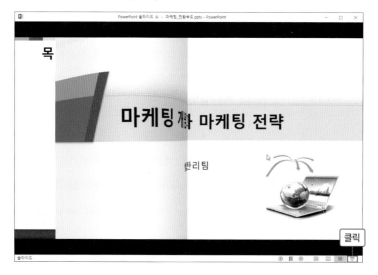

자동으로 실행하는 프레젠테이션 만들기

예제파일 : 마케팅_자동.pptx   **결과파일** : 마케팅_자동_완성.pptx

1 1번 슬라이드를 선택하고 [슬라이드 쇼] 탭-[설정] 그룹에서 [예행 연습]을 클릭하여 프레젠테이션을 시작하세요.

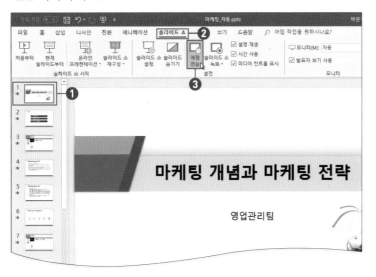

2 프레젠테이션이 진행되는 동안 화면의 왼쪽 위에 있는 슬라이드 시간 상자에 프레젠테이션 시간이 기록됩니다. 실제 프레젠테이션을 진행하는 것처럼 설명 시간을 고려하면서 마우스 왼쪽 단추를 눌러 마지막 슬라이드까지 이동해 보세요. 슬라이드 쇼에서 예행 연습으로 기록한 시간을 저장할 것인지를 묻는 메시지 창이 열리면 [예]를 클릭하세요.

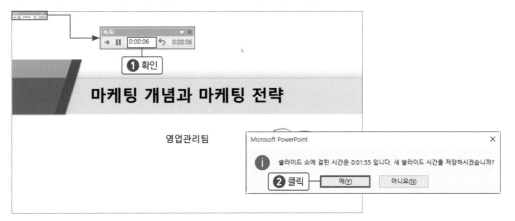

3 [여러 슬라이드] 단추(⊞)를 클릭하여 여러 슬라이드 보기 화면으로 변경하면 각 슬라이드마다 오른쪽 아래에 시간이 표시됩니다. 슬라이드 쇼를 진행하다가 마우스로 화면을 클릭하거나 각 슬라이드의 오른쪽 아래에 설정한 시간이 되면 다음 화면으로 전환됩니다.

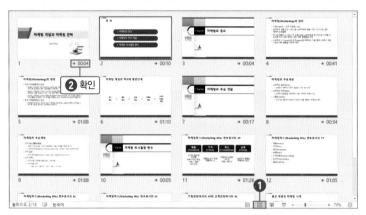

Tip

[전환] 탭-[타이밍] 그룹에서 '화면 전환'의 [다음 시간 후]에 체크되고 예행 연습에서 사용한 시간이 설정된 것을 확인할 수 있어요.

4 F5 를 눌러 슬라이드 쇼를 실행한 후 각 슬라이드가 설정한 시간만큼 자동으로 프레젠테이션으로 실행되는지 확인해 보세요.

잠깐만요 **슬라이드 숨기기**

슬라이드 축소판 그림 창에서 마우스 오른쪽 단추를 눌러 [슬라이드 숨기기]를 선택하면 프레젠테이션을 진행하는 동안에는 슬라이드가 표시되지 않아요. 다시 한번 더 마우스 오른쪽 단추를 눌러 [슬라이드 숨기기]를 선택하면 슬라이드 숨기기가 취소됩니다.

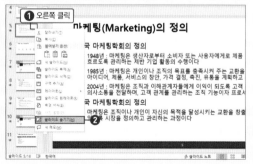

▲ 5번 슬라이드 숨기기

2010 | 2013 | 2016 | 2019 | OFFICE 365

실무 예제 | 04 발표자 도구로 전문가처럼 프레젠테이션 발표하기

◈ 예제파일 : 마케팅.pptx

1 컴퓨터에 빔 프로젝트를 연결하면 여러 대의 모니터가 자동으로 인식됩니다. 슬라이드 쇼를 진행할 때 발표자의 모니터 화면에서 발표자 도구를 보려면 **[슬라이드 쇼] 탭–[모니터] 그룹**에서 **[발표자 보기 사용]**에 체크되었는지 확인하고 '**모니터**'에는 슬라이드 쇼를 표시할 모니터로 **[자동]**을 지정하세요.

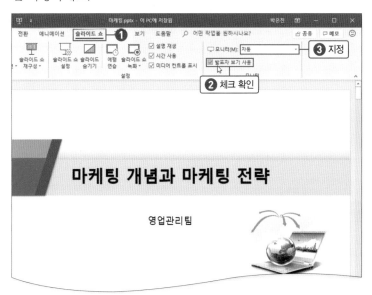

2 **[슬라이드 쇼] 단추(🖳)**를 클릭하거나 **F5**를 눌러 슬라이드 쇼를 실행하면 청중에게는 슬라이드만 표시되지만, 발표자는 화면에 표시되는 발표자 도구를 이용해 슬라이드 노트를 볼 수 있어요. 단일 모니터에서 발표자 도구를 보려면 슬라이드 쇼에서 마우스 오른쪽 단추를 눌러 **[발표자 보기 표시]**를 선택하세요.

3 발표자 보기 화면의 왼쪽에는 타이머와 현재 슬라이드가, 오른쪽에는 다음 슬라이드와 함께 아래쪽에 슬라이드 노트가 표시되는지 확인해 보세요.

잠깐만요 **발표자 도구 살펴보기**

발표자 도구를 사용하면 프레젠테이션을 전문가처럼 발표할 수 있으므로 발표자 도구의 화면 구성과 다양한 사용법을 미리 익혀보세요.

❶ 타이머 시간 표시(`0:00:18`), [타이머 일시 중지] 도구(❚❚), [타이머 다시 시작] 도구(↻)

❷ 현재 청중에게 보여주는 슬라이드

❸ 다음에 나올 슬라이드

❹ [펜 및 레이저 포인터 도구](✎)

❺ [모든 슬라이드 보기] 도구(▦)

❻ [슬라이드 확대] 도구(🔍)

❼ [슬라이드 쇼를 검정으로 설정/취소합니다.] 도구(▱)

❽ [슬라이드 쇼 옵션 더 보기] 도구(⊙)

❾ [이전 슬라이드로 돌아갑니다.] 도구(◉), [모든 슬라이드 보기] 도구(슬라이드 1/16), [다음 슬라이드로 넘어갑니다.] 도구(◉)

❿ 현재 슬라이드의 슬라이드 노트

⓫ [텍스트 확대] 도구(A⁺)

⓬ [텍스트 축소] 도구(A⁻)

1 오른쪽으로 '벗겨내기' 화면 전환 효과 설정하기

🔵 **예제파일** : 허브_화면전환.pptx 🔵 **결과파일** : 허브_화면전환_완성.pptx

다음과 같이 화면 전환 효과를 적용하고 5번 슬라이드를 숨겨보세요.

- **화면 전환 효과** : 벗겨내기
- **효과 옵션** : 오른쪽으로
- **기간** : 1.50
- 모든 슬라이드에 적용

Hint   ① [전환] 탭-[슬라이드 화면 전환] 그룹에서 [자세히] 단추(▼)를 클릭하고 '화려한 효과'의 [벗겨내기]를 선택한
후 '효과 옵션'에서 [오른쪽으로]를 선택하세요.
② [전환] 탭-[타이밍] 그룹에서 '기간'을 [01.50](초)으로 수정하고 [모두 적용]을 클릭하세요.
③ 슬라이드 축소판 그림 창에서 5번 슬라이드를 마우스 오른쪽 단추로 눌러 [슬라이드 숨기기]를 선택하세요.

2 발표자 도구로 슬라이드 쇼 진행하기

🔵 **예제파일** : 허브_발표자도구.pptx

슬라이드 쇼를 실행하고 발표자 도구 화면에서 다음 작업을 실행하세요.

- 다음 슬라이드로 이동하기
- 3번 슬라이드의 슬라이드 노트 보기
- 5번 슬라이드로 곧바로 이동하기

Hint   ① F5를 눌러 슬라이드 쇼를 실행한 후 마우스 오른쪽 단추를 눌러 [발표자 보기 표시]를 선택하세요.
② [다음 슬라이드로 넘어갑니다.] 도구(⊙)를 클릭하여 다음 슬라이드로 이동하세요.
③ 3번 슬라이드로 이동하여 슬라이드 노트를 확인하고 『5』를 입력한 후 Enter를 누르세요.

자동으로 실행되는 행사용 프레젠테이션 만들기

🔵 **예제파일** : 여행앨범.pptx   🔵 **결과파일** : 여행앨범_완성.pptx

모임이나 단체의 연말 행사 또는 결혼식, 돌잔치 등에서 수많은 사진에 화면 전환 효과를 적용하고 음악을 지정하여 동영상처럼 프레젠테이션을 진행하려면 이번에 실습하는 기능을 꼭 사용해 보세요. 이렇게 완성한 프레젠테이션 문서는 Esc를 누를 때까지 자동으로 재생됩니다.

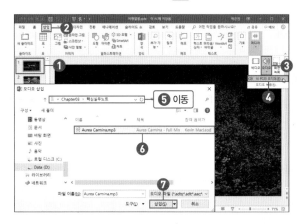

1 1번 슬라이드를 선택하고 [삽입] 탭-[미디어] 그룹에서 [오디오]-[내 PC의 오디오]를 선택하세요. [오디오 삽입] 대화상자가 열리면 배경으로 사용할 음악을 선택하고 [삽입]을 클릭하세요.

> **Tip**
>
> 여기에서는 부록 실습 파일 중 'Aurea Carmina.mp3' 오디오 파일을 선택하세요.

2 삽입한 오디오를 모든 슬라이드에서 실행되는 배경 음악으로 설정하기 위해 [오디오 도구]의 [재생] 탭-[오디오 스타일] 그룹에서 [백그라운드에서 재생]을 클릭하세요.

3 각 슬라이드가 3초 후에 자동으로 서로 다른 화면으로 전환되도록 [전환] 탭-[슬라이드 화면 전환] 그룹에서 '화려한 효과'의 [임의 효과]를 선택하세요. [전환] 탭-[타이밍] 그룹에서 [다음 시간 후]에 체크하고 '다음 시간'에 [00:03](초)을 지정한 후 [모두 적용]을 클릭하세요.

4 1번 슬라이드만 선택한 상태에서 **[전환] 탭-[슬라이드 화면 전환]** 그룹의 '화려한 효과'의 **[소용돌이]**를 선택하여 표지 슬라이드의 화면 전환 효과를 변경하세요.

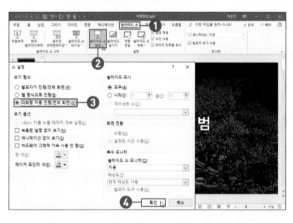

5 **[슬라이드 쇼] 탭-[설정]** 그룹에서 **[슬라이드 쇼 설정]**을 클릭하세요. [쇼 설정] 대화상자가 열리면 '보기 형식'의 **[대화형 자동 진행(전체 화면)]**을 선택하고 [확인]을 클릭하세요.

6 **F5**를 눌러 슬라이드 쇼를 진행하고 **Esc**를 누를 때까지 프레젠테이션이 반복되어 실행되는지 확인해 보세요.

문서작성

텍스트

도형/도해

그림/표/차트

오디오/비디오

애니메이션

슬라이드쇼

테마디자인

저장/인쇄

CHAPTER 4 프레젠테이션의 문서 관리 기술 익히기

파워포인트에서 제공하는 테마와 슬라이드 마스터를 활용하면 프레젠테이션 문서를 전문가 수준으로 세련되게 디자인할 수 있어요. 또한 수정 및 편집이나 문서 관리도 편리해서 업무의 효율성을 더욱 높일 수도 있죠. 파워포인트는 사용 목적 및 용도가 점차 확대되면서 파일의 저장 형식과 인쇄 모양도 좀 더 다양하게 제공되고 있어요. 이번 챕터에서는 파워포인트의 기본인 슬라이드 마스터의 활용법과 다양한 인쇄 및 저장 기능에 대해 알아보겠습니다. 이번 챕터가 어렵게 느껴질 수도 있지만, 제대로 알면 문서를 디자인하고 관리하는 능력을 한층 업그레이드할 수 있으므로 잘 익혀보세요.

Windows 10
+Excel
& PowerPoint
&Word 2019
+Hangeul

SECTION **01**   테마와 마스터로 프레젠테이션
디자인 관리하기

SECTION **02**   다양한 형식으로 프레젠테이션
저장하기

SECTION **03**   프레젠테이션의 인쇄 환경 설정하기

테마와 마스터로 프레젠테이션 디자인 관리하기

슬라이드 마스터는 배경과 색, 글꼴, 효과, 개체 틀의 크기와 위치뿐만 아니라 프레젠테이션의 테마 및 슬라이드 레이아웃 정보를 저장하는 슬라이드 계층 구조의 최상위 슬라이드입니다. 슬라이드 마스터는 초보자에게 어려울 수 있지만, 제대로 사용할 줄 알면 여러 개의 슬라이드에 공통적으로 적용되는 요소를 통일하여 업무의 효율성이 크게 높일 수 있어요. 이번 섹션에서는 슬라이드 마스터의 개념에 대해 이해하면서 슬라이드 마스터를 익숙하게 사용할 수 있는 필수 예제를 실습해 봅니다.

> **PREVIEW**

▲ 모든 슬라이드에 배경 디자인하기

▲ 표지 슬라이드만 디자인하기

> **섹션별
> 주요 내용**
>
> 01 | 테마와 마스터 이해하기　02 | 슬라이드 마스터 디자인하기　03 | 모든 슬라이드에 같은 배경 그림 지정하기
> 04 | 모든 슬라이드에 로고 삽입하기　05 | 표지 슬라이드만 디자인하기
> 06 | 모든 슬라이드에 슬라이드 번호 삽입하기　07 | 다중 마스터 활용해 레이아웃 지정하기
> 08 | 프레젠테이션의 기본 글꼴 변경하기

실무 예제 | 01 테마와 마스터 이해하기

1 | 슬라이드 마스터와 슬라이드 레이아웃 이해하기

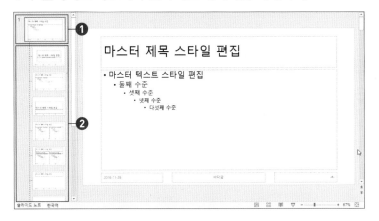

❶ **슬라이드 마스터** : 슬라이드 마스터는 단 몇 번의 마우스 클릭만으로 빠른 시간 안에 전문가 수준의 디자인을 만들 수 있도록 도와줍니다. 예를 들어 모든 슬라이드에 같은 글꼴이나 이미지(로고)를 삽입하려면 슬라이드 마스터를 사용하세요. 이렇게 삽입한 내용을 슬라이드 마스터에서 변경하면 나머지 슬라이드에도 똑같이 적용되어 매우 쉽게 수정 및 편집할 수 있어요.

❷ **슬라이드 레이아웃** : 슬라이드 레이아웃은 슬라이드의 구성을 다양한 모양으로 제공하는 기능으로, 슬라이드 마스터에 소속되어 있어요. 하나의 슬라이드 마스터에는 여러 개의 레이아웃이 있을 수 있고, 서로 점선으로 연결되어 있어요.

2 | 테마 이해하기

테마(thema)는 색, 글꼴, 그래픽 등 서식을 꾸밀 수 있는 모든 디자인 요소를 제공해요. 따라서 디자인 감각이 없어도 테마를 사용하면 전문 디자이너처럼 감각적인 프레젠테이션을 아주 쉽게 만들 수 있어요. 또한 테마는 파워포인트뿐만 아니라 엑셀, 워드, 아웃룩에서도 공통적으로 제공하는 기능으로, 파워포인트에서 적용한 테마를 오피스의 모든 프로그램에서 일관성 있는 형태로 유지할 수 있답니다. 파워포인트에 설정된 기본 테마는 'Office 테마'로, 슬라이드 마스터나 [디자인] 탭에서 원하는 테마로 바꿀 수 있어요.

▲ 슬라이드 마스터에서 테마 변경하기

▲ [디자인] 탭에서 테마 변경하기

실무
예제 | **02** | # 슬라이드 마스터 디자인하기

◎ 예제파일 : 리더십_마스터.pptx   ◎ 결과파일 : 리더십_마스터_완성.pptx

1 Shift를 누른 상태에서 화면의 아래쪽에 있는 [기본] 단추(回)를 클릭하세요.

> **Tip**
> [보기] 탭-[마스터 보기] 그룹
> 에서 [슬라이드 마스터]를 클릭
> 해도 됩니다.

2 슬라이드 마스터 보기로 이동하면 맨 위쪽에 있는 '슬라이드 마스터'의 제목 개체 틀을 선택하
세요. [홈] 탭-[글꼴] 그룹에서 [글꼴 크기 작게]를 두 번 클릭하여 '글꼴 크기'를 [36]으로 지정하고
[굵게]를 클릭하세요. 제목 개체 틀의 크기 조정 핸들(○)을 위쪽으로 드래그하여 제목 영역의
크기를 작게 조절해 보세요.

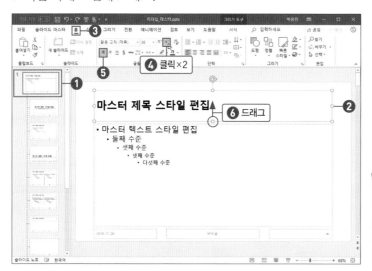

> **Tip**
> 개별 슬라이드를 작성하기 전에
> 슬라이드 마스터를 먼저 디자인
> 하는 것이 좋아요. 그리고 제목
> 영역을 줄이면 본문 공간이 넓
> 어집니다.

3 이번에는 내용 개체 틀을 선택하고 [홈] 탭-[글꼴] 그룹에서 [글꼴 크기 작게]를 한 번 클릭하여 '글꼴 크기'를 [16+]로 지정하세요. 내용 개체 틀의 크기 조정 핸들(○)을 위쪽으로 드래그하여 크기를 크게 조정하면서 약간 위쪽으로 이동하세요.

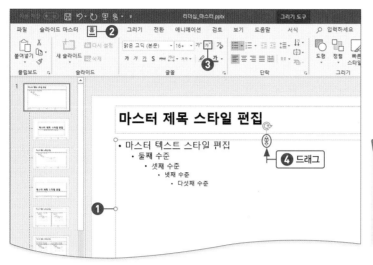

본문은 각 수준마다 글꼴 크기가 다르므로 직접 크기 값을 입력하지 않고 [글꼴 크기 작게]나 [글꼴 크기 크게]를 클릭하여 현재 지정된 값보다 작게 또는 크게 변경하세요.

4 46쪽의 '05. 글머리 기호의 모양과 색상 변경하기'를 참고하여 내용 개체 틀에 다음과 같이 글머리 기호의 모양과 색을 적용하세요. 내용 개체 틀을 선택하고 [홈] 탭-[단락] 그룹에서 [단락] 대화상자 표시 아이콘(▫)을 클릭하세요.

- **첫째 수준** : 도형 기호(◈), 색 : 테마 색 – 파랑, 강조 1
- **둘째 수준** : 속이 찬 정사각형 글머리 기호(▪), 색 : 테마 색 – 주황, 강조 2
- **셋째 수준** : 속이 찬 둥근 글머리 기호(•), 색 : 테마 색 – 녹색, 강조 6

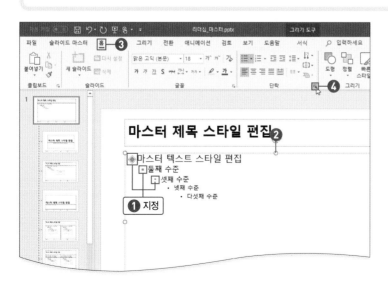

5 [단락] 대화상자가 열리면 [들여쓰기 및 간격] 탭의 '간격'에서 '단락 앞'은 [0pt], '단락 뒤'는 [12pt], '줄 간격'은 [1줄]로 지정하세요. [한글 입력 체계] 탭을 선택하고 [한글 단어 잘림 허용]의 체크를 해제한 후 [확인]을 클릭하세요.

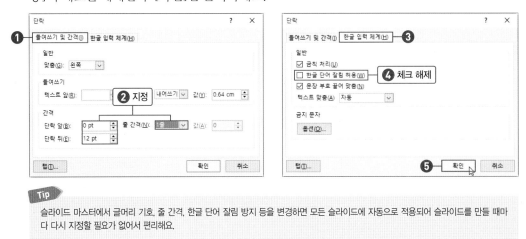

Tip

슬라이드 마스터에서 글머리 기호, 줄 간격, 한글 단어 잘림 방지 등을 변경하면 모든 슬라이드에 자동으로 적용되어 슬라이드를 만들 때마다 다시 지정할 필요가 없어서 편리해요.

6 슬라이드 마스터에 입력한 내용에 서식이 잘 적용되었는지 확인하기 위해 [기본] 단추(▤)를 클릭하세요. 기본 보기 화면이 열리면 4번 슬라이드를 선택하여 제목과 글머리 기호를 확인해 보세요.

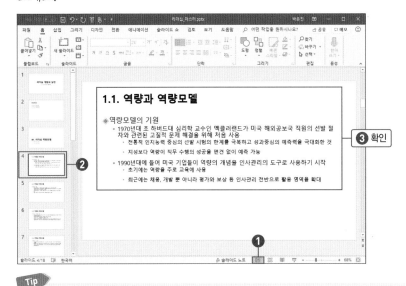

Tip

슬라이드 마스터 보기에서 기본 보기 화면으로 전환할 때 [슬라이드 마스터] 탭-[닫기] 그룹에서 [마스터 보기 닫기]를 클릭해도 됩니다.

실무
예제 **03** **모든 슬라이드에 같은 배경 그림 지정하기**

◈ **예제파일** : 리더십_배경.pptx ◈ **결과파일** : 리더십_배경_완성.pptx

1 Shift를 누른 상태에서 [기본] 단추(▣)를 클릭하여 슬라이드 마스터 보기로 이동하세요. '슬라이드 마스터'를 선택하고 [슬라이드 마스터] 탭-[배경] 그룹에서 [배경 스타일]-[배경 서식]을 선택하세요.

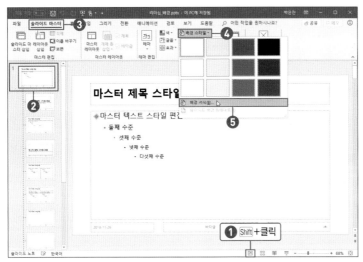

Tip
슬라이드의 빈 공간에서 마우스 오른쪽 단추를 눌러 [배경 서식]을 선택해도 됩니다.

2 화면의 오른쪽에 [배경 서식] 창이 열리면 [채우기] 단추(◈)가 선택된 상태에서 '채우기'의 [그림 또는 질감 채우기]를 선택하고 [파일]을 클릭하세요.

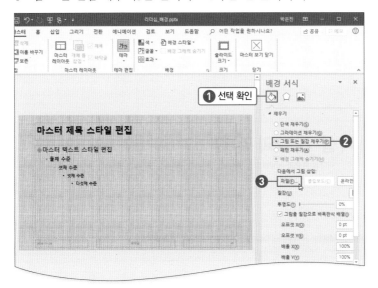

153

3 [그림 삽입] 대화상자가 열리면 부록 실습 파일 중 '배경1.png' 파일을 선택하고 [삽입]을 클릭하세요.

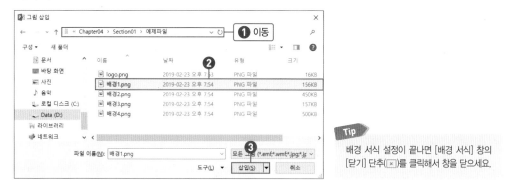

> **Tip**
>
> 배경 서식 설정이 끝나면 [배경 서식] 창의 [닫기] 단추(×)를 클릭해서 창을 닫으세요.

4 모든 슬라이드에 '슬라이드 마스터'와 같은 배경 그림이 삽입되면 [기본] 단추(▣)를 클릭하세요.

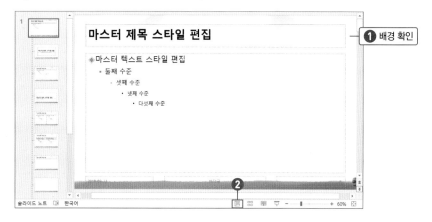

5 기본 보기 화면이 열리면 모든 슬라이드에 같은 배경 그림이 적용되었는지 확인해 보세요.

2010 | 2013 | 2016 | 2019 | OFFICE 365

실무 예제 | **04** 모든 슬라이드에 로고 삽입하기

📌 **예제파일** : 리더십_로고.pptx 📌 **결과파일** : 리더십_로고_완성.pptx

1 Shift를 누른 상태에서 [기본] 단추(▥)를 클릭하여 슬라이드 마스터 보기로 이동하고 '슬라이드 마스터'를 선택한 후 **[삽입] 탭-[이미지] 그룹**에서 **[그림]**을 클릭하세요. [그림 삽입] 대화상자가 열리면 부록 실습 파일 중 'logo.png' 파일을 선택하고 [삽입]을 클릭하세요.

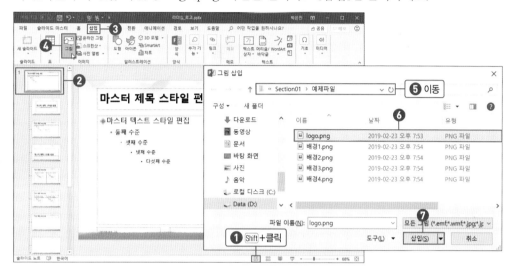

2 삽입한 로고의 크기를 조금 줄이고 화면의 오른쪽 위로 드래그하여 위치를 이동하세요. 나머지 레이아웃을 차례대로 선택하면서 로고가 똑같은 위치에 제대로 적용되었는지 마스터 보기에서 확인해 보세요.

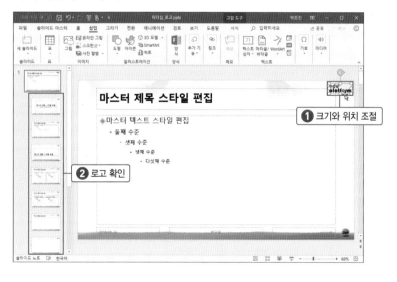

표지 슬라이드만 디자인하기

◎ **예제파일** : 리더십_표지.pptx   ◎ **결과파일** : 리더십_표지_완성.pptx

1 Shift 를 누른 상태에서 [기본] 단추(▣)를 클릭하여 슬라이드 마스터 보기로 이동하세요. '제목 슬라이드 레이아웃'을 선택하고 [슬라이드 마스터] 탭-[배경] 그룹에서 [배경 스타일]-[배경 서식]을 선택하세요.

2 화면의 오른쪽에 [배경 서식] 창이 열리면 [채우기] 단추(◈)가 선택된 상태에서 '채우기'의 [그림 또는 질감 채우기]를 선택하고 [파일]을 클릭하세요. [그림 삽입] 대화상자가 열리면 부록 실습 파일 중 '배경2.png' 파일을 선택하고 [삽입]을 클릭하세요.

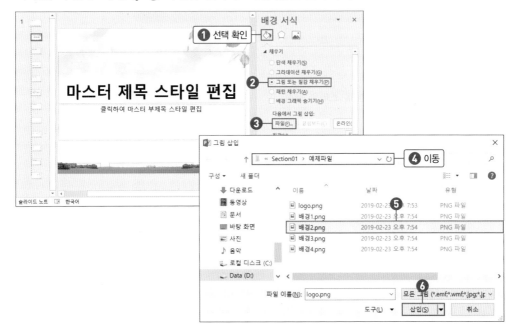

3 나머지 슬라이드는 디자인이 바뀌지 않고 '제목 슬라이드 레이아웃'의 배경 그림만 바뀐 것을 확인한 후 [배경 서식] 창을 닫으세요. '제목 슬라이드 레이아웃'의 제목 개체 틀을 선택하고 [그리기 도구]의 [서식] 탭-[WordArt 스타일] 그룹에서 [빠른 스타일]-[채우기: 검정, 텍스트 1, 윤곽선: 배경색 1, 진한 그림자: 흰색, 배경 1]을 선택하세요.

Tip

[빠른 스타일]이 나타나지 않으면 [그리기 도구]의 [서식] 탭-[WordArt 스타일] 그룹에서 [자세히] 단추(▾)를 클릭하세요.

4 [슬라이드 마스터] 탭-[배경] 그룹에서 [배경 그래픽 숨기기]에 체크하세요.

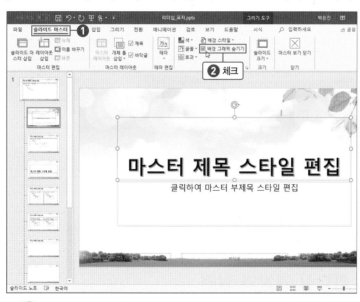

Tip

[배경 그래픽 숨기기]에 체크하면 '슬라이드 마스터'에서 삽입했던 도형이나 그림과 같은 개체를 숨길 수 있어요. '슬라이드 마스터'에서 로고 이미지를 복사한 후 붙여넣기해도 됩니다.

5 [삽입] 탭-[이미지] 그룹에서 [그림]을 클릭하세요. [그림 삽입] 대화상자가 열리면 부록 실습 파일 중 'logo.png' 파일을 선택하고 [삽입]을 클릭하세요.

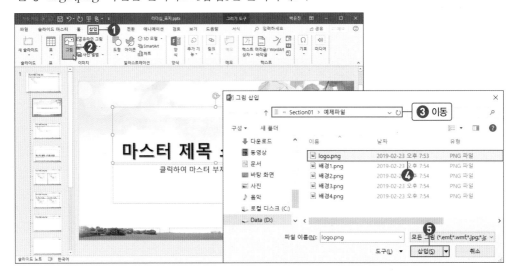

6 삽입한 로고 이미지를 화면의 아래쪽으로 드래그하고 [기본] 단추(▦)를 클릭하세요.

> **Tip**
>
> 로고 이미지를 선택하고 ↓를 눌러 이동하거나 Shift를 누른 상태로 아래쪽으로 드래그하면 이미지의 중심을 유지하면서 쉽게 위치를 움직일 수 있어요.

7 기본 보기 화면이 열리면 첫 번째 슬라이드의 배경과 로고가 다른 슬라이드 레이아웃과 다르게 설정되었는지 확인해 보세요.

2010 | 2013 | 2016 | 2019 | OFFICE 365

실무
예제 **06** 모든 슬라이드에 슬라이드 번호 삽입하기

◉ **예제파일** : 리더십_바닥글.pptx ◉ **결과파일** : 리더십_바닥글_완성.pptx

1 [삽입] 탭-[텍스트] 그룹에서 [머리글/바닥글]을 클릭하세요. [머리글/바닥글] 대화상자가 열리면 [슬라이드] 탭에서 [슬라이드 번호]와 [제목 슬라이드에는 표시 안 함]에 체크하고 [모두 적용]을 클릭하세요.

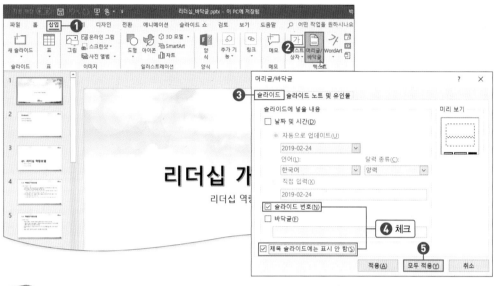

> **Tip**
> 바닥글을 삽입하려면 [바닥글]에 체크하고 바닥글 내용을 입력하세요.

2 모든 슬라이드에 슬라이드 번호가 적용되었는지 확인해 보세요. '제목 슬라이드 레이아웃'인 첫 번째 슬라이드를 제외하고 두 번째 슬라이드부터 슬라이드 번호가 나타납니다.

> **Tip**
> 슬라이드 번호는 기본 보기 화면에서도 설정할 수 있어요.

3 슬라이드 번호의 위치와 서식을 변경하려면 슬라이드 마스터 보기에서 작업해야 하므로 Shift 를 누른 상태에서 [기본] 단추(⊟)를 클릭하여 슬라이드 마스터 보기로 이동하세요. '슬라이드 마스터'를 선택하고 슬라이드 번호 텍스트 상자를 선택한 후 약간 아래쪽으로 드래그하여 위치를 옮겨주세요.

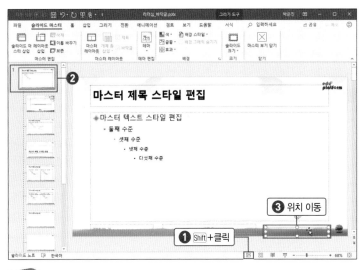

> **Tip**
> 각각의 슬라이드에서 수정하면 슬라이드마다 번호의 위치와 서식이 달라지므로 슬라이드 마스터에서 작업해야 해요.

4 슬라이드 번호 텍스트 상자를 선택한 상태에서 [홈] 탭–[글꼴] 그룹의 [글꼴 크기]를 [14pt]로 지정 하세요. [글꼴 색]을 '테마 색'의 [흰색, 배경 1]로 선택하고 [기본] 단추(⊟)를 클릭하세요.

> **Tip**
> 슬라이드 마스터에서 슬라이드 번호 서식을 변경하면 다른 슬라이드에도 똑같이 변경됩니다. 슬라이드 번호의 ⟨#⟩ 값은 시스템에서 표현하는 값이므로 지우면 안 됩니다.

5 기본 보기 화면이 열리면 나머지 슬라이드에도 슬라이드 번호의 위치와 서식이 제대로 변경되었는지 확인해 보세요.

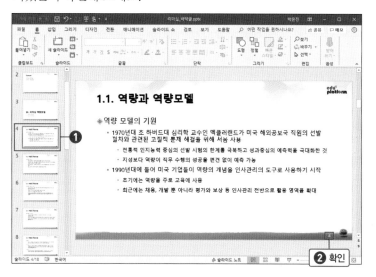

잠깐만요 **두 번째 슬라이드의 슬라이드 번호를 1로 표시하기**

[디자인] 탭-[사용자 지정] 그룹에서 [슬라이드 크기]-[사용자 지정 슬라이드 크기]를 선택하세요. [슬라이드 크기] 대화상자가 열리면 '슬라이드 시작 번호'에 『0』을 입력하고 [확인]을 클릭하세요.

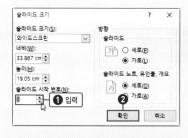

첫 번째 슬라이드는 '제목 슬라이드 레이아웃'이므로 설정에 따라 슬라이드 번호가 표시되지 않고 두 번째 슬라이드부터 1번으로 표시됩니다.

▲ 첫 번째 슬라이드에 번호가 표시되지 않음

▲ 두 번째 슬라이드부터 1번으로 표시됨

실무 예제 07 다중 마스터 활용해 레이아웃 지정하기

◉ **예제파일** : 리더십_다중마스터.pptx　◉ **결과파일** : 리더십_다중마스터_완성.pptx

1 다른 문서에서 사용할 4번 슬라이드를 선택하고 [홈] 탭-[클립보드] 그룹에서 [복사]를 클릭하세요.

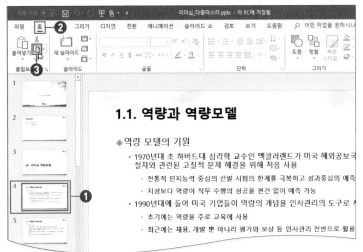

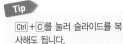

> **Tip**
> Ctrl + C 를 눌러 슬라이드를 복사해도 됩니다.

2 Ctrl + N 을 눌러 새 프레젠테이션을 열어보세요. [홈] 탭-[클립보드] 그룹에서 [붙여넣기]의 붙여넣기 를 클릭하고 '붙여넣기 옵션'의 [원본 서식 유지](📋)를 선택하여 **1** 과정에서 복사한 슬라이드를 붙여넣으세요.

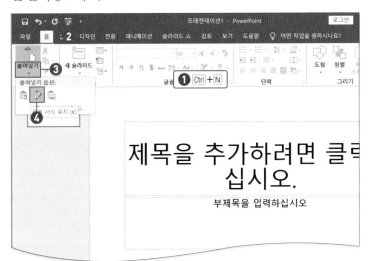

> **Tip**
> '붙여넣기 옵션'을 선택하지 않고 복사한 슬라이드를 그냥 붙여넣었다고 걱정하지 마세요. 마지막 슬라이드의 오른쪽 아래에 나타나는 [붙여넣기 옵션] 단추(📋(Ctrl)▾)를 클릭하고 [원본 서식 유지](📋)를 선택할 수 있어요. 원본의 서식은 제외하고 내용만 복사하고 싶으면 [대상 테마 사용](📋)을 선택하세요.

162

3 [Shift]를 누른 상태에서 [기본] 단추(📃)를 클릭하여 슬라이드 마스터 보기로 이동하고 '2번 슬라이드 마스터'가 삽입되었는지 확인해 보세요.

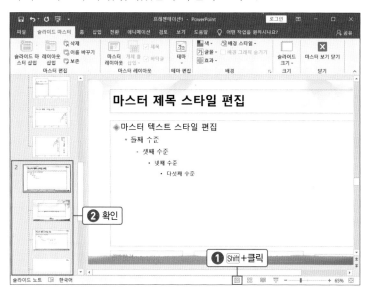

4 [기본] 단추(📃)를 클릭하여 기본 보기 화면으로 이동하고 [홈] 탭-[슬라이드] 그룹에서 [새 슬라이드]의 [새 슬라이드]를 클릭한 후 'Office 테마'의 [제목 및 내용]을 선택하세요. 이와 같은 방법으로 두 종류의 슬라이드 마스터에 따른 다양한 레이아웃을 선택하여 삽입할 수 있어요.

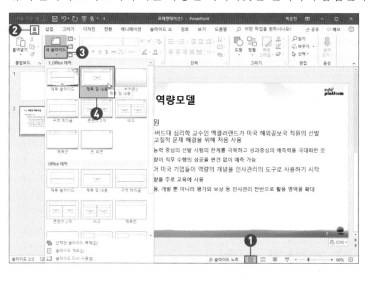

실무
예제 | **08** | **프레젠테이션의 기본 글꼴 변경하기**

◉ **예제파일** : 리더십_글꼴.pptx   ◉ **결과파일** : 리더십_글꼴_완성.pptx

1 [Shift]를 누른 상태에서 [기본] 단추(▦)를 클릭하여 슬라이드 마스터 보기로 이동하고 [슬라이드 마스터] 탭-[배경] 그룹에서 [글꼴]-[글꼴 사용자 지정]을 선택하세요. [새 테마 글꼴 만들기] 대화상자가 열리면 다음의 그림과 같이 지정하고 [저장]을 클릭하세요.

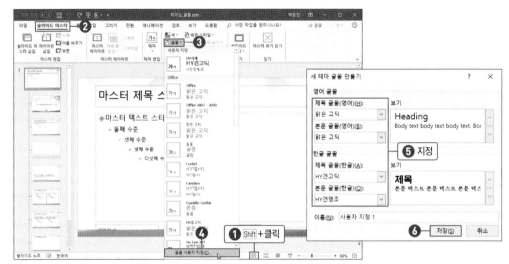

> **Tip**
>
> 기본 보기 화면에서 [디자인] 탭-[적용] 그룹의 [자세히] 단추(▿)를 클릭하고 [글꼴]을 선택해도 됩니다. 글꼴은 영문 글꼴과 한글 글꼴을 구분해서 설정할 수 있어요.

2 [기본] 단추(▦)를 클릭하여 기본 보기 화면으로 이동한 후 프레젠테이션 문서 전체의 기본 글꼴이 **1** 과정에서 지정한 서체로 변경되었는지 확인해 보세요.

> **Tip**
>
> 슬라이드 마스터에서 기본 글꼴을 변경하면 각각의 슬라이드마다 일일이 글꼴을 바꿀 필요가 없어서 편리해요.

164

1 | 슬라이드 마스터에서 표지와 본문 디자인하기

예제파일 : 기획문서_배경.pptx **결과파일** : 기획문서_배경_완성.pptx

슬라이드 마스터를 사용하여 문서의 표지와 본문에 다음의 서식을 적용해 보세요.

- 슬라이드 마스터 – 배경 : 배경3.png, 텍스트 : 40pt, 굵게, 흰색, 배경에 맞게 위치 및 크기 조정
- 제목 슬라이드 레이아웃 – 배경 : 배경4.png, 텍스트 : 54pt, 굵게, 검은색

Hint ① 슬라이드 마스터 보기에서 '슬라이드 마스터'를 선택하고 [슬라이드 마스터] 탭-[배경] 그룹에서 [배경 스타일]-[배경 서식]을 선택하세요.
② [배경 서식] 창에서 [그림 또는 질감 채우기]를 선택하고 [파일]을 클릭하여 '배경3.png' 파일을 선택하세요.
③ 제목 레이아웃에는 '배경4.png' 파일을 적용하세요. '슬라이드 마스터'의 제목 글꼴에 [40pt], [굵게], [흰색]을 적용하고 배경 그림에 맞게 위치와 크기를 조정하세요.
④ '제목 슬라이드 레이아웃'의 제목 글꼴에 [54pt], [굵게], [검은색]을 적용하세요.

2 | 슬라이드 번호를 가운데 아래에 표시하기

예제파일 : 기획문서_바닥글.pptx **결과파일** : 기획문서_바닥글_완성.pptx

제목 슬라이드 레이아웃을 제외한 모든 슬라이드에 14pt, 검은색의 슬라이드 번호가 가운데 아래에 나타나게 설정해 보세요.

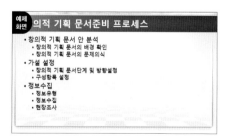 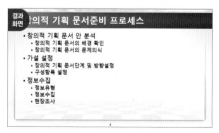

Hint ① [삽입] 탭-[텍스트] 그룹에서 [머리글/바닥글]을 클릭하세요. [머리글/바닥글] 대화상자의 [슬라이드] 탭에서 [슬라이드 번호]와 [제목 슬라이드에는 표시 안 함]에 체크하고 [모두 적용]을 클릭하세요.
② 슬라이드 마스터 보기로 이동하고 '슬라이드 마스터'에서 슬라이드 번호에 [14pt], [검은색]을 지정하세요. [홈] 탭-[단락] 그룹에서 [가운데 맞춤], [홈] 탭-[그리기] 그룹에서 [정렬]-[맞춤]-[가운데 맞춤]을 선택하세요.

Section 02 다양한 형식으로 프레젠테이션 저장하기

파워포인트 사용자가 늘어나면서 사용 목적 및 활용 범위가 더욱 넓어지고 다양해졌어요. 파워포인트 2019에서는 기존에 제공하던 파일 형식보다 더 많은 파일 형식을 제공하고 있어요. 또한 파워포인트 문서를 저장할 때 내 컴퓨터뿐만 아니라 온라인(클라우드)에도 쉽게 저장하여 다른 사람들과 공유할 수 있도록 공동 작업에 대한 기능도 추가되었어요. 이번 섹션에서는 파워포인트로 작업한 문서를 PDF 파일과 비디오 파일, 유인물, 그림 등의 다양한 형식으로 저장하는 방법에 대해 배워봅니다.

PREVIEW

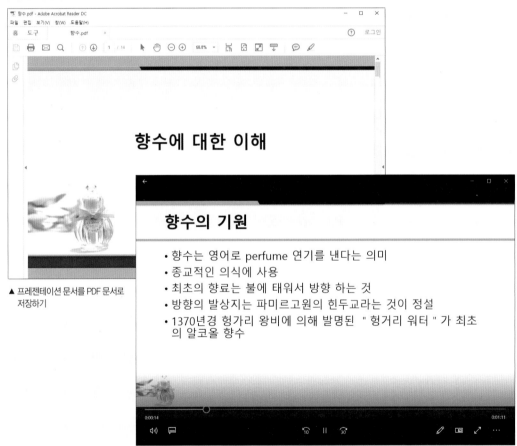

▲ 프레젠테이션 문서를 PDF 문서로 저장하기

▲ 프레젠테이션 문서를 비디오 파일로 저장하기

섹션별 주요 내용

01 | 프레젠테이션을 PDF 문서로 저장하기   02 | 프레젠테이션을 비디오 파일로 저장하기

03 | 프레젠테이션을 CD용 패키지로 저장하기   04 | 프레젠테이션을 유인물로 저장하기

2010 | 2013 | 2016 | 2019 | OFFICE 365

프레젠테이션을 PDF 문서로 저장하기

🔗 **예제파일** : 향수.pptx   🔗 **결과파일** : 향수.pdf

1 [파일] 탭-[내보내기]를 선택하고 [PDF/XPS 문서 만들기]-[PDF/XPS 만들기]를 클릭하세요.

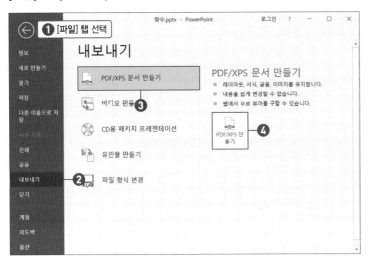

2 [PDF 또는 XPS로 게시] 대화상자가 열리면 PDF 문서를 저장할 위치를 선택하고 '파일 이름'
에는 『향수』를, '파일 형식'에는 [PDF(*.pdf)]를 입력 및 선택하고 [게시]를 클릭하세요. 문서
가 게시되기 시작하면 잠시 기다리세요.

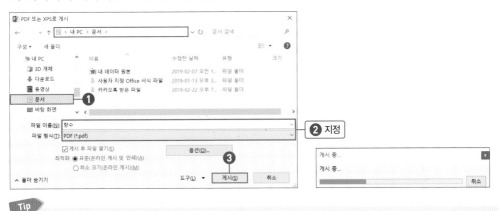

Tip

[게시 후 파일 열기]에 체크되어 있으면 문서가 PDF로 저장된 후 자동으로 실행됩니다.

3 게시가 완료되면 '향수.pdf' 파일이 곧바로 실행되는지 확인해 보세요.

PDF 파일을 보려면 Acrobat Reader, ezPDF Editor와 같은 PDF 뷰어 프로그램이 설치되어 있어야 해요.

잠깐만요　**PDF와 XPS 파일 형식 알아보기**

파일을 수정할 수 없지만 쉽게 공유하고 인쇄할 수 있도록 만들려면 PDF 또는 XPS 파일로 저장하세요.

파일 형식	특징
PDF(Portable Document Format)	• 문서 서식을 유지하면서 파일을 공유할 수 있어요. • PDF 형식의 파일을 온라인으로 보거나 인쇄하면 사용자가 의도한 서식이 그대로 유지되어 있어요. 단 PDF 파일을 보려면 컴퓨터에 Acrobat Reader를 설치해야 해요.
XPS(XML Paper Specification)	• PDF 문서와 거의 비슷한 파일 형식으로, 마이크로소프트에서 제공하는 프로그램입니다. • XPS 파일은 인터넷 익스플로러만 있으면 어디서든지 쉽게 파일을 열고 볼 수 있어요.

실무예제 02 프레젠테이션을 비디오 파일로 저장하기

🔵 **예제파일** : 향수.pptx   🔵 **결과파일** : 향수.mp4

1 [슬라이드 쇼] 탭-[설정] 그룹에서 [슬라이드 쇼 녹화]의 ▣슬라이드쇼녹화▪를 클릭하고 [처음부터 녹화]를 선택하세요.

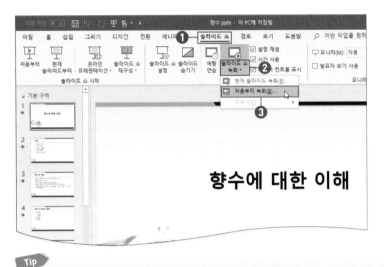

Tip

[파일] 탭-[내보내기]에서 [비디오 만들기]를 선택해도 비디오 녹화 시간을 설정할 수 있어요.

2 녹화 화면의 오른쪽 아래에 나타나는 [마이크] 단추(🎤), [카메라] 단추(📷), [카메라 미리 보기] 단추(👤)를 클릭하여 녹화에 사용할 것인지 선택하고 [녹음/녹화] 단추(⏺)나 [재생] 단추(▶)를 클릭하여 녹화를 시작하세요. 슬라이드 쇼를 끝까지 진행하면 화면 전환 효과와 애니메이션뿐만 아니라 펜을 이용한 필기와 설명도 모두 함께 녹화됩니다.

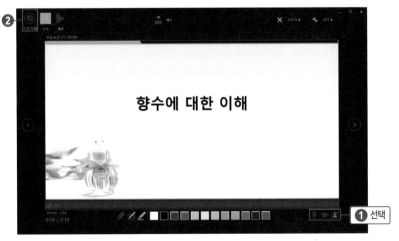

1 선택

Tip

녹화된 내용을 지우려면 [지우기] 단추(✕ 지우기▾)를 클릭하세요.

3 녹화가 끝나면 [여러 슬라이드] 단추(🔳)를 클릭해 각 슬라이드마다 설정된 시간을 확인해 보세요.

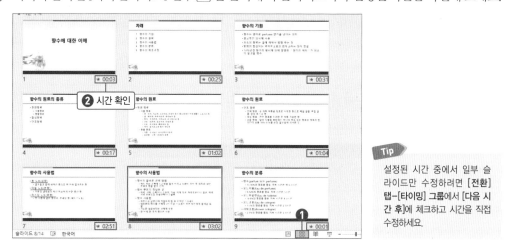

Tip

설정된 시간 중에서 일부 슬라이드만 수정하려면 [전환] 탭-[타이밍] 그룹에서 [다음 시간 후]에 체크하고 시간을 직접 수정하세요.

4 [파일] 탭-[내보내기]를 선택하고 [비디오 만들기]-[HD(720p)]를 선택하여 중간 정도의 해상도로 비디오를 만드세요. [기록된 시간 및 설명 사용]을 선택하고 [비디오 만들기]를 클릭하세요.

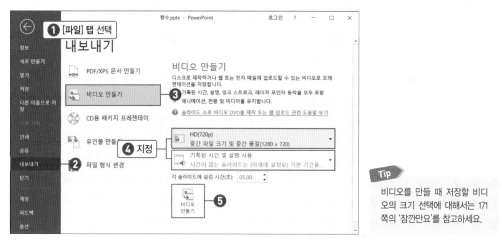

Tip

비디오를 만들 때 저장할 비디오의 크기 선택에 대해서는 171쪽의 '잠깐만요'를 참고하세요.

5 [다른 이름으로 저장] 대화상자가 열리면 파일을 저장할 위치를 선택하고 '파일 이름'에『항수』를 입력하세요. '파일 형식'에서 [MPEG-4 비디오 (*.mp4)]를 선택하고 [저장]을 클릭하세요.

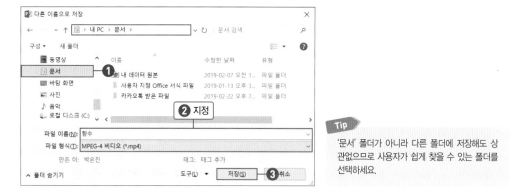

Tip

'문서' 폴더가 아니라 다른 폴더에 저장해도 상관없으므로 사용자가 쉽게 찾을 수 있는 폴더를 선택하세요.

6 프레젠테이션이 비디오로 저장되는 동안 화면의 아래쪽에 있는 상태 표시줄에 비디오의 저장 상태가 표시됩니다. 저장을 중지하려면 [취소] 단추(ⓧ)를 클릭하세요.

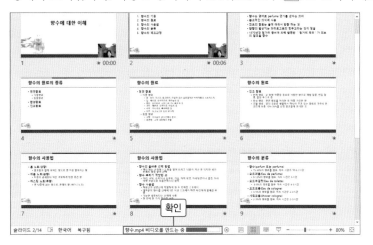

7 '문서' 폴더에서 '향수.mp4' 파일을 실행하여 슬라이드 쇼가 비디오 파일로 녹화되었는지 확인해 보세요.

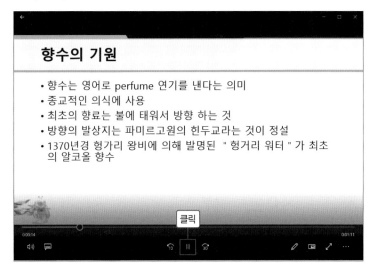

문서작성

탬플릿

도형/도해

그림/차트

오디오/비디오

애니메이션

슬라이드쇼

테마디자인

저장/인쇄

잠깐만요 | **저장할 비디오의 크기 선택하기**

❶ **Ultra HD(4K)** : 최대 파일 크기 및 매우 높은 품질(3840×2160)

❷ **Full HD(1080p)** : 큰 파일 크기와 고품질(1920×1080)

❸ **HD(720p)** : 중간 파일 크기와 중간 품질(1280×720)

❹ **표준(480p)** : 최소 파일 크기와 저품질(852×480)

실무 예제 03 프레젠테이션을 CD용 패키지로 저장하기

◎ 예제파일 : 향수.pptx

1 [파일] 탭-[내보내기]를 선택하고 [CD용 패키지 프레젠테이션]-[CD용 패키지]를 클릭하세요.

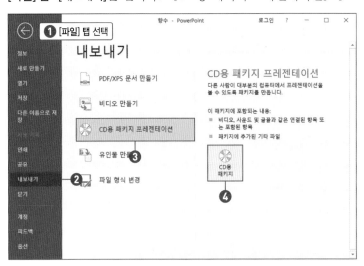

2 [CD용 패키지] 대화상자가 열리면 'CD 이름'에 『향수이해』를 입력하고 [옵션]을 클릭하세요. [옵션] 대화상자가 열리면 '다음 파일 포함'의 [연결된 파일]과 [포함된 트루타입 글꼴]에 체크되어 있는지 확인하고 [확인]을 클릭하세요. [CD용 패키지] 대화상자로 되돌아오면 [폴더로 복사]를 클릭하세요.

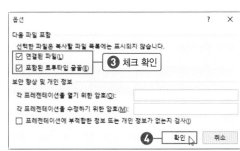

> **Tip**
> • 프레젠테이션 문서와 함께 저장할 파일이 있으면 [CD용 패키지] 대화상자에서 [추가]를 클릭하여 필요한 파일을 추가하세요. 이때 형식이 다른 여러 종류의 파일도 함께 추가할 수 있어요.
> • [옵션] 대화상자에서 [연결된 파일]에 체크하면 문서에서 연결된 동영상과 소리, 외부 파일이 포함되고 [포함된 트루타입 글꼴]에 체크하면 추가된 글꼴도 함께 저장됩니다.
> • [CD용 패키지] 대화상자의 [CD로 복사]는 빈 CD를 CD-RW에 삽입해야만 사용할 수 있어요.

3 [폴더에 복사] 대화상자가 열리면 '폴더 이름'과 '위치'를 확인하고 [확인]을 클릭하세요.

4 연결된 파일을 패키지에 포함하겠느냐고 묻는 메시지 창이 열리면 [예]를 클릭하세요.

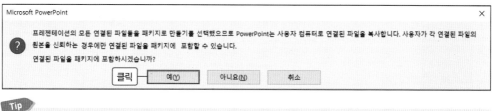

> **Tip**
>
> 연결된 파일을 패키지에 포함하면 문서에 삽입하지 않고 연결된 개체도 함께 저장됩니다. 일반적인 방법으로 삽입한 동영상과 음악 파일은 이미 문서에 포함되어 저장되므로 별도의 파일로 저장되지 않아요.

5 폴더에 복사되기 시작하면 잠시 기다리세요.

6 '향수이해' 폴더가 열리면서 함께 저장된 파일들을 확인할 수 있어요. 이제 USB와 같은 휴대용 저장 매체에 내용을 모두 복사해 두면 다른 컴퓨터에서도 오류가 발생하지 않으면서 안전하게 프레젠테이션을 실행할 수 있어요.

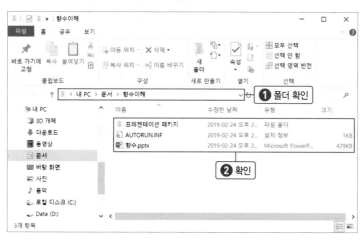

문서작성

텍스트

도형/도해

그림/표/차트

오디오/비디오

애니메이션

슬라이드쇼

템플릿디자인!

저장/인쇄

실무 예제 **04** 프레젠테이션을 유인물로 저장하기

◈ **예제파일** : 향수.pptx ◈ **결과파일** : 향수.docx

1 [파일] 탭-[내보내기]를 선택하고 [유인물 만들기]-[유인물 만들기]를 클릭하세요. [Microsoft Word로 보내기] 대화상자가 열리면 [슬라이드 옆에 여백]을 선택하고 [확인]을 클릭하세요.

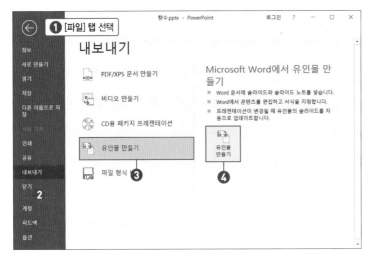
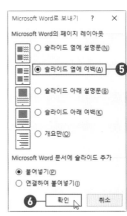

Tip

[슬라이드 옆에 설명문] 또는 [슬라이드 아래 설명문]을 선택하면 슬라이드 노트에 입력한 설명이 표시됩니다.

2 파워포인트 슬라이드가 워드 문서에서 그림으로 변환되면서 유인물이 만들어졌는지 확인해 보세요.

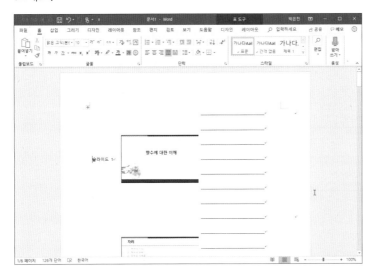

1 │ PDF 형식으로 프레젠테이션 문서 저장하기

예제파일 : 허브.pptx **결과파일** : 허브.pdf

프레젠테이션 문서를 PDF 형식으로 변경하여 저장해 보세요.

Hint
① [파일] 탭-[내보내기]를 선택하고 [PDF/XPS 문서 만들기]를 선택한 후 [PDF/XPS 만들기]를 클릭하세요.
② [PDF 또는 XPS로 게시] 대화상자가 열리면 파일을 저장할 위치를 지정하고 파일 이름을 입력한 후 [게시]를 클릭하세요.
③ 저장된 PDF 파일이 실행되는지 확인하세요.

2 │ 파워포인트 쇼 형식으로 저장하기

예제파일 : 허브.pptx **결과파일** : 허브.ppsx

'파워포인트 쇼' 형식으로 저장하여 슬라이드 쇼가 자동으로 실행되도록 파일을 저장해 보세요.

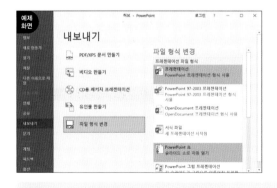

Hint
① [파일] 탭-[내보내기]를 선택하고 [파일 형식 변경]을 선택한 후 '프레젠테이션 파일 형식'에서 [PowerPoint 쇼]를 선택하고 [다른 이름으로 저장]을 클릭하세요.
② [다른 이름으로 저장] 대화상자가 열리면 파일을 저장할 위치를 지정하고 파일 이름을 입력한 후 [저장]을 클릭하세요. 윈도우 탐색기에서 저장한 ppsx 파일을 찾아 실행하세요.

프레젠테이션의 인쇄 환경 설정하기

파워포인트의 기본 인쇄 설정 환경은 현재 프레젠테이션에 있는 모든 슬라이드를 컬러로 출력하는 것입니다. 하지만 인쇄 옵션에서 사용자가 원하는 인쇄 환경으로 맞춤 설정을 할 수도 있고 슬라이드 쇼에서 참고할 슬라이드 노트만 따로 인쇄하거나 배포할 자료를 유인물 형태로 인쇄할 수도 있어요. 이번 섹션에서는 파워포인트 문서를 흑백으로 인쇄하는 방법뿐만 아니라 다양한 용도에 따른 인쇄 설정 방법에 대해 배워봅니다.

> **PREVIEW**

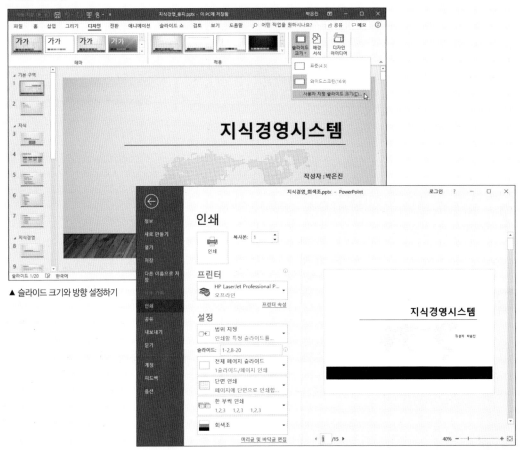

▲ 슬라이드 크기와 방향 설정하기

▲ 인쇄 대상과 모양 설정하기

섹션별 주요 내용

01 | 인쇄용지와 슬라이드의 방향 설정하기   02 | 필요한 슬라이드만 회색조로 인쇄하기

03 | 3슬라이드 유인물로 인쇄하기   04 | 특정 구역만 선택해 세 장씩 인쇄하기

실무 예제 | 01 인쇄용지와 슬라이드의 방향 설정하기

◎ **예제파일** : 지식경영_용지.pptx ◎ **결과파일** : 지식경영_용지_완성.pptx

1 [디자인] 탭-[사용자 지정] 그룹에서 [슬라이드 크기]-[사용자 지정 슬라이드 크기]를 선택하세요.

2 [슬라이드 크기] 대화상자가 열리면 '슬라이드 크기'에서 [A4 용지(210×297mm)]를 선택하고 [확인]을 클릭하세요. 크기 조절을 묻는 대화상자가 열리면 [맞춤 확인]을 선택하세요. 그러면 슬라이드의 크기가 '와이드 스크린(16:9)'에서 'A4 용지(210×297mm)' 크기로 변경됩니다.

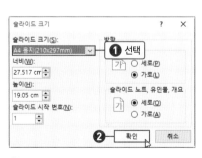
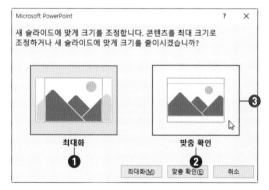

❶ **최대화** : 슬라이드 크기가 변해도 콘텐츠의 크기를 유지해요.

❷ **맞춤 확인** : 슬라이드 크기에 맞게 콘텐츠의 크기를 줄여요.

실무
예제 **02** 필요한 슬라이드만 회색조로 인쇄하기

◐ 예제파일 : 지식경영_회색조.pptx

1 [파일] 탭-[인쇄]를 선택하세요. '설정'에서 [범위 지정]을 선택하고 '슬라이드'에 『1-2,8-20』을 입력한 후 [회색조]를 선택하세요.

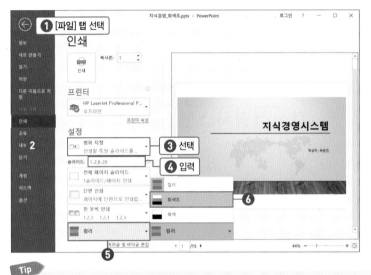

> **Tip**
> 떨어진 인쇄 범위는 쉼표(,)로 구분하고 연속 인쇄 범위는 하이픈(-)으로 연결합니다. 회색조로 인쇄하면 배경 그림은 인쇄되지 않고 삽입된 개체만 인쇄됩니다.

2 화면의 오른쪽에 인쇄 미리 보기 화면이 나타나면 인쇄할 페이지 수가 15페이지로 변경되었는지 확인하고 [인쇄]를 클릭하여 회색조로 인쇄하세요.

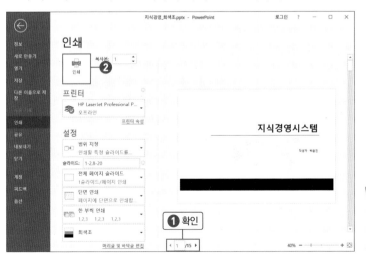

> **Tip**
> 인쇄 설정은 문서 내용과 함께 저장되지 않으므로 출력할 때마다 다시 설정해야 해요.

실무 예제 03 3슬라이드 유인물로 인쇄하기

● **예제파일** : 지식경영_유인물.pptx

1 [파일] 탭-[인쇄]를 선택하세요. '설정'에서 [모든 슬라이드 인쇄]를 선택하고 [전체 페이지 슬라이드]를 클릭한 후 '유인물'의 [3슬라이드]를 선택하세요.

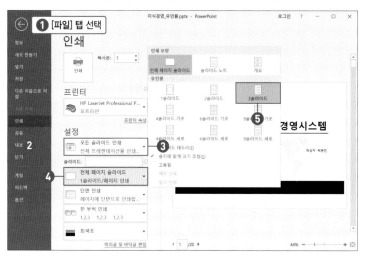

2 화면의 오른쪽에 인쇄 미리 보기 화면이 나타나면 세로 방향으로 '3슬라이드' 유인물이 인쇄되는지 확인해 보세요.

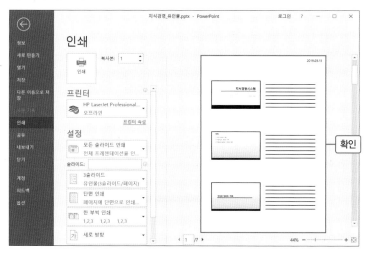

04 특정 구역만 선택해 세 장씩 인쇄하기

◉ **예제파일** : 지식경영_구역.pptx

1 인쇄 대상을 특정 구역으로 선택하려면 문서가 구역으로 나뉘어져 있어야 해요. 기본 보기 화면에서 프레젠테이션 문서가 구역으로 나뉘어져 있는지 확인하세요.

> **Tip**
>
> 구역으로 나뉘어져 있으면 슬라이드 축소판 그림 창의 그림 사이에 구역 이름이 나타납니다. 구역을 나누는 방법에 대해서는 33쪽을 참고하세요.

2 [파일] 탭-[인쇄]를 선택하고 '설정'에서 '구역'의 [지식경영]을 선택하세요. '복사본'에 [3]을 지정하고 [인쇄]를 클릭하세요.

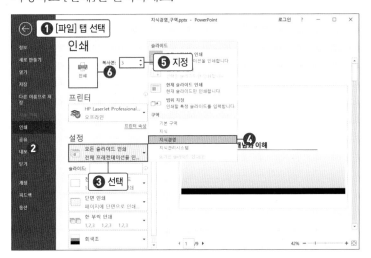

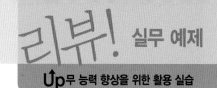
1 특정 범위만 회색조로 인쇄하기

📎 **예제파일** : 마케팅_회색조.pptx

1, 2, 10~16 인쇄 범위의 슬라이드만 선택하여 회색조로 인쇄해 보세요.

Hint ① [파일] 탭-[인쇄]를 선택하고 '설정'에서 [범위 지정]을 선택한 후 『1,2,10~16』을 입력하세요.
② '설정'의 [컬러]를 [회색조]로 선택하고 [인쇄]를 클릭하세요.

2 모든 슬라이드를 2슬라이드 유인물로 다섯 장씩 인쇄하기

📎 **예제파일** : 마케팅_유인물.pptx

한 장의 종이에 2슬라이드 유인물로 다섯 장씩 인쇄해 보세요.

Hint ① [파일] 탭-[인쇄]를 선택하고 '설정'에서 [전체 페이지 슬라이드]를 클릭한 후 '유인물'의 [2슬라이드]를 선택
하세요.
② '복사본'에 [5]를 지정하고 [인쇄]를 클릭하세요.

찾아보기

단축키

Ctrl + 드래그	45
Ctrl + B	44
Ctrl + G	58
Ctrl + I	44
Ctrl + L	126
Ctrl + M	39
Ctrl + N	36
Ctrl + S	126
Ctrl + Shift + <	44
Ctrl + Shift + >	44
Ctrl + Shift + G	58
Ctrl + Shift + 드래그	59
Ctrl + U	44
F4	43, 47
Shift + 드래그	57
Shift + Tab	45
Tab	45

영어

Back Stage 화면	22
CD용 패키지	172
Office 테마	149, 163
PDF 문서	167
[PowerPoint 옵션] 창	26
ppt	25
pptx	25
[SmartArt 그래픽 삽입] 단추	65
[SmartArt 그래픽 선택] 대화상자	69
SVG 이미지	71
XPS	168

한글

ㄱ~ㄹ

검색 입력 상자	15
[구역 이름 바꾸기] 대화상자	33
구역 추가	33
[그림 삽입] 대화상자	73
그림 압축	81
그림 원래대로	82
그림자	90
[글꼴 바꾸기] 대화상자	53
글꼴 크기 크게	43
글머리 기호	46
[기본] 단추	20, 150
[기호] 대화상자	41
내용 개체 틀	48
녹화	169
도형에 맞춰 자르기	74
도형 윤곽선	60
도형 채우기	60
디자인 아이디어	16
레이아웃	30, 65

ㅁ~ㅅ

맨 뒤로 보내기	57
머리글/바닥글	159
모양 조정 핸들	61
모핑	17
목록 수준 늘림	45
발표자 도구	141
[배경 서식] 창	153
배경 제거	77
[비디오 삽입] 대화상자	106
비디오 트리밍	109
서식 파일	15
[선택] 창	117
셀 병합	88
셀 여백	89
스마트 가이드	59, 73
스마트아트 그래픽	65, 68~69
슬라이드 노트	19, 141
슬라이드 마스터	149
슬라이드 복제	31
[슬라이드 쇼] 단추	21, 107
슬라이드 원래대로	32
슬라이드 축소판 그림 창	19
슬라이드 창	19

ㅇ~ㅈ

아이콘 삽입	17
애니메이션 복사	126
애니메이션 창	115
[여러 슬라이드] 단추	140, 170
예행 연습	139
[오디오 삽입] 대화상자	103
[오디오 재생] 대화상자	104
요약 확대/축소	18
워드아트	50
원본 서식 유지	36, 162
유인물	174, 179
음영	90
[이동 경로 변경] 대화상자	120
[이 항목을 목록에 고정] 단추	26
[이 항목을 목록에서 고정 해제] 단추	26
인쇄	179
[읽기용 보기] 단추	21, 108, 110
자동 실행	107
자르기	74
줄 간격	48

ㅊ~ㅎ

[차트 삽입] 대화상자	93
[차트 스타일] 단추	95
[차트 요소] 단추	95
크기 조정 핸들	61, 88
테마	22
텍스트 강조 색	16
텍스트 개체 틀	39
투명한 색 설정	76
트리거	124
특수 문자	40
펜 두께	91
펜 색	91
[표 삽입] 대화상자	85
하이퍼링크	129~134
[한글/한자 변환] 대화상자	41
화면 녹화	18
화면 전환 속도	138
화면 전환 효과	137
회색조	178
회전 핸들	61

윈도우10
엑셀+
파워포인트
워드2019+
한글 워드편
무작정 따라하기

고경희, 박미정, 박은진 지음

길벗

활용 제안 **1** 일단, 『무작정』 따라해 보세요!

실제 업무에서 사용하는 핵심 기능만 쏙 뽑아 실무 예제로 찾기 쉬운 구성으로 중요도별로 배치했기 때문에 **'무작정 따라하기'**만 해도 워드 사용 능력이 크게 향상됩니다. **'Tip'**과 **'잠깐만요'**는 예제를 따라하는 동안 주의해야 할 점과 추가 정보를 친절하게 알려줍니다. 또한 **'리뷰! 실무 예제'**로 자신의 실력을 점검해 보고 **'핵심! 실무 노트'**로 활용 능력을 업그레이드해 보세요.

반드시 알고 넘어가야 할 주요 내용 소개!

• 학습안 제시
• 결과 미리 보기
• 섹션별 주요 기능 소개

핵심 키워드로 업무 능력 업그레이드!

• 우선순위 TOP 20

필수 기능만 쏙 뽑아 실무에 딱 맞게!

• 핵심 기능/실무 예제
• 무작정 따라하기
• Tip/잠깐만요

검색보다 빠르다!

• 탭

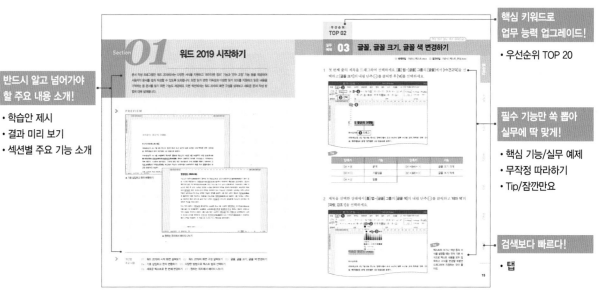

UP무 능력 향상을 위한 활용 실습!

• 리뷰! 실무 예제

프로 비즈니스맨을 위한 활용 TIP!

• 핵심! 실무 노트

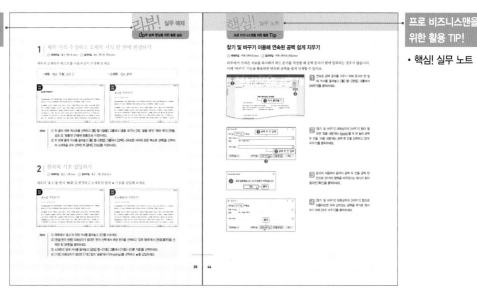

 **2** 자신의 『레벨에 맞는 학습법』을 찾아보세요!

워드를 최대한 쉽고 친절하게 알려주기 때문에 **초보 사용자**도 단기간에 **중급 사용자**로 **도약**할 수 있어요.
중·고급 사용자라도 실무에서 다루는 현장감 넘치는 예제를 업무에 바로 적용할 수 있어서 **업무 활용 능력**을 높일 수 있어요! 자신의 단계에 맞는 **체계적인 학습법**을 찾아보세요.

'워드' 사용 수준에 따른 학습 단계는?

기초 완성	실무 핵심	프로 비즈니스
Chapter 1의 기본 기능 위주로 따라하면서 문서를 만들어 보세요. 서식을 이용하여 문서를 꾸미거나 번호나 글머리 목록으로 단락을 표현하는 방법을 익혀봅니다.	Chapter 2에서 페이지 설정과 인쇄 방법을 학습하고 워드 문서에 그림, 수식, 하이퍼링크, 온라인 비디오, 표, 차트 등 다양한 개체를 삽입하고 편집하는 방법을 배웁니다.	Chapter 3에서 스타일을 이용하여 보다 효율적인 방법으로 서식을 적용하고 다단, 구역 설정 및 편지 병합, 검토와 양식 등을 활용하여 중급자로 거듭날 수 있는 유용한 기능을 학습해 봅니다.

단기간에 끝내는 맞춤 학습 계획

강의표의 일정을 따라하기보다는 미리 알고 있는 부분은 실습을 통해 정리하고 각 섹션의 '리뷰! 실무 예제'를 통해 기능을 확실히 다지도록 합니다. 목차 또는 인덱스를 통해 알고자 하는 기능을 찾아보고 'Tip'과 '잠깐만요'에서 설명한 부가적인 꿀팁도 놓치지 마세요. Chapter 3의 고급 문서 작성법은 파워유저로 거듭날 수 있는 기능이므로 꼼꼼하게 학습하도록 합니다. 좀 더 빠른 학습을 원한다면 우선순위 TOP 20 위주로 예제를 따라해 보세요.

주	해당 장	주제	예습	과제
1주		워크숍		
2주	Chapter 1	기본 문서 작성하기	Section 1	리뷰! 실무 예제
3주		단락 서식 지정해 문서 꾸미기	Section 2	리뷰! 실무 예제
4주		번호와 글머리 기호로 목록 만들기	Section 3	리뷰! 실무 예제, 핵심! 실무 노트
5주	Chapter 2	문서 저장과 페이지 설정 및 인쇄하기	Section 1	리뷰! 실무 예제
6주		개체 삽입하기	Section 2	리뷰! 실무 예제
7주		표와 차트 삽입하기	Section 3	리뷰! 실무 예제, 핵심! 실무 노트
8주		중간고사		
9주	Chapter 3	스타일 다루기	Section 1	리뷰! 실무 예제
10주		문서 디자인하기	Section 2	리뷰! 실무 예제
11주		편지, 검토, 양식 문서 작성하기	Section 3	리뷰! 실무 예제
12주		기말고사		

활용 제안 3 『우선순위 TOP 20』과 『실무 난이도』를 적극 활용하세요!

워드 사용자들이 네이버 지식iN, 오피스 실무 카페 및 블로그, 웹 문서, 뉴스 등에서 **가장 많이 검색하고 찾아본 키워드를 토대로 우선순위 TOP 20**을 선정했어요. 이 정도만 알고 있어도 워드는 문제 없이 다룰 수 있고 언제, 어디서든지 원하는 기능을 **금방 찾아 바로 적용**할 수 있어요!

순위 ▲	키워드	간단하게 살펴보기	빠른 페이지 찾기
1 ▲	인쇄 용지	문서 작업 전 반드시 인쇄 환경 설정부터!	53, 55
2 ▲	데이터 수정	작성한 보고서의 데이터 편집 및 서식 수정	15
3 ▲	스타일	서식 작업 단순화. 빠른 문서 작성 가능	84~94
4 ▲	특수 기호/한자 변환	다양한 기호 삽입 및 한글을 한자로 변환	16
5 ▲	찾기/바꾸기	수정 텍스트를 찾아 한 번에 모두 변경	21
6 ▲	글머리 기호	기호 및 번호 매기기로 내용 정리	37~39
7 ▲	들여쓰기/수준별 목록	첫 줄 들여쓰고 단계별 내용 수준 조정	29, 40
8 ▲	줄/단락 간격	가독성을 위한 줄/단락 간격 설정	31
9 ▲	페이지 번호	페이지 번호 삽입 및 서식 지정	101
10	그림 삽입	그림 삽입 후 [그림 도구]에서 다양하게 편집	59
11	비디오 파일 삽입	온라인 비디오 파일 삽입 및 재생	67
12	표 삽입	대량의 데이터를 표로 깔끔하게 정리	71~73
13	차트 삽입	수치 데이터를 한눈에 볼 수 있게 차트 디자인	78
14	표 크기 조절	표의 크기와 셀 너비, 높이 조절	74
15	탭 지정	데이터 줄 맞춰 입력 가능	32
16	머리글/바닥글	페이지마다 반복되는 머리글 편집	103
17	목차 삽입	목차 자동 삽입 가능	95
18	표지	표지 갤러리에서 쉽고 빠르게 삽입	61
19	문서 저장	작성한 문서 저장 방법	49
20	PDF 편집	워드에서 PDF 문서 편집 및 저장	50

문서 기본 기능
필수 기능
업무 능률 ↑

시간 단축
보고서 정리

기본 기능
사용 빈도 높음

문서 꾸미기
협업 활용도 ↑

4 길벗출판사 홈페이지에 무엇이든 물어보세요!

책을 읽다 막히는 부분이 있으면 '**길벗 홈페이지(www.gilbut.co.kr)**' 회원으로 가입하고 '**고객센터**' → '**1 : 1 문의**' 게시판에 질문을 올리세요. 지은이와 길벗 독자지원센터에서 신속하고 친절하게 답해 드립니다.

해당 도서의 페이지에서도 질문을 등록할 수 있어요. 홈페이지의 검색 창에 『윈도우 10+엑셀&파워포인트&워드 2019+한글 무작정 따라하기』를 입력해 해당 도서의 페이지로 이동하세요. 그런 다음, 질문이 있거나 오류를 발견한 경우 퀵 메뉴의 [도서문의]를 클릭해 문의 내용을 입력해 주세요. 꼭 로그인한 상태로 문의해 주세요.

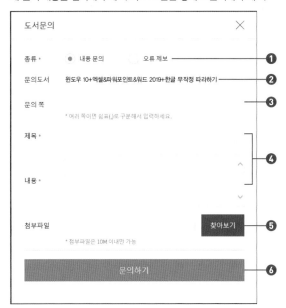

❶ 문의의 종류를 선택해 주세요.

❷ 문의할 도서가 맞는지 확인해 주세요.

❸ 질문에 대한 답을 빠르게 찾을 수 있도록 해당 쪽을 기재해 주세요.

❹ 문의 내용을 입력해 주세요.

❺ 길벗 A/S 전담팀과 저자가 질문을 빠르게 파악할 수 있도록 관련 파일을 첨부해 주시면 좋아요.

❻ 모든 내용을 입력했다면 [문의하기]를 클릭해 질문을 등록하세요.

목차

우선순위 **TOP 20** 실무 중요도에 따라 TOP01~TOP20까지 표시

CHAPTER

1 워드 2019의 기본 익히기

문서작성

Section **01** **워드 2019 시작하기**

01 시작 화면 살펴보기		13
02 화면 구성 살펴보기		14
우선순위 TOP 02	**03** 글꼴, 글꼴 크기, 글꼴 색 변경하기	15
우선순위 TOP 04	**04** 기호 삽입하고 한자 변환하기	16
	05 다양한 방법으로 텍스트 범위 선택하기	19
우선순위 TOP 05	**06** 새로운 텍스트로 한 번에 변경하기	21
	07 원하는 위치에서 페이지 나누기	23
	리뷰 **실무 예제** / 제목 서식 수정 / 한자와 기호 삽입	25

서식지정

Section **02** **서식 지정해 문서 꾸미기**

	01 단락 맞춤, 테두리와 음영 지정하기	27
우선순위 TOP 07	**02** 첫 줄과 단락 전체 들여쓰기	29
우선순위 TOP 08	**03** 줄 간격과 단락 간격 지정하기	31
우선순위 TOP 15	**04** 탭 지정하고 탭 사이에 채움선 표시하기	32
	05 균등 분할 이용해 텍스트 자동 맞춤하기	34
	리뷰 **실무 예제** / 첫 단락 들여쓰기 / 탭 채움선 설정	35

Section **03** **번호와 글머리 기호 이용해 목록 만들기**

우선순위 TOP 06	**01** 번호 스타일 목록 작성하기	37
	02 글머리 기호의 스타일 지정하기	38
	03 다단계 수준별 목록 지정하기	40
	04 시작 번호 변경하기	42
	리뷰 **실무 예제** / 목록 들여쓰기 / 번호 매기기	43
	핵심 **실무 노트** / 찾기 및 바꾸기 이용해 연속된 공백 쉽게 지우기	44

CHAPTER

2 문서 관리와 개체 삽입하기

문서관리

Section 01 문서 저장하고 페이지 설정 및 인쇄하기

우선순위 TOP 19	**01** 새 문서 저장하기	49
우선순위 TOP 20	**02** PDF 문서 열고 편집하기	50
우선순위 TOP 01	**03** 용지의 방향 지정하고 페이지 나누기	53
	04 페이지의 여백 지정하기	55
	05 현재 페이지만 인쇄하기	56
리뷰!	**실무 예제** / PDF 문서 편집 / 용지 방향과 여백 설정	57

개체삽입

Section 02 필요할 때마다 간편하게 개체 삽입하기

우선순위 TOP 10	**01** 그림 삽입하고 텍스트와 어울리게 배치하기	59
우선순위 TOP 18	**02** 문서 표지 완성하기	61
	03 하이퍼링크 설정해 원하는 사이트로 이동하기	62
	04 메모 삽입하고 편집하기	64
	05 수식 삽입하고 편집하기	65
우선순위 TOP 11	**06** 온라인 비디오 삽입하고 재생하기	67
리뷰!	**실무 예제** / 그림 삽입 후 텍스트와 배치 / 수식 입력	69

Section 03 표와 차트 삽입하기

우선순위 TOP 12	**01** 표 삽입하고 스타일 지정하기	71
	02 표에 행과 열 추가하기	73
우선순위 TOP 14	**03** 표의 크기와 셀 너비/높이 조절하기	74
	04 표에 대각선과 테두리 지정하기	76
우선순위 TOP 13	**05** 차트 삽입하고 차트의 종류 변경하기	78
리뷰!	**실무 예제** / 표 삽입 및 셀 병합 / 표에 행 추가	81
핵심!	**실무 노트** / 빠른 문서 요소에 표 추가하고 빠르게 사용하기	82

목차

C H A P T E R

3

고품질의 고급 문서 작성하기

스타일 | Section **01**   **스타일 이용해 일관성 있는 문서 작성하기**

	01 제목 스타일 지정하기	87
우 선 순 위 **TOP 03**	**02** 단락 스타일 지정하고 적용하기	89
	03 서식 변경해 스타일 수정하기	91
	04 스타일에 개요 수준 지정하기	93
우 선 순 위 **TOP 17**	**05** 스타일 이용해 자동 목차 작성하기	95
리뷰!	**실무 예제** / 제목 스타일 작성 / 자동 목차 만들기	97

문서요소 | Section **02**   **보기 좋게 문서 디자인하기**

	01 워터마크와 페이지의 테두리 삽입하기	99
우 선 순 위 **TOP 09**	**02** 페이지 번호 삽입하기	101
우 선 순 위 **TOP 16**	**03** 머리글 편집하고 날짜 지정하기	103
	04 다단 설정하고 단 나누기	105
	05 내용이 바뀌는 부분을 구역으로 나누기	107
리뷰!	**실무 예제** / 바닥글과 워터마크 지정 / 단과 구역 나누기	109

양식검토 | Section **03**   **편지, 검토, 양식 문서 작성하기**

	01 편지 병합할 문서와 원본 데이터 편집하기	111
	02 편지 병합해 수료증 완성하기	114
	03 컨트롤 삽입해 양식 문서 작성하기	116
	04 변경 내용 추적해 적용하기	118
리뷰!	**실무 예제** / 편지 병합 / 양식 문서 작성 및 문서 보호	121
	찾아보기	122

부록 실습 파일 사용법

윈도우 10+엑셀&파워포인트&워드 2019+한글
부록 실습 파일, 이렇게 사용하세요!

길벗 홈페이지(www.gilbut.co.kr)에서는 실습을 따라할 수 있는 예제파일과 결과파일을 각 챕터와 섹션별로 나누어 제공하고 있습니다. 책 이름을 검색하고 해당 페이지의 [자료실]에서 부록 실습 파일을 다운로드하세요. 홈페이지 회원으로 가입하지 않아도 누구나 부록을 다운로드할 수 있어요. 부록 실습 파일의 예제파일 및 결과파일은 내 컴퓨터에 복사하여 사용할 것을 권장합니다.

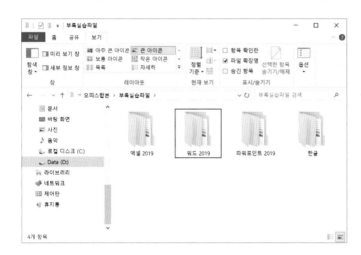

1 엑셀 2019

엑셀 2019에서 사용하는 예제파일과 결과파일이 각 챕터와 섹션별로 수록되어 있습니다. [핵심! 실무 노트]에 해당하는 예제파일 및 결과파일은 각 챕터의 '핵심실무노트' 폴더에 따로 담겨 있습니다.

2 파워포인트 2019

파워포인트 2019에서 사용하는 예제파일과 결과파일이 각 챕터와 섹션별로 수록되어 있습니다. 실습에 필요한 사진과 음악도 섹션별로 나뉘어 담겨 있습니다. [핵심! 실무 노트]의 예제파일 및 결과파일은 각 챕터의 '핵심실무노트' 폴더에 담겨 있습니다.

3 워드 2019

워드 2019에서 사용하는 예제파일과 결과파일이 각 챕터와 섹션별로 수록되어 있습니다. [핵심! 실무 노트]의 예제파일 및 결과파일은 각 챕터의 '핵심실무노트' 폴더에 담겨 있습니다.

4 한글

한글에서 사용하는 예제파일과 결과파일이 각 챕터와 섹션별로 수록되어 있습니다. [핵심! 실무 노트]의 예제파일과 결과파일은 각 챕터의 '핵심실무노트' 폴더에 따로 담겨 있습니다.

CHAPTER 1 워드 2019의 기본 익히기

워드 2019는 전문가 수준의 문서를 만들기 위한 워드프로세스 프로그램으로, 이전 버전에 비해 다양한 서식을 지원하기 때문에 문서를 더욱 편리하게 작성할 수 있어요. 그리고 문서 확대 및 축소, 읽은 내용 기억, 언어 교정 등의 읽기 환경이 개선되어 사용자가 문서를 편안하게 읽을 수 있도록 도와줍니다. 이번 챕터에서는 워드 2019에서 제공하는 다양한 기능을 사용하여 전문가처럼 일목요연하게 문서를 정리하는 방법에 대해 배워보겠습니다.

Windows 10
+ Excel
& PowerPoint
& Word 2019
+ Hangeul

SECTION 01   워드 2019 시작하기

SECTION 02   서식 지정해 문서 꾸미기

SECTION 03   번호와 글머리 기호 이용해 목록
만들기

워드 2019 시작하기

Section **01**

문서 작성 프로그램인 워드 2019에서는 다양한 서식을 지원하고 '레이아웃 정리' 기능과 '언어 교정' 기능 등을 제공하여 사용자가 문서를 쉽게 작성할 수 있도록 도와줍니다. 또한 읽기 편한 가독성과 다양한 읽기 모드를 지원하고 읽은 내용을 기억하는 등 문서를 읽기 위한 기능도 제공해요. 이번 섹션에서는 워드 2019의 화면 구성을 살펴보고 새로운 문서 작성 방법에 대해 살펴봅니다.

> **PREVIEW**

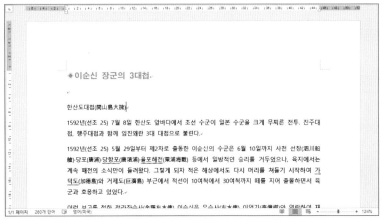

▲ 기호 삽입하고 한자 변환하기

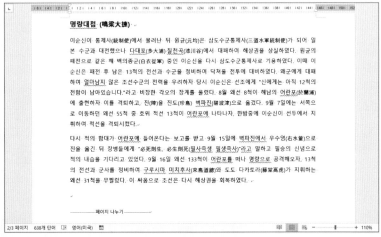

▲ 원하는 위치에서 페이지 나누기

> 섹션별 주요 내용

01 | 시작 화면 살펴보기   02 | 화면 구성 살펴보기   03 | 글꼴, 글꼴 크기, 글꼴 색 변경하기

04 | 기호 삽입하고 한자 변환하기   05 | 다양한 방법으로 텍스트 범위 선택하기

06 | 새로운 텍스트로 한 번에 변경하기   07 | 원하는 위치에서 페이지 나누기

01 시작 화면 살펴보기

워드 2019를 실행하면 나타나는 시작 화면에서는 최근에 사용한 워드 문서를 빠르게 다시 실행할 수 있어요. 빈 문서로 시작하려면 [새 문서]를 클릭하고, 이미 만들어져 있는 서식 파일을 사용하려면 [새로 만들기]에서 원하는 서식을 선택하여 문서를 빠르게 시작할 수 있습니다. 기존에 작성된 문서를 찾으려면 [열기]를 선택하여 문서를 찾아 실행하세요.

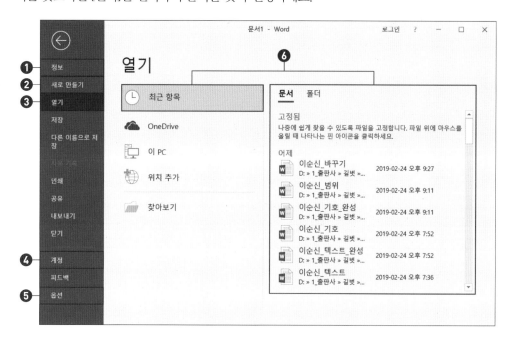

❶ **정보** : 문서 속성을 변경하거나 문서 보호, 문서 관리에 관한 내용을 설정할 수 있어요.

❷ **새로 만들기** : 기본 서식만 적용된 빈 화면으로, 새 문서를 시작하거나 서식 파일로 새로운 워드 문서를 시작해요.

❸ **열기** : 최근 사용한 워드 문서뿐만 아니라 다른 경로(내 컴퓨터, One Drive 등)에 저장한 워드 문서를 열 수 있어요.

❹ **계정** : 사용하는 장치(PC, 태블릿 등)와 클라우드 서비스에서 마이크로소프트 계정을 설정해 사용할 수 있어요.

❺ **옵션** : 작업의 환경 설정을 변경할 수 있어요.

❻ **최근 항목** : 최근에 작업한 파일 목록으로, 여기서 원하는 워드 문서를 선택하여 빠르게 실행할 수 있어요.

핵심 기능 02 화면 구성 살펴보기

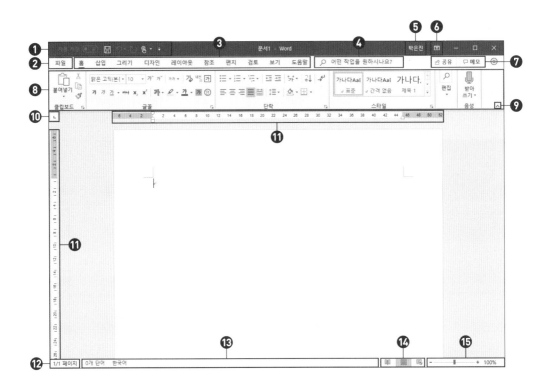

❶ **빠른 실행 도구 모음** : 자주 사용하는 도구를 모아놓은 곳으로, 사용자의 필요에 따라 도구를 추가 및 삭제할 수 있어요.

❷ **[파일] 탭** : 파일을 열고 닫거나 저장 및 인쇄할 수 있고, 공유 및 계정, 내보내기 등의 문서 관리도 가능해요. 또한 다양한 워드 옵션도 지정할 수 있어요.

❸ **탭** : 클릭하면 기능에 맞는 도구 모음이 나타납니다. 기본적으로 제공되는 탭 외에 그림, 도형, 차트 등을 선택하면 [그림 도구]나 [표 도구]와 같은 상황별 탭이 추가로 나타나요.

❹ **설명 상자** : 워드 2019에 대한 도움말을 확인하거나 기능을 검색하여 빠르게 실행할 수 있어요.

❺ **사용자 계정** : 로그인한 사용자의 계정이 표시됩니다. 계정을 관리하거나 다른 사용자로 전환할 수 있어요.

❻ **[리본 메뉴 표시 옵션] 단추(▦)** : 리본 메뉴의 탭과 명령 단추들을 모두 표시하거나 숨길 수 있어요.

❼ **[공유]와 [메모]** : [공유]를 이용해서 해당 문서를 함께 작업하고 있는 다른 사용자를 확인하고 공유 옵션을 지정할 수 있어요. [메모]를 이용하면 공동 작업자 간의 의견을 좀 더 쉽게 교환할 수 있어요.

❽ **리본 메뉴** : 선택한 탭과 관련된 명령 단추들이 비슷한 기능별로 묶인 몇 개의 그룹으로 구성되어 있어요.

❾ **[리본 메뉴 축소] 아이콘(︿)** : 작업 화면이 좁아 작업하기에 불편하면 리본 메뉴를 축소하고 탭 이름만 표시할 수 있어요.

❿ **탭 선택기** : 클릭할 때마다 왼쪽 탭(└)과 오른쪽 탭(┘) 등으로 종류가 변경되어 설정됩니다.

⓫ **눈금자** : 가로 눈금자와 세로 눈금자를 이용하여 텍스트, 그래픽, 표 등을 정렬할 수 있어요.

⓬ **페이지 번호** : 문서에 페이지 번호를 표시하고 클릭하여 [탐색] 창을 열고 문서를 검색할 수 있어요.

⓭ **상태 표시줄** : 단어 수와 언어 교정, 언어 정보 등을 나타내고 마우스 오른쪽 단추를 눌러 사용자가 정보를 선택하여 나타낼 수 있어요.

⓮ **화면 보기 단추** : [읽기 모드](▭), [인쇄 모양](▭), [웹 모양](▭) 등으로 화면의 보기 상태를 선택할 수 있어요.

⓯ **확대/축소 슬라이드바** : 화면 보기 비율을 10~500%까지 축소 또는 확대할 수 있어요.

2010 | 2013 | 2016 | 2019 | OFFICE 365

실무
예제 **03** 글꼴, 글꼴 크기, 글꼴 색 변경하기

◐ **예제파일** : 이순신_텍스트.docx   ◐ **결과파일** : 이순신_텍스트_완성.docx

1 첫 번째 줄의 제목을 드래그하여 선택하세요. [홈] 탭-[글꼴] 그룹의 [글꼴]에서 [HY견고딕]을 선택하고 [글꼴 크기]의 내림 단추(▾)를 클릭한 후 [14]를 선택하세요.

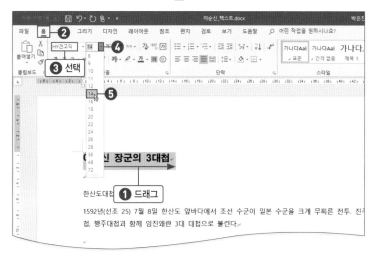

Tip

단축키	기능	단축키	기능
Ctrl + B	굵게	Ctrl + Shift + >	글꼴 크기 크게
Ctrl + I	기울임꼴	Ctrl + Shift + <	글꼴 크기 작게
Ctrl + U	밑줄		

2 제목을 선택한 상태에서 [홈] 탭-[글꼴] 그룹의 [글꼴 색]의 내림 단추(▾)를 클릭하고 '테마 색'의 [파랑, 강조 1]을 선택하세요.

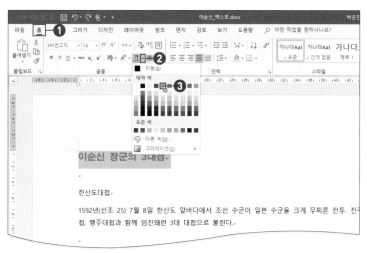

Tip

텍스트의 크기나 색상 등의 서식을 설정할 때는 먼저 기본 서식으로 텍스트 내용을 모두 입력하고 서식을 변경할 부분만 드래그하여 지정하는 것이 좋아요.

15

2010 | 2013 | 2016 | 2019 | OFFICE 365

실무
예제 **04** # 기호 삽입하고 한자 변환하기

◈ 예제파일 : 이순신_기호.docx   ◈ 결과파일 : 이순신_기호_완성.docx

1 기호를 삽입하기 위해 제목의 앞을 클릭하여 커서를 올려놓고 [삽입] 탭-[기호] 그룹에서 [기호]-[다른 기호]를 선택하세요.

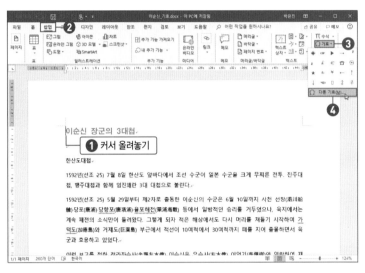

2 [기호] 대화상자의 [기호] 탭이 열리면 '글꼴'은 [(현재 글꼴)], '하위 집합'은 [도형 기호]를 지정하고 [◆]를 선택한 후 [삽입]을 클릭하세요. 기호가 삽입되면 [닫기]를 클릭하세요.

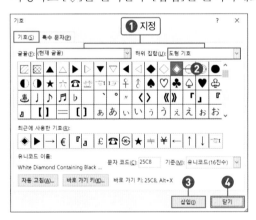

Tip

'글꼴'에서 [Wingdings]를 선택하면 다양한 모양의 그림 기호를 삽입할 수 있어요.

3 '한산도대첩'을 한자로 변환하기 위해 드래그하여 선택하고 [검토] 탭-[언어] 그룹에서 [한글/한자 변환]을 클릭하세요.

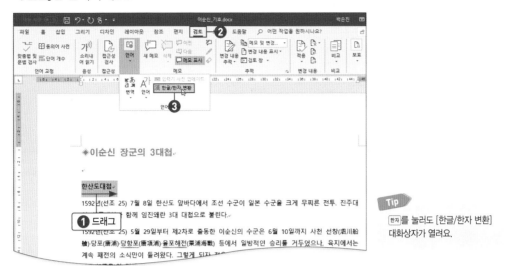

Tip
한자를 눌러도 [한글/한자 변환] 대화상자가 열려요.

4 [한글/한자 변환] 대화상자가 열리면 '한자 선택'에서 [閑山島大捷]을 선택하고 '입력 형태'에서 [한글(漢字)]를 선택한 후 [변환]을 클릭하세요.

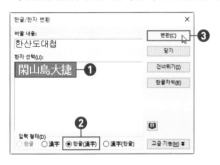

5 '한산도대첩(閑山島大捷)'과 같이 한글과 한자가 함께 표시되었는지 확인해 보세요.

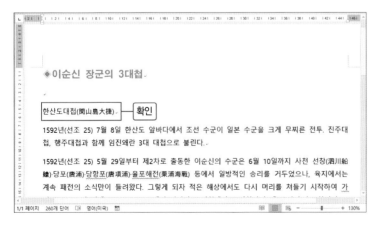

[한자 사전] 대화상자에서 한자의 음과 뜻 확인하기

[한글/한자 변환] 대화상자에서 [한자 사전] 단추(🔟)를 클릭하면 변환할 한자의 음과 뜻을 확인할 수 있는 [한자 사전] 대화상자가 열려요.

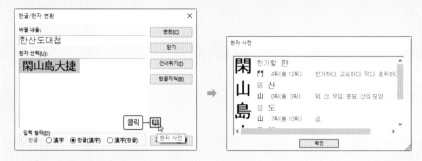

텍스트 범위를 선택하는 편리한 방법 살펴보기

텍스트 범위를 선택할 때 단축키를 이용하면 업무 시간을 단축할 수 있으며 문서 작업도 훨씬 더 편리해요.

단축키	선택 범위
F8 +방향키(←, →, ↑, ↓)	한 글자씩 선택
연속해서 F8 누르기	단어 → 단락 → 문서 순으로 선택 범위 확장
Shift + →	한 글자 오른쪽으로 선택
Shift + ←	한 글자 왼쪽으로 선택
Ctrl + Shift + →	단어의 끝까지 오른쪽으로 선택
Ctrl + Shift + ←	단어의 시작 위치까지 왼쪽으로 선택

항상 새 문서로 워드 시작하기

워드를 시작할 때마다 시작 화면을 표시하지 않고 곧바로 새로운 문서를 열 수 있어요. **[파일] 탭-[옵션]**을 선택하여 [Word 옵션] 창을 열고 [일반] 범주의 '시작 옵션'에서 [이 응용 프로그램을 시작할 때 시작 화면 표시]의 체크를 해제한 후 [확인]을 클릭하세요.

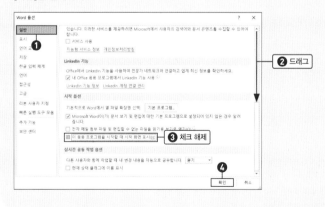

18

실무 예제 | **05** 다양한 방법으로 텍스트 범위 선택하기

예제파일 : 이순신_범위.docx

1 문서에 입력된 내용 중에서 빠르게 한 줄만 선택하려면 해당 줄의 왼쪽 여백을 클릭하세요.

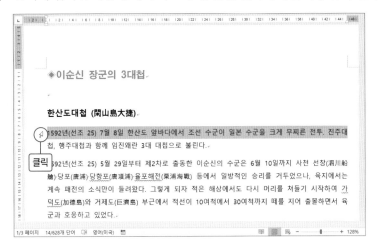

2 이번에는 단축키를 사용하여 문장을 한꺼번에 선택해 볼게요. '1592년(선조 25)'부터 '들려왔다.'의 문장 중에서 아무 곳에나 마우스 포인터를 올려놓고 Ctrl 를 누른 상태에서 클릭하세요.

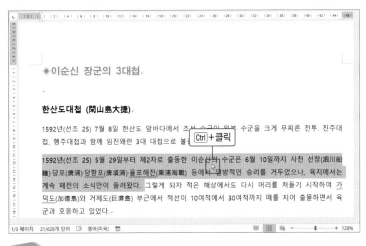

> **Tip**
>
> 문장은 마침표가 있는 곳까지의 내용이고 단락(문단)은 Enter 를 눌러 나눈 내용의 묶음을 의미해요.

3 한 단락을 선택하려면 해당 단락의 왼쪽 여백을 두 번 클릭하세요.

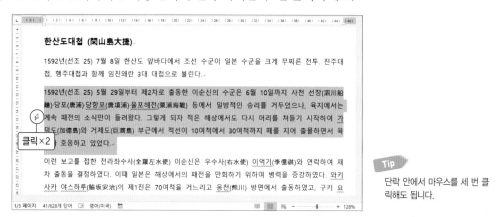

Tip 단락 안에서 마우스를 세 번 클릭해도 됩니다.

4 서로 떨어져 있는 텍스트를 동시에 선택해 볼까요? '1592년(선조 25)'을 드래그하여 선택하고 Ctrl을 누른 상태에서 다음 단락의 '1592년(선조 25)'를 다시 드래그하여 선택하세요.

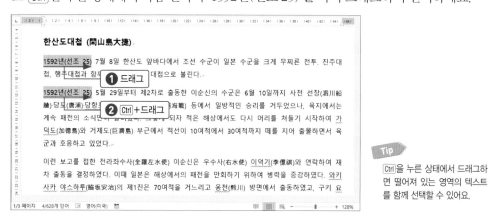

Tip Ctrl을 누른 상태에서 드래그하면 떨어져 있는 영역의 텍스트를 함께 선택할 수 있어요.

5 문장 중에서 원하는 부분을 한꺼번에 선택하기 위해 두 번째 단락의 '이순신의~' 앞을 클릭하여 커서를 올려놓고 Shift를 누른 상태에서 선택하려는 부분의 마지막 단어의 뒤를 클릭하세요. 여기서는 '승리'의 뒤를 클릭하여 범위를 선택했어요.

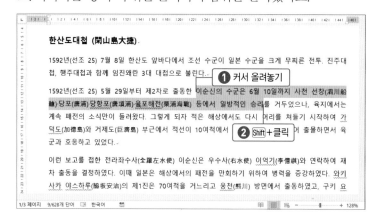

실무
예제 | **06**

새로운 텍스트로 한 번에 변경하기

◉ **예제파일** : 이순신_바꾸기.docx   ◉ **결과파일** : 이순신_바꾸기_완성.docx

1 변경할 텍스트를 문서의 처음부터 찾기 위해 첫 단락의 첫 번째 글자의 앞에 커서를 올려놓고 [홈] 탭-[편집] 그룹에서 [바꾸기]를 클릭하세요.

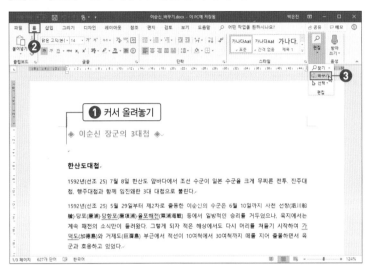

2 [찾기 및 바꾸기] 대화상자의 [바꾸기] 탭이 열리면 '찾을 내용'에는 『대첩』을, '바꿀 내용'에는 『전투』를 입력하고 [모두 바꾸기]를 클릭하세요. 8개 항목이 변경되었다고 알려주는 메시지 창이 열리면 [확인]을 클릭하세요. [찾기 및 바꾸기] 대화상자로 되돌아오면 [닫기]를 클릭하세요.

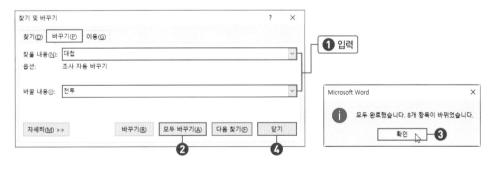

3 문서의 내용 중에서 '대첩'이 모두 '전투'로 변경되었는지 확인해 보세요.

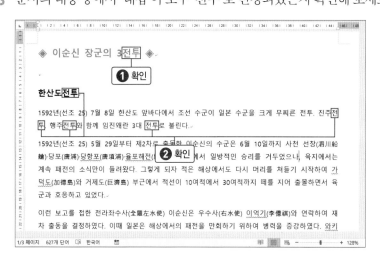

[찾기 및 바꾸기] 대화상자의 옵션 확대하기

[찾기/바꾸기] 대화상자에서 [자세히]를 클릭하면 검색 옵션과 바꾸기 서식 및 옵션이 확대되어 더욱 다양한 서식을 적용하여 바꿀 수 있어요.

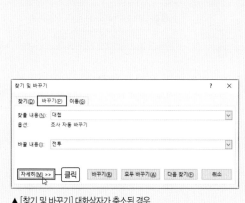

▲ [찾기 및 바꾸기] 대화상자가 축소된 경우

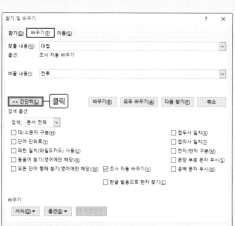

▲ [찾기 및 바꾸기] 대화상자가 확대된 경우

원하는 위치에서 페이지 나누기

◉ **예제파일** : 이순신_나누기.docx ◉ **결과파일** : 이순신_나누기_완성.docx

1 페이지를 나누기 위해 2페이지의 두 번째 제목인 '노량대첩'의 앞에 커서를 올려놓고 **[삽입]** 탭-**[페이지]** 그룹에서 **[페이지 나누기]**를 클릭하세요.

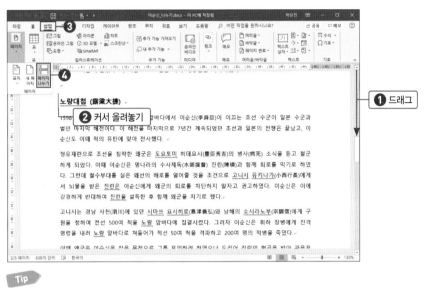

> **Tip**
>
> Ctrl + Enter 를 누르거나 [레이아웃] 탭-[페이지 설정] 그룹에서 [나누기]-[페이지]를 선택해도 되어요.

2 페이지 나누기가 실행되어 '노량대첩'부터는 다음 페이지에 나타나는지 확인해 보세요. **[홈]** 탭-**[단락]** 그룹에서 **[편집 기호 표시/숨기기]**(Ctrl + *)를 클릭하면 본문에 '페이지 나누기'가 표시됩니다.

3 나누어진 페이지를 다시 합치기 위해 편집 기호인 '페이지 나누기'를 드래그하여 선택하고 Delete 를 누르세요.

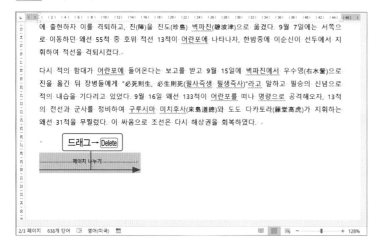

4 페이지 나누기가 삭제되면서 하나의 페이지에 내용이 다시 합쳐졌는지 확인해 보세요.

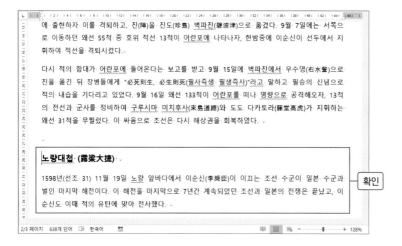

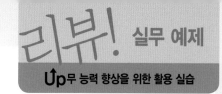

1 │ 제목 서식 수정하고 소제목 서식 한 번에 변경하기

● **예제파일** : 효소_텍스트.docx ● **결과파일** : 효소_텍스트_완성.docx

제목과 소제목의 텍스트를 다음과 같이 수정해 보세요.

> • **제목** : 18pt, '주황, 강조 2'   • **소제목** : 12pt, 굵게

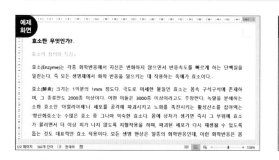

> ① 첫 줄의 제목 텍스트를 선택하고 [홈] 탭-[글꼴] 그룹에서 '글꼴 크기'는 [18], '글꼴 색'은 '테마 색'의 [주황, 강조 2]로 지정하세요.
> ② 두 번째 줄에 커서를 올려놓고 [홈] 탭-[편집] 그룹에서 [선택]-[비슷한 서식의 모든 텍스트 선택]을 선택하여 소제목을 모두 선택한 후 [굵게], [12pt]를 지정하세요.

2 │ 한자와 기호 삽입하기

● **예제파일** : 효소_기호.docx ● **결과파일** : 효소_기호_완성.docx

제목의 '효소'를 한자 '酵素'로 변경하고 소제목의 앞에 ❀ 기호를 삽입해 보세요.

> ① 제목에서 '효소'의 뒤에 커서를 올려놓고 [한자]를 누르세요.
> ② [한글/한자 변환] 대화상자가 열리면 '한자 선택'에서 해당 한자를 선택하고 '입력 형태'에서 [한글(漢字)]을 선택한 후 [변환]을 클릭하세요.
> ③ 소제목의 앞에 커서를 올려놓고 [삽입] 탭-[기호] 그룹에서 [기호]-[다른 기호]를 선택하세요.
> ④ [기호] 대화상자가 열리면 [기호] 탭의 '글꼴'에서 [Wingdings]를 선택하고 ❀를 삽입하세요.

Section **02** # 서식 지정해 문서 꾸미기

문서를 작성할 때 줄 간격을 설정하거나 일정하게 들여쓰기 간격을 조정하는 것만으로도 문장의 가독성을 높이고 문서가 정돈되어 보이게 할 수 있어요. 따라서 이번 섹션에서는 단락 맞춤과 탭 지정, 텍스트 자동 맞춤 정렬 기능으로 문서를 정리해 보겠습니다. 그리고 탭과 탭 사이에 채움선을 표시하고, 테두리 음영을 지정하는 등 문서를 꾸미는 다양한 방법에 대해 배워봅니다.

> **PREVIEW**

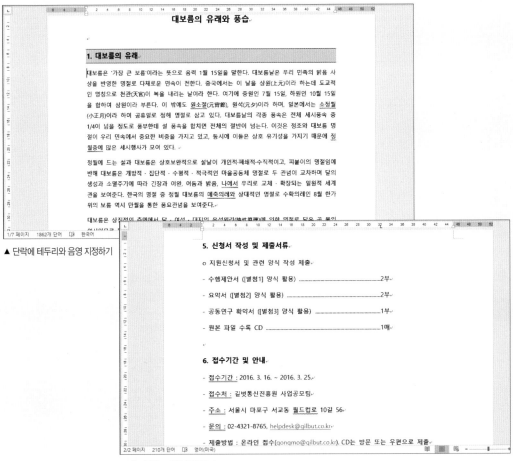

▲ 단락에 테두리와 음영 지정하기

▲ 탭 지정하고 채움선 채우기

섹션별 주요 내용

01 | 단락 맞춤, 테두리와 음영 지정하기   02 | 첫 줄과 단락 전체 들여쓰기   03 | 줄 간격과 단락 간격 지정하기

04 | 탭 지정하고 탭 사이에 채움선 표시하기   05 | 균등 분할 이용해 텍스트 자동 맞춤하기

실무 예제 01 단락 맞춤, 테두리와 음영 지정하기

● 예제파일 : 대보름_단락.docx   ● 결과파일 : 대보름_단락_완성.docx

1 첫 줄의 제목에 커서를 올려놓고 [홈] 탭-[단락] 그룹에서 [가운데 맞춤]을 클릭하세요.

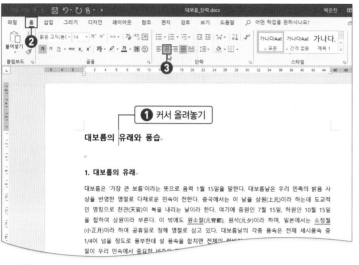

Tip

단축키	맞춤 방식	단축키	맞춤 방식
Ctrl + L	왼쪽 맞춤	Ctrl + E	가운데 맞춤
Ctrl + R	오른쪽 맞춤	Ctrl + J	양쪽 맞춤

2 '1. 대보름의 유래'의 왼쪽 여백을 클릭하여 문장을 선택하세요. [홈] 탭-[단락] 그룹에서 [테두리 없음]의 내림 단추(▾)를 클릭하고 [테두리 및 음영]을 선택하세요.

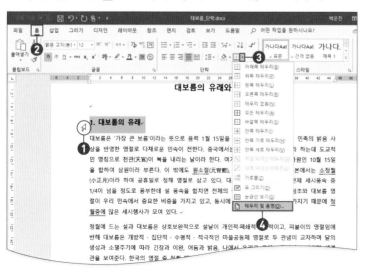

Tip

[홈] 탭-[단락] 그룹에서 [테두리]의 ▦를 곧바로 클릭하면 최근에 지정한 테두리로 적용됩니다. 따라서 적용하려는 테두리 스타일을 변경하려면 내림 단추(▾)를 클릭하고 다른 테두리를 선택하세요.

27

3 [테두리 및 음영] 대화상자가 열리면 [테두리] 탭의 '스타일'에서 세 번째에 있는 [점선]을 선택하고 '미리 보기'의 [위쪽 테두리](⊞)와 [아래쪽 테두리](⊞)를 차례대로 클릭하세요. [음영] 탭을 클릭하고 '채우기'의 내림 단추(⌄)를 클릭한 후 '테마 색'의 [밝은 회색, 배경 2]를 선택하고 [확인]을 클릭하세요.

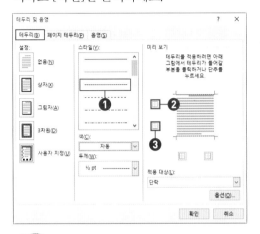
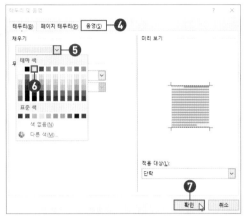

Tip
오른쪽 미리 보기 그림에서 위쪽과 아래쪽에 점선이 설정되었는지 미리 확인할 수 있어요.

4 소제목의 단락에 테두리와 음영이 지정되었는지 확인해 보세요.

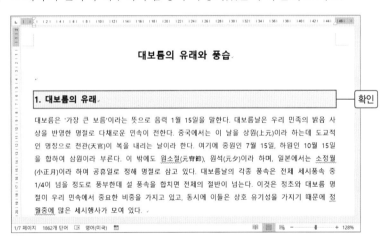

2010 | 2013 | 2016 | 2019 | OFFICE 365

실무
예제 | 02 **첫 줄과 단락 전체 들여쓰기**

◎ **예제파일** : 대보름_첫줄.docx   ◎ **결과파일** : 대보름_첫줄_완성.docx

1 본문의 첫 번째 단락에 커서를 올려놓고 [홈] 탭-[단락] 그룹에서 [단락 설정] 대화상자 표시 아이콘
(🔲)을 클릭하세요.

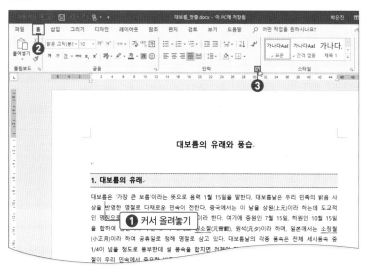

2 [단락] 대화상자가 열리면 [들여쓰기 및 간격] 탭에서 '들여쓰기'의 '왼쪽'은 [1.5글자], '첫
줄'은 [3글자]로 지정하고 [확인]을 클릭하세요.

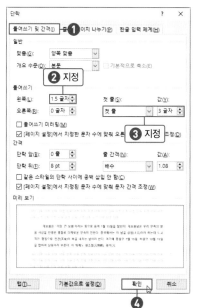

Tip

마우스 오른쪽 단추를 눌러 [단락]을 선택해도 [단락] 대화상자를 열 수 있어요.
여러 단락에 들여쓰기를 설정하려면 우선 해당 단락을 범위로 지정해야 해요.

3 단락 전체가 왼쪽으로 1.5글자 들여쓰기되면서 첫 번째 줄의 세 글자가 들여쓰기되었는지 확인해 보세요.

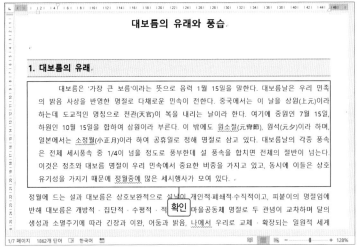

Tip

[홈] 탭-[단락] 그룹에서 [들여쓰기]를 클릭해도 왼쪽 여백을 설정할 수 있어요.

잠깐만요 **단락의 첫 문자 장식 추가하기**

[삽입] 탭-[텍스트] 그룹에서 [단락의 첫 문자 장식 옵션]을 선택하면 단락의 첫 문자를 특별히 강조하여 디자인할 수 있어요. [단락의 첫 문자 장식 옵션] 대화상자에서는 첫 문자의 서식을 다양하게 설정할 수 있습니다.

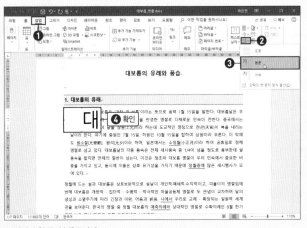

▲ 단락의 첫 문자 '대' 꾸미기　　　　　　　　　　　　　　　　　　　▲ 장식 문자의 높이 지정하기

Tab 으로 들여쓰기 지정하기

Tab 을 누르면 커서의 위치에 따라 첫 줄을 들여쓰거나 왼쪽 여백을 지정할 수 있어요.

❶ **첫 줄 들여쓰기** : 단락에서 첫 줄의 맨 앞에 커서를 올려놓고 Tab 을 누르세요.

❷ **왼쪽 여백** : 단락의 첫 줄을 제외한 다른 줄의 맨 앞에 커서를 올려놓고 Tab 을 누르세요.

30

2010 | 2013 | 2016 | 2019 | OFFICE 365

| 실무 | **03** | 줄 간격과 단락 간격 지정하기
| 예제 |

⏩ **예제파일**: 대보름_줄간격.docx ⏩ **결과파일**: 대보름_줄간격_완성.docx

1 '대보름은~'부터 '대보름 행사다.'까지 네 개의 단락을 드래그하여 범위로 지정하고 **[홈] 탭-[단락] 그룹**에서 **[선 및 단락 간격]-[줄 간격 옵션]**을 선택하세요. [단락] 대화상자의 [들여쓰기 및 간격] 탭이 열리면 '간격'의 '단락 뒤'는 [18pt], '줄 간격'은 [1줄]로 지정하고 [확인]을 클릭하세요.

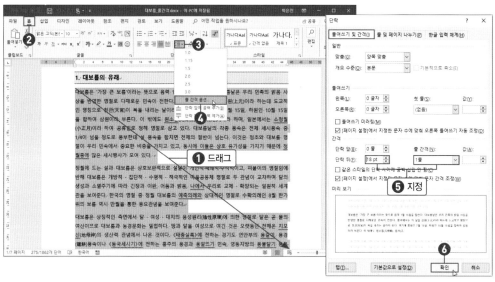

Tip

[단락] 대화상자의 [들여쓰기 및 간격] 탭에서 '간격'의 '줄 간격'을 [고정]으로 지정하고 '값'에 글자 크기를 포인트(pt)로 지정하면 문자의 크기가 바뀌어도 줄 간격은 지정된 간격으로 그대로 유지됩니다.

2 줄 사이의 간격은 좁아지고 단락 사이의 간격은 넓게 설정되었는지 확인해 보세요.

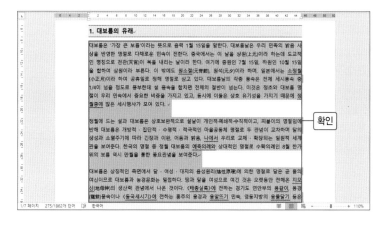

2010 | 2013 | 2016 | 2019 | OFFICE365

실무
예제 **04** 탭 지정하고 탭 사이에 채움선 표시하기

◈ **예제파일** : 사업공고_탭.docx ◈ **결과파일** : 사업공고_탭_완성.docx

1 [보기] 탭-[표시] 그룹에서 [눈금자]에 체크하세요.

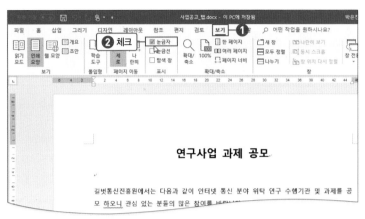

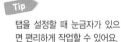

> Tip
> 탭을 설정할 때 눈금자가 있으
> 면 편리하게 작업할 수 있어요.

2 탭을 설정할 단락의 범위를 지정하기 위해 2페이지의 3~6행을 드래그하여 선택하고 [홈]
탭-[단락] 그룹에서 [단락] 대화상자 표시 아이콘(☑)을 클릭하세요.

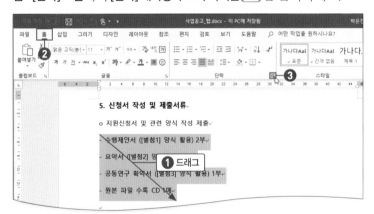

잠깐만요 **탭의 종류와 채움선 살펴보기**

탭의 종류	정렬 방법
왼쪽 탭(L)	탭으로 이동한 텍스트가 지정한 위치에서 왼쪽 맞춤으로 정렬
가운데 탭(⊥)	탭으로 이동한 텍스트가 지정한 위치에서 가운데 맞춤으로 정렬
오른쪽 탭(⌐)	탭으로 이동한 텍스트가 지정한 위치에서 오른쪽 맞춤으로 정렬
소수점 탭(⊥)	탭으로 이동한 텍스트가 지정한 위치에서 소수점을 기준으로 정렬
채움선	탭과 다음 값의 사이를 선택한 모양의 선으로 채움

3 [단락] 대화상자의 [들여쓰기 및 간격] 탭이 열리면 [탭]을 클릭하세요. [탭] 대화상자가 열리면 '탭 위치'에 『32』를 입력하고 '맞춤'은 [왼쪽], '채움선'은 [2 ......]를 선택하고 [설정]과 [확인]을 차례대로 클릭하세요.

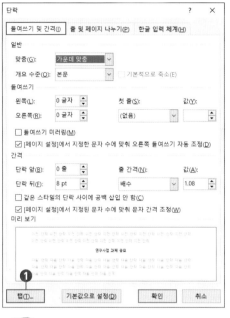

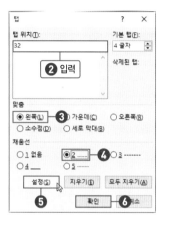

Tip

본문 위쪽의 눈금자를 보면 범위를 지정한 네 줄 중에서 가장 긴 세 번째 줄이 20(글자) 정도에서 끝나므로 탭 위치를 20보다 여유 있게 [32]로 지정했어요. 그리고 [탭] 대화상자에서 [지우기], [모두 지우기]를 클릭하면 설정된 탭을 지울 수 있어요.

4 탭의 위치와 채움선의 모양을 지정했으면 '2부'의 앞에 커서를 올려놓고 [Tab]를 누르세요. 그러면 탭 사이에 채움선이 표시되면서 '2부' 단어는 '32'(글자)의 위치로 이동되어 왼쪽 맞춤이 됩니다. 이와 같은 방법으로 다른 단락의 탭도 지정할 수 있어요.

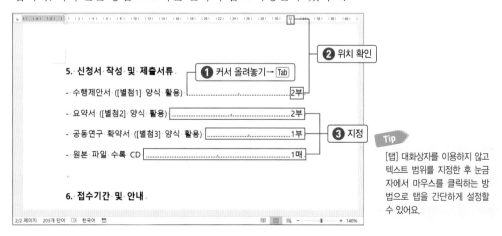

Tip

[탭] 대화상자를 이용하지 않고 텍스트 범위를 지정한 후 눈금자에서 마우스를 클릭하는 방법으로 탭을 간단하게 설정할 수 있어요.

실무
예제 **05** 균등 분할 이용해 텍스트 자동 맞춤하기

● **예제파일** : 사업공고_균등분할.docx   ● **결과파일** : 사업공고_균등분할_완성.docx

1 2페이지의 '6. 접수기간 및 안내'에서 '접수기간'을 드래그하여 선택하고 [Ctrl]을 누른 상태에서 '접수처', '주소', '문의', '제출방법'을 차례대로 드래그하여 모두 선택한 후 [홈] 탭-[단락] 그룹에서 [균등 분할]을 클릭하세요. [텍스트 자동 맞춤] 대화상자가 열리면 '새 텍스트 너비'에 [5글자]를 지정하고 [확인]을 클릭하세요.

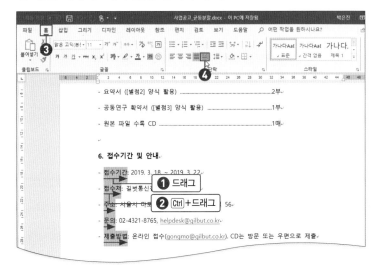

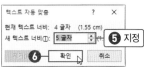

> **Tip**
> 선택한 텍스트 중에서 '접수기간', '제출방법'의 길이가 네 글자이므로 새 텍스트의 너비를 네 글자 이상의 값으로 지정해야 해요.

2 선택한 다섯 개의 단어가 다섯 글자의 너비에 맞춰지면서 깔끔하게 정리되었는지 확인해 보세요.

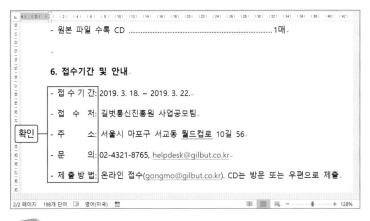

> **Tip**
> 균등 분할된 단어를 클릭하면 하늘색 밑줄이 생깁니다. 그리고 [텍스트 자동 맞춤] 대화상자에서 [제거]를 클릭하면 설정된 균등 분할을 지울 수 있어요.

1 | 첫 단락 들여쓰기하고 텍스트 자동 맞춤하기

예제파일 : 추천서_맞춤.docx **결과파일** : 추천서_맞춤_완성.docx

본문에 있는 첫 번째 문장은 세 글자 들여쓰기하고 '성명', '생년월일', '현주소', '연락처'는 네 글자 균등 분할해 보세요.

Hint

① 본문에 커서를 올려놓고 마우스 오른쪽 단추를 눌러 [단락]을 선택하세요.

② [단락] 대화상자가 열리면 [들여쓰기 및 간격] 탭에서 '들여쓰기'의 '첫 줄'에 [첫 줄], [3글자]를 지정하고 [확인]을 클릭하세요.

③ Ctrl 을 누르고 '성명', '생년월일', '현주소', '연락처' 단어를 차례대로 드래그하여 모두 선택하고 [홈] 탭-[단락] 그룹에서 [균등 분할]을 클릭하세요.

④ [텍스트 자동 맞춤] 대화상자가 열리면 '새 텍스트 너비'에 [4글자]를 지정하고 [확인]을 클릭하세요.

2 | 오른쪽 탭과 탭 채움선 설정하기

예제파일 : 추천서_탭.docx **결과파일** : 추천서_탭_완성.docx

'제출 서류'에서 42글자의 위치에 오른쪽 탭을 설정하고 탭과 텍스트의 사이에 채움선을 채워보세요.

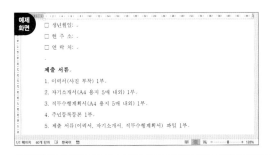 

Hint

① '제출 서류'에 해당하는 다섯 줄을 범위로 지정하고 마우스 오른쪽 단추를 눌러 [단락]을 선택하세요.

② [단락] 대화상자가 열리면 [들여쓰기 및 간격] 탭에서 [탭]을 클릭하세요.

③ [탭] 대화상자의 '탭 위치'에 『42』를 입력하고 '맞춤'은 [오른쪽], '채움선'은 [5 ......]를 선택한 후 [설정]과 [확인]을 차례대로 클릭하세요.

④ '1부'의 앞에서 Tab 을 눌러 탭과 채움선을 적용하세요.

번호와 글머리 기호 이용해 목록 만들기

목록에 글머리 기호나 번호를 삽입하면 내용의 계층과 순서를 좀 더 일목요연하게 정리할 수 있어요. 따라서 많은 양의 텍스트도 한눈에 보기 쉽게 정리할 수 있죠. 이번 섹션에서는 글머리 기호를 적용하고 스타일을 지정하는 방법부터 다단계 수준별로 목록을 지정하는 방법을 익혀서 문서를 더욱 보기 좋게 작성해 보겠습니다. 또한 시작 번호를 변경하여 원하는 번호부터 시작하는 방법까지 배워봅니다.

> **PREVIEW**

▲ 글머리 기호 적용하기

▲ 번호 매기기

> **섹션별 주요 내용**

01 | 번호 스타일 목록 작성하기   02 | 글머리 기호의 스타일 지정하기   03 | 다단계 수준별 목록 지정하기
04 | 시작 번호 변경하기

실무 예제	**01**	# 번호 스타일 목록 작성하기

● **예제파일** : 유네스코_번호목록.docx　　● **결과파일** : 유네스코_번호목록_완성.docx

1 2페이지에서 '1. 등재 절차~'의 아래쪽에 있는 여섯 줄을 드래그하여 모두 선택하세요. [홈] 탭-[단락] 그룹에서 [번호 매기기]의 내림 단추(▼)를 클릭하고 '번호 매기기 라이브러리'의 원 번호 스타일을 선택하세요.

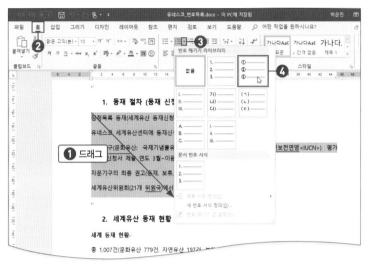

> **Tip**
>
> [번호 매기기] 단추(▦)를 직접 클릭하면 [번호 매기기] 기능이 적용 또는 해제됩니다.

2 단락의 앞에 번호가 추가되면 [홈] 탭-[단락] 그룹에서 [들여쓰기]를 클릭하세요.

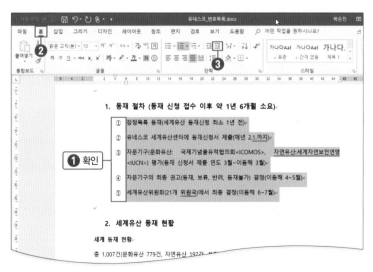

> **Tip**
>
> 목록의 마지막 위치에서 Enter를 누르면 다음 단락에도 번호가 이어져서 입력됩니다. 이때 텍스트를 입력하지 않고 Enter를 한 번 더 누르면 번호 매기기가 중단됩니다.

실무
예제 **02** # 글머리 기호의 스타일 지정하기

◈ **예제파일** : 유네스코_글머리기호.docx　◈ **결과파일** : 유네스코_글머리기호_완성.docx

1　2페이지에서 '2. 세계유산 등재 현황'의 하위 항목을 드래그하여 범위로 지정하세요. **[홈] 탭–[단락]** 그룹에서 **[글머리 기호]**의 내림 단추(▾)를 클릭하고 **[새 글머리 기호 정의]**를 선택하세요.

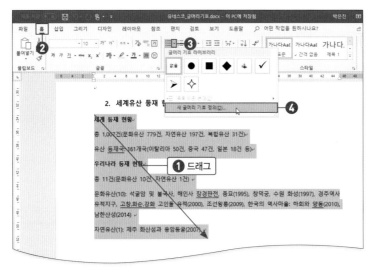

> **Tip**
>
> [글머리 기호]에서 ▤를 직접 클릭하면 [글머리 기호] 기능이 적용 또는 해제됩니다.

2　[새 글머리 기호 정의] 대화상자가 열리면 '글머리 기호'에서 [기호]를 클릭하세요. [기호] 대화상자가 열리면 '글꼴'에서 [Wingdings]를 선택하고 ➲를 선택한 후 [확인]을 클릭하세요. [새 글머리 기호 정의] 대화상자로 되돌아오면 '미리 보기'에서 글머리 기호가 바뀌었는지 확인하고 [확인]을 클릭하세요.

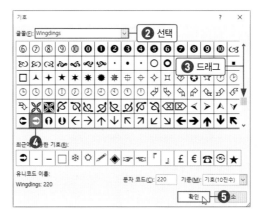

> **Tip**
>
> [새 글머리 기호 정의] 대화상자에서 [그림]을 클릭하면 내 컴퓨터에 저장된 그림 또는 웹에서 검색한 이미지를 글머리 기호로 사용할 수 있습니다. [글꼴]을 클릭하면 글머리 기호의 서식을 지정할 수 있어요. 그리고 [기호] 대화상자에서 '글꼴'을 [현재 글꼴]로, '하위 집합'을 [도형 기호]로 선택해도 다양한 모양의 글머리 기호를 삽입할 수 있어요.

3 지정한 범위에 선택한 글머리 기호가 적용되었는지 확인합니다. '총 1007건~'부터 두 줄을 드 래그하여 선택하고 [Ctrl]을 누른 상태에서 '우리나라 등재 현황' 줄을 제외한 나머지 내용을 모 두 드래그하여 함께 선택하세요.

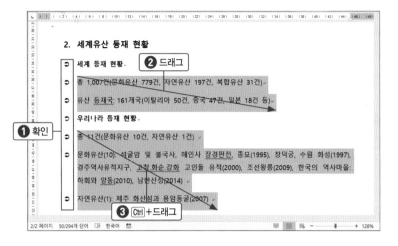

4 [홈] 탭-[단락] 그룹에서 [들여쓰기]를 클릭하여 선택한 모든 줄의 내용을 들여쓰기하세요.

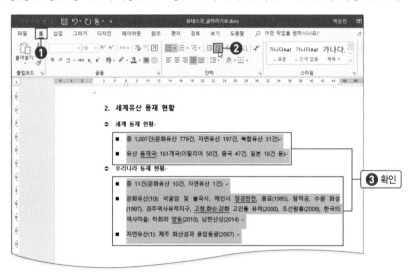

다단계 수준별 목록 지정하기

예제파일 : 유네스코_다단계목록.docx   결과파일 : 유네스코_다단계목록_완성.docx

1 Ctrl을 이용해서 '3. 등재 기준'의 '가) 공통기준', '다) 문화유산'을 제외한 나머지 부분을 드래 그해서 함께 선택하세요. [홈] 탭-[단락] 그룹에서 [다단계 목록]을 클릭하고 [목록 수준 변경]-[수준 2]를 선택하세요.

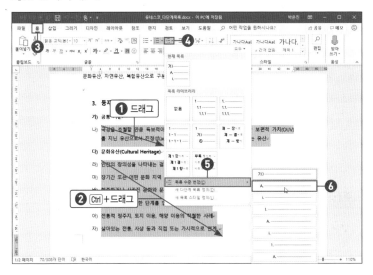

2 이와 같은 방법으로 '다) 자연유산'을 제외한 나머지 부분을 드래그해서 선택하고 '수준 2'의 번호 목록으로 변경합니다. 추가할 내용을 작성하기 위해 마지막 목록의 끝에 커서를 올려놓 고 Enter를 누른 후 '수준 2'의 새 목록이 추가되면 [홈] 탭-[단락] 그룹에서 [내어쓰기]를 클릭하세요.

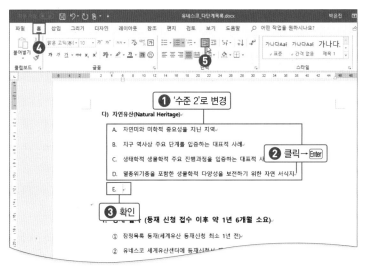

Tip

[내어쓰기]를 클릭하는 대신 Shift + Tab을 눌러도 '수준 1'로 변경할 수 있어요.

3 목록 수준이 '수준 1'로 변경되면서 '라)'가 표시되면 『복합유산(Mixed Heritage)』을 입력하고 [Enter]를 누르세요. 새 목록 '마)'가 표시되면 커서가 있는 상태에서 [홈] 탭-[단락] 그룹의 [들여쓰기]를 클릭하세요.

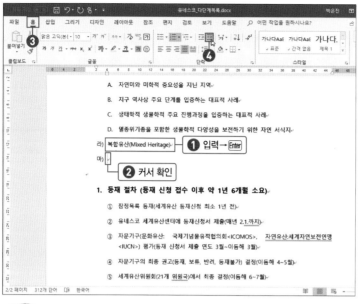

Tip

[들여쓰기] 대신 [Tab]을 눌러도 목록을 '수준 2'로 변경할 수 있어요.

4 목록이 '수준 2'로 변경되면 『문화유산과 자연유산의 특징을 동시에 충족하는 유산』을 입력하세요.

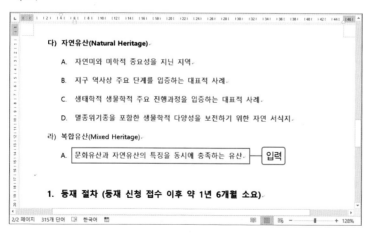

문서작성

서식지정

문서관리

개체삽입

스타일

문서요소

양식컨트롤

● **예제파일** : 유네스코_시작번호.docx   ● **결과파일** : 유네스코_시작번호_완성.docx

1 2페이지의 '1. 등재 절차~'에 커서를 올려놓고 [홈] 탭-[단락] 그룹에서 [번호 매기기]의 내림 단
추(▾)를 클릭한 후[번호 매기기 값 설정]을 선택하세요. [번호 매기기 값 설정] 대화상자가 열리
면 앞 페이지와 연속되도록 번호를 설정하기 위해 '시작 번호'에 『4』를 입력하고 [확인]을 클
릭하세요.

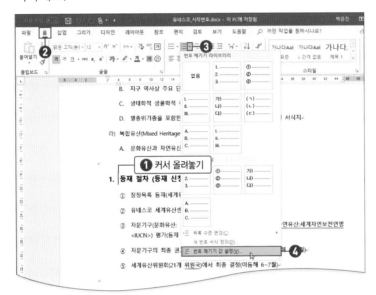

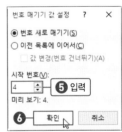

2 4번부터 번호가 매겨졌는지 확인해 보세요.

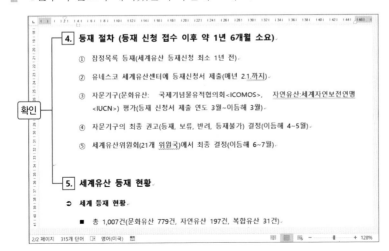

1 | 목록 들여쓰기하고 다단계별로 글머리 기호 적용하기

● 예제파일 : 향수_글머리기호.docx   ● 결과파일 : 향수_글머리기호_완성.docx

다음의 그림과 같이 목록을 들여쓰기하고 다단계별로 글머리 기호를 적용해 보세요.

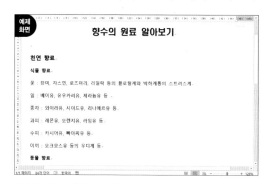
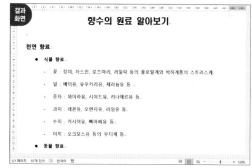

Hint

① 목록을 드래그하여 범위로 지정하고 [홈] 탭-[단락] 그룹에서 [글머리 기호]의 내림 단추(▾)를 클릭한 후 [●]을 선택하세요.

② 들여쓰기할 부분은 Ctrl+드래그하여 범위로 지정하고 [홈] 탭-[단락] 그룹에서 [들여쓰기]를 클릭하세요.

③ [홈] 탭-[단락] 그룹에서 [글머리 기호]의 내림 단추(▾)를 클릭하고 [새 글머리 기호 정의]를 선택하세요.

④ [새 글머리 기호 정의] 대화상자가 열리면 '글머리 기호'의 [기호]를 클릭하고 [기호] 대화상자의 [(현재 글꼴)]에서 [–]를 선택하여 글머리 기호를 적용하세요.

2 | 다단계로 번호 매기고 번호 모양 지정하기

● 예제파일 : 향신료_번호매기기.docx   ● 결과파일 : 향신료_번호매기기_완성.docx

다음의 그림과 같이 목록에 다단계별로 번호를 매기고 번호 모양을 지정해 보세요.

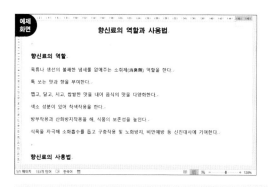
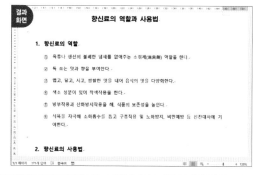

Hint

① 목록을 드래그하여 범위로 지정하고 [홈] 탭-[단락] 그룹에서 [번호 매기기]의 내림 단추(▾)를 클릭한 후 [1, 2, 3] 모양을 선택하세요.

② 들여쓰기할 부분은 Ctrl+드래그하여 범위로 지정하고 [홈] 탭-[단락] 그룹에서 [들여쓰기]를 클릭하세요.

③ [홈] 탭-[단락] 그룹에서 [번호 매기기]의 내림 단추(▾)를 클릭하고 [① ② ③]을 선택하여 번호 모양을 변경하세요.

찾기 및 바꾸기 이용해 연속된 공백 쉽게 지우기

🔹 예제파일 : 커뮤니케이션.docx 　🔹 결과파일 : 커뮤니케이션_완성.docx

외부에서 가져온 자료를 복사해서 워드 문서를 작성할 때 공백 문자가 함께 입력되는 경우가 많습니다.
이때 '바꾸기' 기능을 활용하면 연속된 공백을 쉽게 삭제할 수 있어요.

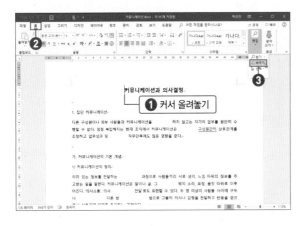

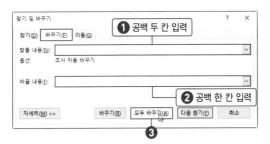

2️⃣ [찾기 및 바꾸기] 대화상자의 [바꾸기] 탭이 열리면 '찾을 내용'에는 Spacebar를 두 번 눌러 공백 두 칸을, '바꿀 내용'에는 공백 한 칸을 입력하고 [모두 바꾸기]를 클릭하세요.

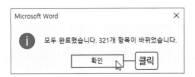

3️⃣ 문서의 처음부터 끝까지 공백 두 칸을 공백 한 칸으로 321개의 항목을 바꾸었다는 메시지 창이 열리면 [확인]을 클릭하세요.

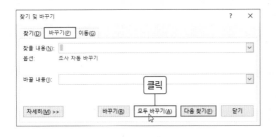

4️⃣ [찾기 및 바꾸기] 대화상자의 [바꾸기] 탭으로 되돌아오면 아직 남아있는 공백을 추가로 제거하기 위해 [모두 바꾸기]를 클릭하세요.

44

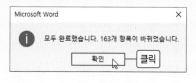

5 문서의 처음부터 끝까지 공백 두 칸을 공백 한 칸으로 163개의 항목을 바꾸었다는 메시지 창이 다시 열리면 [확인]을 클릭하세요.

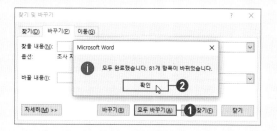

6 이와 같은 방법으로 바뀐 항목이 0이 될 때까지 [모두 바꾸기]를 계속 클릭하세요.

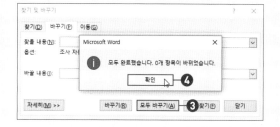

7 [찾기 및 바꾸기] 대화상자의 [바꾸기] 탭에서 더 이상 바꿀 항목이 없으면 [닫기]를 클릭하세요.

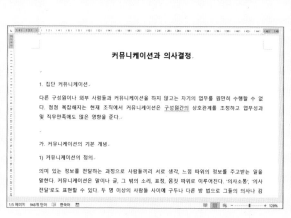

8 문서에서 공백 두 칸을 한 칸으로 변경하는 방 법으로 연속된 공백 문자를 제거했어요. 문자 사 이에 남아 있는 필요 없는 한 칸 공백을 하나씩 확인 하면서 띄어쓰기를 점검해 보세요.

CHAPTER 2 문서 관리와 개체 삽입하기

문서를 작성하기 전에는 반드시 환경을 설정해야 하고 인쇄하기 전에는 미리 보기를 통해 문서의 상태를 점검해 보세요. 문서에서 사용하는 개체는 내용을 돋보이게 하거나 내용을 이해시키는 데 매우 유용해요. 특히 워드 2019에서는 그림이나 도형 등의 그래픽 개체뿐만 아니라 온라인 비디오와 문서의 표지, 수식, 차트 등의 특별한 개체를 쉽게 삽입하고 편집할 수 있어요. 이번 챕터에서는 워드로 작성한 문서를 다양한 방법으로 저장해 보고 개체를 사용해 문서의 내용을 보기 쉽게 정리해 보겠습니다.

Windows 10
+Excel
& PowerPoint
&Word 2019
+Hangeul

SECTION **01**　　문서 저장하고 페이지 설정 및
　　　　　　　　　인쇄하기

SECTION **02**　　필요할 때마다 간편하게 개체
　　　　　　　　　삽입하기

SECTION **03**　　표와 차트 삽입하기

문서 저장하고 페이지 설정 및 인쇄하기

워드로 문서를 작성하려면 용지와 여백 방향이 설정되어야 편리하게 작업할 수 있어요. 문서를 작성하는 중간에 서식이나 개체의 위치를 바꾸면 문서 전체의 구조가 변경되어 문서 작업을 처음부터 다시 해야 할 수도 있어요. 따라서 문서에 텍스트를 입력하기 전에 사용자에게 맞는 환경 설정을 해 놓는 것이 좋아요. 이번 섹션에서는 페이지 레이아웃과 여백 등의 기본 설정과 문서 저장의 다양한 형식에 대해 배워봅니다.

PREVIEW

▲ PDF 문서로 저장하고 편집하기

▲ 용지 방향과 여백 조절하여 인쇄하기

섹션별
주요 내용

01 | 새 문서 저장하기   02 | PDF 문서 열고 편집하기   03 | 용지의 방향 지정하고 페이지 나누기
04 | 페이지의 여백 지정하기   05 | 현재 페이지만 인쇄하기

핵심
기능 | **01** | **새 문서 저장하기**

◈ **예제파일** : 새 워드 문서에서 실습하세요.

1 새로 작성한 문서를 저장하려면 [**파일**] **탭**-[**저장**](Ctrl+S)를 선택하거나 빠른 실행 도구 모음에서 [저장] 도구(📊)를 클릭하세요. 문서를 처음 저장한다면 [**파일**] **탭**-[**저장**]을 선택해도 [다른 이름으로 저장] 화면이 열리는데, [이 PC]를 더블클릭하거나 [찾아보기]를 클릭하세요.

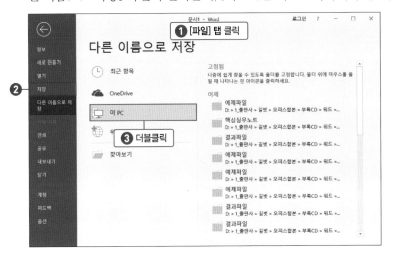

2 [다른 이름으로 저장] 대화상자가 열리면 저장하려는 폴더를 선택하고 '파일 이름'에 원하는 이름을 입력한 후 [저장]을 클릭하세요.

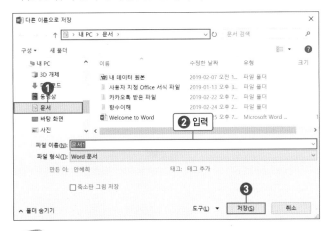

> **Tip**
>
> 이미 저장된 문서의 경우 [저장]을 클릭하면 같은 장소에 같은 이름으로 최종 문서가 저장되므로 더 이상 [다른 이름으로 저장] 대화상자가 열리지 않아요.

2010 | 2013 | 2016 | 2019 | OFFICE 365

실무
예제 | **02** **PDF 문서 열고 편집하기**

📄 예제파일 : 대보름_PDF.pdf   📄 결과파일 : 대보름_PDF_수정.pdf

1 마이크로소프트 오피스 프로그램에서 작성한 문서는 모두 PDF로 저장할 수 있어요. 특히 워드 2019에서는 PDF 편집 기능으로 편집도 가능합니다. **[파일] 탭-[열기]**를 선택하고 [찾아보기]를 선택하세요.

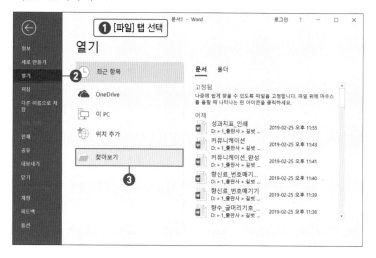

2 [열기] 대화상자가 열리면 PDF 문서가 저장된 폴더에서 '대보름_PDF.pdf' 파일을 선택하고 [열기]를 클릭하세요.

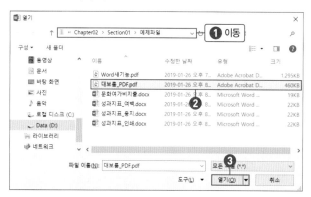

> **Tip**
> 여기서는 부록 실습 파일 중 '대보름_PDF.pdf'로 실습했어요.

3 워드 문서로 변환된다는 메시지 창이 열리면 [확인]을 클릭하세요.

4 PDF가 워드 문서로 변환되면 일반적인 문서 편집을 할 수 있어요. 제목인 '대보름의 유래와 풍습'을 드래그하여 선택하고 **[홈] 탭–[글꼴]** 그룹에서 **[텍스트 효과와 타이포그래피]**를 클릭한 후 **[채우기: 검정, 텍스트 1, 윤곽선: 배경 1, 진한 그림자: 흰색 배경 1]**을 선택하세요.

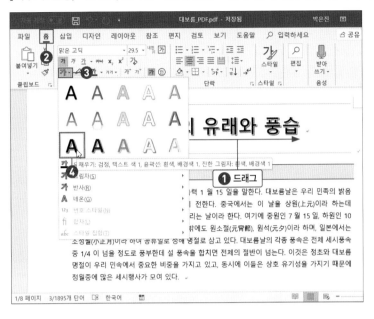

5 워드에서 편집한 문서를 다시 PDF 파일로 저장하려면 **[파일] 탭–[내보내기]**를 선택하고 **[PDF/XPS 문서 만들기]–[PDF/XPS 만들기]**를 클릭하세요.

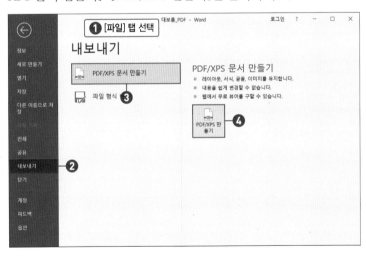

문서작성

서식지정

문서편집

개체삽입

스타일

문서요소

양식컨트롤

6 [PDF 또는 XPS로 게시] 대화상자가 열리면 파일을 저장할 폴더 위치를 선택하세요. '파일 이름'에『대보름_PDF_수정』을 입력하고 [게시]를 클릭하세요.

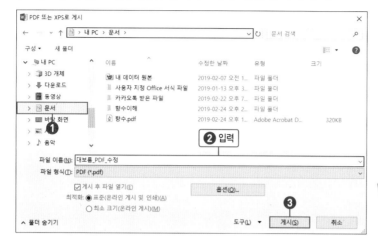

'파일 형식'은 [PDF (*.pdf)]로 지정되어 있는지 확인하세요.

7 PDF 문서가 제대로 저장되었는지 확인하기 위해 PDF 뷰어를 설치하고 문서를 열어보세요.

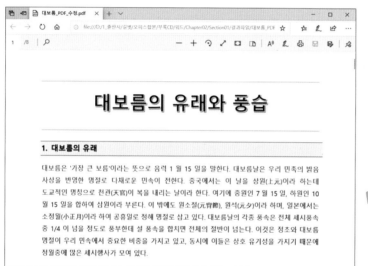

윈도우 10 운영체제가 설치된 컴퓨터이면 마이크로소프트 엣지(Microsoft Edge)에서 PDF 문서를 확인할 수 있어요.

잠깐만요 **문서 저장 파일 형식 살펴보기**

워드 파일로 문서를 저장하지 않고 다른 형식으로 문서를 저장하려면 [파일] 탭-[다른 이름으로 저장하기]를 선택하여 파일 형식을 변경한 후 저장해야 합니다. 이때 PDF 파일로 저장하려면 [파일] 탭-[내보내기]에서 저장하세요.

파일 형식	확장자	기타 다른 파일 형식	확장자
문서	.docx	PDF/XPS 문서	.pdf/.xps
매크로 사용 문서	.docm	이전 버전의 워드 파일 형식	.doc
서식 파일	.dotx	서식이 있는 텍스트 문서	.rtf
매크로 사용 서식 파일	.dotm	웹 페이지 문서	.html

03 용지의 방향 지정하고 페이지 나누기

🔵 예제파일 : 성과지표_용지.docx   🔵 결과파일 : 성과지표_용지_완성.docx

1 예제에서 제공하는 문서의 내용은 표의 자료가 가로 방향으로 되어 있어서 세로 방향으로 작성하기 어려워 보이므로 문서를 쉽게 편집하기 위해 방향을 바꿔보겠습니다. [레이아웃] 탭-[페이지 설정] 그룹에서 [용지 방향]-[가로]를 선택하세요.

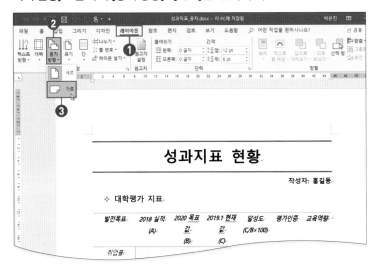

2 용지의 방향이 가로 방향으로 바뀌면서 페이지 너비만큼 표가 넓어졌는지 확인해 보세요. 이번에는 두 번째 표의 위치인 '◆ 성과지표' 항목을 두 번째 페이지로 넘기기 위해 '성과지표'의 앞에 커서를 올려놓고 [레이아웃] 탭-[페이지 설정] 그룹에서 [나누기]를 클릭한 후 '페이지 나누기'의 [페이지]를 선택하세요.

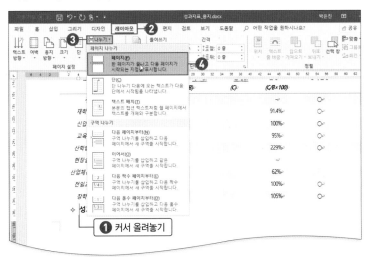

Tip

용지의 방향이 바뀔 때 표의 너비가 자동으로 조절되지 않으면 [표 도구]의 [레이아웃] 탭-[표] 그룹에서 [속성]을 클릭하세요. [속성] 대화상자가 열리면 [표] 탭의 '크기'에서 [너비]의 체크를 해제하세요.

3 '성과지표' 항목의 위치가 2페이지로 이동되었으면 페이지 전체를 한눈에 보기 위해 [**보기**] 탭-[**확대/축소**] 그룹에서 [**페이지 너비**]를 클릭하세요.

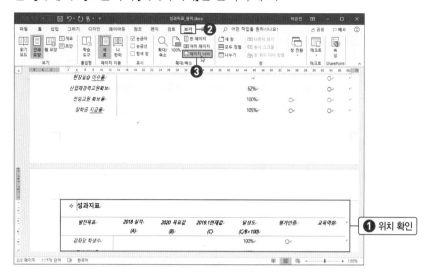

4 페이지 너비만큼 보기 형식이 변경되었는지 확인해 보세요.

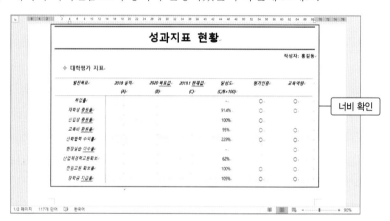

실무 예제 04 페이지의 여백 지정하기

● 예제파일 : 성과지표_여백.docx   ● 결과파일 : 성과지표_여백_완성.docx

1 [레이아웃] 탭-[페이지 설정] 그룹에서 [여백]을 클릭하고 원하는 여백 설정 항목이 없으면 [사용자 지정 여백]을 선택하세요. [페이지 설정] 대화상자의 [여백] 탭이 열리면 '위쪽'과 '아래쪽'에는 『2cm』를, '왼쪽'과 '오른쪽'에는『3cm』를 입력하고 [확인]을 클릭하세요.

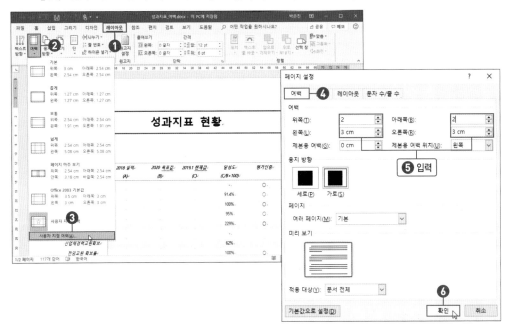

2 문서의 여백이 지정한 간격만큼 변경되었는지 확인해 보세요.

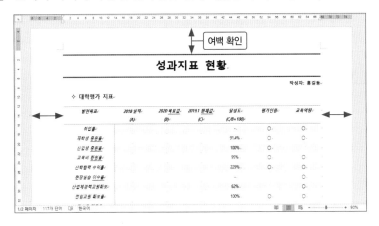

실무 예제 05 **현재 페이지만 인쇄하기**

◐ **예제파일** : 성과지표_인쇄.docx

1 문서의 인쇄 환경을 설정하기 위해 **[파일] 탭–[인쇄]**를 선택하세요.

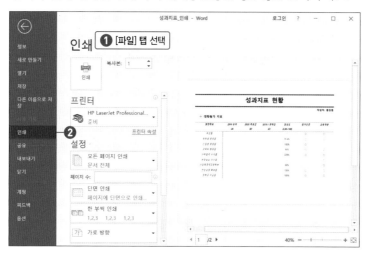

2 전체 문서가 아닌 현재 페이지를 세부 인쇄하기 위해 '설정'에서 [현재 페이지 인쇄]를 선택하세요. '복사본'에 [3]을 지정하고 [인쇄]를 클릭하세요.

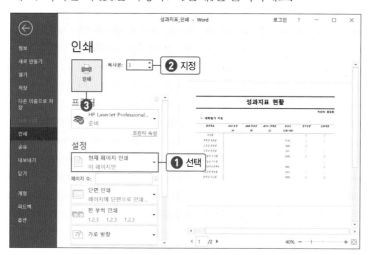

1 | PDF 문서 편집해 OneDrive에 저장하기

예제파일 : Word새기능.pdf   **결과파일** : Word새기능.docx

워드에서 'Word새기능.pdf' 문서를 열고 내용을 변경한 후 OneDrive의 '문서' 폴더에 'Word새기능.docx'로 저장해 보세요. WordOnline에서 저장한 문서를 열어보세요.

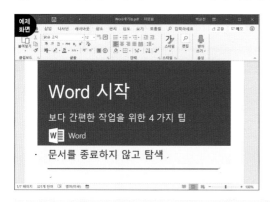

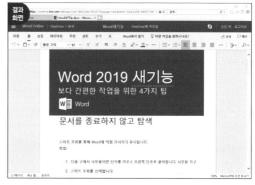

Hint
① 워드에서 PDF 문서를 실행하고 'Word 시작'을 'Word 2019 새기능'으로 변경하세요.
② [파일] 탭-[다른 이름으로 저장]에서 저장 위치를 OneDrive로 선택한 후 하위 폴더를 '문서'로 지정하여 'Word새기능.docx'로 저장하세요.
③ Word Online에서 문서를 열어보세요.

2 | 편집 문서에 용지의 방향과 여백 설정해 인쇄하기

예제파일 : 문화여가비지출.docx   **결과파일** : 문화여가비지출_완성.docx

'문화여가비지출' 문서의 용지 방향과 여백, 복사본 및 인쇄 페이지를 설정해 보세요.

Hint
① 용지의 방향을 [가로 방향]으로 변경하세요.
② 용지의 여백을 [기본]으로 지정하세요.
③ '복사본'에 『2』를 입력하고 복사 페이지는 [모든 페이지 인쇄]로 지정하세요.

02

필요할 때마다 간편하게 개체 삽입하기

그림을 삽입하고 레이아웃 옵션에서 텍스트와의 배치도 쉽게 설정할 수 있어요. 또한 미리 제공되는 문서 표지를 선택하여 적용할 수도 있고 자주 사용하는 상용구나 문서 속성, 필드 등 빠른 문서 요소로 저장한 후 필요할 때마다 간편하게 삽입할 수도 있어요. 이번 섹션에서는 삽입한 그림을 텍스트와 어울리게 배치하는 방법부터 메모, 수식, 비디오 삽입 등 다양한 개체 삽입에 대해 배워봅니다.

> ## PREVIEW

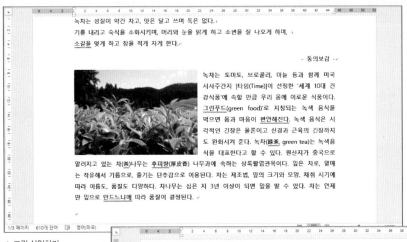

▲ 그림 삽입하기

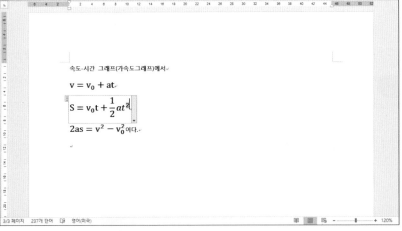

▲ 수식 삽입하기

섹션별 주요 내용

01 | 그림 삽입하고 텍스트와 어울리게 배치하기   02 | 문서 표지 완성하기

03 | 하이퍼링크 설정해 원하는 사이트로 이동하기   04 | 메모 삽입하고 편집하기

05 | 수식 삽입하고 편집하기   06 | 온라인 비디오 삽입하고 재생하기

실무
예제 **01**

2010 | 2013 | 2016 | 2019 | OFFICE 365

그림 삽입하고 텍스트와 어울리게 배치하기

◆ 예제파일 : 녹차_그림.docx　　◆ 결과파일 : 녹차_그림_완성.docx

1 '녹차는 토마토, ~'의 앞에 커서를 올려놓고 **[삽입]** 탭-**[일러스트레이션]** 그룹에서 **[그림]**을 클릭하세요. [그림 삽입] 대화상자가 열리면 부록 실습 파일 중 '그림1.jpg'를 선택하고 [삽입]을 클릭하세요.

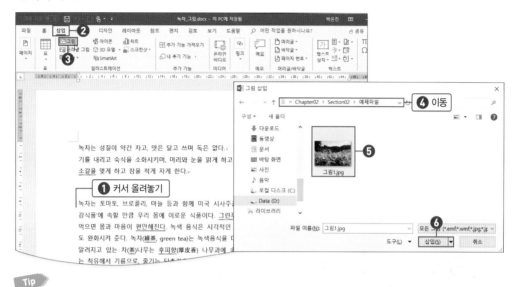

Tip

온라인에서 직접 검색한 그림을 삽입하려면 **[삽입]** 탭-**[일러스트레이션]** 그룹에서 **[온라인 그림]**을 클릭하세요. [온라인 그림] 창이 열리면 웹에서 그림을 검색한 후 문서에 곧바로 삽입할 수 있어요.

2 삽입한 그림을 선택한 상태에서 [그림 도구]의 **[서식]** 탭-**[크기]** 그룹에서 **[고급 레이아웃: 크기]** 대화상자 표시 아이콘(⬜)을 클릭하세요.

3 [레이아웃] 대화상자의 [크기] 탭이 열리면 '배율'의 '높이'와 '너비'를 각각 [30%]로 지정하고 [확인]을 클릭하세요.

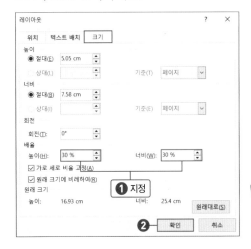

Tip

[가로 세로 비율 고정]에 체크하면 '높이'에만 배율을 입력해도 '너비'에 자동으로 같은 배율 값이 입력됩니다.

4 삽입된 그림의 오른쪽 위에 표시된 [레이아웃 옵션] 단추(⬚)를 클릭하고 '텍스트 배치'의 [정사각형]을 선택한 후 [닫기] 단추(✕)를 클릭하세요.

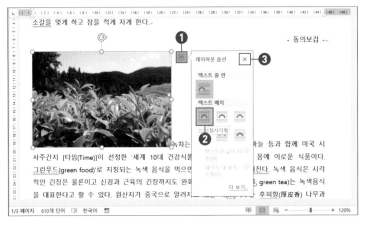

Tip

[레이아웃] 대화상자에서 [텍스트 배치] 탭의 '텍스트 줄 바꿈'이나 [그림 도구]의 [서식] 탭-[정렬] 그룹에서 [텍스트 줄 바꿈]을 클릭하여 텍스트 배치를 설정할 수 있어요.

5 그림과 함께 텍스트가 배치되었는지 확인해 보세요.

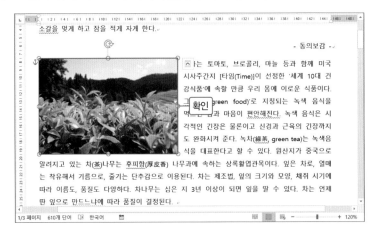

2010 | 2013 | 2016 | 2019 | OFFICE 365

실무
예제 **02** **문서 표지 완성하기**

🔖 **예제파일** : 녹차_문서표지.docx   🔖 **결과파일** : 녹차_문서표지_완성.docx

1 [삽입] 탭-[페이지] 그룹에서 [표지]-[전체]를 선택하세요.

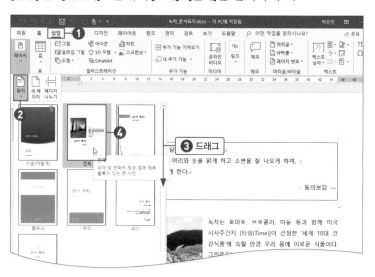

2 표지가 삽입되면 제목에는 『녹차 향기』를, 부제에는 『녹차의 종류와 효능에 대하여』를 입력하여 표지를 완성하세요.

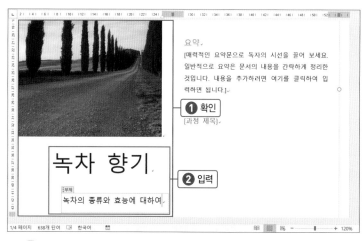

> **Tip**
>
> 삽입한 표지를 제거하려면 [삽입] 탭-[페이지] 그룹에서 [표지]-[현재 표지 제거]를 선택하세요.

실무 예제 03 하이퍼링크 설정해 원하는 사이트로 이동하기

🔵 **예제파일** : 녹차_하이퍼링크.docx   🔵 **결과파일** : 녹차_하이퍼링크_완성.docx

1 문서의 맨 마지막에 있는 4페이지의 '하동녹차 바로가기'를 드래그하여 선택하고 [**삽입**] 탭-[**링크**] 그룹에서 [**링크**]를 클릭하세요.

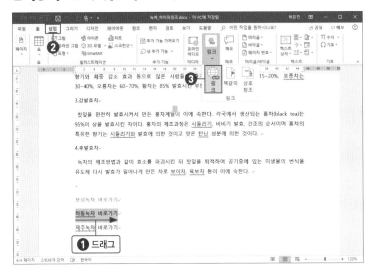

> **Tip**
>
> 오피스 365에서는 [삽입] 탭-[링크] 그룹에서 [링크]-[링크 삽입]을 선택하세요.

2 [하이퍼링크 삽입] 대화상자가 열리면 '주소'에 『http://www.hadong.go.kr/greentea.web』을 입력하고 [확인]을 클릭하세요.

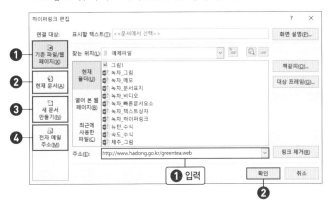

> **Tip**
>
> 문서에 웹 주소를 직접 입력해도 하이퍼링크가 자동으로 설정되어요.

❶ **기존 파일 또는 웹 페이지** : 다른 파일 또는 인터넷 URL로 연결

❷ **현재 문서** : 문서 내 특정 위치로 연결(**예** 문서 맨 위 또는 특정 제목)

❸ **새 문서 만들기** : 아직 만들지 않은 새 파일에 연결

❹ **전자 메일 주소** : 전자 메일 메시지에 연결

3 텍스트 '하동녹차 바로가기'가 파란색으로 변경되면 Ctrl을 누른 상태에서 텍스트를 클릭하세요.

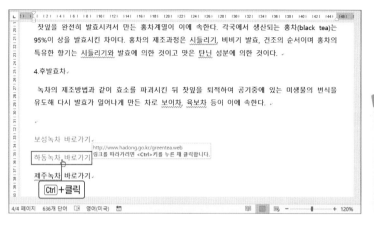

Tip

하이퍼링크가 설정된 텍스트에서 마우스 오른쪽 단추를 눌러 [링크 제거]를 선택하면 하이퍼링크를 제거할 수 있어요. 하이퍼링크가 설정된 텍스트는 Ctrl을 누른 채 클릭하면 브라우저에서 해당 링크가 열립니다.

4 인터넷 브라우저가 실행되면서 '하동녹차' 사이트로 이동하는지 확인해 보세요.

잠깐만요 **자동 하이퍼링크 기능 해제하기**

워드 문서에 인터넷 URL이나 메일 주소를 입력하면 자동으로 하이퍼링크가 설정됩니다. 이 기능을 해제하려면 [파일] 탭-[옵션]을 선택하여 [Word 옵션] 창을 열고 [언어 교정] 범주에서 [자동 고침 옵션]을 클릭하세요. [자동 고침] 대화상자가 열리면 [입력할 때 자동 서식] 탭에서 [인터넷과 네트워크 하이퍼링크로 설정]의 체크를 해제합니다.

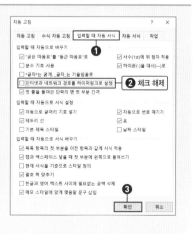

실무 예제 04 메모 삽입하고 편집하기

● **예제파일** : 녹차_메모.docx ● **결과파일** : 녹차_메모_완성.docx

1 1페이지에서 '세계 10대 건강식품'을 드래그하여 선택하고 **[삽입] 탭-[메모] 그룹**에서 **[메모]**를
클릭하세요.

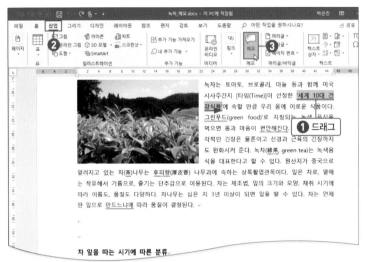

[검토] 탭-[메모] 그룹에서 **[새 메모]**를 클릭해도 메모를 삽입 할 수 있어요.

2 화면의 오른쪽에 메모 창이 열리면 메모 내용 『세계 10대 건강식품 확인 부탁드려요.』를 입력
하세요.

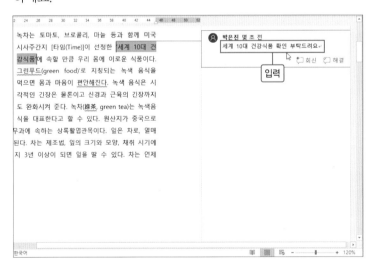

Tip

입력한 메모에서 마우스 오른쪽 단추를 눌러 [메모에 회신], [메모 삭제], [메모 완료로 표시] 등의 작업을 할 수 있습니다.

실무 예제 05 | 수식 삽입하고 편집하기

◐ 예제파일 : 속도_수식.docx   ◐ 결과파일 : 속도_수식_완성.docx

1 2페이지에서 '6. 가속도'의 아래쪽을 클릭하여 커서를 올려놓고 **[삽입] 탭-[기호] 그룹**에서 **[수식]**의 내림 단추(·)를 클릭한 후 **[잉크 수식]**을 선택하세요. **[수학 식 입력 컨트롤]** 창이 열리면 마우스나 터치 펜을 이용하여 다음의 그림과 같이 직접 수식을 입력하고 **[삽입]**을 클릭하세요.

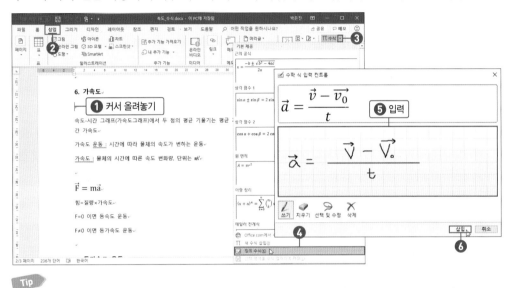

> **Tip**
> [삽입] 탭-[기호] 그룹에서 [수식]의 내림 단추(·)를 클릭하고 [새 수식 삽입]을 선택하여 수식을 삽입할 수도 있어요.

2 '6. 가속도'의 아래쪽에 **1** 과정에서 입력한 수식이 삽입되면 ⊞ 단추를 클릭하여 전체 수식을 선택하고 **[홈] 탭-[글꼴] 그룹**에서 '글꼴 크기'를 **[16]**으로 지정하세요. **[홈] 탭-[단락] 그룹**에서 **[왼쪽 맞춤]**을 클릭하세요.

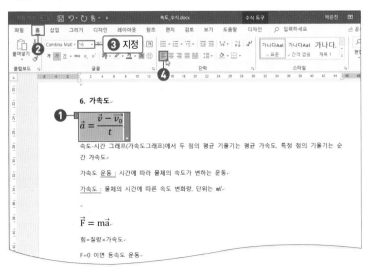

> **Tip**
> 입력된 수식을 클릭한 상태에서 수식 창의 내림 단추(▼)를 클릭한 후 [양쪽 맞춤]-[왼쪽]을 선택해도 됩니다.

3 3페이지의 세 번째 줄의 수식을 선택하고 맨 끝부분에 『+』를 입력하세요. [수식 도구]의 [디자인] 탭-[구조] 그룹에서 [분수]를 클릭하고 '분수'의 [상하형 분수]를 선택하세요.

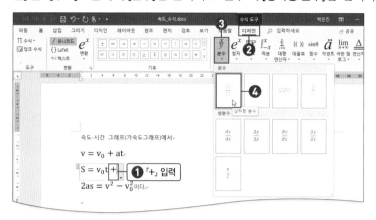

4 삽입된 분수 수식의 아래쪽에는 『2』를, 위쪽에는 『1』을 입력하세요. 맨 마지막 위치를 클릭하며 커서를 올려놓고 [수식 도구]의 [디자인] 탭-[구조] 그룹에서 [첨자]를 클릭한 후 '아래 첨자 및 위 첨자'의 [위 첨자]를 선택하세요.

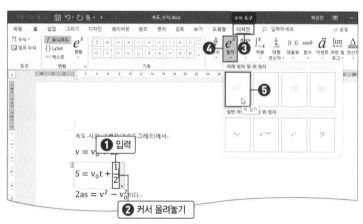

5 입력된 수식 기호의 앞쪽에 『at』를 입력하고 첨자 부분을 클릭하여 『2』를 입력하세요. 화면의 빈 공간을 클릭하여 수식 편집을 끝내세요.

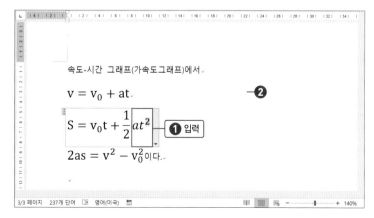

2010 | 2013 | 2016 | 2019 | OFFICE 365

실무
예제 **06** 온라인 비디오 삽입하고 재생하기

◈ **예제파일** : 녹차_비디오.docx　　◈ **결과파일** : 녹차_비디오_완성.docx

1 제목의 아래쪽에 커서를 올려놓고 **[삽입]** 탭-**[미디어]** 그룹에서 **[온라인 비디오]**를 클릭하세요.

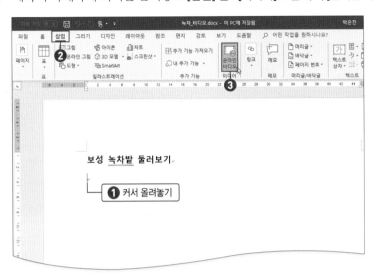

2 **[비디오 삽입]** 창이 열리면 'YouTube'의 검색 상자에 『녹차향기』를 입력하고 **[검색]** 단추 (🔍)를 클릭하거나 Enter를 누르세요. 검색 결과가 나타나면 삽입할 비디오를 선택하고 **[삽입]** 을 클릭하세요.

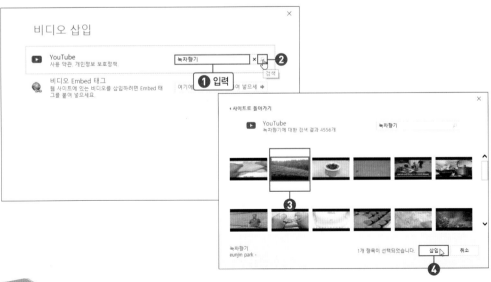

> **Tip**
> 검색 결과 화면은 왼쪽의 그림과 다를 수 있으므로 원하는 비디오를 선택해도 됩니다.

3 선택한 온라인 비디오가 문서에 삽입되었는지 확인하고 재생 단추(▶)를 클릭하세요.

4 재생 단추(▶)를 클릭하여 문서에서 삽입한 온라인 비디오가 곧바로 재생되는지 확인해 보세요.

1 | 온라인 그림 검색해 삽입하고 텍스트와 배치하기

● **예제파일** : 제주_그림.docx ● **결과파일** : 제주_그림_완성.docx

웹에서 '용두암' 이미지를 검색하고 크기를 50%로 조정하여 텍스트의 왼쪽에 삽입한 후 정사각형 모양
으로 텍스트와 배치해 보세요.

Hint ① [삽입] 탭-[일러스트레이션] 그룹에서 [온라인 그림]을 클릭하여 [온라인 그림] 창을 열고 검색 상자에 『용두
암』을 입력한 후 검색하세요. 결과화면의 그림과 달라도 상관없어요.

② [Creative Commons만]의 체크를 해제하면 좀 더 많은 그림을 볼 수 있지만, 저작권에 주의하여 사용하세요.

③ 그림의 높이와 너비를 [50%]로 설정하고 '레이아웃 옵션'의 '텍스트 배치'에서 [정사각형]을 선택하세요.

2 | 수식 입력하고 갤러리에 저장하기

● **예제파일** : 뉴턴_수식.docx ● **결과파일** : 뉴턴_수식_완성.docx

2페이지의 '중력의 법칙 :'에 수식 $Fg = G\dfrac{m_1 m_2}{r^2}$ 를 입력하고 '중력법칙'이라는 이름으로 수식 갤러리에
저장해 보세요.

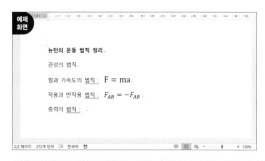

Hint ① [삽입] 탭-[기호] 그룹에서 [수식]-[잉크 수식]을 선택하여 함수를 입력하세요.

② 입력한 함수를 선택하고 수식 창의 내림 단추(▼)를 클릭한 후 [새 수식으로 저장]을 선택하세요.

표와 차트 삽입하기

워드 2019에서는 복잡한 행과 열이 있는 표를 얼마든지 그릴 수 있어요. 삽입한 표에 테두리나 윤곽선을 추가하면 문서에서 표를 더욱 돋보이게 꾸밀 수도 있고 수치 데이터를 다양한 모양의 차트를 삽입하여 표현할 수도 있어요. 이번 섹션에서는 스타일 갤러리에서 표와 차트를 선택하여 문서에 빠르게 삽입하는 방법부터 사용자가 원하는 서식 요소를 적용하는 방법까지 배워봅니다.

PREVIEW

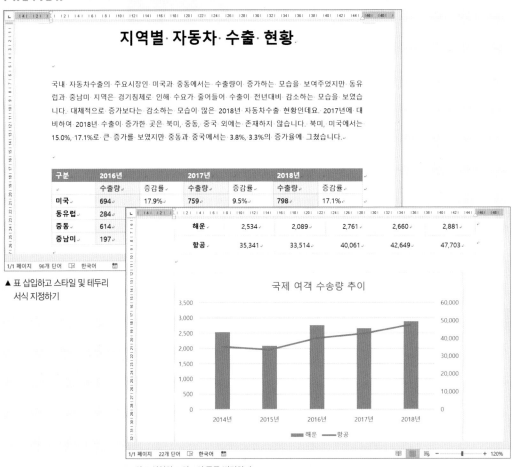

▲ 표 삽입하고 스타일 및 테두리
서식 지정하기

▲ 차트 삽입하고 차트의 종류 변경하기

섹션별
주요 내용

01 │ 표 삽입하고 스타일 지정하기   02 │ 표에 행과 열 추가하기   03 │ 표의 크기와 셀 너비/높이 조절하기
04 │ 표에 대각선과 테두리 지정하기   05 │ 차트 삽입하고 차트의 종류 변경하기

실무
예제 **01** 표 삽입하고 스타일 지정하기

🔵 **예제파일** : 자동차_표삽입.docx 🔵 **결과파일** : 자동차_표삽입_완성.docx

1 1페이지의 마지막에 표를 삽입하기 위해 커서를 올려놓고 **[삽입] 탭-[표] 그룹**에서 **[표]**를 클릭한 후 드래그하여 7×6 크기의 표를 작성하세요.

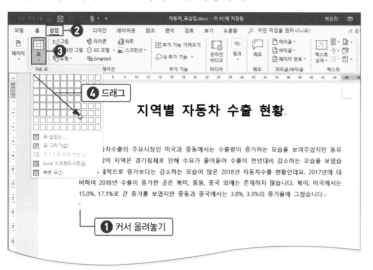

2 방향키(←, →, ↓, →)나 Tab 을 이용하여 다음 셀로 이동하면서 다음의 내용을 입력하세요.

구분	2016년		2017년		2018년	
	수출량	증감률	수출량	증감률	수출량	증감률
미국	694	17.9%	759	9.5%	798	17.1%
동유럽	284	6.0%	226	−20.3%	158	−23.5%
중동	614	−1.9%	594	−3.4%	558	3.8%
중남미	197	9.3%	381	−12%	299	−13.2%

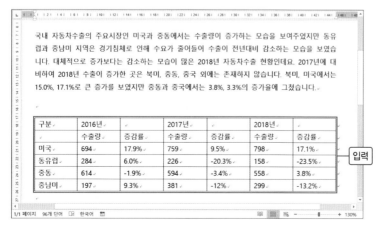

3 표의 왼쪽 위에 있는 ⊞ 단추를 클릭하여 표 전체를 선택하세요. [표 도구]의 [디자인] 탭-[표 스타일] 그룹에서 [자세히] 단추(▼)를 클릭하고 '눈금 표'의 [눈금 표 4 - 강조색 1]을 선택하세요.

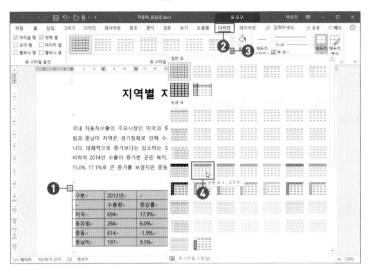

4 표를 선택한 상태에서 [표 도구]의 [디자인] 탭-[표 스타일 옵션] 그룹에서 [줄 무늬 행]의 체크는 해제하고 [줄무늬 열]에 체크하여 표를 완성하세요.

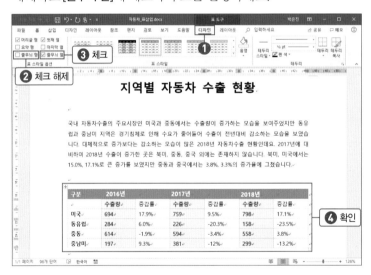

실무 예제 02 표에 행과 열 추가하기

◉ **예제파일** : 자동차_행열추가.docx ◉ **결과파일** : 자동차_행열추가_완성.docx

1 표의 2행과 3행 사이에 마우스 포인터를 올려놓으면 나타나는 삽입 컨트롤 단추(⊕)를 클릭하여 행을 빠르게 삽입해 보세요.

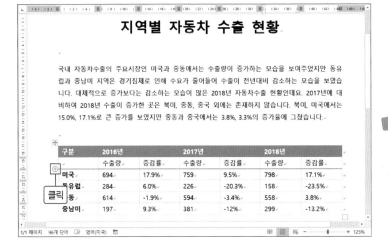

Tip

삽입 컨트롤 단추(⊕)는 두 열 사이의 위쪽 또는 두 행 사이의 왼쪽으로 마우스 포인터를 이동하면 나타납니다. 삽입 컨트롤 단추(⊕)를 클릭하면 해당 위치에 새로운 열 또는 행을 쉽게 삽입할 수 있어요.

2 삽입한 행의 각 셀에 『계』, 『1789』, 공백, 『1960』, 공백, 『1813』, 공백을 차례대로 입력하세요. 7열의 아무 셀이나 클릭하여 커서를 올려놓고 [표 도구]의 [레이아웃] 탭-[행 및 열] 그룹에서 [오른쪽에 삽입]을 클릭하여 맨 오른쪽에 열을 삽입하세요.

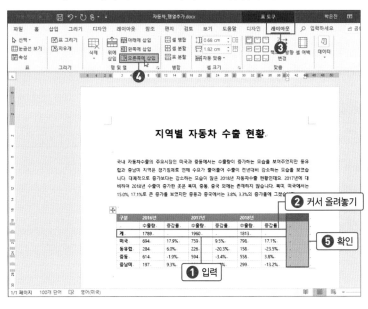

Tip

표의 마지막 행에 있는 오른쪽 끝 셀에서 Tab을 누르면 맨 아래에 한 행이 삽입되어요.

2010 | 2013 | 2016 | 2019 | OFFICE 365

실무
예제 **03** 표의 크기와 셀 너비/높이 조절하기

⏺ 예제파일 : 교통_셀크기.docx   ⏺ 결과파일 : 교통_셀크기_완성.docx

1 표의 아래쪽에 위치한 크기 조정 핸들(□) 위에 마우스 포인터를 올려놓으세요. 마우스 포인터
가 ⬉ 모양으로 변하면 아래쪽으로 드래그하여 표의 전체 크기를 크게 조절하세요.

2 [표 도구]의 [레이아웃] 탭-[셀 크기] 그룹에서 [자동 맞춤]-[창에 자동으로 맞춤]을 선택하여 가로 크
기를 자동으로 지정하세요. '2015년' 열부터 '2018년' 열의 마지막 행까지 드래그하여 범위로 지
정하고 [표 도구]의 [레이아웃] 탭-[셀 크기] 그룹에서 [열 너비를 같게]를 클릭하세요.

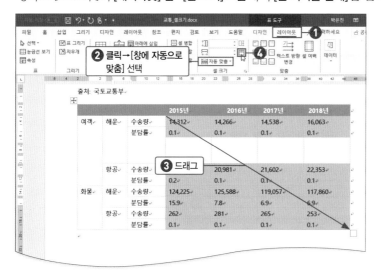

3 표의 왼쪽 위에 있는 ⊞ 단추를 클릭하여 표 전체를 선택하고 [표 도구]의 [레이아웃] 탭-[셀 크기] 그룹에서 [행 높이를 같게]를 클릭하세요. [표 도구]의 [레이아웃] 탭-[맞춤] 그룹에서 [가운데 맞춤]을 클릭하세요.

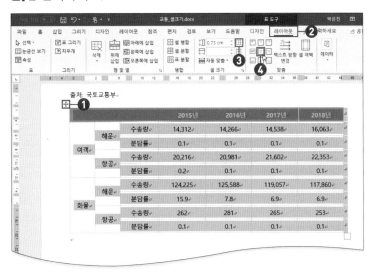

4 숫자가 입력된 셀만 모두 드래그하여 선택하고 [표 도구]의 [레이아웃] 탭-[맞춤] 그룹에서 [오른쪽 가운데 맞춤]을 클릭하세요.

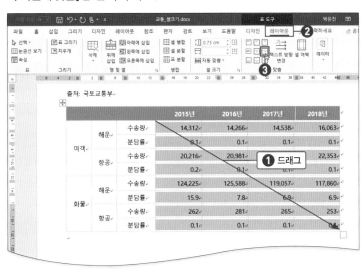

실무
예제 **04** 표에 대각선과 테두리 지정하기

● 예제파일 : 교통_테두리.docx　　● 결과파일 : 교통_테두리_완성.docx

1 첫 번째 셀을 클릭하여 커서를 올려놓고 [표 도구]의 [디자인] 탭-[테두리] 그룹에서 [펜 색]의 내림 단추(⌄)를 클릭하고 '테마 색'의 [흰색, 배경 1]을 선택하세요.

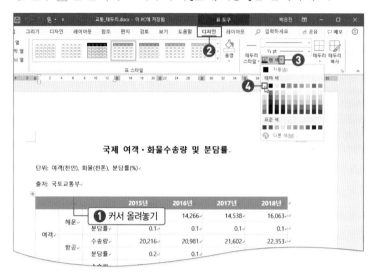

2 [표 도구]의 [디자인] 탭-[테두리] 그룹에서 [테두리]의 테두리를 클릭하고 [하향 대각선 테두리]를 선택하세요. 첫 번째 행을 드래그하여 범위로 지정하고 [표 도구]의 [디자인] 탭-[테두리] 그룹에서 [테두리]의 테두리를 클릭하고 [안쪽 세로 테두리]를 선택하세요.

Tip

테두리를 지정할 때는 테두리의 색(펜 색)과 두께(펜 두께)를 먼저 지정하고 적용할 테두리의 위치를 지정해야 해요. [표 도구]의 [디자인] 탭-[테두리] 그룹에서 [테두리]-[테두리 및 음영]을 선택하면 '선 색', '선 두께' 등의 다양한 테두리 옵션을 지정할 수 있어요.

3 제목 행을 제외한 나머지를 드래그하여 모두 범위로 선택하고 [표 도구]의 [디자인] 탭-[테두리]
그룹에서 '펜 두께'를 [1 1/2pt]로 지정하세요. [펜 색]을 클릭하고 '테마 색'의 [파랑, 강조 1]을 선택한
후 [테두리]에서 [바깥쪽 테두리]를 선택하세요.

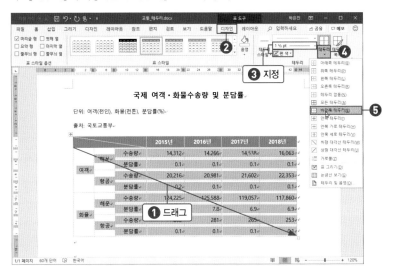

4 '여객' 항목만 드래그하여 범위로 선택하고 [표 도구]의 [디자인] 탭-[테두리] 그룹에서 [테두리]
의 테두리를 클릭한 후 [아래쪽 테두리]를 선택하여 표를 완성하세요.

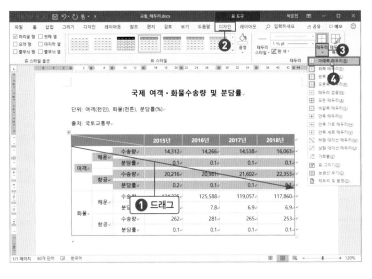

실무 예제 | **05** 차트 삽입하고 차트의 종류 변경하기

◈ 예제파일 : 교통_차트.docx ◈ 결과파일 : 교통_차트_완성.docx

1 표의 왼쪽 위에 있는 ✥ 단추를 클릭하여 표 전체를 선택하고 Ctrl + C 를 눌러 복사하세요.

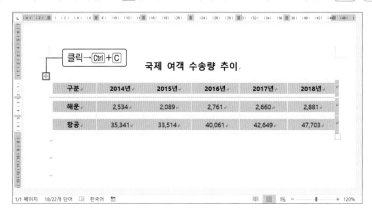

2 표의 아래쪽을 클릭하여 커서를 올려놓고 **[삽입] 탭-[일러스트레이션] 그룹**에서 **[차트]**를 클릭하세요. **[차트 삽입]** 대화상자가 열리면 **[모든 차트]** 탭의 **[세로 막대형]**에서 **[묶은 세로 막대형]**을 선택하고 **[확인]**을 클릭하세요.

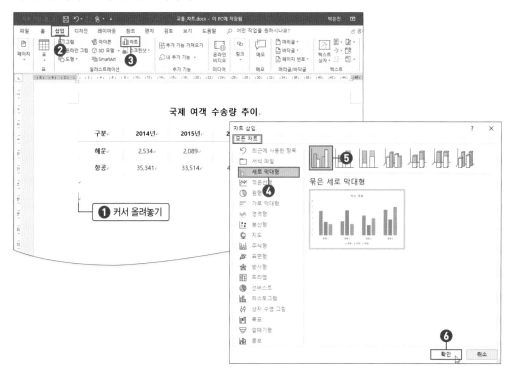

3 차트가 삽입되면서 [Microsoft Word의 차트] 창이 열리면 A1셀을 클릭하고 `Ctrl`+`V`를 눌러 복사한 데이터를 붙여넣으세요.

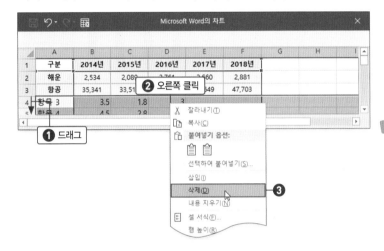

4 [Microsoft Word의 차트] 창의 4행 머리글과 5행 머리글을 드래그하여 4행과 5행 전체를 선택하고 마우스 오른쪽 단추를 눌러 [삭제]를 선택하세요.

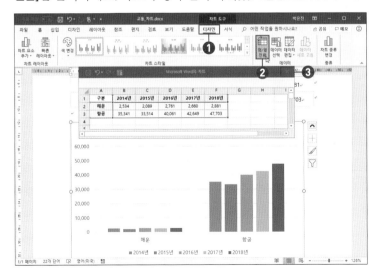

> **Tip**
>
> 데이터를 삭제하지 않고 오른쪽 아래의 파란색 점(◾) 위에 마우스 포인터를 올려놓은 후 ↖ 모양으로 바뀌면 드래그하여 차트를 그릴 영역을 지정할 수도 있어요.

5 기본 묶은 세로 막대형 차트가 만들어지면 [차트 도구]의 **[디자인] 탭-[데이터] 그룹**에서 **[행/열 전환]**을 클릭하세요. 차트의 행과 열이 바뀌었으면 [Microsoft Word의 차트] 창을 닫으세요.

> **Tip**
>
> [행/열 전환]이 비활성화되어 선택할 수 없으면 [차트 도구]의 [디자인] 탭-[데이터] 그룹에서 [데이터 선택]을 클릭하여 [데이터 원본 선택] 창을 열고 [행/열 전환]을 클릭하세요.

6 [차트 도구]의 [디자인] 탭-[종류] 그룹에서 [차트 종류 변경]을 클릭하세요. [차트 종류 변경] 대화
상자가 열리면 [모든 차트] 탭에서 [혼합]을 선택합니다. '항공'의 차트 종류에 [사용자 지정
조합]을 선택하고 [보조 축]에 체크한 후 [확인]을 클릭하세요.

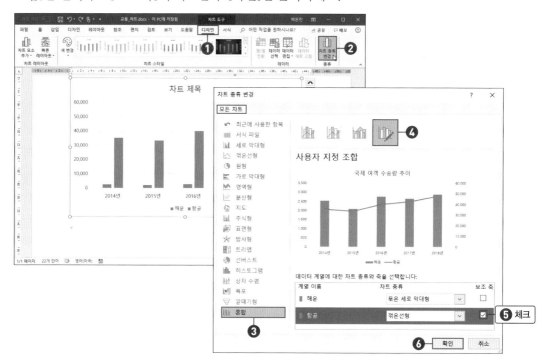

7 콤보 차트가 만들어지면 차트 제목에 『국제 여객 수송량 추이』를 입력하여 차트를 완성하세요.

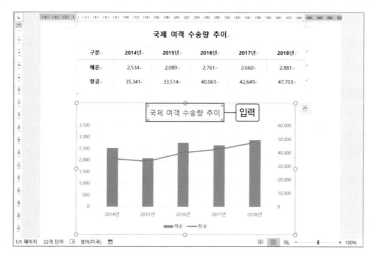

1 표 삽입하고 셀 병합하기

💿 **예제파일** : 신청서_표삽입.docx 💿 **결과파일** : 신청서_표삽입_완성.docx

다음과 같은 표를 삽입하고 셀을 병합해 보세요.

Hint ① [삽입] 탭-[표] 그룹에서 [표]를 클릭하여 5×7 크기의 표를 삽입하고 데이터를 입력하세요.
② [표 도구]의 [레이아웃] 탭-[병합] 그룹에서 [셀 병합]을 클릭하여 표 모양을 완성하세요.

2 표에 행 추가하고 텍스트 맞춤 변경하기

💿 **예제파일** : 신청서_표편집.docx 💿 **결과파일** : 신청서_표편집_완성.docx

표의 마지막에 행을 추가하여 내용을 입력하고 '연락처' 항목의 '전화', '휴대폰', '팩스', 'e-mail'을 제외한 모든 데이터를 가운데 양쪽 맞춤 정렬해 보세요.

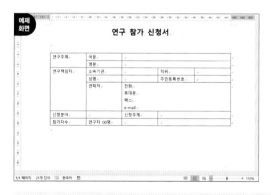

Hint ① 표를 선택하고 [표 도구]의 [레이아웃] 탭-[맞춤] 그룹에서 [가운데 맞춤]으로 설정하세요.
② '전화', '휴대폰', '팩스', 'e-mail' 셀을 클릭하고 [가운데 양쪽 맞춤]을 설정하세요.
③ 마지막 셀에 클릭하고 Tab을 눌러 한 행을 추가하세요.
④ 마지막 행 전체를 드래그하여 범위를 지정하고 셀 병합한 후 텍스트를 입력하세요.

빠른 문서 요소에 표 추가하고 빠르게 사용하기

🔵 **예제파일** : 회의록.docx   🔵 **결과파일** : 회의록_완성.docx

빠른 문서 요소 갤러리를 사용하여 상용구, 문서 속성, 필드를 포함해서 다시 사용 가능한 콘텐츠를 만들고 저장한 후 찾을 수 있어요. 자주 사용하는 표를 빠른 문서 요소 갤러리에 추가해 두면 쉽고 빠르게 사용할 수 있어서 편리해요.

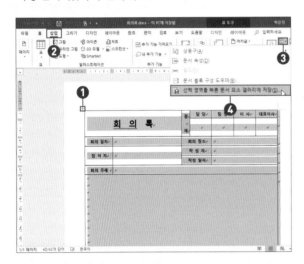

1 표의 왼쪽 위에 있는 ⊞ 단추를 클릭하여 빠른 문서 요소에 추가할 표를 선택하고 [삽입] 탭-[텍스트] 그룹에서 [빠른 문서 요소 탐색]-[선택 영역을 빠른 문서 요소 갤러리에 저장]을 선택하세요.

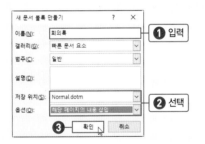

2 [새 문서 블록 만들기] 대화상자가 열리면 '이름'에 『회의록』을 입력하세요. '저장 위치'는 모든 문서에서 사용할 수 있는 [Normal.dotm]을, '옵션'은 [해당 페이지의 내용 삽입]을 선택하고 [확인]을 클릭하세요.

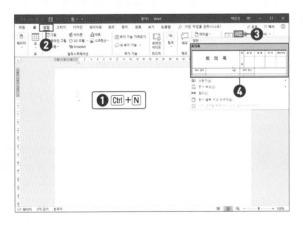

3 Ctrl+N을 눌러 새 문서를 열고 [삽입] 탭-[텍스트] 그룹에서 [빠른 문서 요소 탐색]-[회의록]을 선택하세요.

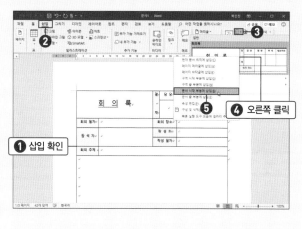

4 빠른 문서 요소 갤러리에 '회의록'으로 저장된 표가 쉽고 빠르게 삽입되었는지 확인해 보세요. 빠른 문서 요소 갤러리에서 마우스 오른쪽 단추를 누르면 빠른 문서 요소를 좀 더 다양한 위치에 삽입할 수 있어요.

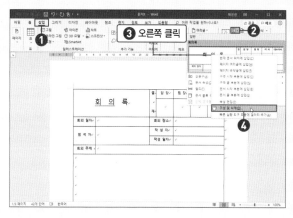

5 빠른 문서 요소 갤러리에서 마우스 오른쪽 단추를 눌러 [구성 및 삭제]를 선택하세요.

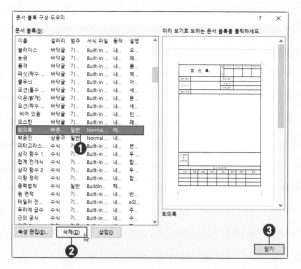

6 [문서 블록 구성 도우미] 대화상자가 열리면 등록된 빠른 문서 요소를 편집 또는 삭제할 수 있어요.

CHAPTER 3 고품질의 고급 문서 작성하기

문서에서 자주 반복되는 제목이나 본문의 서식은 매번 지정하는 것보다 라이브러리처럼 등록하여 필요할 때마다 적용하면 편리해요. 이렇게 스타일을 사용하면 일관성 있는 문서를 빠르게 작성할 수도 있고 서식의 변경이나 적용이 매우 쉽기 때문에 작업 소요 시간과 비용을 줄일 수도 있어요. 형식이 통일된 고품질 문서를 작성하려면 스타일뿐만 아니라 머리글/바닥글, 페이지 번호를 삽입하고 단과 구역 등을 나누어 문서의 레이아웃을 꾸며야 해요. 그리고 양식 컨트롤을 사용해서 문서의 형식을 다양하게 다루고 '검토' 기능을 이용해 문서의 변경 내용을 쉽게 관리할 수 있어야 합니다. 이번 챕터에서는 스타일 작성과 함께 엑셀 자료를 바탕으로 '편지 병합' 기능을 이용해서 초청장이나 수료증과 같은 일부 요소만 다른 문서를 쉽게 작성하는 방법을 배워봅니다.

Windows 10
+ Excel
& PowerPoint
& Word 2019
+ Hangeul

SECTION **01** 스타일 이용해 일관성 있는 문서
작성하기

SECTION **02** 보기 좋게 문서 디자인하기

SECTION **03** 편지, 검토, 양식 문서 작성하기

스타일 이용해 일관성 있는 문서 작성하기

스타일을 지정해 두면 적용한 서식을 수정하기 위해 일일이 해당 단락이나 문자를 편집하지 않아도 스타일을 한 번에 수정하여 변경할 수 있어요. 이번 섹션에서는 작성한 스타일을 직접 적용해 보고 개요 수준을 지정한 후 문서를 확대 및 축소하여 한눈에 정렬해 보겠습니다. 또한 이렇게 작성한 스타일을 이용해 자동 목차도 작성해 보면서 더욱 수준 높게 문서를 완성해 보겠습니다.

PREVIEW

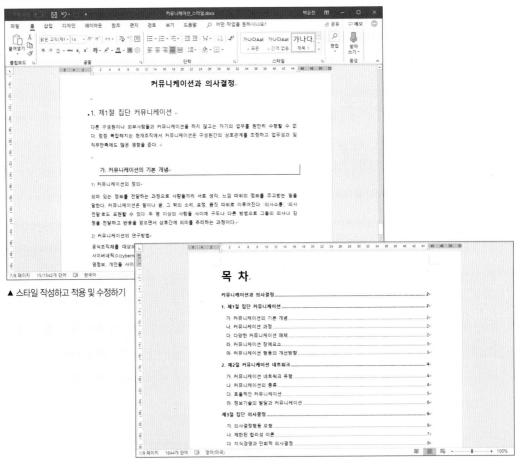

▲ 스타일 작성하고 적용 및 수정하기

▲ 스타일 이용해 목차 작성하기

섹션별 주요 내용

01 | 제목 스타일 지정하기   02 | 단락 스타일 지정하고 적용하기   03 | 서식 변경해 스타일 수정하기
04 | 스타일에 개요 수준 지정하기   05 | 스타일 이용해 자동 목차 작성하기

실무예제 01 제목 스타일 지정하기

◆ 예제파일 : 커뮤니케이션_스타일.docx   ◆ 결과파일 : 커뮤니케이션_스타일_완성.docx

1 '커뮤니케이션과 의사결정'에 커서를 올려놓고 [홈] 탭-[스타일] 그룹에서 [자세히] 단추(▼)를 클릭하세요.

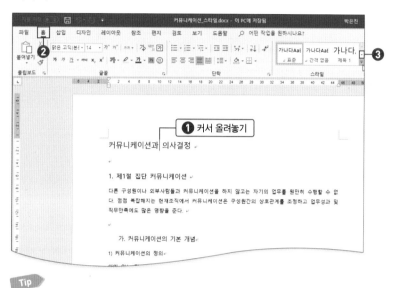

Tip

스타일은 대부분 단락 스타일이기 때문에 제목을 드래그할 필요 없이 단락 안에 커서만 올려놓으면 됩니다. 적용할 스타일이 바로 보이지 않으면 [자세히] 단추(▼)를 클릭하여 더 많은 스타일 갤러리에서 스타일을 선택하세요.

2 스타일 갤러리 목록이 나타나면 [제목] 스타일을 선택하여 제목에 스타일을 적용하세요.

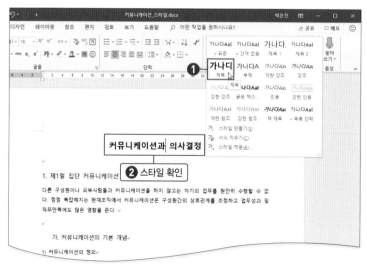

3 두 번째 수준의 제목인 '1. 제1절 집단 커뮤니케이션'을 드래그하여 선택하거나 커서를 올려 놓으세요. 다른 절에 있는 같은 수준의 제목을 동시에 선택하기 위해 **[홈] 탭-[편집] 그룹**에서 **[선택]-[비슷한 서식의 모든 텍스트 선택(데이터 없음)]**을 선택하세요.

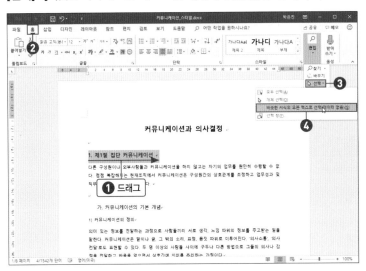

4 **[홈] 탭-[스타일] 그룹**에서 **[자세히] 단추(▾)**를 클릭하고 **[제목 1]** 스타일을 선택하세요. 모든 절(제 1절, 제2절, 제3절, …) 단위 제목에 '제목 1' 스타일이 한 번에 적용되었는지 확인해 보세요.

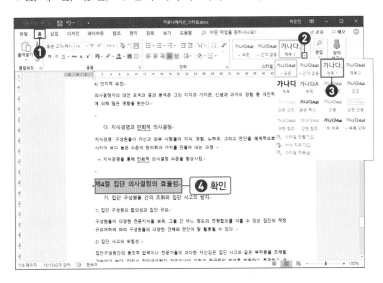

2010 | 2013 | 2016 | 2019 | OFFICE 365

실무 예제 02 단락 스타일 지정하고 적용하기

예제파일 : 커뮤니케이션_단락스타일.docx 결과파일 : 커뮤니케이션_단락스타일_완성.docx

1 이미 적용된 서식을 새로운 스타일 이름으로 지정해 볼까요? '가. 커뮤니케이션의 기본 개념'을 드래그하여 선택하고 **[홈] 탭–[스타일] 그룹**에서 **[자세히] 단추(▾)**를 클릭한 후 **[스타일 만들기]**를 선택하세요.

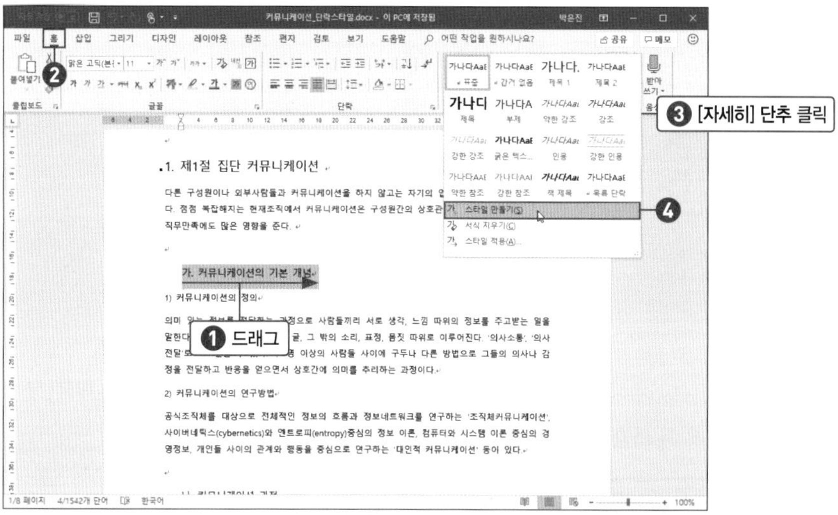

Tip

'가. 커뮤니케이션의 기본 개념' 단락에는 이미 글꼴 크기와 들여쓰기 등의 서식이 적용되어 있어요.

2 [서식에서 새 스타일 만들기] 대화상자가 열리면 '이름'에 『소제목』을 입력하고 [확인]을 클릭하세요.

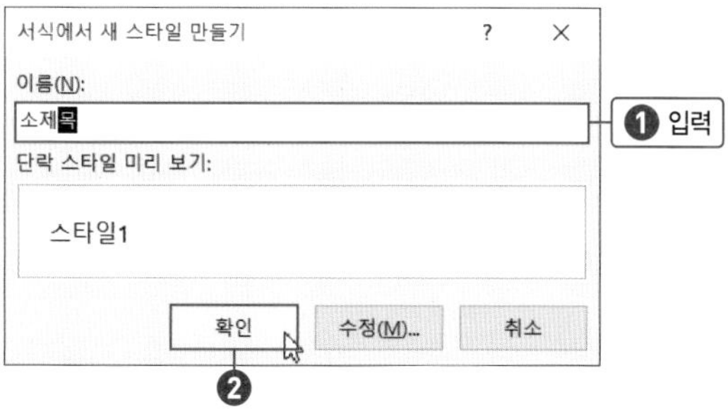

3 단락 스타일로 지정된 단락과 서식이 같은 모든 단락에 스타일을 적용하기 위해 '나. 커뮤니케이션 과정'을 드래그하여 선택하세요. [홈] 탭-[편집] 그룹에서 [선택]-[비슷한 서식의 모든 텍스트 선택(데이터 없음)]을 선택하세요.

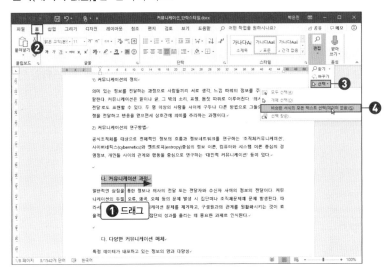

4 서식이 비슷하거나 같은 단락이 모두 선택되었으면 [홈] 탭-[스타일] 그룹에서 [소제목] 스타일을 클릭하여 한 번에 적용하세요.

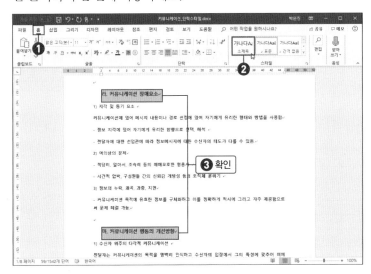

실무 예제 | 03 | # 서식 변경해 스타일 수정하기

◈ **예제파일** : 커뮤니케이션_스타일 수정.docx ◈ **결과파일** : 커뮤니케이션_스타일 수정_완성.docx

1 작성한 스타일의 일부 서식을 수정하기 위해 **[홈] 탭-[스타일] 그룹**의 **[소제목]** 스타일에서 마우스 오른쪽 단추를 눌러 [수정]을 선택하세요.

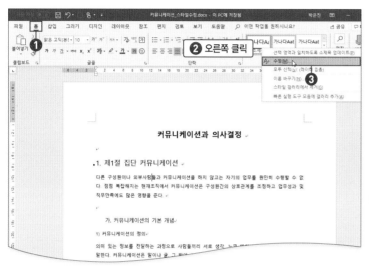

Tip

'소제목' 스타일은 89쪽에서 작성한 스타일입니다.

2 [스타일 수정] 대화상자가 열리면 '속성'의 '다음 단락의 스타일'을 [표준]으로 지정하고 [서식]을 클릭한 후 [테두리]를 선택하세요.

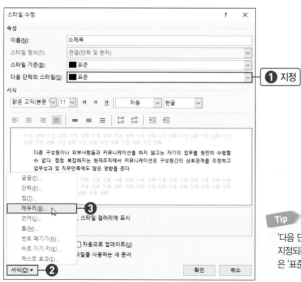

Tip

'다음 단락의 스타일'은 현재 단락에서 Enter를 누르면 자동으로 지정되는 스타일이에요. '소제목'으로 지정한 단락의 다음 단락은 '표준' 스타일을 적용하기 위한 것입니다.

3 [테두리 및 음영] 대화상자의 [테두리] 탭이 열리면 '스타일'에서 [실선]을 선택하고 '미리 보기'에서 아래쪽 단추(▥)와 오른쪽 단추(▥)를 클릭하세요. 이번에는 [음영] 탭을 선택하고 '채우기'의 내림 단추(▽)를 클릭한 후 '테마 색'의 [흰색, 배경 1, 5% 더 어둡게]를 선택하고 [확인]을 클릭하세요.

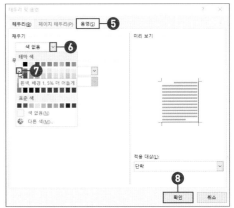

4 [스타일 수정] 대화상자로 되돌아오면 설정한 내용을 확인하고 [확인]을 클릭합니다.

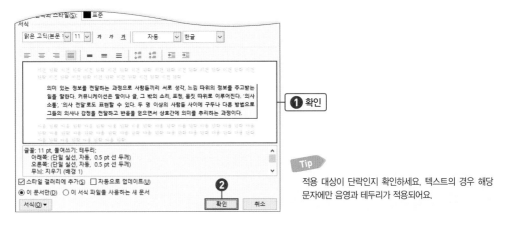

5 '소제목' 스타일이 적용된 모든 단락의 서식이 변경되었는지 확인해 보세요.

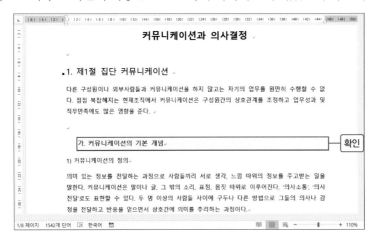

실무 예제 **04** 스타일에 개요 수준 지정하기

⊙ 예제파일 : 커뮤니케이션_개요수준.docx   ⊙ 결과파일 : 커뮤니케이션_개요수준_완성.docx

1 '소제목' 단락 스타일이 적용된 '가. 커뮤니케이션의 기본 개념'에 커서를 올려놓고 [홈] 탭-[단락] 그룹에서 [단락 설정] 대화상자 표시 아이콘(🖵)을 클릭하세요.

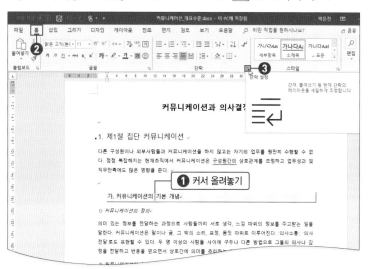

2 [단락] 대화상자가 열리면 [들여쓰기 및 간격] 탭에서 '개요 수준'의 내림 단추(🔽)를 클릭하고 [수준 2]를 선택한 후 [확인]을 클릭하세요.

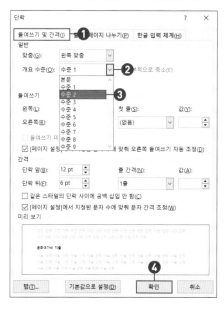

 Tip

'제목'과 '제목 1' 스타일에는 개요 수준이 이미 '수준 1'로 지정되어 있어요.

3 다른 단락에도 적용하기 위해 **[홈] 탭-[스타일] 그룹**의 **[소제목]** 스타일에서 마우스 오른쪽 단추를 눌러 **[선택 영역과 일치하도록 소제목 업데이트]**를 선택하세요. 개요 수준이 적용되면 개요 수준에 따라 하위 수준의 단락을 축소 및 확대시킬 수 있으므로 '가. 커뮤니케이션의 기본 개념'의 앞에 있는 ◢ 단추를 클릭하세요.

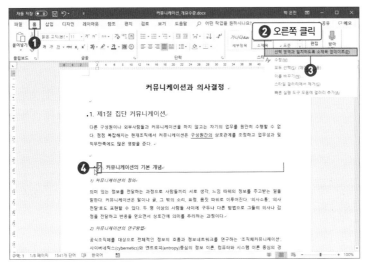

Tip
개요 수준을 지정한 문장 위에 마우스 포인터를 올려놓아야 ◢ 단추가 표시됩니다.

4 '가. 커뮤니케이션의 기본 개념' 아래의 단락이 모두 축소되었는지 확인해 보세요.

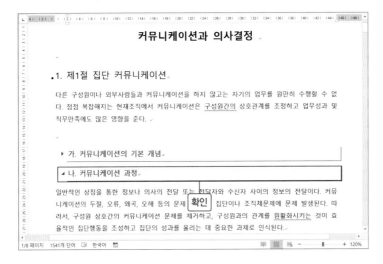

2010 | 2013 | 2016 | 2019 | OFFICE 365

실무
예제 | **05** 스타일 이용해 자동 목차 작성하기

◈ **예제파일** : 커뮤니케이션_목차.docx　◈ **결과파일** : 커뮤니케이션_목차_완성.docx

1 목차를 작성하려면 개요 수준이 지정된 스타일이 먼저 지정되어 있어야 해요. 이미 지정된 '제목', '제목 1', '소제목' 스타일로 목차를 작성하기 위해 1페이지의 '목차'의 아래쪽에 커서를 올려놓고 [참조] 탭-[목차] 그룹에서 [목차]-[사용자 지정 목차]를 선택하세요.

2 [목차] 대화상자의 [목차] 탭이 열리면 원하는 기준으로 목차를 작성하기 위해 [옵션]을 클릭하세요.

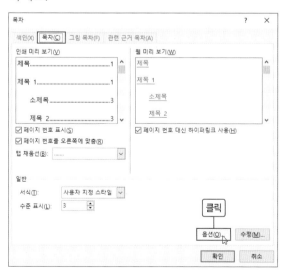

3 [목차 옵션] 대화상자에서 목차에 적용할 스타일과 수준을 지정하기 위해 '소제목', '제목', '제목 1' 을 제외한 나머지 스타일에서 '목차 수준'의 수준 표시를 제거하고 [확인]을 클릭하세요. [목차] 대화상자의 [목차] 탭으로 되돌아오면 '일반'의 '서식'에서 [정형]을 선택한 후 [확인]을 클릭 하세요.

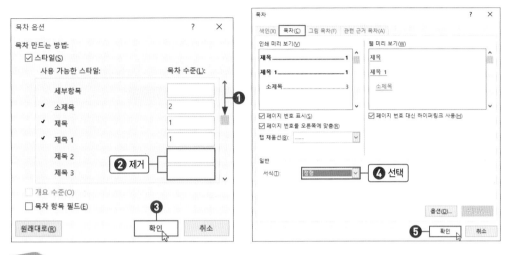

> **Tip**
> 수준이 표시되어 있어도 문서에 적용하지 않았으면 목차에 표시되지 않아요. 또한 개요 수준이 지정되지 않은 스타일도 [목차 옵션] 대화상 자에서 수준을 입력하면 목차에 적용됩니다.

4 1쪽에 목차가 삽입되었는지 확인해 보세요.

> **Tip**
> 해당 위치로 이동하려면 Ctrl 을 누른 상태에서 목차를 선택해 야 해요.

1 │ '큰제목'과 '작은제목' 스타일 작성하고 적용하기

🌐 **예제파일** : 축구에 대한 이해.docx   🌐 **결과파일** : 축구에 대한 이해_완성.docx

제목에 '큰제목'과 '작은제목' 스타일을 작성하고 같은 서식에 적용해 보세요.

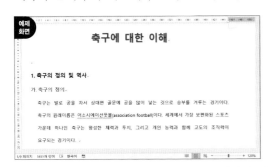
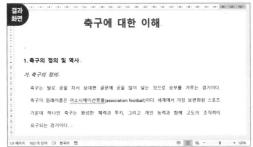

Hint　① '1. 축구의 정의 및 역사'와 서식이 같은 모든 단락에 '큰제목' 스타일을 지정하세요.
　　　　② 다음 제목인 '가. 축구의 정의'와 서식이 같은 모든 제목에 '작은제목' 스타일을 작성하세요.
　　　　③ '작은제목' 스타일이 지정된 단락의 텍스트에 [진한 빨강], [굵게], [기울임꼴] 서식을 지정하고 스타일을 업데 이트하세요.

2 │ 작성한 스타일로 자동 목차 만들기

🌐 **예제파일** : 축구에 대한 이해_목차.docx   🌐 **결과파일** : 축구에 대한 이해_목차_완성.docx

'축구에 대한 이해.docx' 문서에 지정된 스타일로 목차를 작성해 보세요.

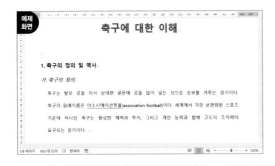
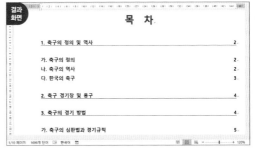

Hint　① '큰제목' 스타일이 적용된 단락의 개요 수준을 [수준1]로 지정하고 '작은제목'은 [수준2]로 변경하세요.
　　　　② 맨 앞에 쪽을 추가하고 사용자 지정 목차로는 큰제목을, 작은 제목으로는 목차를 작성하세요.
　　　　③ 목차는 [꾸밈형]으로, 수준 표시는 [2]로 지정하세요.

보기 좋게 문서 디자인하기

문서를 작성할 때 전체적인 레이아웃은 용지 설정뿐만 아니라 단이나 구역 설정으로 구성할 수 있어요. 여기에 문서 요소를 삽입하면 문서를 좀 더 체계적으로 정리하고 꾸밀 수 있어요. 이런 문서 요소에는 머리글/바닥글 및 페이지 번호 등이 있는데, 이들 요소를 잘 활용하면 분량이 많은 문서를 효과적으로 이용할 수 있어서 매우 편리합니다. 그리고 워터마크, 주석 표시 등은 빠른 문서 요소 기능으로 문서에 쉽게 추가할 수 있어요.

> **PREVIEW**

▲ 문서에 주석과 페이지 번호,
머리글 삽입하기

▲ 다단 설정하고 단 나누기

> **섹션별 주요 내용**
>
> **01** | 워터마크와 페이지의 테두리 삽입하기　　**02** | 페이지 번호 삽입하기　　**03** | 머리글 편집하고 날짜 지정하기
> **04** | 다단 설정하고 단 나누기　　**05** | 내용이 바뀌는 부분을 구역으로 나누기

워터마크와 페이지의 테두리 삽입하기

◐ **예제파일** : 성과지표_디자인.docx   ◐ **결과파일** : 성과지표_디자인_완성.docx

1 문서의 전체에 테두리를 지정하기 위해 [**디자인**] 탭-[**페이지 배경**] 그룹에서 [**페이지 테두리**]를 클릭하세요.

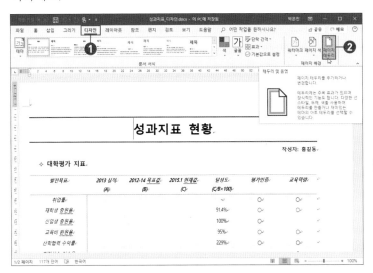

> **Tip**
>
> [**홈**] 탭-[**단락**] 그룹에서 [**테두리**]의 내림 단추(⌄)를 클릭하고 [**테두리 및 음영**]을 선택하여 [**테두리 및 음영**] 대화상자를 열고 [**페이지 테두리**] 탭을 선택해도 됩니다.

2 [**테두리 및 음영**] 대화상자의 [**페이지 테두리**] 탭이 열리면 '설정'에서 [**상자**]를 선택하세요. '스타일'은 세 번째 점선, '색'은 '테마색'의 [**흰색, 배경 1, 50% 더 어둡게**], '두께'는 [**1 1/2pt**]를 선택하고 [**확인**]을 클릭하세요.

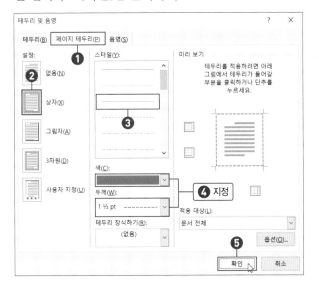

99

3 문서 전체에 지정한 테두리가 삽입되었으면 워터마크를 삽입하기 위해 **[디자인] 탭-[페이지 배경] 그룹**에서 **[워터마크]**를 클릭하는데, 원하는 워터마크 스타일이 없으면 **[사용자 지정 워터마크]**를 선택하세요. [워터마크] 대화상자가 열리면 [텍스트 워터마크]를 선택하고 '텍스트'에『내부용』을 입력하세요. '글꼴'은 [맑은 고딕], '색'은 '테마 색'의 [파랑, 강조 5, 60% 더 밝게], '레이아웃'은 [대각선]을 지정하고 [확인]을 클릭하세요.

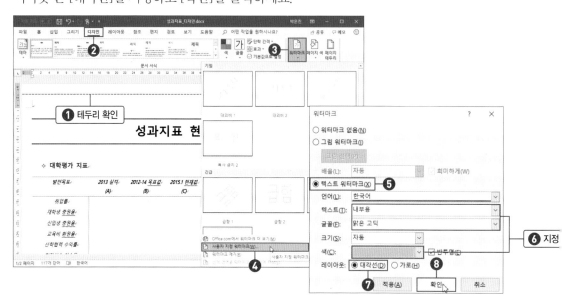

4 문서의 배경에 워터마크가 삽입되었는지 확인해 보세요.

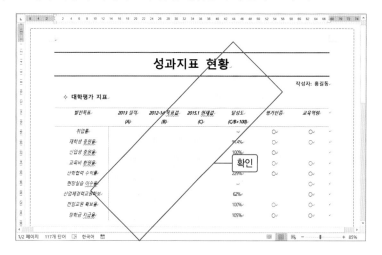

실무
예제 **02** 페이지 번호 삽입하기

◆ 예제파일 : 기상이변_페이지번호.docx　◆ 결과파일 : 기상이변_페이지번호_완성.docx

1 문서의 전체에 페이지 번호를 삽입하기 위해 [삽입] 탭-[머리글/바닥글] 그룹에서 [페이지 번호]-[아래쪽]을 선택하고 '일반 번호'의 [가는 줄]을 선택하세요.

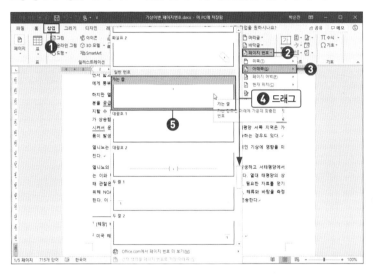

Tip
워드 2019에서는 다양한 스타일의 페이지 번호를 제공하고 있어요.

2 바닥글 영역에 페이지 번호가 삽입되면 번호 서식을 지정해 볼까요? [머리글/바닥글 도구]의 [디자인] 탭-[머리글/바닥글] 그룹에서 [페이지 번호]-[페이지 번호 서식]을 선택하세요.

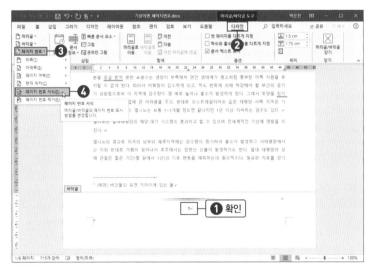

3 [페이지 번호 서식] 대화상자가 열리면 '번호 서식'에서 [- 1 -, - 2 -, - 3 -, ...]을 선택하고 [확인]을 클릭하세요. 페이지 번호의 서식이 변경되었는지 확인하고 [머리글/바닥글 도구]의 **[디자인] 탭-[닫기] 그룹**에서 **[머리글/바닥글 닫기]**를 클릭하세요.

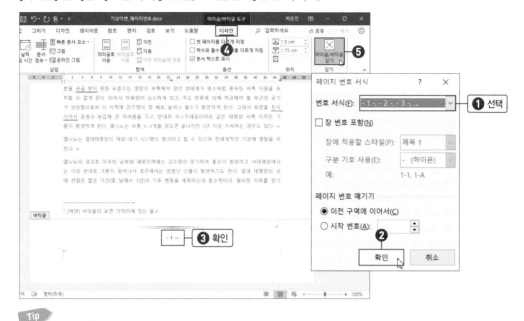

Tip

본문 영역을 더블클릭해도 '머리글/바닥글' 영역에서 빠져나올 수 있어요. 다시 바닥글 영역을 선택하려면 페이지 번호를 더블클릭하세요.

4 페이지를 이동하여 페이지 번호가 자동으로 삽입되었는지 확인해 보세요.

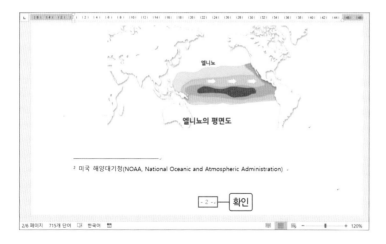

2010 | 2013 | 2016 | 2019 | OFFICE 365

실무 예제 | 03 **머리글 편집하고 날짜 지정하기**

◉ **예제파일** : 기상이변_머리글바닥글.docx   ◉ **결과파일** : 기상이변_머리글바닥글_완성.docx

1 문서의 전체에 머리글을 삽입하기 위해 **[삽입] 탭-[머리글/바닥글] 그룹**에서 **[머리글]-[머리글 편 집]**을 선택하세요.

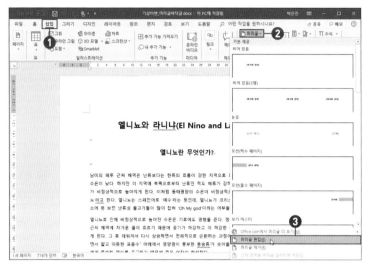

> **Tip**
> 제공된 머리글 중에서 원하는 머리글이 있으면 곧바로 선택해 서 빠르게 삽입해도 됩니다.

2 머리글의 왼쪽 영역에 커서가 표시되면『기상이변』을 입력하고 Tab 을 두 번 눌러 오른쪽 영 역으로 이동하세요. **[머리글/바닥글 도구]**의 **[디자인] 탭-[삽입] 그룹**에서 **[날짜 및 시간]**을 클릭 하세요.

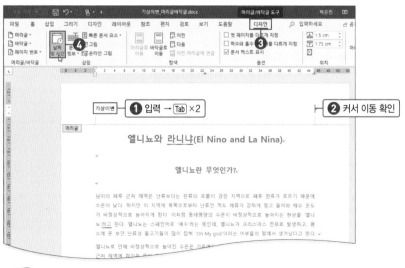

> **Tip**
> 머리글과 바닥글의 영역은 모두 왼쪽, 가운데, 오른쪽, 이렇게 세 영역으로 구분되어 있고 여기에 직접 텍스트나 그림을 삽입하거나 제공된 문서 요소를 삽입할 수 있어요.

3 [날짜 및 시간] 대화상자가 열리면 '사용 가능한 형식'에서 [2019년 3월]을 선택하고 [자동으로 업데이트]에 체크한 후 [확인]을 클릭하세요. 머리글 영역에 두 가지 요소가 삽입되면 [머리글/바닥글 도구]의 **[디자인] 탭–[닫기] 그룹**에서 **[머리글/바닥글 닫기]**를 클릭하세요.

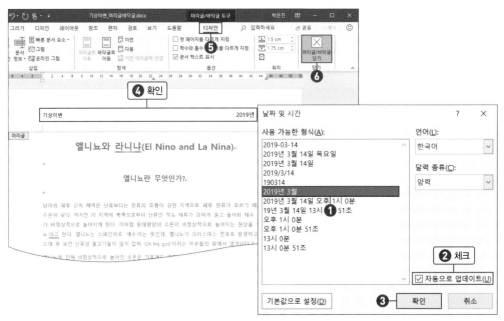

[날짜 및 시간] 대화상자의 '사용 가능한 형식'에 표시되는 값은 현재 시스템의 날짜와 시간이므로 창을 열 때마다 값이 변경되므로 날짜와 시간의 서식 모양을 보고 선택하세요. [날짜 및 시간] 대화상자에서 [자동으로 업데이트]에 체크하면 날짜가 고정되는 것이 아니라 파일을 작업하는 날짜에 따라 자동으로 변경됩니다.

4 아래쪽 페이지로 이동해서 문서의 전체에 머리글이 삽입되었는지 확인해 보세요.

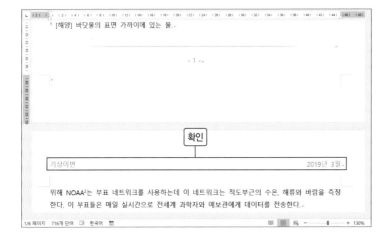

다단 설정하고 단 나누기

◐ **예제파일** : 제주_다단.docx　◐ **결과파일** : 제주_다단_완성.docx

1 문서 전체를 두 단으로 나누기 위해 [Ctrl]+[A]를 눌러 문서 전체를 선택하고 [레이아웃] 탭-[페이지 설정] 그룹에서 [단]-[기타 단]을 선택하세요. [단] 대화상자가 열리면 '미리 설정'에서 [둘]을 선택하고 [경계선 삽입]과 [단 너비를 같게]에 체크한 후 [확인]을 클릭하세요.

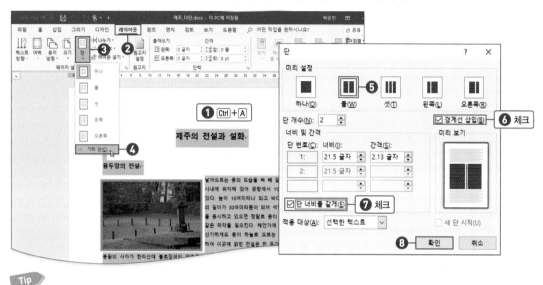

> **Tip**
>
> 기본적으로 [단 너비를 같게]에 체크되어 있으므로 단 너비를 다르게 지정하려면 [단 너비를 같게]의 체크를 해제해야 해요.

2 1쪽의 '설문대할망'부터 다음 단으로 넘기기 위해 '설문대할망'의 앞에 커서를 올려놓으세요. [레이아웃] 탭-[페이지 설정] 그룹에서 [나누기]를 클릭하고 '페이지 나누기'의 [단]을 선택하세요.

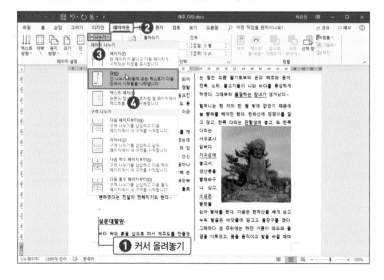

3 '설문대할망' 내용이 오른쪽 단으로 이동되었는지 확인해 보세요.

잠깐만요 **구역과 단을 사용하는 이유 알아보기**

'단'은 좌우로 레이아웃을 나누는 기능이고 '구역'은 문서를 위아래로 구분할 때 사용해요. 구역을 나누지 않았으면 여러 단을 나누어 사용해도 1구역으로 사용됩니다. 또한 한 페이지에서도 상황에 따라 여러 구역으로 나눌 수 있어요.

주로 구역은 페이지의 설정을 변경하거나 이전 영역과 페이지 번호 또는 머리글/바닥글을 지정할 때 삽입해요. 범위를 설정해서 단을 나누면 굳이 구역을 나누지 않아도 자동으로 단을 나눈 영역과 나누지 않은 영역이 서로 다른 구역이 됩니다.

▸ 스마트워크란?

스마트워크란 정보통신기술(ICT)을 이용해 시간과 장소의 제약 없이 업무를 보는 방식을 말한다. 예를 들어 최근 이용자 수가 급격히 늘고 있는 스마트폰을 활용하여 사무실이 아닌 현장에서 직접 일을 처리하는 것 또한 일종의 스마트워크라 할 수 있다.

스마트워크는 보통 3가지 유형으로 나누는데, 집에서 회사의 정보통신망에 접속해 업무를 수행하는 재택근무, 스마트폰을 이용해서 현장에서 직접 업무를 수행하는 이동근무, 자택 인근의 원격사무실에 출근해서 일하는 스마트워크센터 근무 등으로 나눌 수 있다. 일반적으로

생각하는 '회사'와 '사무실'의 개념이 조금 달라지는 것이다.

회사원들이 보통 오전 9시에 출근해서 오후 6시에 퇴근하는 지금의 업무 형태와 비교했을 때 출퇴근 시간이 줄어들고, 보다 장소에 구애받지 않고 보다 유연하게 업무를 진행할 수 있다는 점이 특징적이다. 스마트워크가 본격적으로 활성화 되면 인터넷이 가능한 곳이라면 그 어디든 업무공간이 될 수 있고, 또한 스마트폰과 태블릿PC의 등장으로 업무공간은 무한정 넓어지고 다양화 될 것이다.

▸ 스마트워크의 필요성

• 유연하고 합리적인 근무방식 필요

• 우리나라는 1980년대후반 약 10% 수준이었던

근무형태 등을 고려하여 적합한 직무를 개발하고, 재택근무, 이동근무 등 다양하고 유연한 근

▲ 여러 구역에 단 설정하기

실무 예제 05 내용이 바뀌는 부분을 구역으로 나누기

● **예제파일** : 제주_구역.docx   ● **결과파일** : 제주_구역_완성.docx

1 내용이 바뀌는 부분을 구역으로 나누고 일부 구역의 페이지 설정을 변경해 볼게요. 1페이지에
서 '설문대할망'의 앞에 커서를 올려놓고 [레이아웃] 탭-[페이지 설정] 그룹에서 [나누기]를 클릭한
후 '**구역 나누기**'의 [다음 페이지부터]를 선택하세요.

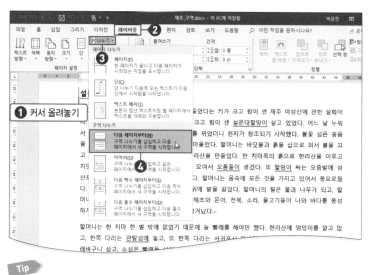

> **Tip**
>
> 현재 보기 상태에서는 구역이 구분되지 않아요. 구역을 정확하게 보려면 [보기] 탭-[보기] 그룹에서 [초안]을 클릭하고 구역을 확인하거나
> 상태 표시줄에서 마우스 오른쪽 단추를 눌러 [구역]에 체크하세요. 그리고 '구역 나누기'의 [이어서]를 선택하면 같은 페이지에서 구역만 나
> 눠서 새 구역을 시작할 수 있어요.

2 '설문대할망' 부분부터 다음 페이지로 넘어가면서 구역이 변경되면 같은 방법으로 3쪽에 있는
'삼성혈의 신화'도 [다음 페이지부터]로 구역을 나눠보세요. '삼성혈의 신화'가 포함된 구역에
커서가 있는 상태에서 [레이아웃] 탭-[페이지 설정] 그룹의 [용지 방향]-[가로]를 선택하세요.

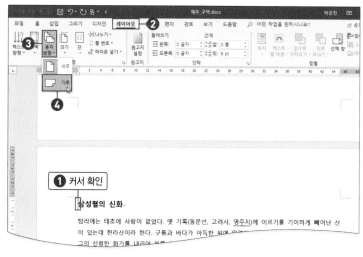

> **Tip**
>
> 현재 구역은 3구역으로, 3구역
> 의 페이지만 용지의 방향이 가
> 로로 변경됩니다.

3 4페이지의 용지가 가로로 변경되었으면 나뉜 구역에서 변경된 페이지 설정을 보기 위해 **[보기]** 탭-**[확대/축소]** 그룹에서 **[여러 페이지]**를 클릭하세요.

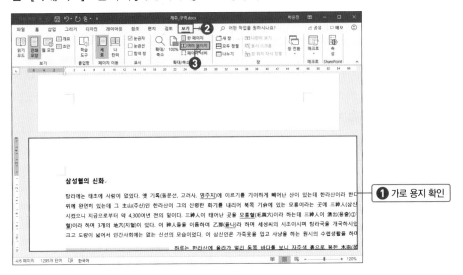

1 가로 용지 확인

4 4쪽부터 용지의 방향이 가로로 변경되었는지 확인해 보세요.

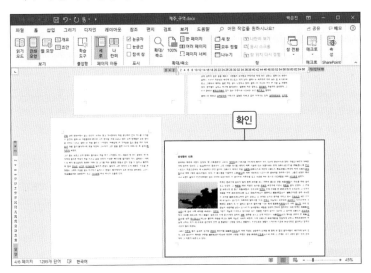

확인

1 페이지 번호와 바닥글, 주석, 워터마크 지정하기

예제파일 : 탄생석_디자인.docx **결과파일** : 탄생석_디자인_완성.docx

짝수 페이지와 홀수 페이지에 바닥글을 다르게 삽입하고 페이지 번호, 워터마크, 주석을 추가해 보세요.

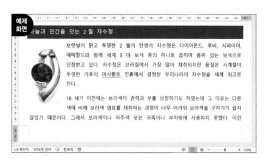
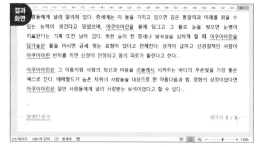

Hint
① 문서의 왼쪽 아래 영역에서 홀수 페이지의 바닥글은 '작성자: 홍길동'을, 짝수 페이지의 바닥글은 '월별탄생석'을 삽입하세요.
② 워터마크를 '탄생석'으로 삽입하세요(궁서체, 대각선, 진한 보라, 강조 1, 80% 더 밝게).
③ 바닥글 오른쪽 영역에서 페이지 번호를 짝수 페이지에 삽입하세요(현재 위치, 서식 : 페이지 1/1).

2 단과 구역 나누고 전체 페이지에 이중선 테두리 지정하기

예제파일 : 탄생석_레이아웃.docx **결과파일** : 탄생석_레이아웃_완성.docx

각 탄생석별로 내용 부분은 2단으로 지정하고 일부 내용은 다른 단으로 넘긴 후 전체 페이지에 이중선 테두리를 지정해 보세요.

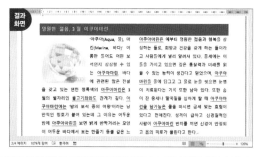

Hint
① 각 탄생석 제목 아래의 내용을 모두 2단으로 지정하세요.
② 2페이지의 3월 탄생석에서 '아쿠아마린은 예부터~'라는 문단을 단 나누기하여 오른쪽 단으로 넘기세요.
③ 페이지 테두리를 [이중선 상자]로 지정하세요.

편지, 검토, 양식 문서 작성하기

워드 2019에서는 각종 양식 문서나 초청장, 수료증과 엑셀로 된 자료를 병합시켜서 같은 내용의 문서를 여러 장 반복하여 자료별로 생성할 수 있어요. 또한 콘텐츠 컨트롤을 삽입하여 문서를 꾸미면 설문이나 체크 리스트를 아주 쉽게 작성할 수 있죠. '검토' 기능을 이용하면 여러 명의 검토자가 문서를 수정했을 때 최종 검토자가 변경 내용을 추적하고, 해당 내용을 반영하여 효율적인 문서로 만들 수 있어요. 그리고 '공유' 기능으로 허락된 사용자와 동시에 문서를 편집할 수 있어요.

> ## PREVIEW

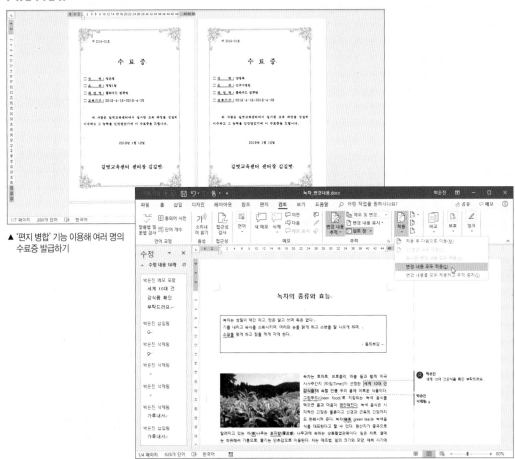

▲ '편지 병합' 기능 이용해 여러 명의 수료증 발급하기

▲ 변경 내용 추적과 공유로 문서 공동 작성하기

> 섹션별
> 주요 내용

01 편지 병합할 문서와 원본 데이터 편집하기   **02** 편지 병합해 수료증 완성하기

03 컨트롤 삽입해 양식 문서 작성하기   **04** 변경 내용 추적해 적용하기

편지 병합할 문서와 원본 데이터 편집하기

◎ **예제파일** : 수료증.docx, 교육생명단.xlsx

1 수료증의 원본이 되는 '수료증.docx' 파일을 열고 [편지] 탭-[편지 병합 시작] 그룹에서 [편지 병합 시작]-[편지]를 선택하세요.

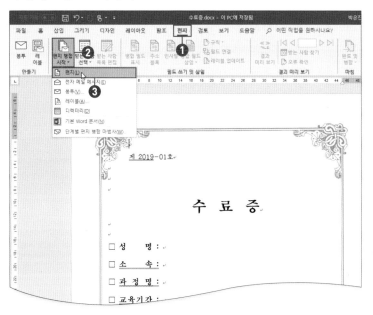

2 교육생 데이터를 선택하기 위해 [편지] 탭-[편지 병합 시작] 그룹에서 [받는 사람 선택]-[기존 목록 사용]을 선택하세요.

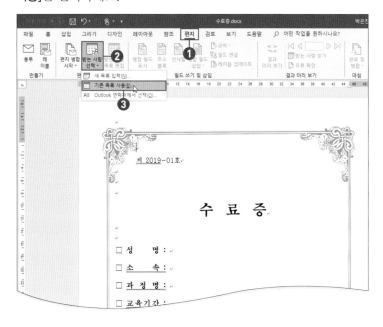

3 [데이터 원본 선택] 대화상자가 열리면 부록 실습 파일 중 '교육생명단.xlsx' 엑셀 파일을 선택하고 [열기]를 클릭하세요.

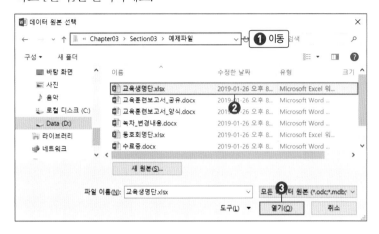

4 [테이블 선택] 대화상자가 열리면 '주소록$' 테이블을 선택하고 [확인]을 클릭하세요.

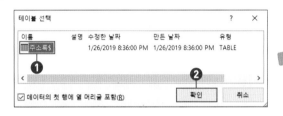

Tip

엑셀의 워크시트가 여러 개인 경우 테이블 이름도 시트의 개수만큼 표시됩니다.

5 교육생 중에서 이번 수료증을 표시할 과정을 선택하기 위해 **[편지] 탭–[편지 병합 시작] 그룹**에서 **[받는 사람 목록 편집]**을 클릭하세요.

6 [편지 병합 받는 사람] 대화상자가 열리면 '받는 사람 목록 상세 지정'에서 [필터]를 선택하세요.

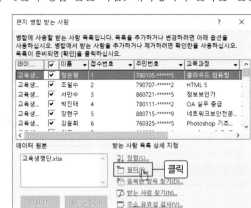

7 [필터 및 정렬] 대화상자가 열리면 [레코드 필터] 탭에서 '필드'에는 『교육과정』을, '비교'에는 『포함』을, '비교값'에는 『클라우드』를 입력하고 [확인]을 클릭하세요.

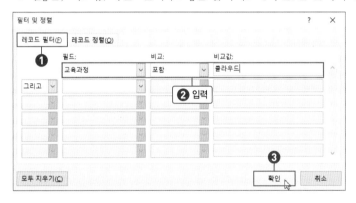

8 [편지 병합 받는 사람] 대화상자로 되돌아오면 [확인]을 클릭하세요.

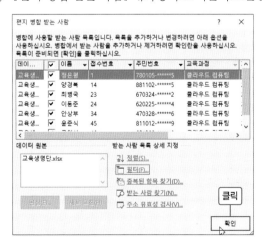

Tip
이 실습은 다음 쪽에서 계속 실습할 것입니다.

문서작성

서식지정

문서편집

개체삽입

스타일

문서요소

113

편지 병합해 수료증 완성하기

🔷 **예제파일** : 앞의 예제(수료증.docx)를 이어서 실습하세요. 🔷 **결과파일** : 수료증_완성.docx

1 주요 문서와 받을 사람이 모두 편집된 상태에서 주요 문서에 병합할 필드를 삽입해 볼게요. '성명:'의 뒤에 커서를 올려놓고 [편지] 탭-[필드 쓰기 및 삽입] 그룹에서 [병합 필드 삽입]의 병합필드삽입· 을 클릭한 후 [이름]을 선택하세요.

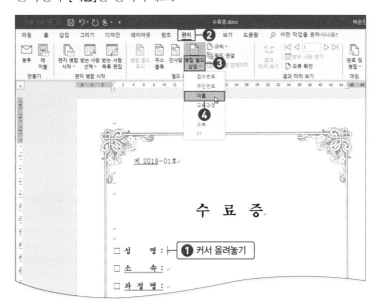

2 이와 같은 방법으로 '소속', '과정명', '교육기간' 필드를 해당 위치에 삽입하고 필드의 삽입 결과를 알아보기 위해 [편지] 탭-[결과 미리 보기] 그룹에서 [결과 미리 보기]를 클릭하세요. 이어서 [다음 레코드] 단추(▶)를 클릭하여 대상자가 바뀌는지 확인해 보세요.

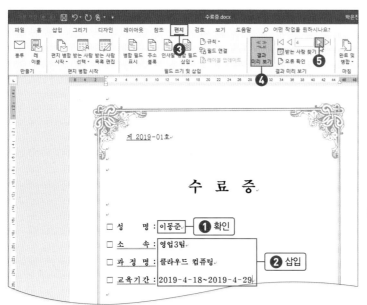

> **Tip**
> '소속' 필드에는 [소속]을, '과정명' 필드에는 [교육과정]을, '교육기간' 필드에는 [기간]을 병합하여 삽입하세요.

3 현재 문서를 병합된 문서로 저장할 것인지, 인쇄할 것인지의 여부를 지정해야 하므로 **[편지]** **탭-[마침] 그룹**에서 **[완료 및 병합]-[개별 문서 편집]**을 선택하세요. [새 문서로 병합] 대화상자가 열리면 레코드 병합에서 원하는 레코드를 지정하세요. 여기서는 모든 레코드를 개별 페이지로 작성하기 위해 [모두]를 선택하고 [확인]을 클릭하세요.

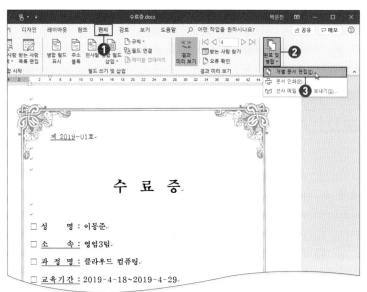

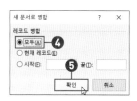

4 새로운 문서 [편지1]에 레코드별로 각각의 수료증이 각 페이지마다 작성되었습니다. **[보기]** **탭-[확대/축소] 그룹**에서 **[여러 페이지]**를 클릭하여 모두 7페이지의 문서가 작성되었는지 확인해 보세요.

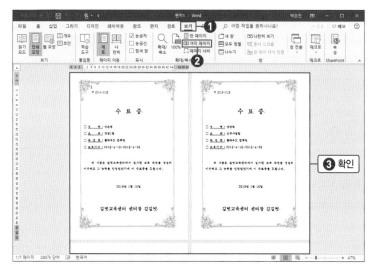

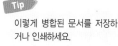

Tip

이렇게 병합된 문서를 저장하거나 인쇄하세요.

실무
예제 **03** 컨트롤 삽입해 양식 문서 작성하기

● **예제파일** : 교육훈련보고서_양식.docx　● **결과파일** : 교육훈련보고서_양식_완성.docx

1 문서에 양식을 다룰 수 있는 컨트롤을 삽입하려면 리본 메뉴에 [**개발 도구**] 탭이 표시되어야 합니다. '교육 구분'의 'KOLAS' 앞에 커서를 올려놓고 [**개발 도구**] 탭-[**컨트롤**] 그룹에서 [**확인란 콘텐츠 컨트롤**]을 클릭하세요.

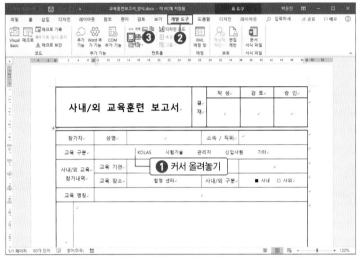

> **Tip**
>
> 리본 메뉴의 [개발 도구] 탭을 표시하려면 [**파일**] 탭-[**옵션**]에서 [리본 사용자 지정]을 클릭하세요. [Word 옵션] 창이 열리면 '리본 메뉴 사용자 지정'에서 [기본 탭]을 선택하고 [개발 도구]에 체크하세요.

2 'KOLAS'의 앞에 확인한 컨트롤이 삽입되면 같은 방법으로 나머지 텍스트의 앞에도 확인란 컨트롤을 삽입하세요. '날짜' 입력란에 커서를 올려놓고 [**개발 도구**] 탭-[**컨트롤**] 그룹에서 [**날짜 선택 콘텐츠 컨트롤**]을 클릭한 후 날짜 선택 콘텐츠 컨트롤이 삽입되면 내림 단추(▼)를 클릭하여 원하는 날짜를 선택하세요.

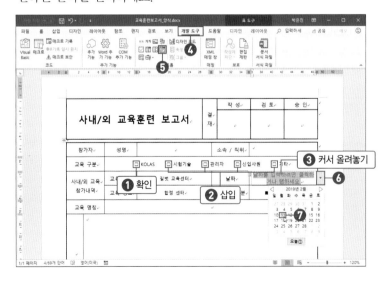

3 '날짜' 항목에 날짜가 삽입되면 '성명' 입력란에 커서를 올려놓고 [개발 도구] 탭-[컨트롤] 그룹에서 [서식 있는 텍스트 콘텐츠 컨트롤]을 클릭하세요.

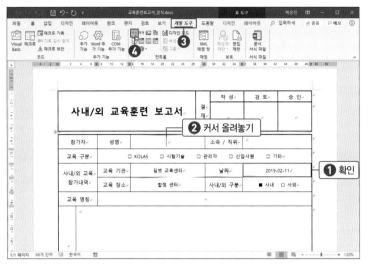

4 이와 같은 방법으로 '소속 / 직위', '교육 명칭', '교육내용', '교육평가' 입력란에 [서식 있는 텍스트 콘텐츠 컨트롤]을 차례대로 삽입하세요.

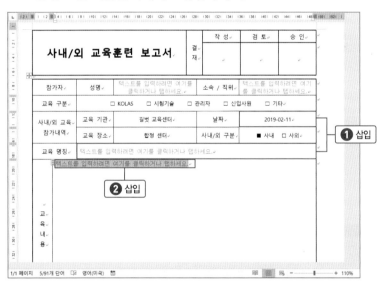

실무 예제 04 변경 내용 추적해 적용하기

🔵 예제파일 : 녹차_변경내용.docx   🔵 결과파일 : 녹차_변경내용_완성.docx

1 '변경 내용 추적'은 검토자에 따라 수정이나 편집 내용을 추적하여 문서에 적용할지 판단하는 기능으로, **[검토]** 탭-**[추적]** 그룹에서 **[변경 내용 추적 옵션]** 대화상자 표시 아이콘(🔲)을 클릭하세요. [변경 내용 추적 옵션] 대화상자가 열리면 '모든 메모 및 변경 내용에 표시할 내용'에서는 [수정 내용]을, '검토 창'에서는 [세로]를 선택하고 [확인]을 클릭하세요.

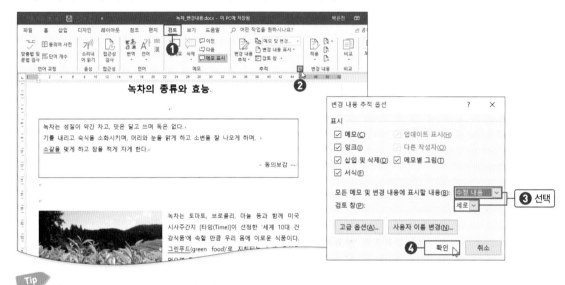

Tip

워드 2010 버전에서는 **[검토]** 탭-**[추적]** 그룹에서 **[변경 내용 추적]**의 내림 단추(▾)를 클릭하고 **[변경 내용 추적 옵션]**을 선택할 수 있어요. 이것은 버전에 따라 표기 방법과 옵션이 다르게 나타납니다.

2 지금부터 내용이 변경되면 검토 창에 해당 내용을 모두 표시하기 위해 **[검토]** 탭-**[추적]** 그룹에서 **[변경 내용 추적]**의 변경내용추적▾을 클릭하고 **[변경 내용 추적]**을 선택하세요.

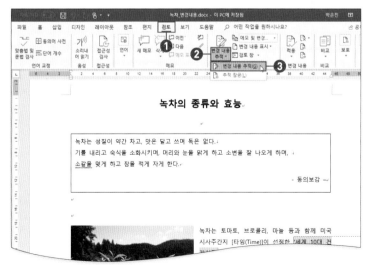

3 'green food'의 'g'를 'G'로 변경하세요. 변경된 내용이 있으면 왼쪽 여백에 빨간색 선이 표시됩니다.

4 변경 내용을 좀 더 상세하게 확인하기 위해 **[검토]** 탭-**[추적]** 그룹에서 **[메모 및 변경 내용 모두]**를 선택하고 **[검토 창]**을 클릭하세요.

문서작성

서식지정

문서편집

개체삽입

스타일

문서요소

양식검토

5 화면의 왼쪽에 [수정] 창이 열리면서 변경된 모든 내용이 사용자별로 표시되면 지금부터 변경 내용을 적용할지 지정해 볼게요. 문서의 첫 부분에 커서를 올려놓고 **[검토] 탭-[변경 내용] 그룹** 에서 **[적용]**의 을 클릭한 후 **[변경 내용 모두 적용]**을 선택하세요. 더 이상 변경 내용에 대한 수 정이 없으므로 **[검토] 탭-[추적] 그룹**에서 **[검토 창]**을 클릭하여 [수정] 창을 닫으세요.

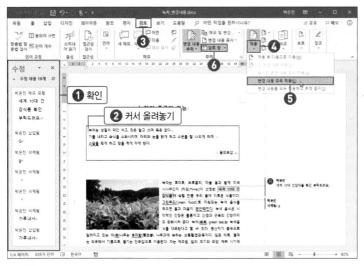

> **Tip**
>
> 내용에 따라 적용할지의 여부를 판단하려면 **[검토] 탭-[변경 내용] 그룹**에서 **[다음]**을 클릭하고 **[적용]** 또는 **[적용 안 함]**을 선택하세요.

6 더 이상 변경 내용을 표시하고 싶지 않으면 **[검토] 탭-[추적] 그룹**에서 **[변경 내용 추적]**의 를 클릭하여 해제하세요.

> **Tip**
>
> **[변경 내용 추적]**을 해제하면 내용을 수정해도 더 이상 변경 내용이 표시되지 않아요.

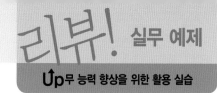

1 | 편지 병합해 동호회 파티 초대장 완성하기

🔵 예제파일 : 파티초대장.docx, 동호회명단.xlsx   🔵 결과파일 : 파티초대장_완성.docx

'파티초대장' 워드 문서와 '동호회명단' 엑셀 문서를 이용해 '참석통보' 회원만 초대하는 초대장을 완성해 보세요.

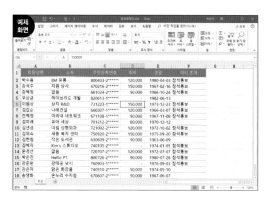

Hint   ① '동호회명단' 엑셀 문서와 '파티초대장' 워드 문서로 편지를 병합하세요.
② 파티 초대장에 병합할 레코드는 '참석통보' 회원으로 지정하세요.
③ 개별 문서로 만들고 '파티초대장_완성.docx'로 저장하세요.

2 | 양식 문서 작성하고 문서 보호하기

🔵 예제파일 : 양식신청서.docx   🔵 결과파일 : 양식신청서_완성.docx

신청서를 콤보상자, 목록, 날짜, 서식이 있는 컨트롤 등의 삽입하여 양식 문서를 작성하시오.

Hint   ① 제목 '양식'의 뒤에 콤보상자 컨트롤을 삽입하고 목록으로 [제정], [개정], [폐기]를 추가하세요.
② '신청일자', '보존년한' 입력란에는 날짜 선택 콘텐츠 컨트롤을, 나머지 모든 입력란에는 서식이 있는 텍스트
콘텐츠 컨트롤 삽입하세요.

찾아보기

단축키

Ctrl + ·	23
Ctrl + A	105
Ctrl + B	15
Ctrl + E	27
Ctrl + I	15
Ctrl + J	27
Ctrl + L	27
Ctrl + N	82
Ctrl + R	27
Ctrl + S	49
Ctrl + Enter	23
Ctrl + Shift + <	15
Ctrl + Shift + >	15
Ctrl + Shift + →	18
Ctrl + Shift + ←	18
Ctrl + U	15
F8	18
Tab + 방향키	18
Shift + →	18
Shift + ←	18
Tab	30, 33, 73, 103

영어

OneDrive	57
[PDF 또는 XPS로 게시] 대화상자	52
PDF 문서	50, 57

한글

ㄱ~ㄹ

검토 창	120
공유	122
균등 분할	34
[그림 삽입] 대화상자	59
글머리 기호	38
[기호] 대화상자	16, 39
[날짜 및 시간] 대화상자	104
날짜 선택 콘텐츠 컨트롤	116
내어쓰기	41
눈금자	32
다단계 목록	40
[단] 대화상자	105
단락 간격	31
단락의 첫 문자 장식 추가	30
[데이터 원본 선택] 대화상자	112
들여쓰기	29, 37, 39
[레이아웃] 대화상자	60

ㅁ~ㅇ

메모	64
[목차] 대화상자	95
[목차 옵션] 대화상자	96
[문서 블록 구성 도우미] 대화상자	83
번호 매기기	37, 42
[변경 내용 추적 옵션] 대화상자	118
분수	66
[비디오 삽입] 창	67
빠른 문서 요소 갤러리	83
서식이 비슷한 텍스트 선택	88, 90
서식 있는 텍스트 콘텐츠 컨트롤	117
스타일 만들기	89
[스타일 수정] 대화상자	91

여백	55
온라인 비디오	67
용지 방향	53, 108
워터마크	100
인쇄	56
잉크 수식	13, 65

ㅈ~ㅎ

[자동 고침] 대화상자	63
줄 간격	31
[차트 삽입] 대화상자	78
[차트 종류 변경] 대화상자	80
창에 자동으로 맞춤	75
[찾기 및 바꾸기] 대화상자	21, 44
채움선	32, 35
첨자	66
크기 조정 핸들	74
[탭] 대화상자	33
테두리	76
[테두리 및 음영] 대화상자	28, 92
[테이블 선택] 대화상자	112
텍스트 워터마크	100
페이지 나누기	23, 53
페이지 번호	101
[페이지 번호 서식] 대화상자	102
페이지 테두리	99
펜 두께	77
편지 병합	111
[편지 병합 받는 사람] 대화상자	113
편집 기호 표시/숨기기	23
표 삽입	71
표지	61
하이퍼링크	62
[한글/한자 변환] 대화상자	17
[한자 사전] 대화상자	18
행/열 전환	79

윈도우10 에셀＋ 파워포인트 워드2019＋ 한글

한글편

무작정 따라하기

고경희, 박미정, 박은진 지음

길벗

활용제안 1   일단, 『무작정』 따라해 보세요!

실제 업무에서 사용하는 핵심 기능만 쏙 뽑아 실무 예제로 찾기 쉬운 구성으로 중요도별로 배치했기 때문에 **'무작정 따라하기'**만 해도 한글 사용 능력이 크게 향상됩니다. **'Tip'**과 **'잠깐만요'**는 예제를 따라하는 동안 주의해야 할 점과 추가 정보를 친절하게 알려줍니다. 또한 **'리뷰! 실무 예제'**로 자신의 실력을 점검해 보고 **'핵심! 실무 노트'**로 활용 능력을 업그레이드해 보세요.

핵심 키워드로 업무 능력 업그레이드!
- 우선순위 TOP 20

반드시 알고 넘어가야 할 주요 내용 소개!
- 학습안 제시
- 결과 미리 보기
- 섹션별 주요 기능 소개

필수 기능만 쏙 뽑아 실무에 딱 맞게!
- 핵심 기능/실무 예제
- 무작정 따라하기
- Tip/잠깐만요

검색보다 빠르다!
- 탭

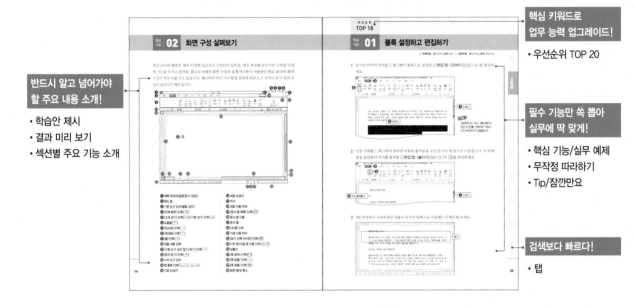

UP무 능력 향상을 위한 활용 실습!
- 리뷰! 실무 예제

프로 비즈니스맨을 위한 활용 TIP!
- 핵심! 실무 노트

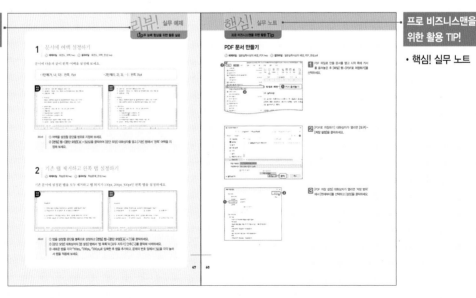

2 자신의 『레벨에 맞는 학습법』을 찾아보세요!

한글을 최대한 쉽고 친절하게 알려주기 때문에 **초보 사용자**도 단기간에 **중급 사용자**로 **도약**할 수 있어요.
중·고급 사용자라도 실무에서 다루는 현장감 넘치는 예제를 업무에 바로 적용할 수 있어서 **업무 활용 능력**을 높일 수 있어요! 자신의 단계에 맞는 **체계적인 학습법**을 찾아보세요.

'한글' 사용 수준에 따른 학습 단계는?

기초 완성	실무 핵심	프로 비즈니스
Chapter 1에서 새로운 기능을 살펴보고 문서 마당으로 문서를 만들어 보세요. 텍스트를 입력하고 서식을 설정해 문서 편집의 기초를 완성할 수 있어요. 도형을 그리거나 서식을 꾸미면 더욱 보기 좋은 문서가 됩니다.	Chapter 2에서는 쪽 기능을 설정하고 글머리표로 문단을 지정해 고급 문서를 작성할 수 있어요. 문단 번호와 수준을 지정하거나 개요를 사용하면 문단을 정리할 수도 있고 다단으로 문서의 레이아웃을 구성할 수도 있어요.	Chapter 3에서는 주석을 달거나 덧말을 넣고 문단의 스타일을 지정하여 문서를 작성할 수 있어요. 메일 머지로 대량으로 메일을 발송하고 엑셀 데이터를 이용해 라벨을 완성할 수 있어요.

단기간에 끝내는 맞춤 학습 계획

강의표의 일정을 따라하기보다 미리 알고 있는 부분은 실습을 통해 정리하고 각 섹션의 '리뷰! 실무 예제'를 통해 기능을 확실히 다지도록 합니다. 목차 또는 인덱스를 통해 알고자 하는 기능을 찾아보고 'Tip'과 '잠깐만요'에서 설명한 부가적인 꿀팁도 놓치지 마세요. Chapter 3의 기능적인 문서 작성법은 파워유저로 거듭날 수 있는 기능이므로 꼼꼼하게 학습하세요. 좀 더 빠른 학습을 원한다면 우선순위 TOP 20 위주로 예제를 따라해 보세요.

일	해당 장	주제	예습	과제
1일	Chapter 1	한글 시작하기	Section 1	리뷰! 실무 예제
2일		한글 문서 작성하기	Section 2	리뷰! 실무 예제
3일		서식과 편집 기능 이용해 문서 꾸미기	Section 3	리뷰! 실무 예제
4일		편집 용지 설정하고 인쇄하기	Section 4	리뷰! 실무 예제, 핵심! 실무 노트
5일	Chapter 2	순서가 있는 체계적인 문서 만들기	Section 1	리뷰! 실무 예제
6일		쪽 기능 이용해 문서 정리하기	Section 2	리뷰! 실무 예제
7일		개체 삽입해 문서 꾸미기	Section 3	리뷰! 실무 예제
8일		표와 차트 삽입하기	Section 4	리뷰! 실무 예제, 핵심! 실무 노트
9일	Chapter 3	스타일과 차례 작성하기	Section 1	리뷰! 실무 예제
10일		메일 머지와 라벨 양식 문서 만들기	Section 2	리뷰! 실무 예제

 **『우선순위 TOP 20』과 『실무 난이도』를 적극 활용하세요!**

한글 사용자들이 네이버 지식iN, 오피스 실무 카페 및 블로그, 웹 문서, 뉴스 등에서 **가장 많이 검색하고 찾아본 키워드를 토대로 우선순위 TOP 20**을 선정했어요. 이 정도만 알고 있어도 한글은 문제 없이 다룰 수 있고 언제, 어디서든지 원하는 기능을 **금방 찾아 바로 적용**할 수 있어요!

순위 ▲	키워드	간단하게 살펴보기	빠른 페이지 찾기
1 ▲	텍스트	한글, 영어 등 텍스트 입력 및 줄 바꾸기	21
2 ▲	데이터 편집	글꼴과 글자 크기 변경	37
3 ▲	스타일	반복되는 서식의 자동화, 빠른 문서 작성과 서식 통일	123
4 ▲	모양 복사	글자 또는 문단의 모양 그대로 복사	43
5 ▲	특수 문자	화살표, 단위 기호, 통화 기호 등 다양한 특수 문자 입력	25
6 ▲	한자 변환	한자의 발음으로 입력 또는 한글을 한자로 변환	22
7 ▲	찾기/바꾸기	수정할 텍스트 찾아 한 번에 바꾸기	41
8 ▲	문단 번호와 글머리표	문단에 번호 및 기호로 구분하고 정리	69
9 ▲	문단 정렬 방식	문단의 들여쓰기 및 내어쓰기, 여백 지정	39
10	다단	문단을 여러 단으로 나누어 정렬	85
11	쪽 번호	작업 문서의 분량 파악 및 쪽 번호 확인	83
12	탭 설정	탭 설정해 가지런히 정렬	45
13	표 삽입	표 이용해 기본적인 양식 문서 작성과 내용 정리	107
14	머리말/꼬리말	머리말/꼬리말로 고정 텍스트 반복 지정	81
15	그림 삽입	문서의 내용에 맞는 다양한 그림 삽입	95
16	글상자 삽입	지도에 글상자 삽입해 강조	98
17	차트 삽입	수치 데이터를 시각적인 자료로 크기 표현	115
18	블록 설정	문서를 편집하기 위해 내용을 선택하는 다양한 방법	35
19	주석/덧말	주석과 덧말 이용해 보충 자료를 구체적으로 제시	91
20	쪽 테두리/배경	문서 전체 쪽에 쪽 모양과 테두리 공통 지정	79

문서 기본 기능
필수 기능
업무 능률 ↑
현업 활용도
업무 꿀팁
기본 기능
사용 빈도 높음
보고서 필수
기본 기능

길벗출판사 홈페이지에 무엇이든 물어보세요!

책을 읽다 막히는 부분이 있으면 '길벗 홈페이지(www.gilbut.co.kr)' 회원으로 가입하고 '고객센터' → '1 : 1 문의' 게시판에 질문을 올리세요. 지은이와 길벗 독자지원센터에서 신속하고 친절하게 답해 드립니다.

문의 방법

길벗 홈페이지(www.gilbut.co.kr)
회원 가입 후 로그인하기 ➡ 고객센터 ➡ 1 : 1 문의

해당 도서의 페이지에서도 질문을 등록할 수 있어요. 홈페이지의 검색 창에 『윈도우 10+엑셀&파워포인트&워드 2019+한글 무작정 따라하기』를 입력해 해당 도서의 페이지로 이동하세요. 그런 다음, 질문이 있거나 오류를 발견한 경우 퀵 메뉴의 [도서문의]를 클릭해 문의 내용을 입력해 주세요. 꼭 로그인한 상태로 문의해 주세요.

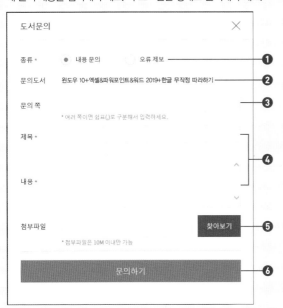

❶ 문의의 종류를 선택해 주세요.

❷ 문의할 도서가 맞는지 확인해 주세요.

❸ 질문에 대한 답을 빠르게 찾을 수 있도록 해당 쪽을 기재해 주세요.

❹ 문의 내용을 입력해 주세요.

❺ 길벗 A/S 전담팀과 저자가 질문을 빠르게 파악할 수 있도록 관련 파일을 첨부해 주시면 좋아요.

❻ 모든 내용을 입력했다면 [문의하기]를 클릭해 질문을 등록하세요.

목차

|우선순위| **TOP 20** 　실무 중요도에 따라 TOP01~TOP20까지 표시

CHAPTER

1 　기본 문서 작성하기

문서작성

Section 01 　한글 2018 시작하기

01 한글 2018 시작하고 종료하기	13
02 화면 구성 살펴보기	14
03 도구 상자와 메뉴 살펴보기	15
04 문서마당 이용해 새 문서 만들기	16
리뷰! **실무 예제** / 새 문서 / 암호 설정	19

Section 02 　한글 문서 작성하기

|우선순위| TOP 01	**01** 텍스트 입력하기	21
|우선순위| TOP 06	**02** 한자 입력하고 변환하기	22
|우선순위| TOP 05	**03** 특수 문자 입력하고 글자 겹치기	25
	04 원래대로 작업 되돌리기와 다시 실행하기	29
	05 글자판 변경해 일본어 입력하기	30
	리뷰! **실무 예제** / 한자 변환 / 특수 문자 삽입	33

서식지정

Section 03 　서식과 편집 기능 이용해 문서 꾸미기

|우선순위| TOP 18	**01** 블록 설정하고 편집하기	35
|우선순위| TOP 02	**02** 글꼴과 글자 크기 바꾸기	37
	03 글자 모양 바꾸기	38
|우선순위| TOP 09	**04** 문단 정렬 방식 바꾸고 여백 지정하기	39
|우선순위| TOP 07	**05** 찾아 바꾸기로 텍스트 한 번에 수정하기	41
|우선순위| TOP 04	**06** 문단 모양 꾸미고 모양 복사하기	43
|우선순위| TOP 12	**07** 탭 설정하기	45
	리뷰! **실무 예제** / 여백 설정 / 탭 제거 및 설정	47

문서인쇄

Section 04 편집 용지 설정하고 인쇄하기

01 문서의 요약 내용 바꾸기 49

02 버전별로 문서 저장하고 관리하기 50

03 편집 용지 방향과 여백 설정하기 53

04 같은 문서에서 다른 편집 용지 사용하기 54

05 인쇄 환경 설정하고 인쇄 모양 미리 보기 56

리뷰 **실무 예제** / 인쇄 미리 보기 / PDF 문서로 저장 59

핵심 **실무 노트** / PDF 문서 만들기 60

CHAPTER

2 다양한 기능 활용해 고급 문서 작성하기

문서편집

Section 01 순서가 있는 체계적인 문서 만들기

01 글머리표로 문단 구분하기 65

│우선순위│ TOP 08 **02** 문단 번호와 수준 지정하기 69

03 문단 시작 번호 지정하고 변경하기 71

04 개요 기능 이용해 문단 정리하기 72

05 나만의 개요 번호 모양 만들기 74

리뷰 **실무 예제** / 문단 번호 / 개요 지정 77

문서정리

Section 02 쪽 기능 이용해 문서 정리하기

│우선순위│ TOP 20 **01** 쪽 배경과 테두리 지정하기 79

│우선순위│ TOP 14 **02** 머리말/꼬리말 지정하기 81

│우선순위│ TOP 11 **03** 쪽 번호 매기기 83

│우선순위│ TOP 10 **04** 다단 지정해 레이아웃 구성하기 85

05 구역마다 바탕쪽 다르게 지정하기 87

│우선순위│ TOP 19 **06** 주석 달고 덧말 넣기 90

리뷰 **실무 예제** / 머리말/꼬리말 / 쪽 테두리 93

목차

개체삽입

Section 03 개체 삽입해 문서 꾸미기

| 우선순위 | TOP 15   01 그림 삽입하기   95
| 우선순위 | TOP 16   02 지도에 글상자 삽입하기   98
                     03 도형의 색과 모양 바꾸고 복사하기   99
                     04 URL 주소에 하이퍼링크 연결하기   101
                     05 동영상 삽입하고 재생하기   102
                     06 복잡한 수식 입력하기   103
                     리뷰 **실무 예제** / 그림 삽입 / 수식 입력   105

표/차트

Section 04 표와 차트 삽입하기

| 우선순위 | TOP 13   01 표 삽입하고 데이터 입력하기   107
                     02 표에 열 추가하고 셀 합치기   109
                     03 표의 셀 크기 조절하기   112
                     04 표의 셀에 배경색과 대각선 지정하기   113
| 우선순위 | TOP 17   05 표의 내용을 차트로 작성하기   115
                     리뷰 **실무 예제** / 표의 셀 합치기 / 차트 삽입   117
                     핵심 **실무 노트** / 차트 모양 변경하고 편집하기 118

CHAPTER 3

기능적으로 편리한 문서 작성하기

스타일

Section 01 스타일과 차례 작성하기

| 우선순위 | TOP 03   01 문단 스타일과 글자 스타일 지정하기   123
                     02 스타일 편집하기   125
                     03 다른 문서에 스타일 사용하기   127
                     04 서식 파일로 저장하기   130
                     05 스타일 이용해 차례 만들기   133
                     리뷰 **실무 예제** / 제목 스타일 / 차례 작성   135

메일머지/라벨 | **Section 02** | **메일 머지와 라벨 및 양식 문서 만들기**

01 메일 머지 이용해 초대장 작성하기   137

02 DM 발송용 라벨 만들기   142

03 엑셀 데이터 이용해 라벨 만들기   144

04 양식 개체 이용해 팩스 표지 만들기   147

리뷰! **실무 예제** / 엑셀 데이터 활용 / 양식 개체 활용   153

찾아보기   154

부록 실습 파일
사용하기

윈도우 10+엑셀&파워포인트&워드 2019+한글
부록 실습 파일, 이렇게 사용하세요!

길벗 홈페이지(www.gilbut.co.kr)에서는 부록 실습 파일을 제공합니다. 실습을 따라할 수 있는 예제파일과 결과파일이 각 챕터와 섹션별로 나뉘어 제공되는데, 예제파일 및 결과파일은 내 컴퓨터에 복사하여 사용할 것을 권장합니다.

엑셀 2019   파워포인트 2019   워드 2019   한글

CHAPTER 1

기본 문서 작성하기

한글 2018은 윈도우용 워드프로세서 프로그램으로, 사용자의 편리성을 고려하여 개선된 인터페이스와 강력해진 편집 기능을 제공하며, 보다 간편하고 신속하게 편집 작업을 수행할 수 있습니다. 한글, 영문, 한자, 특수 기호 외에도 다양한 언어와 문자를 쉽게 입력할 수 있고, 여러 가지 형태의 서식을 적용하여 문서를 보기 좋게 꾸밀 수 있으며, 원하는 모양으로 출력할 수 있어요. 이번 챕터에서는 한글 2018에서 제공하는 다양한 기능을 사용하여 문서를 작성해 보고, 서식과 편집 기능을 활용해 문서를 꾸미는 방법과 페이지를 설정하고 인쇄하는 방법에 대해 배워봅니다.

Windows 10
+Excel
& PowerPoint
&Word 2019
+Hangeul

SECTION **01** 한글 2018 시작하기

SECTION **02** 한글 문서 작성하기

SECTION **03** 서식과 편집 기능 이용해 문서 꾸미기

SECTION **04** 편집 용지 설정하고 인쇄하기

한글 2018 시작하기

한글 2018은 개선된 사용자 인터페이스와 강력해진 편집 기능으로 보다 간편하고 신속하게 문서 편집 작업을 수행할 수 있어요. 새롭게 추가된 '오피스 커뮤니케이터'는 여러 사람들이 실시간으로 문서의 내용을 확인하고 편집할 수 있도록 실시간 협업 환경을 만들어줍니다. 또한 문서에 단어를 입력하는 동시에 단어의 뜻을 실시간으로 검색할 수 있으며, 문서를 책처럼 펼쳐볼 수 있도록 인쇄할 수도 있어요.

PREVIEW

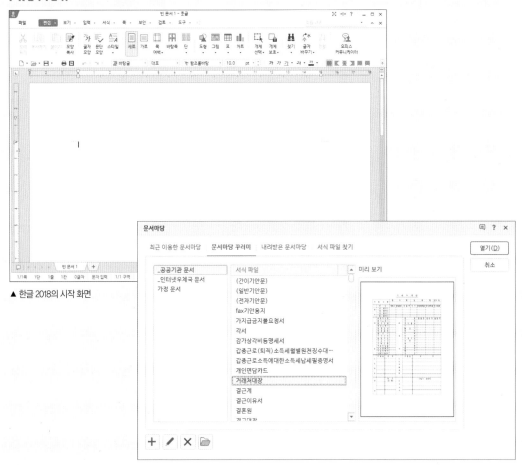

▲ 한글 2018의 시작 화면

▲ 문서마당으로 문서 작성하기

섹션별 주요 내용

01 한글 2018 시작하고 종료하기 **02** 화면 구성 살펴보기 **03** 도구 상자와 메뉴 살펴보기
04 문서마당으로 새 문서 만들기

실무예제 01 한글 2018 시작하고 종료하기

1 바탕 화면에서 '한글 2018' 바로 가기 아이콘(📄)을 더블클릭하여 한글 2018을 실행합니다. 만약 바탕 화면에 '한글 2018' 바로 가기 아이콘이 없으면 [시작] 단추(⊞)를 클릭하고 프로그램 목록에서 [한글 2018]을 선택하세요.

▲ 문서마당으로 문서 작성하기

▲ [시작] 단추-[한글 2018] 선택하기

2 한글 2018 프로그램을 종료하려면 [파일] 탭-[끝]을 클릭하거나 문서 창의 [닫기] 단추(×)를 클릭하세요.

> **Tip**
>
> 현재 실행중인 문서만 닫고 새로운 빈 문서를 실행하고 싶다면 [파일] 탭- [문서 닫기]((Ctrl)+(F4))를 선택하거나 [문서 닫기]((×))를 클릭합니다.
> 이때 문서를 저장하지 않았다면 문서를 저장할 것인지 묻는 메시지 창이 열립니다.

서식지정

문서인쇄

문서편집

문서정리

개체삽입

표/차트

스타일

매크로/양식/검토

화면 구성 살펴보기

한글 2018의 화면은 매우 다양한 요소들로 구성되어 있어요. 매우 복잡해 보이지만 그만큼 다양한 기능을 가지고 있어요. 참고로 아래의 화면 구성과 실제 여러분이 사용중인 한글 2018의 화면 구성이 약간 다를 수도 있어요. 왜냐하면 여러 가지 환경 설정에 따라 도구 상자나 문서 창의 모습이 달라지기 때문입니다.

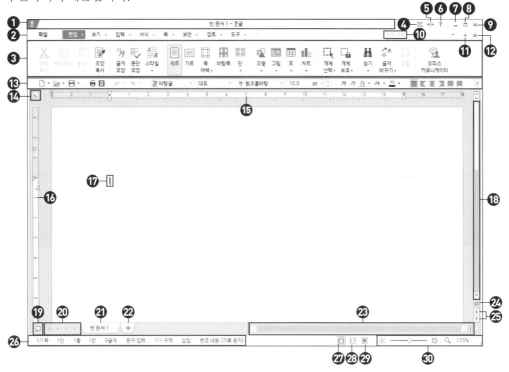

❶ 제목 막대(파일명[문서 경로])
❷ 메뉴 탭
❸ 기본 도구 상자(열림 상자)
❹ [전체 화면] 단추(⬚)
❺ [크게 보기] 단추(⬚)/[기본 보기] 단추(⬚)
❻ 도움말(?)
❼ [최소화] 단추(−)
❽ [최대화] 단추(□)
❾ [끝] 단추(×)
❿ 찾을 내용 입력
⓫ [기본 도구 상자 접기/펴기] 단추(∧)
⓬ [문서 닫기] 단추(×)
⓭ 서식 도구 상자
⓮ 탭 종류 단추(∟, ⌐, ⊥, ⌐)
⓯ 가로 눈금자

⓰ 세로 눈금자
⓱ 커서
⓲ 세로 이동 막대
⓳ [문서 탭 목록] 단추(⬚)
⓴ 문서 탭 이동
㉑ 문서 탭
㉒ [새 탭] 단추
㉓ 가로 이동 막대
㉔ [보기 선택 아이콘] 단추(⬚)
㉕ 이전 쪽/다음 쪽 이동 단추(⬚/⬚)
㉖ 상황선
㉗ [쪽 윤곽] 단추(⬚)
㉘ [폭 맞춤] 단추(⬚)
㉙ [쪽 맞춤] 단추(⬚)
㉚ 화면 확대/축소

서식지정

문서입력

문서편집

문서정리

개체삽입

표/차트

스타일

메일머지/라벨

실무 예제 03 도구 상자와 메뉴 살펴보기

한글 2018에서는 동적으로 변화하는 기본 도구 상자와 가장 자주 사용하는 기능을 모은 서식 도구 상자를 제공해요. 기본 도구 상자는 이전의 도구 상자보다 메뉴가 효율적으로 배치되었고 기능을 명확하게 전달할 수 있도록 큰 아이콘을 메뉴명과 함께 제공해요. 기본 도구 상자 영역에는 메뉴 탭이 기본으로 나타나며, 상황에 따라 종류별 개체 탭, 상태 탭이 동적으로 나타납니다. 화면의 오른쪽 끝에 있는 [크게 보기] 단추(▥)를 클릭해서 좀 더 큰 화면으로 볼 수도 있어요.

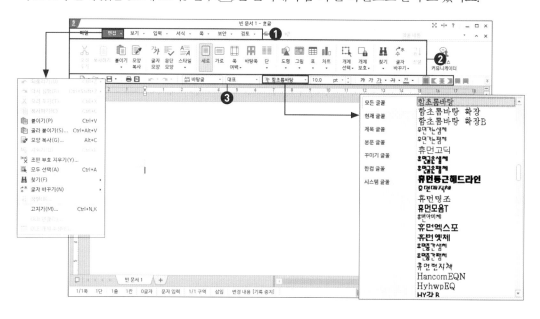

❶ **메뉴 탭** : 한글 2018에는 [파일] 탭, [편집] 탭, [보기] 탭, [입력] 탭, [서식] 탭, [쪽] 탭, [보안] 탭, [검토] 탭, [도구] 탭 등의 메뉴가 있어요. 이 9개 메뉴 탭의 이름을 클릭하면 각각 해당 메뉴 탭의 열림 상자가 열리고, 내림 단추(▼)를 클릭하면 하위 메뉴가 펼쳐집니다.

❷ **기본 도구 상자(열림 상자)** : 기본 도구 상자(열림 상자)는 사용자가 문서 작성 등의 작업을 할 때 관련 있는 기능을 쉽고 편리하게 찾아 작업할 수 있도록 분류하여 아이콘으로 모아 놓은 부분입니다. 선택한 메뉴에 따라 펼쳐지는 기본 도구 상자의 모양이 달라져요.

❸ **서식 도구 상자** : 자주 사용하는 기능을 모아 놓은 서식 도구 상자는 항상 고정된 아이콘을 표시해요.

잠깐만요 도구 상자 사용자 설정하기

메뉴, 기본 도구 상자, 서식 도구 상자 위에서 마우스 오른쪽 단추를 눌러 [사용자 설정]을 선택하면 사용자가 자주 사용하는 기능만으로 편리하게 구성된 도구 상자를 설정할 수 있어요.

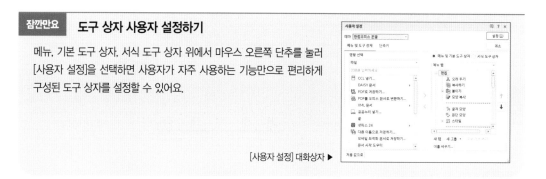

[사용자 설정] 대화상자 ▶

🔵 **예제파일** : 새 문서에서 시작하세요.　🔵 **결과파일** : 거래처.hwp

1 [파일] 탭-[문서마당]([Ctrl]+[Alt]+[N])이나 [파일] 탭-[새 문서]-[문서마당]을 선택하세요. [문서마당] 대화상자가 열리면 [문서마당 꾸러미] 탭에서 꾸러미 종류를 고르고 원하는 서식 파일을 선택한 후 [열기]를 클릭하세요. 여기서는 [_공공기관 문서]의 [거래처대장] 서식 파일을 선택했는데, '미리 보기'에서 해당 서식 파일을 미리 볼 수 있어요.

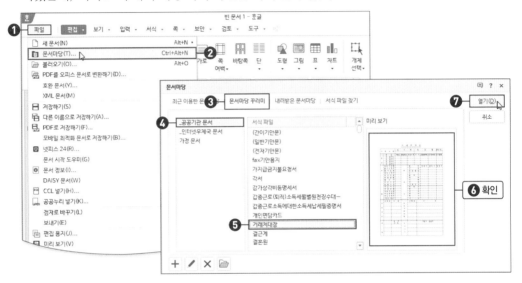

> **Tip**
>
> [문서마당]은 자주 사용하는 문서의 모양을 미리 서식 파일(*.Hwt)로 만들어 놓고 필요할 때마다 불러와서 문서의 빈 부분만 채우면 빠르게 문서를 만들 수 있는 템플릿(template) 방식의 기능입니다. 문서마당을 이용하면 문서를 작성할 때 필요한 시간과 노력을 절약하여 쉽고 빠르게 멋진 문서를 완성할 수 있어요.

2 문서 작성을 마치고 저장을 하기 위해 [파일] 탭-[저장하기]([Alt]+[S])를 선택하거나 서식 도구 상자에서 [저장하기] 도구([💾▾])를 클릭하세요.

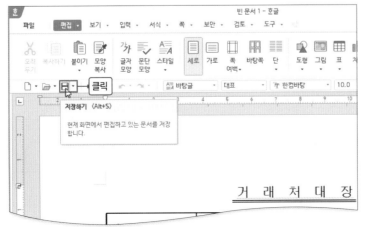

> **Tip**
>
> 문서를 저장하지 않은 상태일 때에는 문서 창의 제목 표시줄(또는 문서 탭)에 '빈 문서 1'이라는 이름으로 나타납니다.

3 [다른 이름으로 저장하기] 대화상자가 열리면 문서를 저장할 경로로 '문서' 폴더를 선택하고 '파일 이름'에 저장할 파일명인『거래처』를 입력한 후 [저장]을 클릭하세요.

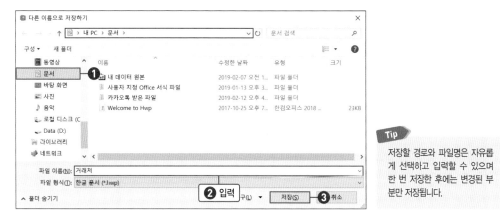

> **Tip**
> 저장할 경로와 파일명은 자유롭게 선택하고 입력할 수 있으며 한 번 저장한 후에는 변경된 부분만 저장됩니다.

4 [문서 닫기] 단추(X)를 클릭하거나 [파일] 탭-[문서 닫기](Ctrl + F4)를 선택하여 문서를 닫아요.

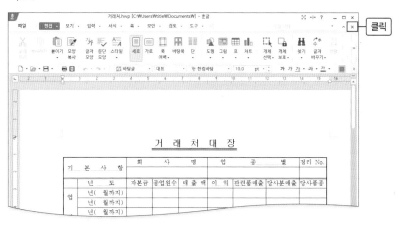

잠깐만요 **온라인에서 문서 서식 내려받기**

한글 2018의 실행 화면에서 [문서 시작 도우미]를 클릭하거나 [파일] 탭-[문서 시작 도우미]를 클릭하면 좀 더 많은 온라인 서식 문서를 이용할 수 있어요. [온라인 서식 문서 내려받기]에서 원하는 서식을 검색하고 [내려받기] 단추(↓)를 클릭하면 [문서마당] 대화상자의 [내려받은 문서마당] 탭에 콘텐츠가 등록되어 서식 파일로 사용할 수 있어요.

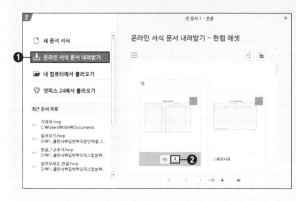

5 서식 도구 상자에서 [불러오기] 도구(📂▾)를 클릭하거나 **[파일] 탭-[불러오기]**(Alt+O)를 선택합니다. [불러오기] 대화상자가 열리면 **3** 과정에서 저장한 '문서' 폴더로 이동하여 '거래처.hwp' 파일을 선택하고 [열기]를 선택하세요.

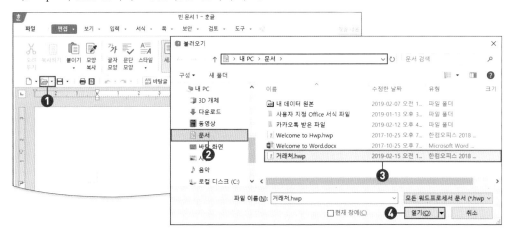

6 저장된 문서가 열리는지 확인해 보세요.

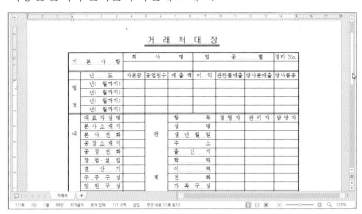

[문서] 탭의 색깔과 의미 알아보기

❶ [견적서] : 문서가 변경되어 저장할 내용이 있다는 의미
❷ [견적서] : 문서가 변경되었고 자동으로 저장되었다는 의미
❸ [견적서] : 문서의 변경된 내용이 모두 저장되었다는 의미

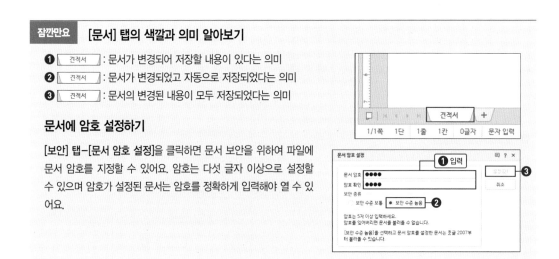

문서에 암호 설정하기

[보안] 탭-[문서 암호 설정]을 클릭하면 문서 보안을 위하여 파일에 문서 암호를 지정할 수 있어요. 암호는 다섯 글자 이상으로 설정할 수 있으며 암호가 설정된 문서는 암호를 정확하게 입력해야 열 수 있어요.

1 | 문서마당 이용해 새 문서 만들기

🔵 예제파일 : 새 문서에서 시작하세요.   🔵 결과파일 : 견적서.hwp

온라인 서식 문서 내려받기에서 '견적서'를 검색하여 내려받고, 문서마당에서 '견적서' 서식 파일을 이용하여 새 문서를 만든 후 '문서' 폴더에 '견적서.hwp'로 저장해 보세요.

Hint
① [파일] 탭-[문서 시작 도우미]를 선택하고 [온라인 서식 문서 내려받기]에서 '견적서'를 검색한 후 내려받기하세요.
② [파일] 탭-[문서마당]을 선택하고 [문서마당] 대화상자의 [내려받은 문서마당] 탭에서 [견적서]를 선택한 후 [열기]를 클릭하세요.
③ 선택한 서식의 새로운 문서가 만들어지면 서식 도구 상자에서 [저장하기] 도구(🖫 ·)를 클릭하여 '문서' 폴더에 '견적서'라는 이름으로 저장하세요.

2 | 문서에 암호 설정하기

🔵 예제파일 : 견적서.hwp   🔵 결과파일 : 견적서_보안.hwp

문서에 암호 '12345'를 설정해 보세요.

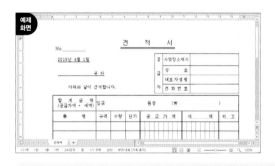

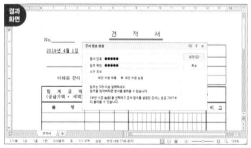

Hint
① [보안] 탭-[문서 암호 설정]을 선택하여 [문서 암호 설정] 대화상자를 열고 '문서 암호'에 암호를 입력하세요.
② '암호 확인'에서 암호를 한 번 더 입력한 후 [설정]을 클릭하세요.

이번 섹션에서는 문서 작성의 기본인 다양한 문자를 입력하는 방법을 배워보겠습니다. 한글, 영문, 숫자뿐만 아니라 한글을 한자로 변환하거나 특수 문자를 입력하는 방법을 익혀보겠습니다. 그리고 특수 문자를 입력하는 방법을 익히고, 글자나 도형을 겹쳐서 원하는 모양의 글자를 완성해 보고, 글자판을 변경하여 일본어도 입력해 보겠습니다. 또한 이전의 작업으로 다시 되돌아가는 방법도 연습해 보겠습니다.

> **PREVIEW**

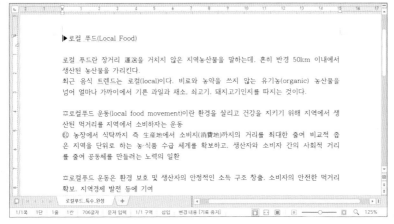

▲ 도형과 숫자 겹쳐서 입력하기

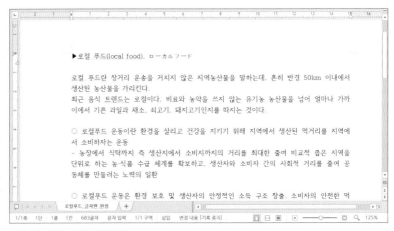

▲ 글자판 변경하여 일본어 입력하기

섹션별
주요 내용

01 | 텍스트 입력하기   **02** | 한자 입력하고 변환하기   **03** | 특수 문자 입력하고 글자 겹치기
04 | 원래대로 작업 되돌리기와 다시 실행하기   **05** | 글자판 변경해 일본어 입력하기

핵심
기능 | **01** | **텍스트 입력하기**

◎ **예제파일** : 새 문서에서 시작하세요.　　◎ **결과파일** : 로컬푸드_완성.hwp

1 한글 2018을 실행한 후 새 문서에 다음의 내용을 입력하세요. 영문을 입력하려면 한/영을 누르거나 Shift + Spacebar 를 누르세요.

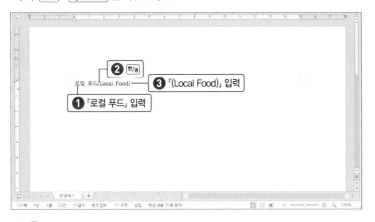

Tip

일시적으로 대문자를 입력할 때는 Shift 와 영문 키보드를 함께 누르세요. 연속으로 대문자를 입력할 때는 CapsLock 을 눌러 놓고 영문 키보드를 누르세요.

2 줄 바꿈이 필요한 곳에서는 Enter 를 누르고 다음 내용을 입력하세요.

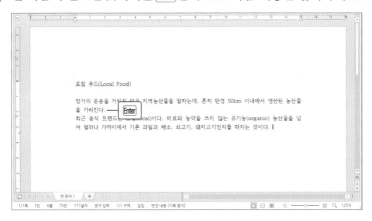

Tip

Enter 를 누르면 줄이 바뀌면서 문단도 바뀝니다.(문단 바꿈). Shift + Enter 를 함께 누르면 줄은 바뀌지만 문단은 앞 줄과 이어져서 유지됩니다(줄 바꿈).

잠깐만요 | Backspace 와 Delete 비교하기

❶ Backspace : 커서 왼쪽의 내용을 지워요. 이때 커서의 위치가 왼쪽으로 이동합니다.
❷ Delete : 커서 오른쪽의 내용을 지워요. 이때 커서의 위치는 그대로 유지됩니다.

| 실무
예제 | **02** | **한자 입력하고 변환하기** |

💿 예제파일 : 로컬푸드_한자.hwp   💿 결과파일 : 로컬푸드_한자_완성.hwp

1 한자를 입력하려면 우선 바꿀 내용을 한글로 입력한 후 한자로 변환해야 합니다. '운송'에서 '운' 뒤에 커서를 올려놓고 한자 또는 F9 를 누르세요. [한자로 바꾸기] 대화상자가 열리면 원하는 한자를 찾아 선택하고 [바꾸기]를 클릭하세요.

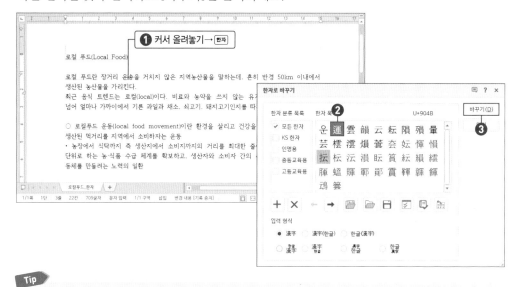

> **Tip**
>
> [한자로 바꾸기] 대화상자에서 [자전 보이기] 단추(🔲)를 클릭하면 문서에서 선택한 한자의 음과 뜻의 자전 정보를 볼 수 있어요.

2 이와 같은 방법으로 '송'도 한자로 변환하세요.

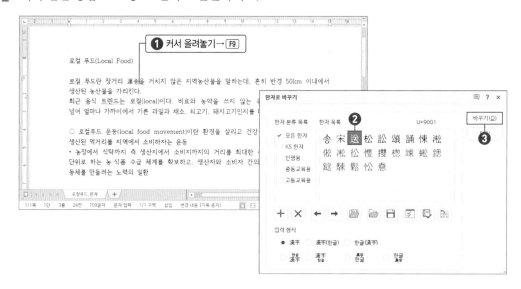

3 한글 단어를 입력한 후 드래그하여 선택하거나 단어의 끝에 커서를 올려놓고 [한자] 또는 [F9]를
누릅니다. 여기서는 '생산지'를 드래그하여 선택한 후 [한자]를 눌러 [生産地]로 바꾸세요.

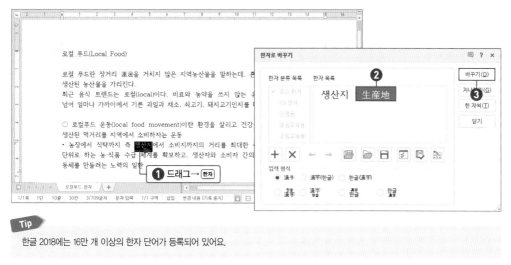

> **Tip**
> 한글 2018에는 16만 개 이상의 한자 단어가 등록되어 있어요.

4 '소비지' 뒤에 커서를 올려놓고 [한자] 또는 [F9]를 누르세요.

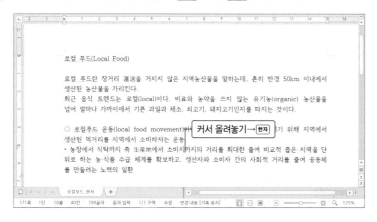

5 [한자로 바꾸기] 대화상자가 열리면 한자를 선택하고 '입력 형식'에서 [한글(漢字)]를 선택한
후 [바꾸기]를 클릭하세요.

6 모르는 한자를 드래그하여 선택하고 [보기] 탭-[한자 발음 표시]의 [水음]를 클릭하면 한자의 발음만 알 수 있어요. 이것은 화면에는 표시되지만 인쇄되지는 않습니다.

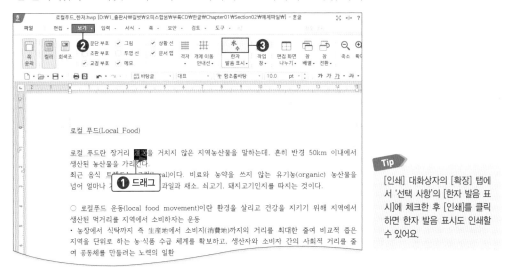

Tip

[인쇄] 대화상자의 [확장] 탭에서 '선택 사항'의 [한자 발음 표시]에 체크한 후 [인쇄]를 클릭하면 한자 발음 표시도 인쇄할 수 있어요.

7 한자가 입력된 부분을 모두 드래그하여 선택하고 [편집] 탭-[글자 바꾸기]-[한글로 바꾸기] (Alt + F9)를 선택하세요.

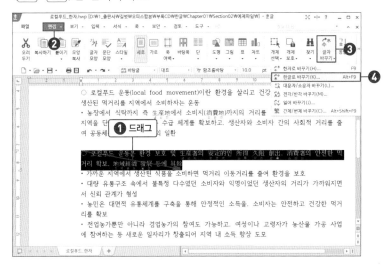

8 [한글로 바꾸기] 대화상자가 열리면 '바꿀 방법'에서 [한자를 한글로]에 체크하고 [바꾸기]를 클릭하여 한자를 한꺼번에 한글로 바꾸세요.

실무
예제 | **03** **특수 문자 입력하고 글자 겹치기**

🔆 **예제파일** : 로컬푸드_특수.hwp 🔆 **결과파일** : 로컬푸드_특수_완성.hwp

1 첫 줄 맨 앞에 커서를 올려놓고 [**입력**] 탭-[**문자표**]의 ꜛꜛꜛ를 클릭한 후 [**문자표**]([Ctrl]+[F10])를 선택하세요.

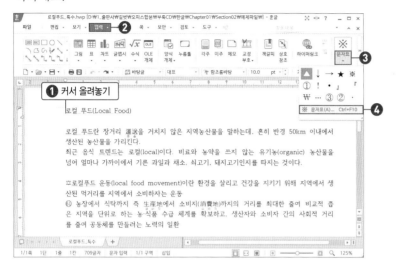

2 [**문자표 입력**] 대화상자가 열리면 [**사용자 문자표**] 탭에서 [기호2] 문자 영역의 [▶]를 선택하고 [**넣기**]를 클릭하세요.

3 네 번째 단락의 맨 앞에 커서를 올려놓고 **[입력] 탭–[입력 도우미]–[글자 겹치기]**를 선택하세요.

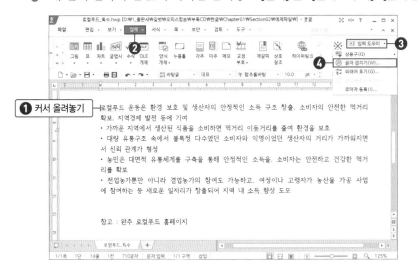

4 [글자 겹치기] 대화상자가 열리면 '겹쳐 쓸 글자'의 입력란을 클릭하여 커서를 올려놓고 Ctrl + F10 을 누르세요.

5 [문자표] 대화상자가 열리면 [사용자 문자표] 탭의 '문자 영역'에서 [기호1]을 선택하세요. '문자 선택'에서 [△]와 [▽]을 각각 더블클릭하여 '입력 문자'에 입력한 후 [넣기]를 클릭하세요.

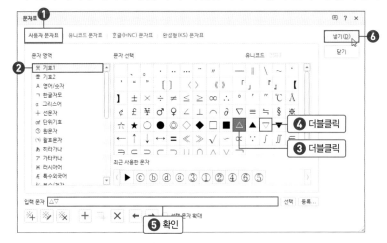

6 [글자 겹치기] 대화상자의 '겹쳐 쓸 글자'에 [△ ▽]가 입력되어 있으면 '겹치기 종류'에서 ◻︎를 선택합니다. [모양 안에 글자 겹치기]에 체크하고 미리 보기에서 겹쳐진 모양을 확인한 후 [넣기]를 클릭하세요.

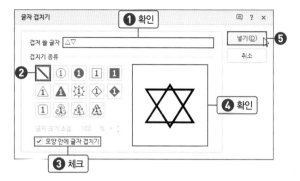

7 '로컬푸드' 앞에 겹쳐진 ✿ 도형을 확인합니다. 그 아래의 문장에서 첫 번째 • 기호를 지우고 **[입력] 탭-[입력 도우미]-[글자 겹치기]**를 선택하세요.

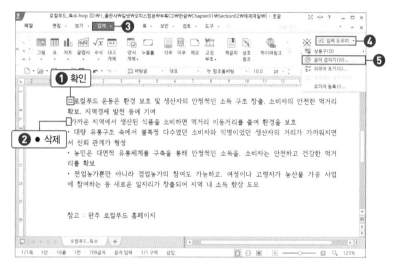

8 [글자 겹치기] 대화상자가 열리면 '겹쳐 쓸 글자'에 『62』를 입력하고 '겹치기 종류'에서 첫 번째 원 모양을 선택한 후 [넣기]를 클릭하세요. 그러면 원 모양 안에 62라는 숫자가 표시됩니다.

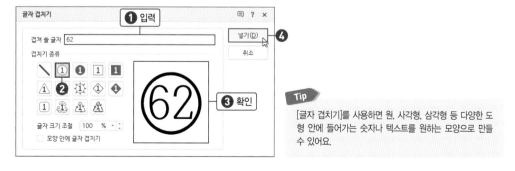

Tip

[글자 겹치기]를 사용하면 원, 사각형, 삼각형 등 다양한 도형 안에 들어가는 숫자나 텍스트를 원하는 모양으로 만들 수 있어요.

9 이와 같은 방법으로 나머지 • 기호 부분도 모두 지우고 글자 겹치기 기능을 이용하여 원 안에 ㉓, ㉔, ㉕를 입력하세요.

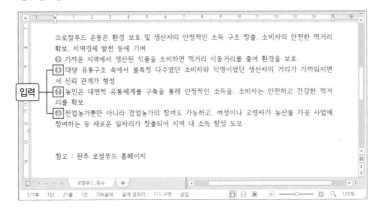

잠깐만요 **사전용 약물 이용해 겹침 글자 표현하기**

㉕, ㉒, Ⓐ, ⓐ, ㄱ 등과 같은 글자는 글자 겹치기 기능을 이용하는 것보다 [입력] 탭-[문자표]의 [문자표]를 클릭하고 [문자표]를 선택하여 [문자표 입력] 대화상자를 열고 [흔글(HNC) 문자표] 탭의 [사전용 약물] 문자 영역에서 삽입하는 것이 모양도 예쁘고 간편해요.

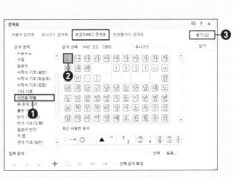

▲ [문자표 입력] 대화상자에서 겹침 글자 선택하기

실무 예제 04 원래대로 작업 되돌리기와 다시 실행하기

◎ 예제파일 : 로컬푸드_되돌리기.hwp

1 괄호 안에 입력된 영문은 [Delete]나 [Backspace]를 눌러 모두 지우고 한자는 [한자]나 [F9]를 눌러 한글로 변환하세요. 만약 영문을 잘못 지우거나 한자를 한글로 잘못 변환했다면 [편집] 탭-[되돌리기]([Ctrl]+[Z])를 선택하거나 서식 도구 상자의 [되돌리기] 도구(↶)를 클릭해서 모든 작업을 원래대로 되돌릴 수 있어요.

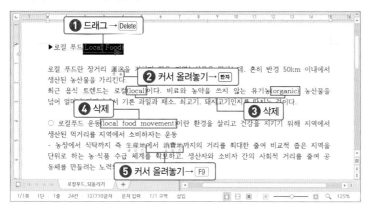

Tip

최대 256단계까지 작업을 되돌릴 수 있어요. 여러 개의 문서를 열어놓고 작업할 경우 '되돌리기'할 내용은 각 문서마다 따로 기억됩니다. 문서를 닫으면 '되돌리기'할 내용이 모두 지워집니다.

2 [편집] 탭-[다시 실행]([Ctrl]+[Shift]+[Z])을 선택하거나 서식 도구 상자의 [다시 실행] 도구(↷)를 클릭해서 필요한 작업 단계까지 동작을 다시 실행하세요.

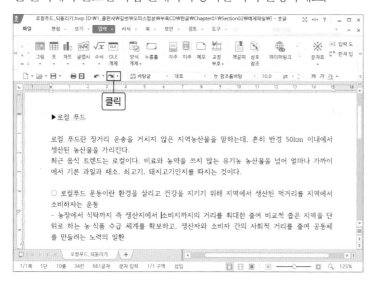

◎ **예제파일** : 로컬푸드_글자판.hwp   ◎ **결과파일** : 로컬푸드_글자판_완성.hwp

1 한국어 입력 상태에서는 한글을, 영어 입력 상태에서는 알파벳을 입력할 수 있어요. 첫 번째 줄에 커서를 올려놓고 『로컬 푸드』라고 입력한 후 [한/영]이나 키보드 왼쪽의 [Shift]+[Spacebar]를 눌러 한/영 상태로 전환하고 『(local food)』를 입력하세요.

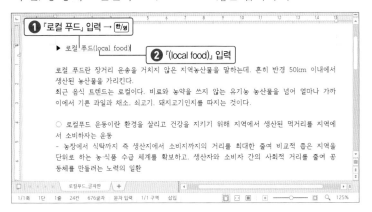

[도구] 탭-[글자판]-[글자판 **자동 변경**]에 체크하면 자동으로 한/영 전환하여 오타를 수정할 수 있어요. 예를 들어 '한글'을 'gksrmf'로 잘못 입력해도 자동으로 '한글'로 수정됩니다.

2 키보드 오른쪽의 [Shift]+[Spacebar]를 누르면 일본어(ひらがな, 히라가나) 입력 상태로 변경되지만, 『ローカルフード』를 입력하려면 일본어의 종류를 'かたかな(가타가나)'로 변경해야 합니다. [도구] 탭-[글자판]-[글자판 바꾸기]([Alt]+[F2])를 선택하세요.

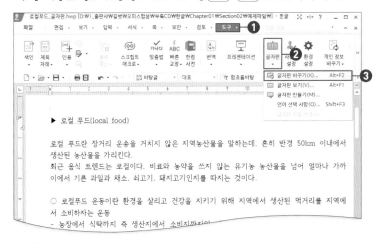

키보드 오른쪽의 [Shift]+[Spacebar]를 누를 때 오른쪽 [Shift]를 먼저 누른 상태에서 [Spacebar]를 누르면 쉽게 일본어 글자판으로 변경할 수 있어요. 이때 오른쪽 [Shift]+[Spacebar]를 한 번 더 누르면 특수 문자의 글자판으로 변경됩니다.

3 [입력기 환경 설정] 대화상자가 열리면 '현재 글자판'을 [일본어], [かたかな]로 선택한 후 [설정]을 클릭하세요.

4 입력하려는 글자의 키보드 자판 배열을 알 수 없으므로 글자판을 보면서 입력해 볼게요. **[도구] 탭-[글자판]-[글자판 보기]**(Alt + F1)를 선택하여 화면에 글자판을 표시하세요.

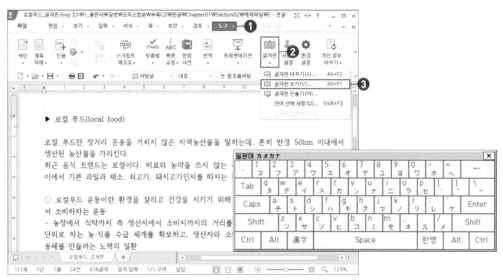

5 일본어 글자판을 이용하여 첫 번째 줄의 마지막에『ローカルフード』를 입력하세요.

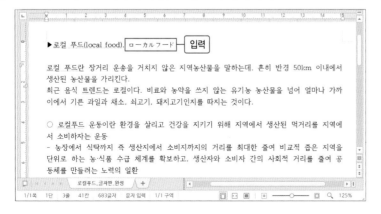

❶ 한글 2018에 기본으로 설정된 글자판

제1글자판	한글−두벌식 표준	제2글자판	영어−쿼티
제3글자판	일본어−Hiragana	제4글자판	특수 기호−도형

❷ 글자판 바꾸기 기능 사용하기

글자판 바꾸기 기능을 사용하여 자주 사용하는 네 종류의 언어를 등록해 두면 Shift + Spacebar 를 이용하여 손쉽게 글자판을 변경할 수 있어요. [도구] 탭−[글자판]−[글자판 바꾸기](Alt + F2)를 선택하여 [입력기 환경 설정] 대화상자를 열고 글자판을 직접 선택할 수 있어요.

❸ 설정된 네 개의 글자판 쉽게 바꾸기

• **키보드의 왼쪽** Shift + Spacebar : '제1글자판'과 '제2글자판' 전환
• **키보드의 오른쪽** Shift + Spacebar : '제3글자판'과 '제4글자판' 전환

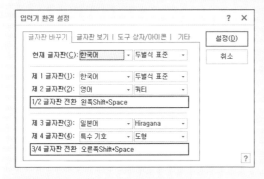

단축키로 커서의 위치 이동하기

단축키를 활용해 간편하게 커서를 이동하는 방법을 알아두면 문서 작성 시간이 매우 빨라집니다.

단축키	기능	단축키	기능
←	한 글자 왼쪽으로 이동	Ctrl + End	현재 화면의 끝 줄로 이동
→	한 글자 오른쪽으로 이동	Alt + Home	문단의 처음으로 이동
↑	한 줄 위로 이동	Alt + End	문단의 끝으로 이동
↓	한 줄 아래로 이동	PgUp	한 화면 앞으로 이동
Ctrl + ←	왼쪽 단어의 시작으로 이동	PgDn	한 화면 뒤로 이동
Ctrl + →	오른쪽 단어의 시작으로 이동	Ctrl + PgUp	문서의 처음으로 이동
Home	줄의 맨 처음으로 이동	Ctrl + PgDn	문서의 끝으로 이동
End	줄의 맨 끝으로 이동	Alt + PgUp	한 쪽 앞의 첫 부분으로 이동
Ctrl + Home	현재 화면의 첫 줄로 이동	Alt + PgDn	한 쪽 뒤의 첫 부분으로 이동

1 한글 단어를 한자로 바꾸기

예제파일 : 여름캠프_한자.hwp   **결과파일** : 여름캠프_한자_완성.hwp

다음과 같은 글자 모양으로 한글 단어를 한자로 변환해 보세요.

주도성(珠淘省), 성숙(成熟), 참여(參與)

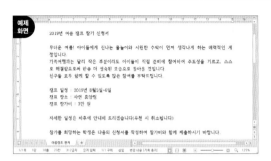

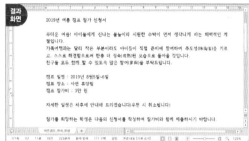

Hint   ① 한자로 변환할 단어의 뒤에 커서를 올려놓고 [한자]나 [F9]를 누르세요.
　　　　② [한자로 바꾸기] 대화상자가 열리면 '입력 형식'에서 한자의 모양을 선택한 후 변환하세요.

2 문자표 이용해 특수 문자 삽입하기

예제파일 : 여름캠프_특수.hwp   **결과파일** : 여름캠프_특수_완성.hwp

'캠프 일정', '캠프 장소', '캠프 참가비'의 앞에는 ⊙ 기호를, '자세한 일정은'의 앞에는 ※ 기호를 삽입해 보세요.

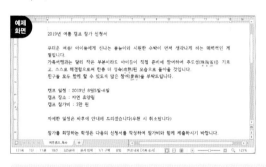

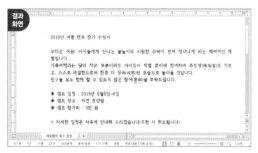

Hint   ① 특수 문자를 삽입할 위치에 커서를 올려놓고 [Ctrl]+[F10]을 누르세요.
　　　　② [문자표] 대화상자가 열리면 [사용자 문자표] 탭의 [기호1], [기호2] 문자 영역에서 해당 특수 문자를 선택하여
　　　　　삽입하세요.

서식과 편집 기능 이용해 문서 꾸미기

이번 섹션에서는 문서의 모양(서식)을 꾸미기 위해 블록을 설정하고 편집하는 방법과 입력한 내용에 다양한 글자 모양과 문단 모양을 지정하는 방법을 배워볼게요. 그리고 문자 정렬 방식과 단어를 한 번에 쉽게 수정하는 방법을 익혀보고 문단 모양을 지정한 후 모양을 복사해 보겠습니다. 또한 탭을 설정하는 방법을 익혀서 탭 사이를 점선으로 채우면서 데이터를 쉽게 오른쪽 정렬해 봅니다.

> **PREVIEW**

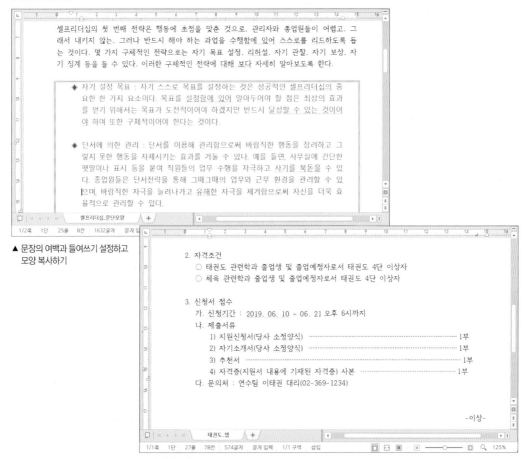

▲ 문장의 여백과 들여쓰기 설정하고 모양 복사하기

▲ 탭 설정하기

> **섹션별 주요 내용**
> 01 | 블록 설정하고 편집하기   02 | 글꼴과 글자 크기 바꾸기   03 | 글자 모양 바꾸기
> 04 | 문단 정렬 방식 바꾸고 여백 지정하기   05 | 찾아 바꾸기로 텍스트 한 번에 수정하기
> 06 | 문단 모양 꾸미고 모양 복사하기   07 | 탭 설정하기

핵심
기능 | **01** | # 블록 설정하고 편집하기

◈ **예제파일** : 셀프리더십_블록.hwp   ◈ **결과파일** : 셀프리더십_블록_완성.hwp

1 문서의 마지막 단락을 드래그해서 블록으로 설정하고 **[편집] 탭-[오려두기]**(Ctrl+X)를 클릭하세요.

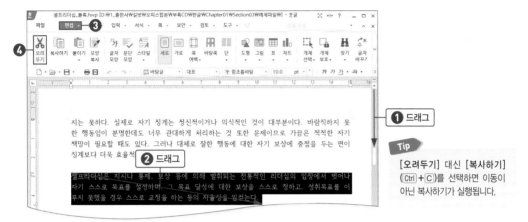

1 드래그

2 드래그

Tip

[오려두기] 대신 [복사하기]
(Ctrl+C)를 선택하면 이동이
아닌 복사하기가 실행됩니다.

2 이동 막대를 드래그하여 잘라낸 내용을 붙여넣을 곳인 문서의 맨 앞으로 이동합니다. 두 번째 줄을 클릭하여 커서를 올려놓고 **[편집] 탭-[붙이기]**(Ctrl+V)의 📋를 클릭하세요.

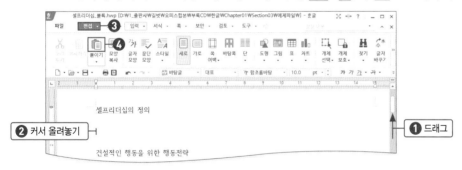

2 커서 올려놓기

1 드래그

3 1번 과정에서 오려두었던 내용이 문서의 앞쪽으로 이동했는지 확인해 보세요.

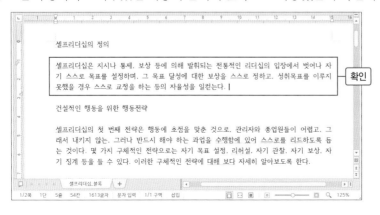

확인

4 ◆를 드래그하여 블록으로 설정하세요. Ctrl을 누른 상태에서 복사할 위치까지 드래그한 후 마우스 포인터의 모양이 🔩 일 때 원하는 위치에서 손을 뗍니다.

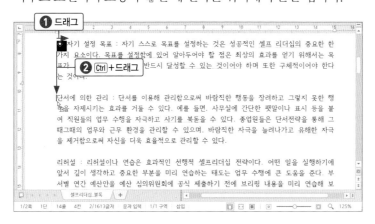

5 블록으로 설정된 부분이 복사되어 해당 위치에 삽입되었는지 확인해 보세요. 이와 같은 방법 으로 아래쪽 항목에도 똑같이 복사합니다.

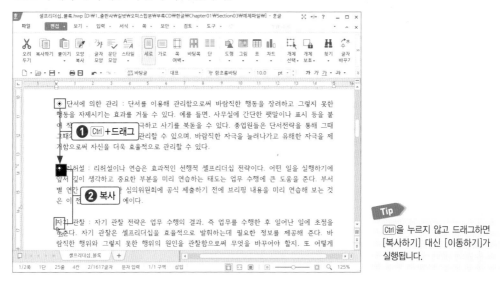

Tip
Ctrl을 누르지 않고 드래그하면 [복사하기] 대신 [이동하기]가 실행됩니다.

잠깐만요 **블록을 설정하는 방법 살펴보기**

문서에서 블록을 설정할 경우 여러 가지 방법으로 간단하게 설정할 수 있어요.

방법1 Shift+방향키(←, →, ↑, ↓) : 커서가 이동한 방향과 위치만큼 블록으로 설정해요.

방법2 F3 : F3을 한 번 누를 때마다 블록을 설정해요. 한 단어 블록 → 한 문단 블록 → 문서 전체 블록 순으로 설정 영역이 변경됩니다.

방법3 마우스 클릭 : 마우스를 한 번 클릭할 때마다 블록을 설정해요. 한 단어 블록 → 한 문단 블록 순으로 설정 영역 이 변경됩니다.

방법4 Ctrl+A : 문서 전체를 블록으로 설정합니다.

글꼴과 글자 크기 바꾸기

⊙ **예제파일** : 셀프리더십_글꼴.hwp   ⊙ **결과파일** : 셀프리더십_글꼴_완성.hwp

1 글자 모양을 바꾸려는 부분을 드래그하여 블록으로 설정하고 서식 도구 상자에서 [글꼴]의 내림 단추(⊡)를 클릭한 후 [한컴 솔잎 B] 서체를 선택하세요.

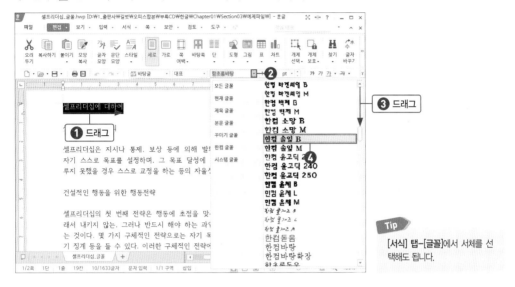

③ 드래그

Tip
[서식] 탭-[글꼴]에서 서체를 선택해도 됩니다.

2 글꼴이 변경되었으면 블록을 설정한 상태에서 [서식] 탭-[글자 크기]의 내림 단추(⊡)를 클릭하고 [24pt]를 선택하세요.

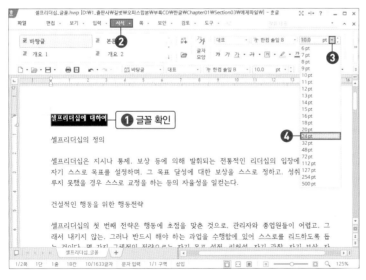

Tip
기본 글꼴은 [함초롱바탕], 크기는 [10.0pt]로 설정되어 있습니다. 한글 전용 글꼴(*.HTF)은 한글 프로그램에서만 사용 가능해요.

◎ 예제파일 : 셀프리더십_글자.hwp   ◎ 결과파일 : 셀프리더십_글자_완성.hwp

1 제목 부분을 드래그하여 블록으로 설정하고 **[편집] 탭-[글자 모양]**(Alt +L)을 클릭하세요.

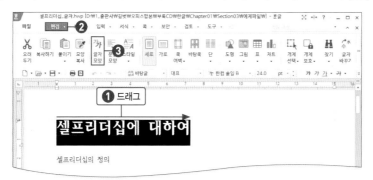

2 [글자 모양] 대화상자가 열리면 [기본] 탭을 선택하고 '언어별 설정'의 '자간'은 『10%』, '속성'에서 '글자 색'은 [남색], '음영 색'은 [연한 노랑]으로 지정하세요. 미리 보기에서 지정한 서식을 확인하고 [설정]을 클릭하세요.

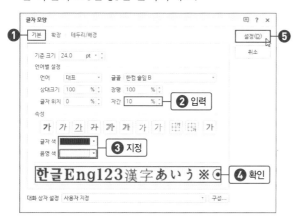

3 제목 텍스트의 글자 모양이 설정한 대로 변경되었는지 확인해 보세요.

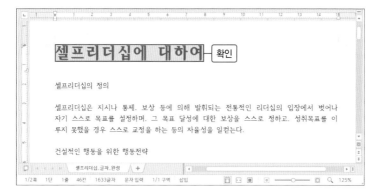

실무
예제 **04** 문단 정렬 방식 바꾸고 여백 지정하기

◈ 예제파일 : 셀프리더십_문단.hwp   ◈ 결과파일 : 셀프리더십_문단_완성.hwp

1 제목을 클릭하여 커서를 올려놓고 서식 도구 상자에서 [가운데 정렬] 도구(≡)를 클릭하여 제목을 가운데로 정렬하세요.

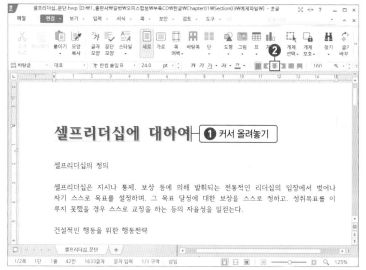

Tip

문단 정렬의 기본값은 [양쪽 정렬](≡)입니다. 서식 도구 상자뿐만 아니라 [서식] 탭에서도 정렬 방식을 설정할 수 있어요.

2 본문 여백과 들여쓰기를 변경하기 위해 '◈ 자기 설정 목표'부터 마지막 문단까지 블록으로 설정하고 [편집] 탭-[문단 모양]([Alt]+[T])을 클릭하세요.

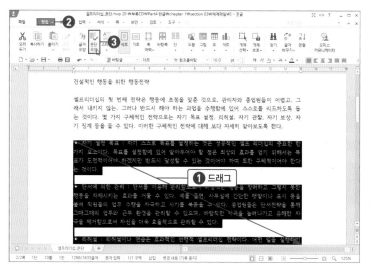

Tip

블록으로 설정하지 않으면 커서가 위치한 문단의 모양만 바뀝니다.

3 [문단 모양] 대화상자가 열리면 [기본] 탭의 '여백'에서 '왼쪽'과 '오른쪽'에 각각 [20pt]를 지정합니다. '첫 줄'에서 [내어쓰기]를 선택하고 값을 [15pt]로 지정한 후 [설정]을 클릭하세요.

4 '셀프리더십의 정의'부터 4개의 문단을 드래그하여 블록으로 설정합니다. 눈금자의 [첫 줄 시작 위치] 표식(▽) 위에 마우스 포인터를 올려놓고 오른쪽으로 드래그하세요.

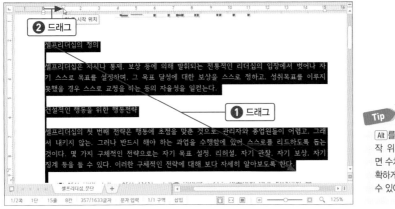

> **Tip**
> Alt 를 누른 상태에서 [첫 줄 시작 위치] 표식(▽)을 드래그하면 수치 값이 표시되어 좀 더 정확하게 들여쓰기 간격을 지정할 수 있어요.

5 각 문단의 들여쓰기 간격을 확인해 보세요.

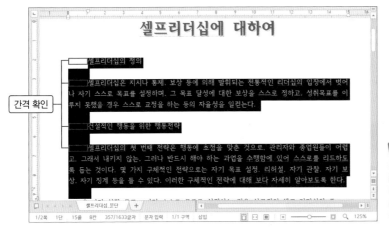

> **Tip**
> Enter 를 누르면 줄과 문단이 함께 바뀝니다. 하지만 Shift + Enter 를 누르면 줄은 바뀌지만 문단은 앞줄과 이어집니다.

잠깐만요 **눈금자 들여쓰기 표식 알아보기**

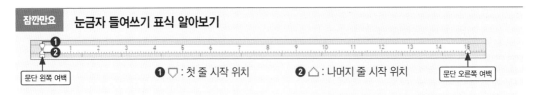

❶ ▽ : 첫 줄 시작 위치   ❷ △ : 나머지 줄 시작 위치

문단 왼쪽 여백   문단 오른쪽 여백

찾아 바꾸기로 텍스트 한 번에 수정하기

◈ **예제파일**: 셀프리더십_바꾸기.hwp   ◈ **결과파일**: 셀프리더십_바꾸기_완성.hwp

1 '셀프 리더십'을 '셀프리더십'으로 붙여쓰고 밑줄과 진하게 표시해 볼게요. [편집] 탭-[찾기]의 ▾를 클릭하고 [찾아 바꾸기]([Ctrl]+[H])를 선택하세요.

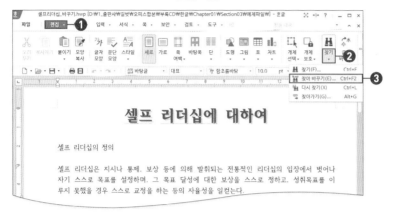

2 [찾아 바꾸기] 대화상자가 열리면 '찾을 내용'에는 『셀프 리더십』을, '바꿀 내용'에는 『셀프리더십』을 입력합니다. '바꿀 내용'의 [서식 찾기] 단추(🔍▾)를 클릭하고 [바꿀 글자 모양]을 선택하세요.

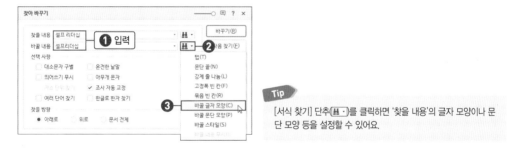

> **Tip**
> [서식 찾기] 단추(🔍▾)를 클릭하면 '찾을 내용'의 글자 모양이나 문단 모양 등을 설정할 수 있어요.

3 [글자 모양] 대화상자가 열리면 [기본] 탭을 선택하고 '속성'에서 [진하게](**가**)와 [밑줄](<u>가</u>)을 차례대로 클릭한 후 [설정]을 클릭하세요.

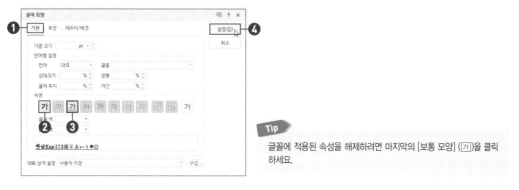

> **Tip**
> 글꼴에 적용된 속성을 해제하려면 마지막의 [보통 모양] (가)을 클릭하세요.

41

4 [찾아 바꾸기] 대화상자로 되돌아오면 '찾을 방향'에서 [문서 전체]를 선택하고 [모두 바꾸기]를 클릭합니다. 바꾸기 실행 결과 창이 열리면 [확인]을 클릭하고 [찾아 바꾸기] 대화상자에서 [닫기]를 클릭하세요.

5 '셀프 리더십'이 '셀프리더십'으로 일괄 변경되면서 동시에 '밑줄'과 '진하게'로 설정되었는지 확인해 보세요.

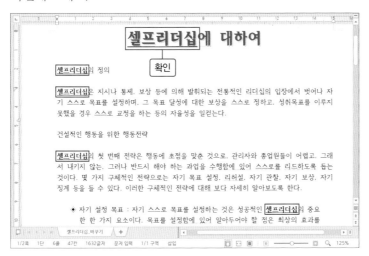

실무
예제 | **06** 문단 모양 꾸미고 모양 복사하기

◎ **예제파일** : 셀프리더십_문단모양.hwp ◎ **결과파일** : 셀프리더십_문단모양_완성.hwp

1 넷째 문단의 '자기 설정 목표'를 드래그하여 블록으로 설정하고 **[편집] 탭-[문단 모양]**(Alt + T)
을 클릭하세요.

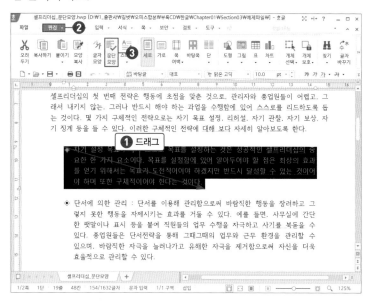

2 [문단 모양] 대화상자가 열리면 [테두리/배경] 탭에서 다음과 같이 지정한 후 [설정]을 클릭
하세요.

- **'테두리' – '종류'** : 이중 실선 / **굵기** : 0.5mm / **색** : 남색 / 모든 테두리 지정
- **[문단 테두리 연결]에 체크** - **'간격'** : 모두 1.00mm

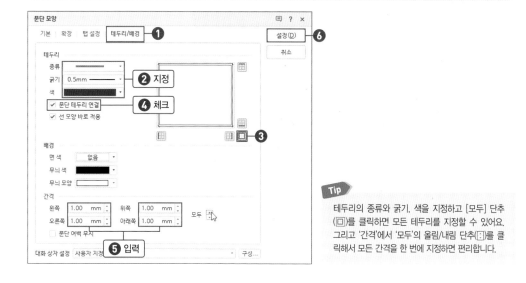

Tip

테두리의 종류와 굵기, 색을 지정하고 [모두] 단추
(□)를 클릭하면 모든 테두리를 지정할 수 있어요.
그리고 '간격'에서 '모두'의 올림/내림 단추(⊞)를 클
릭해서 모든 간격을 한 번에 지정하면 편리합니다.

3 Esc를 눌러 블록 설정을 해제하고 문단의 테두리 안쪽에 커서를 올려놓은 후 **[편집] 탭-[모양 복사]**(Alt+C)를 클릭합니다. [모양 복사] 대화상자가 열리면 '본문 모양 복사'의 [글자 모양과 문단 모양 둘 다 복사]를 선택하고 [복사]를 클릭하세요.

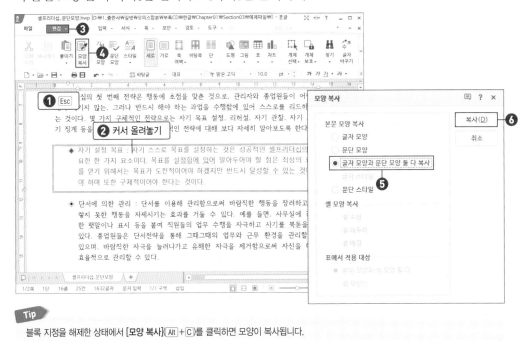

Tip

블록 지정을 해제한 상태에서 **[모양 복사]**(Alt+C)를 클릭하면 모양이 복사됩니다.

4 문단의 모양을 적용할 대상인 문단을 모두 블록으로 설정하고 **[편집] 탭-[모양 복사]**(Alt+C)를 클릭하여 복사해 둔 문단의 글자 모양과 문단 모양을 그대로 복사하세요.

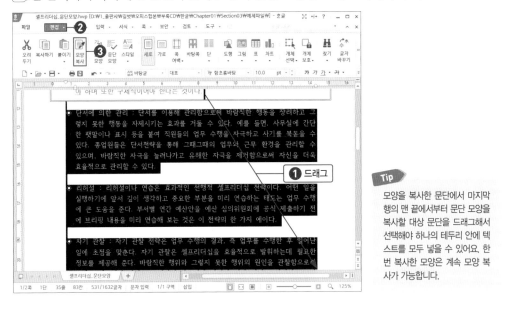

Tip

모양을 복사한 문단에서 마지막 행의 맨 끝에서부터 문단 모양을 복사할 대상 문단을 드래그해서 선택해야 하나의 테두리 안에 텍스트를 모두 넣을 수 있어요. 한 번 복사한 모양은 계속 모양 복사가 가능합니다.

핵심 | **07** | ## 탭 설정하기
기능

🌀 **예제파일** : 태권도_탭.hwp　🌀 **결과파일** : 태권도_탭_완성.hwp

1 '나. 제출서류'의 1)부터 4)까지 드래그하여 블록으로 설정하고 **[편집] 탭-[문단 모양]**(Alt + T)
을 선택하세요.

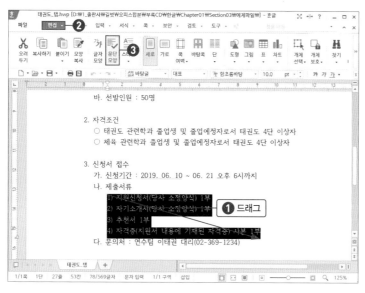

Tip

탭 설정은 블록으로 설정한 문
단에 설정됩니다. 눈금자에서 마
우스 오른쪽 단추를 눌러 [탭 설
정]을 선택해도 됩니다.

2 [문단 모양] 대화상자가 열리면 [탭 설정] 탭에서 '탭 종류'는 [오른쪽], '채울 모양'은 [점선],
'탭 위치'는 『410pt』로 입력하고 [추가]를 클릭합니다. '탭 목록'에 오른쪽 탭이 추가되면 [설
정]을 클릭하세요.

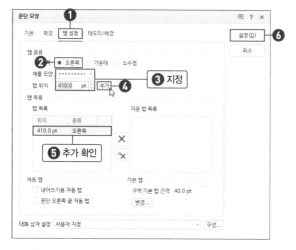

Tip

탭 위치의 단위는 기본적으로 '포인트(pt)'로 설정되어 있지만 그 밖에도 밀리미터(mm), 센티미터(cm), 인치("), 파이카(pi), 픽셀(px), 급(gp),
글자(ch) 등의 단위가 있고, ▲를 클릭하여 각 단위마다의 최댓값을 확인할 수 있습니다. 여기서는 'pt' 단위의 최댓값인 '425.2'보다 조금 작
은 값인 '410'으로 설정했습니다.

3 탭 설정이 완료되어도 블록으로 설정한 문단에는 아무 변화가 없지만, 탭을 지정할 1) 항목의 '1부' 앞에 커서를 올려놓고 Tab 을 누르세요. 탭 사이가 점선으로 채워지면서 '1부'는 줄의 끝으로 이동하여 오른쪽 정렬되는지 확인해 보세요.

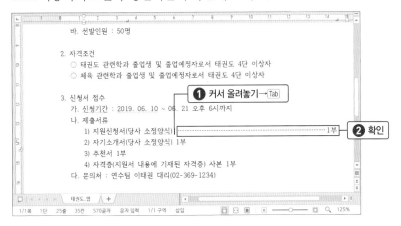

4 이와 같은 방법으로 2) 항목부터 4) 항목까지 '1부' 앞에서 Tab 을 눌러 점선을 채우면서 오른쪽 정렬하세요.

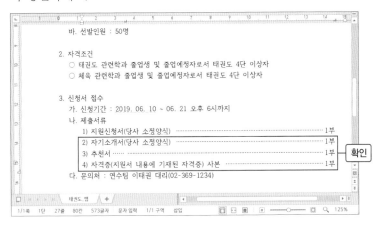

잠깐만요 **눈금자에서 탭 설정하기**

눈금자에서 마우스 오른쪽 단추를 눌러 탭의 종류와 위치를 바로 설정할 수도 있어요.

① **왼쪽 탭** : 탭으로 이동한 텍스트가 지정한 위치에 왼쪽 정렬됩니다.

② **오른쪽 탭** : 탭으로 이동한 텍스트가 지정한 위치에 오른쪽 정렬됩니다.

③ **가운데 탭** : 탭으로 이동한 텍스트가 지정한 위치에 가운데 정렬됩니다.

④ **소수점 탭** : 탭으로 이동한 숫자가 지정한 위치에 소수점을 기준으로 정렬됩니다.

1 문서에 여백 설정하기

🔵 **예제파일** : 태권도_여백.hwp   🔵 **결과파일** : 태권도_여백_완성.hwp

문서에 다음과 같이 왼쪽 여백을 설정해 보세요.

- 1단계(가, 나, 다, …) : 왼쪽, 15pt   - 2단계(1), 2), 3), …) : 왼쪽 35pt

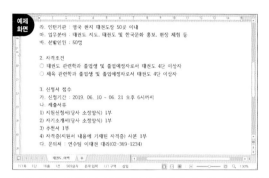
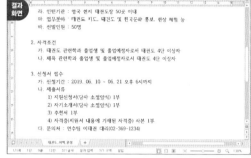

Hint   ① 여백을 설정할 문단을 범위로 지정해 보세요.
② [편집] 탭-[문단 모양]([Alt]+[T])을 클릭하여 [문단 모양] 대화상자를 열고 [기본] 탭에서 '왼쪽' 여백을 지정해 보세요.

2 기존 탭 제거하고 왼쪽 탭 설정하기

🔵 **예제파일** : 학습문제.hwp   🔵 **결과파일** : 학습문제_완성.hwp

기존 문서에 설정된 탭을 모두 제거하고 탭 위치가 100pt, 200pt, 300pt인 왼쪽 탭을 설정하세요.

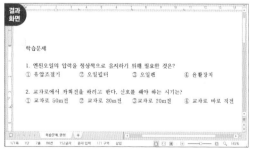

Hint   ① 탭을 설정할 문단을 블록으로 설정하고 [편집] 탭-[문단 모양]([Alt]+[T])을 클릭하세요.
② [문단 모양] 대화상자의 [탭 설정] 탭에서 '탭 목록'의 [모두 지우기] 단추(✕)를 클릭해 삭제하세요.
③ 새로운 탭을 각각 『100pt』, 『200pt』, 『300pt』로 입력한 후 탭을 추가하고, 문제의 번호 앞에서 [Tab]을 각각 눌러서 탭을 적용해 보세요.

Section

편집 용지 설정하고 인쇄하기

한글 2018에서는 문서 정보 기능을 통해 현재 작성중인 문서의 통계와 일반 정보를 쉽게 알 수 있고, 필요할 때마다 버전 별로 문서를 저장해 이력을 관리할 수 있어요. 문서 작성이 끝나면 보기 좋게 인쇄하기 위해 편집 용지의 방향과 여백을 적 절하게 지정해야 하는데, 이번 섹션에서는 인쇄 환경을 설정하는 방법을 살펴보겠습니다. 또한 같은 문서 안에서 서로 다 른 편집 용지를 사용해 인쇄하는 방법과 인쇄 모양을 미리 확인하는 방법까지 익혀봅니다.

> **PREVIEW**

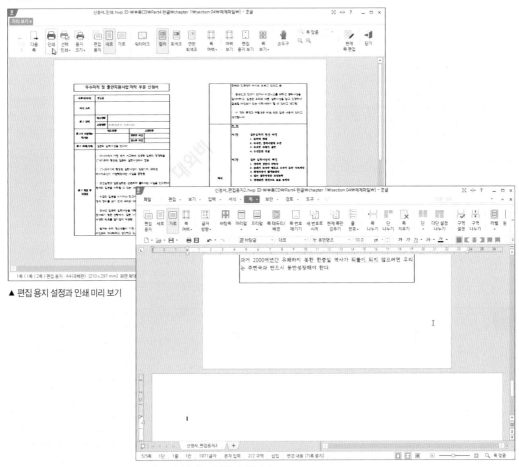

▲ 편집 용지 설정과 인쇄 미리 보기

▲ 같은 문서에서 다른 편집 용지 사용하기

> **섹션별**
> **주요 내용**

01 | 문서의 요약 내용 바꾸기   **02** | 버전별로 문서 저장하고 관리하기   **03** | 편집 용지 방향과 여백 설정하기
04 | 같은 문서에서 다른 편집 용지 사용하기   **05** | 인쇄 환경 설정하고 인쇄 모양 미리 보기

문서의 요약 내용 바꾸기

◈ **예제파일** : 일본실학사상의배경.hwp　　◈ **결과파일** : 일본실학사상의배경_완성.hwp

1 [파일] 탭-[문서 정보]를 클릭합니다.

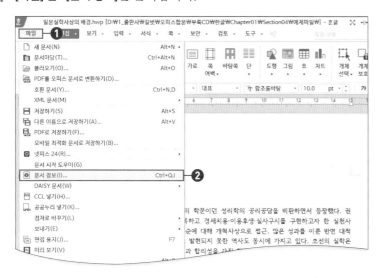

2 [문서 정보] 대화상자에서 [문서 요약] 탭을 선택한 후 '제목'은『일본실학사상의 배경』, '주제'
는『일본』, '지은이'는『홍길동』, '키워드'는『실학, 일본』으로 입력하고 [확인]을 클릭하세요.

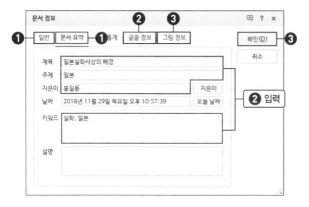

❶ **[일반] 탭** : 일반적인 문서 정보를 제공하여 문서의 빠른 이해 가능

❷ **[문서 통계] 탭** : 문서 전체의 분량 제공

❸ **[그림 정보] 탭** : 문서에 삽입된 그림 목록에서 그림을 변경하거나 한꺼번에 파일로 저장해 다른 프로그램에서 사용할 수
있게 설정 가능

⬥ **예제파일** : 일본실학사상의배경_이력.hwp, 일본실학사상의 특징.hwp　⬥ **결과파일** : 일본실학사상의배경_이력_완성.hwp

1 문서를 작성하다가 저장해야 하는 작성 시점이 있습니다. 작성 시점마다 버전별로 저장하기 위해 **[검토] 탭**의 내림 단추(⫶)를 클릭하고 **[문서 이력 관리]**를 선택하세요.

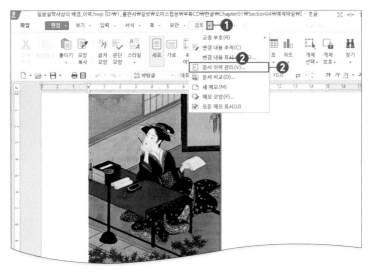

2 [문서 이력 관리] 대화상자가 열리면 현재까지의 문서 작업을 저장하기 위해 [새 버전으로 저장] 단추(🖫)를 클릭합니다. [새 버전으로 저장] 대화상자의 '설명'에『1장 내용 작성』이라고 입력한 후 [확인]을 클릭하세요.

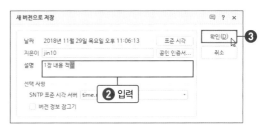

3 [문서 이력 관리] 대화상자로 되돌아오면 '버전 정보'에 새 버전 정보가 추가되었는지 확인하고 [닫기]를 클릭하세요.

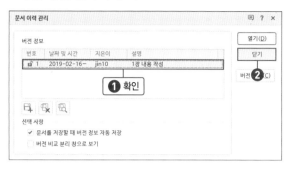

4 추가 내용에 해당하는 문서를 현재 문서에 끼워넣기 위해 본문의 맨 아래쪽을 클릭하여 커서를 올려놓고 **[입력] 탭**의 내림 단추(▾)를 클릭한 후 **[문서 끼워 넣기]**를 선택하세요.

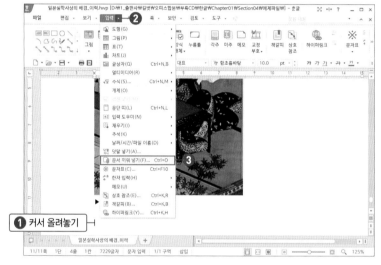

> **Tip**
> [문서 끼워 넣기] 기능은 커서 위치에 새로운 문서가 삽입되므로 정확한 위치에 커서를 올려 놓고 실행해야 합니다.

5 [문서 끼워 넣기] 대화상자가 열리면 부록 실습 파일에서 '일본실학사상의 특징.hwp'를 선택하고 [넣기]를 클릭하세요.

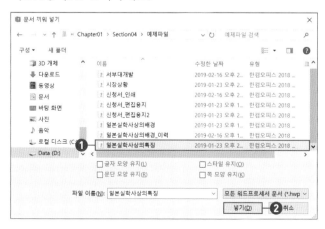

> **Tip**
> 서로 다른 문서를 하나의 파일로 합칠 때는 서식을 고려해야 하는데, [문서 끼워 넣기] 대화상자에서 끼워넣을 문서의 서식 옵션을 선택할 수 있어요. 문서에 적용된 서식을 유지하기 위해 [스타일 유지]나 [쪽 모양 유지]에 체크하고 [넣기]를 클릭하세요.

문서작성

서식지정

문서인쇄

문서편집

문서정리

개체삽입

표/차트

스타일

예약머지/라벨

6 현재 문서의 뒤에 새로운 문서가 삽입되었는지 확인하고 현재까지의 작업을 새로운 버전으로 저장하기 위해 [검토] 탭-[문서 이력 관리]를 클릭하세요.

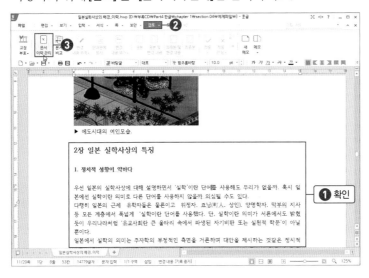

7 [문서 이력 관리] 대화상자가 열리면 [새 버전으로 저장] 단추(🗄)를 클릭합니다. [새 버전으로 저장] 대화상자가 열리면 '설명'에 『2장 내용 추가』를 입력한 후 [확인]을 클릭하세요.

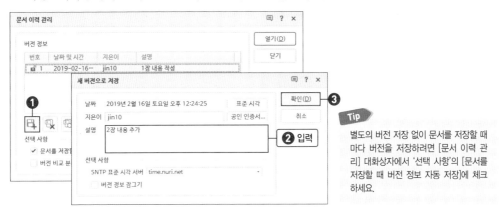

> **Tip**
> 별도의 버전 저장 없이 문서를 저장할 때마다 버전을 저장하려면 [문서 이력 관리] 대화상자에서 '선택 사항'의 [문서를 저장할 때 버전 정보 자동 저장]에 체크하세요.

8 두 번째 버전의 문서가 추가되었는지 확인하고 [닫기]를 클릭하세요.

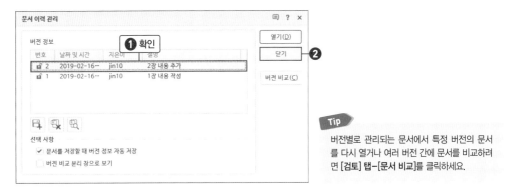

> **Tip**
> 버전별로 관리되는 문서에서 특정 버전의 문서를 다시 열거나 여러 버전 간에 문서를 비교하려면 [검토] 탭-[문서 비교]를 클릭하세요.

문서작성

서식지정

문서인쇄

문서편집

문서정리

개체삽입

표/차트

스타일

맞춤모지/크백

편집 용지 방향과 여백 설정하기

◈ **예제파일** : 신청서_편집용지.hwp   ◈ **결과파일** : 신청서_편집용지_완성.hwp

1 [편집] 탭-[가로]를 클릭하며 편집 용지를 가로 방향으로 변경하세요. 여백을 변경하기 위해 [쪽 여백]을 클릭하고 [넓게(머리말/꼬리말 여백 포함)]을 선택하세요.

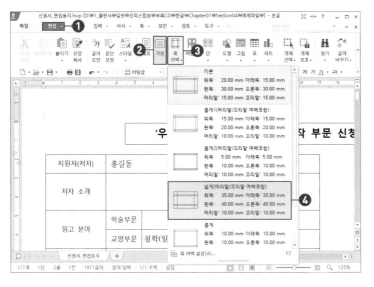

2 편집 용지와 여백이 변경되었으면 본문 너비에 맞게 오른쪽으로 드래그하여 표의 너비를 조절하세요.

같은 문서에서 다른 편집 용지 사용하기

⊙ **예제파일** : 신청서_편집용지2.hwp   ⊙ **결과파일** : 신청서_편집용지2_완성.hwp

1 이번에는 현재 편집중인 문서의 다음 쪽부터 다른 편집 용지를 지정해 볼까요? Ctrl + PgDn 을 눌러 맨 마지막 페이지로 이동하여 문서의 맨 끝에 커서를 올려놓고 **[쪽] 탭–[편집 용지]**(F7)를 클릭하세요.

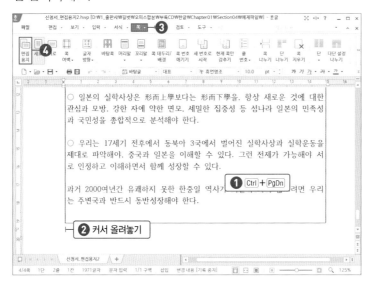

2 [편집 용지] 대화상자가 열리면 '용지 방향'에서는 [가로]를, '적용 범위'에서는 [새 구역으로]를 선택하고 [설정]을 클릭하세요.

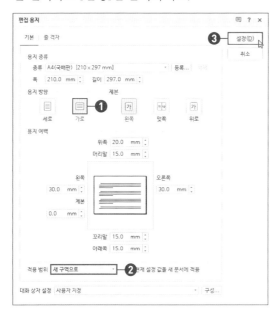

3 다음 쪽의 편집 용지가 가로로 변경되었는지 확인해 보세요.

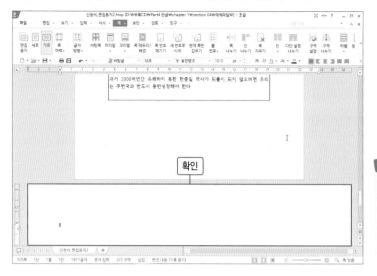

Tip

'편집 용지'나 '머리말/꼬리말'
과 같이 한 문서에서 스타일을
다르게 지정하려면 구역을 나눠
설정을 바꿔야 합니다. 즉 설정
스타일이 바뀔 때마다 구역을
나눈다고 생각해야 해요.

잠깐만요   **새 문서의 편집 용지 설정하기**

현재 작성중인 문서가 아니라 새 문서를 열었을 때 항상 똑같
이 편집 용지를 설정하려면 [도구] 탭-[환경 설정]을 클릭합
니다. [환경 설정] 대화상자가 열리면 [새 문서] 탭에서 '용지
종류', '용지 방향', '제본', '용지 여백' 등을 설정할 수 있어요.

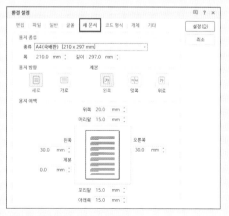

▲ [환경 설정] 대화상자의 [새 문서] 탭

인쇄 환경 설정하고 인쇄 모양 미리 보기

◎ **예제파일** : 신청서_인쇄.hwp ◎ **결과파일** : 신청서_인쇄_완성.hwp

1 인쇄 환경을 설정하기 위해 **[파일] 탭-[인쇄]**를 선택하세요.

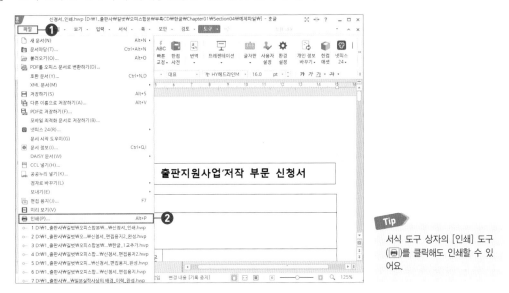

Tip
서식 도구 상자의 [인쇄] 도구
(🖶)를 클릭해도 인쇄할 수 있
어요.

2 [인쇄] 대화상자가 열리면 [기본] 탭에서 '프린터 선택', '인쇄 범위', '인쇄 매수', '인쇄 방식'
을 지정하세요. 여기서는 '인쇄 범위'는 [모두] '인쇄 매수'는 [3], '인쇄 방식'은 [모아 찍기, 2
쪽씩]을 지정했습니다.

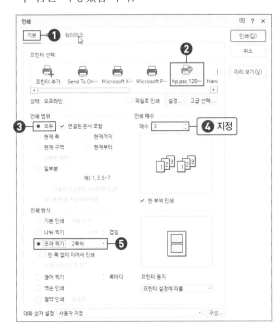

Tip
모아찍기 인쇄 기능을 사용하면 축소된 크기로 여러 페이지
를 용지 한 장에 인쇄할 수 있어서 용지가 절약됩니다.

3 문서의 무단 복제를 방지하기 위해 인쇄 시 문서에 글자가 나타나도록 워터마크를 삽입해 볼까요? [워터마크] 탭에서 [글자 워터마크]를 선택하고 '글자 입력'에는 문서 인쇄 시 나타날 글자인 『대외비』를, '글꼴'은 [한컴 윤체 M]을 선택하고 [미리 보기]를 클릭하세요.

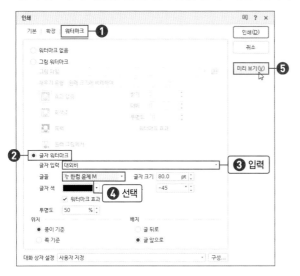

4 [미리 보기] 창에서 인쇄될 문서를 확인하고 더 이상 변경할 설정이 없다면 **[미리 보기] 탭-[인쇄]**를 클릭합니다. 미리 보기에서도 각종 인쇄 항목을 추가 설정할 수 있어요.

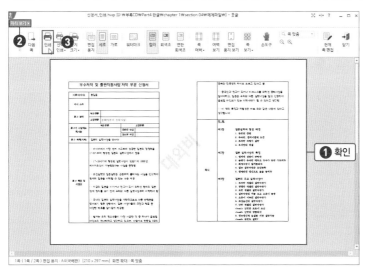

미리 보기의 다양한 옵션 기능 알아보기

미리 보기 기능을 실행하면 인쇄 전에 화면을 미리 확인하는 기능뿐만 아니라 편집 용지, 화면과 인쇄물에 적용될 색조 형태, 다양한 쪽 보기 형식을 지정할 수 있어요. 화면으로 볼 내용을 확대/축소하거나 여러 쪽을 한번에 볼 수 있도록 [여러 쪽], [맞 쪽]을 선택하여 문서 내용을 쉽게 확인할 수 있어요. 다시 문서를 편집하려면 **[미리 보기] 탭-[닫기]**를 클릭하거나 **[현재 쪽 편집]**을 클릭하세요.

❶ 화면 확대 및 축소하기

▲ 화면 확대

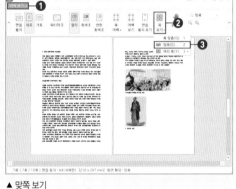

▲ 맞쪽 보기

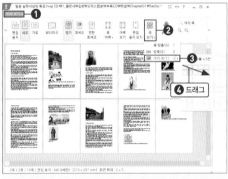

▲ 여러 쪽 보기

❷ 여러 색상의 화면 보기

▲ 컬러

▲ 회색조

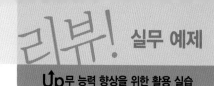

1 편집 용지 설정하고 인쇄 미리 보기

📄 예제파일 : 서부대개발.hwp 📄 결과파일 : 서부대개발_완성.hwp

편집 용지는 B5, 용지 방향은 가로, 용지 여백은 상하 좌우 모두 20.00mm로 설정하고 인쇄 미리 보기에서 확인해 보세요.

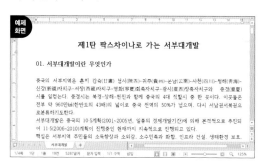

Hint ① [쪽] 탭-[편집 용지]를 클릭하여 [편집 용지] 대화상자를 열고 '용지 종류'는 [B5], '용지 방향'은 [가로], '용지 여백'은 '위쪽', '아래쪽', '왼쪽', '오른쪽' 모두 『20.00mm』로 입력하세요.
② [파일] 탭-[미리 보기]를 선택하세요.

2 문서 정보 변경하고 PDF 문서로 저장하기

📄 예제파일 : 시장상황.hwp 📄 결과파일 : 시장상황_완성.hwp, 시장상황.pdf

[문서 정보] 대화상자의 문서 요약 내용을 변경하고 PDF 문서로 저장해 보세요.

제목 : 시장상황, 주제 : 골프, 지은이 : 홍길동

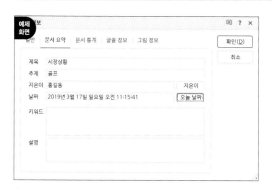
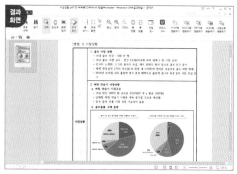

Hint ① [파일] 탭-[문서 정보]를 클릭하여 [문서 정보] 대화상자를 열고 [문서 요약] 탭에서 '제목'은 『시장상황』, '주제'는 『골프』, '지은이'는 『홍길동』으로 입력한 후 [확인]을 클릭하세요.
② [파일] 탭-[PDF로 저장하기]를 선택하여 [PDF로 저장하기] 대화상자를 열고 문서 이름을 그대로 둔 상태에서 [저장]을 클릭하세요.

PDF 문서 만들기

예제파일 : 일본실학사상의 배경_PDF.hwp　　**결과파일** : 일본실학사상의 배경_PDF_완성.pdf

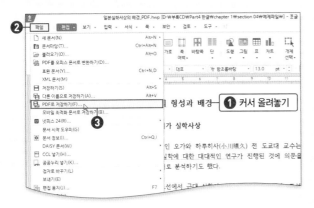

1 PDF 파일로 만들 문서를 열고 시작 쪽에 커서를 올려놓은 후 [파일] 탭-[PDF로 저장하기]를 선택하세요.

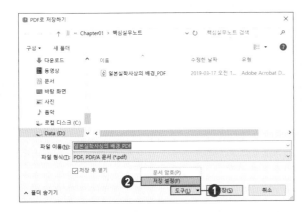

2 [PDF로 저장하기] 대화상자가 열리면 [도구]-[저장 설정]을 클릭하세요.

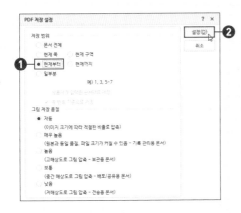

3 [PDF 저장 설정] 대화상자가 열리면 '저장 범위'에서 [현재부터]를 선택하고 [설정]을 클릭하세요.

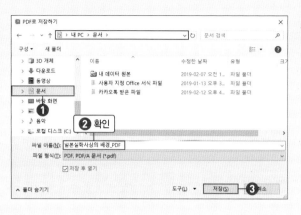

4 [PDF 저장하기] 대화상자로 돌아오면 '저장 위치'를 지정하고 '파일 이름'을 확인한 후 [저장]을 클릭합니다. 여기서는 '문서' 폴더에 저장하세요.

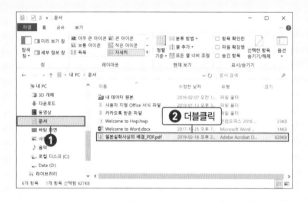

5 저장된 PDF 문서를 확인하기 위해 '문서' 폴더로 이동한 후 해당 파일을 더블클릭하여 실행하세요.

6 PDF Reader 프로그램을 통해 문서를 확인하세요. 여기서는 흔PDF 2018을 통해 실행한 화면입니다.

문서작성

서식지정

문서인쇄

문서편집

문서정리

개체삽입

표/차트

스타일

메일머지/라벨

CHAPTER 2 다양한 기능 활용해 고급 문서 작성하기

한글 2018은 문서 작성중에 다양한 개체나 쪽 기능을 적용하여 문서를 좀 더 고급스럽게 꾸밀 수 있어요. 문단에 글머리표나 문단 번호를 지정하여 항목을 나열하거나 개요를 적용하여 문서의 내용을 깔끔하게 정리하는 것은 물론, 머리말/꼬리말, 쪽 번호, 바탕쪽 등 쪽 전체에 적용하는 기능을 이용해 문서를 더욱 일관성 있게 꾸밀 수 있습니다. 또한 그림 및 동영상 등 다양한 멀티미디어 개체를 텍스트와 함께 삽입하여 문자 외에 시각적인 기능을 문서에 삽입할 수도 있고, 문서의 내용을 쉽게 설명할 수 있는 표나 차트를 삽입하여 문서를 더욱 품위 있게 작성할 수도 있어요.

Windows 10
+Excel
& PowerPoint
&Word 2019
+Hangeul

SECTION 01   순서가 있는 체계적인 문서 만들기

SECTION 02   쪽 기능 이용해 문서 정리하기

SECTION 03   개체 삽입해 문서 꾸미기

SECTION 04   표와 차트 삽입하기

순서가 있는 체계적인 문서 만들기

한글 2018에서 문단의 흐름이 있는 문서를 만들려면 글머리표나 문단 번호를 이용해 문단을 구분해야 합니다. 단락의 순서를 지정해야 할 경우 문단 번호와 문단 수준을 구분하여 지정하고, 글머리표에는 문자표를 사용해 다양한 기호와 그림을 사용할 수 있어요. 특히 여러 단계의 단락 순서를 문서 전체에 지정할 때는 개요 스타일을 사용해야 더욱 체계적으로 작성할 수 있어요.

> **PREVIEW**

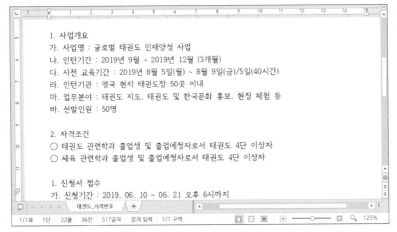

▲ 글머리표와 문단 번호로 정리하기

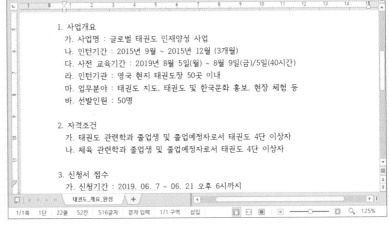

▲ 개요로 문단 정리하기

> **섹션별 주요 내용**

01 | 글머리표로 문단 구분하기   **02** | 문단 번호와 수준 지정하기   **03** | 문단 시작 번호 지정하고 변경하기

04 | 개요 기능 이용해 문단 정리하기   **05** | 나만의 개요 번호 모양 만들기

글머리표로 문단 구분하기

◈ **예제파일** : 태권도_글머리표.hwpp   ◈ **결과파일** : 태권도_글머리표_완성.hwp

1 글머리표를 지정할 목록 전체를 드래그하여 선택하고 **[서식] 탭－[글머리표]**를 클릭하세요.

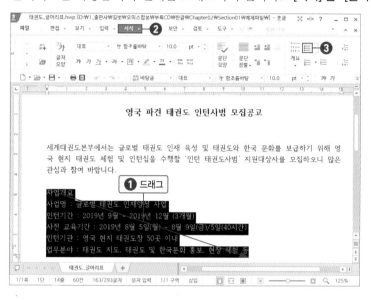

2 기본적인 글머리표가 바로 적용되었는지 확인해 보세요. '사업개요' 아래의 내용은 상세 설명 부분에 속하므로 다른 글머리로 지정하기 위해 다시 '사업명~'부터 '업무분야~'까지 블록으로 설정하고 **[서식] 탭－[글머리표]**의 내림 단추(🔽)를 클릭한 후 **[글머리표 모양]**을 선택하세요.

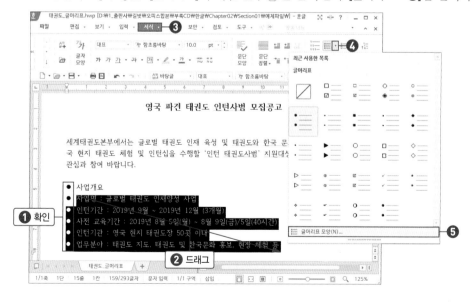

3 [글머리표 및 문단 번호] 대화상자가 열리면 [글머리표] 탭에서 [사용자 정의]를 클릭하세요.

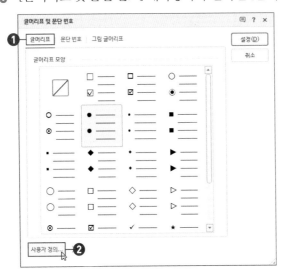

4 [글머리표 사용자 정의 모양] 대화상자가 열리면 [문자표]를 클릭하세요.

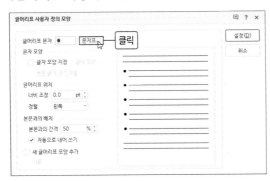

5 [문자표 입력] 대화상자가 열리면 [사용자 문자표] 탭의 '문자 영역'에서 [화살표]를 선택하고 ↳를 선택한 후 [넣기]를 클릭하세요.

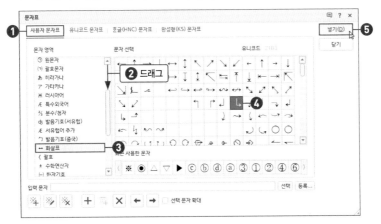

6 [글머리표 사용자 정의 모양] 대화상자로 되돌아오면 '글머리표 문자'에 선택한 화살표 기호가 나타났는지 확인하고 [설정]을 클릭하세요.

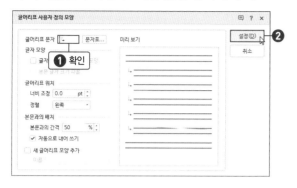

7 [글머리표 및 문단 번호] 대화상자의 [글머리표] 탭으로 되돌아오면 추가된 글머리표 모양을 확인하고 [설정]을 클릭하세요.

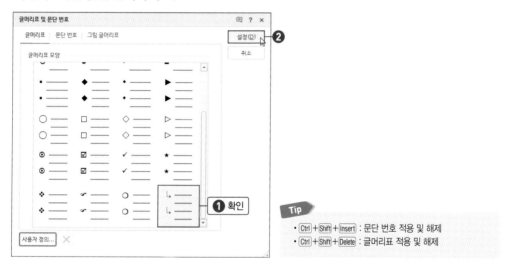

Tip
- Ctrl + Shift + Insert : 문단 번호 적용 및 해제
- Ctrl + Shift + Delete : 글머리표 적용 및 해제

8 글머리표가 변경되었는지 확인하고 문장의 맨 끝에 커서를 올려놓은 후 Enter를 누릅니다. 앞에서 지정한 글머리표가 입력되면 『인원 : 50명』을 입력하고 Enter를 누르세요.

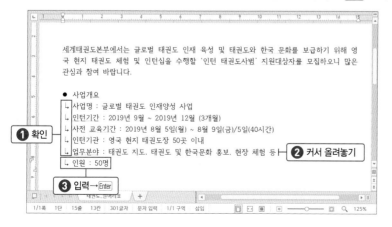

문서작성

서식지정

문서인쇄

문서편집

문서정리

개체삽입

표/차트

스타일

메일머지/라벨

9 더 이상 입력할 내용이 없으면 글머리표 상태에서 한 번 더 Enter를 눌러 문단의 목록 입력을 중단하세요.

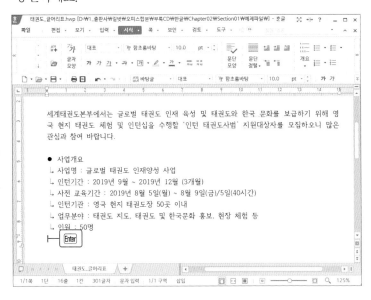

잠깐만요 **문단 번호나 글머리표로 지정되는 목록 중단하기**

글머리표나 문단 번호가 매겨지면서 목록이 작성될 때 그 문단의 번호나 글머리표가 자동으로 매겨지는 것을 멈추려면 맨 마지막 단계에서 한 번 더 Enter를 누르거나 [서식] 탭-[문단 번호]나 [글머리표]를 눌러 설정을 해제하세요.

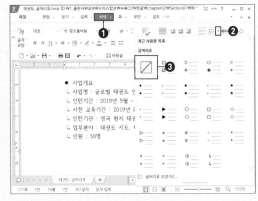

▲ [서식] 탭-[글머리표]의 내림 단추(⌄)를 클릭해 글머리표 설정 해제하기

문단 번호와 수준 지정하기

◈ **예제파일** : 태권도_순서.hwp   ◈ **결과파일** : 태권도_순서_완성.hwp

1 순서가 있는 문단은 문단 번호로 지정해야 하며, 문단의 수준을 고려하여 번호를 다르게 지정
할 수 있어요. 문단 번호를 지정할 '신청서 접수' 범위를 블록으로 설정하고 [서식] 탭-[문단 번
호]의 내림 단추(▾)를 클릭한 후 [1. 가. 1) 가).]를 선택하세요.

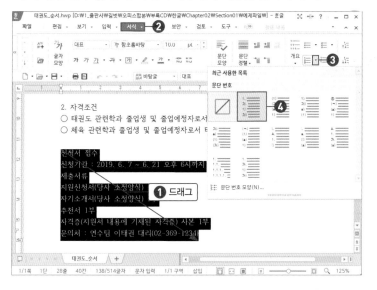

2 문단 전체에 문단 번호가 순서대로 지정되었는지 확인해 보세요. '신청서 접수' 아래의 모든
문단의 수준을 변경하기 위해 '2.'부터 '8.'까지 드래그하여 선택하고 [서식] 탭-[한 수준 감소]를
클릭하세요.

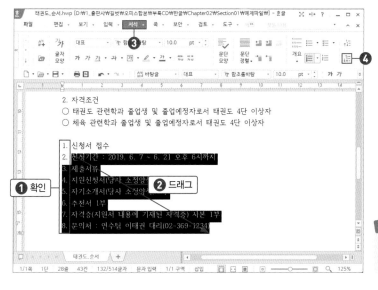

> **Tip**
>
> Ctrl + NumLock + + 를 눌러 단락
> 수준을 감소시켜도 됩니다.

3 이와 같은 방법으로 '제출서류' 아래의 4줄을 드래그하여 선택하고 **[서식] 탭-[한 수준 감소]**를 클릭하세요.

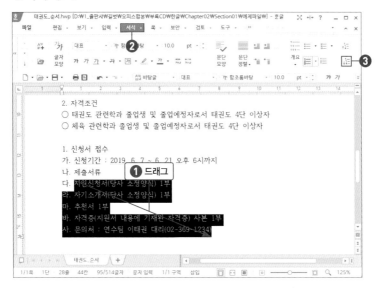

4 문단 번호와 수준이 완성된 목록을 확인해 보세요.

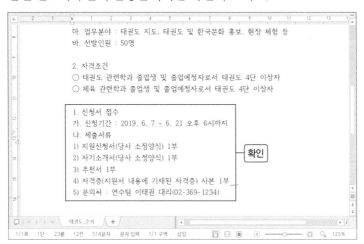

문단 시작 번호 지정하고 변경하기

◈ **예제파일** : 태권도_시작번호.hwp   ◈ **결과파일** : 태권도_시작번호_완성.hwp

1 앞의 문단에 이어서 순서를 지정하려면 전체를 한 번에 선택하여 동일한 문단 번호를 지정하거나 시작 번호를 변경해야 해요. '1. 신청서 접수'에 커서를 올려놓고 [**서식**] 탭-[**문단 번호**]의 내림 단추(⊡)를 클릭한 후 [**문단 번호 모양**]을 선택합니다. [문단 번호/글머리표] 대화상자가 열리면 [1수준의 시작 번호]에 『3』을 입력하고 [설정]을 클릭하세요.

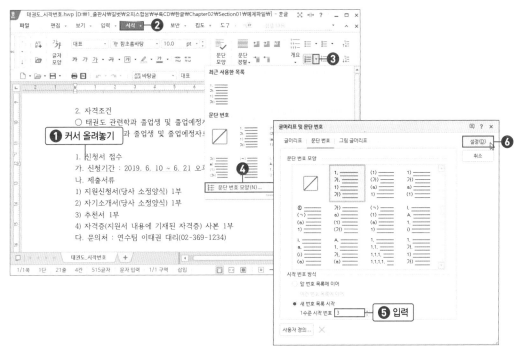

2 시작 번호가 '3'으로 변경되었는지 확인해 보세요.

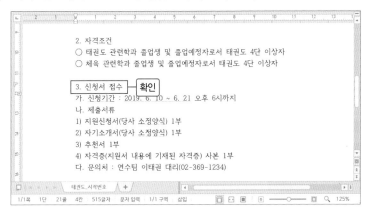

문서작성

서식지정

문서입력

문서편집

문서관리

개체삽입

표/차트

스타일

메일머지/라벨

⬤ **예제파일** : 태권도_개요.hwp　　⬤ **결과파일** : 태권도_개요_완성.hwp

1 일반적인 문단 번호와 비교되도록 기존 목록에 개요 번호를 지정해 볼게요. '사업개요' 목록 전체를 드래그하여 선택하고 [서식] 탭-[개요]의 ▾를 클릭한 후 [1. 가. ▶ (1)]을 선택하세요.

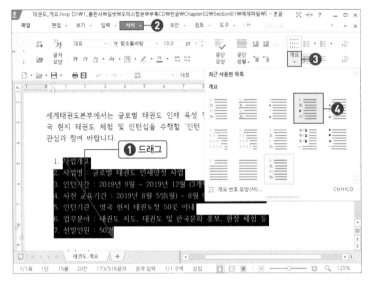

Tip

'개요'는 문서의 구조를 나눌 때 사용하는 스타일로, 주요 제목에 개요를 사용하면 문서를 요약하는 데 도움이 됩니다. 개요를 지정할 때 [서식] 탭-[개요]에서 지정해도 되지만 문단 수준을 고려해서 바로 지정하려면 [서식] 탭에서 수준에 맞는 개요 스타일을 직접 클릭해요. 예를 들어 [1 수준: 개요 1], [2 수준: 개요 2]와 같이 선택합니다.

2 이와 같은 방법으로 아래 방향의 모든 문단에 각각 같은 개요 형식을 지정하세요.

3 '1. 사업개요' 아래쪽의 문단을 드래그하여 선택하고 [서식] 탭-[한 수준 감소]를 클릭하세요.

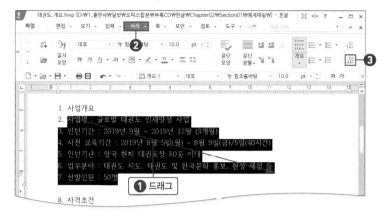

4 이와 같은 방법으로 '2. 자격조건'과 '5. 신청서 접수' 아래쪽 목록도 [한 수준 감소]로 수준을 변경하세요.

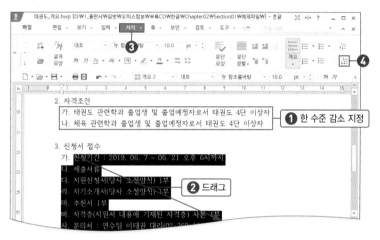

5 '나. 제출서류' 아래의 네 줄을 선택하고 다시 [서식] 탭-[한 수준 감소]를 클릭하여 3수준의 문단으로 개요를 지정하세요.

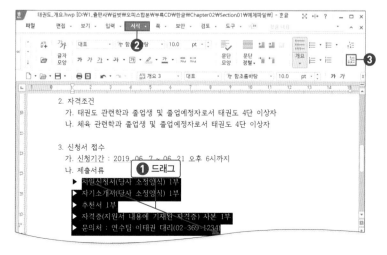

나만의 개요 번호 모양 만들기

◈ **예제파일** : 홍보_사용자정의개요.hwp   ◈ **결과파일** : 홍보_사용자정의개요_완성.hwp

1 새롭게 개요 번호 모양을 추가하기 위해 '홍보대행 서비스'에 커서를 올려놓고 **[서식] 탭−[개요]**의 개요를 클릭해 **[개요 번호 모양]**을 선택하세요.

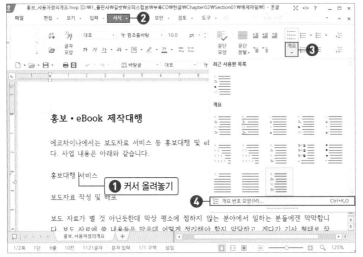

> **Tip**
>
> 개요는 사용자 정의로 문서에 적용할 개요 번호 모양을 직접 만들어 적용할 수 있습니다.

2 **[개요 번호 모양]** 대화상자가 열리면 **[사용자 정의]**를 클릭하세요.

3 [개요 번호 사용자 정의 모양] 대화상자가 열리면 '수준'에서 [1 수준]을 선택하고 '번호 서식' 에 한글 자음 『ㅁ』을 입력한 후 한자를 누릅니다. [특수 문자로 바꾸기] 대화상자가 열리면 원 하는 문자를 선택하고 [바꾸기]를 클릭하세요.

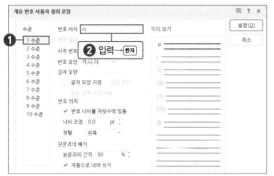
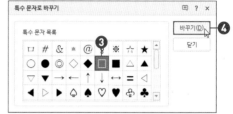

4 '수준'에서 [2 수준]을 선택하고 '번호 모양'을 [Ⅰ, Ⅱ, Ⅲ]으로 변경한 후 [설정]을 클릭합니다. [개요 번호 모양] 대화상자로 되돌아오면 사용자 정의할 개요 번호 모양을 확인하고 [설정]을 클릭하세요.

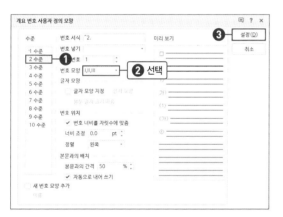
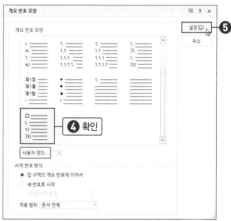

5 '홍보대행 서비스'에 지정한 형식으로 개요 번호가 지정되었는지 확인하고 '보도자료 작성 및 배 포'에 커서를 올려놓은 후 [서식] 탭-[개요]의 를 클릭하세요.

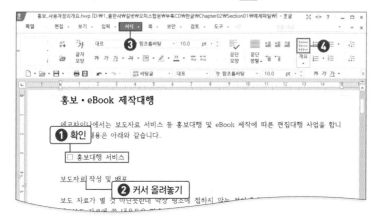

6 '보도자료 작성 및 배포'에 앞의 수준과 똑같은 개요 번호가 지정되었으면 [서식] 탭-[한 수준 감소]를 클릭하여 2수준 개요 번호 모양으로 변경합니다. 이와 같은 방법으로 '기사화 서비스'에는 2수준 개요 번호 모양을, 'eBook 제작 대행 서비스'에는 1수준 개요 번호 모양을 지정하세요.

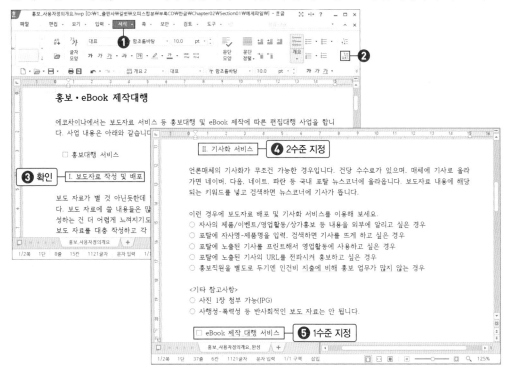

잠깐만요 **개요 스타일에 글자 모양 지정하기**

문서에 적용된 개요에는 스타일(자주 사용하는 글자 모양이나 문단 모양을 미리 정해 놓고 쓰는 것)이 지정되어 있습니다. 그러므로 문서에 개요가 적용되어 있다면 일일이 해당 문단을 선택하여 글자 모양을 변경하지 않고 [개요 번호 사용자 정의 모양] 대화상자에서 수준별로 [글자 모양]을 지정해 놓으면 문서에 적용된 개요 문단의 글자 모양을 쉽게 변경할 수 있어요.

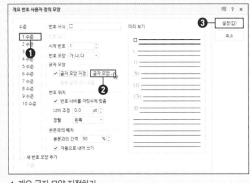

▲ 개요 글자 모양 지정하기

▲ 글자 모양 스타일 지정하기

1 글머리표와 문단 번호 지정해 문서 작성하기

● **예제파일** : 세미나_공지.hwp　　● **결과파일** : 세미나_공지_완성.hwp

공지문 아래의 문단을 글머리표와 문단 번호를 지정하여 작성해 보세요.

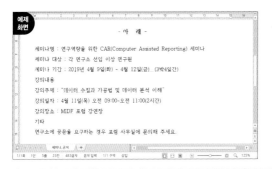
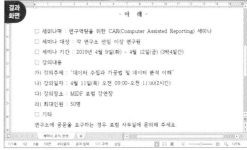

Hint　① '세미나명'부터 아래 문단 전체를 선택하고 [서식] 탭-[글머리표]에서 [□]로 지정하세요.
　　　　② '강의주제', '강의일자', '강의장소'를 드래그하여 선택하고 [가), 나), 다)]로 지정되도록 문단 번호를 변경하세요.
　　　　③ '라) 최대인원 : 50명'을 '강의장소' 아래에 추가하고 맨 마지막 문단의 글머리 표는 해제하세요.

2 개요 사용해 구조적인 문서 만들기

● **예제파일** : 강사모집공고문.hwp　　● **결과파일** : 강사모집공고문_완성.hwp

문서에 개요를 사용하여 구조적인 문서를 만들고 글꼴과 [1 수준]의 서식을 다음과 같이 지정해 보세요.

> • 개요 : 1. 가. –　　　• 글꼴 : 12pt　　　• 1 수준 : 굵게

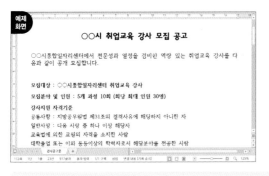
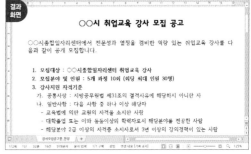

Hint　① 개요가 삽입될 문단 전체에 [서식] 탭-[개요]를 클릭하여 [1. 가. 1)]로 적용하세요.
　　　　② 사용자 정의에서 [3 수준]의 글머리 기호를 [–]로 지정하세요.
　　　　③ [1 수준] 아래의 항목은 모두 [서식] 탭-[한 수준 감소]를 클릭하고, '3. 강사지원 자격 기준', '4. 모집방법'의
　　　　　일부는 결과와 같이 [3 수준]으로 지정하세요.
　　　　④ 개요가 적용된 모든 문단의 글꼴 크기는 [12pt], [1 수준]의 문단은 [굵게] 지정하세요.

Section # 02 쪽 기능 이용해 문서 정리하기

한글 2018의 쪽 기능을 이용하면 배경이나 테두리, 단 설정과 같이 문서 전체에 동일한 모양을 지정할 수도 있고, 레이아웃을 지정할 수도 있어요. 그리고 머리말/꼬리말 및 쪽 번호처럼 쪽에 순서와 문서 전체를 디자인할 수 있는 기능을 적용해 문서를 더욱 깔끔하게 완성할 수 있습니다. 특히 단과 구역을 설정하는 방법으로 문서의 구성을 변경하여 원하는 형태의 문서로 만들 수 있어요.

> **PREVIEW**

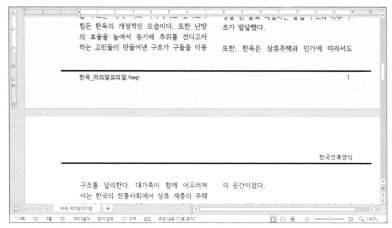

▲ 쪽에 테두리 및 배경과 머리말/꼬리말, 다단 지정하기

▲ 구역마다 바탕쪽이 다르게 지정하고 주석 삽입하기

> **섹션별 주요 내용**
>
> 01 | 쪽 배경과 테두리 지정하기   02 | 머리말/꼬리말 지정하기   03 | 쪽 번호 매기기
> 04 | 다단 지정해 레이아웃 구성하기   05 | 구역마다 바탕쪽 다르게 지정하기   06 | 주석 달고 덧말 넣기

쪽 배경과 테두리 지정하기

🔘 **예제파일** : 한옥_쪽.hwp 🔘 **결과파일** : 한옥_쪽_완성.hwp

1 [쪽] 탭-[쪽 테두리/배경]을 클릭하며 [쪽 테두리/배경] 대화상자를 열고 [테두리] 탭에서 테두리의 '종류'는 [실선], '굵기'는 [0.7mm]로 지정합니다. [위쪽] 단추(▢)와 [아래쪽] 단추(▢)를 클릭하여 테두리를 표시하고 '위치'에서 '모두'의 위쪽 단추(△)를 클릭하여 [10.00mm]로 지정하세요.

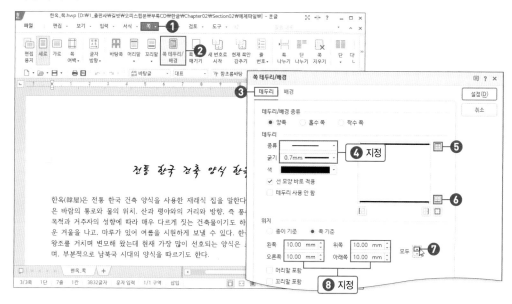

2 [배경] 탭을 클릭하고 '채우기'에서 [그러데이션]을 선택합니다. '시작 색'은 [하양], '유형'은 [가로], '끝 색'은 [하늘색, 80% 밝게]를 선택한 후 [설정]을 클릭하세요.

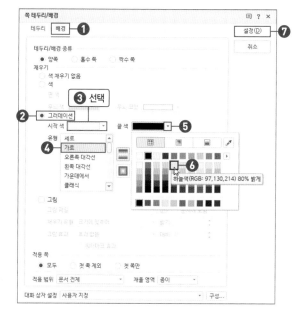

3 쪽 배경색과 쪽 위아래로 테두리가 지정되었는지 확인해 보세요.

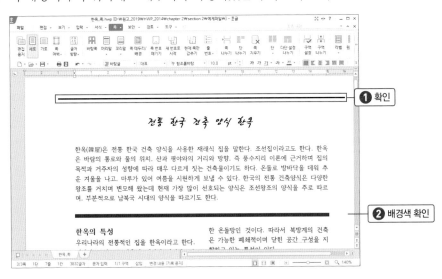

잠깐만요 **바탕쪽 지정해 문서 전체에 동일한 쪽 모양 만들기**

바탕쪽은 쪽 배경에서 지정할 수 있는 색이나 그림 외에도 문서 전체 쪽에 공통으로 쪽 모양을 지정할 수 있는 기능입니다. 특정 위치에 이미지나 도형 등 같은 개체나 텍스트 등을 삽입할 수 있으며, 구역을 나누면 구역마다 다른 배경과 쪽 모양을 지정할 수 있어 한 문서 안에서도 장마다 배경과 레이아웃을 다르게 지정할 수 있어요. 바탕쪽은 [쪽] 탭-[바탕쪽]을 클릭하여 [바탕쪽] 대화상자를 열고 개체나 텍스트를 이용해 꾸밀 수 있어요.

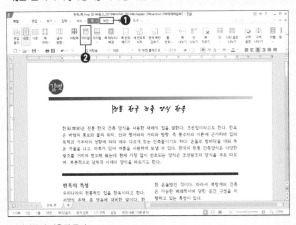

▲ 바탕쪽이 적용된 문서

02 # 머리말/꼬리말 지정하기

◎ **예제파일** : 한옥_머리말꼬리말.hwp　　◎ **결과파일** : 한옥_머리말꼬리말_완성.hwp

1 [쪽] 탭-[머리말]을 클릭하고 [머리말/꼬리말]((Ctrl)+(N), (H))을 선택합니다. [머리말/꼬리말] 대화상자가 열리면 '종류'에서 [머리말]을 선택하고 [만들기]를 클릭하세요.

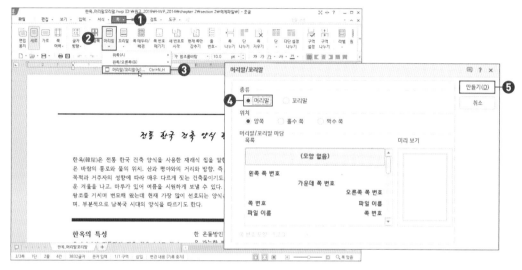

Tip

[쪽] 탭-[머리말]을 클릭하고 [위쪽]이나 [왼쪽/오른쪽]을 선택하면 이미 제공된 머리말을 정해진 위치에 바로 삽입할 수 있어요. 제공된 머리말이나 꼬리말을 선택하려면 [머리말/꼬리말] 대화상자의 '머리말/꼬리말 마당'에서 선택해도 됩니다.

2 '머리말' 영역에 커서가 나타나면 서식 도구 모음에서 [오른쪽 정렬] 도구(▤)를 클릭하여 커서를 오른쪽으로 이동한 후 『한국건축양식』을 입력합니다. [머리말/꼬리말] 탭-[꼬리말]을 클릭하고 제공된 꼬리말 마당에서 [쪽 번호, 파일 이름]을 선택하세요.

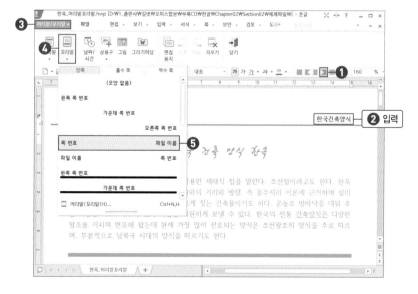

3 꼬리말이 입력되었는지 확인하고 **[머리말/꼬리말] 탭–[닫기]**를 클릭하세요.

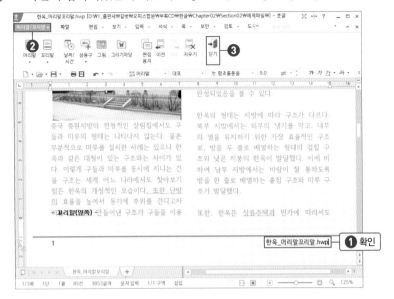

4 매 쪽마다 머리말과 꼬리말이 추가되었는지 확인해 보세요.

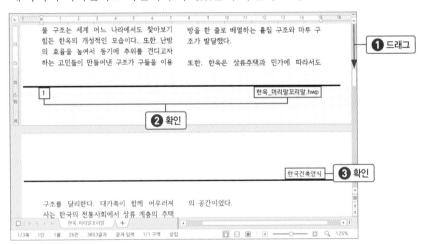

쪽 번호 매기기

예제파일 : 일본실학사상_쪽번호.hwp　　**결과파일** : 일본실학사상_쪽번호_완성.hwp

1 [쪽] 탭-[쪽 번호 매기기]([Ctrl]+[N], [P])를 클릭하여 [쪽 번호 매기기] 대화상자를 열고 '번호 위
치'에서 [가운데 아래]를 선택합니다. '번호 모양'은 [1,2,3], '시작 번호'는 [1]을 지정하고 [줄
표 넣기]에 체크한 후 [넣기]를 클릭하여 문서 전체에 쪽 번호를 넣으세요.

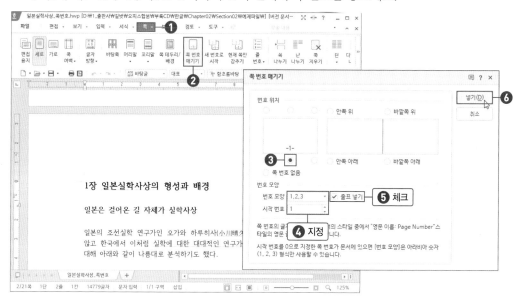

2 첫 페이지에는 쪽 번호가 표시되지 않도록 지정해 볼까요? 1쪽에 커서를 올려놓고 [쪽] 탭-[현
재 쪽만 감추기]를 클릭합니다. [감추기] 대화상자가 열리면 [쪽 번호]에 체크한 후 [설정]을 클
릭하세요.

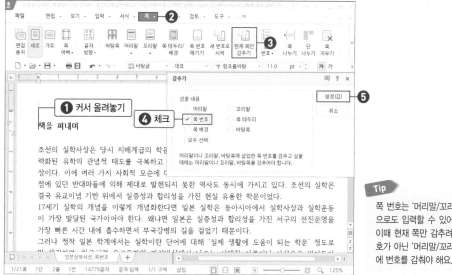

Tip

쪽 번호는 '머리말/꼬리말' 기능
으로도 입력할 수 있어요. 다만
이때 현재 쪽만 감추려면 쪽 번
호가 아닌 '머리말/꼬리말' 위치
에 번호를 감춰야 해요.

3 2쪽의 '1장 일본실학사상의 형성과 배경'에 커서를 올려놓고 **[쪽] 탭–[새 번호로 시작]**을 클릭합니다. [새 번호로 시작] 대화상자에서 [쪽 번호]를 선택하고 '시작 번호'에 『1』을 입력한 후 [넣기]를 클릭하세요.

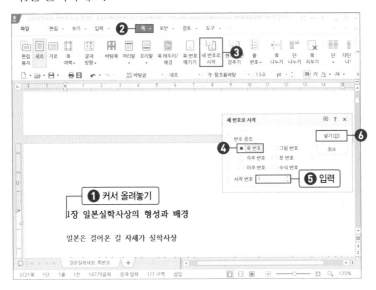

4 2쪽의 시작 번호가 '1'로 시작되었는지 확인해 보세요.

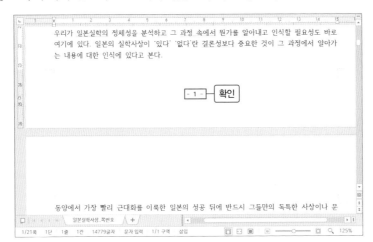

다단 지정해 레이아웃 구성하기

◈ **예제파일** : 한옥_다단.hwp　◈ **결과파일** : 한옥_다단_완성.hwp

1 1쪽에 '한옥의 특성'부터 문서 맨 끝의 '참고' 전 단락까지 드래그하여 범위를 설정합니다. [쪽]
탭-[단]의 를 클릭하고 [둘]을 선택하세요.

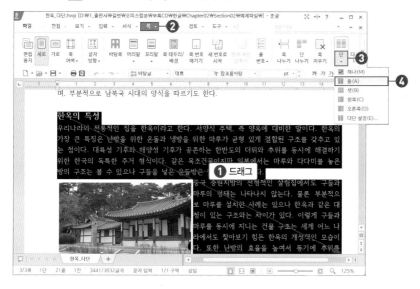

2 2쪽에 있는 '한옥의 공간구성' 제목의 앞에 커서를 올려놓고 [쪽] 탭-[다단 설정 나누기]를 클릭
합니다. [다단 설정 나누기]를 한 번 더 클릭하여 정확히 윗단과 분리하세요.

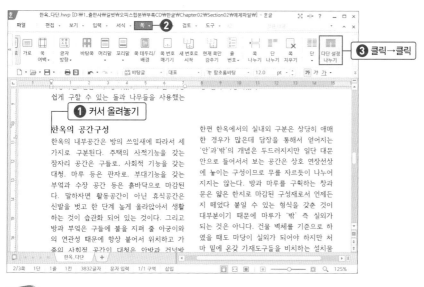

> **Tip**
>
> [쪽] 탭-[단 나누기]는 커서 이후의 내용을 다음 단으로 넘기지만, [단 설정 나누기]는 한 쪽에서 여러 단의 모양을 나눌 때 사용하는 기능으로, 앞 단과 상관없이 새로운 단 모양을 설정할 때 사용해요. 즉 [단 설정 나누기] 이후의 단은 앞 단과 다른(한 단, 세 단 등)으로 레이아웃을 지정할 수 있어요.

3 이와 같은 방법으로 마지막 쪽에 있는 '한옥의 구성 요소와 상징성' 앞에 커서를 올려놓고 **[쪽]** **탭-[다단 설정 나누기]**를 천천히 두 번 클릭하여 새로운 단을 설정하세요.

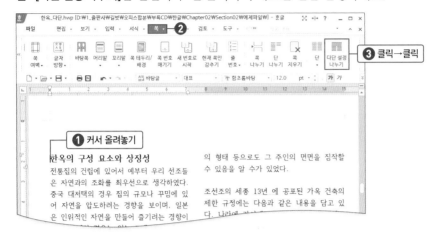

4 1쪽으로 이동하여 첫 번째 단락의 아랫쪽을 클릭하여 커서를 올려놓고 **[입력] 탭-[문단 띠]**를 클릭하세요.

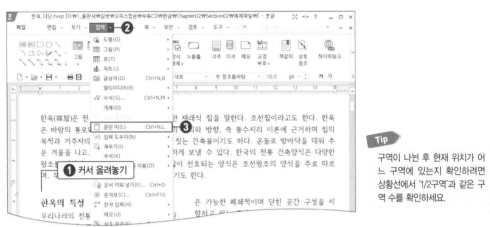

> **Tip**
> 구역이 나뉜 후 현재 위치가 어느 구역에 있는지 확인하려면 상황선에서 '1/2구역'과 같은 구역 수를 확인하세요.

5 앞 문단과 아래 문단 사이에 문단 띠가 삽입되었는지 확인해 보세요.

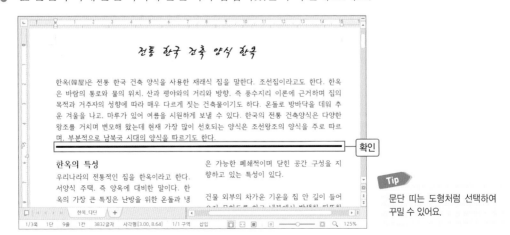

> **Tip**
> 문단 띠는 도형처럼 선택하여 꾸밀 수 있어요.

구역마다 바탕쪽 다르게 지정하기

◎ **예제파일** : 일본실학사상_바탕쪽.hwp　◎ **결과파일** : 일본실학사상_바탕쪽_완성.hwp

1　1쪽을 제외한 모든 쪽에 바탕쪽이 지정되어 있는데, 바탕쪽을 2장 내용부터 다르게 지정
해 볼까요? 11쪽으로 이동해서 '2장 일본 실학사상의 특징'의 앞에 커서를 올려놓고 [쪽]
탭-[구역 나누기]를 클릭하세요.

2　구역이 나뉘면서 쪽이 변경되었는지 확인해 보세요. 새로운 바탕쪽을 지정하기 위해 [쪽]
탭-[바탕쪽]을 클릭하세요.

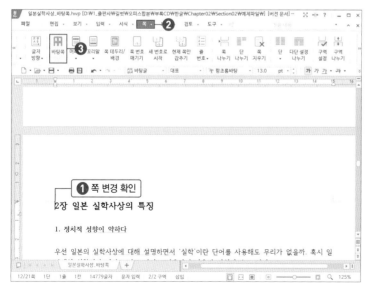

3 이미 지정된 바탕쪽을 삭제하기 위해 **[바탕쪽] 탭-[앞 구역 바탕쪽 연결]**을 클릭하여 해제합니다. '[양쪽] 바탕쪽을 만들까요?'라고 묻는 메시지 창이 열리면 [만듦]을 클릭하세요.

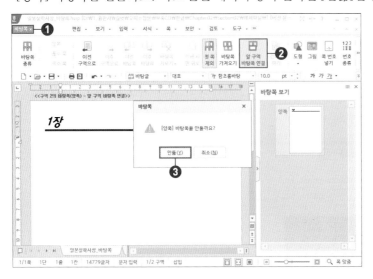

4 새로운 바탕쪽을 만들지 않고 이전 바탕쪽을 가져와서 수정하기 위해 **[바탕쪽] 탭-[바탕쪽 가져오기]**를 클릭합니다. [바탕쪽 가져오기] 대화상자가 열리면 '종류'의 [양 쪽]에 체크하고 [가져오기]를 클릭하세요.

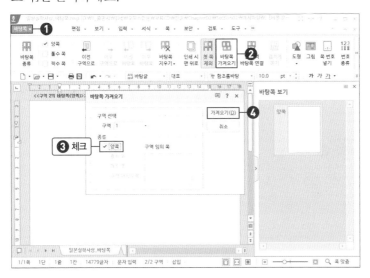

5 현재 구역의 양쪽을 지우고 다른 구역의 양쪽을 가져올지 묻는 메시지 창이 열리면 [가져오기]를 클릭하세요.

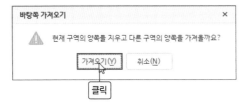

6 [바탕쪽] 탭-[첫 쪽 제외]를 클릭하여 기능을 해제합니다. 글상자에 입력된 '1'을 '2'로 수정하고
[바탕쪽] 탭의 ⊠를 클릭하여 바탕쪽을 빠져나가세요.

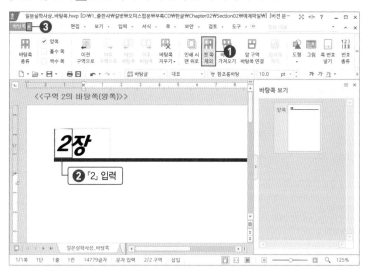

7 두 구역의 바탕쪽이 다르게 지정되었는지 확인해 보세요.

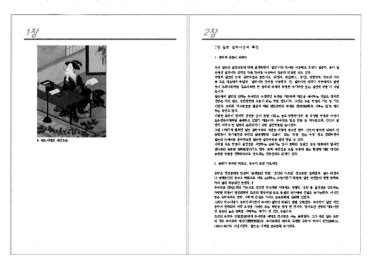

| 실무
예제 | **06** | **주석 달고 덧말 넣기** |

◐ **예제파일** : 일본실학사상_주석.hwp   ◐ **결과파일** : 일본실학사상_주석_완성.hwp

1 각주를 삽입할 2쪽으로 이동한 후 '성리학' 앞에 커서를 올려놓고 **[입력] 탭-[각주]**를 클릭하세요.

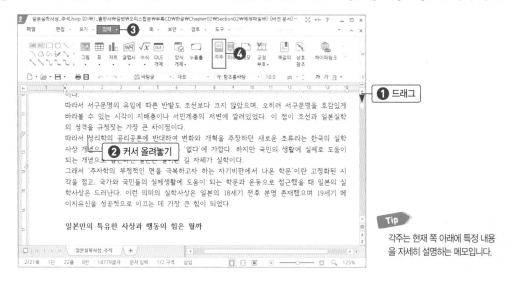

Tip

각주는 현재 쪽 아래에 특정 내용
을 자세히 설명하는 메모입니다.

2 2쪽 아래에 번호 '1)'이 삽입되면 『유교에 철학적 세계관을 부여하고 유교를 심성 수양의 도리
로 확립한 새로운 학풍』을 입력하고 **[주석] 탭-[닫기]**를 클릭하세요.

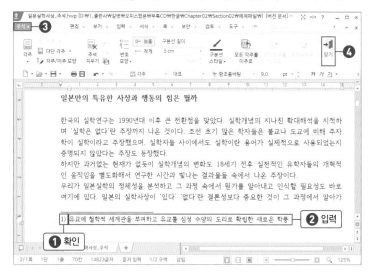

3 이번에는 '미주'를 삽입하기 위해 3쪽에 있는 '왕인'의 앞에 커서를 올려놓고 **[입력] 탭-[미주]** 를 클릭하세요.

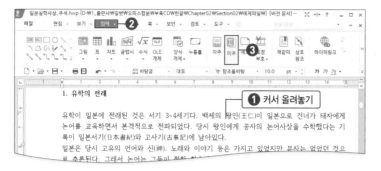

4 문서의 맨 끝에 번호가 '1)'이 삽입되면 미주의 번호 모양을 변경하기 위해 **[주석] 탭-[번호 모 양]-[i, ii, iii]**를 선택하세요.

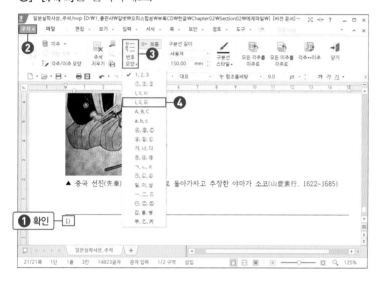

5 번호 모양이 'i'로 변경되면 『4세기 후반 무렵 왜국(倭國)에 건너가서 활동한 백제의 학자』를 입력하고 **[주석] 탭-[닫기]**를 클릭하세요.

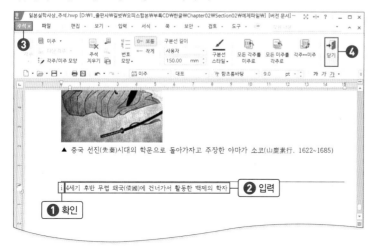

6 20쪽으로 이동하여 '퇴계'를 블록으로 설정하고 **[입력] 탭–[덧말 넣기]**를 클릭하세요.

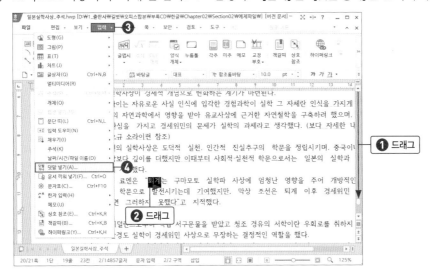

7 [덧말 넣기] 대화상자가 열리면 '본말'은 이미 입력되어 있으므로 '덧말'에 『이황의 호』를 입력한 후 [넣기]를 클릭하세요.

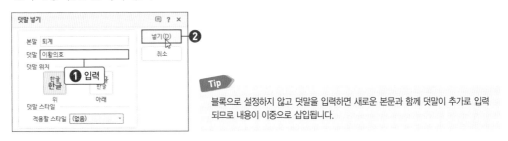

Tip

블록으로 설정하지 않고 덧말을 입력하면 새로운 본문과 함께 덧말이 추가로 입력되므로 내용이 이중으로 삽입됩니다.

8 '퇴계' 위에 덧말이 입력되었는지 확인해 보세요.

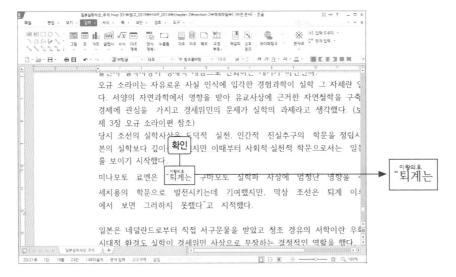

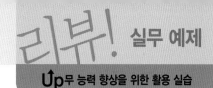

1 | 지역마다 머리말/꼬리말 지정하기

🔵 **예제파일** : 중국도시.hwp　🔵 **결과파일** : 중국도시_완성.hwp

1쪽을 제외한 페이지마다 새로운 머리말을 '중국의 도시'로 지정하고, 쪽의 오른쪽 아래에 '-1-' 형식의 페이지 번호를 삽입해 보세요.

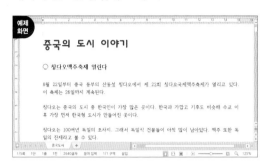

Hint ① [쪽] 탭-[머리말]-[머리말/꼬리말]을 선택하여 [머리말/꼬리말] 대화상자를 열고 [머리말]을 선택한 후 [만들기]를 클릭하세요.
② 머리말 입력 화면에서 왼쪽 위에 『중국의 도시』를 입력하고 머리말 입력 화면을 닫으세요.
③ 1쪽에서 [쪽] 탭-[현재 쪽만 감추기]를 클릭하고 [감추기] 대화상자에서 [머리말]에 체크하여 감추세요.

2 | 2단으로 레이아웃 지정하고 쪽 테두리 삽입하기

🔵 **예제파일** : 중국도시_단과테두리.hwp　🔵 **결과파일** : 중국도시_단과테두리_완성.hwp

3쪽의 그림부터 '～ 떠올랐다.'까지 2단, 다시 4쪽 그림부터 문서 끝까지 2단으로 지정하고 문서 전체 쪽 테두리를 '0.5mm', '초록' 색으로 지정하세요.

Hint ① 3쪽의 그림부터 '～떠올랐다.'까지 범위를 설정하고 [쪽] 탭-[단]-[둘]을 선택하세요.
② 이와 같은 방법으로 4쪽의 그림부터 문서의 끝까지 범위를 설정하고 2단으로 나누세요.
③ [쪽] 탭-[쪽 테두리/배경]을 클릭하여 [쪽 테두리/배경] 대화상자를 열고 '테두리'의 '종류'는 [실선], [0.5mm], [멜론] 색을 지정하고 '위치'는 모두 [9mm]로 지정하세요.

개체 삽입해 문서 꾸미기

한글 2018에서는 그림, 글상자, 도형 등을 삽입하여 다양한 모양으로 문서를 꾸미고 온라인의 비디오를 별도의 저장 없이 곧바로 문서에 삽입하여 재생할 수 있어요. 수식 입력기를 이용하여 간단한 산술식뿐만 아니라 복잡한 수식에 이르기까지 모든 수학식을 손쉽게 작성할 수 있고, 글상자를 이용하여 원하는 위치에 문자를 입력한 후 다양한 효과를 적용하여 꾸밀 수 있어요.

PREVIEW

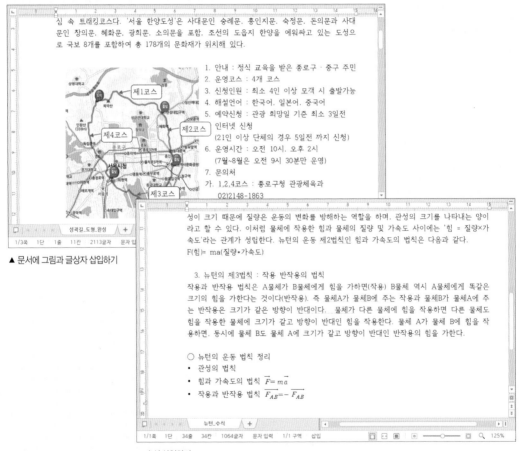

▲ 문서에 그림과 글상자 삽입하기

▲ 수식 삽입하기

섹션별 주요 내용

01 | 그림 삽입하기   02 | 지도에 글상자 삽입하기   03 | 도형의 색과 모양 바꾸고 복사하기

04 | URL 주소에 하이퍼링크 연결하기   05 | 동영상 삽입하고 재생하기   06 | 복잡한 수식 입력하기

그림 삽입하기

◎ **예제파일** : 성곽길_그림.hwp, 지도.jpg   ◎ **결과파일** : 성곽길_그림_완성.hwp

1 [편집] 탭-[그림]의 📷를 클릭합니다. [그림 넣기] 대화상자가 열리면 부록 실습 파일 중 '지도.jpg' 파일을 선택한 후 [열기]를 클릭하세요.

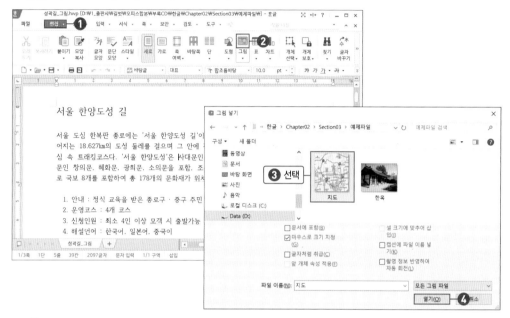

> **Tip**
>
> [그림 넣기] 대화상자에서 [문서에 포함]과 [마우스로 크기 지정]에 체크되어 있는지 확인하세요. [문서에 포함]에 체크하면 그림 파일을 문서에 연결(link)하는 것이 아니므로 삽입한 그림의 경로가 바뀌어도 문서에 그림이 나타나지 않습니다.

2 마우스 포인터의 모양이 +으로 바뀌면 삽입할 위치에서 드래그하여 그림의 크기와 위치를 지정하세요.

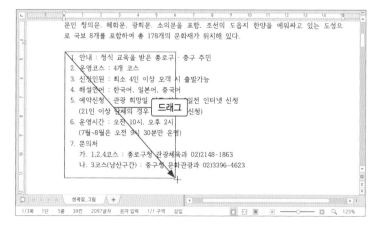

문서작성

서식지정

문서인쇄

문서편집

문서정리

개체삽입

필드/차트

스타일

예약머지/라벨

3 그림이 삽입되었으면 그림을 선택한 후 더블클릭하세요.

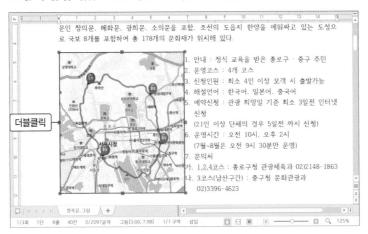

4 [개체 속성] 대화상자가 열리면 [기본] 탭을 선택한 후 '위치'의 '본문과의 배치'에서 [어울림] (▣)을 클릭하세요.

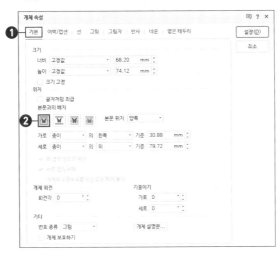

5 [여백/캡션] 탭을 클릭하고 '바깥 여백'에서 '모두'의 위쪽 단추(▲)를 클릭해 모두 [3.00mm] 로 지정하세요.

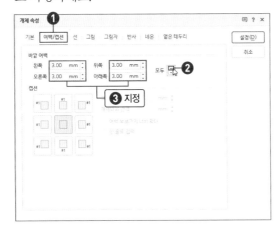

6 [그림] 탭을 선택하고 '확대/축소 비율'에서 [가로 세로 같은 비율 유지]에 체크하고 '가로'와 '세로'에 모두 『60.00』을 입력한 후 [설정]을 클릭하세요.

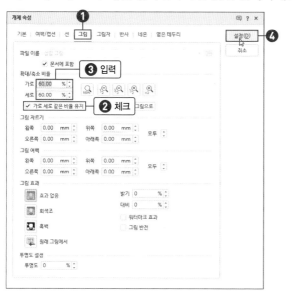

7 삽입한 그림이 오른쪽의 텍스트와 잘 어울리게 배치되었는지 확인해 보세요.

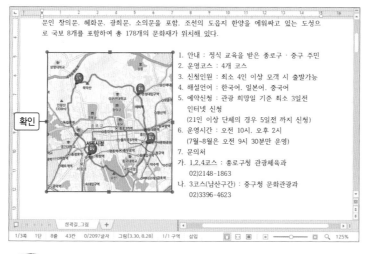

Tip

한글 프로그램에서 읽을 수 있는 그림 파일 형식은 AI, BMP, CDR, CGM, DRW, DXF, EMF, EPS, GIF, JPG, PCX, PIC, PICT, PLT, PNG, SVG, TIFF, WMF, WPG 등입니다.

핵심
기능 | **02** | # 지도에 글상자 삽입하기

◉ **예제파일** : 성곽길_글상자.hwp   ◉ **결과파일** : 성곽길_글상자_완성.hwp

1 [편집] 탭-[도형]을 클릭하고 '그리기 개체'의 [가로 글상자](▤)를 클릭합니다. 마우스 포인터의 모양이 +으로 바뀌면 지도 위에서 드래그해 글상자를 그리고 『제1코스』를 입력한 후 글상자의 속성을 바꾸기 위해 글상자를 더블클릭하세요.

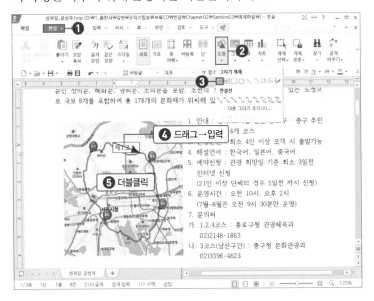

2 [개체 속성] 대화상자가 열리면 [선] 탭에서 '사각형 모서리 곡률'의 [둥근 모양](▢)을 선택하고 [설정]을 클릭하여 모서리가 둥근 글상자를 완성하세요.

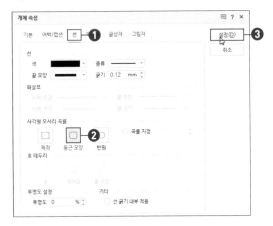

도형의 색과 모양 바꾸고 복사하기

⊙ **예제파일** : 성곽길_도형.hwp ⊙ **결과파일** : 성곽길_도형_완성.hwp

1 [편집] 탭-[도형]을 클릭하고 '그리기 개체'의 [직선](⬚)을 클릭합니다. 마우스 포인터의 모양이
＋으로 바뀌면 글상자에서 지도의 붉은 선 쪽으로 드래그하여 직선을 그리고 더블클릭하세요.

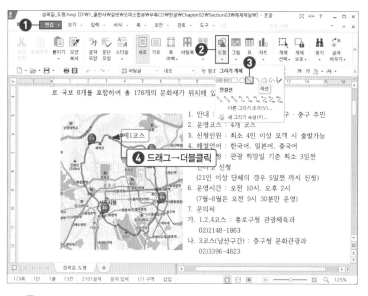

> **Tip**
>
> [편집] 탭-[도형]-[다른 그리기 조각]을 선택하여 [그리기마당] 대화상자를 열고 다양한 도형을 선택할 수 있어요.

2 [개체 속성] 대화상자가 열리면 [선] 탭에서 '선'의 색은 [보라], '굵기'는 [0.3mm]를 지정합
니다. '화살표'의 '끝 모양'은 [삼각형 화살표], '끝 크기'는 [작은 폭 작은 높이]를 선택하고 [설
정]을 클릭하세요.

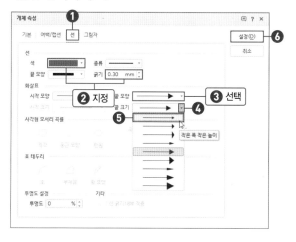

3 Shift를 누른 상태에서 글상자와 화살표를 클릭하여 함께 선택하고 Ctrl을 누른 상태에서 2코스 위치로 드래그하여 복사하세요.

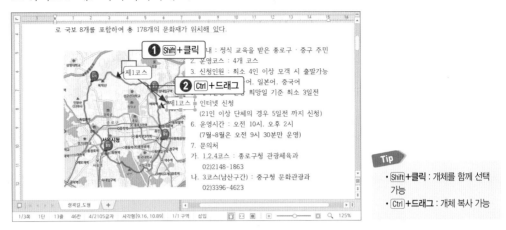

Tip
- Shift+클릭 : 개체를 함께 선택 가능
- Ctrl+드래그 : 개체 복사 가능

4 이와 같은 방법으로 3코스와 4코스에도 글상자와 화살표를 복사하고 글상자의 텍스트를 차례 대로『2코스』,『3코스』,『4코스』로 수정하세요.

문서작성

서식지정

문서요소

문서편집

문서정리

개체삽입

표/차트

스타일

메일머지/라벨

04 URL 주소에 하이퍼링크 연결하기

📄 **예제파일** : 성곽길_하이퍼링크.hwp   📄 **결과파일** : 성곽길_하이퍼링크_완성.hwp

1 마지막 페이지로 이동한 후 참고 URL 주소에 하이퍼링크를 하기 위해 'http://tour.jongno. go.kr'을 블록으로 설정하고 **[입력] 탭-[하이퍼링크]**를 클릭합니다. [하이퍼링크] 대화상자가 열리면 '연결 대상'에서 [웹 주소]를 선택하고 '웹 주소'에 『http://tour.jongno.go.kr』을 입력한 후 [넣기]를 클릭하세요.

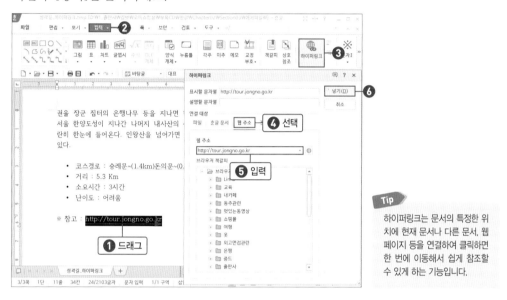

Tip

하이퍼링크는 문서의 특정한 위치에 현재 문서나 다른 문서, 웹 페이지 등을 연결하여 클릭하면 한 번에 이동해서 쉽게 참조할 수 있게 하는 기능입니다.

2 하이퍼링크가 연결되면 텍스트에는 파란색 밑줄 서식이 자동으로 설정됩니다. 텍스트에 마우스 포인터를 올려놓고 마우스의 왼쪽 단추를 한 번 누르면 연결된 하이퍼링크의 주소로 이동하는지 확인해 보세요.

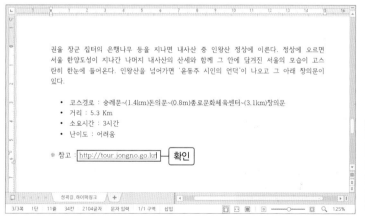

Tip

삽입된 하이퍼링크 표시 안에 커서를 올려놓고 마우스 오른쪽 단추를 눌러 [하이퍼링크 지우기]를 선택하면 하이퍼링크를 지울 수 있어요.

◎ **예제파일** : 성곽길_동영상.hwp, 낙산공원.wmv　◎ **결과파일** : 성곽길_동영상_완성.hwp

1 그림의 아래쪽에 커서를 올려놓고 [입력] 탭-[멀티미디어]-[동영상]을 선택하세요. [동영상 넣기] 대화상자가 열리면 '로컬 동영상'의 '파일 이름'에서 [동영상 파일 선택] 단추(📁)를 클릭한 후 부록 실습 파일 중 '낙산공원.wmv' 파일을 선택하고 [문서에 포함]에 체크한 후 [넣기]를 클릭하세요.

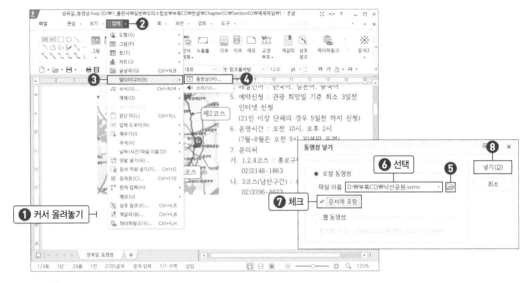

> **Tip**
>
> 동영상 파일을 문서에 포함하면 항상 안정적으로 동영상 재생이 가능합니다. 웹 사이트에 게시된 동영상의 소스 코드를 이용하면 웹 사이트의 동영상 파일도 문서에서 재생할 수 있어요.

2 동영상이 삽입되면 적당한 크기와 위치로 조정한 후 [재생](▶)을 클릭하여 제대로 재생되는지 확인해 보세요.

> **Tip**
>
> 한글에서 지원하는 동영상 형식은 .avi, .wmv, .mpeg, .mpg입니다.

복잡한 수식 입력하기

◐ **예제파일** : 뉴턴_수식.hwp   ◐ **결과파일** : 뉴턴_수식_완성.hwp

1 '힘과 가속도의 법칙'의 뒤쪽에 커서를 올려놓고 **[입력] 탭-[수식]**의 을 클릭한 후 **[기타 공식]-[뉴턴 제2법칙]**을 선택하세요.

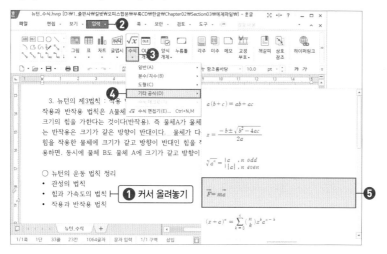

2 '힘과 가속도의 법칙'의 뒤쪽에 뉴턴 제2법칙 공식이 표시되었는지 확인해 보세요. 마지막 줄의 '작용과 반작용 법칙'의 뒤쪽에 커서를 올려놓고 **[입력] 탭-[수식]**의 을 클릭한 후 **[수식 편집기]**를 선택하세요.

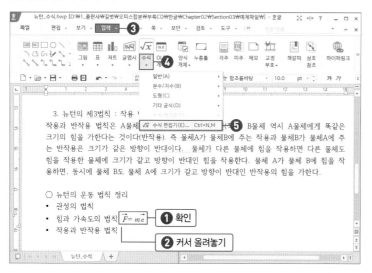

문서작성

서식지정

문서인쇄

문서편집

문서정리

개체삽입

표/차트

스타일

예금마지/라벨

3 [수식 편집기] 대화상자가 열리면 [장식 기호](Ā·)를 클릭하고 ⓐ를 클릭합니다. 『F』를 입력 한 후 [첨자](Aᵢ)의 Aᵢ를 클릭하고 아래첨자로 『AB』를 입력하세요.

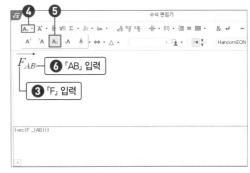

4 Tab 을 두 번 눌러 커서의 위치를 이동한 후 『=』와 『-』를 입력합니다. 앞의 내용과 똑같이 한 번 더 입력하고 그런 다음 [넣기] 단추(◀)를 클릭하세요.

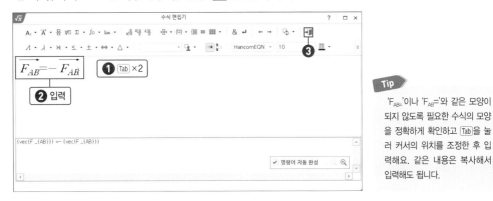

Tip

'$F_{AB}=$'이나 '$F_{AB}=$'와 같은 모양이 되지 않도록 필요한 수식의 모양 을 정확하게 확인하고 Tab 을 눌 러 커서의 위치를 조정한 후 입 력해요. 같은 내용은 복사해서 입력해도 됩니다.

5 수식 편집기에서 입력한 내용이 한글 문서에 정확히 입력되었는지 확인해 보세요.

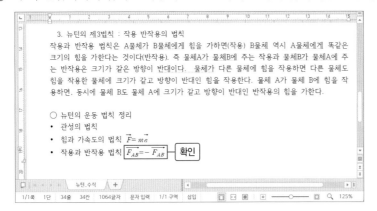

1 | 그림 삽입하고 글상자로 제목 꾸미기

⬤ **예제파일** : 한옥_그림.hwp, 한옥.jpg   ⬤ **결과파일** : 한옥_그림_완성.hwp

한옥 그림을 삽입하고 크기를 줄인 후 3mm의 여백을 지정해서 글의 왼쪽에 배치하고 제목은 글상자를 이용해 꾸며보세요.

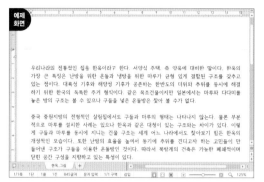

Hint
① 그림을 삽입하고 그림 크기를 줄여 왼쪽으로 배치한 후 [개체 속성] 대화상자의 [여백/캡션] 탭에서 여백을 '3mm'로 지정하세요.
② 글상자를 삽입하고 '한옥의 특성'으로 입력한 후 글자 크기는 '23pt', '굵게' 지정하세요.
③ 글상자의 채우기는 '연한 노랑', 선의 색은 '연한 노랑 75% 어둡게', 선의 종류는 이중선, 둥근 모서리로 지정하세요.
④ 글상자의 크기는 너비 80mm, 높이 20mm로 지정하고 본문과의 배치는 '자리 차지'로 지정하세요.

2 | 수식 편집기 이용해 수식 입력하기

⬤ **예제파일** : 오일러_수식.hwp   ⬤ **결과파일** : 오일러_수식_완성.hwp

수식 입력기를 이용하여 '$\gamma = \lim_{n \to \infty}\left(1 + \dfrac{1}{2} + \dfrac{1}{3} + \cdots + \dfrac{1}{n} - \log n\right)$'의 수식을 입력해 보세요.

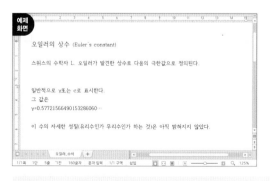
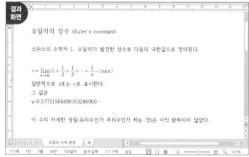

Hint
① [입력] 탭-[수식]-[수식 편집기]를 이용하여 수식을 입력하세요.
② $\lim_{n \to \infty}$와 분수 수식을 이용하세요.

표와 차트 삽입하기

한글 2018에서는 다양한 모양의 표와 차트를 손쉽게 그릴 수 있습니다. 필요에 따라 표의 셀을 합치거나 나눌 수 있으며, 테두리나 셀의 모양을 자유롭게 표현할 수 있어요. 또한 표에 입력된 값을 계산하는 기능과 자동 채우기 기능도 추가되어 좀 더 편리하게 입력할 수 있습니다. 그리고 수치 데이터는 여러 가지 모양의 차트 종류와 차트 요소 중에서 자유롭게 선택하여 표현할 수 있어요.

> **PREVIEW**

▲ 표 삽입하고 편집하기

▲ 차트 삽입하고 편집하기

> **섹션별 주요 내용**
> 01 | 표 삽입하고 데이터 입력하기 02 | 표에 열 추가하고 셀 합치기 03 | 표의 셀 크기 조절하기
> 04 | 표의 셀에 배경색과 대각선 지정하기 05 | 표의 내용을 차트로 작성하기

표 삽입하고 데이터 입력하기

🔵 **예제파일** : 유기동물_표삽입.hwp   🔵 **결과파일** : 유기동물_표삽입_완성.hwp

1 표를 삽입할 위치에 커서를 올려놓고 **[편집] 탭-[표]**의 ⊞를 클릭합니다. [표 만들기] 대화상자가 열리면 '줄 개수'와 '칸 개수'에 각각 『3』과 『6』을 입력한 후 [만들기]를 클릭하세요.

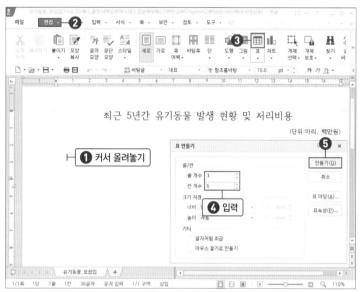

Tip

[편집] 탭-[표]의 ⊞를 클릭한 후 '3줄×6칸'으로 구성된 표를 만들고 싶으면 3행 6열을 드래그 해서 구역으로 지정해 표를 삽입 할 수 있어요.

2 3행 6열의 표가 삽입되면 다음과 같이 내용을 입력하고 1행 2열부터 마지막 열까지 드래그하여 블록으로 설정합니다. **[표 레이아웃] 아이콘**(⊞ ·)을 클릭하고 **[채우기]**(🖫 ·)-**[표 자동 채우기]**를 선택하세요.

연도	2014	2015			
발생현황	96268	99254	97197	81147	82082
처리비용	8785	9832	11076	10439	9745

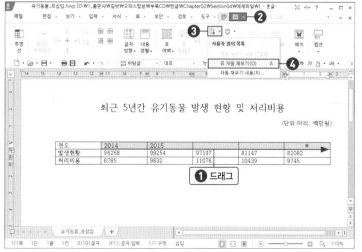

Tip

[채우기](🖫 ·)를 클릭하고 [자동 채우기 내용]을 선택하여 [자동 채우기 내용] 대화상자를 열고 자동으로 채울 내용을 선택하거나 사용자가 추가로 정의할 수 있어요.

3 1행 4열부터 마지막 열까지 자동으로 연도가 채워지면 비용이 입력된 셀들을 드래그하여 선택합니다. [표 레이아웃] 아이콘(⊞ ▾)의 내림 단추(▾)를 클릭하고 [1,000 단위 구분 쉼표]-[자릿점 넣기]를 선택하여 천 단위마다 쉼표를 표시하세요.

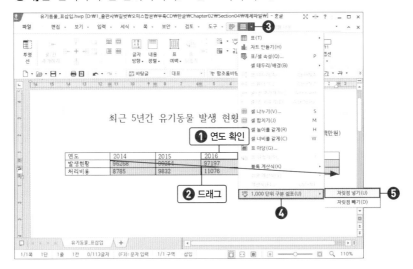

Tip

[표 레이아웃] 아이콘(⊞ ▾)의 내림 단추(▾)를 클릭하고 [1,000 단위 구분 쉼표]-[자릿점 넣기]를 선택하면 천 단위 구분 쉼표를 제거할 수 있습니다.

4 표의 모든 셀들을 드래그하여 블록으로 설정합니다. 서식 도구 상자에서 [가운데 정렬] 도구(▤)를 클릭하여 데이터를 가운데 정렬하세요.

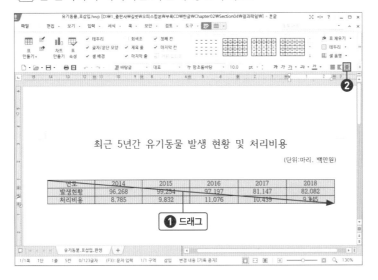

문서작성

서식지정

문서입력

문서편집

문서정리

개체삽입

표/차트

스타일

메일머지/라벨

표에 열 추가하고 셀 합치기

⬇ **예제파일** : 유기동물_표편집.hwp　　⬇ **결과파일** : 유기동물_표편집_완성.hwp

1 '유기동물 처리비용' 표에서 6열 중 임의의 셀에 커서를 올려놓고 **[표 레이아웃] 아이콘**(▦ ▾)−
[오른쪽에 칸 추가하기](⊞)를 클릭하세요.

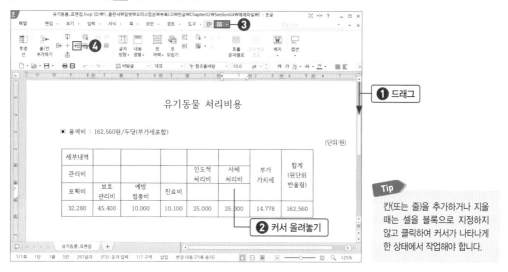

> **Tip**
> 칸(또는 줄)을 추가하거나 지울
> 때는 셀을 블록으로 지정하지
> 않고 클릭하여 커서가 나타나게
> 한 상태에서 작업해야 합니다.

2 오른쪽 열이 추가되면 2행에『계』를 입력하고 1열부터 7열까지 드래그하여 블록으로 설정합
니다. **[표 레이아웃] 아이콘**(▦ ▾)−**[셀 너비를 같게]**(⊞)를 클릭하여 가로 셀 너비를 같게 설정하
세요.

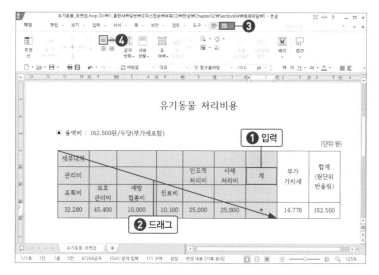

3 1행 1열부터 1행 7열까지 블록으로 설정하고 [표 레이아웃] 아이콘(▥ ▾)-[셀 합치기](▥)를 클릭하여 셀을 하나로 합치세요.

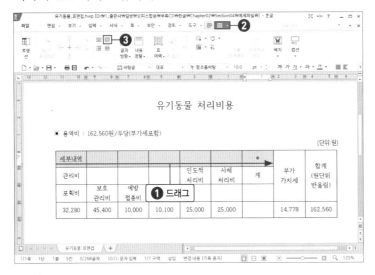

블록을 설정한 후 단축키 M을 눌러 빠르게 셀을 합칠 수 있어요.

4 이와 같은 방법으로 2행 1열~4열, 2행 5열~3행 5열, 2행 6열~3행 6열, 2행 7열~3행 7열의 셀을 각각 선택하여 하나의 셀로 합치세요.

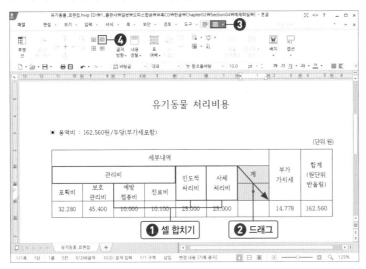

셀을 나눌 때는 셀에 커서를 올려놓고 [표] 탭-[셀 나누기]를 선택하여 나누려는 개수의 행(줄 수), 열(칸 수) 값을 입력하세요.

5 '계'의 아래쪽 셀에 커서를 올려놓고 **[표 레이아웃] 아이콘**(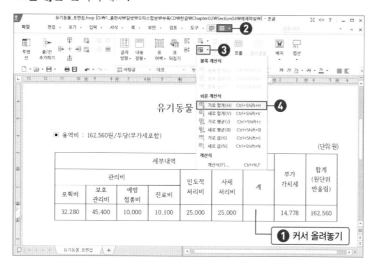)을 클릭한 후 **[계산식]**( )-**[가로 합계]**를 선택하세요.

6 자동으로 가로 숫자값의 합계가 구해졌는지 확인해 보세요.

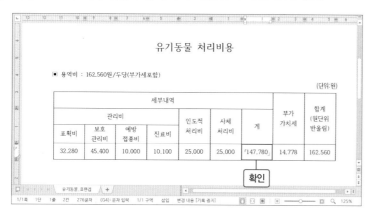

잠깐만요 **표의 셀 블록 설정하기**

1 | 마우스 이용하기

❶ 블록 설정할 셀에서 마우스 왼쪽 단추를 누르고 드래그하여 선택하세요.

❷ 블록 설정할 셀을 Ctrl 을 누른 상태에서 마우스 왼쪽 단추를 클릭하여 선택하세요.

2 | F5 이용하기

❶ 셀 안에 커서를 올려놓고 F5 를 한 번 누르면 셀 블록이 설정됩니다.

❷ F5 를 두 번 누르고 화살표 방향키(←, →, ↑, ↓)를 누르면 셀 블록 설정이 확장됩니다.

❸ F5 를 세 번 누르면 표 전체 셀 블록이 설정됩니다.

그 밖의 다양한 셀 블록 설정 방법은 F1 을 눌러 도움말을 실행한 후 '표 단축키'를 검색하면 확인할 수 있어요.

표의 셀 크기 조절하기

◈ 예제파일 : 유기동물_셀크기.hwp   ◈ 결과파일 : 유기동물_셀크기_완성.hwp

1 위쪽 표를 선택한 후 표의 아래쪽 가운데 조절점에 마우스 포인터를 올려놓으면 마우스 포인터의 모양이 ⬍으로 바뀝니다. 이 상태에서 마우스를 클릭하여 아래쪽으로 드래그해 표의 크기를 늘리세요.

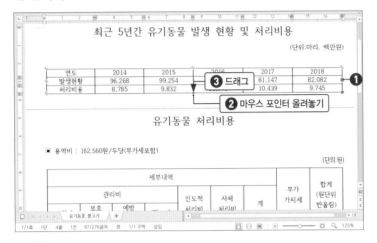

Tip

마우스 포인터를 셀 경계선 위에 올려놓으면 마우스 포인터의 모양이 ⬌ 또는 ⬍으로 바뀝니다. 이 상태에서 마우스 왼쪽 단추를 누른 채 원하는 방향으로 마우스를 드래그하면 셀 크기를 조절할 수 있어요.

2 아래쪽 표의 안쪽을 드래그하여 표 전체를 블록으로 설정하고 Ctrl+↑를 세 번 눌러 셀의 크기를 줄이세요.

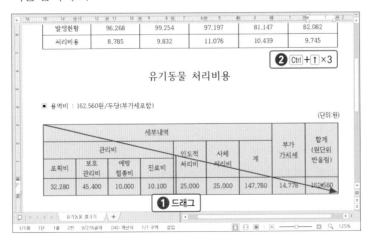

Tip

크기 조절을 원하는 셀을 블록 설정하고
• Ctrl+→ 또는 ↓ : 열 또는 행의 크기가 커짐
• Ctrl+← 또는 ↑ : 열 또는 행의 크기가 작아짐

04 표의 셀에 배경색과 대각선 지정하기

◈ **예제파일** : 유기동물_셀배경.hwp   ◈ **결과파일** : 유기동물_셀배경_완성.hwp

1 아래쪽 표에서 바탕색을 넣으려는 셀을 블록으로 설정하고 [표 디자인] 아이콘( )을 클릭한 후 [셀 음영]–[셀 음영 설정]을 선택하세요.

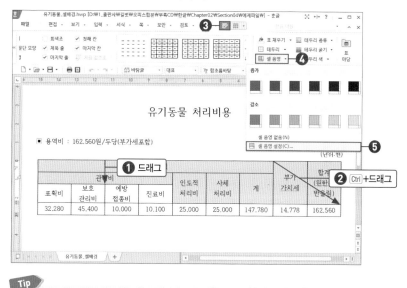

Tip

Ctrl 을 누른 상태에서 셀을 차례대로 드래그하거나 클릭하면 원하는 셀만 선택할 수 있어요.

2 [셀 테두리/배경] 대화상자의 [배경] 탭이 열리면 '채우기'의 [색]을 선택하고 '면 색'에서 [하늘색, 80% 밝게]를 선택한 후 [설정]을 클릭하세요.

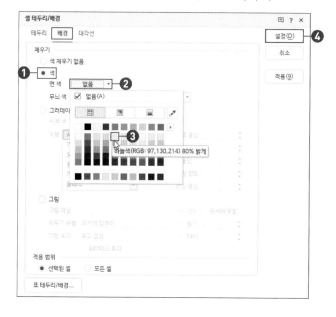

3 선택한 셀 범위에 바탕색이 지정되었으면 표 전체를 드래그하여 블록으로 설정합니다. **[표 디 자인]** 아이콘(⬚)을 클릭하고 **[테두리 굵기]-[0.5mm]**를 선택하세요.

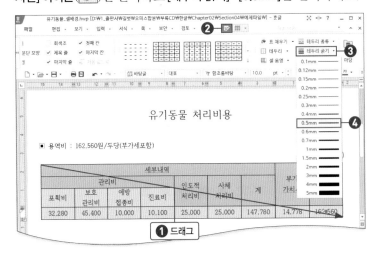

4 **[표 디자인]** 아이콘(⬚)을 클릭하고 **[테두리]**의 내림 단추(⌄)를 클릭한 후 **[바깥쪽 테두리]**(☐)를 선택하여 표를 완성하세요.

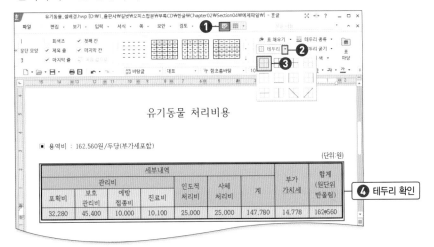

잠깐만요 **표 스타일 적용하기**

스타일을 지정하려는 표를 선택하고 **[표 디자인]** 아이콘 (⬚)을 클릭한 후 **[자세히]** 단추(⌄)를 클릭하세요. 표 디 자인 목록이 나타나면 원하는 표 스타일을 지정하여 표를 완성할 수 있어요.

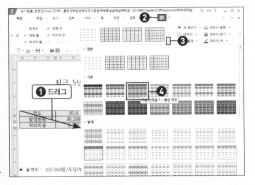

표에 기본 스타일 지정하기▶

실무 예제 | 05 **표의 내용을 차트로 작성하기**

⬇ 예제파일 : 유기동물_차트.hwp ⬇ 결과파일 : 유기동물_차트_완성.hwp

1 차트로 만들 표의 내용을 드래그하여 블록으로 설정하고 [표 디자인] 아이콘(🖹)-[차트 만들기] 를 클릭하세요.

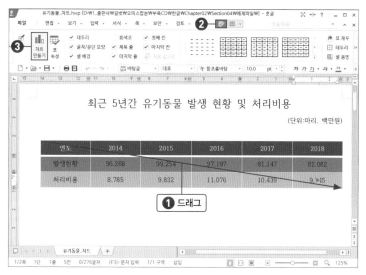

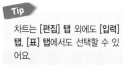

Tip

차트는 [편집] 탭 외에도 [입력] 탭, [표] 탭에서도 선택할 수 있어요.

2 세로 막대형 차트가 자동으로 삽입되면 함께 열린 [차트 데이터 편집] 창의 [닫기] 단추(☒)를 클릭하세요.

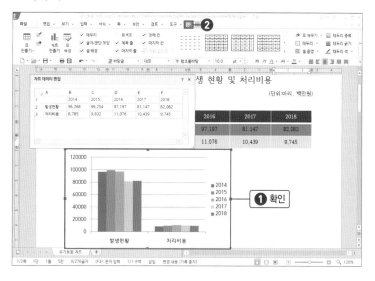

3 표의 아래쪽에 차트를 이동하고 차트의 크기를 조절한 후 [표 디자인] 아이콘(⬚)-[줄/칸 전환]을 클릭하세요.

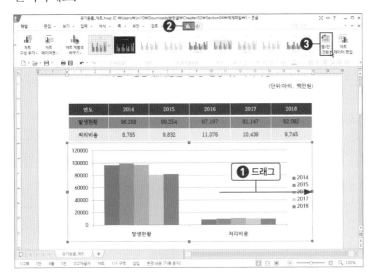

4 표의 줄과 칸 데이터가 서로 바뀐 값으로 행 기준 차트로 변경되었는지 확인해 보세요.

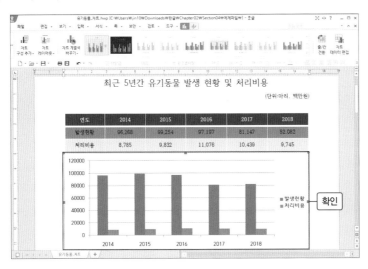

1 셀 합치고 줄 추가해 시간표 만들기

🔵 **예제파일** : 시간표.hwp   🔵 **결과파일** : 시간표_완성.hwp

1행의 1~2열의 셀을 합치고 대각선을 넣은 후 2열의 2~3행의 셀을 합쳐보세요. 이와 같은 모양을 아래로 6교시까지 행을 복사한 후 1행에 '주황 80% 밝게'로 셀 배경색을 지정해 보세요.

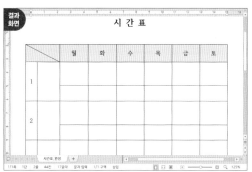

Hint
① 합칠 셀을 블록 설정한 후 [표] 탭-[셀 합치기]를 선택하세요.
② 1행 1열에 커서를 올려놓고 [표] 탭-[셀 테두리]에서 대각선 모양을 선택한 후 1행에 셀 배경색을 지정하세요.
③ 1교시 셀을 블록으로 설정하고 셀 복사한 후 커서를 올려놓고 [셀 붙이기]([Ctrl]+[V])하여 '아래쪽'을 선택해 필요한 횟수만큼 반복하세요.

2 차트 삽입하고 차트 모양 편집하기

🔵 **예제파일** : 교육비.hwp   🔵 **결과파일** : 교육비_완성.hwp

'3차원 묶은 세로 막대형' 차트를 삽입하고 차트의 아래쪽에 범례를 위치해 보세요. '제목'은 『학생 1인당 공교육비 비교』, '색상'은 '색상 조합'의 '색3'을 지정해 보세요.

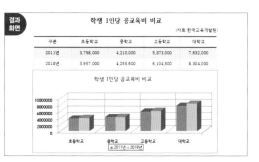

Hint
① [차트] 탭-[차트 종류]에서 변경할 차트의 모양을 선택하세요.
② 색상에서 색을 변경하고 [제목], [범례]에서 위치와 값을 설정하세요.

차트 모양 변경하고 편집하기

🕐 **예제파일** : 유기동물_차트편집.hwp   🕐 **결과파일** : 유기동물_차트편집_완성.hwp

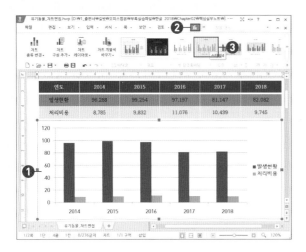

1 차트 스타일을 빠르게 변경하기 위해 차트를 선택하고 [차트 디자인] 아이콘(📊)-[스타일 4]를 선택하세요.

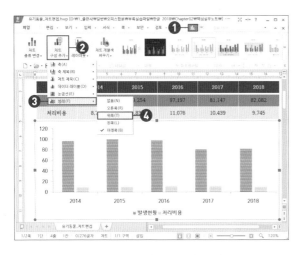

2 범례의 위치를 변경하기 위해 [차트 디자인] 아이콘(📊)-[차트 구성 추가]를 클릭한 후 [범례]-[위쪽]을 선택하세요.

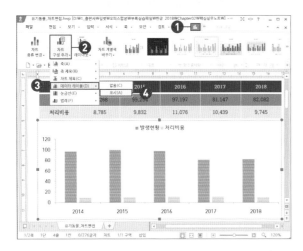

3 각 계열에 데이터 레이블을 표시하기 위해 [차트 디자인] 아이콘(📊)-[차트 구성 추가]를 클릭한 후 [데이터 레이블]-[표시]를 선택하세요.

④ '발생현황' 데이터 레이블을 선택하고 마우스 오른쪽 단추를 눌러 [데이터 레이블 속성]을 선택합니다.

⑤ 화면의 오른쪽에 [개체 속성] 창이 열리면 '표시 형식'의 '범주'에서 [숫자]를 선택하고 '소수 자릿수'에 『3』을 입력한 후 [1000단위 구분기호(,) 사용]에 체크하세요.

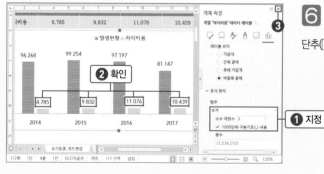

⑥ 이와 같은 방법으로 '처리비용' 데이터 레이블의 표시 형식을 변경하고 [개체 속성] 창의 [닫기] 단추(×)를 클릭하세요.

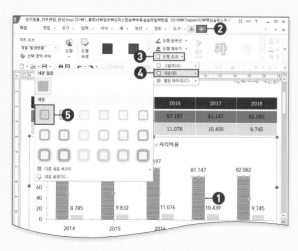

⑦ '발생현황' 계열 막대를 선택하고 [차트 서식] 아이콘( )–[도형 효과]를 클릭하고 [네온]–[강조색 1, 5pt]를 선택하여 차트를 완성하세요.

문서작성

서식지정

문서인쇄

문서편집

문서정리

개체삽입

표/차트

스타일

예약편지/라벨

CHAPTER 3 기능적으로 편리한 문서 작성하기

스타일 기능을 이용하여 서식을 변경하거나 선택 항목을 일관성 있게 문서에 적용해 작업할 수 있게 해서 업무 시간을 줄이고 효율성을 높일 수 있어요. 그리고 한글 2018에서는 다양한 형식의 메일 머지와 라벨, 그리고 양식 문서를 지원해 손쉽게 기능적인 문서를 작성할 수 있으며, 검토 기능의 교정, 사전 기능 외에도 문서의 변경된 내용을 추적하고 비교할 수 있는 기능을 제공합니다. 또한 한글에서 작성한 문서를 SNS를 통해 쉽게 공유할 수 있어요.

Windows 10 +Excel & PowerPoint &Word 2019 +Hangeul

SECTION **01** 스타일과 차례 작성하기

SECTION **02** 메일 머지와 라벨 및 양식 문서 만들기

스타일과 차례 작성하기

자주 사용하는 글자 모양이나 문단 모양을 미리 정해 놓고 사용하는 것을 '스타일(styles)'이라고 해요. 스타일을 만들어 놓으면 필요할 때 그 스타일을 선택하는 것만으로 해당 문단의 글자 모양과 문단 모양을 한꺼번에 바꿀 수 있어요. 스타일은 단순히 글자 모양이나 문단 모양을 간편하게 선택하기 위해서라기보다 긴 글에 대하여 일관성 있는 문단 모양을 유지하면서 편집 작업을 하는 데 꼭 필요한 기능입니다.

PREVIEW

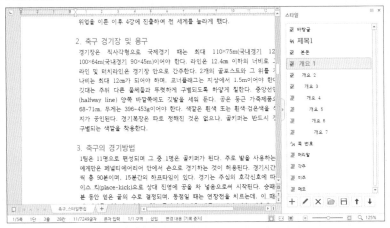

▲ 스타일 적용하기

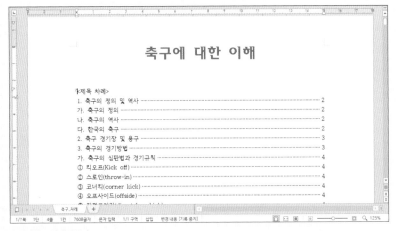

▲ 스타일로 차례 만들기

섹션별 주요 내용

01 | 문단 스타일과 글자 스타일 지정하기 02 | 스타일 편집하기 03 | 다른 문서에 스타일 사용하기

04 | 서식 파일로 저장하기 05 | 스타일 이용해 차례 만들기

| 실무
예제 | **01** | # 문단 스타일과 글자 스타일 지정하기

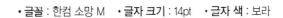

● **예제파일** : 축구_스타일.hwp   ● **결과파일** : 축구_스타일_완성.hwp

1 첫 번째 줄의 제목을 드래그하여 블록으로 설정하고 서식 도구 상자를 이용해 다음과 같이 글자 서식을 지정하세요.

> • **글꼴** : 한컴 소망 M   • **글자 크기** : 14pt   • **글자 색** : 보라

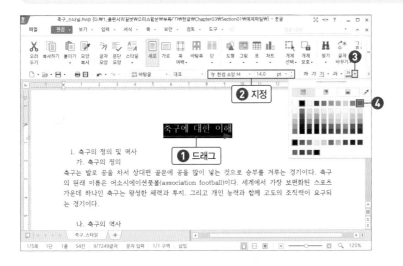

2 [서식] 탭-[자세히] 단추(⬇)를 클릭하고 [스타일]([F6])을 선택하세요.

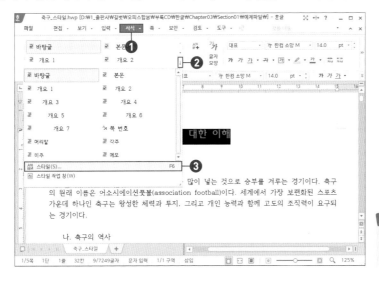

> **Tip**
>
> [서식] 탭-[스타일 추가하기]
> (⬆)를 클릭해도 됩니다.

3 [스타일] 대화상자가 열리면 [스타일 추가하기] 단추(+)를 클릭하여 [스타일 추가하기] 대화 상자를 열고 '스타일 이름'에는『제목1』을, '스타일 종류'에서는 [종류]를 지정하고 [추가]를 클릭합니다. [스타일] 대화상자로 되돌아오면 '스타일 목록'에서 [제목1]이 추가된 것을 확인 하고 [설정]을 클릭하세요.

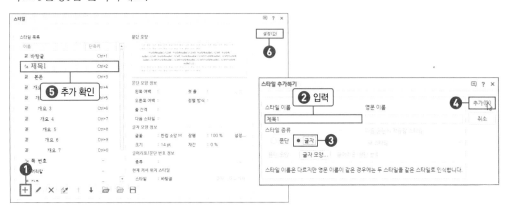

4 제목에 커서를 올려놓고 [서식] 탭-[자세히] 단추(↓)를 클릭한 후 [스타일 작업 창]을 선택합니다. 화면의 오른쪽에 [스타일] 작업 창이 열리면 현재 커서가 위치한 제목의 스타일을 확인하세요.

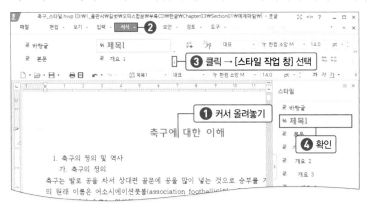

5 '가. 축구의 정의'의 아랫줄에 커서를 올려놓고 [스타일] 작업 창에서 [본문]을 선택합니다. '본 문' 스타일이 적용되었는지 확인하고 [닫기] 단추(×)를 클릭하여 [스타일] 작업 창을 닫으세요.

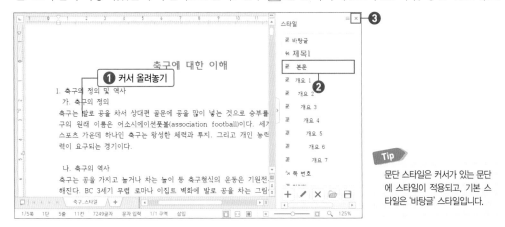

> **Tip**
> 문단 스타일은 커서가 있는 문단 에 스타일이 적용되고, 기본 스 타일은 '바탕글' 스타일입니다.

스타일 편집하기

● **예제파일** : 축구_스타일편집.hwp   ● **결과파일** : 축구_스타일편집_완성.hwp

1 '축구의 정의 및 역사'를 드래그하여 블록으로 설정하고 서식 도구 상자를 이용해 다음과 같이
글자 속성을 지정하세요.

> • **글꼴** : 한컴 윤고딕 250   • **글자 크기** : 12pt   • **글자색** : 하늘색

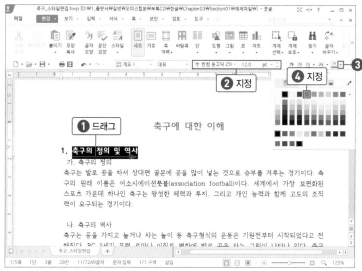

> **Tip**
>
> 한글 2014 버전에서는 글자 색을
> '바다색'으로 지정하면 됩니다.

2 [서식] 탭-[자세히] 단추(⬇)를 클릭하고 [스타일 작업 창]을 선택합니다. 화면의 오른쪽에 [스타
일] 작업 창이 열리면 [개요 1] 스타일에서 마우스 오른쪽 단추를 눌러 [스타일 현재 모양으로
바꾸기]를 선택하세요.

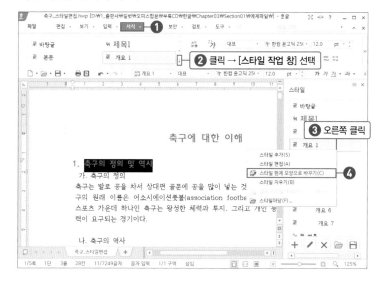

3 '현재 모양을 [개요 1] 스타일 내용에 반영할까요?'라고 묻는 메시지 창이 열리면 [반영]을 클릭하세요.

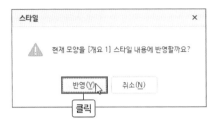

4 본문 화면에서 [개요 1] 스타일의 속성이 변경되었는지 확인해 보세요.

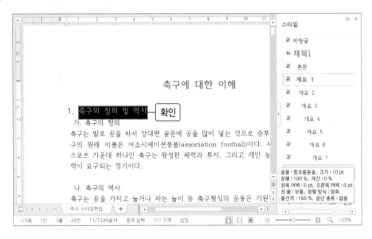

5 다음 페이지로 이동해서 같은 [개요 1] 스타일이 적용되어 있던 다른 문단에도 동일하게 스타일이 변경되었는지 확인해 보세요.

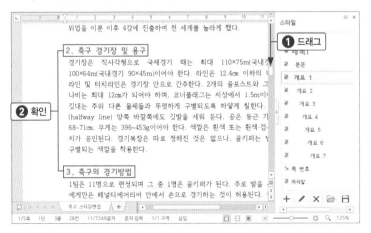

핵심기능 03 다른 문서에 스타일 사용하기

🔹 **예제파일** : 축구_스타일원본.hwp, 태권도_스타일복사.hwp   🔹 **결과파일** : 태권도_스타일복사_완성.hwp

서식지정

문서인쇄

문서편집

문서정리

개체삽입

표/차트

스타일

메일머지/검토

1 스타일을 복사할 문서인 '태권도_스타일복사.hwp'를 열고 [서식] 탭-[자세히] 단추(⋮)를 클릭한 후 [스타일](F6)을 선택하세요.

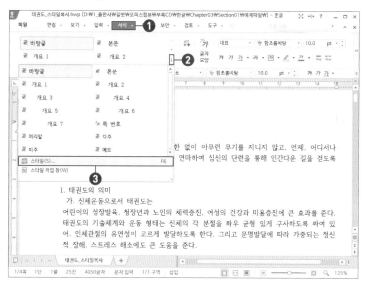

2 [스타일] 대화상자가 열리면 [스타일 가져오기] 단추(📁)를 클릭하세요.

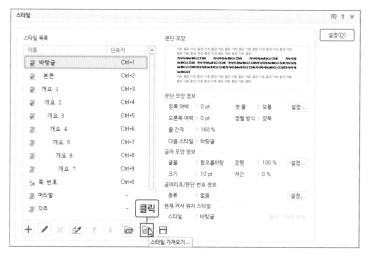

> **Tip**
>
> [스타일 마당] 단추(📁)에는 논문 스타일, 단행본 스타일, 보고서 스타일, 신문 스타일, 편지글 스타일, 프레젠테이션 스타일 등이 있으며, 견본 문서와 함께 서로 다른 스타일을 쉽게 선택해서 적용할 수 있어요.

3 [스타일 가져오기] 대화상자가 열리면 [파일 선택] 단추(📁)를 클릭합니다. [불러오기] 대화
상자가 열리면 부록 실습 파일 중 '축구_스타일원본.hwp' 파일을 선택한 후 [열기]를 클릭하
세요.

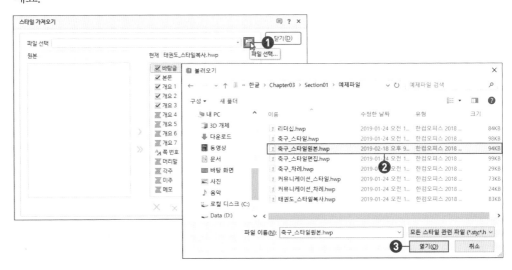

4 [스타일 가져오기] 대화상자의 '원본'에 해당 파일의 스타일이 모두 표시되면 [바탕글]부터
[개요 3]까지 Shift를 누른 상태에서 모두 선택한 후 복사 단추(▷)를 클릭하여 모두 '현재' 파
일의 스타일에 적용하세요.

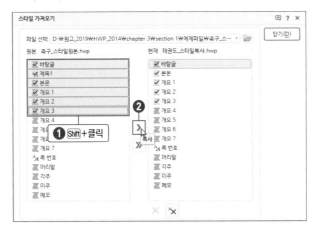

5 선택한 6개의 스타일을 현재 파일에 복사할지 묻는 메시지 창이 열리면 [복사]를 클릭합니다.
[스타일 덮어쓰기] 메시지 창에서 같은 이름을 덮어쓸지 물으면 [전체 복사]를 클릭하세요.

6 [스타일 가져오기] 대화상자에서 원본 파일의 스타일이 현재 파일의 스타일로 복사되었으면 [닫기]를 클릭하세요.

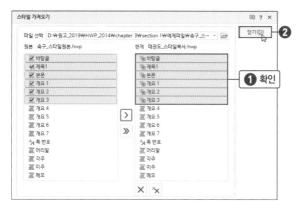

7 [스타일] 대화상자로 되돌아오면 스타일 모양이 복사되어 변경되었는지 확인하고 [닫기] 단추(×)를 클릭하세요.

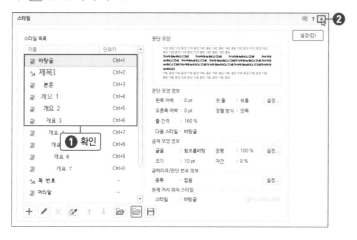

8 첫 번째 줄의 제목을 드래그하여 블록으로 설정하고 [서식] 탭-[스타일]에서 [제목1] 스타일을 선택하여 복사한 스타일을 적용하세요.

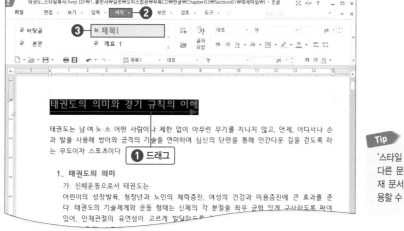

> **Tip**
> '스타일 복사' 기능을 이용하면 다른 문서 파일의 스타일을 현재 문서에 복사하여 손쉽게 적용할 수 있어요.

문서작성

서식지정

문서인쇄

문서편집

문서정리

개체삽입

표/차트

스타일

메일머지/라벨

◈ **예제파일** : 축구_스타일원본.hwp   ◈ **결과파일** : 나만의스타일.sty

1 [서식] 탭-[자세히] 단추(⬇)를 클릭하고 [스타일]을 선택하세요.

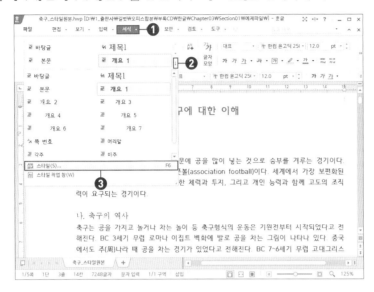

2 [스타일] 대화상자가 열리면 [스타일 내보내기] 단추(▤)를 클릭하세요.

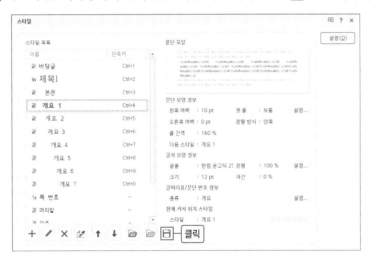

3 [스타일 내보내기] 대화상자가 열리면 '파일 선택'에서 [새 스타일 파일 추가] 단추(➕)를 클릭합니다. [새 스타일 파일 추가] 대화상자가 열리면 '제목'에 『나만의스타일』을 입력하고 [추가]를 클릭합니다. [스타일 내보내기] 대화상자로 되돌아오면 [모두 복사하기] 단추(»)를 클릭하세요.

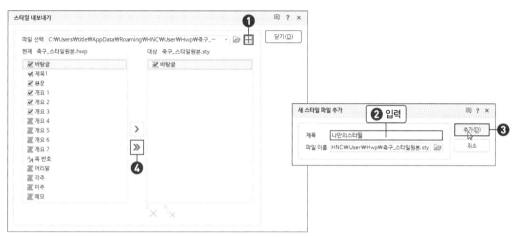

4 현재 파일의 스타일을 모두 대상 파일에 복사하겠느냐고 묻는 [스타일] 창이 열리면 [복사]를 클릭합니다. 같은 이름의 스타일이 있어서 덮어쓸지 묻는 [스타일 덮어쓰기] 창이 열리면 [전체 복사]를 클릭하세요.

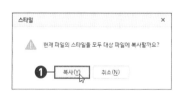 

5 [스타일 내보내기] 대화상자에서 '나만의스타일.sty' 파일에 스타일이 모두 복사되었으면 [닫기]를 클릭하세요.

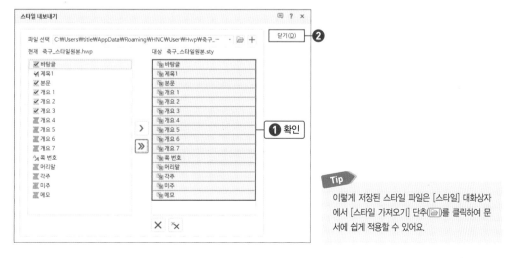

Tip
이렇게 저장된 스타일 파일은 [스타일] 대화상자에서 [스타일 가져오기] 단추(📂)를 클릭하여 문서에 쉽게 적용할 수 있어요.

문서작성
서식지정
문서인쇄
문서편집
문서정리
개체삽입
표/차트
스타일
메일머지/라벨

6 '나만의스타일.sty' 파일을 저장하겠느냐고 묻는 [스타일] 창이 열리면 [저장]을 클릭하세요.

7 [스타일] 대화상자로 되돌아오면 [닫기] 단추(×)를 클릭하세요.

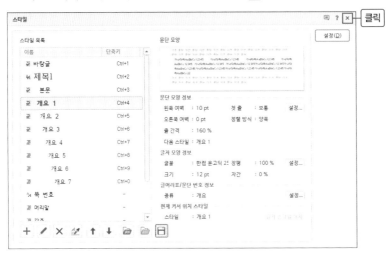

잠깐만요 **문단 스타일 모양 복사하기**

❶ 복사하려는 문단 스타일이 있는 곳을 마우스로 클릭하여 커서를 올려놓고 **[편집] 탭-[모양 복사]**(Alt+C)를 클릭하세요.

❷ [모양 복사] 대화상자가 열리면 '본문 모양 복사'에서 [문단 스타일]을 선택하고 [복사]를 클릭하세요.

❸ 복사한 스타일을 적용할 부분을 드래그하여 블록으로 설정하고 **[편집] 탭-[모양 복사]**(Alt+Ctrl)를 클릭하세요.

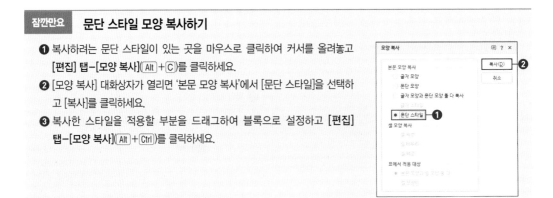

스타일 이용해 차례 만들기

⟩ **예제파일** : 축구_차례.hwp   ⟩ **결과파일** : 축구_차례_완성.hwp

1 페이지 제목의 아래쪽에 커서를 올려놓고 **[도구] 탭-[제목 차례]-[차례 만들기]**를 선택하세요.

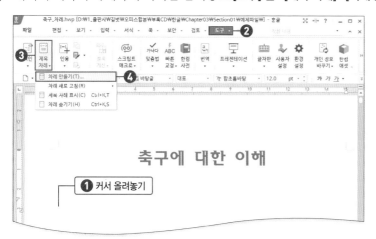

2 **[차례 만들기]** 대화상자가 열리면 '차례 형식'에서 다음과 같이 지정하고 **[만들기]**를 클릭하세요.

- **차례 형식** : [필드로 넣기]
- **개요 수준까지** : [3수준]까지
- **탭 모양** : [오른쪽 탭]
- **만들 위치** : [현재 문서의 커서 위치]

- **만들 차례의 [개요 문단으로 모으기]** : 체크
- **[표 차례], [그림 차례], [수식 차례]** : 체크 해제
- **채울 모양** : [점선]
- **하이퍼링크 만들기** : 체크 해제

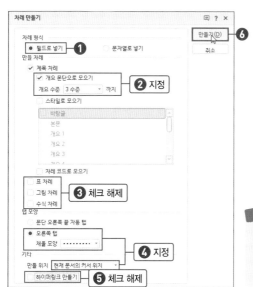

> **Tip**
>
> 차례 필드를 사용해서 차례 영역을 만들면 차례 새로 고침 기능을 사용할 수 있어요. 그리고 새롭게 만들어 추가한 스타일을 사용하려면 '만들 차례'의 [스타일로 모으기]에 체크하고 원하는 스타일 이름을 선택하세요.

스타일

3 커서가 있던 위치에 개요 스타일을 이용한 차례가 삽입되었는지 확인해 보세요.

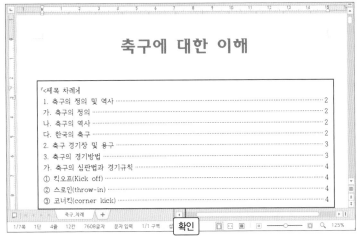

Tip
차례 제목의 수준별로 들여쓰기를 하려면 [서식] 탭-[문단 모양]에서 왼쪽 여백을 수준에 따라 조금씩 다르게 설정하세요.

잠깐만요 **차례 코드로 모으기**

❶ 제목 차례를 표시할 단어의 다음 위치를 클릭하여 커서를 올려놓고 [도구] 탭-[제목 차례]-[제목 차례 표시]를 선택하면 차례 코드가 삽입됩니다.

❷ 차례가 필요한 단어에 이 과정을 계속 반복합니다. 이때 제목 차례를 보려면 [보기] 탭-[조판 부호]에 체크해야 합니다.

❸ [도구] 탭-[제목 차례]-[차례 만들기]를 선택하세요.

❹ [차례 만들기] 대화상자가 열리면 [차례 코드로 모으기]에 체크하고 [만들기]를 클릭하세요. 그러면 '차례 코드'가 삽입되면서 차례가 만들어집니다.

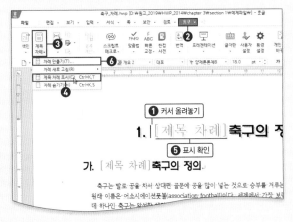

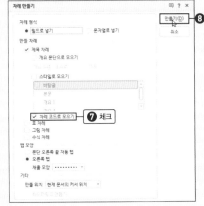

1 큰제목, 중제목, 소제목의 스타일 작성하고 적용하기

예제파일 : 커뮤니케이션_스타일.hwp   **결과파일** : 커뮤니케이션_스타일_완성.hwp

문서에 설정된 서식을 이용하여 '큰제목', '중제목', '소제목'으로 순서대로 스타일을 추가하고, 기존에 적용된 스타일 중 '개요 1'은 [큰제목] 스타일로, '개요 2'는 [중제목] 스타일로, '개요 3'은 [소제목] 스타일로 변경하여 적용해 보세요.

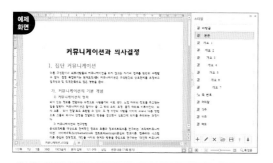

Hint

① 녹색 부분을 블록 설정한 후 F6 을 누르세요.

② [스타일] 대화상자가 열리면 [스타일 추가하기] 단추(⊞)를 클릭하여 『큰제목』 이름으로 스타일을 추가하세요.

③ 이와 같은 방법으로 '중제목', '소제목' 스타일도 추가한 후 순서를 조정하세요.

④ '개요 1', '개요 2', '개요 3' 스타일을 각각 '큰제목', '중제목', '소제목'으로 변경하세요.

2 스타일 이용해 차례 작성하기

예제파일 : 커뮤니케이션_차례.hwp   **결과파일** : 커뮤니케이션_차례_완성.hwp

1에서 미리 작성한 '큰제목', '중제목', '소제목' 스타일로 차례를 완성해 보세요.

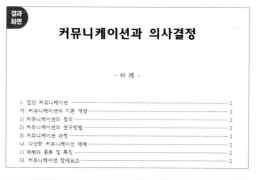

Hint

① '- 차 례 -' 아래쪽에 커서를 올려놓고 [도구] 탭-[제목 차례]-[차례 만들기]를 선택하세요.

② [차례 만들기] 대화상자가 열리면 [개요 문단으로 모으기]에 체크하고, '만들 위치'는 [현재 문서의 커서 위], '탭 모양'은 [오른쪽 탭], 점선 모양을 지정한 후 [만들기]를 클릭하세요.

③ 필요 없는 텍스트는 삭제하세요.

메일 머지와 라벨 및 양식 문서 만들기

한글 2018에서는 한글로 작성한 데이터 파일 외에도 엑셀 데이터를 사용한 메일 머지 기능이 가능해요. 데이터베이스로 관리되는 대상을 한글 문서에 적용하여 초대장이나 라벨 문서와 대량의 문서를 쉽게 작성할 수 있습니다. 한글에서는 양식 개체나 누름틀을 삽입하여 사용자의 입력을 받아 문서를 작성하는 다양한 기능을 제공하는데, 이런 기능을 포함하여 문서 마당에 저장하면 서식 문서로 사용할 수 있어요.

> **PREVIEW**

▲ 메일 머지 사용해 초청장 만들기

▲ 양식 개체와 누름틀 사용해 팩스 표지 작성하기

> **섹션별 주요 내용**

01 | 메일 머지 이용해 초대장 작성하기   **02** | DM 발송용 라벨 만들기   **03** | 엑셀 데이터 이용해 라벨 만들기
04 | 양식 개체 이용해 팩스 표지 만들기

문서작성
서식지정
문서인쇄
문서편집
문서정리
개체삽입
표/차트
스타일
메일머지/라벨

01 메일 머지 이용해 초대장 작성하기

◎ **예제파일** : 초대장_본문.hwp   ◎ **결과파일** : 초대장_완성.hwp, 회원명단.hwp

1 메일 머지는 본문이 될 문서와 데이터로 사용될 문서가 작성되어 있어야 합니다. '초대장_본문.hwp' 문서를 열고 새로 데이터 사용할 문서를 작성하기 위해 **[파일] 탭-[새 문서]**(Alt+N)를 클릭하세요.

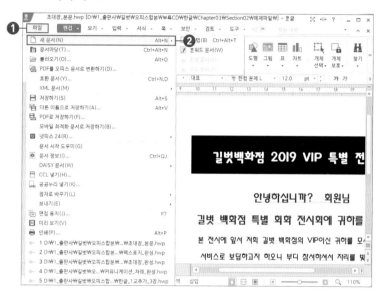

2 새 문서가 열리면 필드가 2개라는 뜻으로 『2』를 입력한 후 Enter를 누르세요. 성명과 회원번호에 대한 실제 값인 『강경아』와 『BH1001』을 Enter를 눌러 차례대로 아래쪽에 입력하세요.

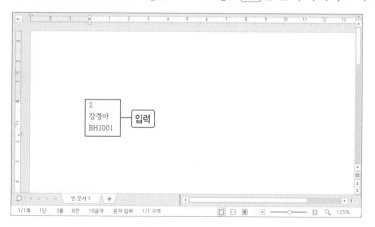

3 『김미경[Enter]』, 『BH1202[Enter]』, 『김미승[Enter]』, 『GT1310[Enter]』, 『김지윤[Enter]』, 『BA1091[Enter]』, 『송 영란[Enter]』, 『YU8342[Enter]』, 『황민숙[Enter]』, 『YW1922[Enter]』, 『허정[Enter]』, 『TM8231[Enter]』을 차례대 로 입력하고 서식 도구 상자에서 [저장하기] 도구(🖫·)를 클릭하세요.

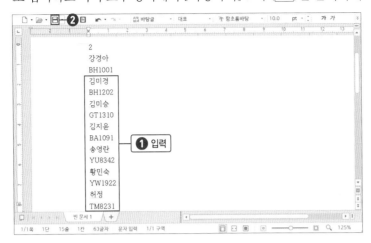

4 [다른 이름으로 저장] 대화상자가 열리면 '문서' 폴더에 『회원명단』 이름으로 저장하세요.

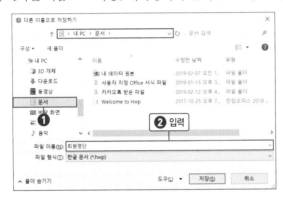

5 데이터 파일이 완성되었으면 '초청장_본문.hwp' 문서에 데이터 필드를 표시해 볼까요? '회원 님'의 앞에 커서를 올려놓고 **[도구] 탭**의 내림 단추(▾)를 클릭하고 [메일 머지]-[메일 머지 표시 달 기]를 선택하세요.

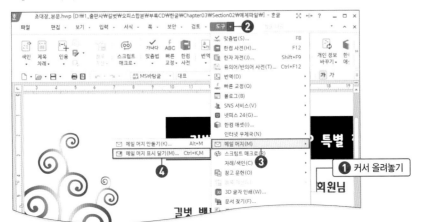

6 [메일 머지 표시 달기] 대화상자가 열리면 [필드 만들기] 탭을 선택하고 '필드 번호나 이름을 입력하세요.'에 『1』을 입력한 후 [넣기]를 클릭하세요.

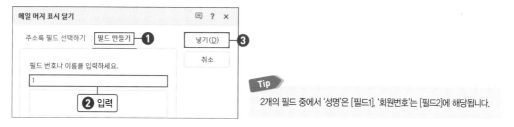

Tip

2개의 필드 중에서 '성명'은 [필드1], '회원번호'는 [필드2]에 해당됩니다.

7 '회원님'의 앞에 1번 메일 머지가 표시되었는지 확인하고 '회원번호'의 뒤에 커서를 올려놓습니다. **5~6** 과정과 같은 방법으로 2번 메일 머지를 만드세요.

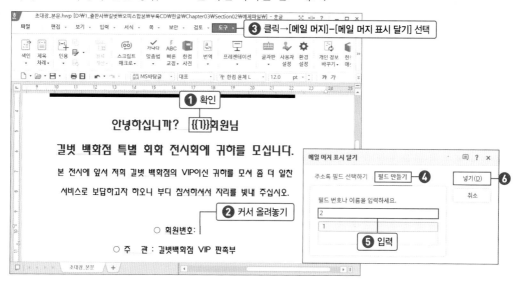

8 '회원번호'의 뒤에 2번 메일 머지가 표시되었는지 확인해 보세요. **[도구] 탭**의 내림 단추(▾)를 클릭하고 [메일 머지]-[메일 머지 만들기]를 선택하세요.

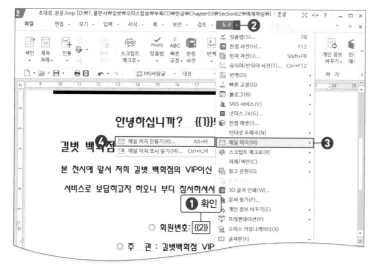

9 [메일 머지 만들기] 대화상자가 열리면 '자료 종류'에서 [한글 파일]을 선택하고 [파일 선택] 단추(📁)를 클릭합니다. [한글 파일 불러오기] 창이 열리면 **4** 과정에서 '문서' 폴더에 저장했던 '회원명단.hwp'를 선택하고 [열기]를 클릭하세요. [메일 머지 만들기] 대화상자로 되돌아오면 '출력 방향'에서 [화면]을 선택하고 [만들기]를 클릭하세요.

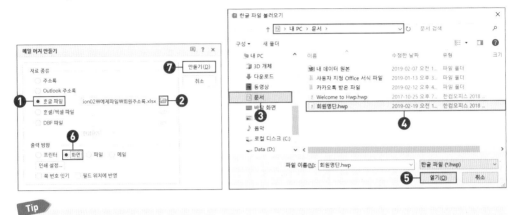

Tip

[메일 머지 만들기] 대화상자에서 '출력 방향'을 [파일]로 선택하면 데이터가 적용된 문서로 데이터의 수만큼 새로 파일을 저장할 수 있고, [프린터]를 선택하면 곧바로 인쇄할 수 있어요.

10 자동으로 미리 보기 화면이 열리면서 첫 데이터가 적용되어 완성된 초청장이 표시되면 [미리 보기] 탭-[다음 쪽]을 클릭하여 다음 데이터가 차례대로 표시되는지 확인해 보세요. [미리 보기] 탭-[인쇄]를 클릭하면 데이터의 수만큼 초청장을 인쇄할 수 있어요.

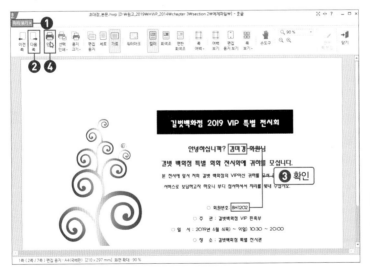

Tip

미리 보기 쪽을 살펴보면 7쪽의 초청장이 완성된 것을 확인할 수 있어요.

주소록과 같이 데이터가 엑셀로 저장되어 있는 경우에도 쉽게 메일 머지를 작성할 수 있습니다.

❶ 부록 실습 파일 중 '초대장_본문.hwp' 문서에서 [메일 머지 표시 달기] 기능을 이용해서 [성명] 필드와 [회원코드] 필드를 삽입하세요. 한글 문서에 작성한 데이터 파일과는 달리 엑셀에는 필드명이 있으므로 같은 '필드명'을 입력해야 해요. 만약 이미 입력된 필드에 [성명]이 있으면 선택한 후 [넣기]를 클릭하세요.

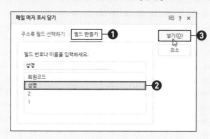
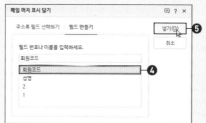

❷ 본문에 필드가 삽입되면 [도구] 탭-[메일 머지]-[메일 머지 만들기]를 선택합니다. [메일 머지 만들기] 대화상자가 열리면 '자료 종류'에서 [흔셀/엑셀 파일]을 선택하고 [파일 추가] 단추(📁)를 클릭하여 부록 실습 파일 중 '회원주소록.xlsx' 파일을 불러옵니다. 이어서 '출력 방향'은 [파일]로 선택하고, '파일 이름'은 '문서' 폴더에 『초대장.hwp』로 이름을 변경한 후 [확인]을 클릭하세요.

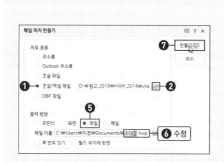
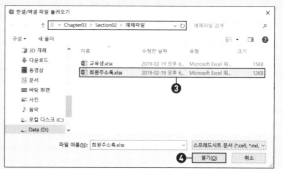

❸ 엑셀 파일에는 여러 시트가 있을 수 있으므로 데이터가 있는 시트와 레코드를 선택한 후 저장된 파일이나 미리 보기 화면으로 확인하세요.

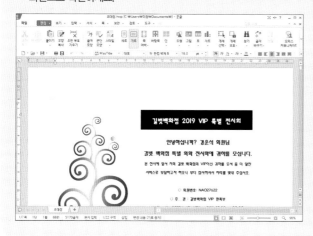

◈ 예제파일 : 새로운 문서에서 실습하세요. ◈ 결과파일 : DM 라벨_완성.hwp

1 빈 문서에 라벨을 작성하기 위해 **[쪽] 탭–[라벨]–[라벨 문서 만들기]**를 선택합니다. [라벨 문서 만들기] 대화상자가 열리면 [라벨 문서 꾸러미] 탭에서 [Anylabel]을 선택하고 [우편발송 라벨(16칸)–V3240]을 선택한 후 [열기]를 클릭하세요.

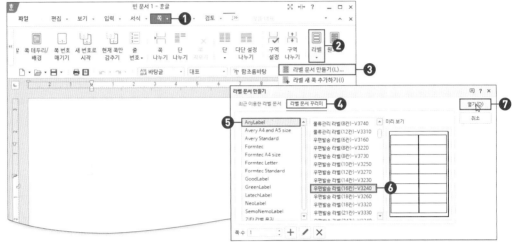

> **Tip**
>
> [라벨 문서 꾸러미] 탭에는 다양한 회사의 라벨 문서가 있어요. 사용하고 있는 라벨 용지가 있다면 그 용지에 맞는 라벨 회사의 제품을 선택해야 하는데, 여기서는 일반적인 A4 용지에 표를 이용해서 작성할 것입니다.

2 16칸짜리 표가 작성되었으면 라벨에 필요한 내용을 입력하기 전에 표에 대한 속성을 변경해볼까요? 표 전체를 드래그하여 범위로 선택하고 **[표 레이아웃] 아이콘**(▦ ▾)의 내림 단추(▾)를 클릭한 후 **[표/셀 속성]**을 선택하세요.

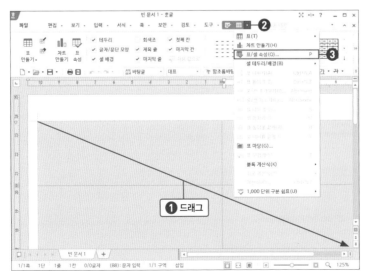

3 [표/셀 속성] 대화상자가 열리면 [셀] 탭에서 [안 여백 지정]에 체크하고 '왼쪽'은 『7.00mm』, '위쪽'은 『5.00mm』를 입력한 후 [설정]을 클릭하세요.

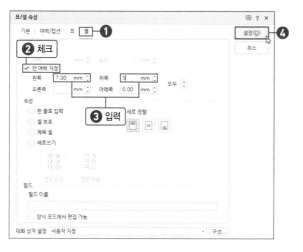

4 [표 디자인] 아이콘(▨)-[테두리]의 내림 단추(·)를 클릭한 후 [모든 테두리](▦)를 선택하세요.

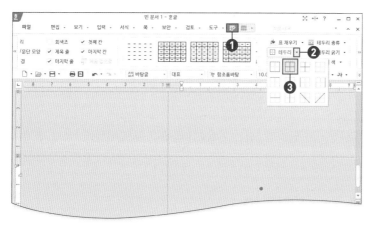

5 첫 번째 셀에 다음과 같은 내용을 입력하고 드래그하여 모두 선택한 후 서식 도구 모음에서 '글꼴 크기'는 [12pt], [진하게]를 클릭하세요.

◎ **예제파일** : 라벨.hwp, 회원주소록.xlsx ◎ **결과파일** : 엑셀 라벨_완성.hwp

1 주소록에 있는 필드를 메일 머지로 표시하기 위해 '홍길동'을 드래그합니다. **[도구] 탭**의 내림
단추(⬛)를 클릭하고 **[메일 머지]–[메일 머지 표시 달기]**를 선택하세요.

2 **[메일 머지 표시 달기]** 대화상자가 열리면 **[필드 만들기] 탭**에서 필드 이름에 『**성명**』을 입력하
고 **[넣기]**를 클릭하세요.

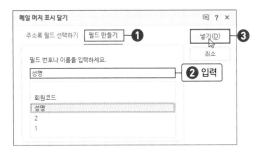

3 이와 같은 방법으로 [주소]와 [우편번호] 메일 머지를 표시하세요. **[도구] 탭**의 내림 단추(⌄)를 클릭하고 **[메일 머지]–[메일 머지 표시 만들기]**를 선택하세요.

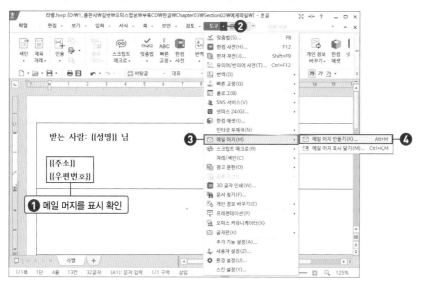

4 [메일 머지 만들기] 대화상자가 열리면 '자료 종류'에서 [흔셀/엑셀 파일]을 선택하고 [파일 선택] 단추(📁)를 클릭합니다. [한셀/엑셀 파일 불러오기] 창이 열리면 부록 실습 파일 중 '회 원주소록.xlsx'를 선택하고 [열기]를 클릭하세요. [메일 머지 만들기] 대화상자로 되돌아오면 '출력 방향'에서 [파일]을 선택하고 '파일 이름'에서 파일 이름을 '라벨주소'로 수정한 후 [만 들기]를 클릭하세요.

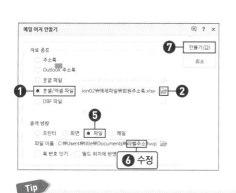

> **Tip**
> '출력 방향'에서 입력한 '파일 이름'이 저장되는 장소에 라벨 문서가 저장됩니다

5 [시트 선택] 대화상자가 열리면 '시트 목록'에서 [Sheet1]을 선택하고 [선택]을 클릭하세요.

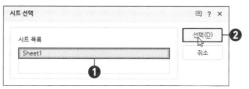

6 [주소록 레코드 선택] 대화상자가 열리면 [선택]을 클릭하세요.

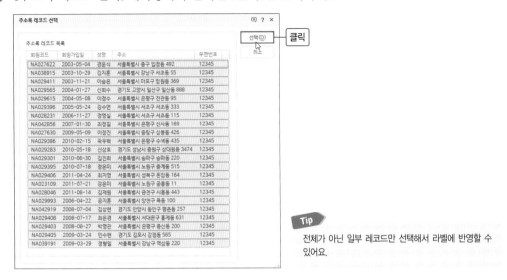

└ 클릭

Tip
전체가 아닌 일부 레코드만 선택해서 라벨에 반영할 수
있어요.

7 4 과정에서 저장한 경로로 이동하여 '라벨주소.hwp'를 열고 라벨 문서를 확인해 보세요.

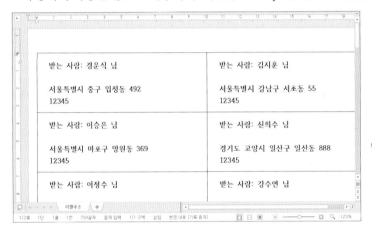

Tip
[메일 머지 만들기] 대화상자에
서 저장한 메일 머지 파일은 일
반적으로 '문서' 폴더에 저장됩
니다.

잠깐만요 | **라벨 문구 복사해 전체 셀에 채우기**

입력된 라벨의 문구를 전체 셀에 한 번에 채우려면 표 전체를 드래그하거나 F5 를 눌러 방향키로 범위를 선택한 후 A 를
누릅니다.

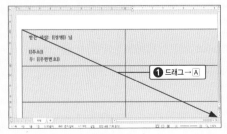

❶ 드래그 → A

❷ 확인

▲ 표 전체 드래그해 같은 내용 채우기

양식 개체 이용해 팩스 표지 만들기

◈ **예제파일** : 팩스표지.hwp   ◈ **결과파일** : 팩스표지_완성.hwp

1 팩스 문서에서 수신 내용을 입력할 위치에 커서를 올려놓고 **[입력] 탭–[누름틀]**을 클릭하세요.

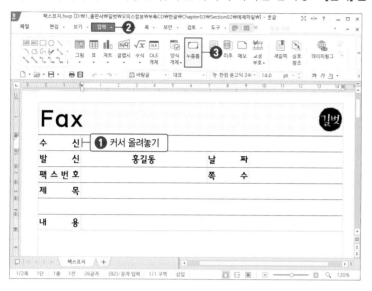

2 누름틀로 사용자 입력 개체가 삽입되었으면 문구를 변경하기 위해 필드 위에서 마우스 오른
쪽 단추를 눌러 **[누름틀 고치기]**를 선택하세요.

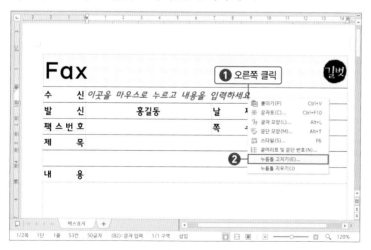

3 [필드 입력 고치기] 대화상자가 열리면 '입력할 내용의 안내문'의 기존 내용을 삭제하고 『받는 사람 입력』으로 수정한 후 [고치기]를 클릭하세요.

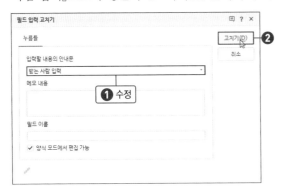

4 이와 같은 방법으로 누름틀을 이용해서 다음의 그림과 같이 '팩스번호', '쪽수', '제목', '내용' 을 입력하세요.

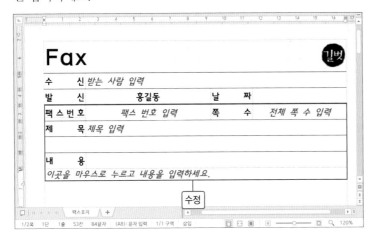

5 날짜 셀을 클릭하여 커서를 올려놓습니다. [입력] 탭-[입력 도우미]를 클릭하고 [상용구]-[마지막 저장한 날짜]를 선택하여 현재 날짜를 입력하세요.

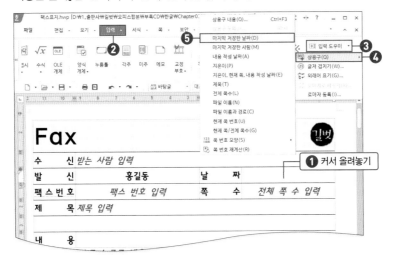

6 제목의 아래쪽 셀을 클릭하여 커서를 올려놓고 **[입력] 탭-[양식 개체]-[선택 상자]**를 선택하세요.

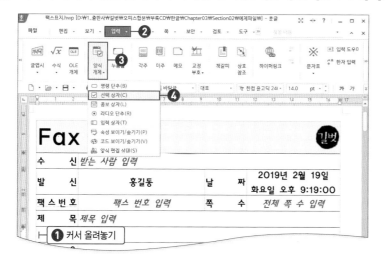

7 [선택 상자1] 개체가 입력되면 Ctrl+C를 눌러 복사하고 한 칸 띄운 위치에서 Ctrl+V를 눌러 붙여넣습니다. 이와 같은 방법으로 5개의 똑같은 선택 상자 개체를 만드세요.

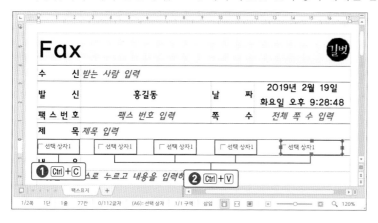

8 첫 번째 [선택 상자1] 개체를 선택하고 **[양식 개체] 아이콘( )** - **[속성 보이기/숨기기]**를 클릭하세요.

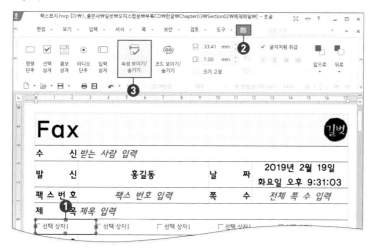

149

9 화면의 오른쪽에 [양식 개체 속성] 창이 열리면 [Caption] 속성을 [긴급]으로 수정하고 글자 모양 편집을 위해 [CharShape]의 내림 단추(▾)를 클릭하세요.

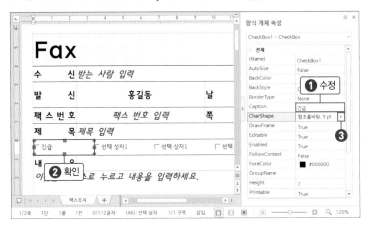

10 [글자 모양] 대화상자가 열리면 [기본] 탭에서 '기준 크기'는 [12pt], '글꼴'은 [한컴 윤고딕 240]으로 지정한 후 [설정]을 클릭하세요.

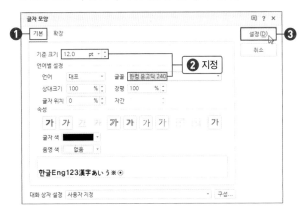

11 이와 같은 방법으로 나머지 4개의 [선택 상자1] 개체의 캡션도 '검토 요망', '설명 요망', '답신 요망', '재사용'으로 바꾸고 글자 모양도 똑같이 수정한 후 [양식 개체 속성] 창을 닫으세요.

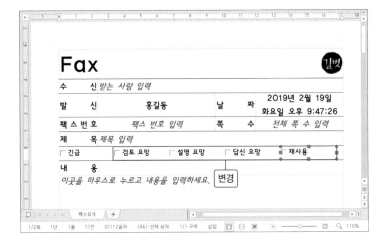

12 Shift를 누른 상태에서 양식 개체들을 차례대로 클릭하여 모두 선택한 후 [양식 개체] 아이콘
(🖥)-[양식 편집 상태]를 클릭하세요.

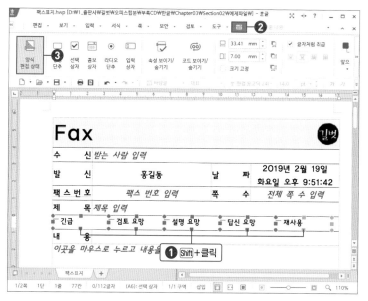

13 편집 상태가 해제되면서 양식 개체를 포함하는 문서가 완성되면 원하는 선택 상자를 클릭하
여 체크할 수 있는지 확인해 보세요.

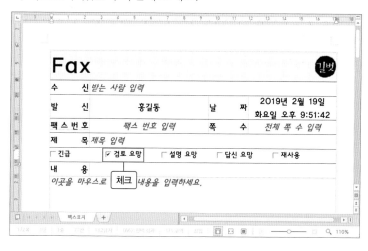

문서작성

서식지정

문서인쇄

문서편집

문서정리

개체삽입

표/차트

스타일

메일머지/라벨

개인 정보 바꾸기와 개인 정보 보호 기능 사용하기

한글 2018의 '개인 정보 바꾸기' 기능을 사용하면 문서 일부분을 사용자가 선택한 다른 문자(**Ctrl** *****, ~~~~, xxxxx 등)로 변경해서 내용을 손쉽게 숨길 수 있어요. 이렇게 변경된 문자는 [편집] 탭-[되돌리기](⤴)로만 원래의 내용으로 돌아갈 수 있으며, 프로그램을 종료하면 내용을 복구할 수 없습니다.

❶ 개인 정보 바꾸기

개인 정보 바꾸기 기능은 [도구] 탭-[개인 정보 바꾸기]를 클릭해 설정하세요. [개인 정보 바꾸기] 대화상자가 열리면 '개인 정보 선택 사항'의 항목에서 원하는 항목에 체크한 후 '바꿀 문자 선택'에서 형태를 선택하세요. [모두 바꾸기]를 누르면 문서 내용 중 해당하는 모든 항목이 바뀝니다.

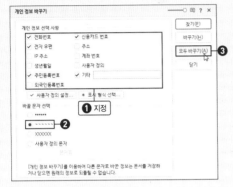

▲ 개인 정보를 'XXXXXX'으로 변경하기

▲ 개인 정보 바꾸기 전

▲ 개인 정보를 바꾼 후

❷ 개인 정보 보호하기

일부 내용을 사용자가 선택한 문자로 변경하고 나중에 원본 문서 내용을 확인하려면 [보안] 탭-[개인 정보 찾아서 보호]를 클릭합니다. 암호를 사용하여 문서에서 원하는 부분에 개인 정보 보호 기능을 지정하고 다시 [보호 해제]하면 원본 문서로 되돌릴 수 있어요.

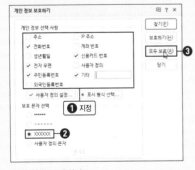

▲ 개인 정보 보호하기

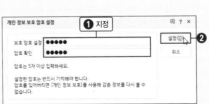

▲ 보호 암호 설정하기

1 | 엑셀 데이터 활용해 텐트카드 이름표 만들기

🔵 **예제파일** : 텐트카드.hwp, 교육생.xlsx   🔵 **결과파일** : 텐트카드_완성.hwp

메일 머지 기능을 사용해 표에 입력된 내용대로 텐트카드(천막식으로 접어서 식탁에 세워 놓은 메뉴카드)에 붙일 이름표를 엑셀 파일로 제공된 교육생 명단만큼 작성해 보세요.

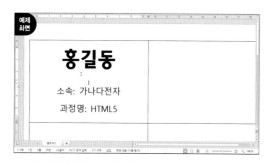

Hint
① [도구] 탭-[메일 머지]-[메일 머지 표시 달기]를 선택하여 각 위치에 [이름], [소속], [교육과정] 필드를 넣습니다. 📌 '홍길동' 범위 지정한 후 [이름] 필드 삽입

② [도구] 탭의 내림 단추(▾)를 클릭하고 [메일 머지]-[메일 머지 만들기]를 선택하여 [메일 머지 만들기] 대화상자를 열고 '자료 종류'는 [혼셀/엑셀 파일], '교육생.xlsx' 파일을 선택한 후 화면으로 출력하세요.

2 | 양식 개체가 포함된 견적서 작성하기

🔵 **예제파일** : 서비스계약서.hwp   🔵 **결과파일** : 서비스계약서_완성.hwp

본문에서 큰따옴표(" ") 안에 '입력 상자 넣기' 양식 개체를 삽입하고 개체의 높이를 '5'로 지정한 후 '이용자' 항목의 4개의 양식 개체를 모두 복사하여 문서를 완성해 보세요.

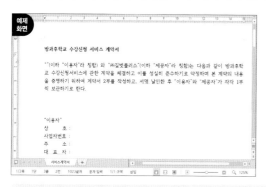

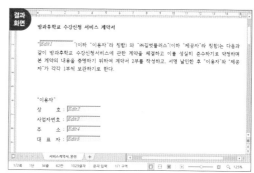

Hint
① 큰따옴표(" ") 안에 커서를 올려놓고 [입력] 탭-[양식 개체]-[입력 상자]를 선택하세요.

② 삽입된 개체를 선택하고 [양식 개체] 탭-[속성 보이기/숨기기]를 선택한 후 'Height'를 [5]로 변경하세요.

③ 편집된 '입력 상자 넣기' 양식 개체를 복사한 후 '이용자' 아래의 4개의 항목에 붙여넣으세요.

찾아보기

단축키 & 영어

Alt + C	44
Alt + End	32
Alt + F1	31
Alt + F9	24
Alt + Home	32
Alt + L	38
Alt + PgDn	32
Alt + PgUp	32
Alt + T	39, 43
Ctrl + →	32
Ctrl + ←	32
Ctrl + A	36
Ctrl + End	32
Ctrl + H	41
Ctrl + Home	32
Ctrl + PgDn	32
Ctrl + PgUp	32
Ctrl + Shift + Z	29
Ctrl + Z	29
Ctrl + X	35
F9	22
Shift + Spacebar	21, 30
Shift + Enter	21
Tab	104
PDF 문서	59~60

한글

ㄱ~ㄹ

각주	90
[감추기] 대화상자	83
개요	72
개요 번호 모양	74
개인 정보	152
[개체 속성] 대화상자	96, 99
계산식	111

[그림 넣기] 대화상자	95
글머리표	65
[글머리표 및 문단 번호] 대화상자	66
글상자	98
[글자 겹치기] 대화상자	26
[글자 모양] 대화상자	38, 150
글자판 바꾸기	30
글자판 보기	31
기본 도구 상자	15
누름틀	147
다단	85
다시 실행	29
[닫기] 단추	13
[덧말 넣기] 대화상자	92
[동영상 넣기] 대화상자	102
되돌리기	29
라벨	142
[라벨 문서 만들기] 대화상자	142

ㅁ~ㅇ

머리말/꼬리말	81
[메일 머지 만들기] 대화상자	140, 145
[메일 머지 표시 달기] 대화상자	139, 144
[모양 복사] 대화상자	44
[문단 모양] 대화상자	40, 43
문단 번호	69, 71
[문서 끼워 넣기] 대화상자	51
[문서 닫기] 단추	17
[문서 이력 관리] 대화상자	51
[문서 정보] 대화상자	49
문서마당	16
문자표	25
[문자표 입력] 대화상자	25, 66
미리 보기	57, 140
미주	91
바탕쪽	87
번호 모양	91
서식 도구 상자	15
선택 상자	149
셀 너비를 같게	109

[셀 테두리/배경] 대화상자	113
셀 합치기	110
[수식 편집기] 대화상자	104
스타일	123
[스타일 가져오기] 대화상자	128
[스타일 내보내기] 대화상자	131
[스타일] 대화상자	127
[스타일] 작업 창	124
스타일 현재 모양으로 바꾸기	125
[양식 개체] 아이콘	149
[양식 개체 속성] 창	150
양식 편집 상태	151
오려두기	35
[인쇄] 대화상자	56
[입력기 환경 설정] 대화상자	31~32
입력 도우미	148

ㅈ~ㅎ

주석	90
[주소록 레코드 선택] 대화상자	146
줄/칸 전환	116
쪽 번호	83
쪽 테두리/배경	79
[차례 만들기] 대화상자	133
차트 만들기	115
[찾아 바꾸기] 대화상자	41
첫 쪽 제외	89
탭	45
편집 용지	54
[표 디자인] 아이콘	115
[표 레이아웃] 아이콘	107
[표 만들기] 대화상자	107
[필드 입력 고치기] 대화상자	148
하이퍼링크	101
'한글 2018' 바로 가기 아이콘	13
한 수준 감소	73, 76
[한자로 바꾸기] 대화상자	23
[환경 설정] 대화상자	55

3 현업에 꼭 필요한 실무 예제로 업무력을 강화하고 싶을 때!

버전 범용

2013 버전

직장인 업무 지침서! 현장 밀착 실무

효율적인 업무 정리부터 PPT 디자인까지 총망라!

프로 비즈니스맨 지침서

| 무작정 따라하기 |